KB175708

World Book 89

Vladimir Nabokov/Francis Scott Fitzgerald
LOLITA/THE GREAT GATSBY
롤리타/위대한 개츠비
나보코프/피츠제럴드/박순녀 옮김

Vladimir Nabokov　　　*Francis Scott Fitzgerald*

동서문화사

디자인 : 동서랑 미술팀

롤리타/위대한 개츠비
차례

롤리타 나보코프

위대한 개츠비 피츠제럴드

생애와 작품/연보

Lolita

롤리타

블라디미르 나보코프/박순녀 옮김

베라에게

머리글

〈롤리타, 또는 어느 백인 홀아비의 고백〉, 이는 내가 받은 기묘한 원고의 제목과 부제다. 나의 이 글이 머리글이 된 그 기묘한 원고의 저자인 험버트 험버트는 1952년 11월 수감된 상태에서 관상동맥 혈전증으로 죽었다. 그가 재판을 받기 며칠 전 일이다. 험버트의 변호사이자 나의 절친한 친구요 사촌인 클래런스 코에이트 클라크 씨가 나를 찾아왔다. 바로 그 기묘한 원고를 편집해달라는 것이다. 클라크 씨는 지금 워싱턴 D.C. 변호사 협회에 몸담고 있는데, 험버트가 《롤리타》 출간에 따른 모든 권한을 그에게 위임한다는 유언장의 한 조항을 조건으로 원고를 받았다. 그는 아마 자신이 선택한 편집자가 얼마 전 폴링 상을 수상했음에 영향을 받았으리라. 수상작은 바로 《감각들이 의미를 만드는가?》라는 평범한 책이었는데, 괴상한 정신병과 성도착증을 논한 것이다.

나의 작업은 예상 밖으로 간단하게 진행되었다. 문법상 분명한 오류가 있는 문장과, 험버트의 노력에도 불구하고 그의 글 속에 비석이나 이정표(취향상으로나 동정심으로 사람들이 감추려 했을 인명이나 지명을 가리키고 있기 때문에)로 계속 등장하는 몇몇 세부 내용들을 조심스레 억누르는 것 말고는, 이 놀랄 만한 수기는 여기 그대로 선보인다. 험버트라는 이상한 이름은 저자 자신이 만들어낸 것이고, 물론 이 가면―두 눈이 최면술사처럼 빛나는 가면―도 그가 바라는 이상 고스란히 보존될 것이다. '헤이즈'만 여주인공의 성에다 운율을 맞추어 지었는데, 그 이름은 작품의 핵심과 너무나 밀접하게 얽혀 있어서 어떻게 바꾸어볼 수가 없었다. 독자들 스스로 느끼게 될 테지만, 굳이 바꿔야 할 이유도 없었다. 험버트가 저지른 죄에 대해서는 1952년 9월과 10월 사이 일간지에 자세히 나와 있다. 그러나 내가 이 수기를 읽어 가는 동안 밝혀지지 않았더라면, 범죄의 동기와 목적은 영원히 미궁에 빠졌을는지도 모른다.

이 진실한 이야기 속에 제시된 것 너머에 있는 사람들의 운명을 궁금해 할 고지식한 독자들을 돕기 위하여, 램즈데일의 윈드밀러 씨로부터 들은 그 뒤 이야기를 소개하겠다. 그분은 자랑스러운 자기 동네에 '이 유감스럽고 불미스런 이야기의 긴 그림자'가 드리울까 봐 이름을 드러내지 않길 원했다. 그의 딸 루이스는 지금 대학 2학년생이다. 모나 달은 학생으로 파리에 있다. 리타는 얼마 전 플로리다의 한 호텔 주인과 결혼했다. 리처드 실러*1 부인은 1952년 크리스마스 날 그레이 스타라는 북서부 어느 먼 개척지에서 출산하다가 죽었다. 물론 아이도 함께였다. 비비안 다크블룸은*2 《나의 신호My cue》라는 전기를 곧 출간할 예정인데, 원고를 읽어본 비평가들은 그녀의 작품 중 가장 훌륭한 책이 될 것이라고 호평했다. 관련된 여러 묘지 관리인들은, 그 어떤 유령도 출몰하고 있지 않다고 말한다.

단순히 한 권의 소설로 보자면 《롤리타》는, 그 표현이 아무리 애매모호하다 해도 독자들에게는 화가 날 만큼 모호하게 다루어지고 있다. 정말이지 책 전체를 통해서 외설스런 단어는 한마디도 없다. 아마 삼류소설 속에서 외설스런 단어가 거리낌 없이 쏟아져 나오는 현대 풍습에 길들여진 뻔뻔스런 속물들은 이 책에 그런 게 하나도 나오지 않는 데 충격을 받을 것이다. 하지만 만일 이 고상한 체하는 모순투성이 숙녀를 안심시키기 위해 편집자가 '최음적'(1933년 12월 6일 더 큰 물의를 일으킨 또 다른 책에 대해 존 M. 울시 판사가 내린 기념비적 결정을 보라)이라고 부를 만한 장면들을 빼거나 희석시켜야 한다면, 《롤리타》의 출간은 아예 그만둬야 할는지도 모른다. 어느 누가 잘 모르면서 지나치게 감각적이라고 비난할지도 모르는 장면들은, 바로 궁극적으로는 도덕을 찬미하는 한 비극적 이야기 전개에 꼭 필요한 부분이기 때문이다. 냉소적인 사람들은 상업적인 포르노그래피도 그와 똑같다고 주장할 것이다. 학자들은 험버트의 열정적 고백은 시험관 속의 폭풍일 뿐이라고 주장하면서 반대할지도 모른다. 말하자면 적어도 미국 성인 남성의 12%—블랑슈 슈와츠만 박사(언어 커뮤니케이션)에 따른 보수적 통계이다—는 험버트가 절망적으로 묘사한 그 특별한 경험을 이러저러한 방법으로 해마다 즐긴다는 것이다. 따라서 사람들은 그 미치광이 수기 작가가 운명적인 1947년 여름에 유능한 정신병리학자를 만나기만 했더라도 그런 일이 발생하지 않았으리라고도 말한다. 하지만 그렇게 되었다면 이런 책이 나올 수도 없었으리라.

　나는 이해를 구하면서 그가 책과 강의에서 강조했던 것을 되풀이할까 한다. 즉, '정상이 아닌'이란 말이 자주 나오는데 이것은 '독특한'이란 말과 동의어고, 위대한 예술작품은 늘 독창적인데다 작품이 지닌 바로 그 성격 때문에 다소 충격적인 놀라움을 준다는 것이다. 험버트를 찬양하려는 것은 아니다. 그는 이루 말할 수 없이 잔인하고 비열하다. 그는 도덕적 타락자의 분명한 예이기도 하다. 잔인함과 익살이 합쳐져서 최고의 비참함을 드러낼 망정 매력적으로 보이지는 않으리라. 게다가 그는 매우 변덕스럽다. 그에게 무심결에 비친 이 나라 사람과 풍경에 대한 견해들은 대부분 우스꽝스럽다. 그의 고백에서 드러나는 필사적인 정직성도 그의 악마적 교활함이 저지른 죄를 사하여주지는 못한다. 그는 비정상인데다가 신사도 아니다. 그러나 그가 연주하는 바이올린은 얼마나 마술적으로 롤리타를 향한 동정과 애정을 불러내는지. 그래서 우리는 작가를 혐오하면서도 이 책 속으로 빠져든다.

　사례 연구로서 《롤리타》는 반드시 심리학 분야에서 하나의 고전이 될 것이다. 그것은 예술작품으로서 속죄서의 성질을 능가한다. 그리고 과학적인 중요성이나 문학적인 가치보다 우리에게 더 중요한 것은, 그 책이 진지한 독자에게 미칠 윤리적 영향력이다. 이 통렬한 개인의 이야기 속에는 일반적인 교훈이 하나 숨어 있다. 제멋대로인 아이, 자기중심적인 엄마, 그리고 헐떡이는 미치광이들은 한 독특한 소설의 살아 있는 인물일 뿐 아니라 우리에게 위험스런 성향들을 경고한다. 그들은 잠재적인 거대한 악을 짚어준다. 《롤리타》는 모든 부모, 사회사업가, 교육가들이 더욱 조심스럽게 더 큰 비전을 지니고 더 안전한 세상에서 더 나은 세대를 키워내도록 경종을 울릴 것이다.

1955년 8월 5일

매사추세츠 주, 워드워스에서

존 레이 주니어 박사

〈주〉

*1 킬러 거리에 사는 스킬러라고 발음할 수도 있다.

*2 철자를 재조합하면 저자의 이름이 된다. 많은 언어유희 가운데 한 예.

제1부

1

　롤리타. 내 생명의 빛, 내 가슴의 불꽃. 나의 죄악이며 나의 영혼. 롤―
리―타. 혀 끝은 입천장 아래에 구른다. 한 걸음, 두 걸음, 그리고 마지막
세 걸음째에 앞니와 만난다.

　롤(Lo) 리(Li) 타(Ta).

　아침의 그녀는 로(Lo)였다. 신발을 신지 않고 잰 키가 147cm인 평범한 로
였다. 바지를 입으면 로라, 학교에 가서는 돌리, 서류의 이름은 돌로레스.
그러나 내 품 속에서는 언제나 롤리타였다.

　그녀 말고 다른여자는 없었던가? 물론 있었다. 어느 여름날 한 계집아이
를 내가 처음으로 사랑하지 않았더라면 롤리타도 없었을지 모른다. 바닷가
왕국에서. 아, 그게 언제였던가? 롤리타가 태어나기도 전 내 나이만큼이나
거슬러 올라가는 그해 여름이었지. 이 멋진 산문의 글을 살인자가 썼다고 하
는 사실을 여러분은 언제나 염두에 두기를 바란다.

　존경하는 배심원 여러분. 증거 1호는 고상한 날개가 달린 대천사들이 시
기한 것들이다. 이 번민 가시들의 뒤엉킴을 살펴봐주기 바란다.

2

　나는 1910년 파리에서 태어났다. 아버지는 성격이 유순하고 원만한 사람
으로 그의 피에는 여러 인종의 유전자들이 뒤섞여 흐르고 있었다. 프랑스와
오스트리아계 피가 흐르는 스위스 시민으로, 그에게 다뉴브 유역에 사는 사
람들의 기질도 조금 섞였다. 나는 대수롭지 않은 것이긴 하지만 아름답고 윤
이 나는 푸른색 그림 엽서를 여러분에게 나눠주고 싶다. 아버지는 리비에라
에 매우 화려한 호텔을 가지고 있었다. 내 할아버지와 두 증조부는 저마다
술과 보석 실크 장사를 했다. 아버지는 서른 살에 등산가인 제롬 던의 딸이

며, 애매모호한 분야—고토질학(古土質學)과 풍금(바람 부는 대로 따라서
울리는)—에 각기 일가견을 가지고 있다는 영국 남부 교구 목사의 손녀딸인
영국 처녀와 결혼했다. 꽤나 미인형에 속했던 나의 어머니는 내가 세 살 때
불의의 사고(소풍날 번개)로 돌아가셨다. 그래서 아주 어두운 과거 속의 따
뜻한 산골짜기를 제외하면, 내 어린 시절에 대한 기억의 골짜기와 산골에는
그녀에 대한 것이 아무 것도 남아 있지 않다. 내 문장을 여러분이 혹시 마음
에 안 들어 할지 모르겠지만(그래서 나는 지금 독자들의 눈치를 보며 쓰고
있다) 거기에 내 유년기가 지고 있다. 모두 알고 있을 것이다. 소등에가 날
아다니고 꽃이 핀 울타리 주위에 향기가 감도는, 산책하는 사람이 갑자기 나
타나 스쳐가는 어느 여름날 산기슭 해질녘을. 팔랑거리는 황금빛 소등에.

이모 시빌은 아버지의 사촌과 결혼했다가 버림받고, 우리집에 와서 보수
도 없이 가정교사 겸 가정부 일을 맡아주고 있었다. 먼 훗날 누군가가 나에
게 얘기하기를 그때 그녀는 나의 아버지를 좋아하고 있었는데, 아버지는 비
가 내리던 어느 날 그 호의를 이용했다가 날씨가 개자 싹 잊어버리고 말았다
는 것이었다. 나는 이모를 좋아했지만, 그녀는 너무나 엄격했다. 아마 그녀
는 내가 아버지보다는 나은 홀아비가 되기를 원했을 것이다. 시빌 이모는 가
장자리가 발그스레한 하늘빛 눈동자와 창백한 안색을 지니고 있었다. 시를
쓰는 것을 좋아하고, 미신을 믿었다. 그녀는 자기가 나의 열여섯 번째 생일
직후에 죽을 것이라고 장담하더니 정말로 그랬다. 향수를 팔며 쏘다니지 않
은 곳이 없었던 그녀의 남편은 대부분의 시간을 미국에서 보냈는데, 결국엔
거기에서 회사를 차리고 막대한 재산도 모았다.
나의 행복하고 건강한 어린 시절은 그림책처럼 빛나는 세계이고, 깨끗한
모래, 오렌지 나무, 잘 훈련된 개, 바다가 보이는 풍경, 그리고 웃는 얼굴들
로 가득 차 있었다. 내 곁에는 개인 소유의 우주처럼 회전하는 멋진 미라나
호텔도 있었다. 밖에서 찬란히 빛나는 푸른 우주 속의, 석회를 칠한 또 하나
의 우주였다. 앞치마 두른 접시닦이부터 플란넬 옷을 입은 유지급에 이르기
까지, 모든 사람이 나를 좋아하고 귀여워해 주었다. 지팡이에 몸을 의지하는
나이 많은 미국 부인네들은 피사의 탑처럼 나에게 몸을 기대오기도 했었다.
선대가 진 빚을 갚을 수 없었던 몰락한 러시아 공주들은 나에게 비싼 생과자

를 사주었다. 사랑하는 나의 아버지는 나를 밖으로 데리고 나가 보트나 자전거를 태워주고 수영하는 법과 잠수하는 법, 수상스키 타는 법 등을 가르쳐주었다. 그리고 《돈키호테》와 《레미제라블》도 읽어주었다. 나는 아버지를 좋아하고 존경했었다. 엄마가 없어도 티없이 밝게 자라는 나를 보고 감동의 눈물을 흘려준, 아버지의 아름답고 친절했던 많은 여자 친구들 얘기를 하인들은 화제로 삼곤 했다. 나는 그것을 무심코 듣게 될 때마다 아버지가 자랑스러웠다.

　나는 집에서 몇 마일 떨어진 곳의 어느 영국 주일학교에 다녔는데, 학교에서는 공차기와 크리켓 경기를 하며 놀았다. 학교 성적은 아주 우수했으며 선생님들뿐만 아니라 학생들과도 사이가 아주 좋았다. 내가 열세 번째 생일을 맞기 전에 경험했던 섹스 사건으로 지금 생각나는 유일한 것이 있다(그러니까 애나벨을 만나기 전의 일이다). 어느날 나는 학교 장미공원에서 어느 미국 아이와 사춘기 때 일어나는 놀라운 일들에 관해서 점잖고 얌전하게, 그리고 순전히 이론적인 얘기만을 나누고 있었다. 그 아이의 엄마는 그 당시 아주 유명한 영화배우였는데, 그 아이는 자기 엄마가 나오는 영화를 좀처럼 보는 일이 없었다. 그런데 호텔 도서관에 산더미처럼 쌓여 있던 제도법에 관한 책 밑에서 몰래 훔쳐보았던 《피콘의 아름다운 인간》이라는 화려한 책 속의 어떤 사진을 접했을 때 나의 신체의 일부에 재미있는 반응이 일어났던 것이다. 얼마 후, 아버지는 매우 자상하게 내가 필요로 하는 성에 대한 기초지식을 모두 가르쳐주었다. 이것은 1923년 가을, 리용(세 번의 겨울을 그곳에서 보내기로 되어 있었던)에 있는 어느 국립 고등학교로 가기 직전에 있었던 일이었다. 그러나 바로 그해 여름, 아버지는 R부인과 그녀의 딸과 함께 이태리 여행 중이었기 때문에 나에겐 불평을 늘어놓을 그 누구도, 의논할 사람도 전혀 없었다.

3

　애나벨도 나처럼 혼혈이었다. 그녀의 경우는 반은 영국, 반은 네덜란드계였다. 그녀의 모습에 대한 기억이 이제는 롤리타를 알기 이전인 몇 년 전만큼 그렇게 또렷하지가 않다. 눈을 크게 뜨고서(그러면 나는 지극히 평범한 어휘들 속에서 애나벨의 모습을 발견한다. 즉, 꿀 같은 피부, 가느다란 팔,

갈색 단발머리, 길다란 속눈썹, 크고 선명한 입 따위) 마음속의 실험실에서 솜씨를 발휘해 이미지를 재창조하는 방법이 하나 있고, 또 다른 방법은 눈을 감고 눈꺼풀의 어두컴컴한 안쪽에 즉시 사랑하는 얼굴과 똑같은 복사판을, 즉 천연의 빛깔을 지닌 작은 유령을 떠올리는 것이다(나는 롤리타를 떠올릴 때 항상 이런 방법을 쓴다).

그러므로 애나벨에 대한 묘사는 그녀의 나이가 나보다 몇 달 어린 사랑스러운 아이였다는 얘기 정도로 그치겠다. 그녀의 부모는 나의 아줌마와는 오랜 친구 사이였는데 그녀만큼이나 그들도 앞뒤가 꽉꽉 막힌 사람들이었다. 그들은 미라나 호텔에서 멀지 않은 곳에 별장을 빌려놓고 있었다. 노르스름하게 대머리가 까진 레이 씨와, 분가루를 뒤집어쓴 듯 뚱뚱한 레이 부인. 나는 그들을 둘 다 싫어했다. 처음에 애나벨과 나는 우리 주변의 일에 대해서만 얘기를 나눴다. 그녀는 손바닥 가득 고운 모래를 집어 올렸다가 손가락 사이로 쏟아버렸다. 연약하여 바스러질 것 같은 어린 동물만 보아도 우리는 똑같이 심한 아픔을 느꼈다. 그녀의 꿈은 굶주림에 허덕이는 아시아에 가서 간호사로 일하는 것이었으며, 내 꿈은 유명한 스파이가 되는 것이었다.

우리는 갑자기 미친 듯 어설프게, 부끄러움도 없이, 고민에 빠져서 서로를 사랑하였다. 한 가지 덧붙이고 싶은 것은, 상대방의 영혼과 육체의 티끌 하나라도 흡수하여 결합시키려는 우리의 갈망 때문에, 정작 서로를 소유하고 싶은 열정은 애처롭게 누그러졌다는 사실이다. 그때 우리는 마음만 먹으면 기회가 얼마든지 주어지는 빈민가의 아이들처럼 같이 짝지어 다닐 수조차도 없었다. 강한 반발심이 생긴 우리는 어느 날 밤 그녀의 뜰에서 만나기로 했다. 사람들로 북적대는 그곳은 바닷가에서 바라보이기는 했지만, 어지간히 소리쳐 불러서는 들리지 않는 우리의 유일한 비밀 아지트였다. 어른들로부터 멀찌감치 떨어져 나온 우리는 아침 내내 모래사장을 뒹굴었다. 욕망의 발작도 돌 같이 굳어진 채, 서로를 만져보고 싶어 시간과 공간 속의 야릇한 말이나 행동을 조금도 놓치지 않고 이용하면서. 모래 속에 반쯤 감추어져 있던 그녀의 손이 나를 향해 슬그머니 다가왔다. 길쭉한 갈색 손가락들이 몽유병자의 걸음처럼 가까이 더욱 가까이 다가오고 있었다. 그때, 그녀의 젖빛 무릎은 길고도 신중한 여행길로 오르고 있었다. 어떤 때는 그녀의 방어가 오히려 서로의 짭짤한 입술을 스칠 수 있는 충분한 계기를 베풀어주기도 했었다. 이 불완전한 접촉들은 건강하고 아직 아무 경험이 없는 어린 육체를 극도로 흥분하게 만들어, 그 차갑고 푸른 바닷물도 그 밑에서 여전히 서로에게 허우적대고 있는 우리에게 위안을 안겨줄 수는 없었다.

내가 어른이 되어 방황하면서 잃어버린 보물들 중에는 나의 아주머니가 찍은 스냅 사진이 하나 있었다. 그것은 애나벨과 그녀의 부모, 그리고 바로 그해 여름 나의 아주머니에게 구혼했던 착실하고 나이 많은 절름발이 신사, 쿠퍼 박사가 도로변 카페 테이블에 둘러앉아 있는 모습을 찍은 사진이었다. 애나벨은 잘 나오지 않았지만 그녀는 반짝거리는 아이스코코아 위에 몸을 굽히고 있는 중이었다. 밖으로 드러난 그녀의 연약한 어깨와 가르마는 희번뜩이는 팔다리의 그늘 속에서도 똑똑히 알아볼 수 있었다. 그런데 나만이 유난스레 눈에 띄게 다른 사람들과 따로 떨어져 앉아서 극적인 분위기를 자아내고 있었다. 어두운 색감의 스포츠 셔츠와 잘 맞는 흰색 반바지를 입고 있으며 검은 눈썹이 짙은 우울한 표정의 소년이다. 그는 다리를 꼬고 옆으로 앉아 먼 곳을 쳐다보고 있는데, 그 사진은 운명적이었던 우리의 마지막 여름 날에, 그리고 그 운명을 거역해 보려던 우리의 두 번째이자 마지막 시도 불과 몇 분 전에 찍은 사진이었다.

속이 훤하게 들여다보이는 핑계를 댄(그것은 정말 우리의 마지막 기회였기 때문에 아무것도 무서울 게 없었다) 우리는 카페에서 해변가로 도망쳤다. 그리고 인적이 없는 외딴 곳의 모래사장을 발견해냈는데, 동굴 같은 붉은 바위들의 자줏빛 그림자 속에서 우리는 잠깐씩 게걸스러운 애무를 즐겼다. 누군가 잃어버리고 간 선글라스만이 유일한 증인이었다. 나는 무릎을 꿇었다. 그리고 나의 귀여운 소녀를 소유하려는 순간이었다. 그때 수염이 달린 두 사나이가—늙은 어부와 그의 동생이었다—해수욕을 즐기다가 물에서 나오며 잘해보라고 소리를 질러댔다. 그로부터 4달 후 그녀는 지중해에 있는 그리스의 섬 커퓨에서 발진티푸스에 걸려 죽었다.

4

나는 이 참담한 기억의 책장을 넘기고 또 뒤적이며 나 자신에게 이렇게 묻는다. 내 인생에 금이 가기 시작한 것은, 기억 속에서조차 멀어진 그 여름의 눈부시던 그때였던가, 아니면 내 타고난 특성의 첫 번째 표적으로 그 아이를 지나치게 원했기 때문이었던가? 나 자신의 갈망과 동기, 행동, 그리고 그 외의 여러 가지를 분석하려고만 하면 나는 어김없이 과거의 회상 속으로 빠져들고 만다. 그것은 무한한 두 갈래의 분석 능력을 만족시켜주기도 하지만 한편으로는 나의 과거에 대해 미칠 듯한 열등감을 느끼게 하는 건 물론, 눈 앞에 그려지는 그 길들을 끝없이 갈라지게 만들기도 한다. 그러나 롤리타와 는 확실히 애나벨에서 시작됐다는 것만큼은 확신하고 있다.

애나벨의 죽음으로 인한 충격이 그 악몽 같은 여름에 느꼈던 좌절을 더욱 단단하게 굳혔다는 것을 나는 안다. 뿐만 아니라 그것은 차가웠던 나의 청춘 에서 또 다른 로맨스를 만나는 데 언제나 방해가 되었다. 우리에게는 정신과 육체가 완벽하게 혼합되어 있었다. 현실적이고 노골적이며 뛰어난 두뇌를 갖고 있는 오늘날의 젊은이들은 아마 이해하기 어려울 정도로, 우리 둘은 정 신적인 것과 육체적인 것이 완벽하게 녹아 하나가 되었다. 그녀가 죽고 나서 도 한참 동안이나 그녀의 생각들이 내 생각 속에서 떠다니는 것을 나는 느꼈 다. 우리는 만나는 동안 같은 꿈을 꾼 일이 있다. 이상한 유사점이 우리에겐 있었다. 1919년 6월, 길 잃은 카나리아 한 마리가 그녀의 집에도 우리집에 도 날아들어왔다. 꽤나 떨어져 있는 두 나라 사이를. 아, 롤리타, 네가 나를 이만큼만 사랑해주었더라면!

나는 나의 '애나벨 사건'의 결론을 위해서 끝났던 우리의 맨 처음 밀회 이 야기를 남겨놓았다. 어느 날 밤이었다. 그녀는 지독하게도 감시가 심했던 가 족들의 눈을 가까스로 속일 수가 있었다. 그녀의 별장 뒤, 가녀리게 떨리는 잎이 매달린 아카시아 숲 속, 허물어진 돌담 위에서 우리는 평평한 자리를 하나 찾아냈다. 부드러운 나무와 어둠 사이로 불 켜진 창문의 무늬살이 비쳐 보였다. 민감한 기억력의 색깔로 이제 그 기억을 환기시켜보니 그것은 카드 놀이하는 모습이었던 것 같다─우리의 라이벌은 브리지 게임 때문에 정신이 없었던 것이다. 내가 그녀의 반쯤 열린 입술 속과 그녀의 귓볼에 키스하자 그녀는 몸을 파르르 떨었다. 은하수가 가늘고 긴 나뭇잎 그림자 사이의 우리 머리 위를 어슴푸레 비추고 있었다. 그때 떨리던 그 하늘도 얇은 옷 속의 그 녀만큼이나 발가벗고 있는 것 같았다. 나는 공중에서 그녀의 얼굴을 보았다. 이상할 만큼 똑똑하게, 그것은 실제로 엷은 빛을 발산하고 있는 듯했다. 그 녀의 다리, 살아있는 사랑스러운 그녀의 두 다리가 눈에 띄었다. 내 손이 더듬어 나가자 꿈꾸는 듯 기묘한 표정이—기쁨과 고통이 반반씩 섞인—그녀의 앳된 얼굴에 피어 올랐다. 그녀는 나보다 조금 높은 곳에 앉아 있었다. 그래서 혼자만의 황홀경에 빠져있는 그녀에게 키스를 요구할 때마다 그녀의 머리는 졸리운 듯이 부드럽게 떨구어졌는데 거의 애처로울 지경이었다. 그녀의 무릎의 맨살이 내 손목을 지그시 눌렀다. 그러고는 다시 풀어주었다. 아련한 신비스러움 때문에 일그러지고 떨리는 그녀의 입이 씩씩거리는 숨소리를 내며 내 얼굴로 가까이 다가왔다. 그녀는 자기의 마른 입술을 내 입술에 아무렇게나 마구 문질러댐으로써 처음으로 사랑의 고통을 좀 덜어보려는 시도를 하기도 했다. 그러다가 나의 소녀는 신경질적으로 머리를 쓸어올리며 뒤로 물러났다. 그러나 그녀는 다시 한번 우울하게 다가와 자기의 벌려진 입술을 내가 맘껏 탐닉하도록 해주었다. 그래서 나는 나의 가슴, 나의 목, 나의 내장, 그 어느 것이라도 모조리 그녀에게 내어줄 수 있는 아량을 갖추고 그녀의 불분명한 손 안에 내 정열의 왕권을 쥐어주었다.

그때의 화장품 냄새는—분명 자기 엄마의 스페인 하녀에게서 훔쳤을 것이다—달콤하고 은근한 사향 냄새였다. 그것은 비스킷 같은 그녀 특유의 살냄새와 섞여 있었다. 갑자기 내 감각의 가장자리가 넘쳐 흘렀다. 그러나 가까운 덤불에서 갑작스런 소동이 일어나는 바람에 그 흐름은 그치고 말았다. 우리는 서로에게서 떨어졌다. 그러고는 이리저리 돌아다니는 도둑고양이겠지 싶어 귀를 기울여보았다. 그러나 그것은 집에서 악을 쓰며 딸을 부르고 있는 그녀의 엄마 목소리였다. 그리고 쿠퍼 박사가 무겁게 다리를 절뚝거리며 뜰로 나왔다. 그러나 그 아카시아 숲과 별들의 아지랑이, 여운, 불꽃, 단 이슬, 그리고 고통은 나에게 남아 있었다. 그리고 바닷가 같은 팔다리와 불타는 혀를 가진 그 작은 소녀도 언제나 나를 따라다녔다. 그러나 24년 후, 다른 사람 속에 그녀를 구체화시킴으로써 나는 마침내 그녀의 마력을 깨뜨릴 수 있었다.

5

내가 나의 젊은 날들을 돌아보면, 달리는 기차 방향으로 눈보라처럼 빙빙 떠다니고 있는 변기 속의 화장지를 바라보는 기차 승객처럼, 그것은 희미한 조각들이 되어 질풍과 같이 내게서 날아가버린다. 여자들과의 관계가 청결

했던 시절의 나는 실제적이었고 아이러니컬했으며 활발했다. 런던과 파리에서 대학에 다니고 있었을 때는 직업 여성들이 나를 충족시켜주었다. 나는 공부를 매우 꼼꼼하고 열심히 했지만, 그에 비해 결과는 그다지 신통치 못했다. 처음에 나는 재능이 부족한 사람들이나 덤비는 정신의학으로 학위를 딸까 싶었다. 그러나 나는 그들보다도 더 모자랐다. 나는 무척 압박감을 느꼈다. 그래서 나는 스코치 옷을 입고 파이프 담배를 피우는 선생으로 전락한 시인들이 많은 영문학으로 전공을 돌렸다. 파리라는 곳이 내게는 제격이었다. 나는 국적을 상실한 추방객들과 소련영화 얘기를 했다. 이름도 없는 잡지에 뒤틀린 수필도 실었다. 내가 지은 모방문장이다.

> ……걸프 공(公)의 귀여운 딸이 돌아서려 하네,
> 손을 문에 얹고
> 나는 그녀를 따라가지 않겠네.
> 프레스카도.
> 그리고 저 갈매기도.

예닐곱 명의 학자들이 《편지 속에 나타난 키츠에서 벤자민 베일리까지의 프루스트적인 주제》라는 제목의 내 연구서를 읽고서는 재미있다는 평가를 했었다. 나는 어느 유명한 출판사에 보내기 위해 《역사를 통해 본 영시의 개요》를 쓰기 시작했다. 그 일 뒤 영어를 모국어로 하는 학생들을 위해 프랑스문학 입문서(영국작가와 비교대조한 것)의 자료를 수집하기 시작했는데, 그것은 후일 나의 40대를 바치게 될 그런 일이었다. 그 마지막 책은 내가 체포될 당시 이미 출판될 준비가 되어 있었다.

나는 일자리를 얻었다. 오테이유에서 어른들을 모아 영어를 가르치는 일이었다. 그리고 어느 남학교에서는 겨울 학기 동안 나를 채용해주기도 했었다. 나는 이따금씩 내가 알고 있는 사회사업가나 정신요법 치료자들을 이용해서 그들과 함께 고아원이나 감화원 같은 여러 단체를 찾아다녔다. 그런 곳에만 가면 속눈썹이 엉킨 창백한 사춘기 소녀들을 얼마든지 실컷 쳐다볼 수 있었다.

이제 여러분에게 다음과 같은 나의 생각을 하나 소개하고 싶다. 9세에서

14세까지의 어린 소녀들 중에는 그들에게 홀린 여행자들(소녀들 나이의 두 배이거나 그보다 더 몇 배인)에게, 사람의 것은 결코 아니고 요정의 것인, 자신들의 진짜 본질을 드러내는 아이들이 더러 있었다. 나는 이 선택받은 아이들을 '요정'이라고 이름지어 부르겠다.

그럼 공간적인 용어를 시간적인 용어로 바꾸어서 생각해보자. 나는 사실 나의 요정들이 살고, 안개 낀 광활한 바다로 둘러싸여 있는 요술섬의 경계로 '9'와 '14'라는 숫자를 정해놓았다. 그렇다면 그 나이 사이에 있는 여자아이들은 누구나 다 요정일까? 물론 그렇지 않다. 만약 그렇다면 사정을 잘 알고 있는 우리 외로운 항해자들, 그리고 요정에 열광하는 사람들은 이미 오래전에 미쳐버렸을 것이다. 아름다운 용모가 어떤 기준이 되는 것은 아니다. 경박하다는 것은 요정만의 신비스러운 어떤 특징이나 꺼질 듯한 우아함이다. 그것은 언제나 롤리타 같은 요정들이 모여 황홀한 시간을 보내는 알 수 없는 섬 쪽에 눈을 돌리기보다는, 세계라는 공간에서 일어나는 현상에 더욱 주목하는 같은 또래의 아이들에게서는 찾아볼 수 없다. 그리고 요리조리 교묘히 잘도 빠져 달아나기 일쑤이며, 속이기 잘 하며, 영혼을 깨부수어 마음 놓을 틈을 주지 않는 매력 따위를 손상시키는 것도 아니다. 그저 평범하고, 괜찮거나 아니면 귀엽고 상냥하며, 매력적이거나 그도 아니면 못생기고, 퉁명스러우며 몸매도 엉망이고 배는 볼록 나온데다가 피부는 싸늘한, 그래서 본질적으로 어쩔 수 없는, 머리를 길게 땋아 늘어뜨린 어린 계집아이들이 나중에 자라서 대단한 미인이 될지 안 될지는 알 수 없는 일이다. 그러나 그 또래 중에서 요정은 아주 드물다. 어떤 정상적인 남자에게 여학생이나 걸스카우트를 찍은 사진을 보여주고 그중에서 가장 괜찮은 아이를 지적해보라고 했을 때, 그가 가리키는 아이가 항상 요정이라는 법은 없다. 그때에 그는 예술가가 되어야 하고 광인도 되어야 하며 끝없는 우수를 간직한 그런 사람이어야 한다. 고양이 같은 광대뼈의 윤곽과, 보송보송한 솜털에 싸인 날씬한 팔다리, 그리고 이루 열거할 수 없이 많은 요정의 자국인 절망과 수치와 가냘픈 눈물, 이것이 바로 말로는 표현할 수 없는 요정의 신성한 흔적들이다. 이 흔적들만으로 건강한 아이들 틈에 끼여 있는 죽은 듯한 어린 악마를 첫눈에 알아보기 위해서는 그의 허리에 뜨거운 독약의 거품이 부글부글 일고, 예민한 척추엔 엄청나게 관능적인 불꽃이 언제까지나 타오르고 있어야 한다.

그 아이들은 그녀를 전혀 의식하지 못할 뿐 아니라 그녀 자신도 자기에게 환상적인 힘이 있다는 것을 깨닫지 못하고 있다.

더욱이 시간이라고 하는 개념이 언제나 마법과 같은 작용을 하기 때문에, 남자가 요정의 마력에 이끌려 들어가도록 만드는 소녀와 한 남자 사이에는 몇 년이라는 간격이—대개는 30~40년, 그러나 극히 드물지만 경우에 따라서는 90년까지도 가능한—꼭 생기게 마련이라는 사실에 놀랄 필요는 없다. 그것은 초점을 어느 곳에 맞추느냐의 문제이며, 정신의 눈이 극복하려고 애쓰는 어떤 거리상의 문제일 뿐만 아니라 얄궂은 희열로 헐떡이는 마음이 어떤 대조를 이루느냐의 문제인 것이다. 나도 어리고 그녀도 어렸을 때, 나의 애나벨까지 요정으로 비쳤을 리는 없다. 그 시간이라는 요술섬에서의 나는 그녀와 똑같이 어린 양이었다. 그러나 29년이란 세월이 흐른 오늘, 나는 그녀가 내 생애 최초의 숙명적인 꼬마 요정이었음을 느낀다. 우리의 사랑은 덜 익은 것이었지만, 어른들의 세계 같았으면 금방 파괴되었을 정도의 강렬함이었다. 나는 건강한 청년으로 살아남았다. 그러나 상처 속에는 독이 들어있었고 그 상처는 언제나 열려 있었다. 스물다섯 살 청년이 열여섯 살짜리 소녀에게 구혼하는 것은 허용이 되지만 내가 열두 살 난 소녀에게 그러는 건 불가능한, 문명이라는 제도 속에서 성숙해가고 있음을 나는 알았다.

그래서 유럽에서 보냈던 나의 성인 시절의 기괴한 이중생활은 조금도 무리한 것이 아니었다. 공공연하게, 나는 가슴 속에 보석이 아니면 돌이 들어있는 지구상의 많은 여자들과 평범하고 정상적인 관계를 가졌다. 그러나 준법정신이 투철한 겁쟁이처럼, 나는 감히 접근할 엄두조차도 내지 못했던 요정들이 내 옆을 스쳐갈 때마다, 오로지 한 부분으로만 모이는 지옥의 불 같은 욕망 때문에 나는 속으로 메말라가고 있었다. 내 마음대로 만질 수 있었던 여자들은 모두 대용품일 따름이었다. 그들과의 자연스러운 정사를 통해 맛보았던 감각적인 즐거움들은, 세계를 뒤흔드는 매일 똑같은 리듬 속에서 정상적으로 자란 친구들과도 어울리는, 역시 정상적으로 자란 남자들이 알고 있는 그러한 기쁨과 조금도 다르지 않았음을 나는 이제야 알겠다. 문제는 그 남자들이 좀 더 짜릿한 희열의 순간을 포착하지 못했다는 데에 있는 것이었다. 그러나 나는 그것을 놓치지 않았다. 나의 꿈이 아무리 어둡고 더러움에 물든 것이었다 해도, 그것은 한창 문장깨나 쓸 가장 천재적인 작가나 또는 재능을 갖춘 성불구자가 상상해낼 수 있는 정사보다는 그 밝기가 무려 1천 배쯤은 될 만큼 찬란한 것이었다. 내 세계는 찢겨버렸다. 나는 한 가지 섹스를 알고 있는 것이 아니라 두 가지 섹스를 알고 있었지만 그 어느 것도 내 것이 아니었다. 해부학자라면 그 두 가지를 모두 여성이라고 이름지었을 것이다. 그러나 내 감각의 프리즘을 통해 본 그것은 나에게 있어서는 안개와 떡갈나무가 서로 다르듯 그렇게 다른 것이었다. 이 모든 것을 나는 지금 합리화시키고 있다. 20대와 30대 초반, 나는 나의 고통의 실체를 확실히 이해하지 못했다. 내 육체는 그것이 무엇을 갈망하고 있는가를 알고 있었지만 내 정신이 육체의 소원을 번번이 물리쳐버렸던 것이다. 한순간은 부끄럽고 무섭기도 했지만 그 순간만 지나면 나는 앞뒤를 헤아리지 않는 낙천주의자가 되어 있었다. 그러나 금기들 때문에 질식할 지경이었다. 정신분석가들이 가짜 성욕의 가짜 행방을 얻어내려고 내게 접근했다. 내게는 사랑스러운 전율의 유일한 대상이 애나벨이었는데 그녀의 시녀라든가 사환, 계집애들과 자매처럼 보였다는 사실이 한때는 미칠 지경이었다. 그러나 나는 모든 것은 마음먹기에 달렸으며 또 계집애들 때문에 마음이 산란해졌기로 나을 게 뭐 있느냐고 늘 나 자신에게 타이르곤 했었다. 영국에서는 1933년에 아동청소년법이 가결됨에 따라 '소녀'라는 정의가 다음과 같이 내려져 있다. '8세 이상 14세 미만의 계집아이'(그 뒤의 14세에서 18세까지는 법률상 '청소년'이 된다). 한편, 미국의 매사추세츠에서는 '비행소년'이라면 학술적으로 '7세에서 17세까지의 아이'(특히, 행실이 고약하고 비도덕적인 사람들과 습관적으로 친교를 갖는)를 말했다. 제임스 1세 재위 당시 논쟁의 대상이 되었던 휴 브루톤(영국의 신학자 1549~1612)이라는 작가가 라합(구약성서에 나오는 창녀)이 열 살 때 벌써 매음부였다는 사실을 밝혔었다. 모두 재미있는 얘기들이다. 입에 거품을 물고 졸도해버린 나를 독자들이 이미 봐버렸는지 모르지만, 유감스럽게도 나는 결코 그렇지 않다. 눈을 깜박거리며 행복한 생각들을 작은 컵 속에 담고 있을 뿐이다. 여기 그림이 몇 장 있다. 여기 버질(고대 로마 시인)이란 이가 있는데 그는 요정에게 노래를 시켰던 시인이었지만, 아마도 소년의 내장을 더 좋아했을 것이다. 인도의 동부지방에서는 사춘기도 되기 전에 결혼하고 동거하는 사례가 허다하다. 렙차족(인도 동부 시킴주 및 그 인근 지역에 거주하는 소수민족)은 팔십 먹은 늙은 노인이 여덟 살짜리 아이와 정을 통해도 어느 누구도 상관하는 사람이 없다. 단테 역시 진홍빛 드레스에 보석을 단 사랑스럽고 총명한, 그리고 재기로 번득이는 아홉 살짜리 소녀 베아트리체와 열광적인 사랑에 빠지지 않았던가. 이것은 1274년 즐거운 5월의 어느 날, 플로렌스 지방의 비공식 축제에서 있었던 일이다. 그리고 피트라크(이탈리아 시인)가 그의 로린을 미친 듯 사랑하고 있었을 때 그녀는 바람과 꽃가루, 그리고 먼지 속을 뛰어다니는 12살짜리 금발 요정이었다. 멀리 바우클라스 언덕에서 바라보면 그녀는 아름다운 들판을 날아다니는 한 송이 꽃이었다.

하지만 여기서는 문명인으로서 얌전하게 행동해야 하지 않을까? 험버트는 선량하게 살려고 노력했다. 그는 순진하고 귀여운 보통 아이들에게 최대한 경의를 표하고, 조금이라도 말썽이 일어날 것 같으면 어떠한 상황에서도 순진한 아이들에게 손을 내미는 것은 삼갔다. 하지만 순진한 아이들 중에서 한 매혹적인 아이를 빤히 쳐다보다 들키기라도 하면 심장이 얼마나 심하게 요동쳤던가.

그렇게 시간이 흘렀다. 험버트는 여자들과 관계를 갖는 데 아무런 지장도 없었지만, 그가 열망하는 것은 릴리스였다. 가슴이 솟아오르는 것은 사춘기에 동반하는 신체적 변화의 초기(10살)에 나타난다.

파선. 산호섬. 추워서 몸을 떠는, 물에 빠진 승객의 아이와 단 둘만이다. 내 사랑아, 이 모든 것이 장난일 뿐이란다! 흔들리는 책 속에 깊이 몰입해 있는 척하며 딱딱한 공원 벤치에 앉아 공상 속에서 그려내던 나의 모험들은 얼마나 놀라운 것이었는지 모른다. 조용한 학자 주위에서 요정들이 자유로이 뛰논다. 마치 그가 눈에 많이 익은 조각이거나 아니면 오래된 나무의 빛과 그림자의 일부분이기라도 한 것처럼. 한번은 창살 무늬 모직 프록코트를 입은, 아주 어린 미녀가 종알종알 지껄이며 벤치 위에 발을 올려놓더니 롤러 스케이트 끈을 매기 시작했다. 그녀의 붉은 갈색 머리가 껍질이 벗겨져 새살이 돋아나고 있는 무릎 위로 완전히 늘어뜨려지자 나는 태양 속에 녹아버릴 것 같았다. 잎사귀 그림자들이─그 속엔 나도 한몫 끼고 있었다─카멜레온 같은 나의 뺨 바로 옆에 있는 환한 그녀의 사지 위에서 정확하게 고동치며 녹아 없어지고 있었다. 또 한번은 지하철에서 있었던 일이다. 빨간 머리 여학생이 내게로 넘겨졌는데, 그때 본 그녀의 겨드랑 밑 붉은 실오라기가 나의 핏속에서 몇 주일 동안이나 살아 있었다. 나 혼자만의 일방적인 로맨스로 끝난 이런 사소한 사건들은 이루 헤아릴 수도 없을 만큼 많다. 그중 어떤 것은 터무니없이 싱겁게 끝나버리기도 했는데, 발코니에 서서 길 건너 불이 켜져 있는 창문을 바라보고 있자니까 요정처럼 보이는 아이가 커다란 거울 앞에서 옷을 벗은 적도 있었다. 멀지 않은 곳에서 그렇게 옷을 벗는 광경의 매력은 너무도 강렬한 것이어서, 나는 나의 외로운 희열을 향해 전속력으로 질주했다. 그런데 갑자기, 잔인하게, 내가 넋을 잃은 채 바라보고 있던 발가벗은 소녀의 부드러운 윤곽이, 뜨겁고 축축하며 절망적인 여름밤, 속내의만 입은 채 열린 창가에 서서 신문을 읽는 남자의 구역질나는 팔로 변해버렸다.

줄넘기와 공기돌놀이, 내 벤치 바로 옆자리에 있던 검은 옷의 노파는 기쁨의 고문대 위에(요정이 내 발치에서 잃어버린 공기돌을 찾고 있었다) 앉아 있는 내게 이렇게 물었다. 혹시 배가 아프시오? 무례한 마귀할멈 같으니. 아, 나의 정원에 제발 혼자 좀 있게 해주시오. 내 곁에서 요정들이 뛰놀게 해주시오, 언제까지나. 요정들이여! 제발 자라지 말아다오.

6

나는 가끔 그 요정들이 모두 어떻게 됐는지 궁금하다. 내가 그들에게서 훔쳤던 가슴의 숨은 동계의 원인과 결과가 교차하는 철 같이 단단한 이 세상은 그들을 그대로 내버려두었을까? 나의 색욕 속에 그녀의 이미지를 끌어들임으로써 그녀의 운명에 간섭하지 않았어야 했는데. 아, 그것은 과거에도 그랬고 지금도 그렇다. 언제나 크고 무서운 경이의 원인이다.

그러나 나는 가느다란 팔을 가진, 그리고 사람을 미치게 만드는 사랑스러운 요정들이 크면 어떤 모습이 되는지를 알게 되었다. 회색빛 어느 봄날 오후, 나는 마들린느 근처의 활기찬 거리를 걷고 있었다. 그때 높은 굽이 달린 신발을 신은, 키가 작고 날씬한 여자가 가벼운 걸음걸이로 급히 내 옆을 지나갔다. 우리는 똑같이 서로 뒤를 돌아보았다. 그녀가 걸음을 멈추었다. 그래서 나는 그녀에게 가까이 다가가 말을 걸었다. 그녀의 키는 내 가슴팍에도 이르지 않았으며 그녀의 얼굴은 프랑스 여자들에게서 흔히 볼 수 있는, 웃으면 보조개가 생기는 둥글고 작은 얼굴이었다. 나는 그녀의 길다란 속눈썹과 작고 민첩한 엉덩이의 출렁거림과 아직도 가시지 않은 어린애 티가 한데 섞여 있는, 그녀의 진주빛 감도는 회색 젊은 육체를 싸고 있던 살에 꼭 끼는 양장이 마음에 들었다. 나는 그녀에게 값을 물었다. 그녀는 은방울을 굴리는 듯한 정확한 음성으로 짤막하게 대답했다(그것은 새였다. 새!).

"X센트."

값을 좀 깎으려고 노력하는 나의 낮게 뜬 눈동자 속에서 지독히도 외로운 갈망을 보았던 그녀는 자기의 둥근 이마와 어설픈 모자(밴드와 꽃)를 가리키며—그리고 속눈썹도 한번 깜박이며—'낭패로군'이라고 말했다. 그러고는 돌아가려는 낌새를 보였다. 불과 3년 전 학교에서 집으로 돌아오는 그녀의 모습을 보았던 것 같다! 그 기억이 가격 문제를 해결해주었다. 언제나처럼 그녀는 가파른 층계를 이용해 나를 데리고 갔다. 비통한 마음으로 따라 올라간 그 초라한 방에는 침대와 베개밖에 없었다. 습관적으로 그녀는 나에게 당장 돈을 요구했고, 나도 통례대로 그녀의 이름(모니크)과 나이(18세)를 물었다. 매춘부들의 상투적인 수법에 나는 꽤나 숙달이 되어 있었다. 그들은 열이면 열 모두가 '18살'이라고 대답한다. 불쌍한 매춘부들은 저 허위의 낱말, 마지막이라는, 그리고 산뜻한 속삭임을 하루에도 열 번도 더 넘게 내뱉는다. 그러나 모니크의 경우는 자기 실제 나이보다 한두 살 더 보탠 것임에 틀림이 없었다. 이 같은 사실은 이상하게 덜 익었지만 탄탄하고 균형잡힌 그녀의 몸 구석구석에서 느낄 수 있었다. 황홀할 정도의 빠른 속도로 옷을 벗은 그녀는 얇은 천으로 만든 더러운 커튼으로 몸의 일부만 가리고 잠시 서서, 땅거미로 물들어가고 있는 아랫마당에서 들려오는 피아노 소리를 애들처럼 좋아하며 귀를 기울이고 있었다. 내가 그녀의 자그마한 손을 들여다보며 지저분한 손톱을 지적하자, 그녀는 천진스럽게 얼굴을 찡그리며 '정말 나빠요' 하더니 세면대로 갔다. 그래서 나는 그녀에게 괜찮다고 말했다. 정말 괜찮다고. 갈색 단발머리, 빛나는 잿빛 눈동자, 창백한 살결, 그녀는 정말 매력적으로 보였다. 그녀의 엉덩이는 땅에 쪼그리고 앉아 있는 사내아이들 엉덩이보다도 작았다. 사실 나를 한번 움직여보려는 80명도 더 되는 많은 창녀들 가운데서 순수한 기쁨의 고통을 나에게 안겨주었던 여자는 오직 그녀 한 사람밖에 없었노라고 나는 자신있게 말할 수 있다(어린 모니크와 함께 지냈던 그 얇은 회색빛 방의 기억 속을 지금 이렇듯 즐겁게 서성이고 있는 이유도 바로 거기에 있다).

"그 사람은 나빠요, 꾀를 부렸거든요."

사랑스러운 코멘트까지 곁들이며 그녀는 아까와 똑같이 빠른 속도로 옷을 입었다.

그날 밤 좀 더 은밀하게 그녀를 한번 더 만나고 싶다고 했더니 그녀는 밤 9시에 코너에 있는 카페에서 만나주겠다고 하며, 자기는 아직 한 번도 헤픈 약속을 해본 일이 없다고 맹세까지 하는 것이었다. 우리는 다시 그 방으로 돌아왔다.

"당신은 참 친절한 분이에요."

시치미를 뚝 떼고 이렇게 대답하는 당신의 모습이 너무도 예뻤다고 그녀에게 말했다. 그리고 나서 나는 우리의 작은 에덴 동산이 비치는 거울 속에서 입을 일그러뜨리고 이빨까지 악물고 있는 찌푸린 얼굴의 나를 보았다. 의무감에 불타던 모니크는, 잠자리에 들기 전에 내가 자기에게 키스할 생각을 가지고 있다면 두껍게 바른 빨간 립스틱을 지워버려야 되는지, 아니면 그냥 두어도 되는지를 알고 싶어했다. 물론 나는 키스할 생각이었다. 나는 과거에 어떤 젊은 아가씨와 가졌던 것보다도 더욱 철저하게 나를 그녀에게 조화시켰다. 긴 속눈썹을 가진 모니크와 보냈던 그날 밤 나의 마지막 환상은, 천박하고 말할 수 없이 형편없는 나의 애정 편력에선 좀처럼 찾아볼 수 없는 즐거움의 기억으로 남아 있다. 그녀의 등 뒤에 바짝 붙어서 쿵쿵거리고 걷는 험버트, 험버트와 함께 이슬비가 내리는 4월의 밤을 바쁜 걸음으로 돌아다니던 그녀에게 보너스로 50프랑을 더 주자 그녀는 무척이나 즐거워했다. 상점의 진열장 앞에 멈춰선 그녀는 기뻐 어쩔 줄을 몰라했다.

"스타킹을 사겠어요!"

파리의 어린애다운 입술로 스타킹의 'bas'라는 발음을 파열시키던 그녀의 입 모양이 좀처럼 잊혀지지 않는다.

그 다음날 오후 2시 15분에 나는 내 방에서 그녀와 데이트를 즐겼다. 그러나 그다지 만족스럽지는 못했다. 하룻밤 사이에 어린애다운 맛이 가시고 여성스러운 면이 강해졌기 때문이었다. 그녀에게서 옮은 감기 때문에 네 번째 약속은 취소할 수밖에 없었지만, 가슴이 메어지는 듯한 망상의 짐을 안겨주고 우울한 실망만을 씹게 했던 정서의 흐름의 줄기를 끊어버린 데 대해선 조금도 섭섭하지 않았다. 그러니 그녀는 그냥 매끄럽고 날씬한 모니크로 남겨두리라. 그저 판에 박은 듯이 평범한 젊은 창녀들 사이에서 빛을 내뿜고 있는 태만한 요정으로.

그녀와의 짧은 만남은 모든 방법을 환하게 알고 있는 독자들에겐 싱겁게 들릴지도 모르는 일련의 생각들을 연이어 꼬리를 물게 만들었다. 삼류 잡지에 난 광고를 보고 나는 어느 날 용감하게 마드모아젤 에디트의 사무실을 찾아갔다. 그녀는 때가 덕지덕지 묻은 앨범 속에서, 포즈를 잔뜩 취하고 찍은 사진들을 펼쳐보이며 마음에 드는 사람을 골라보라고 했다(나를 보세요. 아름다운 이 검은 머리를!). 앨범을 옆으로 밀어붙이면서 가까스로 입 밖에 꺼냈을 때, 그녀는 내게 문을 열어주려고 했다. 그러나 그녀는 곧 돈은 얼마 정도 준비해가지고 왔느냐고 묻더니 내가 들어갈 곳을 친절히 가리켰다. 다음 순간 익살맞은 프로방스 악센트가 섞인 말투에다 자줏빛 입술 위에 거뭇한 수염까지 난 기관지 천식을 앓는 여자—화려한 화장을 하고, 수다스러우며, 마늘 냄새까지 풍기는—가 분명히 그녀의 방인 듯한 곳으로 나를 데려갔다. 그곳에서 그녀는, 자기 상품에도 산뜻한 봉오리 같은 품질이 있음을 보여주기 위해 불쑥 솟아오른 통통한 손가락 끝에 폭발적인 키스를 퍼부은 후 연극 공연 때처럼 커튼을 한쪽 구석으로 끌고 갔다. 괴물같이 뚱뚱하고, 혈색도 나쁘고, 옆에도 가기 싫을 정도로 못생긴 여자아이 하나만 있을 뿐 그 방은 텅 비어 있었다. 열다섯 살 쯤 돼 보이던 그 아이는 앙증맞게 땋아 내린 시커멓고 두꺼운 머리 위에 빨간 리본을 달고 의자에 앉아서, 머리가 벗겨져 나간 대머리 인형을 만지작거리고 있었다. 내가 머리를 가로저으며 덫으로부터 빠져나갈 구실을 꾸며대자, 그녀는 뭐라고 빠르게 지껄여대며 작달막한 허리통에서 더러운 옷을 벗기 시작했다. 그러다가 그곳을 떠나려고 마음을 굳힌 나를 보더니 그녀는 화대를 요구했다. 방 끝에 붙어있는 문이 열리고, 주방에서 식사를 하고 있던 두 남자가 우리들 말씨름에 끼어들었다. 그들은 매우 가무잡잡한 얼굴에 목을 다 드러내놓아 볼품이 없었는데 한 사람은 어두운 안경을 끼고 있었다. 그들 뒤에는 조그마한 소년과 오리걸음으로 아장아장 걸어다니는, 온통 더럽혀진 아기가 숨어 있었다. 화가 난 여자 뚱쟁이는 안경 쓴 사내를 가리키며 그가 경찰에 있던 사람이라고 말했다. 그래서 난 할 수 없이 시키는 대로 따랐다. 나는 마리—그녀에겐 스타 같은 이름이었다—에게로 갔다. 그녀는 아기가 인형을 안아 일으키는 동안 부엌

테이블에 놓인 스툴 위로 무거운 엉덩이를 옮겨 놓으며 먹다 만 수프를 다시 먹기 시작했다. 갑자기 연민이 느껴져, 바보 같은 제스처로 그녀의 무관심한 손에 지폐 한 장을 쿡 찔러주었다. 그녀는 내 선물을 다시 전직 형사에게 넘겨주자 나는 드디어 풀려났다.

7

그 뚱쟁이의 앨범이 '데이지의 화환'과 또 다른 연관이 있었는지 없었는지는 잘 모르겠다. 그러나 바로 얼마 뒤 나는 나 자신의 안전을 위해서 결혼하기로 결심했다. 규칙적인 생활, 집에서 만든 음식, 침대에서 행해지는 상투적 절차, 혹시 생길지도 모를 도덕심 또는 정신적인 보조자라는 생각의 꿈틀거림, 이러한 것들이 모두 나에게 유익한 것이 되리라 생각했다. 타락하고 위험스런 나의 욕망으로부터 몸과 마음이 깨끗해지지 않는다 하더라도 적어도 그것들을 평화롭게 조절해나갈 수 있을 거라는 생각이 들었기 때문이었다. 아버지가 돌아가신 후 내 앞으로 돌아왔던 유산이 조금 있었고(미라나 호텔을 오래 전에 처분했으므로), 약간 야수 같은 면은 있었지만 빼어난 나의 용모 때문에 신부감 물색을 얼마든지 할 수가 있었다. 신중한 다짐을 거듭한 끝에 나는 폴란드 의사의 딸을 선택하기로 마음 먹었다. 그는 자꾸만 계속되던 나의 현기증 증세와 심장병을 우연히 치료해주었던 좋은 사람이었다. 우리는 장기를 두었다. 그의 딸이 그녀의 이젤 뒤에서 나를 바라보고 있었다. 그녀가 그려놓은 나의 눈동자와 손가락 관절은, 그 당시 재주를 갖춘 미혼 여성들이 라일락이나 양 대신에 그리던 소위 입체파에 속하는 졸작이었다. 다시 한번 조용히 반복하면, 나는 지금도 물론 그렇지만, 드물게 잘생긴 남자였다. 동작이 느리고, 키가 훤칠하고, 부드럽고 검은 머리와 우울한 행동, 그러나 그랬기 때문에 더욱 유혹하는 힘이 넘쳤다. 유별나게 왕성한 생식력을 갖고 있는 남자가 그것을 감추다 보면, 그 남자의 용모는 음산하며 또 그가 감추려고 하는 그 무엇이 한곳으로 몰려 있는 듯한 인상을 갖게 하는 경우가 가끔 있다. 바로 내 경우가 그러했다. 손가락 끝만 까딱하면 내가 점찍은 여자들을 손에 넣을 수 있다는 사실을 나는 너무도 잘 알고 있었다. 정말이지 여자들을 정중히 다루지 않는 것이 거의 버릇이 되다시피 했기 때문에, 여자들이 차가운 나의 무릎 위에 쓰러지거나 하는 일은 없었다. 내가 만약 겉모양만 번지르르한 여자를 좋아하는 성격이었더라면, 나에게 덤벼들었던 그 많고 많은 미인들 중에서 발레리아 정도는 비교도 안 되는 황홀한 여자를 쉽게 골라잡았을 것이다. 그러나 너무 늦게야, 나의 선택은 생각해볼수록 그 본질이 비참한 타협이었다는 생각이 들었다. 그 모든 것은 성 문제에 있어서만은 험버트가 얼마나 지독하게 어리석고 가련한 사람인가를 드러낼 뿐이었다.

8

나 자신에게 마음의 안정을 줄 수 있는 상대를 찾았을 뿐이라고 말했지만, 내가 발레리아에게서 정말로 매력을 느꼈던 대목은 그녀가 어린 소녀를 닮았다는 점이었다. 그것은 그녀가 내 취향을 알아차려서가 아니었다. 그녀의 스타일이 원래 그랬다. 그래서 나는 그 점에 빠졌던 것이다. 사실 그녀는 삼십 고개를 바라보고 있었다. 나는 한 번도 그녀의 신상카드에서 그녀의 정확한 나이를 본 일이 없었다. 그리고 그녀는 남들이 알아볼 수 없는 곳에 자기의 처녀성을 감추고 있었다. 나 역시 그녀에겐 순진하게만 대했는데 그것은 변절자만이 할 수 있는 일이었다. 그녀는 솜털이 보송보송한 장난꾸러기처럼 보였다. 옷도 말괄량이같이 입었던 그녀는 미끈한 다리를 언제나 다 내놓고 다녔다. 입을 삐쭉거리기도 하고, 보조개를 짓기도 하고, 장난치며 놀기도 하고, 어떨 땐 숙녀복을 입고 설치기도 하면서, 그녀는 넘실대는 짧은 금발을 아주 귀여우면서도 흔히 볼 수 있는 모습으로 흔들어댔다.

시청에서의 짧은 예식을 끝내고 나는 세를 낸 새 아파트로 그녀를 데려갔다. 그리고 나는 그녀를 만지기 전에, 어느 고아원 벽장에서 몰래 훔쳐내온, 여자아이들이 잠잘 때 입는 무늬 없는 나이트 셔츠로 갈아 입혔다. 그녀는 약간 어리둥절해했다. 신혼 첫날밤에는 그런 대로 재미가 좀 있었다. 그러나 동이 틀 무렵의 나는 히스테리 발작을 일으키는 백치가 되어 있었다. 본색이 드러났던 것이다. 염색한 고수머리는 시커먼 밑둥을 드러냈고 솜털은 민대머리 위의 가시로 변해 있었다. 뿐만 아니라 한시도 가만히 못 있는 그녀의 축축한 입은 내가 사랑을 채워 넣어주려고 무던히도 노력했건만, 보물처럼 모셔놓은 두꺼비처럼 그녀의 죽은 엄마 초상화 속의 입과 꼴사납게 너무나도 꼭 닮아 있었다. 그리고 보니 험버트 험버트가 팔에 안고 있는 것은 창백한 어린 거지 소녀가 아니라 커다랗고 뚱뚱하며 다리는 짤막하고, 가슴은 크고 머리는 나쁜 바바(건포도를 넣은 카스테라)였다.

이와 같은 상태가 1935년부터 1939년까지 4년 동안이나 계속되었다. 그녀에게서 단 한 가지 마음에 들었던 것은 그녀의 말수가 적었다는 사실이다. 그래서 그것은 누추하고 작은 우리 아파트에 야릇한 느낌의 안락함을 조성하는 데는 지대한 공헌을 했다. 방 둘, 안개 긴 경치가 내다보이는 창문과 벽돌담이 보이는 창문, 자그마한 부엌, 구두 모양으로 생긴 욕조. 나를 찌르려 덤벼드는 목덜미가 하얀 아가씨는 없었지만 욕조 속에서 나는 프랑스혁명 때의 지도자, 마라처럼 느끼곤 했다. 우리 둘은 꽤나 아늑한 저녁을 함께 보냈다. 그녀는 파리의 저녁에 깊이 취하고, 나는 흔들거리는 테이블에서 일을 했다. 우리는 영화도 보러 가고 자전거 경기와 복싱 시합에도 갔다. 나는 재미없는 그녀의 육체는 건드리지 않았다. 대단히 적막하거나 대단히 절망적인 경우만 제외한다면. 맞은편 반찬가게에 나이 어린 딸이 하나 있었는데 그 아이의 그림자만 보면 나는 미칠 것 같았다. 그러나 나는 결국 발레리아의 도움을 얻어 궁지에서 빠져나갈 합법적인 출구를 마련해놓았다. 요리에 대해서 말한다면, 우리는 요리를 그만두고 거의 모든 끼니 때마다 보나파르트의 사람들로 북적대는 곳에 가서 식사를 했다. 테이블보 위에는 술 얼룩이 묻어 있고, 외국말로 중얼대는 소리가 끊이지 않고 들려오기 일쑤였다. 미술품을 팔던 우리 옆집의 장사치는 초록·빨강·노랑·감색 등의 화려하고 눈부신 옛날 미국 우표를 창문에 현란하게 늘어놓았었다. 거대한 높은 굴뚝과 괴상하게 생긴 커다란 램프와 어마어마한 카우 캐처(기관차의 장애물을 치우는 장치)가 달린 기관차가, 자줏빛 객차를 세차게 잡아 끌며 폭풍우 몰아치는 초원의 밤을 뚫고 달린다. 불똥으로 얼룩진 시커먼 연기와 구름을 한데 섞어버리며.

눈앞에 갑자기 나타나는 이 풍경들. 1939년 여름, 미국에 살던 큰아버지는 내가 미국에서 거주하며 자기의 사업을 이어받는다는 조건으로, 연수익 수천 달러에 이르는 돈을 나에게 유산으로 남겨주고 돌아가셨다. 나에겐 더없이 반가운 소식이었다. 그렇지 않아도 내 생애에 어떤 격변이 있어야겠다고 느껴오던 터였다. 그뿐만 아니었다. 결혼 생활의 안락함을 맛보고 있는 플러시 천 양복 바지에 좀이 슨 구멍이 엿보이기 시작했던 것이다. 그 후 몇 주일 동안 나는 나의 뚱뚱보 발레리아가 평소의 그녀답지 않다는 것을 줄곧 느꼈다. 괜히 싱글벙글거리는 것이 어딘가 불안한 기색이었으며, 때로는 안달대는 모습을 보이기도 했다. 그것은 그녀가 항상 지니고 있던 본래의 성격과는 도무지 어울리지 않는 것이었다. 내가 그녀에게 우리는 곧 뉴욕으로 가야 한다고 말하자 그녀는 몹시 괴로워하며 당황하는 빛을 보였다. 그녀의 서류를 꾸미는 데는 여러 가지 골치 아프고 귀찮은 문제점들이 있었다. 그녀는 남편이 가지고 있는 어엿한 스위스 시민권으로도 쉽사리 해결이 되지 않는 난센(1861~1930 노르웨이의 북극 탐험가)—난센스라고 말하는 편이 차라리 좋겠다—여권(국제연맹이 발급한 피난민 여권)을 가지고 있었다. 그래서 나는 이 일이 행정관할구역에 가서 줄을 지어 차례를 기다릴 필요가 있는 일임을 알았다. 미국이라는 곳은 작은 아이들과 커다란 나무들이 많은 나라이며 그곳에선 단조롭고 지루한 파리에서보다 훨씬 더 나은 생활을 할 수 있을 것이라고 끈기를 갖고 그녀에게 설명해주었지만, 형식상의 다른 수속 절차들이 그녀를 완전히 녹초로 만들어버렸다.

어느 날 아침 우리는 관공서 건물을 걸어나오고 있었다. 그녀의 서류도 거의 다 되어가고 있었다. 내 옆에서 어기적거리며 걷던 발레리아가 말 한마디도 하지 않고 푸들 같은 머리만 마구 흔들어댔다. 나는 잠시 그대로 두고 보았다. 그러고는 혹시 가슴속에 하고 싶은 얘기라도 있느냐고 물어보았다. 그녀가 대답했다.

"저에게 다른 남자가 생겼어요."

남편으로선 차마 못 들어줄 말이 그녀의 입에서 나왔다. 나는 멍해졌다. 고백한다. 그렇다고 정직한 속물이 하는 짓거리처럼 길바닥에서 늘씬하게 때려줄 수도 없는 일이었다. 고통을 안으로만 숨기고 살아온 지난 몇 년이 나에게 사실 초인적인 자제력을 길러주었던 것이다. 그래서 나는 커브길을 따라 살며시 다가오던 택시 안으로 그녀를 밀어넣었다.

그런 대로 비교적 은밀한 장소였다. 나는 그녀에게 함부로 내뱉은 조금 전의 그 말을 다시 자세히 얘기해보라고 타일렀다. 점점 치밀어오르는 분노 때문에 나는 호흡까지 곤란해지고 있었다. 그것은 그녀를 조금이라도 좋아해서가 아니었다. 합법적인 문제와 위법적인 문제를 모두 나 혼자 결정해야 했기 때문이었다. 그런데 웃기게도 발레리아가 비위도 좋게 자기 방식대로 나의 안락과 나의 운명을 처리해버릴 준비를 하고 있었던 것이다. 나는 그녀에게 정부의 이름을 댈 것을 요구했다. 다시 한번 물었다. 그러나 그녀는 익살맞게 받아넘기면서, 나라는 남자를 만난 자신의 불행과 즉각적인 이혼 문제에 관한 계획들을 늘어놓을 뿐이었다.

"이름이 뭐냐니까!"

주먹으로 그녀의 무릎을 내리치며 나는 마침내 소리를 버럭 질렀다. 그녀는 까딱도 하지 않았다. 대답이 너무나 간단하기 때문에 말로 할 것도 없다는 듯이 나를 노려보더니 어깨를 재빠르게 움츠리며 택시 운전사의 굵은 목을 가리켰다. 그는 어느 작은 카페에 차를 대더니 자기를 소개했다. 괴상한 그의 이름은 잊어버렸지만, 그렇게 많은 세월이 흐른 지금까지도 그의 모습은 똑똑하게 생각이 난다. 그는 육군 대령 출신으로 수염이 덥수룩하고 머리는 박박 깎아 붙인 작달막한 백러시아인이었다. 당시 파리에는 손님을 찾아 거리를 돌아다니며 영업을 하는 그런 운전사들이 수천 명이나 되었다. 우리는 테이블에 자리를 잡았다. 머리 큰 사내는 포도주를 시켰다. 그리고 발레리아는 젖은 냅킨을 무릎에 올려 놓더니 쉬지 않고 지껄여댔다. 나에게 하는 말이 아니라 내 안에 대고 하는 말이었다. 그녀에게 그런 말솜씨가 있으리라곤 꿈에도 생각하지 못했던 유창한 달변으로 그녀는 말을 쏟아놓았다. 가끔가다가 얼빠진 자기 애인을 향해 슬라브 말을 지껄여댔다. 완전히 앞뒤가 뒤바뀐 상황이었다. 대령이 미소를 띠며 발레리아의 말을 끊고 자기의 생각과 앞으로의 계획 등을 털어놓을 땐 더욱더 그러했다. 그는 지독한 사투리가 섞인 불어로 자기의 아내 발레리아와 손에 손을 맞잡고 들어가게 될 사랑과 미래의 세계를 묘사했다. 그때 그녀는 멋을 부리고 있었다. 그와 나와의 중간에서 말이다. 루즈를 칠할 때는 입술이 오므라들었고 블라우스의 가슴을 매만질 때엔 턱이 세 겹으로 겹쳤다. 그는 마치 그녀가 옆에 없는 것처럼, 마치 그녀가 자기 자신의 행복을 위해서 현명한 보호자로부터 좀 더 현명한 다른 보호자로 자리를 옮기는 어린 미성년자인 것처럼 그녀 얘기를 하고 있었다. 나의 무기력한 분노가 그때의 느낌들을 다소 과장하고 그 가치를 떨어뜨렸는지는 몰라도 이것만은 분명한 사실이다. 즉, 그가 그녀의 다이어트 방법이라든가 그녀의 월경주기, 그녀의 옷 입는 법, 그녀가 읽은 책이나 읽어야 할 책, 이러한 것들에 관해 나의 조언을 구한 사실 말이다.

그가 말했다.

"저, 그녀가 장 크리스토프를 좋아할까요?"

아, 뭘 좀 아는군요, 막시모비치 씨.

발레리아가 곧 몇 개 안 되는 그녀의 소지품을 꾸리자 순진한 대령이 그 짐을 자기 자동차로 날라다주는 친절을 베풀었다는 얘기로, 이 두서없는 이 야기를 끝내고자 한다. 직업적인 자기 위치로 돌아간 그는 험버트 부부를 그 들이 사는 집으로 태우고 갔다. 가는 도중에도 발레리아는 줄곧 입을 쉬지 않았고 험버트는 그녀를 죽여야 하는지, 그녀의 애인을 죽여야 하는지, 아니 면 둘다 죽여야 하는지, 그것도 아니면 그냥 모두 살려줘야 하는지를 갈등하 고 있었다. 언젠가 나는 학교 동기생이 소유하고 있던 권총을 한번 사용해 볼 기회가 있었는데, 그 당시는 투명한 요정인 그의 여동생과 어떻게 재미 좀 볼 수 없을까 하고 머리를 짜내던 시절이었다. 나는 발레카(대령은 그녀 를 그렇게 불렀다)를 쏘아 죽이거나, 목졸라 죽이거나, 아니면 물에 빠뜨려 죽일 만한 가치가 정말로 있는 여자인지가 의심스러웠다. 그녀는 상처가 매 우 쉽게 낫는 다리를 가지고 있었다. 그래서 나는 우리 둘만 있게 되면 곧바 로 더 끔찍한 상처를 내줘야지 하고 마음 먹었다.

그러나 좀처럼 그런 기회는 오지 않았다. 줄줄 흘러내린 눈물로 알록달록 한 무지갯빛 화장이 엉망이 되어버린 발레카는 트렁크 하나와 슈트케이스 두 개, 그리고 그것을 마분지 상자에 채워넣기 시작했다. 나는 등산화를 신 고 달려가면서 그녀의 엉덩이를 발로 차버렸으면 속이 시원할 것 같았지만, 처음부터 끝까지 떠나지 않고 주위를 왔다갔다 하던 그 대령인가 뭔가 하는 작자 때문에 생각뿐이었지 행동으로 옮기지는 못했다. 그렇다고 해서 그가 거만하게 굴었다거나 아니면 그와 비슷하게 행동한 것은 아니었다. 그와는 반대로, 한 가지 동작을 할 때마다 온갖 종류의 사과의 말을 다 동원하며— 그것도 모두 틀린 발음으로—동작을 중단하던 그의 행동은 신중하고도 정중 했다. 발레카가 목욕탕 욕조 위에 잡아맨 빨랫줄에서 그녀의 분홍팬티들을 화려하게 걷어내리자 그는 눈치 빠르게 고개를 돌리기도 했다. 그러나 어느 새 그는 그 공간을 모조리 차지하고 있는 것처럼 보였다. 자기의 구조를 아 파트의 골격에 맞추며 내 의자에서 내 신문을 읽고, 얽힌 실의 매듭을 풀고, 담배를 굴리고, 티스푼을 세어보기도 하고, 목욕탕에도 가보고, 아버지에게서 선물 받은 선풍기를 싸는 것을 도와주기도 하고, 그녀의 짐을 길까지 들어다주던 악당……. 나는 팔짱을 끼고 엉덩이 한쪽만 창틀에 걸치고 앉았다. 나는 증오와 권태로 죽을 지경이었다.

마침내 두 사람 모두 아파트를 떠나갔다. 영화에서 본 대로 그녀의 광대뼈를 손등으로 멋지게 갈겼어야 하는데 그러지는 못하였다. 그 대신 그들의 뒷통수에 대고 쾅 닫혔던 애꿎은 문 소리만 아직도 나의 모든 신경조직 속에서 여운이 되어 울리고 있다. 나는 혹시 그들이 내 영국제 화장수를 가져가지나 않았나 싶어 목욕탕으로 달려갔다. 그대로 있었다. 그러나 러시아 황제의 옛 부하가 자기의 방광을 철저히 비워낸 후 물을 내리지 않고 갔음을 발견하고 나는 심한 구역질과 함께 경련을 일으켰다. 풀어 헤쳐진 황갈색의 젖은 담배꽁초와 함께 얌전하게 고여 있는 이방인의 오줌은 나에게 다시 없는 모멸감을 안겨주었다. 나는 미친 듯이 권총을 찾아 헤맸다. 왈칵 화가 치밀어 씩씩거리며 빗자루보다 더 나은 것을 찾아 부엌을 샅샅이 뒤지기도 했다. 그러다가 나는 찾는 것을 포기하고 맨주먹으로 그를 때려눕혀 보겠다는 용감무쌍한 결정을 내리고 집 밖으로 뛰쳐나갔다. 그러나 타고난 나의 혈기에도 불구하고 나는 권투선수가 아니었다. 반면에 작달막하고 어깨가 넓은 막시모비치는 멧돼지처럼 보였다. 3년 동안이나 쓰지도 않고 부서진 상자 속에 처박아 두기만 했다가 진흙 속에 떨어뜨리고 간 그녀의 모조 다이아몬드 단추 외에는 아내가 떠난 흔적이라곤 아무것도 없었던 텅 빈 거리가, 피투성이가 될 뻔한 내 코의 사고를 막아주었는지 모른다. 그러나 나는 조그마한 복수를 했다. 어느 날 파사데나에서 온 사나이에게서 막시모비치 부인이 1945년경 아이를 낳다가 죽었다는 소식을 들었다. 그들 부부는 어렵사리 캘리포니아로 건너가게 되었는데, 그곳에서 그들은 저명한 인류학자의 1년짜리 실험의 대상이 되었다. 언제나 일정한 장소에서 바나나와 대추야자 열매 다이어트에 관한 개인별 그리고 인종별 반응을 다루는 실험이었다. 이 사실을 내게 알려준 이는 의사였는데, 그는 뚱뚱한 발레카와 이미 몸이 비대해지고 머리도 희끗희끗하던 대령이 환하게 불이 켜진 여러 개의 방(첫 번째 방엔 과일, 두 번째 방엔 물, 세 번째는 돗자리, 이런 식으로 되어 있었다)의 반질반질한 마룻바닥을, 궁색하게 쪼들린 무리들 속에서 선정되어 고용된 다른 네발 짐승들과 함께 열심히 기어다니는 것을 자기 두 눈으로 똑똑히 보았다고 했다.

나는 이 실험 결과들이 인류학 개요에는 어떻게 나와 있는지 궁금했다. 그러나 그 책은 아직 출판도 되지 않은 것 같다. 물론 이러한 과학적인 성과가 열매를 맺으려면 오랜 시일이 걸리기 마련이다. 그러나 그것이 활자로 인쇄되어 나올 때는 설명과 함께 훌륭한 사진들도 곁들여지기를 나는 바란다. 비록 교도소 도서관에서 그런 유식한 작품을 구입할 리는 전혀 없겠지만. 내 담당 변호사의 호의에도 불구하고 요사이 내게 제한된 단 한 권의 책은, 교도소 도서실의 도서선정 경향을 좌우하고 있는 어리석은 절충주의의 좋은 표본이다. 성경은 물론 있고, 디킨스도 있다. 그리고 어린이 백과사전(머리가 태양에 빛나고 있는 걸스카우트 단원들이 짧은 바지를 입고 있는 멋진 사진이 실린)과 애거서 크리스티의 《살인 발표》도 있다. 그러나 《베니스에 다시 가다, 보스턴, 1868》의 작가이며 비교적 최근에는 《무대조명 속의 그는 누구인가》를 발표한 퍼시 엘핀스토의 《이태리 방랑자》 같은 정말 별볼일 없는 한심한 책들도 많았다.

9

이혼 절차 때문에 나의 여행이 연기됐었다. 그러나 포르투갈에서 폐렴으로 고생하며 지루한 겨울을 보내고 마침내 내가 미국에 발을 들여놓았을 때는 또다른 세계대전의 암흑이 아직도 지구를 휩싸고 있을 때였다. 뉴욕으로 간 나는 운명이 내게 마련해 준, 돈벌이가 수월한 직업을 얼씨구나 받아들였다. 그것은 주로 머리를 짜내서 향수의 광고문안이나 지어내면 그만인 편한 직업이었다. 일의 일관성 없는 성격과 어찌보면 사이비 문학적인 면도 좀 있는 그러한 것이 나는 마음에 들었다. 그래서 별 뾰족하게 할 일이 없을 때는 그 일에 파고들었다. 한편, 나는 전쟁통에는 뉴욕에 있는 어느 대학으로부터, 영어를 모국어로 하는 학생들을 위한 프랑스 문학의 비교 역사연구를 끝마쳐달라는 독촉을 받았다. 첫째 권을 완성하는 데만 꼭 2년이 걸렸는데 그것도 매일 꼬박 15시간씩을 일에 매달린 것이 그 모양이었다. 그때 그 시절을 돌아보면 그것은 광활한 빛과 좁은 그림자, 이렇게 두 가지로 완전히 구분이 되어진다. 빛이란 엄청난 규모의 도서관에서 탐구라는 작업으로 위로를 받았던 것을 말함이요, 그림자란 앞에서도 여러 번 얘기한 바 있는 나의 욕망과 불면증으로 시달리고 괴로워했던 것을 말한다. 이제 나라는 사람을 안 독자는 센트럴파크에서 놀고 있는 요정들(하지만 언제나 멀기만 한)을 한번 잠깐이라도 훔쳐보고 싶어서 얼마나 내가 안달하며 또 불타 있었는지, 그리고 화려한 직업여성들에게는 얼마나 불쾌함을 느꼈는지 쉽게 상상할 수 있을 것이다. 그런저런 얘기는 이제 다 집어치우자. 지독한 신경쇠약 때문에 나는 1년 남짓 요양소 신세를 지게 되었다. 그리고 나는 다시 일로 돌아왔다. 그러나 또다시 병원에 입원하는 신세가 되고 말았다.

건강한 바깥 생활을 생각하면 조금은 위로가 되는 것 같았다. 내가 좋아하던 의사 중에 짧은 갈색 수염이 달리고 매력적이며 냉소적인 친구가 있었는데 그에게는 남동생이 하나 있었다. 그런데 그 남동생도 사람들을 이끌고 혹한의 캐나다로 원정 여행을 떠날 예정이었다. 나는 '심리적 반응의 기록 담당'으로 동행하게 되었다. 우리의 영양사였던 아니타 존슨 박사의 도움을 가끔 같이 받았던(그러나 그리 흡족한 것은 아니었다) 젊은 두 식물학자와 늙은 목수도 함께였다. 그 원정 여행의 목적이 어디에 있는지 나는 조금은 알고 있었다. 그 일에 투입된 기상학자의 수효로 감안해 볼 때, 우리는 매력있는 북극 짐승들의 잠자리를 추적하고 있었던 것 같다. 캐나다 사람들과 합류한 한 그룹은 멜빌 해협의 피에르 갑(岬)에 측우소를 세우고 또 한 그룹은 플랑크톤을 수집했다. 그리고 세 번째 그룹 역시 그릇된 방향으로 인도되어 툰드라 지대의 결핵을 연구했다. 영화 촬영기사인 버트와 언젠가 한번 허드렛일을 같이 한 적이 있는데(그에게도 역시 정신장애가 있었다), 우리 팀의 리더는(누가 정말 리더인지 한 번도 본 적은 없지만) 기후조건이 북극여우 털에 미치는 영향에 대해서만 조사하고 있다고 주장했다.

우리는 화강암으로 이루어진 조립식 주택 한가운데에 통나무로 간이 오두막을 짓고 살았다. 생활 필수품이 산더미처럼 쌓여 있었다. 리더스 다이제스트, 아이스크림 믹서기, 화학 화장실, 크리스마스에 쓸 종이모자 등등. 모든 것이 괴상망측하고 공허하고 지루하기만 했는데도 불구하고, 아니면 바로 그런 이유 때문이었는지 내 건강은 눈부시게 회복되어 갔다. 키 작은 버드나무와 지의류(地衣類) 식물 따위에 둘러싸인 데다가 속삭이는 미풍까지 스며들어 나를 정화시켰는지, 완전히 투명한 하늘(그렇게도 맑고 투명한 하늘이었지만 진짜 중요한 건 하나도 보여주지 않았다) 밑 둥근 돌 위에 걸터앉은 나는 나 자신으로부터도 떨어져 나온 듯한 야릇한 기분을 느꼈다. 나를 미치게 만드는 유혹도 없었다. 생선 비린내가 풍기는 통통하고 번들번들한 작은 에스키모 소녀들의 소름 끼치는 새까만 머리와 기니피그 같은 얼굴, 차라리 존슨 박사에게서 욕망을 느꼈으면 느꼈지 그들에게선 욕망의 '욕'자도 느낄 수가 없었다. 북극 지방엔 요정들이 없었던 것이다.

나는 빙하의 표류라든가 퇴적물에 의해 생긴 길거나 둥근 빙퇴구라든가, 또는 러시아 도시의 위성 등을 분석하고 검토하는 일은 전문가들에게 떠맡겼다. 대신 '반응'이라는, 쉽게 믿었던 것을 적어 두려고 한동안은 노력했다. 즉 예를 들면, 한밤의 태양 밑에서 꾸었던 꿈은 색채가 지극히 풍부했다든가 하는 따위. 이것은 내 친구 사진사가 확인해주었다. 나는 또한 여러 동료들에게 우리 생활에서 중요한 비중을 차지하는 많은 문제들, 그러니까 노스탤지어라든가 우리가 모르는 동물에 대한 공포, 먹는 즐거움, 야간 조명물, 취미, 즐겨 듣는 라디오 프로그램, 외모의 변화 등 여러 가지에 대한 퀴즈를 냈지만 사람들은 모두 금방 진저리를 쳤다. 그래서 나의 계획에서 나는 완전히 손을 떼어버렸다. 그때는 바닥이 드러나 보이는 아주 완벽한 거짓말로 리포트를 꾸며내던, 20개월에 걸친 차디찬 작업(한 식물학자의 우스개처럼)이 막바지에 이르고 있을 때였다. 이제 그 유별난 원정에 몸바친 대가로 얻은 '북극 탐험'이라는 것과 함께, 1945년이나 1946년경이면 출판되어 나올 《성인 심리학의 역사》라는 책을 보면 독자들도 알게 될 것이다. 온순한 의사로부터 뒷날 전해 들은 바에 의하면 그 원정의 진짜 목적은 '완전 극복'이라고 했다. 아무튼 그 목적이야 어디 있었든간에 소기의 목적은 훌륭하게 달성했다고 덧붙이고 싶다.

문명권으로 돌아온 직후 내가 또다시 정신이상의 발작(잔인한 단어나 갖다붙여야 어울릴 우울증과 참을 수 없는 압박감)을 일으켰다는 얘기를 들으면 독자들은 애석하게 생각할 것이다. 내가 완전히 회복될 수 있었던 것은 순전히 그 비싼 요양소에 수용되어 있는 동안에 있었던 나의 어떤 발견 때문이었다. 나의 발견이란 다름 아닌, 정신과 의사들을 가지고 놀면 건강한 즐거움을 맛볼 수 있는 거리가 무궁무진하게 많다는 것이었다. 그들을 교묘하게 유도하며, 내가 장사의 비결을 몽땅 알고 있다는 것은 절대로 눈치 채지 못하도록 하고, 가장 순수하고 모범적인 스타일의 꿈 얘기만 일부러 정성들여 지어내어 그들에게 들려주고, 날조한 첫 장면으로 그들을 못살게 구는가

하면, 성적인 상태는 눈꼽만큼도 들여다보지 못하도록 그들을 주물럭거렸다. 간호사에게 뇌물을 먹이고 서류철을 뒤져 훔쳐본 나의 카드에는 '잠정적 호모섹스' 그리고 '완전 성불능'이라고 적혀 있었다. 장난은 아주 출중한 것이었다. 그러나 결과만은 신통찮아서, 몸이 완전히 회복이 된 후에도(잠을 잘 자고 먹기도 여학생같이 잘 먹었다) 나는 한 달을 꼬박 더 병원에 있어야 했다. 그래서 나는 병원에 새로 들어오는 세력있는 환자(은퇴한 명사. 아니, 틀림없이 발광한)의 인기를 얻는 즐거움을 누리기 위해 한 주일을 더 묵기로 했다.

10

퇴원하고 바로 뉴잉글랜드 교회와 잠자는 듯 평화로운 작은 마을(느릅나무, 하얀 교회)을 여기저기 돌아다니면서 나는 그동안 모아 둔 한 상자 가득 들어찬 노트들과 씨름을 하고, 때로는 가까운 호수에 나가 헤엄을 치기도 하면서 딴에는 꽤나 학구적인 여름을 보낼 수 있었다. 나는 다시 일에 흥미를 느끼기 시작했다. 다름아닌 학문연구이다. 또 한 가지, 큰아버지가 돌아가신 후 향수 제조사업을 이어받아 열심히 뛰던 나는 그땐 이미 거의 활동을 하지 않고 있었다.

큰아버지가 전에 데리고 있던 직원 중의 한 사람—그는 뼈대 있는 집안의 자손이었다—이, 궁색한 살림을 꾸려나가고 있는 맥쿠라는 자기 사촌이 있는데 그와 그의 아내는 2층을 세들이고 싶어하니 나에게 그 집에서 몇 달만 지내보지 않겠느냐고 제의해왔다. 그는 또 그들 부부에겐 이제 젖먹는 아기와 열두 살 난 아이, 이렇게 딸만 둘이라는 얘기, 아름다운 정원도 있는데 멋진 호반에서 그리 멀지 않은 곳이라는 얘기도 해주었다. 그래서 나는 어디 한 군데 흠잡을 데 없이 완벽한 것 같군, 하고 말했다.

나는 그 부부에게 편지를 써서 내가 가정이라는 끈에 길들여진 사람이라는 것을 우선 인식시켰다. 그러고는 내가 불어를 가르쳐주고 험버트 식으로 귀여워해 줄 요정은 과연 어떤 모습을 하고 있을까, 갖가지 상상의 나래를 펴며 기차간에서 매우 공상적인 하룻밤을 보냈다. 새로 산 값비싼 가방을 들고서 내려선 장난감 같은 간이역 대합실에는 마중나온 사람이라고는 아무도 없었다. 전화를 걸어도 아무도 받지 않았다. 그런데 마침내 넋이 나간 듯한 맥쿠가 젖은 옷을 입은 채 자기 집이 불에 타버렸다는 소식을 가지고, 초록과 분홍 일색인 람스데일의 유일한 호텔에 그 모습을 나타냈다. 아마 모르긴 몰라도 그것은 밤새 내 혈관 속에서 들끓고 있었던 반란과 때를 같이했던 것 같다. 그는 자기 가족들을 자기네 농장으로 대피시켰고, 자기 아내의 친구이며 론가 342번지에 살고 있는 헤이즈 부인이 나를 받아주기로 했다고 말했다. 헤이즈 부인의 맞은편 집에 살고 있는 어느 부인이 맥쿠에게 그녀의 리무진을 빌려주었는데, 차 뚜껑이 사각형으로 생긴 멋들어진 구형의 자동차로 쾌활한 흑인 운전수까지 딸려 있었다. 그러나 내가 이곳에 온 유일한 이유가 사라져버리자 이미 말한 모든 것이 그만 뒤죽박죽이 돼 버리는 것 같았다. 좋다, 어차피 그의 집은 처음부터 깡그리 다시 지어 올려야 하니까. 보험이라도 많이 들어놓지 않았을까? 나는 슬그머니 부아가 치밀었다. 실망도 크고 지겹기도 했지만 나는 예의 바른 유럽인이라, 론 가로 가는 것까지 거절할 수는 없었다. 그 차를 타고 가며 나는 속으로, 만약에 불이 나지 않더라도 맥쿠는 또 다른 그럴 듯한 이유를 만들어 나를 따돌렸을 것이라고 생각했다. 나는 그가 부리나케 가버리는 것을 보았다. 나를 태우고 가던 운전수는 낄낄거리며 머리를 가로저었다. 가는 길에 나는 어떤 상황이 되어도 람스데일에는 머물지 않도록 하고 바로 오늘 중으로 버뮤다나 바하마, 아니면 블레이즈로 떠나자고 맹세하고 있었다. 총천연색 해변의 방향(芳香)과 아름다운 소리들이 벌써 오래 전부터 내 척추를 타고 흘러내리고 있었다. 그런데 맥쿠의 사촌이, 물론 그는 호의에서 그런 것이었지만 나의 이러한 일련의 생각들을 돌려놓았으니, 완전히 어처구니없는 제의를 한 꼴이 되고 말았다.

론 가로 접어들며 급하게 굽은 모퉁이를 돌다가 우리는 하마터면 똥강아지를 칠 뻔했다(그중의 한 마리는 숨어서 자동차를 기다리고 있었다). 저만큼의 거리에, 섬뜩하게 하얀 골격의 헤이즈의 집이 나타났다. 하얗기보다는 낡고 거무스름해 보이는 회색에 더 가까웠다. 나는 운전수에게 팁을 주면서 가방이 있는 호텔로 빨리 되돌아 나가자고 했지만, 그는 웬 늙은 여자가 현관에 나와 자기를 부르고 있는 길 건너편에 차를 갖다대는 것이었다. 나는 할 수 없이 초인종 단추를 눌렀다.

흑인 하녀가 문을 열어주었다. 그녀는 나를 문간에 세워둔 채 무엇이 타고 있는 부엌을 향해 급히 들어가버렸다.

현관의 홀은 초인종과 장삿속 빠른 멕시코 사람들이 만들어 파는 나무 제품, 그리고 미술가인 체하는 중산층의 사랑을 한몸에 받고 있는 반 고흐의 아플레시엔느 등으로 우아하게 꾸며져 있었다. 오른쪽으로 삐죽이 열린 문틈으로 거실이 대충 들여다보였는데, 유리문이 달린 구석의 진열장 속에는 멕시코제 물건 나부랭이들이 들어 있었으며 줄이 쳐진 소파는 벽을 따라 놓여 있었다. 계단은 현관 복도 끝에서 시작되고 있었다. 나는 이마의 땀을 닦으며(그제서야 나는 바깥 날씨가 무척 덥다는 것을 느꼈다) 무언가를 쳐다보고 서 있었는데, 그것은 참나무로 짠 커다란 궤 위에 놓인 낡은 회색 테니스공이었다. 그때 층계 윗부분에서 헤이즈 부인의 노래하는 듯한 콘트랄토 음성이 들려왔다. 그녀는 층계 난간에 비스듬히 몸을 기대고서 '험버트 씨세요?' 하고 물었다. 담뱃재가 그곳에서 떨어져 내려왔다. 그러더니 이번에는 부인이 몸소—샌들, 밤색 반바지, 노란 실크 블라우스, 네모진 얼굴, 이런 순서로—계단을 밟아 내려왔다. 그녀의 두 번째 손가락은 여전히 담배를 톡톡 건드리고 있었다.

귀찮은 일을 빨리 끝마치기 위해서는 그녀에 대한 설명을 지금 당장 해버리는 게 좋을 듯싶다. 그녀는 삼십대 중반이었다. 빛나는 이마와 보통이 아니게 생긴 눈매하며 꽤 수수하게 차리고 있었지만 그렇다고 매력이 없는 것도 아닌 그녀의 용모는, 어딘가 모르게 마를렌느 디트리히를 어렴풋이 닮아 있었다. 구릿빛이 도는 갈색 머리에 손을 대며 그녀는 나를 응접실로 안내했다. 우리는 잠깐 동안 맥쿠의 집에 난 불에 대해서, 그리고 람스데일에 사는 이점에 대해서 얘기를 나누었다. 매우 커다랗고 바다와도 같은 그녀의 초록 눈동자는 내 온몸 위를 굴러다니고 있었다. 내 시선만은 조심스럽게 피해 가면서. 웃을 때는 한쪽 눈썹이 괴상하게 당겨 올라갔다. 그녀는 연신 지껄이며 소파에서 몸을 일으켰다. 그러고는 거의 발작적으로 세 개의 재떨이와 가까운 벽난로를 향해 쏜살같이 달려가는 것이었다(벽난로 위에는 다 먹고 버린 사과 속이 얹혀 있었다). 그녀는 두 다리를 꼬고 다시 자리에 앉았다. 그녀는 분명 세련된 말씨로 독서회라든가 브리지 클럽 또는 대단한 인습에 대해 비방이나 일삼는 그런 부류의 여자들 중의 한 사람임에 틀림없었다. 유머라고는 조금도 없는 여자들, 응접실에서 오갈 수 있는 여러 가지 대화의 내용에 대해선 마음속으로 전혀 무관심한 여자들, 그러나 그러한 대화의 규정에 대해서만은 까다롭게 구는 여자들. 만에 하나라도 내가 그녀의 집에서 하숙을 하게 되는 경우, 하숙생을 치는 이유와 그 뜻하는 바를 그녀는 나에게 순서적으로 행사할 게 뻔했으며, 그렇게 되면 나는 내가 그토록 편히 알고 있는 그런 귀찮고 지루하기 짝이 없는 일에 또다시 얽혀들 것이 너무도 눈에 보이는 듯했다.

그러나 내가 그 집에 눌러앉을 염려는 없었다. 너덜거릴 정도로 더럽혀진 잡지가 의자마다 널려 있고 소위 《기능적인 현대식 가구》라고 하는 제목의 희극과, 오래되어 삐걱대는 흔들의자와 꺼진 램프가 올려져 있는 맑은 램프 테이블의 비극이 공존하고 있는 그런 집 안에서 내가 결코 행복해질 수 없을 것은 뻔했다. 나는 이층 왼쪽의 내 방으로 안내되었다. 방을 휘 돌아보는 동안 나는 심한 구토를 일으켰다. 그리고 침대 위에 르네 플리네의 '크로이체르 소나타'가 걸려 있는 것을 보았다. 게다가 하녀 방을 '세미 스튜디오'라고 불렀다! 밥값과 숙박비로 욕심이 뒤룩뒤룩한 여주인 딴에는 낮게 요구한 금액을 얼토당토 않다는 듯, 그리고 재수 없다는 듯 잠시 생각해보는 시늉을 지으며 나는 혼자 속으로 이렇게 말했다. 당장 이 집을 나가자.

그러나 낡아빠진 옛날 풍습의 예의라고 하는 것 때문에 나는 또 할 수 없이 시련을 계속 감수해야만 했다. 우리는 계단 옆의 넓은 곳을 지나 집의 오른쪽으로 갔다('저와 로의 방이 있는 곳이지요'—로라면 아마 하녀를 말하나 보다). 층계 중간의 넓은 장소와 '로'의 방 사이에 있는 작은 장방형의 목욕탕을 둘러보러 갔을 때, 꽤나 결벽증이 심한 나는 물에 젖어 축 늘어진 빨래들이 욕조 위에 걸쳐져 있는 것을 보고 그만 그녀가 보는 앞에서 숨길 사이도 없이 몸서리를 치고 말았다. 고무뱀의 코일과 그 몸통이라도 튀어 나올 것만 같았다. 핑크빛 보온 커버가 부끄러운 듯 변기의 뚜껑을 덮고 있었다.

"그다지 마음에 안 들어하시는 것 같군요."

그녀는 내 소매 위에 자기 손을 잠시 얹었다. 그녀의 태도에는 쌀쌀맞은 건방짐과—내 생각으로는, 소위 '자신감'이라고 불리는 흐름—부끄러움 그리고 슬픔이 뒤섞여 있었는데, 그녀 딴에는 단어를 골라 쓴다고 하는 것이 오히려 '말'을 가르치는 교수의 억양처럼 아주 부자연스러운 것이 되었다.

"그리 깔끔한 환경은 못 된다는 것, 저도 인정해요. 그렇지만 제가 책임지겠어요(그녀는 내 입술을 바라보고 있었다). 편하게 지내실 수 있도록 말이에요. 아주 편안하게, 정말 그렇게 하겠어요. 정원을 보여드리고 싶어요."
(마지막 말은 좀 명랑하게, 그리고 애교 있는 목소리를 약간 높이며.)

나는 마지못해 그녀를 따라 다시 아래층으로 내려갔다. 홀의 끝, 그리고 집의 오른쪽에 위치하고 있는 부엌을 지나갔다. 식당과 응접실도 그쪽에 있었다(내 방 밑에는 차고밖에 없었다). 부엌에서 토실토실하게 살이 오른 젊은 흑인 하녀가 커다랗고 번들번들한 검은 지갑을 들고 뒷문으로 통하는 문간에 서서 이렇게 말했다.

"마님, 지금 가야겠어요."

"그래, 루이즈."

헤이즈 부인은 가느다랗게 한숨을 지으며 대답했다.

"금요일에 계산해 줄게."

자그마한 식료품 곳간을 지나 우리는 식당으로 들어갔다. 이미 봤던 응접실과 평행을 이루고 있는 곳이었다. 나는 바닥에 하얀 양말 한 짝이 떨어져 있는 것을 보았다. 그녀는 한숨을 내쉬고 투덜거리며 멈춰서지도 않고 허리를 구부리더니, 식료품실 바로 옆에 붙어 있는 벽장 속으로 그것을 휙 집어던졌다. 나는 들어있는 것이라곤 서양 오얏의 반짝이는 씨밖에 없는 꽃병이 한가운데 놓여 있는 마호가니 테이블을 그저 건성으로 훑어보았다. 그리고 호주머니 속의 시간표를 더듬어 찾았다. 몰래 그것을 꺼내서 재빨리 기차시간을 보았다. 나는 여전히 헤이즈 부인의 뒤에 서서 식당을 지나고 있었다. 그때였다. 갑자기 푸른 잎사귀라도 돋아나는 것 같았다. '복도!' 라며 앞서 가던 부인이 소리를 질렀다. 그러더니 예고 한마디 없이, 푸른 파도가 나의 가슴 밑바닥에서 높아지고 있었다. 햇빛이 고여 있는 문간에서, 반절은 옷을 벗은 채 무릎을 꿇고 앉아 있다가 몸을 홱 돌리며, 나의 리비에라(지중해 제노아 만의 연안으로 프랑스의 니스로부터 이탈리아 스페지아까지의 경치 좋은 휴양지)의 사랑이 어두운 안경 너머로 나를 바라보고 있었던 것이다.

다른 아이들과 조금도 다를 바 없는 평범한 어린애였다. 연약하고, 달콤한 빛깔인 두 어깨, 매끈매끈하고 가냘프게 드러난 등허리, 그리고 밤나무빛 머리카락도 마찬가지였다. 물방울 무늬의 검은 목도리를 두른 그녀의 가슴이 나이 많은 원숭이 같은 나의 시선을 피하고 있었지만, 어느 아름다운 저녁 내가 어루만졌던, 아직 다 자라지 못한 그 어설픈 유방에 대한 어렴풋한 기억의 시선만은 피하지 못하고 있었다. 어린 공주(유괴당해 행방불명이 되고, 집시들의 누더기 옷을 걸친 그녀의 벌거숭이 몸뚱어리가 왕과 왕의 사냥개를 보고 살며시 미소 짓는)에게 동화를 들려주는 유모라도 되는 양, 나는 그녀의 옆구리에 짙은 갈색의 작은 사마귀가 있는 것을 알았다. 두려움과 즐거움이 섞여(왕은 기뻐하고, 나팔소리가 높이 울려 퍼지며, 유모는 술에 취한다), 숨을 들이마신 그녀의 귀여운 복부를 다시 쳐다보며 나는 잠시 말을 머뭇거렸다. 눈이 뒤집혔던 바로 그 마지막 추억의 날, 반바지 고무줄 자국이 섬세한 톱니 모양으로 난 곳에 내가 입을 맞추었던 저 어린애 같은 엉덩이. 그로부터 살아온 25년이란 세월이 숨을 헐떡이며 점차 가늘어지더니, 결국엔 사라져버리고 말았다.

다정하게 인사를 나누던 순간의 그 섬광, 그 전율, 그 충격을 적절한 말로 조리있게 표현해내기가 무척 어렵다는 것을 느낀다. 짐짓 어른인 체하며 그녀의 곁을 지나가면서 나의 시선이 무릎을 꿇고 앉아있는 어린아이로 슬슬 미끄러져 내려가던 순간(그녀의 눈동자는 엄숙한 검은 안경 속에서 깜박이고 있었다—나의 모든 아픔을 고쳐 주겠다던 어린 헤르 독토르), 나는 그녀의 눈부신 아름다움을 하나도 빼놓지 않고 내 영혼의 빈 자리로 빨아들이고 있었다. 그리고 죽은 아내 모습과 비교해보고 있었다.

잠시 후 그녀는, 이 새로운 나의 롤리타는, 그녀를 완전히 허물어버렸다. 내가 그녀를 발견하게 되었다는 것은 고통스러운 나의 과거 속에 존재하고 있는 그 '바닷가의 왕국'의 운명적인 귀결이었다는 것을 강조하고 싶다. 두 가지 사건 사이에 있었던 모든 일은 은밀한 탐색과 실수의 연속이었고 기쁨의 거짓 흔적일 따름이었다. 모든 것은 그것들 중의 하나였다.

그렇다고 해서 내가 환상을 지니고 있는 것은 아니다. 나를 맡은 판사들이 이 책을, 푸른 과일을 지나치게 좋아하는 어느 미친 사람이 쓴 무언극 나부랭이 정도로 취급할지도 모르겠다. 솔직히 말하자면 내 생각도 그와 똑같지만, 아무튼 지금 내가 알고 있는 것은 단지 헤이즈 부인과 함께 바람 한점 없는 정원으로 내려갔을 때 내 무릎이 물에 비친 나뭇잎처럼 떨리고 있었다는 사실과 입술이 꼭 모래 같았다는 사실뿐이다.

"아까 그애가 내 딸 로예요, 그리고 이게 제가 기르는 나리꽃들이고요."

"아, 네. 아름답군요. 정말 최고예요!"

11

증거품 2번은 검은 인조가죽의 휴대용 일기장으로 왼쪽 한 모서리에 '1947'이라는 금박 글자가 새겨져 있었다. 매사추세츠 블랭크톤에 있는 블랭크회사 제품인 깔끔한 이 일기를 나는 마치 지금 내 눈앞에 두고 있기라도 한 것처럼 얘기하고 있지만, 사실 그것은 5년 전에 이미 없어졌다. 그래서 우리가 지금 얘기하고(사진 같은 정확한 기억력 덕분으로) 있는 것은 간단한 재현일 뿐이다. 아직 털도 다 나지 않은 어린 불사조다.

나는 그것을 정말로 두 번씩 썼기 때문에 지금 이렇듯 정확하게 기억하고 있는 것이다. 처음에는 연필로(그것도 여러 번 지우고 다시 쓰고 하며) 전문 용어로는 '타이프라이터 타블렛'이라고 하는 책장에 제목들을 적어 놓았다. 그런 다음에 그것들을 아주 깨알 같은 악필로 아까 말한 새까만 작은 책 속에 다시 베껴 넣었다.

뉴햄프셔에서는 5월 30일을 단식일로 제정하고 있지만 캐롤라이나는 그렇지 않다. 그날 따라 '배가 아픈 유행성 감기'(그게 뭔지 잘은 모르지만)가 유행하는 바람에 람스데일의 학교들은 문을 닫을 수밖에 없었다. 1947년 람스데일 일간 신문의 날씨 데이터와 대조를 해봐도 좋다. 내가 지금 벗기려고 하는 그 작은 일기에는(자기가 꿀꺽 삼켜버린 노트의 내용을 보지 않고도 술술 말하는 스파이처럼) 헤이즈 부인의 집으로 짐을 옮기기 며칠 전부터 6월에 걸쳐 있던 일들이 대부분 적혀 있었다.

목요일. 매우 따스함. 유리한 지점(목욕탕 창문)에서, 사과처럼 싱그러운 햇살을 받으며 돌로레스가 집 뒤에 있는 빨랫줄의 빨래를 걷고 있는 것을 보았다. 밖을 이리저리 거닐었다. 그녀는 창살무늬 셔츠와 블루진을 입고 농구화를 신고 있었다. 얼룩진 햇빛 속에서 이루어지고 있는 그녀의 움직임 하나하나는 비천한 내 몸뚱어리 중에서도 가장 비밀스럽고 가장 민감한 현(絃)만을 퉁기고 지나갔다. 한참 후 우리는 뒷문의 마지막 계단 위에 나란히 앉아 있었다. 그녀는 두 발로 자갈을 집어 올리더니 우유병의 조각과 깡통을 향해 힘껏 팽개쳤다. 놀라운 피부. 아, 정말 훌륭했다. 부드럽고 햇빛에 그을은, 흠도 하나 없는 살결이었다. 과실이나 과즙을 넣은 아이스크림을 먹으면 여드름이 생긴다. 피부에 자양분을 공급하는 지방질이 너무 많을 때는 피부 껍질을 자극해서 이것저것에 감염되도록 만든다. 너무 지나치게 많을 때의 애기다. 그러나 요정들은 욕심부려 이것저것 다 먹어도 여드름 같은 것은 생기지 않는다. 밝은 밤색 머리카락으로 이어지는 그녀의 관자놀이 위의 저 비단 같은 반짝임. 아, 하느님, 저 극치. 먼지를 뽀얗게 덮어쓴 발목에서 팔딱거리는 저 작은 뼈. '맥쿠 씨 딸 말이에요? 지니 맥쿠요? 아, 그앤 도깨비 같아요. 심술궂어요. 게다가 다리를 절어요. 소아마비로 거의 죽어가고 있어요.' 세수하러 가기 위해 그녀가 자리에서 일어났을 때, 나는 둘둘 말려 올라간 블루진을 입고 그녀가 앉았던 자리를 멀리서 바라볼 수 있었다. 잔디밭 바깥에서 따분해 보이는 헤이즈 부인이 카메라까지 둘러매고 고행자의 가짜 나무처럼 불쑥 나타나 한참 요란법석을 떨더니(슬픈 눈동자는 위를, 즐거운 눈동자는 아래를 향하고), 계단에 앉아 안 보는 체 하는 내 모습을 뻔뻔스럽게도 찍어댔다.

금요일. 로즈라는 검은 머리의 계집애와 어딘가를 가는 그녀를 봤다. 그녀의 걸음걸이가 왜 그렇게 밉살스럽게도 나를 흥분시킬까? 어린아이인데, 그냥 어린아이일 뿐인데! 한번 분석해보자. 발가락을 살짝 안으로 오므리는 것 같았다. 무릎 아랫부분을 헐렁하게 흔들며 한발 한발 내딛는 발자국을 길게 늘이고 있었다. 질질 끄는 귀신. 매우 어린애 같으면서도, 그러면서도 창부 같았다. 험버트는 또한 그녀의 천박한 말투와 그녀의 높고 거친 음성에 밑도 끝도 없이 마음을 빼앗긴다. 얼마 후, 로즈에게 쳐보낸 그녀의 테니스공이 담을 넘어가는 소리를 들었다. 내 몸 속을 팅팅 울리며 그 리듬은 높아만 갔다.

"나 이제 가봐야 해, 안녕."

토요일. (수정을 시작하다.) 이런 일기를 쓰고 있다는 자체가 일종의 광기라는 것을 나는 알고 있지만, 그것은 내게 이상한 흥분을 맛보게 해준다. 현미경으로나 들여다봐야 보일 이 글씨를 해독할 수 있는 것은 아내뿐이다. 오늘 나의 L은 소위 '베란다'라는 곳에 나와 앉아 일광욕을 즐기고 있었는데 그녀의 엄마와 또다른 여자들이 줄곧 그녀의 주위를 떠나지 않더라는 애기를 나는 지금 몹시 상심한 마음으로 적고 있다. 물론, 나는 거기 흔들의자에 앉아 책을 읽는 척할 수도 있었다. 나는 신중을 기하며 그녀와의 간격을 유지하고 있었다. 왜냐하면 나를 마비시켰던 무섭고, 괴상하고, 가엾고, 그리고 미친 듯한 그 전율이 지극히 자연스러운 모양으로 그녀에게 접근하려는 것을 방해할지도 모른다는 생각 때문이었다.

일요일. 우리 사이엔 아직도 홍조를 띤 잔물결이 가장 순조로운 한 주일이었다. 이번에는 미리 작전을 세워 신문 한 뭉터기와 새 파이프를 물고, L이 도착하기 전에 미리 베란다 흔들의자 위에 가서 앉아 있었다. 그런데 실망스럽게도 그녀는 자기 엄마와 함께 왔다. 그들 둘은 모두 내 파이프만큼이나 새것인, 위아래가 떨어진 검정색 수영복을 입고 있었다. 나의 사랑, 나의 연인은 잠시 내 가까이에 서 있었다. 그녀는 신문의 만화란을 무척 보고 싶어했다. 그녀에게서는 자기 엄마와 거의 비슷한 냄새가 풍겼지만 그녀의 냄새가 좀 더 강렬했다. 나의 사내다움에 더욱 활기를 불어 넣었던 그 뜨거운 향기. 그녀는 어느새 내게서 신문지를 홱 잡아당겨 물개 같은 자기 엄마 옆의 매트로 가버렸다. 거기 나의 아름다움이 배를 깔고 엎드려, 눈을 부릅뜬 나의 혈액 속에서 천 개의 눈을 크게 벌리고 있었다. 약간 들어올려진 그녀의 어깻죽지, 안으로 굽은 그녀의 척추를 따라 흘러내리고 있는 장밋빛 아름다움, 검은 옷에 감추어져 부풀어오른 좁고 팽팽한 엉덩이, 여학생 같은 그녀 장딴지 사이의 해변. 말없이, 나는 중학교 1학년이 되어 그녀의 초록, 빨강, 파랑 만화책을 즐겼다. 누가 뭐래도 그녀는 가장 아름다운 요정이었다. 겹겹으로 쏟아지는 무지갯빛 광선 속에서 벌어지고 있는 이 광경을 물끄러미 바라보며 입술이 바싹 마른 채 나는 나의 욕망을 집중시켰다. 그리고 신문으로 가린 몸을 가볍게 흔들었다. 그녀에 대한 나의 의식이 만약 철저하게 집중되어 있는 것이라면 나는 당장 축복이라도 받아 마땅하다는 생각이 들었다. 그러나 꼼짝도 하지 않고 가만히 엎드려만 있는 먹이보다는 차라리 움직이는 먹이를 더 즐기는 맹수처럼, 나는 이 보잘것없는 노획물과, 신문을 읽으며 가끔씩 몸을 뒤척이는 저 소녀의 온갖 움직임을 서로 합쳐보기로 결정했다. 예를 들자면, 등허리 한가운데를 긁으려고 거뭇거뭇한 점이 박혀 있는 겨드랑이를 보이는 따위 말이다. 그런데 눈치가 없는 헤이즈 부인이 이것저것 모든 것을 망쳐놓고 말았다. 그녀는 내게로 몸을 돌려 성냥불 좀 빌려 달라고 하더니, 통속적인 사기꾼들이 만들어낸 엉터리 책에 관해 뭔가 아는 척 떠들어댔던 것이다.

월요일. 괴로움과 비애로 슬픔의 나날을 보냈다. 우리들(헤이즈 부인, 돌로레스, 그리고 나)은 오늘 오후 아워글래스 호수에 가서 해수욕을 즐기고 햇볕도 쪼일 작정이었다. 그러나 진주처럼 반짝이던 아침은 정오가 되자 그만 비로 변해버렸다. 그래서 로는 한차례 울며 불며 야단법석을 피웠다.

뉴욕과 시카고에서 소녀들의 사춘기 평균 연령이라고 하면 대강 13세하고 9개월쯤 된다. 사람마다 조금 차이는 있지만 10세부터, 때로는 더 빠를 때도 있고, 17세까지가 보통이다. 헤리 에드거가 버지니아를 손에 넣었을 때 그녀는 열네 살도 채 안 되었었다. 그는 그녀에게 대수(代數)를 가르쳐주었다. 나는 지금 그 모습을 상상하고 있다. 그들은 신혼여행을 페테르부르크에서 보냈다. 어린아이들의 성에 대한 흥미를 다룬 작가들 말마따나 어린 소녀의 감각을 휘저어놓을 수 있는 방법이 어떤 것인지를 나는 모조리 알고 있다. 깨끗이 민 턱, 근육이 툭 불거진 손, 우렁우렁 울리는 저음의 목소리, 넓은 어깨 등이다. 게다가 로가 홀딱 반한 낮은 목소리로 감상적인 노래를 잘 부르는 가수나 배우 녀석까지 닮아야 하니.

화요일. 비. 비를 맞고 있는 호수. 엄마는 쇼핑을 나갔는데, 내가 알기로는 매우 가까운 곳 어딘가에 있었다. 나 혼자 몰래 여러 번의 계략을 쓴 끝에 나는 그녀의 엄마 침대방에서 그녀와 마주칠 수 있었다. 눈에 들어간 티를 빼려고 그녀는 왼쪽 눈을 움직였다. 취해버릴 것 같은 그녀의 밤꽃 향기를 나는 진실로 사랑하지만, 며칠에 한 번씩이라도 그녀는 머리를 감을 필요가 있다고 생각한다. 하늘을 찌를 듯 솟아있는 포플러 나무 꼭대기가 비치고 있는 거울의 따뜻한 초록빛 욕조 안에 우리 두 사람은 나란히 서 있었다. 그녀의 어깨를 움켜쥐고, 부드럽게 그녀의 관자놀이를 잡았다. 그리고 그녀를 돌려 세웠다. '맞아요, 거기예요.' 그녀가 이렇게 말했다. '느낄 수 있어요.' '스위스 시골 처녀는 혀끝을 사용한대요.' '한번 해볼래?' '물론이죠.' 그녀의 말이었다. 넘치는 재기로 구르고 있는 그녀의 눈동자를 따라 나는 떨리는 나의 고통을 지긋이 짓눌렀다. '잘난 척하는 사람.' '또 다른 건' '바보 같군요.' 그녀는 다시 '아무 것도 없─' 그때 그녀는 입을 오므리고 다가오는 내 입술을 보았다. '좋아요.' 승낙하겠다는 듯이 그녀는 그렇게 말했다. 위로 쳐든 붉어진 그녀 얼굴 위로 몸을 구부려 음흉한 험버트는 파르르 떨리는 그녀의 눈꺼풀에 입술을 눌렀다. 그녀는 웃었다. 그리고 내 곁을 휙 스쳐 방에서 나가버렸다. 온 천지에 모두 내 심장소리뿐인 것 같았다. 내 일생에서 한 번도 ─프랑스에서 내 귀여운 어린 것을 가지고 놀 때에도 그렇지 않았는데, 한 번도!

밤이다. 일찍이 이러한 번민을 경험해 본 일이 없었다. 그녀의 얼굴, 그녀의 몸짓 등을 묘사하고 싶다. 그러나 정작 그러지 못하는 것이, 그녀가 가까이에만 있으면 그녀에게 치닫는 나 혼자만의 욕망이 나를 눈멀게 하기 때문이다. 나는 요정들과 함께 있는 것에 익숙해 있지 않았다. 제기랄. 눈을 감으면 영화 스틸사진처럼 그녀의 모습이 떠올랐다. 구두끈을 매느라고 앉아 있을 때 창살무늬 모직 스커트 밑으로 드러나는 그녀의 한쪽 무릎. 미끈하고 사랑스런 다리가 눈앞에 펼쳐졌다.

시간의 시인, 이것은 내가 연한 회색의 공허한 눈동자 위에 달려 있는 숯처럼 새까만 그녀의 속눈썹에, 그녀의 살짝 치켜 올라간 코 위에서 서로 균형을 이루지 못하고 있던 다섯 개의 주근깨에, 그리고 갈색 팔다리에 피어난 부드러운 솜털을 위해 지어 바친 시의 제목이다. 그러나 나는 이 시를 찢어 없앴기 때문에 생각이 나지 않는다. 케케묵은 용어로밖에 로의 용모를 그려 내지 못하겠다. 그녀의 머리카락은 붉은 갈색이라고 말할 수 있다. 혀로 핥아 먹은 빨간 캔디처럼 그녀의 입술은 붉었다. 그리고 아랫입술은 귀염성 있게 도톰했다. 아, 내가 가리개도 없는 불 밑에서 실오라기 하나 걸치지 않은 그녀의 나체를 묘사할 수 있는 여성 작가였더라면! 그러나 나는 홀쭉하게 길기만 하고, 굵은 뼈대와 짙고 시커먼 눈썹과 이상한 악센트를 가진, 그리고 소년 같은 느릿한 미소 뒤의 똥구덩이에선 괴물이 썩어 문드러지고 있는, 가슴이 털로 뒤덮인 험버트였다. 그녀는 여성 취향의 소설에 등장하는 허약 체질의 어린애는 아니었다. 나를 미치게 만든 것은 이 요정의 이중 구조였다 ─아마, 모든 요정이 다 그런지는 몰라도, 나의 롤리타에게 혼합되어 있는 어린애다운 꿈길 같은 상냥함과 일종의 요기 어린 천박함은, 광고나 잡지의 사진 속에 나오는 귀여운 들창코라든가 옛날 전원 풍경(짓밟혀 부스러진 데이지 꽃과 땀냄새가 풍겨오는)을 배경으로 찍은 한창 꽃다운 나이의 하녀들의 더럽혀진 핑크빛 같은 것에 그 근원을 두고 있었다. 뿐만 아니라 촌구석에 있는 어느 창녀촌에서 어린아이로 가장하고 있는 매춘부들에게도, 이러한 것들은 다시 사향과 진흙, 그리고 먼지와 죽음 사이로 스며나오는 지극히 정교하고 흠잡을 데 없는 상상함으로 한데 뒤섞였다. 아 하느님, 아 하느님. 그러나 가장 독특했던 것은 그녀가 이 롤리타, 나의 롤리타, 나의 낡은 욕망의 개성을 발휘시켜 주었다는 점이다. 그리하여 어디에건, 무엇이건 간에 거기에는 롤리타가 존재하게 되었다.

수요일. '저기요, 엄마한테 얘기해서 내일 아워글래스 호수에 가자고 해주세요.' 이것은 열두 살짜리 애인이 관능적으로 내게 속삭이며 말한 것을 한 자도 빼지 않고 그대로 옮겨 놓은 것이다. 그때 우리는, 나는 밖으로 나가려 하고 그녀는 들어오려고 하다가, 앞 현관에서 우연히 부딪쳤다. 오후 태양의 그림자가 셀 수도 없을 정도로 많은 무지갯빛 이삭이 찬란하게 빛나고, 그 반사광이 세워둔 자동차의 둥그런 보닛 위에서 춤을 추고 있었다. 무성한 느릅나무 잎사귀들도 널판지 벽에 하늘하늘한 그림자를 드리우고 있었다. 포플러 나무 두 그루가 펄럭이며 후드득 몸을 떨었다. 멀리서 지나다니는 자동차 소리까지도 다 들렸다. '낸시, 낸—시!' 하고 부르는 어린애 목소리. 집 안에서는, 내가 늘 '난장이 지휘자'라고 부르던 '귀여운 카르멘'이라는 레코드를 올려 놓고 음악에 대한 나의 그릇된 이해를 비웃는 척하며 롤리타가 콧방귀를 뀌고 있었다.

목요일. 어젯밤, 헤이즈 부인과 롤리타, 그리고 나, 이렇게 세 사람은 베란다에 앉아 있었다. 따스한 땅거미가 부드러운 어둠으로 짙어지고 있었다. 헤이즈 부인은 언젠가 겨울에 로와 자기가 보았다는 영화의 줄거리를 하나도 빼먹지 않고 상세하게 이야기를 막 끝낸 참이었다. 어느 권투선수가 늙고 훌륭한 사제를 만나고 나서 형편없이 타락하고 만다는 그런 내용이었다. 건장한 청년 시절에는 그도 권투선수였으며 아직은 죄인도 후려갈길 수 있는 그런 사제였다. 우리는 바닥에 쿠션을 여러 개 쌓아놓고 그 위에 앉아 있었는데 로가 그 여자와 내 중간에 있었다. 내 차례가 되자 나는 북극을 탐험했던 얘기를 신나게 지껄여댔다. 창조의 뮤즈신이 내게 소총을 건네줘, 나는 앉아 있는 하얀 곰을 맞추며 이야기했다. 아! 그러는 동안에도 줄곧 나는 L이 가까이 있다는 것에 신경을 곤두세우고 있었다. 그리고 자비로운 어둠 속에서 몸짓을 지어가며 이야기하고 있던 나는 어둠을 틈타 그녀의 손과 어깨, 그리고 그녀가 가지고 놀면서 자꾸만 내 무릎 사이로 쑤셔넣던 털과 가제로 만든 발레리나를 슬쩍 만져보기도 했다. 마침내 벌겋게 달아오른 나의 연인을 이 오묘한 애무로 완전히 옭아맸다는 판단이 들었을 때, 나는 그녀 정강이에서부터 벗은 다리에 이르기까지 구즈베리 잎새 같은 작은 솜털을 불쑥 용기를 내어 어루만지기까지 했다. 내가 지껄인 농담에 나 스스로 낄낄거리며 몸을 떨었다. 그리고 떨리는 목소리도 가다듬었다. 마음 먹고 그녀를 잽싸게 껴안아보기도 하고 익살맞은 말을 내뱉으며 그녀의 장난감을 쓰다듬어보기도 했을 때, 그녀의 따스한 머리카락이 한두 번 내 입술을 스쳐 지나갔다. 그녀 역시 한시도 가만히 있지를 못했다. 보다 못한 그녀의 엄마가 가만히 못 있겠느냐고 그녀에게 단단히 주의를 주며 그녀의 인형을 어둠 속으로 집어던져버렸다. 나는 소리내어 웃었다. 그리고 요정의 가냘픈 등허리를 타고 남자 셔츠 속의 살갗을 손으로 더듬으며 나는 헤이즈 부인에게 말을 걸었다.

그러나 나는 모든 것이 절망적이라는 것을 알고 있었다. 나는 갈망으로 죽을 지경이었다. 옷이 곧 터져나갈 것만 같았다. 어둠 속에서 그녀의 엄마가 조용한 목소리로 다음과 같이 말했을 때 나는 거의 날 듯이 기뻤다. '자, 로, 이제 자야 될 시간이구나.' '엄마한테서 고약한 냄새가 나는 것 같아요.' 로가 말했다. '그렇담 내일 소풍은 가지 못하겠다.' 헤이즈 부인이 그렇게 말하자 '여기는 자유로운 나라예요.' 로의 말. 화가 잔뜩 난 로가 빈정대며 가버린 후에도 나는 순진한 타성으로 계속 그 자리에 머물러 있었다. 헤이즈 부인은 그날 저녁에만도 벌써 열두 개비째의 담배를 태우면서 로에 대한 불만을 털어놓았다.

나이 겨우 한 살이었을 적에도 심술궂기 이를 데 없었던 로는 툭 하면 아기침대에서 장난감을 집어던지기 일쑤여서, 애꿎은 그녀의 엄마는 줄곧 쫓아다니며 그걸 주워야 했다. 못된 것 같으니라고! 그런데 이제 열두 살이 되고서도 여전히 골치덩어리라고 헤이즈 부인은 말했다. 그녀의 꿈은 언젠가 의기양양하게 걸으며 지휘봉을 빙빙 돌리는 사람이 되거나 아니면 지르박 댄서가 되겠다는 것이었다. 학교 성적은 형편없었다. 그래도 그녀는 피스키(피스키는 중서부에 있는 헤이즈의 고향이다. 람스데일에 있는 집은 그녀의 죽은 시어머니의 집이었는데, 그들이 람스데일로 이사온 지는 2년이 채 못되었다)에서보다는 새 학교에 더 잘 순응하고 있었다.

"그녀가 거기선 왜 행복해하지 못했을까요?"

"아."

헤이즈가 말했다.

"저도 잘 모르겠어요. 어려서부터 저도 그런 걸 다 겪으면서 자랐어요. 팔을 비트는 사내아이들, 책가방으로 사람을 패는 아이들, 머리카락을 잡아당기지를 않나, 가슴을 때리질 않나, 심지어는 스커트를 들추기까지 해요. 물론 자라는 아이들이 변덕 좀 부리는 건 흔히 있는 일이에요. 하지만 로의 경우는 너무 심해요. 시큰둥하고 회피적이에요. 버릇도 없고 도전적이고요. 학교친구 중에 비올라라는 이태리 아이가 있어요. 그애를 글쎄 만년필로 찔렀다지 뭐예요. 제가 뭘 말하고 싶어하는지 짐작이 가세요? 만약 선생님이, 가을까지 여기 계시게 된다면 딸애의 숙제를 좀 봐주실 수 없을까 하는데요. 모르시는 게 없는 것 같더군요. 지리, 수학, 불어……"

"아, 네, 다 압니다."

선생님께서 대답했다.

"그럼."

헤이즈는 재빨리,

"여기 계셔주시는 거죠!"

내가 원할 때는 언제라도 나의 최초의 학생을 애무할 수만 있다면 영원히라도 머물러주겠다고 소리치고 싶었다. 그러나 헤이즈 여사를 방심시킬 수는 없었다. 그래서 나는 아무것도 아닌 양 투덜거리며 사지를 쭉 폈다. 그러고는 곧 내 방으로 올라가버렸다. 그러나 그 여자는 그것으로 그칠 낌새가 전혀 아니었다. 내 방문 곁으로 살금살금 기어 올라와서 문틈에 대고 뭐라 속삭이는 소리가 났을 때, 나는 이미 차가운 침대 위에 누운 채 두 손으로 얼굴을 누르고 롤리타의 향기로운 환영들을 즐기고 있었다. 그녀는 며칠 전에 빌려간 잡지 〈글랜스와 걸프〉를 다 보았는지 그것만 확인하러 왔노라고 했다. 그녀의 방으로부터 '그거 여기 있어요.' 외치는 로의 소리가 들려왔다. 집 안에 대출 도서관이라도 차려놓은 것 같았다.

금요일. 내가 만약 이 책 속에 롱자르의 《주홍빛 틈》이라든가 레미 벨로우의 책 등에서 인용한 구절을 집어넣는다면 이 책을 내줄 출판업자들이 과연 뭐라고 할지 궁금하다. 견딜 수 없는 이 유혹의 긴장 속에, 그리고 나의 연인—나의 사랑, 나의 생명, 나의 신부—의 바로 곁에서 더 이상 이 집에 머무르다간 또다른 와해가 생겨날 것 같았다.

부풀어오르는 감정. 아일랜드 말의 저주. 지붕으로부터의 낙하. 할머니의 방문. '그 밑에서 재워야 할 아기가 어쩌면 생길지도 모른다는 은근한 기대 속에서 유티러스 씨는 두껍고 부드러운 벽을 쌓기 시작했어요.' 장물을 감추어 둔 암실 속의 자그마한 미친 남자.

내가 만일 불시에 심각한 살인이라도 저지른다면…… '만일'이라는 말에 주목하라. 그 충동은 발레리아 때와는 다른 좀 심각한 것이리라. 그 당시엔 내가 생각이 어렸음을 신중히 참작하라. 만일 언제고 나를 죽이고 싶거든 그때는 순간적인 정신 착란이 나에게 야수의 단순한 힘을 부여했었다는 이 사실 하나만을 기억하라. 나는 가끔 꿈속에서 살인을 시도한다. 어떠한 일이 벌어지는가를 아는지? 이를테면 나는 총을 잡는다. 온순한, 그리고 조용하게 흥미를 느끼고 있는 적에게 총을 겨눈다. 아, 방아쇠는 제대로 당겼건만, 총알은 마음 약한 총구에서 힘없이 바닥으로 연달아 떨어진다. 그와 같은 꿈을 꾸면서도 나는, 이제 서서히 분노로 폭발하고 있는 적에게 나의 이 커다란 실수를 어떻게 하면 감출 수 있을까 하는 그런 생각뿐이었다.

오늘 저녁식사 때의 일이었다. 어머니다운 자애로움으로 가장한 곁눈질을 로에게 슬쩍슬쩍 보내며 늙은 고양이가 나에게 말했다(나는 길러보려고 한 번도 생각해본 일이 없었던, 칫솔같이 삐져나온 작고 깜찍한 수염을 경박스럽게 설명하고 있었다).

"누군가 완전히 돌지 않은 다음에야 그러지 않는 게 좋아요."

그 말이 떨어지기가 무섭게 로가 찐 생선 접시를 밀어젖혔다. 그녀의 우유가 쏟아졌다. 그녀는 벌떡 일어나 식당을 뛰쳐나갔다.

"이런 말씀 드려서 너무 귀찮게 해드리는 게 아닌지."

헤이즈 부인이 말했다.

"만일 로가 자기 행동을 사과한다면, 내일 저희와 아워글래스 호수로 같이 수영하러 가시겠어요?"

한참 후 나는 문짝이 떨어져나갈 듯 쾅 하고 닫히는 소리와, 두 라이벌이 멋진 싸움을 벌이느라 흔들거리는 동굴에서 들려오는 여러 가지 다른 소리를 들었다.

그녀는 사과하지 않았다. 호수는 가지 않았다. 재미있었을 텐데.

토요일. 벌써 며칠째 나는 방문을 빼꼼 열어놓고 방 안에서 글만 쓰고 있었다. 그리고 오늘 드디어 덫에 걸려들었다. 필요 이상으로 안절부절 법석을 떨며, 다리를 질질 끌며, 그리고 굽실거리면서—그것은 내가 부르지도 않았는데 찾아온 자신의 어색함을 감추기 위해서였다—로가 들어왔다. 쓸데없이 꾸물럭거리며 왔다갔다하더니, 그녀는 내가 종이 위에 쓰고 있던 '악몽의 소용돌이'라는 것에 관해 관심을 나타내기 시작했다. 아, 아니다. 그것은 순수 문학을 하는 사람이 두 단락 사이에서 영감이 떠올라 얘기가 끊기고 있는 그런 것은 아니었다. 그것은 불치의 내 욕망에 관해 쓴 소름끼치는 상형문자(그녀로선 해독이 불가능한)였다. 내가 앉아 있는 책상 위로 그녀가 갈색 머리를 늘어뜨렸을 때, 쉰 목소리의 험버트는 피를 나눈 피붙이인 양 파렴치하게 그녀의 몸에 팔을 감았다. 약간 근시인지, 손에 쥔 종이를 여전히 뚫어져라 들여다보면서, 나의 천진스런 작은 방문객은 내 무릎 위에 천천히, 엉거주춤하게 앉는 자세를 취했다. 사랑스러운 그녀의 옆얼굴, 빨간 두 입술, 따스한 머리카락들과 나의 드러난 송곳니와의 거리는 거의 3인치밖에 되지 않았다. 되는 대로 아무렇게나 걸친 말괄량이 옷 속에 숨어 있는 그녀의 팔다리는 뜨거웠다. 갑자기 그녀의 목이나 아니면 예쁜 입술에 어떤 가책도 느끼지 않고 키스할 수 있을 것 같았다. 그녀도 내가 하는 대로 가만히 있으리라는 것을 알았다. 그리고 영화에서 본 대로 눈까지 지그시 감으리라는 것도. 그것보다는 뜨거운 밀크초콜릿이 든 두 개짜리 바닐라가 어쩌면 더 흔한 것인지도 모른다. 여러모로 박식한 나의 독자들에게(모르긴 몰라도 눈썹을 잔뜩 치켜올리고 있을) 설명할 수 없다. 아마 나도 모르는 사이에 원숭이 같은 나의 귀가 그녀의 숨결에서 어떤 가느다란 변화를 포착했었던 것일까—왜냐하면 그녀가 진짜로 나의 잡문을 보고 있었던 것은 아니었기 때문이다. 오, 해맑은 나의 요정이! 매력 투성이인 하숙생이 지금 하고 싶어 몸달아 있는 바로 그것을 그녀 역시 침착하게, 그리고 호기심에 가득 차서 기다리고 있었다. 영화잡지라면 오금을 못 펴는, 그리고 환상적인 확대 사진에 아예 도통해버린 현대적인 아이라면 그것을 이상하다고만 생각지는 않을 것이라고 나는 생각했다. 그리고 정력이 한창 왕성하고 잘생긴 청년이라면—그런데 그도 저도 너무 늦어버렸다. 레슬리 톰슨과 함께 지하실에서 어떤 물건을 가지고 온 수다스러운 루이즈의 목소리로 집 안이 진동하고 있었다. 조그마한 롤리타도 이 소란을 그냥 놓칠 아이가 아니었다.

일요일. 변화무쌍하고, 성질 한번 고약하고, 쾌활하고, 버릇 없고, 안하무인인 십대의 창부 같은 우아함. 새까만 나비 리본과 적당한 지점에서 그녀의 머리를 잡아매고 있는 바비 핀에서부터 균형 잡힌 장딴지 밑, 그러니까 거칠 거칠한 하얀 양말에서는 2인치 올라간 곳의 조그만 흉터(피스키에서 롤러스 케이트를 타던 사람이 그녀를 발로 차는 바람에 생긴)에 이르기까지, 머리 끝에서 발끝까지 못 견디게 갖고 싶은 그녀. 그녀는 엄마를 따라 해밀튼 씨 네 집에 갔다—생일 파티인지 뭔지 하는 곳에. 자락이 넓은 줄무늬 체크 원 피스를 입은 조숙한 귀염둥이!

월요일. 아침나절에 비가 오다. 그날 아침은 너무도 부드러운 잿빛이었다. 나의 흰 파자마 뒤에는 라일락이 그려져 있다. 나는 오래된 정원을 뽐내며 기어다니는 한 마리 나약한 거미 같다. 번쩍이는 거미집 한가운데 떡하니 버 티고 앉아서 나는 이리저리 가는 실을 뽑아내며, 꾀많은 요술쟁이처럼 의자 에 앉아 귀를 기울이며 집 안에 나의 거미줄을 치고 있었다. 로는 자기 방에 있을까? 나는 부드럽게 명주실을 잡아당겼다. 그녀는 방에 없었다. 화장실 휴지 롤러가 돌아가면서 똑똑 끊어지는 소리를 내는 것을 들었을 뿐이다. 아 직도 이를 닦고 있는 것일까? (로가 기를 쓰고 열심히 실천에 옮겼던 단 하 나의 위생 행위?) 그렇지도 않았다. 목욕탕 문이 방금 쾅 하고 닫히는 소리 가 들렸다. 그래서 나는 따뜻한 빛깔을 가진 아름다운 먹이를 찾아내기 위해 집 안의 다른 곳을 정찰해야만 했다. 이제 계단을 내려가면 명주실을 뽑아보 자. 이와 같은 방법으로 나는 그녀가 부엌에도 없다는 것을 확인했다. 냉장 고 문도 자주 열리지 않고, 지긋지긋한 자기 엄마에게(이건 내 추측이었지 만, 그녀는 오늘 아침만도 벌써 세 번째가 되는 전화를 즐기고 있었는데 무 언가 정답게 이야기를 주고받으며 즐거움을 가볍게 억제하고 있었다) 아우 성치는 소리도 없었던 것으로 보아서. 자, 다시 찾으며 기대를 걸어보자. 빛 살처럼, 나는 소리없이 응접실로 미끄러져 들어갔다. 라디오도 잠잠했다. 그 녀의 엄마는 채트필드 부인인지 아니면 해밀튼 부인인지 하는 여자와 여전 히 통화를 하고 있었다. 매우 상냥하게, 얼굴을 붉히고, 미소를 머금으며, 놀고 있는 손으로는 수화기를 떠 받치고, 다정하게 속삭이며. 이것은 맺고 끊는 맛이 분명한 그녀가 누구와 직접 만나서 얘기할 때는 결코 그러는 법이 없는 행동이었다—재미있는 소문들, 하숙생에 관해 은근한 시인을 하고 있 었다.

그런데 나의 요정은 아무리 찾아보아도 집 안에는 없었다! 가버린 것이다. 무지갯빛 찬란한 구성이라고 생각했던 것은 알고 보니 낡은 회색 거미줄일 뿐이었다. 집은 텅 빈 채 죽어 있었다. 그때 반쯤 열린 문 사이로 롤리타의 달콤하고 상냥한 웃음소리가 들려왔다.

"내가 선생님 베이컨 다 먹었다고 엄마한테 이르지 마세요."

내가 방에서 허둥지둥 나가보니 그녀는 이미 도망가버리고 없었다. 롤리타, 어디 있니? 여주인이 정성스럽게 준비한 나의 아침식사 쟁반은 곁눈질로 나를 미운 듯이 흘기고 있었다. 롤라, 롤리타!

화요일. 그 호수엔 갈 팔자가 못 되었던지 이번에는 구름이 그 소풍을 방해하고 나섰다. 운명의 장난인가? 어제 나는 거울 앞에서 새로 산 수영복을 입어보았다.

수요일. 오후에 헤이즈는 자기 친구의 친구에게 줄 선물을 사기 위해 시내에 나가려고 하는데 나더러 함께 가주지 않겠느냐고 물어왔다. 그녀 말로는 내가 옷감과 향수 고르는 데 뛰어난 안목을 가지고 있을 것 같다고 했다.

"가장 마음에 드시는 걸로 골라주세요."

그녀는 간지러운 목소리로 말했다. 향수장사를 했던 험버트인데 두말하면 잔소리지. 그녀는 정문의 현관과 자동차 사이로 나를 몰아댔다.

"빨리 서두르세요."

차에 기어 들어가려고 나의 길다란 몸뚱이를 열심히 둘로 접는데 그녀가 이렇게 말했다(그때도 나는 어떻게 빠져나가는 수가 없을까 죽도록 그 궁리만 하고 있었다). 그녀는 시동을 걸었다. 그러고는 오래 전부터 알고 있는 아퍼지트 양에게 줄 새 휠체어를 싣고 앞에서 달려오던 트럭을 보며 점잖게 욕을 퍼붓고 있었다. 그때였다. 응접실 창문에서 째지는 듯한 롤리타의 목소리가 들려왔다.

"잠깐만요! 어디 가는 거예요? 나도 갈래요! 기다려요!"

"무시하세요."

헤이즈가 크게 소리를 질렀다(액셀러레이터를 밟으며).

그러나 훌륭한 운전사에겐 참으로 안된 일이었다. 로가 어느새 달려와서 내가 앉아 있는 쪽의 손잡이를 잡아당기고 있었던 것이다.

"더는 못 참아."

헤이즈가 말했다. 그러나 로는 차에 올라 희희낙락거리고 있었다.

"엉덩이 좀 치워주세요, 선생님."

로의 말이었다.

"로!"

헤이즈는 고함을 질렀다(무례한 로를 내쫓아주기를 바라는지 그녀는 옆눈으로 나를 흘낏흘낏 쳐다보고 있었다).

"아, 저길 봐요."

로가 입을 열었다(처음은 아니었다). 그녀가 뒤로 젖혀지고, 나도 뒤로 젖혀졌다. 차만 앞으로 날뛰었다.

"도저히 참을 수 없어 ."

난폭하게 2단 기어를 넣으며 헤이즈는 말했다.

"어린애가 이렇게 버릇이 없다니. 끈기 한번 대단하구나. 자기가 끼어들어도 될지 안 될지 정도는 알아야지. 목욕할 때라는 것도 말이야."

나의 손가락들은 꼬마의 블루진 위에 놓여 있었다. 그녀는 맨발이었다. 그녀의 발톱엔 지우다 만 체리빛 붉은 매니큐어가 남아 있었고 엄지발가락에는 반창고 조각이 붙어 있었다. 아, 하느님, 그때 그 자리에서 긴 발가락과, 섬세한 뼈와, 장난기가 가득한 그 발에 입을 맞추었더라면! 갑자기 그녀의 손이 내 손 안으로 살짝 미끄러져 들어왔다. 상점까지 가는 도중 내내 나는 눈치 채지 않도록 손을 잡고 살짝살짝 두드리며 작고 뜨거운 그녀의 그 손을 꼭 누르고 있었다. 그녀의 옆얼굴이 뾰루퉁하니 입을 내밀고 있었다. 마스카라가 칠해진 그녀의 속눈썹이 팔락이고 있었다. 나는 이대로 제발 그 상점에 도착하지 말았으면 하고 기도했다. 그러나 우리는 결국 도착하고 말았다.

오늘은 기록해 둘 게 별로 없다. 이것만 제외하고는—첫째, 집으로 돌아올 때는 큰 헤이즈가 꼬마 헤이즈를 자기 뒤에 앉히고 왔다는 것, 둘째, 그래서 험버트는 잘생긴 그녀의 귀만 물끄러미 바라보고 왔다는 것.

목요일. 이 달도 어지간히 더우려는지 우리는 지금 우박과 심한 바람의 홍역을 치르고 있다. 나는 젊은이를 위한 백과사전을 뒤적이다가, 얇은 종이를 그 위에 대고 연필로 복사한 미국지도 하나를 발견했다. 그런데 그 지도 뒷면에, 그러니까 그리다 만 플로리다와 멕시코 만이 마주보고 있는 곳에 그녀가 다니는 람스데일 학교의 같은 반 아이들의 이름이 적혀 있었다. 등사기로

선명하게 찍어낸 것이었다. 그것은 지금도 내가 모두 외우고 있는 한 편의
시였다.

엔젤, 그레이스
어스틴, 플로이드
빌, 잭
빌, 메리
버크, 다니엘
바이론, 마구에리트
캠벨, 엘리스
카마인, 로즈
채트필드, 필리스
클라크, 고든
코완, 존
코완 마리온
덩컨, 월터
필터, 테드
판타지아, 스텔라
프래시맨, 어빙
책스, 조지
글레이브, 메이블
구데일, 도널드
그린, 루신다
해밀튼, 메리 로즈
헤이즈, 돌로레스
호네크, 로잘린
나이트, 케니스
맥쿠, 버지니아
맥크리스탈, 비비안
맥훼이트, 오브리

미란다, 안토니
미란다, 비올라
로자토, 에밀
슐링커, 리나
스코트, 도널드
쉐리단, 애그니스
쉐르바, 올리그
스미스, 헤이즐
탈보트, 에드거
탈보트, 에드윈
웨인, 럴
윌리엄즈, 랄프
윈드뮬러, 루이즈

　시다. 이것은 한 편의 시가 아닌가! 다른 이름들의 나무그늘 속에 장미를 호위병으로 거느린 이 '헤이즈, 돌로레스'라는(그녀!) 이름을 발견했을 때의 기분이란 너무도 묘한 것이었다. 그 많은 이름들 중에서도 유독 이 이름이 내게 안겨주는 등골이 오싹오싹한 환희를 한번 분석해보고자 한다. 거의 울음이 날 정도로 나를 흔들어놓는 것은 도대체 뭘까? 무엇이 내게 눈물(시인이나 사랑하는 사람들만이 흘리는 뜨겁고 주체할 길 없는, 우유빛 눈물)을 흘리게 만들었을까? 형식적인 베일(돌로레스)로 가리운 아슴아슴한 이 익명성과, 이름과 성 사이의 저 난해한 자리바꿈, 그것은 새로 산 연한 빛의 장갑이거나 아니면 가면과도 같은 것일까? 내 곁을 스치고 지나가는 미소를 나 혼자만이 느낄 수 있도록 선택된 반투명의 신비 속에는 언제나 환희가 뒤따르기 때문에 그런 것일까? 아니면 우울하고 안개 서린 나의 사랑을 둘러싼 울긋불긋한 그녀의 반 아이들을 내가 너무도 선명하게 상상하고 있기 때문일까? 그레이스의 곪아서 곧 터질 것 같은 여드름, 지니의 흐느적거리는 다리, 수음을 즐기는 말라빠진 고든, 악취를 풍기는 익살꾼 덩컨, 손톱을 물어뜯는 애그니스, 폭발할 것 같은 거대한 가슴을 가진 여드름쟁이 비올라, 예쁘장한 로잘린, 검은 머리의 메리로즈, 낯선 사람이 만져도 그냥 가만히 있는 홀딱 반할 만큼 귀여운 스텔라, 남을 집적거리기 잘하고 남의 물건을 잘 훔치는 랄프, 가엾은 어빙. 그리고 그녀가 거기에 있었다. 가운데 자리에 앉아 연필을 입에 물고, 선생님들에게 진절머리를 내며, 자신의 머리카락과 목덜미에 모든 남학생들의 시선을 받으며, 나의 롤리타는 그곳에 있었던 것이다.

금요일. 끔찍한 재앙이라도 일어났으면 좋겠다. 지진. 대폭발. 그녀의 엄마는 눈 깜짝할 사이에, 그리고 아주 영원히 다른 사람들과 함께 수 마일 밖으로 떨어져 나간다. 롤리타가 나의 팔에 안겨 흐느끼고 있다. 나는 마음 놓고 파멸 속에서 그녀를 즐긴다. 그녀의 경악, 나의 설명, 감정의 표현, 쓸데없고 바보 같은 공상들! 험버트가 조금 용감한 사람이었더라면 아마 몹시도 구역질나는 방법으로 그녀를 가지고 놀았을 것이다(예를 들면, 어제 그녀가 학교에서 그린 그림과 학교에서 만든 공작품 등을 나에게 보여주러 다시 내 방에 들어왔던 그런 경우에). 그녀를 구워삶아 같이 줄행랑을 칠 수 있을지도 모른다. 좀 더 단순하고 좀 더 노련한 친구였다면 그럴 때 침착하게 돈으로 살 수 있는 여러 가지들을 남겨두었을 것이다. 그러나 어디로 가야 할지, 그것조차도 나는 모르고 있다. 용모는 지극히 남자답게 생겼으면서도 나는 유난스레 겁이 많고 소심한 편이다. 어떤 못마땅하고 불유쾌한 일을 생각만 해도 벌써 축축하게 냉기가 감돌면서 오슬오슬 오한까지 날 정도이다. 천덕스러운 저 바다괴물들. '거기 가야지, 가야지!' 반바지를 입으려고 애나벨이 한 발로 깡총거리고 있었다. 분노로 배멀미까지 느끼며 나는 그녀의 영상을 차단하려 애쓴다.

같은 날 밤, 꽤 깊은 밤이다. 꿈에서 깨어나기 위해 나는 불을 켰다. 앞서 어떤 일과 분명히 연관이 되는 꿈이었다. 저녁식탁에서 헤이즈는 선심이나 쓰듯이 공표했다. 이번 주말은 화창한 날씨가 될 것이라고 기상대에서 예보했으니, 일요일날 예배를 본 후에 호수로 놀러가자는 것이었다. 다시 잠에 들려고 노력하기 전 나는 침대에 누워 에로틱한 상념을 이어가며, 오는 일요일의 소풍으로 어떻게 좀 덕을 보는 수가 없을까 생각해보았다. 롤리타가 나에게 너무 상냥하게 군다는 이유로 헤이즈가 그녀를 미워하고 있다는 사실을 나는 잘 알고 있었다. 그래서 이번 일요일날은 엄마의 비위부터 맞추기로 나는 작심했다. 그녀에게 말을 걸어야지. 그러다가 적당한 기회를 틈타 손목

시계나 선글라스 같은 것을 저쪽 숲 속의 빈터에 놔두고 왔다고 말해야지. 그래서 나의 요정과 둘이 숲 속으로 들어가버리는 거야. 이 중대한 시점에서 현실이 자취를 감추더니, 안경 수색작업은 희한하게 고분고분한 롤리타가 먹고 마시며 난무하는 하나의 작은 술자리로 변해버리는 것이었다. 새벽 3시쯤에 나는 수면제 한 알을 삼켰다. 그러자 곧, 아까 꾸었던 꿈의 계속은 아니지만 그것과 어설프게 비슷한 꿈이 의미심장하게 또렷이 다시 펼쳐졌다. 그곳은 아직 한 번도 가본 적이 없는 호수였다. 호수는 에메랄드빛 얇은 얼음으로 덮여 반짝이고 있었다. 얼굴이 얽은 에스키모가 곡괭이로 얼음을 깨보려고 애를 쓰고 있었지만 번번이 헛수고였다. 그러나 자갈로 된 둑 위에서는 수입해 들여온 아카시아와 플루메리아가 한창 꽃을 피우고 있었다. 블랑시 슈바르츠만 박사에게 얘기하면, 그녀의 서류철에 그와 같은 호색적인 꿈의 종류를 한 가지 추가해 준 대가로 실링 한 보따리를 충분히 얻어냈을 것이다. 애석하게도, 그 나머지 부분은 솔직히 얘기해서 절충식이었다. 큰 헤이즈와 작은 헤이즈는 말 잔등에 올라앉아 호수 주변을 돌아다니고 있었다. 나 역시 말을 타고, 충성스럽게 위아래로 까딱까딱 흔들리며 걸터앉아 있었는데 사실은 말은 한 마리도 없었다. 탄력 좋은 경쾌한 공기만이 있을 뿐이었다. 꿈을 꾼 자의 방심으로 인해 몇 가지 사소하게 누락된 부분이 있는지도 모른다.

토요일. 아직도 가슴이 두근거린다. 아직도 꿈틀거리며 그 어색함을 생각해내고는 가느다란 신음을 내지르고 있다.

그녀의 등을 봤다. 티셔츠와 하얀 운동복 반바지 사이로 빛나는 그녀의 살결을 훔쳐보았다. 그녀는 창틀 너머로 몸을 구부리고 아래를 내려다보며 바깥에서 묻혀 들여온 포플러 이파리를 털어내면서, 언제나 정확히 찰싹 하는 소리와 함께 현관으로 람스데일 신문을 밀어넣고 돌아온 신문배달 소년(내 짐작에 케니스 나이트라는 아이인 것 같다)과 숨도 안 쉬고 얘기를 지껄이고 있었다. 나는 무언극을 하는 배우들 마냥 절름거리며, 그녀에게로 살살 소리없이 다가갔다. 자동차 기어를 중간에 놓고 천천히 나아가고 있는 듯한 나의 두 팔과 두 다리는 마치 볼록렌즈의 표면과도 같았다. 부상당한 거미, 험버트. 그녀가 있는 곳까지 적어도 몇 시간은 걸리는 느낌이었다. 흡사 망원경을 거꾸로 들고 그녀를 들여다보는 것 같았다. 대단한 집중력으로 그녀의 팽팽하고 작은 엉덩이를 향해 나는 사지가 조금 뒤틀린 중풍 환자처럼 몸을 움직이고 있었다. 마침내 나는 그녀의 바로 뒤에 서 있게 되었다. 그 순간 나는 엉뚱하게 고함을 지르고 말았다. 그리고 그녀의 목덜미를 잡아 흔들었던 것이다. 나의 진짜 마술을 감추기 위한 것이었다. 그녀는 찢어지는 듯한 비명을 짧게 터뜨렸다. '그만 둬요!' 그녀가 길 쪽을 보며 농담을 계속 지껄이는 동안, 조악한 험버트는 이를 드러내고 소름끼치게 싱긋이 웃으며 쓸쓸히 뒤로 물러섰다.

자, 이제 그 다음에 일어난 일에 귀를 기울이자. 점심을 끝낸 후 나는 책을 읽을까 하고 나지막한 의자에 기대어 앉아 있었다. 갑자기 작은 두 손이 내 눈을 가렸다. 아침에 내게 당했던 것을 보복이라도 하려는 듯이 발레의 연속 동작으로 그녀가 살금살금 뒤에서 다가왔던 것이다. 나의 눈 위에서 햇빛을 차단하고 있는 그녀의 손가락은 밝은 진홍빛이었다. 의자에 기대어 자세를 흐트러뜨리지 않은 채 내가 팔을 옆으로 또 뒤로 뻗칠 때마다 그녀는 딸꾹질이 섞인 웃음을 깔깔거리며 이리저리 몸을 피했다. 나의 손은 깔깔거리며 좋아하는 그녀의 민첩한 다리 위를 더듬고 있었다. 무릎의 책이 썰매처럼 미끄러져 떨어졌을 때 헤이즈 부인이 어슬렁거리며 나타나더니 관대한 태도로 이렇게 말했다.

"선생님 공부하시는 데 혹시 방해가 되거든 아프게 때려주세요. 제가 얼마나 이 정원을 사랑하는지(그녀의 어조엔 느낌표가 없었다). 태양을 받고 있는 모습이 성스럽지 않은가요(역시 물음표도 없었다)."

지극히 만족하고 있다는 듯이 일부러 꾸며낸 한숨을 내쉬며 밉살맞은 헤이즈는 풀밭에 앉았다. 그녀는 두 팔을 뒤로 벌려 팔베개를 만들고 뒤로 누우며 하늘을 쳐다보았다. 그때였다. 다 떨어진 회색 테니스공이 그녀의 몸 위로 뛰어올랐고 집 안에서 로의 목소리가 거만하게 들려왔다.

"미안해요, 엄마. 엄마한테 던진 게 아니었어요."

물론 아니고말고, 결코 만만찮은 나의 어린 연인아.

12

이것을 마지막으로 일기에 기록해 놓았던 20여 개 메모를 끝마쳤다. 악마의 농간이었는지, 나의 계획은 매일 그대로일 뿐 아무런 진척이 없었다. 악마

마는 먼저 나를 유혹했다. 그리고 내 존재의 근원에 둔탁한 고통을 남겨놓았다. 나는 내가 원하는 것이 무엇인지 알고 있었다. 또 어떻게 하면 되는지도 알고 있었다. 굳이 아이의 순결을 짓밟지 않고서도 말이다. 뭐니뭐니해도 나는 인생의 경험을 많이 쌓아온 사람이었다. 공원에서 뛰노는 얼룩덜룩한 요정들을 시각적으로 소유할 수도 있었다. 끈으로 묶은 책가방을 매달고 학교에 가는 아이들로 바글바글한 시내버스 속에서, 그 중에서도 아이들이 가장 많이 몰려 있는 후끈한 구석으로 나는 짐승처럼 은밀하게 끼어들기도 했었다. 그러나 근 3주일 간이나 나는 이 가슴 아픈 음모 속에서 옴짝달싹하지 못한 채 방해만 받고 있었다. 이 같은 방해의 요인은 언제나 헤이즈 부인이었다(이제 독자들도 눈치 챘겠지만, 그녀는 내가 로를 즐기는 것 이상으로 나에게서 로가 어떤 즐거움을 얻을까봐 더 두려워하고 있었다). 엉거주춤 머뭇거리며 고통당하는 나의 손아귀에 마침내 들어올 수 있었던, 나의 모든 생애를 통한 최초의 요정을 상대로 내가 개발해 나갔던 정열이 나를 다시 요양소로 데려다 준 것임에 틀림없다.

독자들은 호수에서 있었던 기이한 신기루 사건에 대해 이미 들었으리라. 가상의 숲 속 어느 약속된 해변에서 나를 위해 자그마한 향연을 베풀기로 한 것은, 오브리 멕훼이트의 입장에서 보면(내가 나의 악마를 찌르고 싶어하는 것처럼) 그런대로 논리가 있는 얘기였다. 사실 헤이즈 부인이 했던 철석 같은 약속이 사기였다. 그녀는 나에게 메리 로즈 해밀튼(부모에게서 물려받은 아름다운 검은 머릿결을 자랑하는 꼬마 아가씨였다)이 같이 간다는 얘기는 한 적이 없었다. 뿐만 아니라 그 두 요정이 우리와 따로 떨어져서 저희끼리 이야기하며 어울려 재미있는 시간을 보내는 동안, 헤이즈 부인과 핸섬한 하숙생은 감시의 눈을 피해 점잖은 대화를 주고받게 될 것이라는 얘기도 한 적이 없었다. 그러나 으레 따라야 할 것처럼 눈들은 엿보며 파고들었고, 혀들은 쉴 새 없이 움직였다. 삶이란 참으로 묘한 것! 우리는 우리가 얻으려 하던 바로 그 운명을 서두름으로써 스스로 멀리하고 있다. 내가 이 집에 오기 직전 헤이즈 부인은, 자기 친정집 부엌에서 요리사로 있었던 늙은 노처녀 팔렌을 집으로 데려다가 롤리타와 나와 함께 있게 하고, 자기는 가까운 도시로 나가 적당한 일자리를 구해볼 참이었다. 헤이즈 부인은 모든 상황을 매우 정확히 바라보고 있었다. 낡은 책더미 뒤, 구석에 쌓인 먼지를 뒤집어쓴 중앙

유럽식 트렁크를 들고 나타난 구부정한 안경잡이 험버트씨. 전에도 언젠가 나의 로를 자기의 날갯죽지 밑에서 숨도 못 쉬게 한 일이 있는 노처녀 팔렌에게 엄격한 감시를 당하고 있는, 사랑받아보지 못한 심술궂은 어린 딸(로는 1944년 그해 여름 얘기만 나오면 치를 떨었다). 매우 품위있는 어느 도시에서 리셉셔니스트로 채용된 헤이즈 부인. 그런데 그리 복잡하지 않은 일이 하나 터짐으로써 이 일에 훼방을 놓았다. 내가 람스데일에 도착하던 바로 그날 조지아 주 대초원 사바나에서 팔렌이 엉덩이를 삐었던 것이다.

13

이미 언급한 바 있는 일요일은 기상대의 예보대로 정말 화창한 날씨였다. 마음씨 착한 여주인이 언제든지 편리할 때 치울 수 있도록 아침 먹은 것들을 내 방 바깥에 놓아둔 의자 위에 주섬주섬 내놓으며, 나는 다음과 같은 상황이 벌어지고 있다는 것을 알 수 있었다. 그것은 침실에서 신는 낡은 슬리퍼—내가 가지고 있는 것 중에서 유일하게 낡은 물건이었다—로 살살 계단의 손잡이를 잡고 올라가다가 층계 중간에서 주워들은 것들이었다.

또 한번 법석이 벌어지고 있었다. 자기 딸이 지금 '열이 펄펄 나고 있다'고 해밀튼 부인이 전화를 걸어왔기 때문이었다. 그래서 헤이즈 부인은 자기 딸에게 소풍을 연기해야겠다는 사실을 알렸다. 작고 뜨거운 헤이즈는 크고 차가운 헤이즈에게, 그렇다면 자기도 교회에 가줄 수 없다고 말했다. 마음대로 해, 이 한마디만 내뱉고 엄마는 나가버렸다.

나는 면도를 끝내기가 무섭게 복도로 나왔다. 등허리에 푸른 수레국화(라일락이 아니었다)가 그려져 있는 하얀 파자마 차림으로 귓불에는 비누거품이 그대로 묻어 있었다. 나는 비누를 닦아냈다. 머리와 겨드랑이에 향수를 뿌리고 자주색 실크로 된 드레싱 가운으로 갈아입었다. 그리고 신경질적으로 콧노래를 부르며 로를 찾아 계단을 내려왔다.

수준높은 나의 독자들이여, 지금부터 재연하려고 하는 그때 그 장면에 동참해주기 바란다. 한 가지도 빠뜨리지 말고, 나와의 개인 면담에서 내 담당 변호사가 말했던 '어느 한편에도 치우침이 없는 동정'이라는 것에 의견을 같이한다면, 포도주처럼 달착지근한 그것은 얼마나 조심스럽고 또 얼마나 참신한 사건이었는가를 신경 써서 제대로 봐주길 바란다. 그럼 지금부터 시작해보자. 나는 지금 힘에 겨운 일을 벌이고 있는 것이다.

주인공: 정력가 험버트. 때: 6월의 어느 일요일 아침. 장소: 볕이 잘 드는 거실. 소도구들: 줄무늬가 쳐진 낡아빠진 긴 의자, 잡지, 축음기, 멕시코 골동품들(죽은 헤럴드 E. 헤이즈 씨는—하느님, 이 착한 남자를 기억하소서—베라크루스에서 신혼여행을 즐기는 동안 사방이 푸른색인 어느 방에서, 낮잠을 자는 시간에 나의 사랑을 만들었다. 방 안 여기저기에 추억을 말해주는 물건들이 널려 있었다). 그날 그녀는 언젠가 한번 입은 것을 본 일이 있는 천으로 된 원피스를 입고 있었다. 넓은 스커트 자락, 몸에 꼭 끼는 조끼, 짧은 소매, 핑크, 좀 더 어두운 핑크빛의 바둑판 무늬. 그리고 색깔의 조화를 좀 더 완벽하게 하기 위해 그녀는 입술도 칠하고, 아름답고 케케묵은, 에덴 동산을 연상시키는 빨간 사과 하나를 우묵한 손바닥 위에 올려놓고 있었다. 그러나 신발은 신지 않고 있었다. 교회에 가지 않을 심산이었던 것이다. 일요일에 들고 다니는 그녀의 하얀 지갑이 축음기 옆에 내버려져 있었다.

차가운 스커트를 풍선처럼 부풀리며 그녀가 바로 내 옆자리의 의자에 와서 앉자 내 가슴은 마치 북처럼 둥둥거리기 시작했다. 그녀는 윤이 반들반들거리는 사과를 햇빛이 가루처럼 분산된 허공으로 던져 올렸다가 다시 잡으며 장난을 치고 있었다. 컵 모양으로 벌린 손 안으로 사과는 반짝거리면서 풍덩 떨어졌다.

험버트, 험버트는 사과를 가로챘다.

"돌려주세요."

그녀가 애원했다. 그녀의 손바닥이 발갛게 물들어 있었다. 나는 미국산 붉은 사과를 꺼냈다. 그녀는 얼른 움켜 쥐고 입으로 가져가더니 한입 베어 물었다. 얄팍한 진홍빛 살결 밑에서 내 마음은 봄 눈처럼 녹아내리고 있었다. 나는 잡지를 펼쳐 아무 생각없이 멍청하게 들고 있었다. 그때 그녀는 미국 요정들처럼 아주 전형적인 원숭이 같은 영민한 동작으로, 내가 보고 있는 잡지를 낚아챘다(거의 동시에, 아니면 서로 맞포개졌던 우리의 기묘한 그 연속동작들을 사진에 담아두지 못한 게 내내 아쉽다). 반쯤 파먹은 탓으로 이제는 보기가 싫어진 사과를 들고서도 그녀는 험버트에게 보여주고 싶은 페이지를 찾느라고 책장을 잽싸게, 그리고 거칠게 잘도 넘기고 있었다. 마침내 그 페이지를 찾아냈다. 나는 무척이나 흥미로운 척 이마를 바짝 갖다대어 그녀의 머리카락이 나의 관자놀이를 스치게끔 만들었다. 그리고 그녀가 주먹으로 입을 쪽쪽 문질렀을 때는 그녀의 팔이 내 뺨도 문질러주었다. 분명히 그림을 들여다보고는 있었지만 몽롱하기만 했기 때문에 그 즉시 반응을 나타내지는 못했다. 그녀는 기다리기가 지루한 듯 두 무릎을 비비고 있었다. 무언가 희미하게 눈에 들어오기 시작했다. 한 초현실주의 화가가 해변에 반듯이 누워서 휴식을 취하고 있었다. 그리고 그의 옆에는 미로의 비너스상을 모조한 석고가 역시 반듯하게 몸을 눕히고 모래 속에 반쯤 묻혀 있는 그림이었다. 이 주일의 회화라고 쓰여 있었다. 나는 그 그림을 가볍게 툭툭 쳤다. 그러나 다음 순간 그녀는 책을 뺏으려고 나에게 달려들었다. 나는 그녀의 가늘고 동그란 손목을 잡아버렸다. 잡지책이 날갯짓하는 새처럼 바닥으로 떨어졌다. 그녀는 몸을 뒤틀어 빠져나가며 뒷걸음질쳤다. 그리고 의자의 오른쪽 구석에 가서 뒤로 몸을 기댔다. 그때, 건방지기 짝이 없는 그 꼬마는 너무나 천진난만하게 나의 무릎 위로 자기의 다리를 뻗쳐 왔다.

일이 이쯤 되고 보니 흥분할 대로 흥분한 나는 곧 미쳐버릴 것 같았다. 그러나 나는 이미 미치는 데 익숙해 있었다. 소파 위에 그렇게 앉아서 간신히 마음을 가라앉혔다. 그리고 교활한 구석이라곤 보이지 않는 그녀의 팔다리가 불러 일으키는 나의 욕망에 가면을 씌우고 나는 몰래몰래 손을 움직이고 있었다. 나의 속임수를 성공으로 이끄는 데 필요한 조치를 눈에 띄지 않게 은근슬쩍 취하면서 꼬마 아가씨의 주의를 다른 곳으로 돌리기란 그리 쉬운 일이 아니었다. 나는 빨리 말했다. 더욱 빨리 말함으로써 호흡도 거칠어졌다. 빨리 말하는 도중 간혹 끊기는 경우에는 이가 아픈 척했다. 그러는 동안에도 미치광이의 또 다른 비밀스런 눈은 요원한 금빛 목표에 고정되어 있었다. 나는 조심스럽게 그녀와의 마찰을 조금씩 늘려 나갔다. 따로 떨어진 옷(파자마와 겉옷) 속에서 햇빛에 붉게 탄 두 다리의 무게 사이에 엇비슷이 누워 있는 그것은 육체적으로는 어디로 옮겨놓을 수 없는 것이었지만, 심리학적으로는 매우 깨지기 쉬운 구조를 가지고 있었다. 그 물건의 이루 말할 수 없는 욕정 뒤에 숨겨진 종양을 제거하였지만, 그러나 그렇다는 착각일 따름이지 실상은 전혀 그렇지가 않았다. 한참을 빠르게 지껄이다가 나는 근사한 생각을 하나 떠올렸다. 그때 유행하고 있었던 싱거운 노래의 가사였다. 약간은 내 마음대로 뜯어 고쳐가며 나는 그것을 암송했다. 오 나의 카르멘, 멋

진, 그 멋진 밤들, 별들, 그리고 자동차들, 술집 지배인들…… 나는 이 헛소
리를 기계적으로 자꾸 되풀이하며 그녀에게 특수한 주문(내 입맛대로 뜯어
고쳤기 때문에 특수해질 수 있었다)을 걸어 던져 자꾸만 그녀를 만졌다. 그
러나 하느님이 조화를 부려 나를 해코지할 것만 같아 나는 매우 두려웠다.
뿐만 아니라 나의 존재 전체를 집중시키고 있는 이 감각 가운데서 황금의 무
게만을 떼내버릴 것도 같았다. 처음 1, 2분 동안은 이와 같은 불안을 침착하
게 조절해가며 즐거움을 만끽하려던 나를 오히려 성급하게 만들어버리고 말
았다. 빛나는 별들과, 세워둔 자동차들, 술집들, 그리고 술집 지배인들은 어
느새 그녀의 입술 위에 가 있었다. 그녀의 목소리는 내가 삭제해버린 부분까
지 살려내 가락을 내뿜고 있었다. 음악에 재주가 있었던 그녀의 소리는 사과
처럼 아삭아삭하게 듣기가 좋았다. 전기가 통한 내 무릎 위에 놓인 그녀의
두 다리에 잠깐 경련이 일어났다. 나는 그녀의 다리를 어루만졌다. 의자의
오른쪽 구석에 축 늘어져 있던 그녀는, 나는 이미 까맣게 잊고 있었던 사과
를 다시 게걸스럽게 먹기 시작했다. 사과즙까지 튕기며 노래를 흥얼대다가
그녀는 슬리퍼를 떨어뜨렸다. 여학생 롤라, 그녀는 슬리퍼가 벗겨진 발뒤꿈
치를 소파의 왼쪽에 높이 쌓여 있는 낡은 잡지더미에 문질러댔다. 그녀가 이
리저리 몸을 움직이며 흔들거릴 때마다 지어내는 그녀의 동작 하나하나는
야수와 미녀 사이의 비밀스런 촉각의 교감을 가려주거나 또 촉진시켜주었
다. 순결한 면드레스 속, 잔물결이 일어난 그녀의 신체의 아름다움과 싱거운
흰소리나 늘어놓고 있는, 폭발 직전의 나의 야수성 사이에서.

비스듬히 더듬어 나가는 손가락 끝으로 나는 미세한 털들이 그녀의 정강
이를 따라 빳빳하게 곤두서 있는 것을 느꼈다. 나는 어린 헤이즈를 휘감고
있는 이런 무섭고도 얼얼하지만 건강한, 여름날의 아지랑이 같은 열기 속에
나 자신을 빼앗기고 있었다. 그녀를 달아나지 못하게 해야지, 달아나지 못하
게…… 그녀는 다 먹은 사과 고갱이를 악착같이 벽난로 속에 집어넣으려고
갖은 애를 쓰고 있었다. 그녀의 가벼운 몸무게와 부끄러움을 모르는 상처 하
나 없는 정강이 그리고 둥그런 엉덩이가, 잔뜩 긴장을 한 채 번민하며 몰래
부정을 저지르는 내 무릎 위에서 들썩거렸다. 그런데 갑자기 이상한 변화가
일어나고 있음을 나는 직감적으로 깨달았다. 나는 그저 살아있을 뿐이라는
실존의 국면으로 들어서고 있었던 것이다. 거기에는 아무것도 중요한 것이

없었다. 나의 몸뚱어리 안에서 범벅이 되어 일어나고 있는 환희만을 제외하고는. 처음에는 나의 가장 깊은 곳에 감추어진 뿌리들이 산뜻하게 부풀어 나가는 정도로 시작되었다가 야릇한 흥분으로 점차 강렬하게 달아오르기도 했었지만, 이젠 평소의 내 생활 어느 구석에서 찾아볼 수 없었던 지극히 안전하고 지극히 믿을 만한 상태에까지 도달해 있었다. 이렇게 해서 굳어진 유쾌한 기분 때문에, 나는 타오르는 이 불꽃을 좀 더 오래 가도록 하기 위해 나를 늦출 수도 있을 것 같았다.

말 없는 태양이 부드러운 포플러 나무 숲에서 떨리고 있었다. 하늘의 도움으로 우리는 오직 둘뿐이었다. 나 스스로 즐거움을 애써 억제하고 있는 베일 너머로 나는 황홀하게, 발그스레 금가루라도 쓴 듯한 그녀를 바라보았다. 태양이 그녀의 입술 위에서 뛰놀고 있었다. 그리고 그녀의 입술은 아직도, 내 의식 속에서는 떨어져 나간 지 오래인 카르멘과 술집 지배인이 등장하는 짤막한 가사의 노랫말을 흘리고 있었다. 모든 준비가 다 되어 있었다. 쾌락의 신경조직들도 벌써 발가벗고 있었다. 크라우즈의 미립자들이 점점 광기 속으로 빠져 들어갔다. 누가 조금만 건드려도 천국의 문이 열릴 것만 같았다. 나는 비열한 험버트는 되지 않기로 했다. 나는 조금 있으면 발길질을 해올 어떤 장화를 꽉 물고 있는, 슬픈 눈을 가진 들개가 되지는 않겠다. 나는 조롱을 당하는 정도의 시련은 넘어서 있었으며, 천벌을 받을지도 모른다는 그런 불안으로부터도 초월해 있었다. 내가 만든 터키 궁전에서 나는, 마음먹은 것이면 어떤 짓이라도 해낼 수 있는 자신의 능력을 스스로 너무나도 잘 알고 있었다. 그래서 자기가 부리는 노예들 중에서도 가장 어리고 가장 연약한 아이를 맛볼 수 있는 즐거움의 순간을 고의적으로 연기하는, 화려하고 막강한 회교도였다. 이러한 관능적인 나락(예술의 어떠한 테크닉과도 대응할 만한 심리학적인 평형의 섬세함)의 가장자리에 위태위태 매달린 채 나는 그녀가 아무렇게나 되는 대로 내뱉는 말을 따라서 되풀이하고 있었다. 술집 지배인들, 불안한, 나의 매력적인 카르멘, 카……멘, 아……하……멘, 아……하하……멘. 나는 꼼짝도 않은 채 말하다가 웃다가 하였는데, 점잖은 그늘이 허용해주는 한도 내에서 행복한 나의 손은 햇빛에 반짝이는 그녀의 다리를 더듬어 올라갔다. 그 전날 홀에서 그녀는 육중한 금고에 부딪친 적이 있었다. '이것 봐, 이것 좀 보라고!' 나는 숨까지 헐떡거렸다. '네가 한 짓을 보란 말이야, 너 자신에게 한 짓을 말이야, 아, 좀 보라니까.' 왜냐하면 내 요정의 사랑스러운 넓적다리 위에 노르스름한 보라색 상처가 나 있었기 때문이었다. 나는 털로 뒤덮인 큼지막한 내 손으로 상처를 문질러주며 포근히 감쌌다. 단정치 못하게 아무렇게나 걸친 아랫도리 때문에, 거친 나의 엄지손가락은 둔덕을 이루고 있는 그녀의 뜨겁고 우묵한 곳까지 다가갈 수 있었다. 그러나 더 이상 나아가지는 않았다. 그녀에게 간지럼을 태워 깔깔거리게 하고 그녀를 꼬옥 껴안아주었을 뿐이었다. 정말 그게 다였다. 그러나 '아, 정말 아무렇지도 않아요.' 갑자기 언성을 드높이며 그녀가 외치는 것이었다. 그녀는 당황한 빛을 보이며 우물쭈물거렸다. 그러고는 고개를 반쯤 돌리더니 머리를 뒤로 젖히고 윤기나는 입술을 지긋이 깨물었다. 신음을 내며 끙끙거리던 나의 입은 그때 노출된 그녀의 목에 거의 닿아 있었으며, 그녀의 왼쪽 엉덩이에 기댄 나는 인간이나 괴물이 경험할 수 있는 가장 긴 엑스터시의 마지막 황홀을 짓누르고 있었다.

그러자(마치 싸움이라도 벌이고 있다가 가까스로 내 손아귀에서 풀려난 것처럼) 그녀는 소파에서 데굴데굴 굴러 두 발로 펄쩍 뛰어 일어섰다. 아니, 한 발로 섰다고 하는 게 옳겠다. 귀청이 떨어져나갈 정도로 크게 울리던 전화를 받기 위해서였는데, 내 귀에는 그 벨소리가 몇 년을 계속해서 울리고 있는 것처럼 들렸다. 그녀가 눈을 깜박이며 거기 서 있었다. 발갛게 달아오른 두 뺨, 헝클어진 머리카락, 가구를 쳐다볼 때처럼 나 같은 건 본체만체하는 그녀의 눈동자, 그녀는 손에 있는 슬리퍼 한 짝으로 테이블 모서리를 연신 톡톡 두드리며 전화기에다 대고 얘기를 하고 있었다(채트필드 씨 집에서 함께 점심이나 먹자는 그녀의 엄마에게서 온 전화였다—그러나 참견하기 좋아하는 헤이즈가 무슨 음모를 꾸미고 있는지 로나 험버트 역시 알지 못했다). 다행스럽게도 여주인은 아무런 눈치도 채지 못하고 있었다.

전화를 받고 있는 그녀의 눈동자가 잠시 머물렀던 여러 가지 색깔의 실크 손수건으로 나는 이마의 땀을 닦아냈다. 그리고 품위있는 의상의 옷매무새를 고쳤다. 그녀는 아직도 전화통에 매달려 자기 엄마와 시답잖은 말씨름을 벌이고 있었다(귀여운 나의 카르멘은 자기를 자동차로 데려가 달라고 조르고 있었다). 나는 점점 더 커다란 소리로 노래를 부르며 이층으로 옷자락을 끌고 올라갔다. 그러고는 끓는 물이 콸콸 쏟아지도록 욕조 안의 수도꼭지를 있는 대로 활짝 틀어놓았다.

이제서야 그 노래의 가사를 끝까지 외울 수 있을 것 같다. 아주 정확한 것이라곤 말할 수 없지만 기억을 최대한으로 되살려 보겠는데, 그것은 이렇게 시작된다.

오, 나의 카르멘, 귀여운 나의 카르멘!
멋지고 멋진, 그 멋진 밤들,
별들, 자동차들, 술집들, 그리고 술집 지배인들.
그리고, 오, 나의 매력적인, 참으로 줄기찼던 우리들의 사랑.
무척이나 아름답고 훌륭한 마을,
팔에 팔을 끼고, 우리는 걸었지, 그리고 마지막 싸움.
내가 너를 쏘아 죽인 권총, 오, 나의 카르멘,
그 권총이 지금 내 손에 쥐어져 있네.
(내 생각에 그는 32구경 권총을 뽑아 들고 자기 정부의 눈에 총알을 박아버린 모양이었다.)

14

나는 마을로 나와 점심을 먹었다. 이렇게 허기진 적은 없었던 것 같았다. 어슬렁거리며 귀가해 보니 집에는 아직도 로가 돌아오지 않았다. 이런 저런 잡념 속에서, 음모를 꾸미며, 또한 아침나절에 있었던 일을 흐뭇한 마음으로 음미하면서 그날 오후를 보냈다.

나는 내가 자랑스러웠다. 미성년자의 육체는 전혀 손상시키지 않고서도 열정이라는 설탕만 훔쳐냈던 것이다. 정말이지 해를 입힌 건 하나도 없었다. 요술쟁이가 어린 숙녀의 하얀 새 지갑 속에 우유와 벌꿀과 거품이 이는 샴페인을 쏟아부었던 것이다. 그런데 지갑은 감쪽같이 그대로다. 이렇게 해서 나는 비천하고, 열에 달뜨고, 죄 많은 나의 꿈을 오묘하게 구성해 놓았던 것이다. 그러나 롤리타는 아직 안전했고 나도 안전했다. 내가 미친 사람처럼 열광하여 소유하고 있었던 것은 그녀가 아니었다. 내가 만들어 낸 또 다른 변덕쟁이 롤리타였다. 어쩌면 롤리타보다 훨씬 더 진실에 가까웠을지도 모른다. 그녀를 말아 싸서 상자 속에 넣어버렸다. 그녀와 나 사이를 둥둥 떠다니며, 감정도, 의식도 없이―정말이지, 그것은 생명도 가지고 있지 않았다.

그 아이는 아무것도 몰랐다. 나도 그녀에게 아무런 짓도 하지 않았다. 그녀는 스크린 위에서 작은 파문을 일으키는 육체의 영상이고 나는 어스름 속에서 일어나 고통스럽게 하는 보잘것없는 미천한 꼽추인 양 그녀를 전혀 사로잡지 못했다. 그 행위를 다시 되풀이하려는 나를 방해하는 것이라곤 아무 것도 없었다. 무르익은 침묵 속에서, 오후는 자꾸만 자꾸만 흘러갔다. 키 큰 나무들은 모두 알고 있는 것 같았다. 그런데 이번에는, 전보다 훨씬 더 강렬한 욕망이 다시 나를 괴롭히기 시작했다. 그녀를 빨리 오게 해주십시오. 나는 하느님에게 이렇게 기도했다. 그녀의 엄마가 부엌에 있을 때 긴 의자에서 일어났던 장면을 다시 반복할 수 있게 해주소서. 나는 그녀를 지독히도 좋아하고 있었다.

아니다. '지독히도'란 말은 틀린 말이다. 새로이 맛보게 될 환희에 대한 환상으로 가득차 있었던 나의 의기양양함은 의젓한 것이 아니라 가련한 것이었다. 나는 그것을 가련한 것이라고 본다. 가련한―왜냐하면 그것은 도대체 꺼질 줄 모르고 불타오르는 나의 욕망의 불꽃에도 불구하고, 나는 대단히 깊은 생각과 대단히 뜨거운 노력으로 열다섯 살 계집아이의 순결을 보호해주기로 작정했기 때문이었다.

그럼 지금부터 내 고통의 대가가 어떤 식으로 치루어졌는가를 봐주기 바란다. 롤리타는 집에 오지 않았다. 그녀는 채트필드 씨 가족과 함께 극장에 가 있었다. 그날따라 식탁은 평소보다 훨씬 우아하게 꾸며져 있었다. 이 구역질나는 분위기 속에서, 헤이즈 부인은 피아노 건반을 만지듯 은으로 입힌 접시 양끝을 부드럽게 다루었다. 다 비운 접시를 내려다보며 그녀는 미소를 지었다(그녀는 다이어트 중이었다). 그리고 샐러드(여성잡지에 나온 요리법을 훔쳐보고 만든)가 입맛에 맞았으면 좋겠다고 말했다. 또 음식이 맛이 있느냐고 묻기도 했다. 그날은 흠 잡을 데 없이 완벽한 날이었다. 채트필드 부인은 사랑스러운 여자였다. 그녀의 딸인 필리스는 다음날 여름캠프를 떠날 예정이었다. 3주일간. 롤리타는 목요일날 떠나기로 되어 있었다. 맨 처음에 계획했던 대로 7월까지 기다리는 대신. 그리고 그녀는 필리스가 떠난 후에도 거기 머무를 예정이었다. 학기가 시작할 때까지. 멋진 계획이구나.

그녀를 막상 내 것으로 몰래 만들었을 때 나는 사실 얼마나 깜짝 놀라고 당황했었는지 모른다. 이래서 사랑을 잃는 것은 아닌지? 멍하니 앉아 있는 나를 변명하기 위해선 아침에 이미 써먹었던 똑같은 치통을 다시 한번 써먹는 수밖에 없었다. 나는 자두술에 쓰는 버찌만큼이나 커다란 종기가 어금니에 났다고 말했다.

"아주 훌륭한 치과의사가 한 분 계셔요. 알고보면 우리 이웃에 사시는 분이죠. 퀼티 박사라고 합니다. 제 생각에, 어느 극작가의 아저씨뻘이 되거나 아니면 사촌이거나 그럴 거예요. 참으실 수 있겠어요? 좋으실 대로 하세요. 올 가을엔 딸애를 그 사람에게 데리고 가서 우리 어머니 말마따나 좀 '조여 달라'고 해야겠어요. 그러면 로가 다소 얌전해질지도 모르죠. 그 아이가 요 며칠 동안 선생님을 지긋지긋하게 괴롭히는 것 같아서 제가 몸 둘 바를 모르겠어요. 가기 전에도 한바탕 노발대발했지요, 처음엔 딱 잘라서 안 가겠다고 하더군요. 사실은요, 제가 그 애를 채트필드 씨 댁에 떼어놓고 온 거예요. 왜냐하면 아직까지도 그 애와 둘이서만 있어야 한다는 사실이 두렵게 느껴지기 때문이에요. 영화라도 보면 조금은 기분이 좋아질 지도 모르겠어요. 필리스는 매우 상냥한 아이랍니다. 로가 그 애를 싫어할 이유란 하나도 없어요. 정말이지, 선생님, 이가 아프시다니 정말 유감입니다. 내일 아침까지도 계속 아프면 제가 아이버 퀼티에게 연락을 하는 게 현명한 방법일 것 같군요. 그리고, 아, 여름캠프를 저는 굉장히 좋은 행사라고 봐요. 그러니까, 아, 교외 숲 속이나 멍청하게 헤매고, 내 립스틱이나 훔쳐 바르고, 수줍음 많은 남자들 뒤꽁무니나 졸졸 따라다니고, 그러고는 조금만 야단쳐도 화를 발끈발끈 내는 그런 꼴보다는 말이에요."

"그럼."

내가 마침내 입을 떼었다.

"거기 가면 정말 행복해 할까요?"(소극적으로, 정말 비굴할 정도로 소극적이지 않은가!)

"그래야 좋지 않을까요. 물론 전적으로 그럴 수는 없겠죠. 캠프의 경영자는 셜리 홈즈예요, 혹 아실지 모르겠네요. 《캠프파이어 소녀》를 썼던 그 여자 말이에요. 캠프에서 돌로레스 헤이즈는 성장하는 과정의 많은 것을 배우게 될 거예요. 건강, 지식, 성질, 특히 다른 사람들에 대한 책임 같은 것을 배워야 해요. 이 촛불을 들고 베란다에 가서 잠시 앉아 계시겠어요, 아니면 잠자리로 가서서 아픈 이를 돌보시겠어요?"

"이를 돌보겠소."

15

이튿날 그들은 캠프에 필요한 물건들을 구입하기 위해 시내로 나갔다. 로는 옷을 사는 일이라면 사족을 못 썼다. 그녀는 저녁 식사 자리에서는 항상 짓궂었다. 저녁 식사가 끝나자마자 그녀는 캠프 Q에서 비오는 날 보려고 챙겨둔 만화책들을 탐독하기 위해서 2층 자기 방으로 올라갔다. 나도 방으로 물러갔다. 그리고 편지를 썼다. 그때의 나의 계획은 일단 바닷가를 찾아 떠났다가 새 학기가 시작될 때 다시 돌아와 헤이즈 가족과 생활하는 것이었다. 왜냐하면 이미 나는 그 아이 없이는 살 수 없었기 때문이었다. 화요일이 되자 그들은 다시 또 쇼핑을 나갔다. 그러면서 만약 캠프 여주인이 자기들이 없는 사이에 전화를 걸어오면 나보고 좀 받아달라는 것이었다. 정말 그녀에게서 전화가 왔다. 한 달인가 두 달 후 우리는 그때의 그 즐거운 대화를 회상할 기회가 있었다. 그 화요일날, 로는 자기 방에서 저녁을 먹고 있었다. 그녀는 자기 엄마와 늘 벌이는 말다툼 끝에 훌쩍이고 있었던 것이다. 그녀는 전에도 그랬던 것처럼 울어서 퉁퉁 부은 그녀의 눈을 내게 보여주지 않으려고 했다. 그녀의 안색은 한바탕 실컷 울고 난 후에 얼룩송아지처럼 달아올라, 빛이 났지만 병적으로 매혹적이었다. 내 개인적인 미학에 대한 그녀의 잘못된 생각이 나는 몹시 유감이었다. 나는 보티첼리가 그린 듯한 바로 그 핑크빛을, 입술에 감도는 자연 그대로의 그 장밋빛을, 이슬에 젖어 서로 엉킨 그 속눈썹을 사랑하고 있었기 때문이다. 물론, 그녀의 수줍은 변덕은 그녀에게 겉만 번지르르한 위로를 해줄 수 있는 많은 기회를 나에게서 빼앗아버렸다. 그러나 거기에는 내가 기대했던 그 이상의 것이 있었다. 베란다의 어둠 속에(버릇 없는 바람이 지나가며 그녀의 붉은 양초를 모조리 꺼버렸기 때문이었다) 앉아 있을 때였다. 애처롭게 웃으며 헤이즈는, 험버트 씨도 네가 캠프에 가는 것을 전적으로 찬성하셨다고 로에게 말했다고 했다. '그래서 지금' 헤이즈는 다시 덧붙였다. '그 아이가 발작을 일으키고 있는 거예요. 당신이나 나나 모두 그 애가 없기를 바라고 있어요. 그 아이가 하도 사달라고 조르는 바람에 침실에서 쓰는 물건 몇 가지를 사줬는데, 너무 눈에 띄는 요란한 것들이어서 내일 좀 더 수수한 걸로 바꿔주겠다고 했어요. 선생님도 아시다시피, 그 애는 자기가 작은 별인 줄 알아요. 내가 보기에 그 앤 건강하고 튼튼한 아이지만 결코 잘난 데는 없는 아이예요. 제 생각엔 이 점이 우리의 지독한 골칫거리인 것 같아요.'

수요일이었다. 나는 간신히 몇 초 동안 그녀를 불러 세울 수 있었다. 그녀는 층계 중간에 있었다. 느슨하고 두꺼운 털셔츠와 초록색 녹이 묻은 하얀 반바지를 입고 트렁크 속을 샅샅이 뒤지고 있었다. 나는 정답게 그리고 재미나게 그녀에게 몇 마디 말을 붙였다. 그러나 그녀는 나 같은 건 쳐다보지도 않고 콧방귀만 뀔 뿐이었다. 절망으로 죽어가는 험버트는 그녀의 엉덩뼈를 어색하게 톡톡 쳤다. 그랬더니 그녀는 죽은 자기 아버지 헤이즈 씨가 사용하던 구두주걱으로 나를 때렸다. 꽤 아팠다. '배신자!' 팔을 문지르며 슬금슬금 계단을 내려가는데 그녀가 이렇게 말했다. 험버트와 엄마와 함께 저녁식사를 하면서도 그녀는 공손한 태도가 아니었다. 그녀는 머리를 감더니 그 바보책들을 싸안고 침실로 들어가버렸다. 목요일이 되자 헤이즈 부인은 딸애를 차에 태워 캠프 Q로 데려다주었다.

나보다도 더 위대한 작가들이 이런 말을 했었다. '독자들로 하여금 상상하게 하라.' 내가 롤리타와 영원히 사랑에 빠져버렸다는 것은 나도 알았다. 그러나 그녀가 영원한 롤리타가 될 수 없으리라는 것도 나는 알았다. 1월 1일이 되면 그녀는 열세 살이다. 앞으로 2, 3년만 지나면 그녀도 요정이 아니라 '젊은 소녀'로 변할 것이다. 그리고 다시 '여대생'이 되고—상상만으로도 두렵다. '영원히'라는 단어는 단지 나의 열정을, 그리고 나의 핏속에 반영된 변함없는 롤리타를 가리키는 말이었다. 오늘은 내가 보고 만지고 듣고 냄새를 맡을 수 있는 롤리타, 귀에 거슬리는 드높은 음성과 숱 많은 갈색머리의 롤리타, 양옆으로 잘막하게 뒤통수를 넘실대는 머리칼, 여간해선 움직이지 않는 뜨거운 목덜미, 그리고 저속한 어휘들—'지겨운' '사이코' '싫증나는' '촌뜨기' '귀찮은'—그 롤리타를, 나의 롤리타를 영원히 잃게 되는 것이다. 그녀를 못 보게 될 여름 두 달 동안을 어떻게 보낼 수 있을까? 그녀가 요정일 수 있는 것도 앞으로 2년밖에 남지 않았는데 그 2년 중의 두 달을 어떻게! 유행에 뒤떨어진 음산한 여자, 얼간이 험버트 양으로 변장을 하고 캠프 Q의 변두리에 텐트라도 칠까? 그럼 가랑잎 빛깔의 요정들이 이렇게 아우성을 칠지도 모른다. '목소리가 굵직한 저 난민을 재워줘요!' 그리고는 부끄러워 살포시 웃고만 있는 발이 커다란 베르트(여장한 험버트)를 낡은 난롯가로 끌고 가겠지. 그러면 베르트는 돌로레스 헤이즈와 함께 자겠구나!

말도 되지 않는 어리석은 꿈. 아름다움이 넘치던 두 달, 부드러움이 넘치던 두 달이 영원히 흘러가려 하고 있었다. 그러나 나는 아무런 손도 쓸수가 없었다.

그러나 목요일날 진짜 꿀 한 방울이 도토리 깍지 속에 담겨 있었다. 헤이즈는 딸애를 아침 일찍 캠프에 데려다줄 예정이었다. 출발을 알리는 여러 가지 잡다한 소리를 듣고 나는 침대에서 일어나 창밖을 내다보았다. 포플러 나무 밑에서 자동차는 벌써부터 붕붕거리고 있었다. 인도 위에서는 루이즈가 손으로 햇빛을 가리고 서 있었다. 작은 여행자가 낮게 떠오르는 아침 태양 속을 이미 달려가기라도 하는 것처럼 제스처가 너무 빨랐다. '빨리빨리!' 헤이즈가 소리쳤다. 자동차에 몸을 반쯤 실은 채 문을 닫으려던 나의 롤리타는 자동차 유리를 내리고 루이즈와 포플러에게(다시는 못 보게 될지도 모르는) 손을 흔들었다. 그러더니 동작을 뚝 그치고 위를 올려다보았다. 그러고는 쏜살같이 집 안으로 뛰어들어왔다(헤이즈가 그녀의 이름을 미친 듯이 불러대고 있었다). 다음 순간 나는 나의 사랑이 계단을 뛰어 올라오는 소리를 들었다. 가슴이 이렇게 부풀어오르다가는 곧 터져서 죽을 것만 같았다. 나는 파자마 바지를 얼른 끌어 올리고, 문을 횡하니 열어놓았다. 그와 거의 동시에 롤리타가 나타났다. 주일날 입는 드레스 차림으로 발을 구르며 헉헉거리고 있었다. 다음 순간 그녀는 나의 품안에 뛰어들었고, 그녀의 순결한 입은 속 검은 사내의 묵직한 턱 밑에서 녹아내리고 있었다. 가슴이 팔딱거리는 나의 귀여운 것이! 그리고 다음 순간 나는 그녀가 강간도 당하지 않고, 살아서 쿵쾅거리며 아래층으로 내려가는 소리를 들었다. 숙명의 동작이 다시 이어졌다. 곱고 흰 다리가 차 위로 끌어올려지고, 자동차 문이 쾅 하고 닫혔다—다시 한번 쾅. 격분의 바퀴 위에 앉아 있는 운전수 헤이즈의 붉은 입술은 알아들을 수도 없이 성난 어투로 뒤틀린 채 나의 연인을 데리고 떠났다. 루이즈도, 노처녀 환자 시미스 아퍼지트도 그것은 보지 못했지만. 아퍼지트 양은 넝쿨진 베란다 위에서 힘없이, 그러나 율동적으로 손을 흔들고 있었다.

16

우묵한 내 손바닥에는 아직도 롤리타의 상아빛 감촉이 남아 있었다. 부드럽게 굽은 그녀의 등을 만지던 때의 감촉과, 그녀를 안고 얇은 옷 속으로 손을 넣어 그녀의 피부를 아래위로 더듬던 때의 상아처럼 매끄럽게 미끄러져내리는 듯하던 그 기분으로 가득차 있었다. 나는 난장판이 되어 있는 그녀의 방으로 갔다. 벽장 문을 당겨 열고 그녀의 몸에 닿았던 여러 가지 구겨진 물건들을 하나하나 살펴보았다. 찢어진 얇은 핑크빛 옷감이 특히 눈에 띄었는데 솔기에 약간 짠 냄새가 남아 있었다. 나는 험버트의 엄청나게 욕심 많은 마음을 거기에 싸두었다. 심한 혼돈이 나의 내부에서 솟아나오고 있었다. 그러나 그런 것에 신경쓸 겨를이 없었다. 나는 급히 서둘러 마음의 평정을 되찾아야만 했다. 정신을 차리고 보니, 벨벳 같이 부드러운 목소리의 하녀가 층계에서 내 이름을 부르고 있었다. 그녀의 말은, 나에게 전해 줄 것이 있다고 했다. 고맙다는 나의 인사가 채 끝나기도 전에 '천만에요'하며, 친절하고 착한 루이즈는 우표도 없고 이상할 정도로 깨끗해 보이는 편지를 떨리는 나의 손에 쥐어주고 떠나갔다. 헤이즈 부인의 편지였다.

이것은 저의 고백이에요. 선생님을 사랑해요(편지는 이렇게 시작되고 있었다. 신경질적으로 휘갈겨 쓴 편지를 나는 잠시 여학생의 난필로 오해했다). 지난 일요일 교회에서, 애석하게도 선생님은 아름다운 교회 새 유리창을 보러 오시는 걸 거절하셨어요! 바로 지난 일요일이에요. 선생님, 제가 어떻게 하면 좋겠느냐고 주님께 기도 드렸었어요. 그랬더니 주님께서는 네가 지금 하고 있는 대로 행동하라는 답을 제게 주셨어요. 선생님도 아시다시피, 다른 도리가 없잖아요. 선생님을 처음 뵙던 순간부터 선생님을 사랑했어요. 나는 정열적이면서도 외로운 여자예요. 그리고 선생님은 내 인생의 전부인 사랑이에요.

나의 사랑, 사랑하는, 나의 친애하는, 친애하는 선생님, 제 편지를 읽어 보셨으니까 이제 아실 거예요. 그러니까, 선생님 제발, 지금 당장 짐을 꾸려서 떠나세요. 이건 여주인의 명령이에요, 내가 지금 하숙생을 내보내고 있는 거예요. 내쫓는 거라고요, 가세요! 도망치세요! 떠나세요! 왕복 160마일이니까 별다른 사고만 없다면(있어도 무슨 상관이겠어요?) 아마 저녁때쯤이면 집에 도착할 거예요. 그러나 그때 가서 선생님이 아직도 집에 계시는 모습을 보고 싶지는 않아요. 제발, 부탁이에요. 당장 떠나주세요. 지금 당장이요. 이 바보 같은 편지 끝까지 읽지도 마세요. 가세요, 안녕.

너무나 사랑하는 선생님, 이야기는 매우 간단해요. 물론 내가 선생님에게 아무것도 아니라는 것, 너무나 잘 알고 있어요. 정말 아무것도 아니란 말이에요. 그래요, 당신은 저하고 얘기 하기를 즐기셨어요(바보 같은 나를 속이는 것도요). 그리고 당신은 정다운 우리 집과, 내가 좋아하는 책들과, 사랑스러운 나의 정원과, 심지어는 소란을 피우며 시끄럽게 구는 로까지도 좋아하게 되셨어요. 그런데도 나는 선생님에게 아무것도 아닌 존재예요. 맞아요, 그래요. 어떤 것도 될 수가 없어요. 그러나 이 '고백'을 다 읽으시고도, 이 편지를 핑계 삼아 나에게 말을 걸어보고 싶을 만큼 내가 충분이 매력있는 여자라는 생각이 드신다면(음울하고 낭만적인 유럽인 특유의 사고방식으로 말이에요), 그렇다면 당신은 죄인이에요—아이를 강간한 유괴범보다도 더 나쁜 죄인이라고요. 사랑한다는 프랑스 말, 쉐리를 아시죠. 그러나 만약 우리 집에 계속 머물기로 결정하셨다면, 그래서 제가 집에 돌아갔을 때 선생님을 보게 된다면(물론 그런 일은 절대로 없으리라고 믿어요—그래서 이렇게 계속할 수 있는 거예요), 선생님이 남아 계신다는 사실 하나만으로 나는 다음과 같이 믿어버리겠어요. 내가 선생님을 원하는 것처럼 선생님도 저를 원하고 계신다고 말이에요. 일생의 반려로서, 그래서 선생님은 벌써 자신의 삶과 나의 삶을 서로 영원히 연결하셨으며 나의 어린 딸의 아버지가 되실 준비도 이미 끝냈다고 믿겠어요.

어차피 이 편지는 지금쯤 찢어 없어질 편지니까, 사랑하는 선생님, 조금만 더 말하게 해주세요. 알아볼 수도 없는 조각들로 화장실 변기 속에 쳐박히겠죠. 나의 사랑하는, 너무나 사랑하는 나의 선생님, 꿈만 같은 이번 6월에 당신을 위해 쌓아올린 나의 사랑의 세계란 얼마나 아름다웠는지 모릅니다. 저는 당신이 얼마나 수줍은 성격이며, 또 얼마나 영국적인가 하는 것을 잘 알아요. 낡은 풍습인 당신의 과묵함과 바른 예절 등은 한 미국 여성의 대담함에 아마 쇼크를 받았을지도 모르겠어요! 자신의 가장 강렬한 감정조차도 숨기는 선생님은 상처받은 가슴을 이렇게 열어젖혀 보이는 나를 부끄러운 줄도 모르는 천치라고 여기실 게 뻔해요. 지나간 몇 년 동안 실망도 참 많이 하며 살았어요. 헤이즈 씨는 참 훌륭한 사람이었어요. 반짝이는 영혼이었죠. 그런데 만나고 보니 그는 나보다 나이가 스무 살이나 위였어요. 그래서, 아, 지나간 얘기는 그만두기로 해요. 선생님, 내 요구를 묵살해버리고 이 편지를 읽어주신다면 선생님의 호기심이 만족스럽게 충족되리라고 생각해요. 그러나 신경은 쓰지 마세요. 찢어버리고 그냥 가세요. 선생님 방의 책상 위에 열쇠 두고 가시는 걸 잊지 마세요. 이달 말까지 집세 12달러는 되돌려드리겠어요. 주소나 뭐 그런 것 아무 종이에나 써놓고 가세요. 안녕히 가세요, 선생님. 저를 위해 기도해 주세요—만약 기도를 하신다면요.

샬로트 헤이즈

여기에 적은 것은 편지에서 기억나는 말 그대로를(지긋지긋한 불어까지 포함해서) 옮긴 것이다. 그러나 원문의 길이는 이것의 2배는 족히 될 것이다. 두 살 때 죽었다는 롤리타의 남동생 얘기와 그 애가 살았더라면 나도 분명히 그 아이를 좋아했을 거라는 등의 얘기까지 써내려간 서정적인 부분은 내가 생략해버렸다. 가만있자, 또 얘기할 게 없던가? 있다. 그녀는 자기 편지를 각별하게 태워달라고 은근히 졸랐던 것 같다.

편지를 읽고 나서 내가 취했던 첫 번째 행동은 혐오감에 가득차 어디론가 숨어버린 것이었다. 두 번째는 내 어깨를 지긋이 내리누르며 천천히 여유를 좀 가져보라고 권하는 친구의 다정한 손의 느낌 같은 것이었다. 나는 그렇게 했다. 몽롱한 상태에서 빠져나오자 내가 아직도 로의 방에 있는 것을 알았다. 침대 위의 벽에는 일류 잡지에서 찢어낸 한 페이지짜리 전면 광고사진이 어느 유행가 가수의 얼굴과 영화배우의 속눈썹 중간에 붙여져 있었다. 검은 머리카락을 가진 젊은 남자의 사진이었는데, 아일랜드인 같은 그의 눈동자에 힘이 하나도 없었다. 그 모델은 그렇고 그런 메이커에서 만든 예복을 입고, 역시 그렇고 그런 회사에서 만든 다리처럼 생긴 쟁반을 손에 들고 있었는데 2인분 아침식사였다. 토마스 모렐이라는 그 책의 편집자는 그를 '승리한 영웅'이라고 부르고 있었다. 완전히 정복당한 여자는 (사진에는 나타나지 않았지만) 아마 모르긴 몰라도 반쯤 남은 쟁반의 음식을 받아 먹으려고 몸을 굽히는 중이었으리라. 로는 말라빠진 연인의 얼굴 위에 우스꽝스런 화살을 그려놓고 딱딱한 글씨체로 'H. H!'라고 적어 놓았다. 지난 몇 년에 걸쳐 내가 그렇게 많이 변했는데도 불구하고 그와 나는 상당히 많이 닮아 있었다. 이 사진 밑에 또다른 사진이 하나 있었는데 그것 역시 천연색 광고사진이었다. 유명한 극작가 한 분이 엄숙하게 드롬 (종이로 만 담배)을 피우고 있었다. 그는 언제나 이것만 피웠다. 이 사진 밑에 《만화책》들이 어지러이 흩어진 그녀의 침대가 놓여 있었다. 침대의 하얀 에나멜이 벗겨져서 검은 속이 드러나 보였다. 루이즈가 갔는지 다시 확인한 후, 나는 로의 침대로 들어가 편지를 한번 더 읽어보았다.

17

배심원석의 신사 여러분! 지금 다루고 있는 이 일에 관련된 어떤 감정들이 지난날 내 마음을 스치고 지나가지 않았다고는 얘기하지 않겠다. 내 마음은 한 번도 그것들을 어떤 논리적인 형태로 내버려둔 적이 없었던 것이다. 깜깜한 나의 열정 속에서, 몽롱한 나의 의식 속에서 내가 그것들을 희롱하지(또 다른 표현으로) 않았다고도 나는 단언할 수 없다. 이 점을 강조하고 싶다. 단지 그녀의 딸(로, 로라, 롤리타)과 같이 있을 수 있다는 그 이유 하나만으로, 이 넓고 슬픈 세상에 친척이라곤 한 명도 없는 미망인(샬로트 헤이즈)과 결혼해야겠다는 생각을 했던 적이 아마 여러 번 있었을지도 모른다. 아니 틀림없이 있었을 것이다. 나는 나를 괴롭히는 사람들에게 선뜻 이렇게 말해줄 수도 있다. 나는 평론가의 차가운 눈초리로 그녀의 붉은 산호빛 입술과 청동빛 머리, 그리고 아슬아슬하게 패인 목둘레선 등을 바라보며 그럴 듯한 공상 속으로 그녀를 끌고 들어가기도 했었다고. 그러나 이런 것을 고백해야 하는 나의 심정은 괴롭기만 하다. 나 혼자 상상해서 만든 괴로움인지는 알 수 없으나 그렇기 때문에 더욱 두렵고 무섭다. 지금 심정 같아선 본론을 잠시 떠나, 이것저것 아무 책이나 닥치는 대로 읽던 어린 시절, 예를 들어 '벅찬 고통'(어떤 고통의 천재가 그런 걸 발명했을까!)이라든가, 아니면 무시무시하고 신비스럽고 음험한 단어들, 즉 '외상(外傷)'이니 '외상을 입은 사건'이니, 또는 문짝 위의 '중간틀'이니 하는 따위의 단어들이 우연히 떠오르면 그것들에 매달려 밤새 씨름을 하곤 했던, 그때의 저녁 기도 이야기나 했으면 딱 좋겠다. 그러나 나의 이야기는 그 구성이 조잡하기에 이미 그 충분한 조건을 가지고 있다.

잠시 후 나는 편지를 짝짝 찢어버리고 내 방으로 갔다. 이런저런 생각이 떠올라 머리를 헝클어버렸다. 나는 이까지 악물며 괴로워하고 있었다. 그때 갑자기—배심원 여러분, 갑자기—먼 곳의 태양이 서서히 떠오르는 것처럼, 내가 도스토예프스키같이 싱긋 웃고 있다는 것을 알았다(인상을 찡그린 바람에 입술까지 뒤틀려 있었지만). 나는 그녀의 남편이 롤리타에게 그저 무심코 아낌없이 베풀었을 갖가지 애무들을 상상해보았다(이제는 모든 것이 다시 똑똑하게 보이는 상황 아래서). 나는 그녀를 매일 하루에 세 번씩만 만져야지. 그러면 나의 모든 괴로움은 사라져버리고, 나는 건강한 남자가 될 거야. '그대 부드러운 무릎을 가볍게 안고 그대 솜털 같은 뺨에 아버지의 키스를 퍼부으리……' 책도 많이 읽은 험버트!

그래서 나는 앞으로 있을 여러 가지 부작용도 각오하고 살그머니(말하자면), 샬로트를 나의 아내로 삼기로 했다. 맹세코, 나는 그녀에게 주머니 형편상 반쪽의 그레이프프루트와 설탕을 넣지 않은 아침 정도는 먹여줄 수 있었다.

뜨거운 흰 불빛 아래서 땀을 뻘뻘 흘리던 험버트, 역시 땀에 젖은 경관들의 고함을 들으며 그들에게 짓밟히던 험버트가, 이제 양심을 완전히 뒤집고 마음속 가장 깊은 곳의 알맹이를 잘라내는 좀 더 자세한 진술(무슨 말인지!)을 하려는 것이다. 밥 먹기 전에 드는 웨리 술이나 혹은 다른 어떤 것에 염화수은 정제를 다섯 알씩이나 넣음으로써 자신을 서서히 죽여가는 저속하고 소름 끼치는, 위험한 그녀의 버릇을 없애기 위해 내가 가련한 샬로트와 결혼하기로 마음먹은 것은 아니었다. 그러나 주름으로 덮인 나의 머릿속에서는 약물류에 대한 생각들이 쩌릉쩌릉 소리를 내며 울려퍼지고 있었다. 적당히 가면을 쓰고 애무도 해보았는데 왜 나를 억제해야 하는 것일까? 다른 형태의 정사 장면들이 웃으며, 그리고 흔들리며 내게로 다가오고 있었다. 나는 엄마와 딸에게 아주 독한 수면제를 먹이는 나를 보았다. 그것은 아무런 가책없이, 태연하게 롤리타를 쓰다듬으며 밤을 보내기 위한 것이었다. 온 집이 샬로트의 코 고는 소리로 가득했다. 하지만 롤리타는 자면서 숨도 한번 안 쉬는 것 같았다. 마치 그림 속의 소녀처럼 가만히 있다. "엄마, 맹세해요, 케니는 정말 절 만지지도 않았어요." "거짓말하는구나, 돌로레스 헤이즈, 그게 아니면 그럼 악몽이었니?" 아, 더 이상은 얘기하고 싶지 않다.

그래서 험버트는 음모를 꾸미고 다시 환상에 잠겼다. 욕망과 결심(살아 있는 세계를 존재하게 하는 두 가지)의 붉은 태양이 높이높이 솟아 올랐다. 그리고 연이은 발코니 위에서는 반짝이는 유리잔을 손에 들고 지나간 밤과 다가올 밤의 희열을 축배하는 자유가 연달아 솟아 오르고 있었다. 비유적으로 다시 얘기하자면, 나는 유리잔을 자근자근 밟아 부수며 이런 대범한 상상을 했던 것이다. 그것은 내가 호적상의 의붓딸과 함께 노는 것을 만약 그녀의 엄마가 훼방을 놓는다면, 그땐 사랑에 빠진 저 가엾은 커다란 비둘기를 점잖게 위협해서(너무 강한 표현이다) 내가 작은 헤이즈와 사귀는 데 지장이 없게끔 큰 헤이즈를 꼬드기는 대담한 상상이었다(왜냐하면 그때 나는 그런 환상들로 정신이 몽롱해 있었으며, 내 성격의 천성적인 부드러움은 제대로 대우를 못 받고 있었기 때문이다). 쉽게 말하면 나는, 그런 놀라운 제안을 받기 전에도, 그리고 넓고 다양한 가지각색의 상상의 나래를 펴기 전에도, 초기 역사의 예고편에 나오는 사과 과수원에 망연히 신기루처럼 서있는 아담처럼 속수무책이었던 것이다.

이제부터 나올 진짜 중요한 말들을 적어두기 바란다. 나의 내부의 예술성은 신사적인 것보다 언제나 높은 위치에 있었다. 내가 이 책을 쓰는 데도 내 스타일을 완전히 바꾸어, 헤이즈 부인이 내게는 그저 장애물에 불과했던 그 시절에 모아 두었던 신문기사처럼 쓴 것은 대단한 노력 없이는 불가능했던 일이다. 내가 모아둔 그 신문이 그리 대단한 것은 못 되지만, 지금은 그것이 아무리 상스럽고 거짓처럼 보일지라도 그 당시에는 그것을 모아두는 것이 나의 예술적 의무일 것 같다는 생각을 했었다. 다행스럽게도, 나의 이야기는 과거의 진실을 위해서 가엾은 샬로트의 흉은 이제 그만 봐도 좋을 것 같다.

꾸불꾸불한 도로 위에서 두세 시간 정도 아껴주기를 바라며(서로 다른 우리의 꿈을 산산이 부수어버릴 정면 충돌을 피하도록), 나는 캠프에 있을 샬로트와 통화를 하기 위해 조심스럽게 전화를 걸어보았지만 헛일이었다. 그녀는 30분 전에 그곳을 떠나고 없었다. 대신 로가 전화를 받았다. 나는 그녀에게─떨리는 목소리로, 그러나 운명에 대한 자신감에 가득찬 소리로─엄마와 결혼할 예정이라고 말했다. 뭔가가 전화받고 있는 그녀를 자꾸 방해하고 있었기 때문에 나는 이 말을 두 번이나 되풀이해야만 했다.

"어머나, 멋져요."

그녀는 웃으면서 이렇게 말했다.

"결혼식이 언제예요? 잠깐만요, 강아지가─여기 있는 강아지가 내 양말을 물었어요. 들어보세요─"

그녀는 앞으로 무지무지하게 재미있는 일이 많이 있을 것 같다는 얘기도 빼놓지 않았다. 수화기를 놓으며 나는 이런 생각을 했다. 캠프에서 보낸 지난 두 시간이 어린 롤리타의 마음에서 핸섬한 험버트의 영상을 깡그리 지워버리기에 충분했었구나. 그러나 지금 와서 그렇다 한들 어떡한단 말인가? 결혼식을 끝내고 어지간히 시간도 흘렀을 때 당장 그녀를 데려와야지. '무덤 위의 오렌지 꽃은 하나도 시들지 않았으니……' 시인이나 했음직한 소리다. 그러나 나는 시인이 아니다. 나는 양심적인 기록자일 뿐이다.

루이즈가 간 다음, 나는 냉장고를 열어보았다. 냉장고 안은 너무 깨끗해서, 나는 시내로 나가 냉장고에 넣을 가장 좋은 식료품들을 구입했다. 좋은 술 몇 병과 두세 가지 종류의 비타민제도 샀다. 술 그리고 타고난 나의 기지만 있으면, 뜨겁고 성급한 격정을 보여주어야 할 때 무관심하게 멍하니 있다 짊어지게 될 그 당혹감도 피할 수 있을 것이라는 자신이 생겼다. 꾀많은 험버트는 알 수 없는 샬로트의 모습을 자꾸만 떠올리며 사내다운 상상을 했다. 그녀는 옷을 잘 입었고 또 옷맵시도 좋았다. 이 점만은 진짜 칭찬해주고 싶다. 그리고 그녀는 롤리타의 큰언니 같았다. 그러나 이와 같은 생각은, 그녀의 커다란 엉덩이와 포동포동하게 살찐 무릎, 풍만한 젖가습, 거친 핑크빛인 그녀의 목, 그리고 유감스럽게도 못생긴 그 외의 많은 부분들을 생략하고서야 생각을 계속할 수 있었다.

정오가 저녁으로 바뀌면서 태양은 언제나처럼 세상을 골고루 비춰주었다. 나는 한잔 마셨다. 또 한잔 마셨다. 그리고도 또 마셨다. 내가 즐겨서 섞어 먹는 진과 파인애플 주스는 언제나 나의 정력을 배가시켜준다. 나는 지저분한 잔디밭 청소로 몸이나 좀 바쁘게 움직여보기로 했다. 그곳은 민들레가 잔뜩 피어 있었다. 한때 해시계가 서 있었던 평평한 돌이 빌어먹을 놈의 개(나는 개를 아주 싫어한다) 때문에 더럽혀져 있었다. 대부분의 민들레가 태양에서 달로 변하고 있었다. 진과 롤리타가 내 몸 속에서 함께 춤을 추고 있었다. 접는 의자를 치우려고 하다가 하마터면 넘어질 뻔했다. 갈색 얼룩말들! 트림이 때로는 격려처럼 들릴 때가 있다. 적어도 내 트림은 그랬다. 정원 뒤쪽에 있는 낡은 울타리가 우리 집과 이웃집 채소 창고와 라일락을 갈라놓고 있었다. 그러나 우리집 잔디밭(집의 벽쪽으로 경사져 있었다) 끝과 길 사이에는 아무것도 없었다. 그래서 나는 샬로트가 돌아오는 것을 지켜볼 수 있었다(기분 좋은 행동을 하려는 사람처럼 벙글벙글 웃으며). 그 이빨을 당장 뽑아버려야겠군. 내가 몸을 구부리고 풀 베는 기계를 찌르자, 풀이파리들이 낮게 뜨는 태양 속에서 발발 흔들리는 게 보였다. 나는 교외의 거리로 눈길을 돌렸다. 그것은 거대한 나무가 드리우는 기품있는 그늘 밑에서 꼬부라져서 우리를 향해 밑으로, 밑으로, 꽤 날카롭게 속력을 내어 질주하고 있었다. 담쟁이가 무성한 아퍼지트 양의 벽돌집과 경사가 심한 잔디밭(우리 집 잔디밭보다는 훨씬 맵시가 있었다)을 지나, 팔자 좋게 트림을 하며 일을 하고 있는 여기서는 보이지 않는 우리 집 뒷문 쪽으로 사라지고 있었다. 민들레가 말라 죽었다. 파인애플과 섞인 수액. 요즘 그들이 가고오고 하는 것을 기계적으로 지켜보았던 두 작은 소녀(그러나 우리 롤리타만한 아이는 없었다) 마리온과 마벨이 거리를 걸어가고 있었다. 하나는 자전거를 밀고, 하나는 종이봉지에서 뭘 주섬주섬 꺼내 먹으며, 둘 다 있는 대로 목소리를 높여 명랑하게 얘기를 주고받고 있었다. 아퍼지트 양의 정원사 겸 운전사며, 친절하고 체격 좋은 흑인인 레슬리가 멀리서 나를 보고 웃으며 소리치고 있었다. 그가 다시 소리를 질렀다. 손짓 발짓으로 보아서 내가 오늘 굉장히 좋아 보인다는 말인 것 같았다. 옆집에 사는 고물장수의 바보 같은 개가 푸른 자동차의 뒤꽁무니를 쫓아왔다—샬로트의 차는 아니었다. 작은 두 소녀 중에서도 조금 더 예쁜 아이가(내 생각에 마벨이 조금 더 예뻤다) 종이봉지를 구기면서 길거리를 뒤돌아 뛰어가고 있었다. 반바지와 운동복인 홀텀, 그리고 밝은 머리카락, 요정이었다. 자연계의 요정! 그러나 초록 염소가 서 있는 험버트의 집 정면에선 곧 그녀의 모습이 보이지 않았다. 스테이션 웨건 한 대가 잎이 많은 가로수 그늘에 모습을 나타냈다. 그것은 땅에 떨어지기 전의 잎의 그림자를 가로채 흔들리고 있었다. 헐렁한 셔츠를 입은 운전사는 왼손으로 차의 지붕을 붙잡고 있었고, 고물장수의 개가 자동차를 따라 쏜살같이 달려왔다. 조마조마한 가슴을 안고 나는 푸른 세단이 돌아오는 것을 지켜보았다. 그것은 언덕 아래로 미끄러져 내려가더니 집 뒤로 사라졌다. 나는 침착하고 창백하던 그녀의 옆얼굴을 잠깐 보았다. 그녀가 2층으로 올라가고 나서야 내가 집에 있는지 없는지 그녀가 모르겠구나 하는 생각이 들었다. 바로 다음 순간이었다. 로의 방 창문에서 대단히 고통스러운 표정으로 그녀가 나를 내려다보고 있었다. 거의 날다시피 하여 층계를 올라갔기 때문에, 나는 그녀가 방을 나가버리기 전에 간신히 그 방에 도착할 수 있었다.

18

신부는 과부고 신랑은 홀아비다. 전자는 이 작은 마을에서 산 지 2년이 채 못 되고, 후자는 한 달이 채 못 되었다. 남자는 이 지긋지긋한 일을 될 수 있으면 빨리 끝내기를 원하고, 여자는 너그러운 미소로 이를 양보한다. 그렇게 되면, 독자여, 결혼식은 으레 조용하게 마련이다. 신부는 면사포를 단단히 잡아매는 오렌지 꽃 화관을 쓰지 않고도 결혼식을 때울 수가 있고, 기도서에 넣을 하얀 난초를 들고 가지 않아도 된다. 그러나 신부의 어린 딸만큼은 H와 H가 하나가 되는 결혼식에 참석해야 할 것 같았다. 구석에 처박아 놓은 롤리타를 걱정하는 내색을 하면 안 된다는 것을 나는 알고 있었다. 그래서 나는 그녀가 좋아하는 캠프에서 그녀를 억지로 데려올 필요는 없다는 데 동의했다.

소위 정열적이면서도 고독했던 샬로트는 매일매일의 생활이 평범하고 사교적이었다. 게다가 또 한 가지 내가 발견한 것은, 자기 마음이나 눈물

같은 것은 제대로 조절하지 못하는 여자였음에도 불구하고 그녀는 매우 원리원칙적인 여자였다는 점이다. 그녀가 나의 아내가 되고 난 직후(그녀가 그렇게도 열심히 불러주었던 '지극히 사랑하는'이란 말에 대해 나는 낡아빠진 애정 표현으로 그녀에게 충분히 보상해주었다), 그녀는 나와 하느님과의 관계를 물어왔다. 나는 내 마음이 활짝 열려 있노라고 대답해줄 수 있었지만, 그렇게 말하지 않고 대신 이렇게 말했다. 경건한 상투어에 찬사를 늘어놓으며, 나는 우주의 정신을 믿는다고. 그녀는 자기 손톱을 내려다보며, 내 집안에 혹시 이상한 조상이 없었느냐고 물었다. 나는 그 말을 되받아, 만약 내 어머니의 외할아버지가 터키 사람이었다면 그래도 나와 살겠느냐고 그녀에게 물어보았다. 그녀는 그런 건 아무 상관이 없다고 말했다. 그러나 만약, 그리스도 교도들이 믿는 하느님을 내가 믿지 않는다는 것을 그녀가 알아냈더라면 그녀는 아마 자살이라도 했을 것이다. 그녀가 하도 진지하게 얘기하는 바람에 나는 그만 마음에도 없는 소리를 지껄였던 것이다. 그녀가 원리원칙적인 여자라는 것을 안 것은 바로 그때였다.

아, 그녀는 어지간히도 점잖은 척했다. 가벼운 트림이 나와서 유창한 그녀의 말이 끊길 때마다 그녀는 번번이 '죄송해요'라고 말했다. 인벨로프(봉투)는 안벨로프라고 발음하고, 자기 친구들에게 내 얘기를 할 때는 언제나 험버트 씨라고 불렀다. 내가 만약 매혹적인 미인들이 나를 따라다니는 어떤 모임에 가입을 하면 그녀가 기분 좋아할 것 같았다. 우리가 결혼하던 날 람스데일 신문 사회면에 내 인터뷰 기사가 조그맣게 났는데, 한쪽 눈썹이 치켜 올라가고 이름이 잘못 인쇄된('헤이저') 샬로트의 사진도 함께 실려 있었다. 이 곤란한 실수에도 불구하고, 신문에 났다는 그 사실 하나가 섬세한 그녀의 마음을 기쁘게 해주었다. 로의 학교 친구 엄마들과 사귀는 것뿐만 아니라 교회 일에도 발벗고 열심히 뛰어다니던 샬로트는, 지난 20여 개월 동안 탁월한 시민까지는 못 되었어도 적어도 만족할 만한 시민이었다고는 말할 수 있다. 사생결단이라도 낼 것처럼 그토록 기를 쓰고 쫓아다니던 그녀의 모습은 일찍이 그녀에게서 찾아볼 수 없었던 것이었다. 그러나 그녀를 그렇게 만들었던 것은 바로 에드가 H. 험버트 씨, 바로 나였다. 내가 '작가이며 탐험가'였던 맥쿠의 형에게 들려주었던 얘기가 모두 《공작, 무지개 그리고 다른 시인들에 관한 몇 가지 책》이라는 제목의 책으로 되어 나왔다. 거기에는 샬로트와 내가 이미 몇 년 전부터 서로 알고 지내왔다는 것과, 내가 그녀의 첫 번째 남편과는 먼 친척뻘이 된다는 내용도 적혀 있었다. 13년 전에 그녀와 사건이 있었다는 얘기를 잠시 비췄었는데 책에는 그 말이 빠져 있었다. 나는 샬로트에게 이렇게 말했다. 신문 사회면은 가끔씩 실수를 저질러야 하겠는걸.

이 괴상한 이야기나 계속해보자. 하숙생에서 연인으로 승격된 그 기쁨을 즐기라는 부탁을 받았을 때, 내가 경험했던 것이 쓸쓸함과 불쾌함뿐이었을까? 그렇지 않다. 미스터 험버트는 자기 허영심의 가벼운 쾌감에게, 가냘픈 자비에게, 같이 음모를 꾸민 단도의 날을 따라 우아하게 달리는 어떤 형태의 후회에게, 지금 고백하고 있는 것이다. 교회와 독서회를 맹목적으로 무턱대고 쫓아다니던, 어떻게 보면 이상하고 어떻게 보면 괜찮은 것도 같은 헤이즈 부인이, 팔에 솜털이 가득한 사랑스럽고 귀여운 열두 살짜리 자기 딸에게는 그렇게도 거칠고 쌀쌀맞고 거만한 태도로 나오던 그녀가, 롤리타의 방 문지방에서 우연히 내 손이 그녀의 손 위에 놓이자마자 온몸을 떨며 뒷걸음질치면서 '안 돼요, 안 돼요, 제발 그러지 마세요'하며 애처롭고 무기력한 사람으로 변할 줄은 나는 정말 꿈에도 몰랐다.

변화가 생기자 그녀의 모습도 전보다 훨씬 나아졌다. 그렇게도 음흉하게만 보이던 그녀의 미소가 이제는 사랑으로 빛을 발하고 있었다. 부드럽고 촉촉한 그 무엇이 있는 빛이었다. 그리고 놀랍게도 그것은 새로 꾸며낸 소다 가게의 얘기를 흐뭇하게 생각하고 있거나 아니면 언젠가 새 양복같이 깨끗한 내 옷을 말없이 경탄하던 때의 로가 지었던 사랑스럽고, 공허하고, 잃어버린 듯한 표정과도 닮아 있었다. 나는 샬로트가 다른 부인네들과 앉아서 부모다운 걱정을 주고받는 모습, 특히 여자들이 무엇을 체념할 때면 으레 짓는 찡그린 얼굴 표정—눈동자는 위로 올라가고, 입은 옆으로 축 처지는—을 황홀하게 바라보곤 했었다. 잠자리에 들기 전에 우리는 하이 볼을 한 잔씩 마셨다. 그 덕분에 나는 엄마를 애무하면서 딸에 대한 기억을 불러일으킬 수 있었다. 이것이 1934년, 나의 요정이 몸이 굽은 작은 생선으로 들어앉아 있었던 하얀 침대 위였다. 신경써서 물들인 그 머리—그러나 만지고, 냄새 맡는 나의 감각은 전혀 자극시키지 못했던—가 침대

뒷편에 놓인 등불에 비치니까 꼭 롤리타의 머리카락 색깔처럼 보였다. 그러나 감촉과 머릿결은 그렇지 않았다. 새로 얻은 몸집이 커다란 아내를 내 마음대로 주물럭거리며 나는 나 자신에게 자꾸만 이렇게 말했다. 생물학적으로 이것이 롤리타에게 나아갈 수 있는 가장 가까운 방법이다. 그리고 롤리타의 딸도 언젠가는 그렇게 될 것처럼, 샬로트도 롤리타만한 나이였을 때는 그녀의 딸만큼이나 예쁜 여학생이었을 것이라고. 나는 아내를 시켜, 구두 수집광인 헤이즈 씨가 잔뜩 모아놓은 구두 밑에서 30년 묵은 앨범을 하나 찾아내게 하였다. 그래서 나는 샬로트가 어렸을 때 모습이 어땠는지를 볼 기회가 있었다. 사진은 광선도 잘못 들어가고 옷들도 형편없었음에도 불구하고 나는 그녀의 모습에서 롤리타의 윤곽이라든가 다리, 광대뼈, 위로 살짝 당겨 올라간 방울코 등을 읽을 수 있었다. 롤리타, 로리첸.

그래서 나는 세월의 울타리를 뛰어넘어 어두컴컴하고 자그마한 창문을 슬쩍 들여다보았다. 애처로울 정도로 열심히 음란한 애무를 순진하게 하며, 커다란 젖꼭지와 묵직한 넓적다리의 그녀는 내가 밤일을 잘 수행할 수 있도록 준비를 시키고 있었다. 그러나 어둠으로 몰락해가는 숲의 덤불 속에서 소리를 지르며, 절망 가운데서도 붙잡아보려고 노력했던 것은 요정의 향기였다.

나의 가엾은 아내가 얼마나 고분고분하고 얼마나 연민을 자아내게 했는지는 이루 말로써 다할 수 없다. 사람을 억누르듯이 환한 부엌에서, 반짝이는 크롬 도금 쇠그릇, 기업체 달력, 그리고 귀여운 구석자리(대학 시절, 샬로트와 험버트가 함께 정답게 얘기를 주고받던 그 커피숍을 흉내 낸 자리). 그녀는 아침 식탁에 앉았다. 빨간 옷을 입고, 위가 플라스틱으로 된 테이블에 팔꿈치를 올려놓고, 주먹으로는 뺨을 괴고 있었다. 그녀는 햄과 계란을 먹어치우는 나를 참을 수 없을 정도의 부드러운 눈길로 바라보았다. 험버트의 얼굴은 신경통으로 일그러졌다. 그러나 그녀의 눈동자 속에 비친 그것은 하얀 냉장고 위에서 너울거리는 햇빛과 잎사귀의 그림자들과 함께 서로 다투어 그 아름다움과 활기를 뽐내고 있었다. 나의 근엄한 격분은 그녀에겐 사랑의 침묵이었다. 나의 적은 수입이 그녀의 더 적은 수입에 보태지자 그녀는 굉장한 횡재라도 만난 듯이 감명깊어 했다. 그것은 우리 둘의 수입을 합친 금액이 중산층 정도의 생활을 꾸려나가기에 충분한 돈이어서가 아니라, 내 돈조차도 그녀의 눈에는 매력적인 사내다움으로 비쳤기 때문이었다. 그녀에게는 가계부의 항목들도, 핑크빛 산들이 흐릿하게 보이는 가로수가 끝나는 곳으로 줄곧 한쪽에는 짙은 그늘, 그리고 다른 한쪽에는 따사로운 햇살이 비치고 있는 정오의 신작로처럼 보이는 것이었다.

우리가 부부생활을 시작한 후의 50여 일 동안 샬로트는 몇 년에 걸쳐 해야 할 일들을 벼락치기로 하고 있었다. 내가 사랑했던 아이의 엄마와 결혼한 것이 마치 내가 그녀의 젊음을 되찾아 주기라도 한 것처럼, 그녀는 이미 오래 전에 손을 떼었던 일, 혹은 전혀 관심도 없었던 일들을 하느라고 몹시 바빴다. 그 열정으로 집 안의 환경미화를 시작했다. 집 안의 갈라진 틈을 하나하나 알고 있었던 나는 오래 전부터 보기 싫고 먼지 투성이인 그 틈과 일종의 감정의 교류를 나눠오고 있었다. 그즈음 나는 의자에 앉아서 롤리타가 다니던 코스를 머릿속에 세밀하게 그려보는 버릇이 있었다. 또한 샬로트 때문에 마지못해 참아야 했던 무명빛과 황토빛, 그리고 누르스레한 황갈색의 욕실, 목욕 때마다 나는 나의 불쌍한 물건이 초라하게 움츠러드는 것 같았다. 그녀는 유리창 차양을 닦는다든가, 베니스식 블라인드의 널빤지 왁스칠을 한다든가, 새 차양과 새 블라인드를 구입한다든가, 가게에 다시 바꾸러 간다든가, 그래서 다른 것으로 바꿔 끼운다든가, 그리고 그 외에도, 명암 대조법처럼 끊임없이 웃고 찡그리고 의심하고 토라지고 하는 일에 어마어마한 정력을 소비하고 있었다. 그녀의 호기심은 크레통 사라사라는 이름의 의자 덮개나 휘장의 질긴 천과 채색한 무명천에까지 뻗쳤다. 그녀는 소파 색깔도 바꿨다. 천국의 거품이 한때 내 몸 속에서 느린 동작으로 충만하던 그 신성한 소파. 그녀는 가구 배치도 다시 했다. 그녀는 어느 가정학 논문에서, '한 쌍의 소파, 옷장과 거기 딸린 램프는 따로 떼어놔도 좋다'라는 대목을 읽고는 좋아라 했다. 《당신의 집은 곧 당신입니다》라는 여류작가의 글을 읽고 나서 그녀는 작고 구부정한 의자와 홀쭉한 테이블을 증오하기 시작했다. 속 시원하게 넓은 거울이 있고 값진 나무를 깎아 만든 네모진 액자가 많이 걸려 있는 방은 남성적인 방의 표본이고, 여성적인 방의 특징은 가벼워 보이는 창문과 약한 나무 세공에서 찾아볼 수 있다고 그녀는 믿고 있었다. 내가 처음 이사왔을 때 그녀가 읽고 있었던 소설책들은 이제 그림이 나와 있는 카탈로그나 집안 살림에 관한 책들로 바꾸어버렸다. 내 생각에는 쓰던 침대도 꽤 탄력이 좋고 대단한 것 같았는데 그녀는 필라델피아, 루스벨트 빌딩 4640호실에 있다는 어느 회사에 '312개 코일로 덮인 비단 무늬의 더블 베드'를 주문했다.

죽은 남편과 마찬가지로 그녀는 미국 중서부 사람으로 동부의 노른자인 람스데일에서 살았지만, 훌륭한 사람들을 모두 알고 있을 만큼 오래 산 것은 아니었다. 그녀는 우리 잔디밭 뒤의 넘어질 듯한 통나무 저택에서 사는 쾌활한 치과의사를 조금 알고 있었다. 또한 그녀는 교회 예배가 끝난 후 차를 마시면서, 길거리 모퉁이에 있는 '식민지풍의' 무시무시하게 하얀 집의 주인인 고물장수의 '잘난 체하는' 마누라도 만났었다. 가끔 그녀는 노처녀 아퍼지트 양을 방문했다. 그러나 그녀는 그 중에서도 좀 더 귀족적인 기혼 부인들을 찾아다니거나, 잔디밭 향연 때 만나거나, 아니면 전화로 수다를 떨거나 하였다. 예를 들면 글레이브 부인, 쉐리단 부인, 맥크리스탈 부인, 나이트 부인 같은 호사를 즐기는 여자들이었는데, 그들이 먼저 소외당한 샬로트를 찾아오는 법은 결코 없었다. 그녀와 진짜 마음에서 우러나온 관계를 맺고 있었던 유일한 사람은, 칠레로 사업차 여행을 떠났다가 채트필드 부부, 맥쿠 부부, 그리고 다른 몇몇 사람(그러나 고물장수 부인이나, 더 잘난 체하는 탈보트 부인은 아니었다)과 함께 우리의 결혼식에 참석하기 위해 얼마 전에 돌아온 팔로 부부였다. 존 팔로는 중년으로 조용한 성격에 운동을 즐기고, 운동기구를 팔아서 조용히 돈을 많이 번 사람이었다. 그는 40마일 떨어진 파킹톤에 사무실을 가지고 있었다. 그리고 어느 일요일 숲 속을 거닐면서 콜트식 자동권총의 탄약통을 보여주며 사용 방법을 가르쳐주었던 사람도 바로 그였다. 그가 미소를 지으며 얘기했던 대로 그는 시간제 변호사이기도 했다. 그래서 그는 샬로트 일도 몇 가지 봐준 적이 있었다. 그의 사촌 중 가장 나이가 많으면서도 그보다도 좀 젊은 그의 아내 진은 얼룩테 안경을 쓰고, 2마리의 개를 기르고, 불룩한 가슴과 커다랗고 붉은 입에 팔다리가 긴 여자였다. 취미로 풍경화와 초상화를 그렸다. 그녀의 조카 로잘린 호네크를 그린 그림을 칭찬해주었던 기억이 지금도 생생하다. 초록색 틸실 베레모를 쓰고 초록색 테를 두른 벨트의 걸스카우트 유니폼을 입은 그 홍안의 꼬마는 매력적인 머리가 어깨까지 굽실거리고 있었다. 존은 입에서 파이프를 떼며, 학교에서 돌리(나의 롤리타)와 로잘린이 서로를 그렇게 헐뜯으며 아웅다웅한다니 참 큰일이라고 말했다. 그러나 그는, 아니 우리 모두는 자기들이 좋아하는 캠프에서 그들이 돌아올 즈음에는 둘의 사이가 좋아질 수 있기를 바랐다. 우리는 학교 얘기를 했다. 단점도 있었고 장점도 있었다.

"물론, 여기 소매상인들은 이태리 사람들이 너무 많아요."

존이 말했다.

"그렇지만 한편으로 생각하면 우리는 아직도—"

"저는요."

그때 진이 웃으며 끼어들었다.

"돌리와 로잘린이 이번 여름에 같이 지냈으면 좋겠어요."

갑자기 나는 로가 캠프에서 돌아오는 상상을 해보았다. 나른하고 싫증이 난, 갈색의 따뜻한 그녀를. 나는 슬픔과 초조함으로 울어버릴 것 같았다.

19

일이 잘 되어가고 있을 때 험버트 부인에 대해서 몇 마디 덧붙여 둘 게 있다. 나쁜 사건이란 가끔 불쑥불쑥 생기기도 하니까 말이다. 나는 그녀가 유별나게 소유욕이 강하다는 것을 알고는 있었지만, 자기 생활도 아닌 내 생활에 대해 구석구석까지 그토록 무서울 정도로 질투심을 나타내리라곤 생각지도 못했다. 그녀는 나의 과거에 대해서 강렬한 호기심을 보이며 도무지 지칠 줄 몰랐다. 그녀는 나로 하여금 나의 모든 연애사건을 떠올리게 한 다음, 지난날 있었던 일에 대해 모욕적인 언사를 가하고 짓밟아 경멸하도록 했다. 그런 일은 아주 없었던 것으로 취소하고 지난날에 대한 배신적인 행위를 나 스스로 뉘우치도록 유도함으로써 서서히 나의 과거를 파괴해버리기를 원하고 있었다. 그녀는 나에게 발레리아와의 결혼생활에 대해 얘기해 줄 것을 강요했다. 발레리아라는 여자는 좀 웃기는 여자이긴 했지만 난 얘기를 꾸며내야 했다. 그리고 그녀의 병적인 쾌락을 충족시켜주기 위해 군말을 보태가며 길게 얘기해주었다. 뿐만 아니라 그녀의 기분을 맞추기 위해 그림까지 그려가며 여자들 얘기를 했는데 그것은 어린 학생들을 인종별로, 놀라운 솜씨로 구분해 앉혀 놓고 사진을 찍은(그 사진의 맨 앞줄 가운데에는 초콜릿 빛의 둥근 눈을 가진 자그마한 소년을 앉혀 놓았었다) 어느 광고회사의 광고사진처럼 멋진 그림이었다. 나는 그녀에게 나의 여성 편력에 대해 마음 내키는 대로 얘기했다. 싫증나게 만드는 금발의 여자, 살갗이 거무스레하고 머리카락과 눈은 밤색이었던 여자 등등 마치 창녀들의 퍼레이드라도 벌이듯 떠들어댔다. 내가 그 여자들에 대한 기억들을 천하고 노골적으로 묘사하면 할수록 험버트 부인은 더욱 재미있어했다.

나는 이제까지 살아오면서 그렇게 많은 것을 고백해본 일도, 또 그렇게 많은 고백을 들어본 일도 없었다. 그녀가 '결혼생활'이라 부르는 것에 대해 말할 때의 고지식함은 윤리적으로 내 입에서 나오는 거짓말과는 현저한 대조를 이뤘지만, 기술적으로는 둘 다 같고 같은 재료(연속 라디오 드라마, 정신분석, 싸구려 소설)에서 영향을 받고 있어서, 내가 거기서 등장인물들을 빌린 것에 비해 그녀는 표현방법을 빌린 것이다. 샬로트가 말하는 선량한 헤롤드 헤이즈 씨의 놀랄 만한 버릇은 정말 재밌어서 내가 킬킬거리며 웃자 그녀는 무례하다고 했다. 하지만 그것만 빼면 그녀의 이야기는 그녀를 전부 보여준 것으로 재미가 빠져 있었다. 또, 그녀가 그렇게 살을 빼려고 먹지 않는데도 그녀보다 더 건강한 여자를 나는 아직 본 일이 없을 정도였다.

그녀는 결코 롤리타에 대해서 얘기하는 법이 없었다. 그녀의 엉터리 생각에 따르면, 죽은 어린이의 혼은 다시 아기로 태어난다는 것이었다. 나는 그녀에게서 헤럴드의 작품과 똑같이 내 피를 이은 자식이 급했던 것은 아니었지만, 내년 봄쯤 제왕절개 수술을 받게 되면 단 몇 주일 동안이라도 롤리타와 함께 지낼 기회가 생겨 그 나긋나긋한 요정 같은 아이를 마음껏 탐닉할 수 있지 않을까 생각했다.

그녀는 맹목적으로 자기 딸을 미워했다. 그즈음 그녀는 시카고에서 출판된 바보 같은 육아지침서 속에 나와 있는 앙케이트에 열심히 답을 적어 넣고 있었다. 해마다 자질구레한 이야기를 적어야 했는데, 아이의 생일 때마다 엄마가 목록을 작성하도록 돼 있는 책이었다. 1947년 1월 1일, 롤리타의 12번째 생일날 샬로트 헤이즈는 40개 항목이 적혀 있는 설문지에 10개 조항에만 밑줄을 그어놓았다. 그것은 당신 아이의 성격이라는 물음이었는데, 그녀가 밑줄을 그었던 단어들은 다음과 같다. 공격적, 사나운, 비판적, 잘 믿지 않는, 참을성이 없는, 화를 잘 내는, 캐문기 좋아하는, 반항적(두 번 밑줄이 쳐 있음), 고집이 센, 이러한 단어들이었다. 명랑하고 협조적이며 활동적인 따위의 형용사들은 모두 빼놓고 있었다. 정말로 미칠 노릇이었다. 그녀는 또한 집 안 구석구석에 있는 롤리타의 물건이란 물건은 모조리 최면에 걸린 토끼들처럼 꼼짝 못하게 만들어놓았다. 귀여운 롤리타가 보내온 다음과 같은 편지에 대해서도 그녀의 태도는 이러했다.

엄마와 아빠께,
모두 안녕하시리라 믿어요. 과자를 보내주셔서 정말 고마웠어요. 나는 (지우고 다시 쓰고 있었다) 숲 속에 갔다가 그만 새로 산 스웨터를 잃어버렸어요. 요즘 며칠간 이곳은 굉장히 추웠어요. 시간이 많아요.
돌리로부터

"이런 바보 같은 아이 봤나! 시간이라는 말 앞에 단어 한 자를 또 빼먹었군요. 그 스웨터는 순모였는데. 그리고 당신, 내 허락없이 절대로 그 아이에게 과자 보내지 말아요."

20

람스데일에서 몇 마일밖에 떨어지지 않은 곳에, 호수가 있는 숲이 하나 있었다. 우리가 그곳으로 매일 차를 몰고 갔을 때는 7월 말의 심한 무더위가 일주일 가량이나 계속되고 있었다. 그곳에서 우리가 마지막으로 수영을 함께 즐겼던, 지긋지긋하게도 무더웠던 어느 화요일날 아침에 있었던 일을 지루하지만 자세하게 적어보려고 한다.
우리는 길 옆의 주차장에 차를 세워두고 소나무 숲 속으로 난 오솔길을 따라 호수로 나갔다. 그때 샬로트는 오래된 어느 미술학교에 다니고 있던 진 팔로가, 지난 화요일 아침 다섯 시에 어둠 속에서 수영을 하고 있는 레슬리를 보았다고 말했다.

"물이 아마 꽤 찼을텐데?"

내가 말했다.

"그런 말이 아니에요. 레슬리는 정상이 아닌 것 같아요. 그리고,"

그녀는 얘기를 계속했는데, 그 꼬치꼬치 따지고 드는 빈틈없는 말씨로 요즘 내 건강에 대해서 들먹거리기 시작했다.

"확실히 우리 루이즈가 그 바보 멍청이한테 푹 빠져있는 게 틀림없어요."

"최근 돌리의 성적이 좋지 않아요."

우리는 샌들을 신고 가벼운 겉옷만 걸친 채 이야기를 계속했다.

"당신도 아시겠지만 난 꼭 이루고 싶은 꿈이 한 가지 있어요."

그녀는 그 꿈이 부끄럽기라도 한듯 고개를 떨구고 황갈색 땅을 내려보며 깊이 생각하는 표정을 지었다.

"나는 말이에요. 탈보트 부부가 얘기하는 그런 독일 소녀같이 정말로 잘 훈련된 하녀를 하나 두고 싶어요. 그래서 집에서 나와 함께 살도록 하는 거예요."

"방이 없잖아."

"참, 당신도."

그녀 특유의 장난기 섞인 미소를 지어가며 그녀는 얘기를 계속했다.

"당신은 언제나 우리 험버트 집안의 가능성을 과소평가하는군요. 로와 함께 쓰도록 하면 되잖아요? 전부터 저는 그 방을 손님들 방으로 만들 작정이었어요. 우리집 방들 중에서 가장 춥고 또 초라해서요."

"당신 지금 도대체 무슨 말을 하고 있는 거요?"

광대뼈 부위의 피부가 위로 자꾸 당겨 올라가는 듯한 기분을 느끼며 그녀에게 물었다. 여기서 굳이 이런 기분을 적고 있는 이유는, 로도 기분이 나쁘거나 화가 났을 경우 나와 똑같은 증상이 나타났기 때문이다.

"당신, 그 낭만적인 사교에 이제 싫증이 났는가 보죠?"

그녀는 자신의 첫 번째 굴복을 암시라도 하듯 의아해하며 물어왔다.

"아니야, 절대로 그렇지 않아. 단지 손님이 오거나 혹시 하녀를 두게 되면 딸아이를 어디에 둘 것인지가 궁금할 뿐이야."

"아!"

험버트 부인은 한쪽 눈썹을 치켜올리는 것과 동시에 부드럽게 숨을 내쉬고는 꿈꾸듯 미소를 지으며 아! 소리를 냈다.

"로는 캠프가 끝나면 아주 훌륭한 기숙사가 있는 학교에 보낼 거예요. 그래서 엄격한 훈련도 받고 건전한 종교 교육도 시키는 거예요. 그러고 나면 비어드슬리대학에 진학시켜요. 내가 다 계획을 세우고 있으니까 당신은 조금도 걱정할 필요가 없어요."

그녀는 이제 게으른 버릇을 좀 고쳐야겠다는 것과 팔렌 양의 동생에게 편지를 띄워야겠다는 등의 얘기를 계속 늘어놓았다. 그때 멋진 호수의 모습이 눈앞에 나타났다. 나는 차 안에 선글라스를 두고 왔기 때문에 잠시 돌아갔다가 곧 따라오겠다고 그녀에게 말했다.

나는 이제까지 사람들이 괴로울 때마다 자기 손을 꽉 쥐어트는 것을 보면서 괜히 꾸며낸 제스처려니 하고 늘 생각했었다. 어느 중세 의식에서 막연하게 본딴 행동으로만 여겨왔었다. 그러나 그날 숲 속에서 절망의 마술에라도 걸린 듯 그 제스처는 말까지 닫아버린 내 기분과 가장 가까웠다.

그때 만약 상대가 샬로트가 아니고 발레리아였다면 나는 능히 그때 상황을 조종할 수 있었을 것이다. 그렇다, 조종이란 말이 적절하다. 지나간 좋았던 그 시절, 발레리아의 부서질 것 같은 팔목을 슬쩍만 비틀어도(발레리아는 자전거를 타다 떨어진 일이 있었다), 나는 그녀의 마음을 금세 바꿔놓을 수가 있었다. 그러나 샬로트에 관한 한 나는 어떤 것도 생각조차 못했다. 미국 여자인 샬로트 때문에 놀란 일이 한두 번이 아니었다. 그녀가 나에게 가지고 있는 열정을 이용해서 그녀를 다루어보겠다는 생각은 한낱 꿈에 지나지 않았다. 그녀가 마음대로 구축해놓은 나의 이미지를 깨뜨릴까봐 아무 일도 할 수가 없었다. 그녀가 로의 무서운 가정교사 노릇을 했을 때 이상하게 내 행동에는 비굴한 그 무엇이 섞여 있었다. 한 가지 좋은 점이 있었다면, 그것은 내가 로를 이상할 정도로 좋아하고 있다는 사실을 그녀가 전혀 모르고 있는 점이었다. 로도 나를 좋아하자 그녀는 난처해하는 것 같았다. 그러나 내 감정만은 그녀도 알아채지 못했다. 발레리아라면 나는 이렇게 말했을 것이다.

"이봐, 이 뚱보야. 돌로레스 험버트에게 무엇이 좋은지는 내가 결정해."

그러나 샬로트에게는 애교를 섞은 침착한 목소리로 이런 말조차도 할 수가 없었다.

"미안하지만 여보, 나는 반대야. 아이에게 한 번만 더 기회를 주도록 합시다. 한 1, 2년쯤 내가 직접 그 아이를 가르치면 어떨까? 당신도 언젠가 그랬었잖아."

사실 나는 나 자신을 전부 포기하지 않고서는 샬로트에게 한마디도 내 의견을 말할 수 없었다. 이렇게 원칙대로만 따지는 여자들이 어떠한지를 여러분들은 상상조차 못할 것이다. 샬로트는 매일매일의 관습이나 행동규범·음식·책 또는 자기가 좋아하는 사람들의 잘못된 점이나 모순에 대해서는 전혀 느끼지도 못하면서, 내가 로를 가까이 둘 양으로 어쩌다 꺼내는 말에서는 억양이 틀린 곳이 있다고 꼬투리를 잡아내곤 했다. 그녀는 마치 재능이나 재질은 하나도 없으면서 지독하게도 정확한 판단력만 가지고 틀린 음정을 꼬집어낼 줄 아는 음악가와도 같았다. 샬로트의 고집을 꺾기 위해서는 그녀의 가슴을 무너뜨려야 했다. 그녀의 가슴을 무너뜨리면 그녀가 만든 내 이미지도 따라 무너질 것이다.

내가 만약 이렇게 말했더라면 어떻게 끝장이 났을까.

"내가 롤리타와 살더라도 당신이 좀 도와줘야 해. 그렇지 않으면 당장 헤어지는 거야."

그러면 그녀는 새파랗게 질려서 이렇게 말했을 것이다.

"좋아요. 더 계속하든지 전부 취소하든지 이걸로 끝장이에요."

주차장까지 온 나는 녹내가 나는 펌프물을 손바닥 가득 받아가지고, 그 물을 마시면 지혜와 젊음과 자유 그리고 예쁜 첩이라도 하나 생기기라도 할 듯이 게걸스럽게 물을 마셨던 기억이 난다. 잠시 나는 소나무 밑에 있는 울퉁불퉁한 다듬어지지 않은 테이블에 자리를 잡았다. 그때 저만치서 짧은 반바지와 운동복을 입은 처녀아이 둘이 여자화장실에서 나오는 것이 보였다. 자전거 앞자리에는 멍청하게 넋 나간 사람처럼 메이블이 껌을 씹으면서 앉아 있었고, 그 뒤에는 마리온이 파리를 쫓느라 연신 머리를 흔들면서 다리를 넓게 벌리고 앉아 있었다. 흔들거리는 그들의 모습이 천천히 빛과 그림자로 합쳐지기도 했다. 롤리타! 가장 자연스러운 해결 방법은 험버트 부인을 파괴하는 것이었다. 그러나 어떤 방법으로?

사람은 완전범죄를 저지를 수 없다. 그러나 우연히 살인을 저지른다.

19세기 말 남부 프랑스 아를르 지방의 라꾸르라는 부인이 살해당한 유명한 사건이 하나 일어났다. 수염을 기른 어느 육척 장신의 사나이가(추측으로 그녀의 정부인데), 그녀가 라꾸르 대령과 결혼한 직후 사람이 많은 대로에서 그녀의 등을 세 군데나 찔러 치명상을 입힌 사건이었다. 여기저기 구경꾼들이 몰려들 즈음 기적적인 우연이었다고 할까, 멋진 우연이었다고 할까. 사건이 일어난 장소의 가장 가까운 집에서 살고 있던 어느 이태리 사람이 바로 그 순간에 만지작거리던 폭발물을 잘못해서 터뜨린 것이었다. 그러자 길거리는 순식간에 수라장으로 변해 연기가 사방을 메우고 벽돌이 무너지고, 사람들은 이리 뛰고 저리 뛰고 온통 야단법석이었다. 다행히 인명피해는 없었으나(라꾸르 대령이 쓰러진 것만 빼면), 덕분에 애인을 찔렀던 사나이는 그 틈에 줄행랑을 쳤고 그 후로도 오랫동안 행복하게 잘 살았다.

나는 아워글래스 호수 쪽으로 걸어 내려갔다. 우리 부부와 팔로 부부, 그리고 채트필드 부부가 함께 수영을 즐겼던 장소는 좀 후미진 곳이어서 사람도 없었을 뿐만 아니라 우리들만의 해변 같은 곳이었기 때문에 샬로트는 무척이나 좋아했다. 아워글래스 호반 왼쪽에는 수영시설이 잘 갖추어져 있었고, 오른편에는 소나무 숲과 그에 연이어 늪지가 자리하고 있었다. 그것은 다시 반대편 숲으로 이어지고 있었다.

나는 가만히 아내 곁에 앉았다. 너무나 조용히 그랬기 때문에 아내는 놀라는 것 같았다.

"물에 들어갈까요?"

그녀가 물었다.

"조금만 있다가. 여러 가지 생각할 게 좀 있어."

나는 생각에 빠져들었다. 1분은 더 지났을 것 같았다.

"좋아, 이제 가지."

"당신의 생각 속에 저도 있었나요?"

"물론이지."

"정말이길 바라요."

샬로트가 물속으로 들어가며 말했다. 그러자 금방 그녀의 넓적다리에 소름이 돋아나기 시작했다. 새까만 고무 모자를 쓴 샬로트는 입을 꼭 다물고 팔을 넓게 벌려 요란하게 첨벙 소리를 내며 물 속으로 뛰어들었다.

우리는 반짝이는 호수 위를 천천히 헤엄쳐 나갔다.

만약 사람이 물 위를 걸어갈 수 있다면 천 걸음은 됨직한 거리의 맞은편 둑 위에서는, 해안 확장 공사를 부지런히 하고 있는 두 남자의 모습이 똑똑히 보였다. 그들이 누구인지도 알 수 있었다. 한 사람은 은퇴한 폴란드계 경찰관이었고, 또 한 사람은 호수 건너편의 대부분의 재목을 소유하고 있는 역시 은퇴한 연관공이었다. 게다가 두 사람이 부두를 만들려고 하는 것도 알고 있었다. 그쪽에서 들려오는 망치소리는 무척 크게 울렸다.

해변의 하얀 모래사장은(그곳으로부터 우리는 꽤 멀리 헤엄쳐 나와 수심이 깊은 곳에 와 있었다) 평일 아침에는 늘 텅 비어 있었다. 반대편 둑 위에서 바쁘게 움직이는 두 남자와, 머리 위를 배회하다가 푸른 하늘 속으로 사라지곤 하는 개인용 비행기를 제외하면 그 근처엔 아무도 없었다. 이만하면 살인을 하기에 더할 나위 없이 좋은 상황이었다. 그 두 남자는 사고로 목격을 하기에는 충분히 가까운 거리에, 그리고 죄가 저질러지고 있다는 것을 눈치 채기엔 너무나 먼 곳에 있었던 것이다. 정신이 거의 빠진 상태로 물 속에서 엎치락뒤치락하며 누가 와서 물에 빠진 자기 아내를 좀 구해달라는 울부짖음 소리는 충분히 들릴 만한 거리에 그들은 있었다. 그러나 그 단계에까진 이르지 못했다. 단지 그 행동이 어느 정도 간단한지, 어느 정도 잘 될 수 있는지 전달한 것 뿐이다. 샬로트는 지극히 어색한 모습으로 수영을 하고 있었지만 분명히 어떤 즐거움을 맛보고 있는 것 같았다.

그녀가 그렇게 노력했음에도 불구하고 거의 태우지 못한 그녀의 창백하게 젖은 얼굴, 새파랗게 질린 입술, 드러난 볼록한 이마, 그리고 머리에 꼭 끼는 까만 수영모자, 포동포동한 목덜미 등을 바라보며, 지금 내가 해야 할 일은 뒤쪽으로 가서 크게 숨을 한 번 쉬고 그녀의 발목을 확 움켜쥐고는 재빨리 물속에 처넣는 일이라고 생각했다. 나는 물속에서 눈을 뜬 채로 숨을 쉬지 않고도 적어도 몇 분은 견딜 수 있었다. 그것은 남자 무용수가 발레리나의 발을 잡고 있는, 무서울 정도로 조용한 발레를 보고 있는 느낌이었다. 그녀를 계속 물속에 밀어 넣은 상태로 나만 물 위로 얼굴을 내놓고 숨을 쉰다, 이러기를 몇 번만 하면 될 것 같았다. 그리고 나서 그녀가 완전히 죽으면 그때 도와달라고 소리치면 되는 것이다. 그리고 20분 정도 지나 두 사람이 나타나고, 한쪽에 새 페인트를 막 칠한 보트에 도착했을 때는 가엾은 험버트 부인은 경련이나 관동맥 폐색증이나 아니면 그 둘 다로, 미소를 띤 듯한 아워글래스 호수 수면 30피트 정도 아래, 잉크를 흘린 듯한 토사 속에서 거꾸로 있게 된다.

너무도 간단한 문제였다. 그녀가 바로 내 옆에서 헤엄을 치고 있었다. 때는 바로 그때다! 그러나 나는 할 수가 없었다. 나는 아무 말 없이 해안 쪽으로 향했다. 그녀도 나를 따라 방향을 바꿨다. 그때도 나는 못생기고 교활한 저 덩치 큰 여자를 물에 밀어 넣을 용기가 나지 않았다. 이제 내일도 또 금요일에도, 앞으로 어떤 날이나 혹은 밤중에라도 그녀를 죽일 수 없을 것이라는 슬픈 사실을 나는 깨닫게 되었다. 발레리아의 가슴을 마구 때리거나 그녀에게 상처를 입히는 장면은 상상할 수 있다. 더욱이 그녀 애인의 아랫배에 총을 쏴 그를 쓰러뜨리는 것도 상상할 수 있다. 그런데 샬로트는 죽일 수가 없었다.

그날 아침의 상황이 대체적으로 조건이 좋았고 희망이 없지도 않았는데 말이다. 발길질 잘 하는 힘센 발을 움켜잡아야만 하나? 저 놀란 듯한 눈을 바라보아야 하고 저 지긋지긋한 목소리를 또 들어야만 되나? 이 모든 시련을 참고 견뎌야 하는 것일까? 죽을 때까지 그녀의 망령에 홀릴지도 모른다. 그때가 1947년이 아니고 1447년이었다면 그녀에게 고전적인 독약을 먹여 내 양심을 속였을지도 모른다. 그러나 참견 잘 하고 냄새 잘 맡는 요즘같은 세상에는 옛날 번쩍번쩍하는 궁궐에서 흔히 그랬던 것처럼 계획이 제대로 실현될 리가 없었다. 요즘은 살인을 하려면 과학자가 되어야 한다. 그러나 나는 둘 다 아니었다. 가슴의 두근거림과 달콤한 불행을 동경한 나머지 성범죄를 저지르는 대부분의 사람을 보면, 남에게 해를 끼치지 않는 수동적이고 순수한 사람이어서 자기가 저지를 탈선 행위에 대해 사람들이 너그럽기만을 바라는, 겁 많은 사람인 경우가 많다. 우리는 그렇다고 해서 색마는 아니다. 군인들이 잘 그러듯 강간도 하지 않는다. 단연코, 우리는 살인자가 못 된다. 시인들은 결코 살인을 할 수 없다. 불쌍한 샬로트! 영원한 너의 천국에 들어가거든 나를 원망하지 말아라.

그것은 정말 객관적으로 말하면 위기일발의 일이었다.

여기서 내 완전범죄의 자랑을 좀 늘어놓으려 한다.

우리는 수건으로 몸을 감싸고 작열하는 태양 아래 앉아 있었다. 그녀는 사방을 둘러보더니 브레지어를 풀었다. 그녀는 나를 사랑한다고 했다. 그녀는 한 팔을 뻗어 겉옷 주머니에서 담배를 더듬어 찾았다. 그녀는 일어나 앉더니 담배를 피워 물었다. 담배 연기가 계속 나오고 있는 입으로 그녀는 내게 키스를 퍼부었다. 그때 갑자기 덤불과 소나무 숲 아래에 있는 모래둑으로부터 우리가 있는 뒤쪽으로 돌이 굴러 내려왔다.

"우리를 엿보고 있는 못된 아이들 짓일 거예요."

브레지어를 다시 가슴에 채우기 위해서 몸을 앞으로 수그리며 샬로트가 말했다.

"피터 크레스토브스티에게 가서 얘길 좀 해야겠어요."

돌이 한참을 굴러내린 후 살랑살랑 옷 스치는 소리와 함께 발자국 소리가 났다. 진 팔로가 이젤과 미술도구 몇 가지를 들고 내려오고 있었다.

"진 때문에 놀랐잖아요."

샬로트가 말했다.

진은 자기가 그 위에 있었다고 했다. 아무도 없는 푸른 숲 속에서 자연을 바라보며 호수의 그림을 완성하려고 애써봤지만 별로 신통치가 않아서 아무래도 자기는 소질이 없는 모양이라고 말했는데, 그녀의 그 말은 옳았다.

"험버트 씨는 그림 그려 본 적이 있으세요?"

샬로트는 진을 약간 질투하고 있었기 때문에 존이 오는지 물었다.

존은 오늘 점심 때 집으로 올 예정이었다. 그는 진을 파킹톤으로 가는 길에 내려놓았는데 이제 아무 때고 그녀를 데리러 올 것이었다. 무척 아름다운 아침이었다. 진은 샬로트와 나 사이의 하얀 모래 위에 앉았다. 그녀는 짧은 반바지 차림이었다. 그녀의 기다란 갈색 다리는 밤색 털을 가진 암말의 다리처럼 매력적으로 보였다. 그녀가 미소를 지을 때면 잇몸이 드러나보였다.

"내가 그린 호수 풍경에 두 분을 그릴 작정이에요. 그림 속에서도 선생님은(험버트를 가리키며) 팔목에 시계를 차고 있어요."

"방수 시계죠."

샬로트가 물고기 같은 입 모양을 지어 보이며 나긋나긋하게 말했다.

진은 자기 무릎에 내 팔목을 올려놓고 샬로트가 사준 시계를 한참 들여다보더니 손바닥이 보이게 모래 위에 손을 내려놓았다.

"굉장히 잘 보일 거예요."

샬로트가 교태를 부려가며 말했다. 진이 한숨을 쉬며 얘기했다.

"바로 이 자리에서 언젠가 조그만 아이들이, 남자아이와 여자아이였어요. 해가 질 무렵에 그들 둘이 사랑을 속삭이는 것을 본 일이 있어요. 그들의 그림자를 봐서는 몸집이 큰 아이들인 것 같았어요. 언젠가 새벽빛에 당신에게 톰슨 씨에 대해서 얘기한 적이 있죠. 다음에는 늙고 뚱뚱한 아이버를 봤어요. 그 사람은 정말로 괴상한 사람이에요. 전번엔 뭐라고 했는지 아세요? 자기 조카에 대해서 아주 음탕한 얘길 하는 거예요. 뭐라더라……"

"어이! 거기 있는 거야?"

존의 목소리였다.

21

기분이 나쁘면 말을 하지 않는 내 버릇, 아니 좀 더 정확하게 얘기하자면 냉기가 감도는 내 기분 나쁜 침묵이 정신을 못 차릴 정도로 발레리아를 두렵게 만들곤 했었다. 샬로트와 있을 때에도 말을 하지 않으려고 노력해봤지만 그녀가 쉴 새 없이 지껄여대서 말을 하지 않고는 견딜 수가 없었다. 아무튼 놀라운 여자임에는 틀림이 없다. 지금은 스튜디오로 쓰지만 전에는 방이었던 곳에 죽치고 앉아서 써야 할 글들을 입 속으로 중얼거리고 있을 때면, 샬로트는 명랑하게 왔다갔다하며 집 안을 꾸미기도 하고 편지를 쓰기도 하며 전화를 받을 때는 노래라도 부르는 듯했다. 창문을 내다보고 있으면, 바람에 흔들리는 포플러잎 사이로 그녀가 길을 건너가서 흐뭇한 모습으로 편지를 부치는 것이 보였다. 팔렌 양의 동생에게 보내는 편지임에 틀림없었다.

나는 일의 순서를 잘 정리할 줄 아는 비상한 머리를 가지고 있기 때문에 그것을 적절하게 사용해야 한다는 생각이 갑자기 떠올랐다. 로에 대한 그녀의 계획에는 아무래도 참견은 하지 않아도 막연한 형태로 나의 권리를 주장해두고, 그것을 뒤에 특정한 기회에 이용할 수 있는 방법을 생각해야 했다. 어느 날 저녁이었다. 샬로트가 먼저 말을 꺼냈다.

"당신이 놀랄 일이 한 가지 있어요."

그녀는 수프를 먹으면서 애정 가득한 눈으로 나를 쳐다보며 말했다.

"가을이 되면 우리 둘이 함께 영국에 가는 거예요."

나는 얼른 수프를 삼키고는 분홍빛 냅킨으로 입술을 닦으며 말했다.

"나도 당신에게 놀라게 할 일이 있어. 우리 둘은 같이 영국에 갈 수 없어."

"왜요?"

그녀는 예상했던 것보다 놀란 표정으로 내 손을 바라보고 있었다. 그때 나는 나도 모르는 사이에 죄도 없는 분홍 냅킨을 접었다 폈다 하거나 또 눌러보기도 하고, 찢었다가는 다시 접어보고 하는 따위의 장난을 치고 있었다. 그러나 얼굴만은 그녀를 향해서 그런 대로 미소를 띨 수가 있었다.

"지극히 간단한 얘기지."

내가 대답했다.

"아무리 살림살이가 조화있게 잘 꾸며져 있는 집이라 할지라도, 우리 집 같이 여자가 모든 결정을 내리지는 않아. 분명히 남편이 결정지어야 할 사항도 꼭 생기게 마련이라고. 당신 같이 건강한 미국 여자가 냉육업계의 왕자인 샘 범블과 그의 아내와 함께, 또 헐리우드의 매춘부와 함께 같은 호화 여객선을 타고 대서양을 건너는 그 스릴을 상상하지 못하는 건 아니야. 그렇지만 난 유럽은 지겨워. 특히 영국은 더 그래. 당신도 알고 있듯 오래되고 이젠 썩어빠진 그쪽 세계에는 슬픈 기억밖에 없어."

"여보 제발. 내 말 좀……"

샬로트가 말했다.

"아니야, 잠깐만 있어 봐. 지금 이 문제는 있을 법한 우연의 일이야. 나는 지극히 일반적인 얘기를 하고 있는 거라고. 오후 시간에 당신이 내가 일을 하기보다 호수에 함께 나가 일광욕하기를 원했을 때 나는 즐거운 마음으로 당신을 위해 구릿빛 매력적인 소년이 되지 않았어? 잠깐만 더 들어봐. 당신이 집 안을 꾸밀 때도 난 당신의 의견에 간섭하거나 거절했던 적이 한 번도 없었을 거야. 당신이 모든 문제를 다 결정했어. 어떤 때는 전적으로, 또 어떤 때는 부분적으로 당신의 의견과 뜻을 달리한 적이 있었지만 당신이 일단 결정을 내리면 나는 아무 얘기도 하지 않았어. 부분적인 것은 무시할 수 있지만 전체적인 것에 대해선 무관할 수가 없어. 당신이 말한 대로 하는 것은 좋지만, 모든 게임에는 다 규칙이 있는 법이야. 난 십자가가 아니야. 결코 십자가가 될 수 없어. 그렇게는 하지 말아줘. 나도 이 집안 구성원의 반 조각은 되잖아? 그리고 분명하게 말할 수 있는 권리도 있다고."

그녀는 내 옆으로 와서 무릎을 꿇고 앉았다. 그러고는 매우 천천히, 그러나 격렬하게 머리를 저으면서 내 바지자락을 손톱으로 긁는 것이었다. 그러한 사실을 자기는 전혀 몰랐다고 그녀는 말했다. 당신이야말로 지배자며 신이라고 했다. 루이즈도 이제 가고 없으니 지금이라도 다시 사랑하자는 것이었다. 그녀는 자기를 용서해달라고 하면서 그렇지 않으면 죽을 것 같다는 말도 했다.

이런 시시한 사건으로 나는 매우 의기양양해졌다. 나는 그녀에게 조용히 말했다. 그것은 용서를 하고 안 하고의 문제가 아니라 이제부터 태도를 바꾸는 문제가 중요하다고. 나는 이 절호의 찬스를 이용해서 아무에게도 침해당하지 않는 내 시간을 많이 가지고 책을 열심히 써야겠다고 결심했다. 적어도 쓰는 척이라도 해야겠다고 생각한 것이다.

내 방에 놓여 있던 스튜디오 침대는 이미 오래 전부터 소파로 이용되고 있었다. 우리가 부부 생활을 시작한 날부터 샬로트는 방이 점차 글 쓰는 서재로 변할 게 뻔하다는 불평을 나에게 한 적이 있었다. 이름하여 그 영국사건이 있고 난 이틀 뒤, 나는 매우 푹신푹신한 새 안락의자에 앉아서 무릎에 두꺼운 책을 올려놓고 읽고 있었다. 샬로트가 그때 반지 낀 손가락을 톡톡 두들기며 빈둥거리는 걸음으로 들어왔다. 그때 그녀의 움직임은 롤리타와는 너무도 달랐다. 롤리타는 요정들만 사는 땅의 과일 냄새라도 나는 듯한, 그녀가 아끼는 블루진을 입고 윗도리의 아래 단추는 풀어 헤친 채 조금은 타락한 듯한 모습으로 어색하게, 그리고 곧 죽을 사람의 모습을 하고 나를 찾아오곤 했었다.

샬로트는 우리 관계가 심상치 않다고 느낀 모양이었다. 어젯밤에도 그랬고 그저께 밤에도 그랬다. 나는 잠자리에 들기가 무섭게 자는 척하고는 새벽같이 일어났다. 자기가 혹시 방해가 되지 않았느냐고 그녀는 자못 부드럽게 내게 물었다.

"아니, 지금은 별로."

나는 여학생 백과사전의 C가 나오는 부분을 펼쳐놓고 그림을 뒤적거리면서 대답했다.

샬로트는 서랍이 달려 있는 모조 마호가니 책상이 놓인 곳으로 걸어갔다. 그녀는 그 위에 손을 올려놓았다. 볼품없는 작은 책상은 그녀와는 아무 상관도 없는 물건이었다.

"언젠가는 당신한테 꼭 물어보려고 했었어요."

이번만은 애교를 부리지 않고 지극히 사무적인 어투로 그녀가 말했다.

"이 책상은 왜 꼭 잠궈두죠? 이 방에 두어야 할 필요라도 있나요? 너무 안 어울리는 물건이에요."

"그냥 내버려둬."

그렇게 말한 나는 'C자에 나와 있는 캐나다의 캠핑'에 대해서 열심히 살피고 있었다.

"열쇠 있어요?"

"감춰 놨어."

"오……!"

"연애편지가 잔뜩 들어있거든."

그녀가 마치 부상당한 암사슴의 눈 같은 시선으로 나를 바라보았기 때문에, 내가 좀 심했다는 것은 생각조차 못하고 그만 화가 울컥 치밀어오르는 것이었다. 나는 유리창을 뚫어져라 바라보면서 타원형으로 뾰족하게 다듬은 불그스름한 손톱으로 캠퍼스, 캐나다, 카메라, 캔디 등이 소개된 책 페이지를 가볍게 두드리고만 있었다. 이윽고 그녀는 나의 첫 번째 아내가 즐겨 사용했던 향수의 냄새를 물씬 풍기면서 내 의자로 성큼 다가와 앉았다.

"그래서 각하께서는 가을을 여기서 보내실 작정이신가요?"

그녀는 작은 손가락으로 가을 풍경을 가리키며 말했다.

"왜죠?"

매우 분명하게 그리고 천천히 반문했다. 그녀는 어깨를 움츠렸다. 헤릴

드가 아마도 이 시기에 휴가를 즐겼었나보다. 그녀는 그때를 회상하고 있는 것 같았다.

"그 열쇠가 어디 있는지 알 것 같아요."

그녀는 여전히 손을 가리키면서 말했다.

"여보, 오늘 저녁에 특별히 먹고 싶은 거라도 있으세요? 존과 진이 조금 있으면 들를 거예요."

나는 툴툴거리면서 대답했다. 그녀는 나의 아랫입술에 입을 맞추었다. 그러고는 케이크를 구워주겠다고(예전에 하숙생활을 할 때부터 나는 그녀의 케이크 굽는 솜씨에 경탄을 금치 못했었다) 상냥하게 말하고는, 내 마음대로 무슨 일이라도 할 수 있도록 나를 혼자 남겨두고 방을 나갔다.

그녀가 앉았던 자리에 책을 조심스럽게 펼쳐놓고 열쇠를 감춰두었던 곳을 다시 살펴보았다. 열쇠는 오래 되고 상당히 값비싼 면도기 밑에 놓여 있었는데, 그 면도기는 샬로트가 값이 싸고 사용하기에 더 편리한 다른 면도기를 하나 사오기 전까지는 내가 쭉 사용해오던 것이었다. 벨벳으로 선이 둘러져 있는 케이스 속에 면도기를 놓고 그 밑에 열쇠를 넣어놓았으니 더할 나위없이 완벽한 장소였다. 그 케이스는 내가 여러 가지 잡다한 사업 관계 서류를 보관하는 작은 트렁크 속에 항상 넣어두는 것이었다. 그보다 더 좋은 장소란 없었다. 정말 어떤 물건을 어디에다 숨긴다는 것은 보통 어려운 일이 아니다. 특히 아내가 가구를 한 자리에 놓아두지 못하고 이리저리 바꾸고 할 때에는.

22

정오에 배달되는 우편물 속에 팔렌 양의 동생으로부터 온 답장이 끼어 있었다. 그것은 우리가 마지막으로 수영을 함께 했던 날로부터 정확히 일주일 되는 날이었다고 기억한다. 그녀는 답장 속에, 자기 언니의 장례식을 마치고 알제브라로 돌아온 지 얼마 되지 않는다는 이야기를 적고 있었다. 그리고 샬로트의 딸 문제에 대해서는 금년 등록은 이미 시기가 늦었다는 것을 알리고 싶다고 했다. 그러나 만약 험버트 부부가 돌로레스를 1월에 보낸다면 그땐 입학이 가능할 것이라는 등등의 내용이었다.

다음날, 나는 점심을 먹고난 뒤 주치의를 만나러 갔다. 그는 매우 우정이 깊은 친구였는데, 침대 맡에서 환자를 돌보는 완벽한 매너라든가 또는 전매 특허를 얻은 약이라면 무조건 신용하려드는 점 등이 그의 의학에 대한 무지나 무관심을 적절하게 잘 감춰주고 있었다. 로가 람스데일로 돌아온다는 사실은 기대에 부풀게 만드는 일이었다. 이 일을 위해서 만반의 준비를 갖춰야겠다고 생각했다. 샬로트가 자기 마음대로 모든 일을 결정하기 전에 내가 먼저 선수를 쳐야 했다. 그 사랑스러운 아이가 도착하는 날부터 다시 알제브라로 돌아가는 날까지 아무리 시끄러운 소리가 나더라도, 또는 아무리 건드려도 세상 모르고 자게 만드는 약을 그냥 가지고만 있어야 한다는 사실을 명심했다. 7월 한 달 동안 내내 나는 여러 가지 수면제의 효능을 실험해보았는데, 그 대상은 원래 약을 많이 먹는 편인 샬로트였다. 내가 그녀에게 마지막으로 주었던 1회분 약은(그녀는 그것을 신경 안정에 좋은 취화칼륨이라고 생각했다) 그녀를 4시간 동안이나 깊은 잠에 곯아떨어지게 만들었다. 나는 라디오의 볼륨을 있는 대로 크게 올렸다. 밝은 전지를 그녀의 얼굴에 비춰보기도 했다. 내가 아무리 밀치고 뜯고 건드려도 그녀는 조용하게 깊은 호흡을 쉬며 잠에서 깨어날 줄 몰랐다. 그러나 내가 그녀에게 키스하는 지극히 단순한 행동에는 살아 움직이는 낙지같이 힘차게 일어나는 것이었다. 이 방법도 별 소용이 없구나 하고 생각했다. 좀 더 안전한 그 무엇이 필요했다. 바이론 박사는 그가 마지막 처방해 주었던 약이 나의 불면증 치료에 별 도움이 되지 못했다고 얘기하자 처음엔 믿으려들지를 않았다. 다시 한번 사용해보라는 것이었다. 그러고는 자기 가족들의 사진을 꺼내 보여주며 내 주의를 다른 데로 돌리려 했다. 그에겐 돌리만한 나이의 아주 예쁘게 생긴 아이가 있었다. 그의 속셈을 알아차리고 나는 그에게 가장 강한 약을 처방해 줄 것을 고집했다. 그는 나에게 골프를 쳐 보라는 등의 딴청을 부렸지만, 결국에 가서는 나의 요구대로 진짜로 잘 듣는 약을 주겠다고 했다. 그는 캐비닛으로 가더니 한쪽 끝이 어두운 자줏빛으로 칠해져 있는, 보랏빛이 도는 푸른색 캡슐이 들어 있는 약병을 끄집어냈다. 그는 이 약이 적당량만 먹으면 금세 잠이 드는 신경성 환자들을 위해서 만든 것이 아니고 앞으로도 몇 세기를 살기 위해서 몇 시간 동안은 죽어야 하는, 잠을 아주 못 자는 예술가들을 위해서 만들어진 것이라는 얘기를 했다. 속으로는 기뻤지만 의사를 놀려주는 것이 즐거워서, 아무래도 못 믿겠다는 듯 어깨를 으쓱해보이며 주머니 속에 알약을 집어 넣었다.

나는 그를 조심스럽게 대해야 했다. 한번은 내가 그만 실수로 샬로트에게 약을 먹였다는 사실을 얘기하고 말았는데 그때 그의 두 귀가 놀라 뒤틀리는 것을 나는 보았다. 소설을 쓰기 위해서 한번 실험해보았을 뿐이라고 나는 서둘러 변명을 했다. 그러나 그런 것쯤은 문제도 되지 않았다.

의기양양한 기분으로 나는 그곳을 나왔다. 한 손가락으로 아내의 자동차를 운전하면서 자못 만족한 상태로 집으로 차를 몰았다. 람스데일이라는 곳은 정말 여러 가지로 매력이 많은 곳이었다. 매미들이 맴맴 소리를 내며 울고 있었다. 가로수는 이제 막 물이 올라 무척이나 신선해 보였다. 마치 실크처럼 부드러운 솜씨로 나는 가파르고 자그마한 거리로 접어들었다. 그날따라 모든 사물이 다 완벽해 보였다. 모두 푸른빛이거나 초록빛이었다. 매일 오후 마사지를 해주기 위해서 아퍼지트 양을 찾아가는 간호사가 흰 스타킹에 흰 구두를 신고 경쾌한 걸음걸이로 좁은 보도를 따라 걸어가고 있었기 때문에 그때가 정각 3시 반이라는 것을 알 수 있었다. 언제나 그랬듯이 내가 내리막길을 달려갈 때 고물장수의 개가 나에게 달려들었다. 그리고 현관에는 케니가 방금 던져놓고 간 지방 신문들이 언제나처럼 그 자리에 놓여 있었다.

이제까지 냉담했던 내 태도를 바꾸던 날, 나는 거실의 문을 열면서 쾌활한 소리로 내가 집에 돌아왔다는 표시를 했다. 샬로트는 구석에 있는 책상에 앉아서 편지를 쓰고 있었는데, 그녀는 내가 그녀를 처음 만났을 때 입었던 노란색 블라우스와 밤색 바지를 입고 있었다. 문 손잡이를 잡고 있는 상태에서 나는 다시 다정하게 인사를 반복했다. 그녀의 글 쓰던 손이 멈췄다. 그녀는 잠시 그대로 앉아 있었다. 그러고는 천천히 의자를 돌리더니 팔꿈치를 괴는 것이었다. 그녀가 내 다리를 지켜보면서 다음과 같이 말했을 때, 분노로 일그러진 그녀의 얼굴은 결코 아름다운 광경이 못 되었다.

"뚱뚱보, 늙은 고양이, 역겨운 엄마—이런 여자가 당신한테 속아 넘어갈 줄 알아? 그녀는 그녀는……"

울분과 눈물을 삼키느라고 그녀는 말을 멈췄다. 내가 무슨 말을 해도 소용이 없을 것 같았다. 그녀는 다시 계속했다.

"당신은 괴물이야. 가증스러운 범죄자, 지긋지긋한 사기꾼! 만약 가까이 오면 창문 밖으로 소리지르겠어. 나가!"

지금 무슨 얘길 한댔자 귀에 들어가지도 않을 거라고 나는 생각했다.

"오늘 밤에 여기를 떠나겠어. 여기 있는 모든 것 다 가져가. 그러나 비참한 자식새끼는 다시 못 볼 거야. 당장 이 방에서 나가!"

나는 밖으로 나왔다. 두 손을 허리에 대고 꼼짝도 하지 않은 채 마음을 가라앉히고 잠시 서 있었다. 문턱에 서서 관찰해보니 작은 책상 서랍이 활짝 열린 채 열쇠가 대롱대롱 매달려 있었고 책상 위에는 또 다른 4개의 열쇠가 놓여 있었다. 나는 층계를 지나 침실로 걸어갔다. 그리고 그녀 베개 밑에 숨겨놓았던 내 일기장을 살며시 꺼내 주머니에 넣었다. 아래층으로 걸어 내려갔다. 그러나 반쯤 갔을 때 발을 멈췄다. 그녀가 누군가와 전화로 얘기하고 있었다. 그녀가 무슨 말을 하고 있는지 듣고 싶었다. 그녀는 뭔가 주문했던 물건을 취소하는 모양이었다. 그녀가 응접실로 돌아갔다. 나는 호흡을 다시 가다듬고 복도를 거쳐 부엌으로 갔다. 스카치 술병을 땄다. 그녀는 스카치라면 사족을 못 쓰고 덤벼들곤 했었다. 식당으로 걸어 들어간 나는 그 자리에 서서 반쯤 열린 문을 통해 샬로트의 넓은 등을 바라보았다.

"당신은 지금 내 인생과 당신의 인생을 동시에 망치고 있는 거나 다름없어."

내가 조용하게 말했다.

"우리 교양있는 사람답게 행동하지. 모든 것은 당신의 망상일 뿐이야. 샬로트, 당신은 지금 제정신이 아니야. 당신이 발견한 메모들은 소설을 쓰려고 적어놓은 것들이었어. 거기 당신 이름도 있고 그애 이름도 들어있는 건 정말 우연의 일치야. 두 사람 이름이 쉽게 떠올라서 썼을 뿐이야. 잘 생각해봐. 내가 술 한잔 갖다 줄게."

뭘 쓰고 있는지 획획 갈겨 쓰기만 계속할 뿐 대꾸도 않고 돌아보지도 않았다. 아마도 세 번째 편지임에 틀림없었다. 벌써 우표까지 붙여 놓은 두 통의 편지 봉투가 책상 위에 있었다. 나는 다시 부엌으로 갔다.

나는 잔 두 개를 꺼내고 냉장고 문을 열었다. 얼음을 떼어내는 동안 일련의 생각들이 강렬하게 소용돌이쳤다. 다시 쓰자. 그래서 그녀가 다시 읽게 하는 것이다. 그녀도 사소한 것까지 다시 생각해내지는 않을 것이다. 바꾸

자. 꾸미는 것이다. 몇 줄이라도 써서 그녀에게 보여주든가 아니면 그녀가 볼 수 있는 곳에 놓아두자. 왜 여자들은 가끔 지독하게 울어댈까? 정말로 악몽 같은 순간이었다. 작은 베개같이 생겨 서로 맞붙어 있는 얼음들은 이리 쏠리고 저리 쏠리며 딱딱 부딪치는 소리를 냈다. 더운 물을 붓자 얼음은 마치 고통이라도 당하는 듯한 괴로운 소리를 냈다. 나는 유리잔을 하나씩 내려놓았다. 그러고는 위스키를 붓고 소다를 조금 넣었다. 유리잔을 들고 식당을 걸어나왔다. 내 팔꿈치 하나도 못 들어갈 만큼 응접실 문이 조금 열려 있었는데 그 틈새로 내가 말했다.

"한잔 마셔요."

그녀에게선 아무런 대답이 없었다. 할 수 없이 술잔을 전화기 옆에 있는 탁자 위에 내려놓았다. 바로 그때 전화벨 소리가 울렸다.

"저 레슬리예요. 레슬리 톰슨이요."

레슬리 톰슨이었다.

"선생님, 부인이 차에 치였어요. 빨리 오세요!"

나는 수화기를 손에서 놓지 않은 채 문을 떠밀어 열었다. 그러곤 말했다.

"내가 당신을 죽인 거야, 샬로트."

그러나 샬로트는 이미 그 방 안에 없었다.

23

나는 밖으로 뛰쳐나갔다. 경사가 많이 진 거리의 끝에서는 독특한 광경이 벌어지고 있었다. 새까맣게 윤이 나는 큰 덩치의 패커드가 아퍼지트 양의 비탈진 잔디밭을 기어오르고 있었다. 양 옆의 문을 마치 날개처럼 활짝 열고 차의 앞바퀴가 푸른 관목 속에 푹 빠져 있는 그 차는 햇빛을 받아 매우 반짝거렸다. 잔디밭 위에는 흰 콧수염을 기른 어느 노신사가 다리를 포개고 뒤로 반듯이 누워 있었는데, 더블로 된 회색 양복에 물방울 무늬가 있는 나비넥타이를 맨 아주 잘 차려 입은 모습이었다. 그때의 그 순간적이었던 충격을 글로 적어본다. 담요더미, 자동차, 노인 인형, 아퍼지트 양의 간호부가 뛰어오는 모습, 그녀의 손에 쥐어져 있던 반쯤 쏟아진 컵, 들것에 높이 들어올려져 있던 아퍼지트 양은 자신이 외마디 소리라도 지르면서 아우성을 치고 있다고 생각했을는지 몰라도 사실은 고물장수의 개가 사람들 사이를 이리저리 헤집고 다니면서 짖어대는 소리가 더 컸다. 어느새 한 떼거리의 사람들이 모여들었다. 경관 두 명과 안경을 쓴 건장한 체구의 남자, 그리고 레슬리도 끼어 있었다.

사고가 나자마자 1분도 못 되어 순찰경관이 현장에 달려온 것은, 그들이 불법으로 아무 데나 주차한 차량에 딱지를 떼느라 근처에 있었기 때문이었다. 안경을 끼고 있던 친구는 패커드를 운전하는 프레드릭 빌 2세였다. 그의 79세 아버지는 가벼운 심장마비 증세로부터 차츰 회복되어 가고 있었다. 다 망가져버린 샬로트의 소지품들이 모포로 덮여 있었다. 그녀는 아퍼지트 양의 잔디밭 쪽에 있는 우체통에 편지를 넣기 위해서 성급하게 길을 건너다 빌의 차에 치였던 것이었다.

꾀죄죄한 분홍 외투를 입은 어떤 예쁜 소녀가 그녀의 소지품을 내게 갖다 주었다. 나는 그것들을 모두 찢어서 나의 주머니에 처넣어버렸다.

곧 의사 세 명과 팔로 부부가 현장에 도착했다. 홀아비가 된 나는 초인적인 자제력으로 울지도 않았고 미친 사람처럼 지껄이지도 않았다. 다만 약간 비틀거렸을 뿐이었다. 죽은 여자의 신원 확인이라든가 검시 과정과 시체를 치우는 일 등 꼭 필요한 상황에서만 입을 열었다. 샬로트의 머리는 뼈와 머리카락 그리고 피로 온통 뒤범벅이었다. 상냥한 존과 눈물이 맺힌 진, 이 두 친구에 의해 돌리 방 침대 위에 눕혀졌을 때도 태양은 눈을 못 뜰 정도로 밝게 빛나고 있었다. 팔로 부부는 옆에 있으려고 험버트 침실에서 하룻밤을 보냈지만, 내가 아는 한 이러한 경우에 맞는 깨끗하고 엄숙한 밤을 보냈는지는 의심스럽다.

장례를 치루기 전의 어떤 공식적인 절차나 장례식 그 자체에 매달려서 시간을 보낼 필요가 없다고 생각됐기 때문에, 장례식은 결혼식 때와 마찬가지로 매우 조용했다. 그러나 샬로트가 그렇게 죽어버린 후 4, 5일 사이에 생겼던 사건들은 여기에 적어둘 필요가 있다.

내가 홀아비가 된 뒤 맞는 첫 번째 밤, 나는 술에 취해 잠을 아주 깊이 잘 수 있었다. 다음날 아침 나는 주머니 속에 마구 찢어넣었던 편지조각들이 생각나 뒤져보았다.

"……내가 살 수가 없으니 네가 구하는 게 낫겠다……"

로에게 쓴 편지인 것 같았다.

또 다른 조각에 쓰인 것은, 자기의 소중한 아기를 빼앗길까봐 로를 데리고 파킹톤이나 피스키로 도망가려는 샬로트의 계획 같았다. 그러나 마지막 세 번째 편지는 분명히 나에 대한 것이었다. 다음과 같이 써놓은 글이었다.

'……1년만 헤어져 있으면 우리……' '오, 나의 사랑, 오……' '……정부를 가지려고 했던 것보다 더 심해……' '아니, 어쩌면 나는 죽을 것 같다.'

그러나 아무리 조각들을 뜯어 맞추어도 말이 잘 이어지지 않았다. 급히 갈겨 쓴 이 세 통의 편지의 일부분은 지금 내 손에서 뒤범벅이 되어 있고 나머지 부분은 불쌍한 샬로트의 머릿속에 남아있을 것이다.

그날 존은 손님을 만날 일이 있었고 진은 개들에게 먹이를 줘야 했기 때문에, 나는 잠시 친구들과 떨어져서 홀로 지내야 했다. 나를 아끼는 사람들은 혼자 내버려두면 내가 혹시 자살이라도 할지 모른다고 염려를 했지만, 다른 사람들과 아무도 함께 있고 싶지 않았다. 아퍼지트 양과는 소식이 끊겼으며 맥쿠 부부는 몇 마일 떨어진 곳에 새 집을 짓느라 여념이 없었고, 채드필드 부부는 집안 일 때문에 얼마 전에 메인으로 가고 없었다. 레슬리와 루이만이 샬로트가 생전에 쓰던 많은 물건들을 정리하고 꾸리는 일을 도와준다는 구실로 내 친구가 되어주고 있었다. 그녀의 물건을 챙기다가 샬로트의 사진 한 장을 발견했는데, 문득 기발한 생각이 떠올라 그것을 친절하고 남을 잘 믿는 팔로 부부에게 보여줬다. 둥근 돌 위에서 머리를 휘날리며 웃고 있는 사진이었다. 1934년 4월에 찍은 것이었다. 미국을 여행할 때, 나는 자주 수 개월을 피스키에서 보냈다. 우리들은 만나서 사랑에 빠졌다. 유감스럽게도 나는 아내가 있었고 그녀도 헤이즈와 약혼했지만, 내가 유럽에 돌아와서도 우리들은 지금은 죽은 친구를 통해 편지를 주고받았다.

진은 몇 가지 떠도는 소문을 들었다고 중얼거리며 사진을 들여다보았다. 그녀는 사진에서 눈을 떼지 않고 그것을 존에게 보여주었다. 존은 물고 있던 파이프를 입에서 떼고 사랑스러우면서도 단단한 모습의 샬로트를 들여다보더니 다시 나에게 건네주었다. 그리고 그들은 내 곁을 떠나 몇 시간이고 돌아오지 않았다. 행복에 겨운 루이는 지하실에서 자기 애인을 나무라고 있었다.

팔로 부부가 떠나고 바로 턱이 푸르스름한 목사가 방문해 왔다. 그래서 나는 그 기분을 방해하거나 의심이 들지 않도록 주의하면서 가능한 한 빨리 끝내려고 했다. 이 아이는 내가 보살필 생각입니다. 샬로트가 내게 남긴 것입니다. 나에게 사촌이 있는데, 그녀는 뉴욕에서 혼자 살고 있어요. 그래서 돌리를 사립학교에 입학시킬 생각입니다. 그 얼마나 교활한가!

레슬리와 루이가 존과 진에게 그 말을 할게 뻔했기 때문에 나는 그들이 일부러 들으라고 장거리 전화로 셜리 홈즈와 통화하는 시늉을 했다(의도대로 되었다). 존과 진이 돌아왔을 때 나는 그들에게 로가 중간 그룹에 끼여서 5일간의 도보 여행을 떠났기 때문에 도착하지 못할 것이라는 것을 혼란스럽게 중얼거려 그들을 완전히 이해시켰다.

"어머, 어쩌나! 그럼 어떻게 해야 되죠?"

진이 말했다.

존은 매우 간단한 일이라고 말했다. 그는 경찰을 불러 도보 여행 하는 사람들을 찾아내도록 하겠다고 말했다. 그들을 찾는 데는 한 시간도 안 걸릴 것이라고.

그는 사실 이 지방을 잘 알고 있었다.

"가만있자."

그가 계속했다.

"내가 지금 차를 몰고 가면 될 텐데. 선생님은 진과 함께 여기서 주무세요."

진이 그의 의견을 열심히 지지하고 나섰기 때문에 그는 아무 말도 하지 않았다.

나는 주저앉고 말았다. 모든 것을 지금 이 상태로 그냥 내버려둬 달라고 애원했다. 어린아이가 내 주위에서 정신을 못차리게 울어대며 매달리는 것을 나는 결코 견딜 수 없다고 그에게 말했다. 더군다나 그 아이는 극도로 신경이 예민하기 때문에 아이의 장래에도 영향을 끼치게 된다고, 정신과 의사가 그런 경우를 분석한 일도 있다고 말했다. 잠시 아무도 말이 없었다.

"좋아요, 당신이 결정할 일이니까요."

존이 퉁명스럽게 말했다.

"그러나 나는 샬로트의 친구였고 상담자였어요. 사람들은 당신이 그 아이에게 어떻게 할 것인지 매우 궁금해할 거예요."

"존!"

진이 소리치며 말했다.

"그 아이는 그의 자식이야. 헤럴드 헤이즈의 딸이 아니란 말이에요. 아직도 모르겠어요? 험버트 씨야말로 돌리의 친아버지예요."

"알았어. 미안해, 이제 알았어. 그걸 미처 깨닫지 못했군. 그럼 문제가 더욱 간단해지는 걸. 아무튼 당신 생각이 모두 옳아."

마음이 심란해진 나는 장례가 끝나면 내가 직접 가서 귀여운 딸을 데리고 오겠다는 얘기를 주절거렸다. 그리고 앞으로는 전혀 다른 환경에서 행복하게 그리고 훌륭히 키우도록 최선을 다하겠다는, 어쩌면 뉴멕시코나 캘리포니아 쪽으로 여행을 할지도 모르겠다는 이야기도 했다.

내 내부의 극도의 절망감이 지극히 평온한 상태로 나타나자, 팔로 부부는 이것이 광기의 폭발 바로 직전에 나타나는 침묵일 것이라고 여긴 나머지 나를 자기들 집으로 데리고 갔다. 그 집에는 이 나라에서는 아주 드문 와인 저장실이 있었는데, 내가 불면증에 시달리고 귀신을 매우 무서워하기 때문에 나에게는 많은 도움이 되는 곳이었다.

돌로레스를 오지 못하게 막은 데는 이유가 있다. 그 이유를 설명하겠다. 샬로트는 이제 이 세상 사람이 아니고 나는 홀몸의 아버지가 되어 다시 집으로 돌아갔다. 나는 직접 만든 소다를 탄 위스키 두 잔을 꿀꺽꿀꺽 마셔버리고 이웃 사람과 친구를 피해 목욕탕으로 갔다. 내 마음과 맥박 속에는 오직 한 가지만이 있을 뿐이었다. 즉, 이제 얼마 후면 갈색 머리를 가진 따뜻한 나의 롤리타를 내 품에 안게 되리라는 생각이었다. 눈물을 흘리는 그녀에게 나는 따뜻한 키스로 그 눈물을 날려보내리라. 눈을 크게 뜨고 거울 앞에서 얼굴을 붉히고 서 있는데 존 팔로가 노크하면서 괜찮으냐고 물었다. 어떻게 해서든 그녀를 내게서 떼어놓으려고만 하고, 남의 일에 참견하기 좋아하는 사람들만 우글거리는 이런 곳에 그녀와 함께 있다니, 정말 미친 짓이라는 생각이 문득 들었다. 모르긴 몰라도 로조차도 어쩌면 나에게 반감을 나타내고 나를 불신하며 무서워하는지도 모르는 일이었다. 그렇게 되면 마법의 포상도 승리감도 한 순간에 사라질 것이다.

참견하는 사람 말이 나왔으니 말이지만 나에게는 방문객이 또 한 사람 있었다. 빌이라는 친구, 내 아내를 없애준 친구이다. 땅딸막하고 근엄해 보이는 인상이 마치 사형 부집행관처럼 보였다. 턱은 불독처럼 축 늘어지고, 작고 새까만 눈에 굵은 테의 안경을 끼고 콧구멍이 다 들여다보이는 그런 사나이였다. 그는 존의 안내로 방 안에 들어서자 묘한 솜씨로 문을 닫았다. 자기 쌍둥이 아이가 내 의붓딸과 같은 반에 다니고 있다고 상냥하게 말하면서, 그 괴상한 방문객은 자기가 저지른 사고를 커다란 도표로 만들어 가지고 와서 내 앞에 풀어 보이는 것이었다. 그가 가지고 온 도표는 여러 가지 색의 잉크로 그린 굵은 화살표와 점선 투성이었다. 샬로트가 사고를 당한 상황을 여러 모양의 그림으로 그려놓은 것이었다. 빌은 나에게 두 가지 설명을 했다. 하나는 자기가 개를 피하려 했다는 것(그 개의 그림은 도표에 나와 있지 않았다)이었다. 두 번째는 첫 번째 말의 과장된 연속일 뿐이었는데, 이 비극을 피하려고 자기로서는 노력했다는 변명이었다. 나는 이 사나이가 누워 있었던 그 지점이 도표에 나와 있나 살펴보았지만 없었다. 그 사나이는 레슬리 톰슨, 아퍼지트, 그리고 또 다른 몇몇 사람을 증인으로 세워 그들의 이름 밑에 싸인까지 받아놓았다.

어느새 연필을 들고 능란하고 정교한 솜씨로 도표 위의 지점들을 가리키면서, 그는 자기의 무죄와 아내의 무모했음을 전적으로 주장하고 나섰다. 자기가 개를 피하려고 했을 때 그녀가 금방 물을 뿌려놓은 아스팔트에서 미끄러져 앞으로 넘어졌는데, 그의 말에 의하면 앞으로 넘어지지 않고 뒤로 넘어졌으면 살았다는 것이었다. 나는 확실히 그의 잘못은 아니라고 말해주었고, 검시 결과도 그대로였다.

온통 새까만 콧구멍으로 격렬하게 숨을 몰아쉬며 머리를 한번 내젓더니 그는 나에게 악수를 청했다. 그러고는 제법 신사다운 관용을 베풀어 장례비를 자기가 부담하겠다는 것이었다. 그는 자기의 이 제안을 내가 거절하기를 은근히 바라고 있었다. 내가 매우 감사해하며 쾌히 그 호의를 받아들이자 그는 매우 놀라며 당황하는 것 같았다. 그는 자기가 한 말을 천천히 다시 되풀이했다. 나는 조금 전보다 더욱 더 감사해했다.

이 괴상한 면담이 끝나자 마비됐던 내 영혼이 일순 녹아버리는 것 같았다. 그러나 이상할 것이 하나도 없다. 나는 운명의 중개인을 실제로 만난 셈이었다. 운명의 살덩이를 만져본 것이다. 그리고 패드를 댄 어깨도 깜짝 놀랄 만한 괴상한 변화가 일어난 것이다. 그 상황의 얽히고설켰던 복잡함—아내가 서두른 것이라든가, 아스팔트 위가 미끄러웠던 점, 가파른 경사, 망할 놈의 개, 커다란 자동차 그리고 운전하던 얼간이—속에는 상황을 나쁜 쪽으로 이끌고 가게 하는 데 나 역시 한 몫 단단히 하고 있었다는 사실을 알 수 있었다. 내가 그렇게 바보만 아니었더라면, 또는 통찰력이 풍부한 천재였더라면 샬로트로 하여금 복수심에 끓어오르는 분노와 뜨거운 수치감을 못 이겨 우체통으로 그렇게 황급히 몰아가도록 만들지는 않았을 것이다. 아듀, 마들렌느! 형식적으로 나눈 악수가 좋은 징조의 운명을 몰고 와(빌은 방을 나가면서 다시 내게 악수를 청했다) 나를 무감각으로부터 끌어내주었다. 그리고 나는 울었다. 또 울었다.

24

마지막으로 주위를 자세히 살펴보았을 때, 느릅나무와 포플러는 갑자기 불어닥친 바람에 파도처럼 넘실대고 있었고, 람스데일의 하얀 교회의 뾰족탑 위로는 천둥과 번개를 몰고 올 것 같은 먹구름이 불안하게 다가오고 있었다. 나는 불과 10주 전에 방 하나를 빌렸던 검푸른 빛깔의 그 집을 떠나려하고 있었다. 무성한 대나무 형상 같은 그림자가 드리워지고 있었다. 현관에서고 집 안에서고 그들의 부자 기질은 현대극을 보고 있는 듯했다. 빗방울이 손가락에 떨어졌다. 존이 내 가방을 들어 차에 싣는 동안 난 혹시 빠뜨린 물건이라도 없는가 하고 다시 집 안으로 들어가보았는데 그때 묘한 일이 일어났다. 나의 미모(매력적이고 소년다움도 있는 남성미)가 어떠한 연령층 여성에게도 '매력적'인 것을 지금까지 충분히 강조했는지 어땠는지 모른다. 물론 그러한 이야기를 1인칭으로 쓰는 것은 추태로 보일지도 모른다. 하지만 나는 자주 나의 독자들에게, 자기가 창조해내는 인물들에게도 조금씩은 각자의 매너리즘을 부여하는 그런 직업적인 소설가로 나 자신을 부각시키곤 하는데 지금 같은 경우엔 더욱 그러한 것 같다. 내가 쓰는 이야기를 잘 이해시키기 위해서는 우울한 내 얼굴 모습 같은 것은 마음의 눈 속에 감춰두어야 한다. 극도로 신경이 예민해진 진 팔로도 어느새 나이가 서른한 살이었는데 나를 굉장히 좋아하는 쪽으로 기울고 있었다. 그녀는 구운 시에나토 같은 빛깔의 낯빛을 하고 조각해놓은 인디언처럼 매력적인 모습이었다.

그녀의 입술은 진분홍빛의 커다란 튤립과도 같았는데 특유의 웃음을 터뜨릴 때면 커다란 이와 잇몸이 온통 다 드러났다.

그녀는 키가 굉장히 컸다. 그래서 샌들을 신고 바지를 입든가 아니면 넓게 굽이치는 스커트를 입고 발레슈즈를 신고 다녔다. 그녀는 아무리 독한 술이라도 밑도 끝도 없이 마셔댔다. 두 번의 유산 경험도 있었다. 동물에 관한 이야기를 글로 쓴 적도 있었고 독자들도 이미 알고 있는 호수 풍경을 그린 일도 있었는데, 그녀의 나이 서른세 살에 자신의 생명을 앗아갈 암을 이미 그때부터 키우고 있었다. 나에게는 매력없는 여성이었다. 떠나기 얼마 전 그녀와 나는 복도에 같이 서 있었다. 그녀의 버릇대로 여전히 손가락을 떨면서 진은 내 양볼을 움켜잡았다. 그 밝고 푸른 눈에 눈물이 가득 고이더니 서투른 몸짓으로 내 입술에 자기 입술을 포겠다.

"몸조심하세요. 나를 대신해서 당신 딸에게 키스해 줘요."

그녀의 말이었다.

천둥소리가 온 집 안을 뒤흔들었다. 그녀가 말을 계속했다.

"아마, 언젠가는, 어디에선가, 좀 더 행복해진 모습으로 다시 만날 수 있을 거예요."

(진, 당신이 어디에 있건, 무엇을 하건 나의 모든 것을 용서해 주오.)

나는 길거리에서 그들 두 사람과 악수를 나눴다. 그 경사진 길에서 말이다. 이제 곧 밀어닥칠 홍수 때문에 모든 것이 소용돌이치고 있었다. 매트리스를 싣고 필라델피아에서 온 트럭이 유유하게 빈 집을 향해 내려갔다. 트럭이 일으킨 흙먼지가 휘몰아치고 있는 석판은 신원 확인 때문에 사람들이 거적을 들어 샬로트를 보게 해주었던 바로 그곳이었다. 그때 그녀는 머리는 말려 올라가고, 그녀의 눈은 다친 곳 없이 그대로, 그리고 검은 속눈썹은 롤리타 그녀처럼 촉촉히 젖은 채 서로 엉켜 있었다.

25

모든 장애물이 다 없어졌으니 이제 내 앞에는 신나고 즐거운 일들만 전개될 것이라고 상상하는 사람이 있을지 모르지만 사실 나는 의기소침해 있었다. 느긋한 생각 속에 마음 편하게 빠져 있기보다는 지극히 도덕적인 회의와 공포에 사로잡혀 있었다. 예를 들면 이런 것들이었다. 직계 가족인 로를 장례에도 참석 못하게 한 것이 사람들을 놀라게 하지는 않았을까? 우리의 결혼식 날에도 그녀를 데려오지 않았던 것을 나는 기억하고 있다. 사실, 그때 그 사고는 〈람스데일 저널〉만이 보도했을 뿐이다. 〈파킹톤 레코더〉라든가 〈클라이막스 헤럴드〉 같은 신문에선 취급조차 하지 않았다. 캠프 Q는 다른 주에 있고, 지방에서 일어나는 교통사고 같은 것은 사실 별 흥미있는 뉴스거리가 되지 못한다. 그러나 어쩐지 돌리 헤이즈가 이미 그것을 알고 있을지 모른다는 생각이 들었다. 그리고 내가 그 아이를 데리러 가고 있을 바로 그때 나는 알지도 못하는 어떤 친구들이 그녀를 차에 태워 람스데일로 데려오고 있을 것 같았다. 그러나 이러한 모든 추측과 걱정보다도 더욱 불안했던 것은 미천한 유럽 태생인 내가 이제 당당히 미국 시민이 되고 나서도, 죽은 아내의 딸(12년하고 7달이었다)의 법적인 보호자가 되려는 절차를 하나도 마련하지 못하고 있다는 사실이었다. 감히 그 일을 해낼 수 있을지를 생각할 때마다 나는 전율한다.

나의 계획은 무척 유치한 발상에서 나온 것이었다. 캠프 Q로 빨리 가서 그녀의 엄마가 이번에 병원에서 굉장히 중요한 수술을 받게 되었다고 말하고, 엄마가 점점 회복돼 가다가 결국엔 죽었다고 알리게 될 때까지 이 여관에서 저 여관으로 데리고 다닐 계획이었다. 그러나 캠프가 가까워져 올수록 걱정은 더욱 쌓여만 갔다. 그곳에 도착해서 롤리타를 혹시 못 찾으면 어떡하나 하는 따위의 생각은 할 수조차 없었다. 마침내 나는 며칠 전에 그렇게도 감쪽같이 해냈던 장거리 전화를 걸기로 결정을 내렸다. 파킹톤 교외 진흙탕 속에 차를 세웠을 때는 비가 억수같이 퍼붓고 있었다. 쏟아지는 빗줄기와 물이 넘쳐흐르는 보도, 그리고 소화전을 물끄러미 바라보며 신경을 온통 전화에만 모으고 차 속에 잠시 앉아 있었다. 나는 다시 차를 몰아 주유소로 갔다. 마침내 동전이 짤랑 하며 떨어지고 전화를 받는 목소리가 들려왔을 때, 한 가지 놀라운 일이 나를 기다리고 있었다.

돌리는 지난 월요일에(사실 그날은 수요일) 친구들과 함께 하이킹을 떠났기 때문에 오늘 밤 늦게나 돌아올 예정이라고 캠프 여주인인 홈즈가 나에게 알려주었다. 나는 내일 가겠다고 말했다. 다른 시시한 소리는 집어치우고 그녀의 엄마가 병원에 입원해 있다는 것과 상황이 매우 긴박하다는 것, 그러므로 아이에게는 절대로 그런 사실을 알리지 말고 내일 오후에 나와 함께 떠날 수 있도록 준비를 시켜달라는 얘기만을 했다. 우리 두 사람은 아주 호의적으로 따뜻하게 이야기를 주고받고는 통화를 마쳤다. 기계에 결함이 있었는지 동전이 와락 내 앞으로 쏟아져 나오는 바람에, 아직은 즐거운 때가 아니라는 것을 잘 알고 있는 데도 불구하고 웃음이 터져나왔다.

　그 다음엔? 파킹톤의 번화가로 나갔다. 그날 오후는 물기 머금은 도시의 모습이 마치 맑은 유리 같았다. 오후 내내 로에게 줄 예쁜 물건을 사느라고 돌아다녔다. 오, 롤리타, 뷔가 포우의 소녀였듯이, 베아가 단테의 연인이었듯이 너는 나의 소녀다! 둥근 스커트를 보면 좋아하지 않을 어린 소녀들이 어디 있겠는가? 특별히 사려고 마음 먹었던 게 있었던가? 수영복? 가지각색의 색깔으로 준비한다. 꿈꾸는 듯한 핑크색, 엷은 자색, 빨간 튤립색, 관능적인 검정색, 운동복은 어떨까? 속치마는? 속치마는 그만두자. 로와 나는 속치마를 싫어했으니까.

　로의 열두 번째 생일날 샬로트가 재어놓았던 그녀의 몸 치수를 참고로 물건을 골랐다. 그때 나는 샬로트가 이유를 잘 알 수 없는 심술로 여기저기를 1인치 또는 1파운드 가량 늘여서 얘기하고 있는 듯한 인상을 받았다. 그러나 내 작은 요정은 지난 7개월 사이에 부쩍 자라서, 지난 1월에 재어놓았던 치수대로 옷을 골라도 무방할 것 같았다. 히프 29인치, 넓적다리 둘레 17인치, 장딴지와 목둘레 11, 가슴 27, 팔 윗부분 8, 허리 23, 키 57인치, 체중 78파운드, 체격 똑바름, I.Q 121, 맹장 있음, 하느님 감사합니다.

　롤리타의 모습이 눈앞에 선했다. 내 짐작이 꽤 정확했다는 것을 나중에 알았을 때도 나는 그다지 놀라지 않았다. 한여름용 상품 판매책을 이미 훑어보았기 때문에 많은 예쁜 물건들, 운동할 때 신는 구두, 운동화, 그리고 어린이용 무도화 등을 어느 정도 지식을 가지고 고를 수 있었다. 짙은 화장에 검은 옷을 입은 젊은 여점원이 나의 까다로운 요구 조건에도 불구하고 설명까지 곁들여가며 시중을 들어주었다. 하얀 드레스를 입고 얼굴엔 팬케이크같이 화장을 한 어느 늙은 여점원은 내가 주니어 패션에 대해서 너무 잘 알고 있는 것에 감명을 받은 눈치였다. 그들이 앞으로 주머니가 두 개 달려있는 스커트를 보여주면 나는 고의적으로 아무것도 모르는 척 남자 같은 질문을 던졌다. 그러고는 짧은 바지와 하의를 둘러보았는데 매우 즐거웠다. 롤리타가 카운터 여기저기를 뛰어다니고, 쓰러지고, 빙글빙글 돌았다. 마지막으로 나는 권투하는 소년들이 입는 스타일의 면파자마 몇 장을 사서 한데 묶었다.

　그 커다란 상점들 안에는, 신화적이고 사람을 홀리게 하는 그 무엇이 감돌고 있었다. 실제 사람 크기만하게 플라스틱으로 만들어놓은 어린이 마네킹들의 얼굴이 세상 모르는 표정으로 내 주위를 둥둥 떠다니고 있었다. 나는 이와 같이 괴상한 곳에서 물건을 사고 있는 사람이 오로지 나 혼자라는 사실을 깨닫고 푸른 수족관의 고기처럼 움직였다. 나는 우아한 여행용 손가방을 하나 샀다. 산 물건들을 그 가방 속에 모조리 집어넣고 내가 보낸 하루에 대해 매우 흐뭇해하며, 가까운 곳에 있는 호텔을 찾아갔다.

좀 까다로운 쇼핑이긴 했지만 매우 조용하게 시적으로 보냈던 오후에 대해서 생각하고 있을 때, 샬로트가 나를 해방시켜주기 바로 직전에 우연히 한 번 말한 적이 있는 인챈티드 헌터즈라는 이름의 호텔인지 여관인지가 머리에 떠올랐다. 안내서를 찾아보고서야 나는 그것이 브라이스랜드의 외딴 마을에 위치하고 있다는 것을 알아냈는데, 그곳은 로가 있는 캠프에서 자동차로 네 시간 정도나 가야 하는 거리였다. 직접 그곳에 전화를 걸어보면 될 일이었지만, 가뜩이나 서투른 영어로 부끄러워하다가 볼멘 소리가 나오지 않을까 걱정스러웠다. 그래서 나는 내일 밤 침대가 두 개 있는 방 하나를 잡아달라는 전보를 치기로 결정했다. 얼마나 우스꽝스럽고 우물쭈물하는 행동이었던가! 전보 문구를 생각해내느라고 쩔쩔매던 일을 여기에다 적는다면 아마 나를 비웃는 독자도 있을 것이다. 뭐라고 적었을까? 험버트와 딸? 홈베르그와 작은 딸? 홈베르그와 미성년자? 홈부르그와 아이? 너무 서둘렀던 탓인지 이름 끝에 꼭 g자가 들어가는 우스꽝스런 실수를 저질러버렸다.

불면증이라는 괴물을 때려눕히기 위해서 자줏빛 알약을 또 먹어야 하나? 모두 40알이 남아 있었다. 아, 당분간이라도 감상적일 수 있다면! 이젠 시니컬하기에도 지쳤다.

26

지옥 속에 있는 것처럼 답답한 공기 속에서 못 견딜 정도로 두통이 계속되고 있지만 참고 견뎌야만 한다. 글은 백 페이지 이상을 썼지만 이야기는 이제부터다. 지금이 언제인지도 모르게 혼란이 생기고 있다. 아마 1947년 8월 15일쯤 됐겠지. 더는 계속하지 못할 것 같다. 마음도 머리도 모두 롤리타, 롤리타, 롤리타, 롤리타, 롤리타, 롤리타, 페이지가 꽉 찰 때까지 계속 쓴다.

27

아직 파킹톤이다. 아침 여섯 시쯤, 갑자기 캠프에 좀 더 일찍 도착하는 게 좋을 것 같다는 생각이 들었다. 파킹톤에서는 아직도 1백 마일 가량을 더 가야 했다. 헤이지 힐즈나 브라이스랜드보다 더 먼지도 몰랐다. 돌리를 데리러 내가 직접 가겠다고 했던 것은 되도록이면 빨리 같이 시간을 보내고 싶었기 때문이었다. 그리고 조금만 우물쭈물하고 시간을 지체해도 그녀가 혹시 람스데일로 전화를 걸어볼지도 몰랐다. 아침 9시 30분에 떠나기로 마음을 먹었으나 막상 파킹톤을 떠났을 때는 정오가 가까워오고 있었다.

오후 2시 반경에야 목적지에 도착했다. 나는 작은 소나무숲이 있는 곳에 차를 세워 놓았다. 그곳에는 장난꾸러기같이 생긴 녹색 셔츠를 입은 빨강 머리의 작은 소년 하나가 혼자 샐쭉해서 말 편자를 집어던지고 있었다. 그 소년이 나를 친절하게 건물 안의 사무실로 안내해주었다. 거기서 잠시 기다리는 동안, 머리색은 다 낡아빠지고 단정치 못한 옷차림의 늙은 여자사감이 이것저것 캐묻는 통에 아주 곤욕을 치러야 했다. 엄마가 아프다는 것만 알지 위독한 줄은 모르고 있다고 했다. 이 학교 상담선생을 직접 만나볼까? 아니면 여학생들이 사는 집을 한번 둘러볼까? 소녀들은 식당을 무도회장으로 쓰기 위한 준비를 막 끝내고 있는 참이었다.

여기서 잠시 이 장면을 아주 세세하게 재현해두고 싶다.

마귀할멈같이 생긴 홈즈가 영수증을 내주었다. 그녀는 머리를 긁적긁적거리며 책상 서랍을 열더니 잔돈을 꺼내 내 손바닥에 쏟아놓았다. 그러더니 이번에는 지폐를 한 장 한 장 그 위에 올려놓는 것이었다.

"……5달러!"

여학생들의 사진이 걸려 있었다. 화려한 색의 나방과 나비는 아직도 살아서 벽에 핀으로 고정되어 있었는데 자연 실험용인 것 같았다. 그리고 영양사 자격증도 액자에 넣어서 벽에 걸어놓은 것이 보였다. 나는 손이 마구 떨렸다. 홈즈가 재빠른 손놀림으로 돌리 헤이즈의 7월 성적 카드를 꺼내주었는데 '대체로 양호함. 특히 수영과 보트에 뛰어남'이라고 적혀 있었다. 나무와 새들의 소리, 그리고 쿵쿵 뛰는 내 가슴…… 나는 열린 문에 기대어 서 있었다. 그때 내 뒤에서 그녀의 숨 쉬는 소리와 목소리가 들려왔다. 동시에 내 온몸의 피가 머리꼭대기로 치솟는 기분이었다. 무거운 옷가방을 끙끙거리며 끌어오고 있었다.

"안녕, 아빠!"

그녀는 그 자리에 가만히 서서 장난꾸러기같은 시선으로 나를 바라보았다. 그녀의 부드러운 입술이 약간 바보스럽게 벌어져 있었지만 아주 사랑스러운 미소를 머금고 있었다.

그녀는 살이 조금 빠진 듯했으나 키는 훨씬 더 커졌다. 처음에는 지난 몇 달 동안 내 나름대로 마음속에 간직하고 있었던 그녀의 모습보다 그녀 얼굴이 조금 덜 예쁜 것 같았다. 뺨이 푹 들어가보였다. 얼굴을 온통 뒤덮고 있는 주근깨가 그녀의 발그스레한 소박한 모습을 감추고 있었다. 그녀를 처음 보는 순간, 나 험버트가 해야만 하고 또 하고 싶어하는 일들이 차례로 내 가슴에 와 닿았다. 햇빛에 그을리긴 했지만 아직도 핏기가 없어보이는 이 가엾은 고아에게 훌륭한 교육을 시키고, 건강하고 행복한 학창시절을 보낼 수 있도록 하자. 깨끗한 집과, 내가 찾아낼 수 있는 그녀 나이 또래의 좋은 여자 친구를 갖게 해주자. 하지만, 독일인들이 흔히 말하듯 '순식간에' 천사 같은 일련의 생각들이 사라졌다. 그녀는 다시 나의 롤리타였다. 전보다도 더욱 나의 것이었다. 나는 그녀의 따스한 붉은 갈색 머리에 한 손을 얹고 그녀의 책가방을 집어들었다. 빨갛고 작은 사과무늬가 있는 옷을 입은 그녀는 아주 유쾌하고 달콤한 모습이었다. 나는 그녀가 늘 뒤축이 없는 구두를 신고 다닌다는 것을 알고 있었기 때문에, 그녀가 지금 신고 있는 외출용 구두는 발에 너무 크고 또 굽도 높은 것 같았다. 굿바이 캠프 Q, 즐거웠던 캠프 Q, 건강에 안 좋은 음식도 굿바이, 찰리 소년도 안녕, 더운 차 안에서 그녀는 내 옆자리에 앉았고, 무릎에 앉은 파리를 탁 쳤다. 그러고는 껌을 씹으면서 창문을 내렸다. 우리는 나무들이 줄지어 서 있는 숲 속을 달렸다.

"엄마는 좀 어때요?" 그녀는 의무적으로 물었다.

의사들도 아직 엄마의 병의 원인을 알아내지 못하고 있다고 말했다. 배에 아마 이상이 생긴 것 같다는 것과 우리가 앞으로 당분간은 돌아다니게 될 거라는 등등의 얘기를 해주었다. 그리고 엄마가 입원해 있는 병원은 레핑빌이라는 아름다운 마을 가까이에 있는 시골인데, 레핑빌이란 곳은 19세기 초반에 유명한 시인이 살았던 곳이며 그곳에 가서 영화를 보여주겠다고 말했다. 그녀는 아주 멋진 생각이라며 오후 9시 전에 레핑빌이란 곳에 도착할 수 있는지 궁금해했다.

"저녁까지는 브라이스랜드에 가야 해. 레핑빌에는 내일 갈거야. 등산은 어땠어? 캠프에서 재미있었니?"

"응……응."

"떠나오니까 섭섭하니?"

"응……응"

"얘기 좀 해라, 로야. 대답만 하지 말고 아무 얘기라도 해 봐."

"무슨 얘길 해요, 아빠?"

그녀는 빈정대는 말투였다.

"아무 얘기라도 하렴."

"알았어요. 아빠한테 물어볼 게 있어요."

"으음."

"언제부터 우리 엄마를 좋아했죠?"

"로, 네가 크면 여러 가지 감정이나 현실 등을 언젠가는 알게 될 날이 있을 거야. 예를 들면 정신적인 교감이라든가 아름다움 같은 것 말이야."

"흥!"

그녀는 코웃음을 쳤다. 대화가 잠깐 끊기고 풍경만이 펼쳐졌다.

"로, 저 언덕 위에 소들 좀 봐라."

"다시 한 번만 더 보면 토할 것 같아요."

"네가 없어서 외로웠단다. 로……"

"나는 아니었어요. 아빠한테는 반항적이고 충실하지 않았던 건 사실이지만 눈꼽만큼도 상관이 없는 일이에요. 왜냐하면 아빠가 나를 돌보지 않았기 때문이에요. 우리 엄마보다는 훨씬 빨리 달리시는군요, 선생님."

나는 속도를 70에서 50으로 줄였다.

"왜 내가 너에게 무관심했다고 생각하지, 로?"

"아직까지 내게 키스를 해주지 않았잖아요?"

자동차가 잡초 속으로 비틀거렸다. 그녀는 아직도 어린애에 불과하다. 아직도, 차가 멈추기가 무섭게 롤리타가 먼저 내 품 속으로 파고들었다. 나는 이것이 하늘의 도움으로 새롭게 펼쳐질, 말로는 표현할 수 없는 훌륭한 시작이라고는 감히 생각조차 할 수 없었다. 그녀에게 키스할 엄두도 내지 못하고 있었다. 나는 뜨겁게 벌어져 있는 그녀의 입술을 지극히 경건하게 어루만졌다. 음탕함이라곤 조금도 없었다. 기다리지 못하겠다는 듯이 꿈틀거리던 그녀는 내 입술 위에 자기의 입술을 포겠는데, 어찌나 세게 눌렀는지 그녀의 커다란 앞니와 맞부딪치고 그녀의 침 속에 섞여 있는 박하껌 맛까지 느낄 정도였다. 물론 나는 그녀가 하는 행동이 천진난만한 놀이이고, 로맨스의 환상을 흉내 낸 소녀의 장난에 불과하다는 것을 잘 알고 있었다. 여자아이들이 저지르는 불장난의 한계와 규칙은 너무도 변덕이 심해서, 나 같이 나이 많은 사람일 경우에는 도대체 그 진의를 파악하기가 힘들었다. 이러다가 혹시 너무 멀리 가버리지 않을까 무척 걱정이 되었다. 그러나 무엇보다도 인체인티드 헌터즈 호텔에 그녀를 숨겨가지고 들어갈 일이 더 걱정스러웠다. 아직도 갈 길은 80마일이나 남아 있었다. 그때 고속도로 순찰차가 우리 곁으로 다가왔다. 눈썹이 검고 혈색이 좋은 경찰관이 나를 뚫어지게 쳐다보며 말했다.

"저기 교차로에서 당신 차하고 똑같은 푸른 세단이 지나가는 거 못 봤소?"

"못 봤는데요."

"못 봤어요."

로가 내 다리 위에 손을 얹고 나에게 바싹 기대며 말했다.

"파란색이었던 것 같지 않나요?"

그 순경은 꼬마 아가씨에게 활짝 웃어보이고는 U자로 된 모퉁이를 돌아가 버렸다. 우리는 다시 차를 몰았다.

"바보, 아빠를 체포했어야 하는데."

"뭐라고, 왜?"

"제한속도가 50마일이잖아요. 아니, 그렇다고 속도를 줄일 필요는 없어요. 순경도 없잖아요."

"아직 꽤 가야해. 어둡기 전에는 도착해야 되니까 얌전히 있어줘."

"나쁜 소녀라, 아직 나이도 어리고, 솔직하고 매혹적이에요. 볼이 빨갛게 달아오르잖아요. 이런 운전은 정말 본 일이 없어요."

우리는 서로 아무 말 없이 미끄러져나갔다.

"저, 만약 엄마가 우리 둘이 애인이라는 걸 알면 완전히 돌아버리지 않을까요?"

"제발, 로, 그렇게 얘기하지 말자."

"그럼 우리가 애인이 아니란 말이에요?"

"내가 아는 한 그렇지 않아. 비가 올 것 같구나. 기숙사에 있으면서 장난쳤던 얘기 좀 해 볼래?"

"아빠는 꼭 교과서처럼 얘기하네요."

"어땠었니? 말해봐."

"놀랐어요?"

"아니."

"아무도 없는 곳으로 가면 얘기할게요."

"로, 바보 같은 짓은 제발 하지마, 부탁이다. 알겠니?"

"좋아요. 모임이란 모임에는 다 쫓아다녔어요. 그리고 다른 사람과 함께 행복하고 값지게 살아야 한다고 배웠어요. 훌륭한 인격을 키워나가야 한다는 것도요."

"그래, 나도 그런 비슷한 말을 책에서 본 일이 있지."

"우리는 돌로 만든 커다란 난로에 불을 피워놓고 그 주위에 둘러앉든가 아니면 별이 반짝이는 밤에 나와 노래 부르기를 좋아했어요. 그때 아이들은 행복감에 젖었어요."

"기억력이 아주 좋구나. 로, 그러나 이젠 선서 같은 것은 잊어버리도록 해라. 또 다른 것 없니?"

"걸스카우트의 목적은……"

로는 큰 소리로 말했다.

"나의 좌우명이기도 해요. 나는 일생 동안 가치있는 일만 할 거예요. 예를 들자면…… 아, 신경 쓰지 마세요. 필요한 사람이 되는 것이 내 의무인 것 같아요. 나는 명령에 따라요. 그리고 명랑해요. 경찰차가 또 지나갔어요. 나는 모든 것이 모두 비겁하고 지저분해요."

"알았다, 이제 그만 해라. 말도 잘 하는구나."

"그래요, 그게 전부예요. 아니에요, 잠깐만요. 빵도 구웠고, 접시도 수없이 많이 닦았어요. '질리온'이라는 말 알아요? 학교 여선생들이 사용하는 은어예요. 아주아주 많다는 뜻이래요. 그리고 그림자 그림도 그렸어요. 그런데 얼굴 빨개지지 않고는 얘기하지 못할 것이 딱 한 가지 있어요."

"그게 뭔지 나중에 얘기해 줄래?"

"우리가 만일 어두운 곳에 가게 되면 그때 얘기해 드릴게요. 아빠는 늘 쓰는 방에서 주무세요, 아니면 엄마랑 주무세요?"

"내 방에서. 엄마는 대수술을 받게 될지도 몰라."

"저 제과점 앞에서 세워주시겠어요?"

롤리타는 높은 의자에 걸터앉아서 여러 가지 시럽을 위에 얹어 정성스럽게 만든 아이스크림을 시켰다. 그녀의 드러난 갈색 팔 위에 햇살이 지나가고 있었다. 아이스크림을 갖다 준 소년은 기름때가 묻은 나비넥타이를 매고 온통 여드름 투성이의 난폭한 인상이었는데, 얇은 면 원피스를 입은 롤리타를 음흉한 눈빛으로 바라보는 것이었다. 한시라도 빨리 브라이스랜드에 도착해 인첸인티드 헌터즈에 가야 한다는 생각에 나는 더욱 조바심이 나고 마음이 조급해졌다. 다행히 롤리타는 평소 실력대로 아이스크림을 재빨리 먹어치웠다.

"돈은 얼마나 있니?"

내가 물었다.

"한 푼도 없어요." 그녀는 텅 비어있는 지갑의 안쪽을 내게 보여주며 슬픈 듯이 말했다.

"적당한 때에 시급히 개선해야 할 문제로군. 자, 가지 않겠니?"

내가 능청맞게 말했다.

"화장실에 다녀올게요."

"이런 곳에서는 못 가. 틀림없이 더러울 거야. 자, 가자."

그녀가 아주 얌전히 말을 잘 들어서, 차로 돌아와 나는 그녀의 목에 키스를 해주었다.

"이러지 말아요."

정말 놀라서 나를 바라보며 말했다.

"나한테 군침 흘리지 말아요. 불쾌해요."

그녀는 목을 손으로 문질렀다.

"미안해."

속삭이듯 말했다.

"네가 좋아서 그랬어. 그것뿐이야."

잔뜩 찌푸린 하늘 밑으로 꼬불꼬불한 길을 올라갔다 내려갔다 하며 차를 타고 갔다.

"나도 아빠를 좋아해요."

롤리타는 한참 만에야 입을 열어 내게로 바싹 다가오며 한숨이 섞인 부드러운 목소리로 말하는 것이었다.

작고 예쁜 브라이스랜드가 황혼에 물들어가고 있었다. 엉터리로 만든 식민지풍의 건물, 골동품 가게들, 그리고 외국에서 들여온 관상목, 우리는 인체인티드 헌터즈를 찾아가기 위해서, 희미하게 불이 켜져있는 거리들을 누비고 다녔다. 가랑비가 계속해서 내리고 있는데도 공기는 따뜻하고 신선했다. 극장 매표소 앞에는 벌써부터 사람들이 ―주로 어린애들과 노인들이었다 ―줄을 지어 차례를 기다리고 있었다.

"어머, 영화 보고 싶어요. 저녁 먹고 바로 구경가요, 네?"

나는 대답은 했지만, 아홉 시가 되면 그녀가 나의 팔 속에서 죽은 듯이 자게 될 것이라는 것을 너무나 잘 알고 있었다.

"조심해!"

우리 앞에 가던 그 못된 트럭이 횡단보도에서 갑자기 멈추는 바람에 로가 앞으로 기울어지며 소리를 질렀다. 내가 방향을 물어보았던 통행인들도 이 지방에 처음 온 낯선 이들이어서, 미친 놈이라도 만난 듯 '인체인티드 뭐요?' 하며 상을 있는 대로 찡그리고 나에게 되물었다. 그렇지 않으면 장황하게 복잡한 설명을 늘어놓고 기하학적인 몸짓에다 지리적인 위치까지 곁들여 가면서 떠벌리는 통에 그들의 횡설수설을 그대로 믿다가는 도리어 길을 잃어버릴 지경이었다. 로의 그 귀여운 배는 벌써 과자를 다 소화시켰는지 밥이 먹고 싶다고 벌써부터 안달이었다.

내가 바라던 일이 드디어 일어났다. 비에 젖은 나무 밑의 어느 어두운 차 속에서 딱 붙어앉아 있던 남녀가 우리 둘을 바라보았다. 그들은 다음 교통 신호등이 보이는 곳에서 좌회전을 하면 된다고 가르쳐주었다. 그러나 교통 신호등 같은 것은 하나도 보이지 않았다. 공원은 캄캄했다. 멋지게 경사가 진 커브길을 한참 따라 내려가다보니 반짝이는 호수가 나타났다. 그리고 마치 유령처럼 무시무시하게 생긴 나무들 속에서 인체인티드 헌터즈의 희미한 윤곽이 드러났다.

죽통 앞에 늘어선 돼지들처럼 줄지어 있는 자동차들을 보니 처음에는 들어갈 수 없을 것 같았다. 그러나 넓은 어깨를 가진 어느 운전사가 양보해준 덕에 우리는 고맙게 여기며 그 틈새를 비집고 들어갔다. 그러자 민첩하지 못했던 내 행동을 후회할 일이 하나 생겼다. 내 앞에 온 사람이 차고같이 생긴 장소를 재빠르게 차지하는 것을 보았기 때문이다. 그곳은 차 한 대가 더 들어갈 수 있을 정도로 충분히 넓었다. 그러나 나는 마음이 너무 급했기 때문에 그를 따라 그렇게 할 여유도 없었다.

"야! 멋있다."

얌전치 못한 내 귀염둥이가 로버트 브라우닝을 인용해가며 탄성을 질렀다. 하얀 기둥에 비친 밤나무 이파리들이 아크등 불빛 아래 크게 확대되어 흔들리고 있었다. 나는 트렁크의 자물쇠를 열었다. 유니폼을 입은 늙은 흑인 꼽추가 우리 가방을 로비로 천천히 싣고 갔다. 그 호텔 안에는 늙은 여자와 목사 천지였다. 롤리타는 주저앉아서, 꽃무늬 카페트 위에 늘어져 있는 창백한 얼굴에 까만 귀를 가진 개를 어루만지고 있었다. 그러는 동안 나는 헛기침을 한 번하고 사람들을 뚫고 호텔 프런트로 갔다. 머리는 벗겨지고 살이 돼지같이 찐 늙은 남자—그 오래된 호텔 안에는 모두가 늙은 사람들뿐이었다—가 정중한 미소를 띠고 나를 샅샅이 훑어보았다. 그러더니 그는 천천히 내가 보낸 전보를 꺼내들고 뭔가 일이 잘 안 되어가고 있다는 표정으로 시계를 바라보았다. 그러더니 결국에는 매우 미안하다며, 여섯 시 반까지는 그 방을 잡아놓고 있었는데 이제 그 방마저 손님이 들어갔다는 것이었다. 나는 차갑게 말했다.

"내 이름은 홈베르그도 아니고 홈버그도 아니오. 험버트란 말이오. 어떤 방이라도 좋소. 내 딸아이는 열 살밖에 안 됐는데 지금 몹시 지쳐있단 말이오."

그 늙은 영감은 친절한 눈빛으로 로를 바라보았다—그녀는 입을 약간 벌린 채 여전히 웅크리고 앉아서, 개의 여주인의 말을 듣고 있었다. 그 노령의 여인은 보라색 베일을 감싸고 크레통으로 된 안락의자에 깊숙이 앉아서 롤리타에게 무슨 말인가를 하고 있었다.

"포츠 씨, 어린이 침대 하나 남아있는 게 있나?"

포츠 역시 불그스레한 대머리의 사나이였는데 귀 주위에는 흰머리가 자라나고 있었다. 내가 만년필의 나사를 돌려 빼는 동안 그가 와서 무슨 얘긴가를 했다. 성미 급한 험버트!

"언젠가 손님이 굉장히 많던 밤에 여자 세 분이 아이 하나를 데리고 자고 간 일이 있었지요. 그런데 그 세 여자 중의 한 사람은 꼭 여자 옷차림을 한 남자 같아 보였어요. 그건 그렇고 어린이용 침대가 어디 하나 있을 텐데?"

"어떻게 되겠죠 뭐."

내가 말했다.

"조금 있으면 내 아내도 올 텐데…… 아무튼 그건 또 그때 가서 생각합시다."

붉은 혈색에 돼지같이 살찐 두 사나이는 이제 나의 가장 친한 친구 중의 한 사람이 되어버렸다. 나는 천천히 그리고 또박또박 람스데일, 론 거리 342번지, 에드가 H. 험버트 박사와 딸이라고 기재했다. 그들은 나에게 손 안에 무엇인가를 감추고 있는 요술쟁이처럼 열쇠(342호실!)를 보여주는 듯하더니 얼른 톰에게 넘겨주는 것이었다. 엘리베이터 문이 열리자 잘 생긴 젊은 흑인 여자 하나가 내렸다. 비운의 롤리타는 자꾸 헛기침을 하는 아버지와, 가방을 들어다주는 가재같이 생긴 톰을 따라 엘리베이터 안으로 들어섰다.

"와, 우리 집 번지하고 같네요."

로가 까불거리며 말했다.

방 안에는 더블침대와 거울이 놓여 있었다. 거울을 통해 침대가 보였다. 옷장 문과 목욕탕 문에도 각각 거울이 달려 있었다. 의자가 두 개, 컵이 놓인 탁상이 하나, 그리고 검푸른 창문이 있었다. 커다란 나무 침대는 타스칸 장밋빛 셔니일로 덮여 있었는데 연보랏빛 그림자를 드리운 갓등이 밝혀져 있었다.

오징어 먹물같이 까만 손바닥 위에 5달러짜리 지폐를 집어줄까 하다가, 혹시 오해할지도 모른다는 생각이 들어 25센트짜리 동전 하나를 올려놔주었다. 그리곤 하나를 더 주었다.

"우리 한 방에서 같이 잘 거예요?"

로는 매우 중요한 것을 알고 싶을 때면 빙빙 돌려 말하거나 어렵게 말하지 않고 언제나 이렇듯 직선적이다.

"침대 하나를 더 달라고 했어. 네 마음에 드는 것을 사용해라."

"미쳤군요."

"왜?"

"왜라니요. 엄마가 만약 이 사실을 알면 아빠 당장 이혼당하고 나는 목이 졸려 죽을 거예요."

"자, 내 말 좀 들어봐라."

기세 좋게 말하지만, 그렇게 심각하지는 않다.

나는 앉으며 롤리타에게 말했다. 그녀는 몇 발자국 떨어진 곳에 꼿꼿이 서서 옷장 거울에 비친 자신의 모습을 만족스러운 듯이 바라보고 있었다.

"로, 이번만큼은 얘길 해야겠구나. 나는 어떠한 경우든 너의 아빠란다. 너를 사랑한단다. 네 엄마가 없을 때는 너를 행복하게 해 줄 의무와 책임이 내게 있는 거야. 우리는 지금 돈이 많지 않아. 여행하는 동안은 이렇게 지낼 수도 있단다. 두 사람이 방 하나를 같이 쓰는 것을 어떻게 설명해야 좋을까?"

"그건 바로 근친상간이에요."

그녀는 낄낄거리며 옷장 쪽을 왔다갔다 하더니 목욕탕으로 들어가버렸다. 나는 창문을 활짝 열고 땀에 흠뻑 젖은 셔츠를 갈아입었다. 그리고 코트 주머니에 약병이 있는지 확인했다.

험버트는 그녀를 껴안으려 했지만 할 수 없었다. 그녀가 말했다.

"키스놀이는 이제 그만 집어치우고 뭐나 좀 먹어요."

아, 얼마나 귀여운지! 그녀는 트렁크 위에 놓아둔 보물상자를 응시하면서, 그 가방이 멀리 있기라도 한 듯 큰 걸음으로 살금살금 걸어갔다. 그녀는 구릿빛 팔찌와 예쁘고 매우 값비싼 조끼를 집어들었다. 그때 그녀의 모습은 마치 뜻밖의 새를 잡아 믿어지지 않는 듯 숨을 죽이고 새를 들여다보고 있는 새잡이 같았다. 그러더니 이번에는 멋진 허리띠를 꺼내 허리에 감아보는 것이었다. 그동안 나는 서서 그녀를 기다리고 있었다. 이윽고 그녀는 기다리고 있던 내 품속으로 파고들었다.

"자, 가자, 배고플 텐데."

엘리베이터로 가는 동안 롤리타는 밝은 흰 지갑을 흔들거리면서 내 뒤를 (그녀는 아직 숙녀가 아니므로) 따라왔다. 엘리베이터를 타고 아래층으로 내려갈 때는 나란히 서 있었는데 머리를 뒤로 젖히며 하품을 하고 머리카락을 흔드는 등 난리를 떨었다.

"기숙사에선 몇 시에 일어났니?"

"여섯 시."

롤리타는 크게 입을 벌리고 하품을 하며 말했다.

"반이요."

식당에서 고기 굽는 냄새와 간간이 들리는 웃음 소리가 우리를 맞았다. 식당은 매우 넓었다. 그곳에선 억지로라도 점잔을 떨어야 할 것 같았다. 벽에는 가지각색의 자세를 취하고 있는 사냥꾼들, 그리고 나무 요정과 나무들 사이에 파랗게 질린 동물들이 그려져 있는 벽장식이 있었다. 나이 많은 여자들 몇 명과 목사 두 사람 그리고 스포츠 코트를 입은 어떤 남자가 식사를 막 끝내던 참이었다. 식당 문은 아홉 시에 닫도록 돼 있었기 때문에 초록색 옷을 입은 여자 종업원들이 우리를 빨리 내보내느라 혈안이 되어 있었다.

"저 사람 꼭 퀼티 닮지 않았어요?"

식당 한쪽 구석에서 혼자 식사하는 손님을 가리키며 로가 조용한 목소리로 말했다.

"람스데일의 뚱뚱한 치과의사 말이야?"

"아니에요."

롤리타는 신이 났는지 웃으면서 얘기했다.

"드롬즈광고회사의 카피라이터 말이에요."

식사가 끝나자 롤리타에게는 커다란 체리 파이가, 그리고 나에게는 바닐라 아이스크림이 후식으로 나왔다. 그러자 롤리타는 재빨리 파이 하나를 더 시키는 것이었다. 나는 자주색 알약이 들어있는 작은 약병을 꺼냈다. 나는 주위를 둘러보고, 마지막까지 남아있던 사람이 갔는지 확인하면서 뚜껑을 열었다. 입을 벌리고 아무것도 없는 손을 입에 대고(가공의) 약을 털어넣은 다음 손으로 탁탁 쳐서 알약을 삼키는 연습을 거울 앞에서 이미 해두었다. 그때 롤리타가 별안간 달려들어 약병을 빼앗았다.

"푸른색! 보라가 감도는 푸른빛이네요. 뭘로 만든 거죠?"

"여름 하늘, 오얏나무, 그리고 무화과 열매. 또 있지, 황제의 검은 피."

"농담하지 말고 진짜 말해 줘요!"

"비타민 X야. 먹으면 스파르타쿠스나 피닉스처럼 힘이 세어지는 약이야.

하나 줄까?"

롤리타는 고개를 끄덕이며 손을 내밀었다.

나는 약효가 빨리 나타나주었으면 했는데 정말 빨리 나타났다. 아침나절에는 바바라와 함께 뱃놀이까지 즐기고 왔기 때문에 롤리타에게는 오늘 하루가 무척 길었을 것이다. 엘리베이터 속에서 롤리타는 눈을 반쯤 내리깔고 힘없이 미소를 지으며 내게 기대서 있었다.

"졸린 모양이군?"

점잖아 보이는 프랑스계 아일랜드 신사 한 사람과 그의 딸, 장미 전문가 여성 2명을 위로 안내하던 톰이 물었다. 그들은 가냘프고 햇볕에 그을어 비틀거리는 내 귀염둥이를 불쌍한 듯이 바라보고 있었다. 나는 혼자서 그녀를 거의 껴안아서 방으로 데리고 왔다. 그녀는 침대 끝에 걸터앉아 이리저리 흔들리며, 혀가 말을 안 듣는 소리로 발음을 끌며 내게 말했다.

"만약 내가 말하면, 만약 내가 말하면(너무도 졸리운 나머지 머리를 축 늘어뜨리고) 불평하지 않겠다고 약속해 주세요."

"나중에 하자, 로. 자, 어서 누워 자. 나는 잠시 밖에 나가니까, 어서 자."

"아, 내가 너무 애를 먹였는가 보네요."

그녀는 머리에서 벨벳 리본을 떼어내고는 머리를 흔들었다.

"얘기, 얘기할 것이 있어요."

"내일 얘기하고 오늘은 그냥 자. 제발 좀 자거라."

나는 열쇠를 주머니에 집어넣고 급히 아래층으로 내려갔다.

28

배심원 숙녀 여러분! 잠시만 참고 들어주세요! 모두의 귀중한 시간을 조금만 빌리겠습니다. 정말 굉장한 순간이었다. 구두끈을 만지작거리며 나른하게 머리를 들어올리는 롤리타를 침대가에 그냥 앉혀두고 나는 그 방을 나와버린 것이다. 팬티가 다 보일 정도로 허벅지를 드러내놓고 앉아 있던 그녀는 제정신이 아니거나 완전히 부끄러움을 잊은 것 같았다. 아니면 그 두 가지 다였는지도 모른다. 나무로 만든 방 번호표가 매달려 있는 우리 방 열쇠, 앞으로 펼쳐질 기쁘고 엄청난 미래를 약속해주는 열쇠나 다름없었다. 그것은 나의 것이었다. 털 투성이 내 주먹의 일부분이었다. 단 몇 분이면 342호실에서 산호초 같은 잠 속에 빠져있는 나의 요정, 나의 아름다움, 나의 신부를 발견할 것이다. 배심원 여러분! 만약 나의 행복감을 이야기하라고 했다면 그 조용한 호텔에 귀가 멀 정도의 즐거운 비명이 울려 퍼졌을 것이다. 그리고 지금에서야 유일한 후회라 한다면 내가 아무 말도 하지 않고, 342호실 열쇠를 데스크에 맡기고, 마을을 떠나 나라를 떠나 대륙을 떠나 북반구로 떠나 지구에서 떠나버려야 했던 것이다. 바로 그 밤에.

약기운에 취해서 거의 벗다시피한 몸으로 자고 있는 이 아가씨와 밤을 같이 보낼 뿐 그녀의 순결은 지켜야 되겠다는 내 결심에는 아직도 변함이 없었다. 그때까지만 해도 자제력과 도덕이 나의 신조였다. 그녀는 그 순결이라고 하는 것에 약간의 손상을 입고 있었는데, 기숙사에 있을 때 가졌던 약간의 연애경험 때문이었다. 의심할 것도 없이 동성연애였다. 물론 나의 낡은 구시대적 사고방식인지는 모르지만 그녀를 처음 만났을 때 나는 정상적인 어린아이라고 생각됐었다. 요컨대 중요한 것은 어른의 세계와 아이들의 세계를 이어주고 있던 낡은 연결고리마저 새로운 관습과 새로운 규범에 의해서 완전히 끊겨 버렸다는 사실이다. 정신분석과 사회활동에 관심을 가지고 있었지만 나는 어린이에 대해서는 알고 있는 바가 하나도 없었다. 롤리타의 나이 이제 겨우 열두 살이었다. 미국 학생들의 거친 행동을 익히 알고 있었으면서도, 시간과 장소를 초월해서 내가 아무리 양보를 하더라도 그와 같은 일은 못되고 건방진 아이들에게나, 그리고 좀 더 나이가 든 후에 아니면 다른 환경에서나 있을 수 있는 일이라고 생각했다. 그래서 내 안의 도덕주의자는 인습적인 사고방식으로 볼 때 열두 살 먹은 여자아이는 과연 어떠해야 하는가에 해당되는 것이었고, 또 다른 쾌락주의자는 먹이가 좀 타락했기로 아무 상관이 없다고 주장함으로써 나의 내부에서도 결심이 흔들리고 있었다. 내가 바라던 쾌락, 결국 은밀할 수도 없으며 그 쾌락에 의해서 쾅 다치리라는 것, 그리고 그 광기어린 기쁨 뒤에는 고통과 공포만이 도사리고 있다는 것을 나는 알았어야 했다.

그러나 그녀는 나의 것이었다. 나의 것, 그녀가 자고 있는 방의 열쇠는 내 손에 있고 내 손은 내 호주머니 속에 있다. 그녀는 나의 것이었다. 수많은 밤 잠을 설치며 그녀의 모습을 떠올리거나 계획을 세우는 사이에 나는 점점 안개를 지우고, 투명한 환상을 하나하나 쌓아가는 것으로 마지막 이미지에 도달했다. 양말 한 켤레와 팔찌를 제외하고는 거의 벗은 채로, 내 알약 하나가 그녀를 때려눕혀 놓은 침대 위에서 팔다리를 쭉 펴고 그녀는 잠들어 있었다. 이것이 짐작한 모습이다. 그녀는 벨벳 리본을 손에 꽉 움켜잡고 있었다. 갈색 몸뚱이에는 수영복 끈 자국이 나있었는데 수영복에 감추어졌던 부분만이 하얀 모습으로 나타나 있었다. 장밋빛 불빛을 받아 작은 음부의 털이 포동포동한 언덕 위에서 윤기있게 반짝거렸다. 번호표가 달려있는 차가운 열쇠는 내 호주머니 속에 들어 있었다.

나는 사람들이 모여있는 방을 여기저기 돌아다녔다. 술 생각이 났다. 그러나 실리주의자들만 모인 그 호텔에는 술 파는 곳이 없었다. 나는 남자들이 있는 방으로 갔다. 거기에는 사제같이 까만 옷을 입은 남자가 장부를 정리하고 있었는데 비에나가 옆에서 거들고 있었다. 그는 나에게 보이드 박사의 강연은 어땠냐고 물었는데, 보이드는 자아가 발달했다고 대답하자 그는 어리둥절한 표정이었다. 나는 카운터에 느긋하게 팔꿈치를 괴고 나의 아내에게서 혹시 전화가 왔었는지, 또 어린이용 침대는 어떻게 됐느냐고 포츠 씨에게 물어보았다. 그는 나의 아내에게서는 전화가 없었으며, 만약 계속 더 머무를 예정이라면 내일 침대를 들여보내 주겠다는 것이었다. 사냥꾼의 홀이라는 이름이 붙어있는 방으로부터 원예니 영원이니 하며 왁자지껄 떠드는 소리가 들려왔다. 그리고 불이 환하게 켜져 있는 '산딸기'라는 이름의 방 안에는 음식이 가득 차려진 커다란 상이 놓여있었는데 여주인 한 사람밖에는 아무도 없었다. 그녀는 내게로 오더니 혹시 브라독 씨가 아니냐며, 만약 그렇다면 비어드 양이 나를 기다리고 있다고 말하는 것이었다. 나는 그곳에서도 나와 버렸다.

내 가슴 안팎으로 무지갯빛 피가 솟아오르는 것 같았다. 9시 반까지 기다리자. 다시 로비로 돌아왔을 때 한 가지 변화를 발견할 수 있었다. 꽃무늬가 있는 옷과 검은 옷을 입은 사람들이 여기저기 모여 서 있었는데 롤리타 나이 또래의 아이가 끼어 있었다. 그녀는 롤리타 같은 원피스를 입고 있었는데 색깔이 아주 하얀색이었다. 그리고 검은 머리에는 하얀 리본을 달고 있었다. 그렇게 예쁘지는 않았지만 요정같은 모습이었다. 내 시선을 느낀 그 아이는 우스꽝스러울 정도로 자기를 의식하기 시작했다. 표정을 완전히 잃고 눈을 굴리며 볼을 손으로 감싸기도 하고 치맛자락을 잡아당겨보더니, 드디어는 암소같이 생긴 자기 어머니와 잡담을 늘어놓기 시작했다.

나는 시끄러운 로비에서 나왔다. 축축한 밤에 등 주위를 맴돌고 있는 수백 마리의 날벌레들을 바라보며 서 있었다. 내가 이제부터 하는 것은 이런 작은 일밖에 없다.

그때 갑자기 나는 어둠 속에서 또 한 사람이 내 가까이에 있고, 의자를 놓고 앉아 있는 것을 느꼈다. 그러나 누군지 알아볼 수가 없었다. 막 돌아서려고 하는데 그의 목소리가 나를 불렀다.

"도대체 그 아가씨를 어디서 만났소?"

"네?"

"날씨가 점점 좋아진다고 했소."

"그런 것 같군요."

"그 아가씨는 누구요?"

"내 딸이오."

"거짓말, 아니던데?"

"예? 뭐라고요?"

"7월이 꽤 더웠다고요. 그 아이 엄마는 어디 있죠?"

"죽었어요."

"아, 그렇군요. 미안합니다. 그건 그렇고 두 분, 내일 나와 점심 안 하시겠소? 그때쯤이면 저 지겨운 사람들도 가고 없을 거요."

"우리도 떠날 겁니다, 그럼."

"미안합니다. 술을 좀 많이 마셔서. 어린애는 잠을 좀 많이 재울 필요가 있어요. 수면은 장미라는 페르시아인의 말도 있잖아요. 담배 피우시겠소?"

"아니오, 괜찮습니다."

그는 성냥불을 켰다. 그러나 그가 취했기 때문이었는지 아니면 바람이 불어서였는지 그 불빛은 그를 비추지 않고 흔들의자에 앉아 있는 다른 사람을 비추었는데 그는 이 호텔에 장기 투숙해 있는 노인이었다. 아무도 입을 열지 않았다. 어둠이 다시 되돌아왔다. 그때 그 노인이 기침을 하며 가래를 뱉는 소리가 들렸다.

나는 그곳에서도 일어섰다. 이 모든 것은 30분도 못 되는 사이에 일어난 일이었다. 술을 한 모금이라도 마셨어야 했다. 나는 피로를 느끼고 있었다. 만약 바이올린 줄이 아픔을 느낄 수 있다면 나야말로 그 줄이었다. 로비 한쪽 구석에 무리져 서 있는 사람들 틈을 빠져나가려는데 갑자기 눈을 어지럽히는 플래쉬가 터져 나왔다. 연보랏빛으로 멋을 낸 두 부인과 하얀 옷의 자그마한 소녀, 그리고 브라독 박사가 환한 얼굴로 활짝 웃고 있었다. 나는 할 수 없이 계단을 택했다. 342호실은 비상구 가까이에 있었다. 지금이라면 아직…… 하지만 이미 열쇠를 구멍에 꽂고, 다음 순간 나는 방 안에 있었다.

29

불이 환하게 켜진 목욕탕의 문이 열려 있었다. 게다가 바깥의 아크릴등 불빛도 베니스식 겹문 사이로 희미하게 새어 들어왔다. 이 두 개의 광선이 서로 엇갈리며 다음과 같은 상황이 벌어지고 있는 어두운 침대 위를 비추고 있었다.

낡은 잠옷을 입고 나의 롤리타는 침대 한가운데 엎드려 있었다. 옷 속이 그대로 내비치는 가운데 그녀는 Z자 모양을 하고 있었다. 헝클어진 머리 밑에는 베개를 두 개나 베고 있었다. 희미한 불빛이 그녀의 등뼈 위를 가로지르고 있었다.

나는 영화의 장면이 바뀔 때처럼 재빠른 동작으로 옷을 벗고 파자마로 갈아입었다. 롤리타가 머리를 들어 나를 바라보았을 때 나는 이미 침대 모서리에 무릎을 꿇고 앉아 있었다.

이것은 전혀 예상치 못한 일이었다. 한 부대가 지나가도 푹 자게 할 정도의 약인데도 그녀는 나를 바라보면서 알아 듣기 어려운 소리로 나를 '바바라'라고 불렀다. 몸에 꼭 끼는 파자마를 입고 있는 그녀는 몸을 웅크렸다가 가늘게, 그리고 부드럽게 한숨을 쉬며 다시 제자리로 돌아누웠다. 약 2분 정도는 됐을 것이다. 나는 지금부터 40년 전에, 집에서 만든 낙하산으로 에펠탑에서 뛰어내리려고 했던 재단사처럼 침대 모서리에서 귀를 잔뜩 기울이고 기다렸다. 그녀의 약한 숨소리에는 잠의 리듬이 섞여 있었다. 마침내 나는 롤리타가 다 차지해버리고 조금밖에 안 남은 침대의 빈 자리로 들어갔다. 그러고는 돌 같이 차가워진 내 발치에 쌓여있는 시트자락을 슬쩍 끌어 올렸다. 그때 머리를 일으킨 롤리타가 나를 멍하니 바라보는 것이었다.

나는 롤리타에게 먹인 그 자주색 알약이 바로 비투르산염에 속하지도 않는다는 것을 나중에야 어느 약사에게서 전해들었다. 그 약의 효능이 좋은 줄로만 믿고 있는 신경이 예민한 사람을 어쩌다 우연히 잠들게 할 수는 있어도, 늘 초롱초롱해 있는 이 요정을 영원히 재우기에는 지극히 미약한 진정제였던 것이다. 람스데일의 그 의사가 엉터리였건 교활한 늙은 악마이었건 간에 그런 것은 정말로 문제가 되지 않았다. 문제는 내가 속았다는 것이다. 롤리타가 다시 눈을 떴다. 그 약이 나중 밤늦게야 제구실을 할지 어떨지는 몰라도, 내가 그렇게 철석같이 믿고 있었던 사실이 가짜였던 것이다. 그녀는 천천히 얼굴을 돌려 터무니없이 높게 쌓인 베개 위로 머리를 떨어뜨렸다. 나는 침대 끝에 가만히 누워 있었다. 헝클어진 머리와 요정같이 반짝거리는 숨결, 그리고 드러난 엉덩이와 어깨를 바라보았다. 나는 그녀의 숨소리를 듣고 그녀가 얼마나 깊이 자고 있는가를 어림잡았다. 한참 시간이 지났으나 변한 것이라고는 없었다. 사랑스럽고 사람을 미치게 하는 반짝이는 그녀의 몸에 좀 더 가까이 가보려고 했다. 그러나 내가 그녀와 나 사이의 따뜻한 빈자리로 파고들자 그녀의 호흡이 순간 멈추는 것이었다. 나는 롤리타가 지금 자고 있는 것이 전혀 아니며, 만약 내 음흉한 손길이 그녀 몸의 어느 부분에 닿기라도 하면 고함이라도 지를 것 같은 불길한 느낌이 들었다. 제발, 독자들이여. 가장 중요한 이 페이지를 꼭 읽어주기 바란다. 그때의 나를 상상해보라! 자신의 부정 때문에 떨고 있는 나를. 그러나 웃기로 하자. 웃어서 해로울 건 하나도 없으니까. 나는 어찌할 바를 몰랐다. 가슴까지 타들어가는 듯한 불안은 더욱 심하기만 했다.

나의 요정 롤리타는 다시 잠에 곯아떨어졌지만, 나는 감히 시도를 못하고 있었다. 내일은 그녀의 엄마 샬로트를 완전히 마비시켰던 그 약을 꼭 먹여야 되겠다고 생각했다. 미국 호텔은 너무 시끄럽다. 엘리베이터 문이 덜커덩거리며 닫히는 소리가(약 20야드쯤 떨어진 곳에 있었지만 내 왼편 관자놀이 안에서 들리는 소리처럼 똑똑했다), 기계가 내는 다른 여러 가지 소리에 뒤섞여 한밤중까지도 계속 들렸다. 복도에서는 사람들이 명랑하게 떠들어대는 소리가 울려 퍼지고 있었는데 그들은 헤어지면서 '굿 나잇'이라는 인사를 빼놓지 않았다. 그 소리가 그치고 나면 이번에는 화장실 사용하는 소리가 나의 뇌를 자극했다. 물이 흘러나오는 소리와 화장실 사용 후에 내려가는 물소리가 벽을 뒤흔드는 것 같았다. 남쪽 방향의 방에 투숙한 어느 투숙객은 쉴 새 없이 기침을 해대는 것이 굉장히 아픈 사람 같았는데, 그 방의 화장실 물소리는 마치 나이아가라 폭포가 흘러내리는 소리 같았다. 드디어 물 소리도 그치고 모두 곤히 잠들었다. 축축한 바람이 섞인 밤공기 속을 뚫고 지나가는 거대한 트럭 소리만이 잠 못 이루는 나의 방 아래의 거리에서 가득 울려 퍼졌다.

나에게서 6인치도 안 떨어진 곳에 롤리타가 있었다. 한참을 곤두서 있던 내 신경은 다시 그녀에게 쏠렸다. 매트리스가 삐걱거리는 소리에도 그녀는 깨지 않았다. 그녀에게 바싹 다가갔을 땐 마치 그녀의 어깨에서 어떤 귀기(鬼氣)를 느낄 정도였다. 그때 그녀는 발딱 일어나 앉아 숨을 할딱거리며 보트가 어쩌고 하고 정신 나간 듯이 몇 마디 지껄이더니 시트자락을 세게 잡아당기고는, 다시 깊고 어두운 무의식의 세계로 빠져 들어가는 것이었다. 퍼붓는 잠에 취해 몸부림을 치던 그녀는, 최근에 적갈색으로 피부를 태웠지만 지금은 푸른 빛이 도는 팔로 내 얼굴을 가볍게 쳤다. 잠깐 동안 그녀를 껴안아 보았다. 그녀는 내 품에서 빠져나갔지만, 그것은 우악스럽게 한 행동도 아니었고 내가 싫어서 한 행동도 아니었으며, 그저 자다가 무의식중에 한 행동이었다. 그냥 자게 내버려두라고 투덜거리는 어린이의 행동 바로 그것이었다. 롤리타는 내게 등을 돌린 채였고, 나는 팔을 베고 반듯이 누워 욕망과 소화불량으로 괴로워하고 있었다.

소화불량 때문에 나는 할 수 없이 물을 많이 마시고 화장실을 다녀와야 했다. 무를 먹고 우유를 마신 경우만 제외하고는, 소화불량에 걸렸을 때 화장실에 가는 것이 내 경우로 봐서는 가장 좋은 약이었다. 다시 방으로 돌아와 보니, 결코 내 딸이 될 수 없는 롤리타가 똑똑한 목소리로 물을 달라며 일어나 앉아 있었다. 그녀는 딱딱하고 차가운 종이컵을 손에 들고 꿀꺽꿀꺽 물을 마시는 것이었다. 컵을 향해 내리깔고 있는 그녀의 긴 속눈썹과 아기 같은 표정은 그 어느 육체적인 매력보다도 더욱 유혹적인 것이었다. 귀여운 롤리타는 내 어깨에 입술을 닦더니 자기 베개—그녀가 물을 마시는 동안 내 베개를 빼놓았다—위에 넘어져서 다시 잠에 빠져들었다.

나는 그녀에게 차마 약을 더 먹이지는 못하고, 이미 먹인 약기운이나 떨어지지 않기를 바랐다. 어떠한 실망도 감수할 마음의 태세를 갖추고 나는 그녀에게 접근했다. 차라리 기다리는 것이 더 낫겠다는 것을 알고 있었지만 기다리고만 있을 수도 없었다. 베개에서 그녀의 머리카락 냄새가 났다. 그녀가 몸을 움직이거나 혹은 움직이려 한다는 생각이 들 때마다 나는 주춤 놀랐다. 잠이 든 그녀의 모습은 마치 마술사나 신비한 요정이라도 만나고 있는 듯한 모습이어서, 그녀가 그 어느 때보다도 나에게서 멀리 있는 듯한 느낌이 들었다.

내가 이렇게 그날 밤에 있었던 일을 상당히 오랫동안 생각하며 끙끙거리고 있는 것은 내가 결코 야수 같은 불한당이 아니라는 것, 그리고 그렇게 될 수도 없었다는 것을 확신하고 있었기 때문이다. 내가 추구했던 부분은 야수가 먹이를 덮칠 그 기회만을 노리고 배회하는 세속적인 것이 아니었다. 만약 내가 목적을 달성했다 하더라도 내 정점은 아주 조용한 것으로, 예를 들어 그녀가 잠이 깨어도 그 열기는 거의 느낄 수 없을 것이다. 그래도 나는 그녀가 점점 완전히 혼수상태에 빠지고, 그녀를 갖기를 바랐다.

밤 1시부터 호텔이 조용해진 듯 싶었지만, 4시가 되자 복도 쪽의 화장실 물 내려가는 소리와 꽝 하고 닫히는 문 소리가 다시 들리기 시작했다. 5시 조금 지나서는 마당과 주차장 쪽에서 누군가 혼잣말을 중얼거리는 소리도 들려왔다. 그러나 그것은 혼잣말이 아니었다. 누군가의 얘기를 듣고 있는지 말 중간중간에 그치곤 했다. 그러나 다른 사람이 하는 얘기까지는 들리지 않았다. 아무튼 그들의 평범한 억양만으로 새벽이라는 것을 알 수 있었다. 방안은 새벽의 어슴푸레한 회색빛으로 덮이기 시작하고, 그때 벌써 엘리베이터는 아침 일찍 호텔을 오르내리는 사람들을 실어 나르느라고 바쁘게 움직이고 있었다. 잠깐 눈을 붙이는 동안 초록색 탱크 속에 인어가 된 모습으로 샬로트가 나타났고, 복도 어디에선가 보이드 박사가 부드러운 목소리로 내게 '굿모닝' 하며 인사를 건네는 꿈을 꾸었다. 숲 속의 새들이 시끄럽게 지저귀고 있었다. 그때였다. 롤리타가 하품을 하며 일어났다.

지금 이 순간이 되기까지 마치 몇 달, 아니 몇 년이 지나간 듯했다. 그녀가 완전히 잠에서 깬 것은 6시였고, 6시 15분쯤에 우리는 사랑하는 사이가 되어버렸다. 그러나 한 가지 이상한 사실은, 나를 유혹한 것은 바로 그녀였다는 것이다.

그녀가 일어나려고 하품하는 소리를 들었을 때 나는 옆으로 누워 자는 척

하고 있었다. 정말 어떻게 해야 좋을지를 몰랐다. 내가 다른 침대에 있지 않고 자기 옆에 누워 있는 것을 보고 충격을 받지 않을까? 옷을 주워들고 목욕탕 속에 숨어버리지나 않을까? 혹시 자기 엄마가 있는 람스데일로 당장 데려다 달라고 하지 않을까? 아니면 기숙사로 가겠다고 하면 어떡하나? 그러나 롤리타는 쾌활한 아가씨였다. 그녀가 나를 보고 있음을 알았다. 마침내 그녀 특유의 웃음소리를 깔깔거렸을 때 나는 그녀의 눈도 함께 웃고 있는 것을 보았다. 그녀가 내 곁을 파고들어 따뜻한 그녀의 갈색 머리가 내 머리에와 닿았다. 우리는 가만히 누워 있었다. 나는 그녀의 머리를 부드럽게 어루만지며 가볍게 입을 맞추었다. 그녀의 키스에는 일찍이 어린 나이에 레즈비언에게서 배운 동성연애의 세련됨이 있어서 나를 당황하게 만들었다. 찰리 소년도 그녀에게 그러한 것을 가르쳐주지는 못했을 것이다. 그녀는 내가 잘 배웠는지를 알아보기라도 하려는 듯 내게서 물러나 나를 가만히 살펴보았다. 그녀의 광대뼈가 발그레하게 달아올라 있었다. 아랫입술은 온통 반짝거리고 있었고, 나는 온몸이 녹아버릴 것 같았다. 갑자기 그녀는 내 귀에 입술을 댔다. 그녀의 뜨거운 숨결로 나는 잠시 정신을 가다듬을 수 없었다. 그녀는 얼굴 위로 내려온 머리카락을 쓸어넘기며 웃었다. 나는 마치 전혀 새로운 꿈나라, 그곳에서는 모든 것이 허용될 수 있는 꿈나라에 와 있는 듯한 기분이었다. 그녀가 요구하고 있는 것이 무엇인지를 알았을 때, 나는 그녀가 찰리와 무슨 짓을 했을지도 모른다는 생각이 들었다.

"그럼 아직까지 한 번도 안해봤어요?"
도저히 믿어지지 않는다는 듯이 그녀가 나를 바라보았다.
"아직 한 번도……"
로가 다시 말했다. 그녀는 콧소리를 내며 "옷 벗어요. 네?" 하고 말했다.
"그러니까 옛날에 한 번도 안해봤단 말이에요?"
"한 번도."
나는 자못 진지하게 대답했다.
"좋아요, 그럼 지금부터 시작하는 거예요."
롤리타의 무례함에 대해서 나는 낱낱이 여기에 적음으로써 이 글을 읽는 독자들을 지루하게 하고 싶은 생각은 없다. 다만 아름다운 이 젊은 아가씨에게서 정숙한 구석이라고는 하나도 없었다고 말하는 것으로 충분하다. 그들의 현대적인 남녀공학과, 그리고 캠프파이어 따위는 완전히 손을 쓸 수 없을 정도로 타락한 것이었다. 어른들이 출산만을 목적으로 행하는 섹스는 그녀의 관심거리가 못 되었다. 내 인생을 어린 롤리타가 조종하고 있었다. 그녀는 내게 믿기 어려운 아이들 세계를 심어주려 하고 있었다. 나는 이상한 궁지에 몰릴 때마다 아주 바보인 척하고 내가 참을 수 있는 한도 내에서만 얼마든지 그녀 마음대로 할 수 있게끔 내버려두었다. 결국 나는 남들이 말하는 '섹스'와는 별 인연이 없는 사람인 것 같다. 그러나 이번만큼은 저 위험한 요정을 굴복시키기 위하여 대단한 노력을 해야 할 것 같다.

30

나는 조심스럽게 이야기를 해야 한다. 조용조용하게 속삭여야 한다. 베테랑 범죄자, 근엄한 수위, 그리고 몇 년 동안 학교 앞 건널목에서 교통정리를 해주던 인기 많았던 경찰, 당신들 중에 어느 누구도 나의 롤리타와 사랑에 빠지지는 못할 것이다. 만약 내가 화가라면, 그래서 인첸인티드 헌터즈 호텔의 식당 벽화를 나보고 그리라고 한다면 다음과 같이 하겠다는 생각을 여러 번 한 적이 있다.

먼저 호수가 있다. 그리고 타는 듯한 꽃과 나무가 있다. 새들의 낙원을 쫓아가는 호랑이와, 가죽을 벗긴 돼지새끼의 몸뚱이를 삼킨 뱀도 한 마리 있어야겠다. 기둥을 올라가는 노예 어린이를 도와주며 얼굴에는 엄청난 고뇌로 가득차 있는 술탄의 모습도 그리겠다고 생각했다. 빛나는 작은 구슬도 그리겠다. 그러고는 잔물결이 이는 웅덩이 속에서 융해되고 있는 화단백석도, 끝으로 마지막 색깔의 선택은 강렬한 빨강과 핑크빛으로 하겠다.

31

내가 이 글을 쓰고 있는 지금 현재의 끝없는 절망감 속에서 그것들을 다시 체험해보고자 하는 것은 아니다. 그렇게도 이상하고 사람을 미치게 하던 그 사랑이 어디서부터가 지옥이었고 천국이었는지를 가려내기 위해서이다. 야만적인 것과 아름다운 것이 한 점에서 교차하고, 내가 잡고 싶은 것은 그 경계선이지만, 그 시도가 실패로 끝날 것 같은 예감이 든다. 그것은 왜일까? 소녀가 12살이 되면 결혼할 수 있다는 로마법의 규정은 그 당시 교회가 채

택한 것이었지만, 아직도 미국 일부 지방에서는 그것을 묵묵히 따르고 있는 지역이 있다. 그리고 15살이 되면 합법이다. 40줄에 들어선 나이에 지방 교구 목사의 축하를 받고 한잔 얼큰히 취한 채, 땀에 흠뻑 젖은 장신구들을 벗어 던지고 나이 어린 신부에게 달려든다고 해서 나쁠 것은 없다. 세인트루이스, 신시내티, 그리고 시카고같이 자극적이고 온화한 기후 조건에서 소녀들은 열두 살이면 모두 다 성숙할 대로 성숙해진다는 글을 옛날 어느 잡지에서 읽었던 기억이 난다. 돌로레스 헤이즈는 이 자극적인 신시내티로부터 3백 마일도 채 못 되는 곳에서 태어났던 것이다.

나는 자연의 섭리에 따랐을 뿐이다. 나는 자연의 충실한 추종자이다. 그런데 떨쳐버릴 수 없는 이 공포는 무엇일까? 내가 그녀의 한창 때를 빼앗기라도 했단 말인가? 지각 있는 배심원 여러분! 나는 그녀의 첫사랑도 아니었단 말이오.

32

그녀는 나에게 자기가 어떻게 순결을 잃었는지에 대해 말해주었다. 우리는 향기도 나지 않는 바나나를 먹었다. 복숭아와 맛있는 감자칩도 먹었다. 그녀는 찡그린 얼굴로 농담을 섞어가며 유창한 변명을 늘어놓았지만 어딘가 앞뒤가 잘 맞지 않은 것 같았다.

그녀의 놀랄 만한 이야기는 지난 여름 자기와 텐트를 같이 사용했던 친구에 대한 언급으로부터 시작됐다. 그 아이가—아주 게으른 성격에 반 미친 듯했지만 아주 멋쟁이었다—롤리타에게 갖은 속임수를 다 가르쳤던 것이다. 처음에는 그 아이의 이름을 말하려들지 않았다. 내가 물었다.

"그레이스 엔젤이었니?"

그녀는 아니라고 고개를 저었다.

"그럼 로즈 카마인이었니?"

"아니에요. 로스의 아버지는……"

"그럼 애그니스 쉐리단이었니?"

그녀는 침을 꿀꺽 삼키며 머리를 가로저었다.

"그럼 그 아이들을 어떻게 알게 됐지?"

"조금 나쁜 아이들이긴 하지만 그렇게 나쁜 아이들은 아니에요. 아빠가 꼭 알아야 한다면 가르쳐 드리죠. 엘리자베스 탈보트라는 아이예요. 지금은 호화스런 사립학교에 다니고 있고요. 아버지는 장교예요."

나는 죽은 샬로트가 '롤리타가 작년에 탈보트와 함께 하이킹을 갔을 때—' 하며 말하던 것이 떠올랐다.

나는 이러한 롤리타의 과거에 대해서 그녀의 엄마가 알고 있었는지 궁금했다.

"물론 몰랐죠."

떨리는 손을 가슴 위에 얹으며 롤리타가 말했다. 내가 더 관심이 가는 것은 이성체험이다. 롤리타는 중서부에서 람스데일로 이사온 지 얼마 되지 않아 바로 학교에 편입했는데 그때가 그녀의 나이 열한 살 때였다. 그녀가 말한 '조금 나쁘다'라는 것은 도대체 무엇을 뜻하는 것일까?

쌍둥이 미란다는 몇 년 동안이나 한 침대를 쓰고 있었고, 가장 말이 없는 소년이었던 도널드 스코트는 헤이즐 스미드와 같이 쓰고 있었다. 케니스 나이트—가장 머리가 명석한 아이였다—는 기회가 있을 때면 언제나 또 어디서나 자기 자신을 과시하기를 좋아하는 아이였다.

"자, 이제 캠프 Q 얘기 좀 해보자."

나는 말했다. 그리고 나는 바로 그녀로부터 모든 얘기를 들을 수 있었다.

튼튼한 몸집에 금발의 바바라 퍼크는 롤리타보다 두 살 위였다. 그녀는 그 캠프에서는 수영에 가장 뛰어났는데, 아주 특이한 카누를 갖고 있어서 가끔 롤리타를 태워 주곤 했었다. 7월 한달 내내 바바라와 로는 캠프 여주인의 13세 된 아들인 찰리 홈즈의 도움으로 보트를 끌고 오닉스와 에릭스—숲 속의 작은 호수들—로 갔다 오는 것이 그들의 일과처럼 되어 있었다. 그들 세 아이들은 젊음과 이슬과 새들의 노랫소리로 가득 차있는 아름답고 깨끗한 숲 속의 지름길을 이용했다. 그러나 바바라와 소년이 덤불 뒤에서 성교를 하는 동안 롤리타는 무성한 덤불 속에서 그들의 망을 봐주어야 했다.

로는 처음에 그것이 도대체 어떤 것인지 해보기를 거절했지만, 곧 호기심과 동지애가 발동하여 거칠고 음탕한 찰리와 교대로 하게 되었다. 찰리는 아주 성적 매력이 흘러 넘치는 소년이었다. 그는 아주 커다란 가지각색의 이상한 피임 기구를 가지고 놀았다. 롤리타는 그 행위가 재미있다는 것을 스스로 인정하면서도 찰리의 행동을 다행스럽게도 대단히 경멸하고 있었다. 그

추악한 악마도 그녀의 열정적인 기질을 일깨우지는 못했던 것이다.

열 시가 가까워지고 있었다. 욕망이 모두 가셔버리고 불쾌한 감정만이 나를 엄습했다. 거의 벗은 몸의 롤리타는 그녀의 작고 하얀 엉덩이를 내 쪽으로 돌리고 팔은 허리에 댄 채 다리를 쩍 벌리고 서 있었는데 고양이털로 된 새 슬리퍼를 신고 있었다. 문이 달린 거울에 그녀의 핼쑥한 얼굴이 보였다. 복도에서는 흑인 하녀들이 일을 하며 서로 얘기를 주고받는 소리가 들려왔다. 그러자 누군가가 우리 방문을 살며시 열려고 하였다. 나는 롤리타에게 목욕탕에 들어가서 비누칠을 많이 해서 샤워를 하라고 말했다. 침대는 감자칩들이 흩어져서 말도 못하게 엉망이었다. 롤리타는 하늘색 울로 된 투피스를 입어보았다. 그러고는 다시 소매 없는 블라우스와 스커트를 걸쳐보기도 하는 것이었다. 내가 서두르라고 하자, 롤리타는 버릇없이 내가 그녀에게 사준 선물들을 구석으로 휙 집어던지더니 결국엔 어제 입었던 옷을 입었다. 마침내 그녀가 준비를 끝냈을 때 나는 그녀에게 소가죽으로 만든 예쁜 새 지갑을 하나 주었다. 나는 지갑 속에 꽤 많은 돈과 아주 새것인 10센트짜리 은화 두 개를 넣어두었다. 그리고 로비에 가서 잡지 한 권을 사라고 말했다.

"곧 내려갈게."

나는 덧붙였다.

"그리고 내가 너라면 모르는 사람들과 얘기를 하지는 않을 거야."

그녀가 내던져버린 내 선물들만 제외하고는 따로 짐을 꾸리고자 할 게 없었다. 나는 침대를 정리하느라고 상당히 많은 시간을 흘려보냈다. 그러고 나서 나도 옷 입기를 끝내고, 백발이 성성한 호텔 보이를 시켜 가방을 들고 가도록 했다.

모든 것이 순조로웠다. 롤리타는 핏빛처럼 붉은 로비의 안락의자 깊숙이 파묻혀서 야한 영화잡지를 탐독하고 있었다. 스코치 의복을 입은 내 나이 또래의 어떤 친구가 이미 꺼져버린 담배를 물고 오래 된 신문 너머로 나의 롤리타를 주시하고 있었다. 롤리타는 하얀 양말과 외출용 구두를 신고 사각 네크라인의 밝은 무늬 윗옷을 입고 있었다. 희미한 불빛이 그녀의 갈색 팔다리를 비춰주고 있었다. 다리를 조심성 없이 꼬고 앉은 그녀의 두 눈은 가끔 깜박거리며 책 속의 글자를 따라 열심히 쫓아가고 있었다. 빌의 아내는 그들이 만나기 오래 전부터 이미 그를 동경하고 있었다. 사실 그녀는 그가 슈봐브의 약국에서 아이스크림을 먹고 있을 때 그 유명한 젊은 배우를 마음속으로 남 모르게 흠모하고 있었던 것이다. 그녀의 들창코라든가 주근깨가 있는 얼굴, 그리고 옛날 이야기에 나오는 흡혈귀가 빨아 먹은 것 같은 목의 붉은 점, 잔 뜩 부풀어오른 무의식적인 그녀의 입놀림 등은 그렇게 어린아이 같을 수가 없었다. 반짝이는 갈색 머리와 매끈매끈하게 광택이 있어 보이는 관자놀이 는 그녀를 더욱 천진난만하게 보이게 했다. 그토록 천진난만하게 보일 수가 없었다. 저 음흉한 친구, 가만히 생각해보니 스위스에 있는 나의 삼촌 구스 타브와 조금 닮은 것 같았다.

나는 스완 씨에게, 만약 아내에게 전화가 걸려오면 우리들은 클레어 숙모 집에 갔다고 전해달라고 말하고 계산을 치루었다. 그리고 의자에 앉아 있는 롤리타를 일으켰다. 그녀는 책에서 눈을 떼지 않은 채 자동차로 향했다. 여 전히 책을 읽고 있는 그녀를 차에 태우고 몇 블럭 남쪽에 있는 식당으로 데 리고 갔다. 그녀는 잘 먹었다. 읽던 잡지도 옆으로 밀어놓고 먹는 것이었다. 그런데 보통 때 그렇게 명랑하던 아이가 이상하게 침울해졌다. 나는 또 한바 탕 소동이 벌어지겠구나 하고 잔뜩 긴장을 한 채 이를 드러내고 싱긋 웃어보 였다. 신경이 온통 곤두섰다. 내가 그저 평범한 얘기를 하려고 할 때마다 어 깨를 으쓱해보이고 콧구멍을 벌름거리는 그녀의 모습은 별로 좋지 않았다.

"이제 제발 그런 시시한 얘기는 집어치워요."

롤리타가 울상을 지으며 내게 말했다. 나는 이번에는 거리 지도를 펴놓고 그녀를 기쁘게 해주려고 노력했지만 잘 되지 않았다. 우리의 목적지는 아름 다운 마을 레핑빌이었다. 내 마음대로 결정한 목적지였다. 지금의 이러한 것 들을 어떻게 그럴 듯하게 정말인 것처럼 끌고 나갈 것이며, 레핑빌에 가서 영화를 다 보고 나면 그때는 또 뭐라고 그럴 듯한 거짓말을 꾸며내야 할지 걱정이었다. 점점 마음이 불편해졌다. 정말 독특한 감정이었다. 내가 지금 막 죽인 사람의 귀신과 함께 앉아 있기라도 한 듯 숨이 막히고 소름이 끼쳤 다.

그녀가 다시 자동차로 돌아가려고 했을 때였다. 고통스러운 표정이 그녀 의 얼굴을 슬쩍 스치고 지나가는 것이었다. 내 옆에 앉을 때도 다시 한번 그 런 표정이 스치고 지나갔다. 나는 바보같이 무슨 일이냐고 물었다.

"아무 것도 아니에요, 짐승 같아요."

그녀의 대답이었다. 내가 '뭐라고?' 하며 물어보았지만 그녀는 아무 말도 하지 않았다. 그렇게 브라이스랜드를 떠났다.

평소에 그렇게 말이 많던 롤리타가 말이 없었다. 겁먹은 거미들이 내 등을 기어 내려가는 것 같았다. 이 아이는 고아다. 바로 그날 아침 세 차례나 격렬하게 정사를 치룬, 정말로 오갈 데 없는 외로운 아이였다. 나는 경솔하고 어리석고 비열하기 짝이 없었던 것이다. 좀 더 솔직하게 얘기한다면, 그 어두운 번민 속에서도 나는 또다시 욕망을 느꼈던 것이다. 이 가엾은 요정에 대한 나의 욕구는 그렇게도 괴팍스러웠다. 차를 세워두고 은밀하게 사랑을 나눌 수 있는 좋은 국도를 발견한다 해도 그녀가 허락할 것 같지 않다는 괴로운 생각과 죄책감이 서로 엇갈렸다. 다시 말해 험버트는 매우 불행했다. 레핑빌을 향해 공허한 마음으로 계속 차를 몰면서 그는, 어떻게 하면 옆에 앉아 있는 롤리타에게 접근할 수 있을까 그 구실을 생각하느라고 여념이 없었다. 그러나 먼저 침묵을 깨뜨린 쪽은 그녀였다.

"정말 겁에 질린 다람쥐 같군요, 맙소사!"

"그래, 네 말이 맞다, 맞아."

"저기 다음 주유소에서 세워줘요. 화장실에 가고 싶어요."

"네가 원하는 곳이라면 어디든지 세워주지."

"그럼 그냥 계속 가요." 롤리타가 찢어질 듯한 음성으로 소리를 질렀다.

"좋아, 알았어. 너무 화내지 마."

나는 그녀를 슬쩍 바라보았다. 다행히 그녀는 미소를 띠고 있었다.

"바보!"

사랑스럽게 웃으면서 그녀가 말했다.

"당신이라면 이제 끔찍해요. 나는 아무 것도 모르는 아이였어요. 그런데 당신이 어떤 짓을 했는지 한번 잘 생각해봐요. 경찰을 불러서 당신이 나를 강간했다고 말하겠어요. 더러워요. 더러운 늙은이 같으니라고."

농담을 하고 있는 것일까? 신경질적인 어조로 바보 같은 소리만 지껄이고 있었다. 그러자 그녀는 씨근덕거리며, 내가 롤리타의 내부를 파괴해놓았기 때문에 앉을 수조차 없노라고 불평을 늘어놓기 시작했다. 식은땀이 내 목덜미를 타고 흘렀다. 바로 그 순간, 꼬리를 바싹 세우고 길을 건너던 작은 동물을 칠 뻔했다. 화가 지독히 난 롤리타는 내게 마구 욕을 퍼부었다. 주유소에 차를 세우자 그녀는 한마디 말도 없이 차를 빠져나가더니 오랫동안 돌아오지 않았다. 매부리코를 가진 노인이 내 자동차의 창을 천천히 닦아주었다. 주유소마다 세차하는 방법이 모두 달랐다. 부드러운 사슴가죽으로 닦아주는 곳, 비누를 묻힌 솔로 닦아주는 데도 있었는데 이 남자는 핑크빛 스펀지를 사용했다.

롤리타가 드디어 나타났다.

"동전 있으면 몇 개만 줘요. 병원에 있는 엄마한테 전화 좀 걸어야겠어요. 전화번호가 어떻게 되죠?"

롤리타는 아무렇지도 않다는 듯한 소리로 말을 했지만 그 목소리가 무척 기분이 나빠 있었다.

"이리 들어와, 전화는 못 걸어."

"왜요?"

"잔소리 말고 빨리 들어와서 문이나 닫아."

그녀는 차 안으로 들어와 문을 쾅 하고 닫았다. 주유소의 노인이 그녀를 바라보며 싱긋이 웃고 있었다. 우리는 고속도로 쪽으로 차를 몰았다.

"왜 전화를 못하게 하는 거죠?"

"왜냐하면, 너의 엄마는 죽었기 때문이야."

33

아름다운 마을 레핑빌에 도착해서 나는 그녀에게 만화책 네 권과 과자 한 상자, 생리대 한 상자, 콜라 두 병, 매니큐어 세트, 번쩍이는 바늘이 달린 여행용 시계, 진짜 토파즈 반지, 테니스 라켓, 하얀 롤러스케이트, 망원경, 여행용 라디오세트, 껌, 투명한 비옷, 선글라스, 반바지, 그리고 여러 가지 여름옷들을 사주었다. 호텔에 들어서는 방을 따로 썼는데, 한밤중이 되자 그녀가 울면서 내 방으로 찾아왔다. 그녀는 정말로 갈 곳이 없었던 것이다.

제2부

1

그때부터 우리는 미국 전역에 걸친 여행을 시작했다. 다른 어떤 숙박 시설보다도 나는 편리한 모텔을 좋아하게 되었다. 그곳은 깨끗하고 편안하며 안전한 은신처이고, 잠자고 싸우고 다시 화해하며 끝없는 부정을 저지르기엔 더없이 좋은 장소였다. 처음에는 이상하게 생각할까봐 더블침대가 하나씩 있는 두 칸 방을 빌렸으나, 점점 대담해져서 나중에는 트윈 침대가 놓인 방을 거리낌 없이 빌렸다. 그곳은 천국이라 부를 만한 장소로, 노란색 창문을 내리면 베니스에 와 있는 기분이었다. 그러나 실상은 펜실베이니아였고 밖에는 비가 내리는 아침이었다. 갈색빛이 나는 통나무를 보며 롤리타는 튀긴 통닭 뼈가 생각난다고 했다. 우리는 하얗게 회칠을 한 널빤지를 댄 캐빈을 경멸했는데 지독하게 악취가 나고, 침대가 좋다는 것 외에는 자랑할 것이 하나도 없었으며 그 집 안주인은 도대체 웃을 줄을 몰랐다.

어떤 곳에는 '어린이 환영함. 애완 동물도 허용함'이라는 표지가 걸려 있기도 했다. 목욕탕들은 대부분 타일로 되어 있었는데, 샤워를 할 때 갑자기 화상을 입을 정도로 뜨거워졌다가 금세 차가워진다는 공통점이 있었다. 이것은 옆방 사람이 뜨거운 물을 트느냐, 찬 물을 트느냐에 따라 결정되는 것이었다. 어떤 모텔은 화장실 변기 위에—수건들이 비위생적으로 쌓여 있었다—쓰레기나 맥주 깡통, 두꺼운 종이, 그리고 태아를 변기 속에 버리지 말아 달라는 주의말을 붙여놓고 있었다. 그런가 하면 어떤 곳은 지켜야 할 일들을 적어서 유리컵 밑에 놓아둔 모텔도 있었다.

모텔을 경영하는 사람들도 가지각색이어서, 남자들 중에는 개과천선한 전과자가 있는가 하면 정년 퇴직한 교사나 사업에 실패한 사람들이 있었고, 여자들 중에는 귀부인인 척하는 여자들이 많았다. 끔찍스럽게도 덥고 습기찬 밤이면 가슴이 메어지는 듯한 우렁찬 기적 소리가 가끔 들렸는데, 그 절망적인 외침 속에는 힘과 히스테리가 함께 뒤섞여 있었다.

우리는 구식이며 점잖고 정교한 화장대와 예쁜 작은 침대가 있고 주인 아이들의 사진까지 걸려 있는 그런 곳은 피해 왔었는데, 롤리타가 진짜 호텔을 가보자고 너무 졸라대는 바람에 결국 내가 지고 말았다. 땅거미가 지는 저녁 무렵 신비로운 길가에 차를 세워놓고 그녀를 애무할 때 그녀는 책에서 호텔 이름을 끄집어내곤 했었다. 가장 그녀의 관심을 끌었던 곳은 우아한 분위기나 멀리 바라보이는 창문이 아니라 그녀의 말대로 한없이 음식을 많이 주는 그런 곳이었다. 우리 아버지의 궁전 같은 호텔에 대한 기억 때문에 나는 혹시 그런 곳이 있나 하고 여행 도중에 찾아보았으나 곧 실망하고 말았다. 길가에 세워진 팀버 호텔, '14세 미만의 어린이 무료'라고 쓰인 표지를 보고 돈이 얼마나 들 것인가 하고 계산을 하고 있을 때도 롤리타는 맛있는 음식 광고에만 정신이 팔려 있었다. 그리고 나는 중서부 지방에 있는 소위 고급 휴양지라고 하는 곳을 떠올리고 치를 떨었는데, 거기에 이틀간 머무르는 데 자그마치 1백 25달러나 들었기 때문이었다.

나중에는 거의 습관적으로 가게 된 곳이었지만, 싸구려 자동차 여행자들의 숙소에 도착하자마자 그녀는 선풍기를 윙 하고 돌리고 나를 꾀어 25센트짜리 동전을 넣고 음악을 듣는다. 그런가 하면 광고에 나와 있는 곳으로 승마를 하러 가자고 조르기도 했고, 옥내 수영장의 따뜻한 물에 들어가 수영을 하겠다고 떼를 썼다.

어떤 때는 아주 천진난만하다가도 나를 기만한다. 매력적인가 하면 천박하고 샐쭉했다가도 좋아서 못 견디는 롤리타는 사람을 분통 터지게 만들기가 일쑤였다. 언제 어느 때 그녀의 산발적인 발작이 일어나 마치 부랑아들처럼 몸부림치며 격렬한 불평을 토로할지 정말로 예측하기 어려웠다. 지긋지긋하게도 나는 그녀를 판에 박힌 꼬마로 단정지어버렸다. 시끄러운 재즈 음악, 스퀘어 댄싱, 입에 척척 달라붙는 밀크 초콜릿, 아이스크림, 뮤지컬, 그리고 영화잡지—이런 것들이 그녀가 좋아하는 목록에서 빠지면 안 되는 것들이었다. 우리가 식사를 할 때마다 그놈의 뮤직박스인지 뭔지 하는 곳에 내 동전이 얼마나 들어갔는지는 하느님만이 아실 것이다. 그 기계에서 나던 콧소리가 지금도 귀에 들리는 것 같다. 세미, 죠, 그리고 에디, 토니, 페기, 가이, 페티, 렉스와 같은 사람들의 이름과 감상적인 노래들이, 그녀가 먹는 캔디가 어느새 내 입맛에 맞는 것처럼 내 귀에도 익숙해졌다. 그녀는 영화잡지 속에 나오는 광고나 충고의 말은 어느 것이나 철석같이 믿었다. 길가에 만약 '선물의 집'이라는 표지판이라도 있었다면 들어가서 인디언 골동품과 인형들, 보석, 그리고 선인장 캔디라도 사줘야 할 판이었다. 단순히 신기한 물건과 기념품이라는 말이 그녀를 황홀하게 만들었던 것이다. 또 만약 어느 카페의 간판이 '얼음처럼 찬 음료 파는 곳'이라고 붙어 있었다면, 어느 집에 가도 찬 음료를 먹을 수 있음에도 불구하고 그녀는 그 집에 들어가자고 졸랐을 것이다. 그녀는 광고가 노리는 표적 바로 그것이었다. 말하자면 가장 이상적인 소비자였다.

나는 이 사춘기의 연인을 나에게 순종하게 하고 성질을 죽게 하기 위해 세 가지 방법에 매달렸다. 몇 년 전 그녀는 팔렌 양과 함께 애팔래치아 산맥의 어느 낡은 농가에서 여름 장마를 보낸 일이 있었는데, 그 집은 성격이 좋지 못한 헤이즈와 또 다른 한 사람의 공동 소유로 돼 있었다. 또한 꽃 한송이 없는 울창한 숲가의 무성한 풀들 사이에 자리잡고 있었으며, 길은 일 년 열두 달 진흙투성이였고, 가장 가까운 촌락까지 가려면 20마일이나 가야 했다. 롤리타는 형편없이 낡아빠진 집과 축축하고 오래된 목장들, 바람, 황폐함, 그리고 고독 같은 것이 생각났다고 했다. 내가 그녀에게 지금 그녀의 태도가 변하지만 않는다면 불어와 라틴어를 가르쳐줄 것이며 몇 달, 아니 필요하다면 몇 년이라도 방랑생활을 하며 나와 함께 지내게 될 것이라고 얘길 했던 곳도 바로 그곳이었다—샬로트, 당신을 이제야 조금 이해하겠어.

그녀가 고약하게 성질을 부릴 때마다 기분 나쁘고 음침한 그 농가로 곧장 데려가겠다고 고가도로 중간으로 핸들을 꺾기만 하면, 순진한 롤리타는 소리를 지르며 미친 듯이 운전대를 잡고 있는 내 손을 움켜쥐는 것이었다. 그러나 서쪽으로 여행을 해서 점점 그곳에서 멀어지자 그 위협도 점점 효력이 없어져 갔다. 그래서 나는 그녀를 설득시킬 수 있는 다른 방법을 생각해야 했다. 나는 우리가 만났던 아주 처음부터 그녀가 아무리 내게 악의를 품고 있고 또 다른 쾌락을 그녀가 추구한다고 하더라도 우리의 관계만큼은 비밀로 남겨두어야 했다. 그리고 그녀가 그것을 깨닫도록 해야 한다는 것도 잘 알고 있었다.

"그 어리석은 감상일랑 집어 치우고 이 아빠에게 키스나 해주렴. 전에는 내가 너의 꿈 속의 남성이었지만, 지금은 너의 아빠일 뿐이야. 꿈꾸는 딸을 보호하고 있는 꿈꾸는 아빠란 말이야.

사랑하는 돌로레스! 나는 너를 보호하고 싶어. 어린 소녀들에게 흔히 생기는 공포로부터 말이야. 이를테면 탄광 속이라든가 아니면 가파른 길, 또는 한여름의 숲 속에서처럼 말이야. 어떤 고난을 물리치고라도 나는 너의 보호자가 될 거야. 너만 좋다면 합법적인 보호자가 되고 싶다. 돌로레스 헤이즈, 법률용어는 생각하지 말기로 하자. 마치 음탕한 부부생활이라도 뜻하는 것 같구나. 그러나 어린아이를 상대로 음란한 자유나 누리는 그런 성적인 정신병자는 아니야. 자, 여기 너희만한 소녀들에 대해서 세세하게 적어놓은 책이 있단다. 뭐라고 씌어 있는지 보지 않겠니? 정상적인 소녀(정상적인, 바로 너 같은 아이를 말하지)는 몹시 아버지를 기쁘게 해주고 싶어한다. 현명한 어머니(만약 살아있다면 너의 불쌍한 엄마도 현명해졌을지도 모르지)는 딸이 사랑과 남성에 대한 개념을 아버지와의 관계로부터 형성해나간다는 것을 깨닫고 아버지와 딸 사이의 관계를 북돋아주어야 한다. 자, 여기 또 다른 인용문이 있구나. 시칠리아에서는 아버지와 딸 사이의 성적 관계가 아주 당연한 것으로 받아들여지고 있다. 그래서 아버지와 그런 관계에 빠져있는 소녀도 사회로부터 냉대를 받지 않는다. 나는 시칠리아 사람들을 굉장히 좋아한단다. 훌륭한 스포츠맨들이고 훌륭한 음악가들이며 정직하고 또 사랑도 할 줄 아는 사람들이지. 자, 다른 얘기는 이제 그만하자. 얼마 전까지만 해도 중년 남자가 음탕한 생각을 품고 아홉 살 난 여자아이를 데리고 도망갔다는 신문기사를 읽었지, 이런 게 다 뭐겠니! 돌로레스야, 너는 아홉 살이 아니야. 이제 조금만 있으면 열세 살이 되지 않니? 나는 엄연히 너의 아빠다. 영어로 말을 하고, 그리고 너를 사랑하고 있단다.

만약에 아직 성년이 되지 못한 네가 여관에서 어른의 품행을 손상시켰다는 죄로 고소를 당한다면 어떻게 되겠니? 그리고 또 내가 너를 꾀어내서 강간했다고 네가 경찰서에 고발한다면 어떤 일이 벌어지겠니? 경찰이 네 말을 믿는다고 가정해 볼 때, 최고 징역형은 10년이야. 그러면 내가 감옥에 가는 거지. 좋아, 감옥에 가지. 그러면 너는, 고아인 너는 어떻게 되겠니? 지금보다 더 행복해질까? 너는 고아원에 수용될 거다. 생각만 해도 끔찍스럽다. 팔렌 같은 무서운 부인이, 아니 그보다 더 엄하고 술도 안 마시는 여자가 너의 립스틱과 예쁜 옷들을 압수할거야! 더 이상 얘기하지 않겠다. 자립할 능력도 없고 돌보아 줄 사람도 없고 죄를 저질러서 어쩔 수 없게 된 아이들을 처벌하는 법이 있다는 것을 들어보았는지 궁금하구나. 너희들 버려진 아이들은 여러 곳으로 흩어져 살게 된단다. 죄가 있는 아이들만 모아놓고 가르치는 학교로 보내지기도 하고, 감화원이나 소년구치소로 가는 아이들도 있겠지. 거기서 뜨개질을 하거나 찬송가를 부르거나, 일요일이면 고약한 냄새가 나는 팬케이크를 먹을 것이다. 거기에 롤리타, 너도 가는 거야. 롤리타, 나의 롤리타, 너도! 말 안 듣고 제멋대로 행동하는 아이처럼 말이야. 좀 더 쉽게 얘기하자면 너와 나의 관계가 드러나는 날엔 정신감정을 받게 될 거야. 그렇게 되면 너는 강제로 연구 대상이 되고 마는 거지. 롤리타, 나의 롤리타가 끔찍한 보모의 감시 아래 39명의 다른 바보들 틈에 끼어서 더러운 기숙사 공동숙소에서 살게 될지도 모른다는 생각을 한단다. 이런 위급한 상황이니 잘 선택해서 결정해야 하지 않겠니? 그런 상황 아래서라면 돌로레스 헤이즈가 차라리 이 아빠에게 매달리는 편이 훨씬 더 나을 거라는 생각이 안 드니?"

이런 식의 이야기를 자주 되풀이해 말함으로써 롤리타를 겁먹게 하는 데 일단은 성공한 셈이었다. 비밀을 지켜나가는 데는 우리 둘이 공동의 의무를 진다는 것과, 나 혼자만 죄를 짓고 있음이 아니라는 것을 심어주는 데는 성공했지만 그렇다고 그녀가 고분고분하게 말을 잘 들어주는 것은 아니었다. 일 년여에 걸친 여행을 하는 동안 매일 아침마다 나는 그녀의 기대를 만족시켜 줄 만한, 그래서 죽을 때까지 그 기억을 간직할 수 있는 일이 없을까 하고 궁리를 해야만 했다. 그런 구체적인 계획을 세우지 않았더라면 그녀의 하루하루란 형편없었을 것이다. 어떤 것이라도 우리가 관심을 가지고 볼 수 있는 대상은 있었다—버지니아에 있는 등대, (이제는 카페로 개조된)아칸사스에 있는 자연 동굴 같은 곳, 오클라호마에서 보았던 총과 바이올린들, 루이지애나에 있는 루르드의 동굴 집 복사판, 록키산 휴양지대의 지방 박물관에 보관되어 있던 노다지 캐던 시절의 낡은 사진들—그러나 그런 것들은 모두 별이 늘 그 자리에서 빛나듯 정지된 시간의 풍경들이었다.

미국 전역을 직접 여행하면서 나는 그녀에게 우리가 어떤 뚜렷한 목적지를 향해 가고 있다는 것, 그리고 평소에는 맛보기 힘든 특별한 즐거움을 누리기 위해 어디론가 가고 있다는 인상을 심어주기 위해 할 수 있는 한 최선을 다했다. 나는 그토록 순조롭고 평탄한 도로를 본 일이 없었는데, 48개 주를 연결하며 사방팔방으로 널리 퍼져 있었다. 우리는 순진하게도 기다란 고가도로만을 이용했는데, 황홀한 나머지 서로 말도 잊은 채 마치 댄스홀의 마룻바닥처럼 반짝거리는 검은 노면을 미끄러져나가곤 했다. 하긴 롤리타가 풍경을 볼 줄 아는 식견도 없었지만 내가 그녀에게 일일이 풍경에 대한 설명까지 곁들이는 것에 대해 그녀는 굉장히 화를 냈다. 그러는 나 자신도 여행을 하면서, 평소에 대할 수 없었던 정교한 아름다움에 눈을 뜨게 되었다. 미국 북부 저지대의 농촌은, 옛날의 중앙유럽 사람들이 아기방의 세면대 위에 걸어두기 위해서 미국에서 수입해왔던 기름종이 때문에 처음에는 나에게 즐거운 기억으로 남아 있었다. 페인트로 색칠한 그 유포는, 밤중에 아기를 재울 때면 푸른 그림자를 드리우고 갖가지 전원 풍경을 묘사하는 듯했다. 잎이 두루루 말린 어두운 나무들, 헛간, 가축, 시내, 꽃이 만개한 과수원, 아니면 돌담이거나 고무로 만든 수채화의 푸른 언덕 같기도 했다. 그러나 그러한 시골 생활을 실제로 대해 보면 볼수록 눈에는 점점 생소하게만 비쳤다. 잘 일구어놓은 들판과 장난감 같은 지붕 너머에는 복숭아 과육이 스며드는 듯한 하얀 아지랑이 속에 태양이 낮게 떠 있었고, 비둘기색 잿빛 구름은 멀리서지는 요염한 빛깔의 노을과 한데 어우러져 있었다. 지평선에 그림자를 드리우고 일정한 간격으로 줄지어 서 있는 나무들, 그리고 토끼풀이 무성하게 자란 황야에 내리비치는 한낮의 뜨거운 태양, 시커먼 비를 품고 있는 황량한 하늘, 그것은 또한 바싹 마른 긴 목을 가진 어느 농부의 시선과도 같은 지평선이었다. 수은 같은 물과 푸른 농작물들, 이 모든 것들이 캔자스의 어느 지방에선가 펼쳐진 낯익은 풍경이었다.

때때로 넓은 벌판 속의 우람한 나무들이 도로변의 우리에게 한꺼번에 떼지어 몰려드는 것 같기도 했으며, 동그란 테이블 위에 작은 그늘을 만드는가 하면, 종이컵과 내버려진 아이스크림 막대기들이 땅바닥에 아무렇게나 뒹굴고 있었다. 길가에 있는 시설을 이용하는 것을 굉장히 좋아했던 나의 롤리타는 화장실 문에 붙어있는 표지들을 보고 그만 넋을 잃기가 일쑤였다. 남자 —여자, 존—제인, 잭—질이라고 표시되어 있었는가 하면 어떤 곳에는 수사슴—암사슴이라고 씌어 있기도 했다. 나는 눈이 부시도록 초록인 참나무에 기대어 자동차의 번쩍이는 부속품들을 바라보거나, 아니면 황량한 벌판으로부터 마치 기어나오는 듯한 먼 곳의 들판을 우두커니 바라보곤 했다.

밤이 되면 마치 거대한 크리스마스 트리를 보는 듯한 색색의 불을 밝힌 커다란 트럭들이 어둠 속을 오갔고, 갈 길을 서두르는 작은 세단 소리도 요란했다. 다음날, 열기 때문에 푸른빛이 가셔버린 하늘이 다시 머리 위를 비추고 있었다. 롤리타는 마실 것을 사달라고 아우성이었고 빨대를 빨 때마다 그녀의 두 뺨이 움푹 패었다. 우리가 다시 차에 올라타자 차 안은 마치 불구덩이처럼 뜨거웠다. 눈앞으로 곧게 트인 길이 반짝거리며 다가오고, 먼 곳의 자동차는 유리같이 매끄러운 표면 위에서 신기루 모양의 형체를 이루다가 한순간은 더운 복사열 속에 걸려 있는 것처럼 보이기도 했다. 서쪽으로 가자 주유소 사람이 말했던 조그마한 땅이 나타나더니, 테이블같이 생긴 언덕의 신비스러운 등성이가 드러났다. 노간주나무 때문에 마치 잉크가 밴 것처럼 보이는 붉은 벼랑들과 암갈색의 산맥이 차차 푸른 빛으로 변해가고 있었다. 사막에서는 심한 강풍과 먼지, 그리고 회색 가시덤불이 우리를 맞아주었다. 가끔은 제자리에 꼼짝도 하지 않고 서 있는 멍청한 소들의 모습이 눈에 띄었다.

나의 변호사는 우리가 다녔던 여행 코스에 대해서 솔직하고도 정확한 설명을 해야 한다고 내게 말했는데, 이 시점에 와서 나도 그와 같은 것이 귀찮기는 하지만 피할 수는 없는 일임을 잘 알고 있다. 1947년 8월부터 1948년 8월까지 그해 일년 동안 정처없이 헤매고 돌아다녔다. 딕시랜드는 아주 샅샅이 구경하고 다녔지만 플로리다엔 가지 않았다. 왜냐하면 팔로 부부가 그곳에 머물고 있었기 때문이었다. 우리는 다시 서쪽으로 방향을 바꾸어 미국 중서부 일대의 옥수수 지대와 남부의 목화 지대를 Z자 꼴로 누비고 다녔다. (그때그때마다 메모를 해두지 않았기 때문에 정확하게 기억할 수가 없다. 갈갈이 찢기고 상처입은 내 과거의 상징이라고 해도 좋을 세 권의 관광안내서, 그것도 거의 못 볼 정도로 낡은 책이지만 거기에 의론해서 이 기억들을 되살리고 있다.) 록키산맥을 넘고 또 넘어 남부의 사막을 가로지를 때 우리는 겨울을 나게 되었다. 태평양에서는 다시 기수를 북쪽으로 돌려 거의 캐나다 국경까지 간 일도 있었다. 다시 동부로 향한 우리는 비옥한 땅과 거친 땅들을 모두 거쳐 거대한 규모의 농경지대로 되돌아왔다. 옥수수와 석탄 그리고 돼지가 많이 나는 고장인 자기 고향에 가보자고 롤리타가 끈질기게 졸랐지만, 그녀의 고향엔 가지 않았다. 이렇게 해서 동부를 중심으로 돌아온 우리는 비어즐리라는 대학 도시에서 여행을 마치게 되었던 것이다.

2

자, 이제 독자 여러분께서는 이곳저곳을 정처없이 돌아다니고 때에 따라서는 예정에도 없던 곳으로 갑자기 행로를 바꾸었던 이제까지의 우리의 여정에 대해서만이 아니라, 여행이 매우 힘들었지만 나름대로 목적이 있었던 것이었음을 유념해주기 바란다.

너무 오래 봐서 낡은 관광안내서를 급히 훑어보면서 나는 남부 어느 주에 있었던 마그놀리아 가든을 어렴풋이 떠올렸는데, 유독히도 그곳에 들어가는 데 4달러나 되는 거금을 냈던 것 같다. 그런데 책에 나와 있는 광고에 의하면 다음과 같은 세 가지 이유로 꼭 그곳을 가봐야 한다는 것이었다. 그 첫째는 존 골즈워디(영국 소설가)가 그곳을 세계제일의 아름다운 정원이라고 찬양했기 때문이었고, 둘째는 1900년도 베데커 여행안내서엔 별표까지 곁들여서 표시하고 있었기 때문이었다. 그리고 마지막으로는, 오, 독자들이여, 나의 독자들이여, 상상해 보라! 마지막 이유는 '어린 아이들은 별 같이 빛나는 눈동자로 인생을 뒤바꿔놓을 아름다움에 취하고, 걷고 마시며 경건하게 천국을 경험하게 될 것이다.' 라는 문구 때문이었다. "내 경우는 그렇지 않아요." 두 장의 일요일 신문을 귀여운 무릎에 올려놓고 의자에 걸터앉으며 롤리타가 샐쭉하게 말했다.

사슴 머리 고기가 나왔던 보잘것없는 식사에서부터 부드럽고 은근하게 불을 밝혀놓았던 값비싼 식사에 이르기까지, 우리는 미국 도로변에 있는 식당이란 식당은 안 가본 곳이 없었다. 재미있는 그림이 그려져 있는 우편 엽서들, 한곳에 꽂아 놓은 손님들의 수표, 인명 구조원들, 선글라스, 더러운 계산대 위에 쏟아진 끈적끈적한 설탕 위로 노련하게 몸을 날리며 지그재그로 돌아다니는 파리 몇 놈, 정말 부자연스러운 테이블보, 서투른 웨이터들(그들은 분명 전과자나 대학생이었을 것이다), 무릎까지 내려오는 긴 상의와 바지 아랫단을 묶어서 헐렁하게 보이는 주트 입은 악사들의 오케스트라.

우리는 어느 동굴에서 세계에서 가장 크다는 석순도 보았는데 어른은 1달러, 미성년자에게는 60센트를 받고 있었다. 블루릭스 전투를 기념하는 화강암 첨탑 옆에는 인디언들의 도자기 제조소도 있었는데, 매우 적당한 가격이라고 생각되었던 10센트를 주고 구경했다. 그리고 그 당시의 통나무집은 링컨이 실제로 태어났던 통나무집을 과감하게 흉내 낸 것이었다. 모터보트를 빌린 일이 있었는데, 운전은 늙었지만 잘생기고 감히 접근할 수 없는 냉혹한 인상을 풍기는 백러시아계 사람이 맡고 있었다. 그는 캘리포니아에 있을 때 막시모비치와 발레리아를 사귀었다고 했다. 사람들 말에 따르면 매우 큰 부자라는 그를 통해서, 우리는 조지아 해안을 약간 벗어난 곳에 백만장자들의 거주지가 있음을 알게 되었다. 우리는 더 많은 것을 찾아나섰다. 박물관에서 유럽의 호텔그림이 나와 있는 우편엽서를 한 장 두 장 산 것이, 미시시피 휴양지에 왔을 때는 어느새 취미가 되어 있었다. 그런데 나는 그곳에서 우연히 우리 아버지의 미라나 호텔 사진, 그것도 총천연색 사진 한 장을 발견했다. 선명하게 줄이 그어진 천막이 쳐 있고 새로 손질한 종려나무 위로 깃발이 휘날리고 있는 멋진 사진이었다.

"그래서 뭐가 어떻다는 거예요?"

오락실로 들어가는 우리 뒤에서 값비싸고 멋진 자동차를 몰고 오던 검게 그은 사내의 얼굴을 흘낏흘낏 쳐다보며 롤리타가 말했다. 목화 시대의 유물. 부르봉 가에는 잔돈 몇 푼만 던져주면 길거리에서 탭댄스 추는 흑인 꼬마아이들이 인기를 끌고, 수도 없이 많은 작은 나이트클럽들은 그 도시를 찾아오는 방문객들로 언제나 만원이라고 관광안내서에 나와 있었다. 쇠창살로 된 발코니가 있는 전쟁 전의 집들, 손으로 만든 계단, 햇빛에 잘 그은 어깨를 드러내고 풍성하게 주름진 스커트 앞자락을 작은 두 손으로 집어올린 테크니컬러 영화 속의 여배우들, 그리고 이층 계단 중간에서 머리를 내젓고 있는 충직한 흑인 하녀. 아름답게 침식된 한 조각의 땅. 그리고 유카꽃들은 그렇게도 순수하고 부드럽지만 온통 흰 파리들이 들끓는다. 먼 산들, 가까운 산들, 그 외에도 많은 산들. 청초한 아름다움은 결코 가질 수 없는 것, 또는 등성이마다 사람도 살 수 없는 것. 다른 높은 산들이 그러하듯 고도를 가늠할 수 없는 남동부의 산맥들. 하늘을 찌르는 듯한 잿빛의 커다란 돌덩어리. 고속도로 모퉁이를 아무리 돌아도 냉혹하게 솟아오른 봉우리는 끝내 보이지 않는다. 검은 전나무를 깎아서 차곡차곡 쌓아놓은 벌목. 검은 용암으로 이루

어진 외딴 산. 능선을 따라 이제 부드러운 털이 덮이기 시작한 아기 코끼리
들이 있는 이른 봄의 산. 초록빛 참나무들로 알록달록한 오트밀 언덕, 먼 발
치에 자주개자리가 마치 융단처럼 덮여 있는 적갈색 산.

우리는 콜로라도의 어느 지방에 있는 작은 아이스버그 호수에도 가보았
다. 눈으로 뒤덮인 둑들, 자그마한 고산 식물, 그리고 꽤 많은 눈, 빨간 방
울이 달린 모자를 쓴 롤리타가 미끄럼을 타고 내려오고, 소리를 지르고, 그
러자 몇몇 애들이 롤리타에게 눈뭉치를 던졌지만 곧 맞서 싸우는 롤리타. 모
두 태워버려 줄기만 앙상한 포플러, 싹을 내미는 꽃들. 추위에 시달린 평원,
텍사스. 세계에서 가장 긴 동굴 안에 있는 수정, 12살 이하의 어린이 무료입
장, 어린 사랑의 포로, 롤리타. 시골 아낙네들이 집에서 만든 조각품들, 비
참한 기분의 월요일 아침, 먼지, 바람, 그리고 메말라버린 땅. 컨셉션 파크
는 멕시코와 국경을 이루는 어느 지방에 있었지만, 감히 지나갈 용기가 생기
지 않았다. 황혼녘에 여기저기서 꽃의 입 속으로 예리하게 파고드는 수백 마
리의 벌떼들. 뉴멕시코에 있는 셰익스피어라는 유령도시에서는 빌이라는 악
당이 70년 전에 교수형에 처해졌다. 어류 양식장. 벼랑 위에 지어 놓은 집
들. 어린아이의 엄마. 20번째 협곡. 모자를 쓰고 멜빵을 두른 거의 똑같은
노인 세 사람이 분수가 가까운 나무 그늘 아래에서 한가롭게 여름 오후를 즐
기고 있었다. 정열적인, 황홀한, 그러면서 격렬한, 거센, 희망에 찬, 절망적
인 속삭임으로 롤리타가 말했다.

"저기 좀 봐요, 맥크리스탈 부부예요. 가서 저 사람들하고 얘기해요. 네?
제발요! 당신이 원하는 거라면 뭐든지 다 할게요, 제발……"

지극히 상업적인, 인디언 예식의 춤. 예술, 미국냉장고운송회사. 이제 환
히 알 것 같은 애리조나, 푸에블로 토인부락. 토착민들의 상형문자, 사막의
협곡에 남아있는 3천만 년 전에 지나갔던 공룡의 발자국으로 그때 나는 아
직 어린애였다. 몸매가 홀쭉하고 6피트쯤 되는 키에 울대뼈가 툭 불거져나
온 창백한 인상의 소년이 로에게 추파를 던지면서 로의 오렌지 갈색의 가슴
팍을 곁눈질하고 있었다. 5분 후에 나는 그녀의 가슴에 키스했다. 사막의 겨
울, 산기슭 작은 언덕의 봄, 활짝 핀 아몬드꽃. 네바다주에 있는 삭막한 도
시, 리노. 캘리포니아의 포도주 양조장, 술통같이 지어놓은 교회. 죽음의 계
곡. 스코티의 성(城). 수년에 걸쳐 로저 가문에서만 수집한 예술 작품들. 아

름다운 여배우들의 못생긴 별장들. 사화산에 새겨진 R.L. 스티븐슨의 발자국. 선교 돌로레스 책의 멋진 제목. 밀려오는 파도에 깎여 마치 꽃줄 장식처럼 보이는 모래바위. 공원 안에서 보기 흉한 간질 발작을 일으키던 사내. 푸르고 푸른 크레이터 호수. 아이다호에 있는 어류 양식장과 주립 형무소. 음산한 엘로 스틀 공원. 그리고 공원의 온천들, 소규모의 간헐 온천, 무지갯빛 거품이 이는 진흙—내 열정의 상징이다. 야생동물의 안전지대에 몰려 있는 한 떼의 영양(羚羊)들. 백 번째로 들어갔던 동굴, 성인 1달러, 롤리타 50센트. 프랑스인이 건축한 북다코타의 대저택. 남다코타의 농작물 궁전, 그리고 높이 솟은 화강암 위에 새겨놓은 대통령들의 거대한 두상. 인디애나의 동물원, 크리스토퍼 콜럼버스가 탔던 기함과 똑같은 모양으로 만든 콘크리트 배 위에서 거대한 무리의 원숭이들이 떼지어 살고 있었다. 이미 죽었거나 아니면 거의 죽은 거나 다름없는, 생선 냄새가 나는 수십억 마리의 하루살이들이 쓸쓸한 모래사장 해변의 식당 창문마다 매달려 있는 모습을 볼 수 있었다. 배기관이 시내 하수관 밑을 지나가는 모텔. 꽤 그럴 듯하게 만들어놓은 링컨의 집, 응접실엔 책과 그 당시의 가구들을 놓아두었는데 대부분의 방문객들은 그것들을 아주 소중하고 경건하게 대하는 것이었다.

우리는 가끔 싸움을 했는데 사소한 것도 있었지만 꽤나 심각한 적도 있었다. 그 중에서 가장 심각했던 것은 버지니아의 레이스워크 캐빈에서, 파크가(街)에서는 학교 근처의 리틀 락에서, 그리고 콜로라도에서는 높이가 1만 759피트나 되는 밀러 고개에서, 애리조나에서는 피닉스 7번가 구석과 중앙로에서, 로스앤젤레스에서는 3번가에서였는데, 들어갈 수 있는 표가 모두 팔리고 없었기 때문이었다. 이름이 '포플러 그늘'이었던 유타의 어느 모텔에서 롤리타가 내게 태연하게 물었다. 그 모텔에는 롤리타와 키가 비슷한 아직 덜 자란 여섯 그루의 나무가 있었다. 그녀의 질문은 즉, 숨막히는 오두막집에서 같이 부정한 짓이나 저지르며 변태처럼 행동하는 그런 생각을 언제부터 했느냐는 것이었다. 북 브로드웨이, 번즈, 오레곤, 워싱턴 서부의 구석, 식품점에서, 아이다호 태양의 계곡에 있는 어느 작은 마을에서, 연한 빛깔의 벽돌과 붉은 빛깔의 벽돌이 멋지게 혼합된 어느 호텔 앞에서, 그리고 그 지방의 전사자 명부 위로 흔들거리는 그림자를 드리우고 있는 포플러 나무 앞에서. 파인데일과 파슨 사이의 황무지에서. 네브래스카 주의 어느 도시에서는, 1889년에 설립된 국립제일은행이 있는 중앙로에서였는데, 거리의 가로 수길에서도 철길이 내려다보였다. 그리고 미시간의 휘튼 가 매크웬 거리에 서였다.

우리는 소위 히치하이킹을 하는 괴상한 족속들이 도로변에 있다는 것을 알게 되었다. 그들 가운데에도 여러 가지 형태가 많았으며 그들의 밑천이라 곤 오로지 손가락뿐이었다. 카키색 군복을 입고 태워주기만을 조용히 기다리는 얌전한 군인, 두 블록만 데려다 달라는 학생, 2천 마일이나 타고 가기를 원하는 살인자, 그리고 여행가방을 들고 초조해하는 나이 지긋한 신사, 낙천적인 멕시코인 세 사람, 자기가 입고 있는 스웨터 앞에 씌어 있는 명성 있는 대학교 이름만큼이나 자랑스러운 듯 꾀죄죄한 방학 숙제물을 펼쳐보이는 대학생, 눈에 확 띄는 야한 색깔의 셔츠와 코트를 입고, 머리를 깨끗이 잘라 윤을 내고 눈동자를 빛내면서, 힘차게 그리고 지나치게 남자다운, 뭉툭한 엄지손가락을 내밀며 외로운 여자들을 유혹하고 있던 야수 같은 젊은이들.

'태워 줘요.' 무릎을 비벼대며 로가 애원하곤 했었다.

나는 로에게 정신을 단단히 집중시켜야 했다. 어린 요정 로에게. 그녀의 어린애 같은 외모에도 불구하고 그녀에게서는 고단한 기색이 늘 감돌았다. 아마도 그치지 않고 계속했던 성행위 때문이었던 것 같다. 그녀는 주유소 사내들이나 호텔 사환들, 휴가 중인 사람, 호화판 자동차를 몰고 다니는 건달패, 또는 푸른색 수영장 옆에 천막을 치고 빈둥거리는 바보 같은 녀석들의 욕정을 불러일으키는 것 같았으나, 내 자존심을 오히려 즐겁게 해주면 해주었지 그런 일로 질투가 생기거나 하지는 않았다. 롤리타도 그녀 자신의 그러한 행동들을 충분히 알고 있었다. 나는 롤리타가, 황금색의 건장한 팔과 팔목에는 번쩍이는 시계를 차고 있는 매력적인 남자 쪽을 자꾸 쳐다보고 있다는 것을 알아차렸다. 그래서 그녀에게 사탕과자를 사주고 등을 돌리기가 무섭게 그녀가 금발의 수리공과 농담을 주고받는 것이 들린다.

한번은 어느 곳에 오래 머물고 있을 때였는데, 나는 롤리타와 정열적으로 아침을 보내고 침대에서 휴식을 취하고 있었다. 선심이라도 쓰는 것처럼 느긋한 마음으로 나는 롤리타에게, 모텔 옆 동네 아이인 못생긴 메리와 메리의 여덟 살짜리 동생과 함께라면 장미 정원이나 길 건너에 있는 어린이 도서관

—주차장까지 갖춘—에 가도 좋다고 허락했던 적이 있었다. (관대한 험버트!) 그러면 로는 저만치 뒤에서 맨발로 따라오는 메리와 메리의 여덟 살짜리 남동생까지 끌고 한 시간이나 지난 후에야 돌아오곤 했었다. 그런데 어느 사이에 그 남동생은 키가 크고 금발의 못생긴 두 명의 고등학생으로 바뀌어 있었다. 그 고등학생 칼과 알과 함께 롤러스케이트장에 가도 좋으냐고 그녀가 내게 물었을 때 내 귀염둥이에게 어떻게 대답했을 것인가는 독자 여러분도 충분히 짐작할 수 있을 것이다.

지금 생각해보니, 그녀를 롤러스케이트장에 처음 보냈던 날은 바람과 먼지가 몹시 많았던 오후였다. 잔인하게도 그녀는 그 시각은 특별히 틴 에이저들만을 위해서 개장된 시간이기 때문에 내가 자기를 따라가면 재미가 하나도 없을 것이라는 얘기를 했다. 우리는 서로 타협을 보았다. 하늘을 천막으로 가린 옥외 링크 쪽으로 차 머리를 향하고 다른 빈차들 틈에서 내가 차 안에 남아 있기로 했다. 그 링크 위에서는 대부분이 쌍쌍인 약 50명 가량의 젊은 남녀들이 기계적인 음악소리에 맞추어 끊임없이 돌아가고 있었으며, 바람에 흔들리는 나뭇잎들이 은빛으로 반짝거렸다. 돌리는 대부분의 다른 소녀들과 마찬가지로 블루진을 입고 높은 굽의 백색 구두를 신고 있었다. 어느새 나는 한데 어우러져서 돌아가는 무리들의 회전수를 세고 있었다. 그런데 갑자기 롤리타가 보이지 않았다. 롤리타가 다시 나타났을 때는 건달 세 명과 함께였다. 조금 전까지만 해도 링크 밖에서 스케이트 타는 계집아이들을 하나하나 입에 올려 저 아이는 어디가 어떻고 하며 분석하던, 다른 아이들같이 블루진이나 긴 바지를 입지 않고 빨간색 짧은 바지를 입은 귀엽고 다리가 호리호리한 아이를 비웃던 바로 그 건달들이었다.

애리조나와 캘리포니아로 들어가는 고속도로 위의 어느 검문소에서는 경찰관이 너무 뚫어지게 우리를 쳐다보는 바람에 바보같이 가슴이 덜컥 내려앉아버렸다. '애인은 없나요?' 하며 그가 자꾸 물었는데 그럴 때마다 롤리타는 낄낄거리며 웃어댔다. 말 잔등에 올라탄 롤리타의 모습이 아직도 나의 시신경을 따라 출렁이고 있는 것만 같다. 걸음걸이의 속도로 말을 몰며 흔들거리는 로, 그녀의 앞에는 늙은 여자가, 그리고 뒤에는 여자를 좋아할 것 같은 붉은 목덜미의 관광목장 주인이 말을 타고 있었다. 그리고 그 뒤에 내가 있었다. 꽃을 수놓은 셔츠를 입은 그의 등이 좁은 산길에서 쓸데없는 농담을 주고받는 운전사들보다도 더욱 꼴보기 싫었다. 또, 스키장의 오두막집에서는 그녀가 나에게서 멀어져 둥둥 떠다니는 것 같았다. 지상의 것이 아닌 양 로로는 고독한 모습으로 마치 공기처럼 위로만 위로만, 찬란한 정상에는 웃통을 벗은 사람들이 웃으며 그녀를 기다리고 있는 것만 같았다.

나는 어떤 마을에 머무르든지 실내 풀장과 미술관, 학교의 위치, 그리고 가장 가까운 곳에 있는 학교의 학생 수는 모두 몇 명이나 되는지, 스쿨버스는 언제 지나가는지, 그 외에도 여러 가지를 물을 때 미소를 지으며 소맷자락을 살짝 끌어당기면서(로가 흉내를 냈기 때문에 이 버릇을 알게 되었다) 유럽인 특유의 공손한 태도로 물어보곤 했었다. 차 옆자리에 변덕스러운 꼬마 아가씨를 앉힌 채, 학교가 끝나고 집으로 돌아가는 아이들을 바라보았다. 언제나 예쁘고 귀여운 광경이다. 이와 같은 일은 모든 일에 쉽게 싫증을 내는 롤리타를 어김없이 싫증나게 만들었다. 그러나 다른 사람의 취향에 대해서만은 전혀 너그럽지 못했던 롤리타는 푸른 눈동자에 푸른 반바지 차림의 살갗이 거무스름하고 머리털과 눈이 갈색인 남자아이들과, 초록색 짧은 윗옷을 걸친 여자애들, 그리고 색이 바랜 긴 바지를 입고 사내아이 같은 머리 스타일의 금발 소녀들이 햇빛 속을 지날 때, 내가 애무해달라고 하자 나와 나의 욕망에 대해 모욕적인 언사를 퍼부었다.

화해의 한 조건으로 나는 그녀에게 언제 어디서든지 다른 여자친구들과 함께 수영을 자유로이 즐겨도 좋다는 허락을 해주었다. 유난히도 수영을 좋아했던 그녀는 다이빙을 누구보다도 예쁘게 했다. 나도 한바탕 수영을 즐기고 난 후 편안한 옷으로 갈아입고 손에는 봉봉 과자나 책을, 어떤 때는 이것도 저것도 들지 않고 그냥 오후의 그늘 아래 앉아서, 뛰놀며 장난하는 롤리타의 모습을 바라보았다. 고무로 된 모자와, 고무줄이 들어 있어서 마음대로 늘였다 줄였다 할 수 있는 브래지어와 몸에 꼭 맞는 새틴 팬티를 입고 적당하게 태운, 마치 광고 속의 아이처럼 아름다운 로의 모습. 나의 미성년의 연인!

분명히 질투라고 말할 수 있는 나의 이런 감정 속에는 다분히 장난기도 내포되어 있다는 것을 언제나 그리고 충분히 깨달아야만 했다. 나는 잠시 우리의 숙소로 걸음을 옮겨, 아침에 바꿔주게 되어 있는 시트를 갈아주고 객실 준비가 다 되었는지 알아보아야 했다. 돌아오는 길에 롤리타를 보았는데, 그녀는 하는 것 없이 빈둥거리며 놀다가 풀장의 돌로 만든 가장자리에 걸터앉아 발가락이 긴 두 발로 물장구를 치며 놀고 있었다.

나는 그녀에게 테니스를 가르쳐보려고 노력했다. 그렇게 하면 좀 더 즐거움을 함께 누릴 수 있을 것 같아서였다. 나도 한창 때는 꽤 잘 친다는 소리를 들었었는데 가르치는 일에는 통 재주가 없었다. 그래서 캘리포니아에 있을 때는, 주름살이 많은 나이 든 사람이긴 했지만 건장하고 볼보이까지 데리고 다니는 유명한 코치를 데려다 비싼 레슨까지 시킨 일도 있었다. 그는 테니스 코트를 온통 파괴해버릴 것 같은 기세였다. 그리고 레슨 과정에서 때때로 있게 되는 공 주고받기에서는 마치 봄에 피어나는 신비스러운 꽃봉오리처럼 가볍게 쳐올려 상대에게 감아 보내는 것이었다. 그의 무서운 힘과 묘한 솜씨를 보고 있노라니 마치 그가 바로 30년 전에 카네스에서 거대한 고버트를 쓰러뜨린 장본인이라는 착각이 생길 정도였다. 그녀가 개인지도를 받기 시작했던 무렵에는 나는 그녀가 결코 게임을 할 정도까지는 되지 못할 것이라고 생각했었다. 이 호텔 저 호텔을 전전하는 동안 나는 호텔에 딸린 코트에서 로를 연습시켰다. 뜨거운 바람이 심하게 불던 날, 회오리같은 먼지가 많았던 날, 그리고 까닭 모를 나른함에 빠져들었던 날들을 회상하려 애를 쓰며 예쁘고도 우아한, 그러면서도 천진스러운 애나벨(번쩍이는 팔찌, 하얀 주름 스커트, 검은 벨벳 머리띠를 두른)에게 공 하나하나를 날려보냈다. 이렇게 해라 저렇게 해라 하며 참을성 있게 가르쳐준 것이 오히려 샐쭉해 있는 그녀의 화만 부채질할 뿐이었다. 게임을 할 때면 그녀는 이상하게도 실제 경기보다는 볼을 주우러 다니는 것을 더 좋아했다(적어도 캘리포니아에 도착하기 전에는). 어떤 일정한 형태도 없는 팻볼 같았다. 구경만 하고 서 있던 어떤 아이가 고맙게도 공을 잘 주워 주어서 나는 그녀에게로 다가가곤 했는데, 그녀의 팔을 스치면서 둥근 팔목을 잡았을 때 풍겼던 연한 사향 냄새를 한껏 들이마셨다. 그러는 동안 롤리타는 몸을 앞으로 숙이고 갈색 고수머리를 땅 위로 늘어뜨리며, 절름발이의 지팡이 같은 라켓을 공에 맞출 때마다 '이얍!' 하며 무지막지하게 큰 소리를 질러댔다. 나는 그들이 게임을 계속하도록 내버려두었다. 그러고는 실크 스카프를 목에 두르고 그들의 공 치는 동작을 감상했다.

남애리조나에서 있었던 일이다. 사람을 나른하게 만드는 포근한 날들이 계속됐던 것 같다. 롤리타는 라켓을 휘두른다고 휘둘러도 워낙 서투른 폼이었기 때문에 늘 빗나갔고 그럴 때마다 욕을 퍼부었다. 네트를 향해 그럴 듯한 폼으로 서브를 넣을 때면, 이제 막 자라나기 시작하는 겨드랑이의 털이 온통 땀에 젖어 반짝거리는 것이 보였다. 롤리타보다 더 형편없는 파트너는 볼을 주우러 쫓아다니느라 바빴다. 결국은 롤리타가 포기한 듯 라켓을 내던져버렸으며, 그들 두 사람은 무척 재미있어하는 것 같았지만 똑같은 게임의 일방적인 스코어를 귀가 울리도록 쩌렁쩌렁한 목소리로 외쳐댔다.

어느 날인가 나는 그들에게 호텔에서 차가운 음료수를 갖다주겠다고 말했다. 자갈로 덮인 오솔길을 지나 파인애플 주스와 얼음을 띄운 소다수 두 잔을 가지고 돌아오고 있을 때였다. 갑자기 공허한 마음이 생겨 발길을 멈추고 보니 테니스 코트가 텅 비어 있는 것이 눈에 들어왔다. 나는 벤치 위에 유리잔을 올려놓았다. 그런데 무슨 이유에서였는지 죽은 샬로트의 얼굴이 너무나도 똑똑하게 보였다. 나는 주위를 둘러보았다. 그런데 흰 긴 바지 차림의 로가 테니스 라켓 두 개를 들고 가는 키 큰 남자와 함께, 나무 그림자로 얼룩진 정원의 샛길로 쑥 들어가는 것이 보였다. 나는 그들의 뒤를 따라 황급히 달려갔다. 관목 숲을 정신없이 헤치고 나갈 때였다. 그때 마치 우리의 인생 항로가 끊임없이 가지를 뻗어나가듯, 긴 바지를 입은 로와 반바지 차림의 그녀의 파트너가 번갈아가며 보이는 것이었다. 그들은 터덕터덕 걸으면서 잡초가 우거진 땅을 오르내리고 있었는데, 라켓으로 덤불을 헤쳐가며 방금 게임 동안에 잃어버린 공을 찾고 있는 중이었다.

별것도 아닌 일들을 이처럼 세세하게 늘어놓는 것은, 내 능력이 허락하는 한계 안에서 롤리타를 즐겁게 해줄 수 있는 일이라면 무엇이든지 다 했다는 것을 재판관에게 증명하고 싶어서다. 자기 자신도 어린애이면서 다른 어린아이에게 그동안 닦은 실력(예를 들자면 로프를 뛰어넘는 등의 특별한 재주)을 보이는 그녀의 모습이란 정말로 매력적이었다. 태우지 않은 등 뒤로 손을 돌려 뒷짐을 진 조그만 요정, 투명한 나의 연인은 공작 같은 태양이 꽃나무 밑에 깔린 자갈을 내려다보듯 온몸이 눈이 된 것처럼 열심히 바라보고 있었다. 말괄량이 같은, 주근깨 투성이의 나의 꼬마는 다른 사람들의 동작을 되풀이하면서 깡충깡충 뛰어다녔는데, 나는 햇빛이 내리쪼이고 물기가 있고 습한 냄새가 나는 보도 위에서 자못 만족스럽게 바라보았다. 그러자 얼마 안 있어 그녀는 로프를 스페인 꼬마에게 들려주는 것이었다. 그러더니 이마에서부터 머리를 빗어올리기 시작했다. 그러고는 팔짱을 끼고 한 발로 서서 깡충거리기도 하고, 아직도 납작하기만 한 히프에 엉성하게 손을 얹기도 했다. 그 망할 놈의 종업원이 그제서야 우리 방 청소를 끝마쳤다는 것을 알았지만 기분은 꽤 좋았다. 그랬기 때문에 나는 내 요정의 시중을 들어주었던 순진한 검은 머리의 여자아이에게도 웃어줄 수가 있었다. 나는 뒤에서 롤리타의 머리카락 속으로 깊숙이 손을 밀어넣어 아버지 같은 손길로 더듬거렸다. 그녀의 목덜미에 난 머리카락을 부드럽게, 그러나 단단히 움켜잡았다. 그러고는 저녁 먹기 전에 빨리 한 차례 일을 치르기 위해, 싫다는 아이를 데리고 우리의 작은 숙소로 돌아왔다.

"어느 집 고양이가 이렇게 상처를 내놓았죠?"

뚱뚱해서 기운이 넘쳐보이지만 쌀쌀한 인상을 주는—내가 상당히 매력을 느끼는 타입 중의 하나이다—아름다운 여자가 로와 약속했던 춤을 추고 난 후 저녁을 먹으려고 테이블에 앉으면 이렇게 물어볼지도 모른다. 이것이 바로 내가 될 수 있으면 사람을 멀리하려고 했던 여러 가지 이유들 중의 하나이다. 그러나 롤리타는 그와 반대로 자기가 할 수 있는 한 더 많은 사람들에게 이 꼴을 보이려고 안간힘을 쓰는 것이었다.

그녀를 비유적으로 설명하자면, 낯선 사람이 빙긋 웃으면서 우리에게로 다가와 인사를 하고 말을 걸면 그녀는 작은 꼬리를 내어 흔들기라도 하는 것 같았다—사실 그녀의 엉덩이는 어린 창부와도 같았으니까.

"집을 떠나 굉장히 멀리 왔어요."

우리의 관계에 대해서 알고 싶어 못 견디는 부모들은, 로를 통해 나에 대한 것을 물어보려고 자기 아이들과 함께 영화구경을 가라고 그녀에게 슬쩍 제의하기도 했다. 그렇게 가까스로 위기를 모면했던 적이 한두 번이 아니었다. 뿐만 아니라 가는 곳마다 물 떨어지는 소리도 나를 줄곧 따라다니며 괴롭혔다.

어느 날 저녁이었다. 롤리타와 지나치게 소리내어 사랑을 하고 난 후였다. 잠시 조용히 쉬고 있는데, 옆방 남자의 기침 소리가 마치 내가 뱉은 기침 소리처럼 똑똑히 들리는 것이었다. 그제서야 비로소 나는 여관 벽이 얼마나 얇은가를 알게 되었다. 그전에는 정말 몰랐다. 다음날 아침, 밀크바에서 아침을 들고 있을 때였는데—로는 언제나 늦잠을 잤다. 그래서 나는 침대에서 그녀에게 뜨거운 커피 한 잔 먹이는 것을 좋아했다—나이 많은 바보같이 생긴 사람이 기다란 코에 평범한 안경을 걸치고, 셔츠 옷깃에는 무슨 정당의 배지 같은 것을 달고 있었다. 어젯밤의 바로 그 옆방 남자인 것 같았다. 그는 내게 할 말을 급히 만드는 것 같았다. 내가 홀아비임을 하느님께 감사한다며 냉담하게 그에게 말하자, 얇은 입술의 입과 비바람에 시달린 듯한 그의 얼굴 위로 놀라는 듯한 이상야릇한 기색이 감돌았다. 어쨌든 나는 이 사태를 아슬아슬하게 벗어나 그 표정을 바라볼 여유도 없었다.

그녀에게 커피 한 잔을 들고 가서, 내게 아침 의무를 수행하기 전에는 커피를 줄 수 없다고 했던 것은 정말 신나는 일이었다. 나는 그 작은 몸뚱어리의 모든 요구에 세심한 주의를 기울이는 아주 사려 깊은 친구이자 그토록 열정적인 아버지요, 또 그토록 훌륭한 소아과 의사나 다를 바 없었다. 나의 육체적 욕구에 대한 유일한 불만이 있다면 그녀의 내부를 뒤집어놓지 못했다는 것과, 아직도 어린 그녀의 자궁과 진주 광택의 간장, 포도송이 같은 알이 붙어있는 허파, 그리고 두 개의 사랑스러운 콩팥 등을 좀 더 게걸스럽게 탐하지 못했다는 것뿐이었다. 드러눕기만 하면 곧 잠에 빠져버릴 것 같은 유난히 나른한 오후가 되면, 나는 옷을 홀랑 벗고 롤리타를 무릎에 앉힌 채로 안락의자에 댄 가죽의 차가운 느낌을 즐겼다. 그런데 롤리타는 자기가 올라 앉아 있는 곳이 구두 위나 인형, 아니면 테니스 라켓 손잡이이기라도 한 양, 나의 황홀감에는 전혀 관심없다는 듯이 코를 치켜들고 신문의 저속한 부분에만 정신을 팔고 있었다. 그녀의 눈동자는 자기가 좋아하는 스트립 모델들이 대담하게 옷을 벗고 있는 장면을 따라 좇고 있었다. 그중의 하나는 높은 광대뼈에 나약하게 생긴 여학생이 뻣뻣한 제스처를 취하고 있는 모습이었지만 별로 나의 흥미를 끌 정도는 못 되었다. 허벅지를 드러낸 미인들의 사진이 공공연하게 찍혀나오는 데에는 확실한 시간과 장소와 상황이 있었다는 것을 그녀는 의심치 않았다. 그녀는 시골 신부들의 사진을 보고 아주 신기해하며 매혹되곤 했는데, 어떤 신부는 정식으로 웨딩드레스를 갖춰 입고 손에는 꽃다발을 든 채 안경을 끼고 있는 모습의 사진이었다.

파리 한 마리가 날아와 그녀의 배꼽 부근에 앉더니 극히 좁은 배꼽 속을 기어다니는 것이었다. 그녀는 손으로 파리를 잡아보려고 하다가—샬로트의 버릇이었다―다시 '마음을 살피자'라는 칼럼으로 되돌아왔다.

"마음을 살피자. 아이들이 몇 가지 해서는 안 될 일들을 하지 않는다고 해서 성범죄가 줄어들까요? 공중화장실 주위에서는 놀지 마십시오. 모르는 사람이 주는 캔디를 받아먹거나 낯선 사람의 차를 타서도 안 됩니다. 만약 강제로 탔을 경우에는 차 번호를 적어두십시오."

"……그리고 캔디의 상표도."

나도 한마디 거들었다.

그녀는 뺨을 내게 맞대면서 계속 읽어내려갔다. 오, 독자들이여, 이날은 정말로 좋은 하루였다.

"만약 연필이 없더라도 읽을 줄만 안다면―"

"우리"

내가 중간에 끼어들었다.

"중세기 뱃사람들은 이 병 속에 넣었었지."

"만약"

그녀가 다시 계속했다.

"만약 연필이 없더라도 읽고 쓸 줄만 안다면 어떻게 해서든지 도로변에 차 번호를 긁어놓아야 해요."

"롤리타 너처럼 작은 손톱으로 말이지."

3

그녀는 나의 세계 속으로 들어왔다. 그녀의 호기심 때문에 검고 어두운 나의 땅으로 발을 들여놓은 것이다. 그녀는 두려워하고 반은 스스로 즐기면서, 또 반은 진저리를 치면서 나의 세계에 함께 해 주었다. 그러나 어제는 그것으로부터, 그저 심각하지 않은 반감 정도였겠지만, 도피할 준비가 되어 있는 것처럼 생각되었다. 나와의 접촉에도 그녀는 결코 흔들리는 법이 없었다.

"당신이 지금 무슨 짓을 하고 있다고 생각하세요?"

귀에 거슬리는 이 말만이 내 고통의 대가였다.

나는 그녀를 마치 이상한 나라에라도 온 듯한 느낌을 갖는 경험을 하게 하려 했지만, 그녀는 순전히 꾸며낸 일로 사람을 싫증나게 만드는 삼류영화 보는 것을 더 좋아했다. 바로 몇 분 전에 갔었던 밀크바의 이름을 얘기했던

가? 그것은 아주 종합적인 이름이었다. 얼음 여왕. 조금 씁쓸하게 웃어보이며 나는 그녀를 차가운 공주라고 불러주었다. 그녀는 다른 의미가 있었던 내 농담을 알아듣지 못했다.

오, 험상궂은 얼굴로 나를 노려보지 말라, 독자들이여. 내가 결코 행복하지 못했었다는 그러한 인상을 지금 독자들에게 전달하려는 것은 아니니까. 요정을 소유하고 요정에게 구속된 노예의 몸이 되고 보면, 요정에게 홀린 나그네는 행복 같은 것은 아예 잊어버리게 된다. 왜냐하면 요정을 사랑하는 것과 비교될 만한 행복은 이 지구상에 존재하지 않기 때문이다. 그것은 다른 차원에 속하는 행복이며 감성의 또다른 본능이기도 하다. 그렇게 자주 다투고 속수무책의 절망감에 빠져들기도 하고, 때로는 위험도 느끼고 그녀가 온통 야단법석을 피우며 오만상을 찌푸리는 것도 감수해야 하고, 때로는 천박하게, 때로는 지저분하게 구는 그녀의 행동에도 불구하고 나는 나 스스로 선택한 이 천국 속으로 깊숙이 빠져들어갔다. 이 천국의 하늘은 마치 지옥 같았지만 천국이었다.

내 증세를 연구했던 유능한 정신과 의사라면 틀림없이, 롤리타를 바닷가로 데리고 가서 그곳에서 만족을 얻어, 아직 채 자라지도 못한 어린애와 로맨스를 충분하게 즐기지 못한 데 따른 잠재적인 강박관념으로부터 벗어나라고 충고했을 것이다.

실제로 내가 해변을 찾아나선 끝에 우리는 신기루 같은 회색 바다에 도착하게 되었다. 그런데 아까 언급한 잠재의식의 충동과는 별도로 롤리타와 함께 여행을 하는 동안, 해변의 왕국이라든가 리베라 해안 지방 같은 곳, 또는 이것저것을 찾던 롤리타 때문에 나는 이미 여러 가지 즐거움을 경험한 뒤였다. 그것은 생각만으로도 충분히 전율을 느끼게 하는 이성적인 추구였다. 천사들은 이미 그것을 모두 알고 있어 거기 응하여 모든 일을 진척시켰던 것이다. 대서양 쪽에 있는 어느 그럴 듯한 작은 해변에 갔을 때는 사나운 날씨 때문에 하루를 온통 망쳐버렸었다.

비구름이 덮인 하늘, 더러운 파도, 끝이 없는 그러나 어느 정도는 분명한, 안개에 대한 느낌. 멕시코 만에 있는 두 개의 아열대성 해안은 분위기가 밝기는 했지만 건달들이 활개를 치고 돌아다니는가 하면, 태풍이 불어와서 해안을 온통 휩쓸어가기도 했다. 캘리포니아 해변에 있을 때는 동굴같이 생긴 희한한 은둔처를 하나 찾아냈는데, 그 동굴 속에서도 파도에 장난치는 걸스카우트 단원들의 환성이 들려왔다. 썩어가는 나무들 뒤로는 안개가 마치 젖은 담요처럼 널려 있었고, 모래는 차갑고 물기로 가득했다. 온몸이 모래알로 범벅이 된 롤리타는 또한 소름까지 잔뜩 돋아 있었다. 내 생전에 그토록 욕망을 절제해보기도 그때가 처음이었다. 만약 우리가 어딘가에서 마음에 꼭 드는 해변을 발견했다고 하더라도 그런 감정은 너무 늦게 나타날 것이라는 얘기를 듣는다면, 이 글을 읽는 나의 유식한 독자들은 아마 박수치며 기뻐할 것이다. 왜냐하면 돌로레스라고도 하고 롤리타라고도 부르는 애나벨 헤이즈가, 너무 가공적이기는 했지만 해변의 경치만을 위해서 아주 그럴 듯하게 만들어놓는 싸구려 베란다(그 근처에는 별볼일없는 호수 외엔 아무 것도 없었다)에 황금빛과 갈색의 모습으로 무릎을 꿇고 앉아 위를 올려다보던 순간에 나 자신은 이미 해방되었기 때문이다.

그와 같은 특수한 감정들은 다분히 현대 정신주의 요법에 영향을 받은 것이었다. 그래서 나는 사람이 없을 때는 너무나 쓸쓸하고 사람이 많을 때는 너무 또 북적대는 해변으로부터 떠나버렸다. 그러나 지금 생각해보면, 유럽에서 국립공원들을 정신없이 찾아다니던 때만 해도 나는 여전히 밖에서 노는 것을 더 좋아해서 적당한 옥외 운동장을 찾아내려고 열심이었지만, 그 운동장에서 나는 수도 없이 여러 번 나의 부족함을 감수해야 했다. 여기에서도 예외는 아니어서 나는 실패하도록 되어 있었던 것 같다. 내가 지금 여기에 내가 느꼈던 실망을 기록하고 있다고 해서, 서정적이고 웅장하며 비극적이긴 하지만 결코 이상향일 수는 없는 미국 미개지의 체면을 결코 손상시키지는 않았으리라고 확신한다. 그곳은 모두 아름다운 곳이었다. 가슴이 저며올 정도로 아름다운 곳이었다. 눈을 크게 뜨고, 아직은 어느 누구에게도 감탄받지 못하고 순진하게 복종하는 자연의 모습이었다. 그러나 옻칠을 하고 장난감처럼 반짝이는 스위스 촌락과 남김없이 찬양을 받는 알프스의 모습은 아니었다. 알프스의 수많은 연인들은 옛 모습 그대로의 산허리에 있는 조촐한 잔디 위에서, 바로 가까이에 깨끗한 시냇물이 흐르는 폭신폭신한 이끼 위에서, 참나무 아래의 통나무 의자 위에서, 그리고 그렇게도 많은 너도밤나무 숲 속의 곳곳에 있는 오두막집 속에서 서로를 껴안고 입맞춤을 나눈다. 그러나 미국이라는 나라의 자연 속에서는, 자연을 찾는 연인들이 그러한 아주 예스러운 소일거리나 오락에 빠져들기가 그리 쉬운 일은 아니었을 것이다. 유독성 식물들은 여자의 엉덩이를 따끔거리게 하고, 이름을 알 수 없는 곤충은 남자의 엉덩이를 쏘아댄다. 그리고 숲에서 피어나는 온갖 날카로운 것들이 남자의 무릎을 콕콕 찌르고, 날아다니는 곤충들은 여자의 엉덩이를 자극한다. 그런가 하면 주위에는 온통 독사같은 뱀—반은 소멸되다시피 한 괴물—들이 숨어 살고 있어 풀잎을 스치며 슥슥 움직이는 소리로 가득하고, 사나운 꽃들의 옻 같은 씨앗은 검은 양말과 물기로 축축한 흰 양말에 다닥다닥 붙어 있기 일쑤였다.

나는 지금 약간 과장하고 있는지도 모른다. 어느 여름 정오 무렵이었다. 롤리타와 나는 숲과 평지의 경계를 이루는 바로 밑에서 남의 눈에 안 띄는 은밀한 장소를 발견했다. 그곳은 다양한 빛깔의 꽃이 피고 내가 즐겨 참제비 고깔이라고 부르는 것들이 산의 계곡을 타고 빼곡이 들어서 있었는데, 위치는 우리가 차를 세워둔 고개로부터 약 백 피트 가량 되는 곳이었다. 경사가 진 그곳은 사람이 지나다닌 흔적이 없는 것 같았다. 산토끼가 우리를 향해 소리를 내더니 도망가버렸다. 로를 위해서 깔아준 담요 밑으로 마른 풀잎들이 서로 부드럽게 맞부딪치며 스삭스삭 소리를 내고 있었다. 욕망의 시간이 오고 갔다. 무너진 돌더미를 떠받치고 있는 톱니 모양의 낭떠러지와, 발 밑에서 자라고 있는 뒤엉킨 관목들이 태양과 사람으로부터 우리를 동시에 보호해주고 있는 것 같았다. 아, 그러나 나는 우리에게서 몇 피트도 안 떨어진 곳, 관목과 바위들 사이에서 들리는 희미한 발자국 소리를 미처 듣지 못하고 있었다.

과거 어느 때보다도 정면으로 발각된 것은 바로 그때였고, 바로 그 경험이 나의 욕망을 영원히 억제해버린 것은 두말할 여지도 없다.

지금도 기억하고 있지만, 일을 모두 다 치루고 그녀는 내 팔에 안겨서 울고 있었다. 일시적이며 변덕스러운 발작이 한 차례 지나가고 나면 그녀는 별로 건강에 해롭지 않은 울음보를 터뜨리곤 했는데, 그와 같은 일은 그해 1년 동안 너무도 자주 있었던 일이었다. 다른 것은 전혀 눈에 들어오지 않았던 절정의 순간에 그녀가 내게 강요함으로써 억지로 하도록 만들었던 바보 같은 약속을 나는 취소해버렸다. 그녀는 그 자리에서 울며 몸부림치며 쓰다듬는 나의 손을 꼬집었다. 나는 행복하게 웃었다. 그러나 지금 생각해보면 참

잔인하고 참을 수도 없었던 영원한 공포는 음란한 내 희열 속의 검은 점과도 같은 것이었다. 우리는 나란히 누웠다. 그때 나는 요정같이 아름다운 두 어린아이의 깜빡거리지도 않는 낯설고 어두운 눈동자와 마주쳤다. 윤기 없는 꺼칠한 머리카락이나 핏기 없는 양 볼은 그들이 쌍둥이가 아니면 형제임을 표시해주고 있었다. 그들은 등을 구부정하게 구부리고 서서 입을 벌리고 멍하니 우리를 바라보고 있었다. 둘 다 들꽃들이 마구 달라붙은 푸른 운동복 차림이었다. 나는 어떻게든 몸을 감추려고 필사적으로 담요를 잡아당겼다. 그와 거의 같은 순간에 몇 걸음 정도밖에 안 되는 곳의 덤불 속에서 물방울 무늬가 있는 푸쉬볼 같이 생긴 물체가 어른거리더니, 이내 새까맣고 짧은 가발을 쓴 뚱뚱한 여인의 모습으로 변했다. 그녀는 기계적으로 야생 나리를 꺾어 꽃다발 속에 넣으며, 잘생긴 자기 아이들 뒤에 서서 고개를 돌리며 연신 우리를 바라보고 있었다.

나의 양심에 또 다른 혼란이 일어났다. 나는 나에게 용기가 결코 없지 않다는 것을 잘 알고 있지만, 그 당시에는 깨닫지 못했다. 나 자신의 침착함 때문에 스스로 놀랐던 기억이 난다. 가장 위험한 상태에서도 주인에게 굴복하는 잘 훈련된 동물에게 하듯—어떠한 무모한 희망이나 증오가 어떤 짐승의 심장을 뛰게 할 것이며 어떤 검은 별들이 조련사의 마음을 꿰뚫겠는가!—나는 롤리타에게 더듬거리며 일어나라고 조용히 명령을 내렸다. 우리는 아무 일도 없었다는 듯이 얌전하게 걸었다. 그러고는 허둥지둥대며 차 있는 쪽으로 뺑소니를 쳐버렸다. 차 뒤에는 멋들어진 최신형 자동차가 주차해 있었다. 그리고 검푸른 수염이 달린 어느 잘생긴 아시리아인이 실크 셔츠와 빨간 바지를 입고 산고개의 고도를 적어놓은 안내 기록을 걱정스러운 표정으로 들여다보고 있었는데, 모르긴 몰라도 뚱뚱한 식물학자의 남편 같았다. 그 고개는 적어도 1만 피트는 넘어 보여서 보기만 해도 숨이 차오는 것 같았다. 자갈길을 자박자박거리며 지나기도 하면서 우리는 미끄러지듯 차를 몰았다. 로는 아직도 옷을 주워 입느라고 낑낑거리면서, 어린 소녀들에 대해서는 전혀 알지도 못하거니와 다루는 방법은 더더욱 모르는 사람이라며 내게 욕을 퍼부었다.

또 다른 기분 나쁜 사건들도 있었다. 언젠가 한번은 영화관에 갔을 때의 일이었다. 그때까지만 해도 로는 영화에 대해 뜨거운 열정을 가지고 있었다

(그 열정은 로가 고등학교 2학년에 다닐 때 조금씩 미지근해졌다). 우리는 그해 한해동안 욕심부리듯 무분별하게 150편에서 200편에 이르는 영화를 관람했었는데 그때 왜 그랬는지, 아, 지금도 잘 모르겠다. 한참 정신없이 영화를 보러 다녔을 때에는 이 마을에서 저 마을로 영화관을 찾아다녔기 때문에, 서로 다른 영화를 보기 위해서 같은 예고편을 여섯 번이나 봐야 하는 경우도 있었다. 그녀가 좋아했던 영화는 다음과 같은 순서였다─뮤지컬, 암흑가영화, 서부영화. 뮤지컬 영화에서는 실제 가수나 무용수들이 가공의 무대 경력을 펼쳐나가며 죽음과 삶의 진실이 거부되는, 그래서 본질적으로는 슬픈 인생의 국면을 보여준다. 그러나 끝에 가서는 항상, 처음에는 쇼에 미친 딸을 못마땅하게 생각하던 아버지가 희끗희끗한 머리와 이슬 젖은 눈으로, 브로드웨이에서 추앙받는 자기 딸에게 박수갈채를 보내는 것으로 대개 끝을 맺는다. 암흑가영화는 세상과는 동떨어진 내용들이 많다─즉, 영웅적인 신문기자들이 고문을 받는가 하면, 전화요금 청구서에 말도 안 되는 숫자가 적혀 있을 때도 있다. 그런가 하면 사격을 해본 적도 없는 배우들이 총을 쏘아대고, 악당들이 하수도나 창고로 도망을 가면 병리학적인 공포도 없다는 듯이 경찰들이 그 뒤를 추적한다. 마지막으로 서부영화에서는 우선 마호가니 빛의 풍경이 펼쳐진다. 혈색 좋고 푸른 눈동자를 가진 잘생긴 무법자들이 등장하고, 새침하고 귀여운 학교 선생이 포효하는 듯한 계곡에 도착한다. 뒷발로 우뚝 서는 말, 장관을 이루는 짐승 떼가 놀라서 우르르 도망치는 모습, 산산조각이 난 창틀 사이로 불쑥 솟아나온 총부리, 볼 만한 구경거리인 주먹싸움, 먼지 투성이의 옛날 골동품 가구같이 와르르 한꺼번에 무너져내리는 산, 방패로도 사용되는 탁상, 마침 적당할 때면 부리는 재주넘기, 바닥에 떨어뜨린 칼을 줍기 위해 더듬거리는 찔린 손, 신음, 턱을 향해 날아가는 멋진 주먹의 일격, 복부차기, 몸을 날리는 태클, 헤라클레스라도 입원시켰을 무지무지한 아픔도 잠깐, 검게 그은 뺨 위에 그럴 듯하게 어울리는 상처를 입고 얼굴이 벌겋게 달아오른 주인공은 아름다운 국경지방의 신부를 포옹하는, 대강 이런 식이었다. 한번은 통풍도 되지 않는 작은 극장의 주간 흥행 시간에 간 일이 있었는데, 극장 안은 어린애들로 바글바글했고 뜨거운 팝콘 냄새가 온통 진동하고 있었다. 목도리를 두르고 낮은 목소리로 감상적인 노래를 부르는 가수의 머리 위에는 노란 달이 걸려 있었다. 그의 손가락은 서투른 솜

씨로 현악기의 줄을 뜯고 있었고 발 하나를 통나무 위에 올려놓고 있었다. 나는 무심코 로의 어깨를 감싸안고 나의 턱뼈를 그녀의 관자놀이께로 가져갔다. 그런데 갑자기 우리 뒤에 앉아 있던 두 아이가 아주 이상한 얘기를 속삭이는 것이었다—그들의 얘기를 내가 정확하게 알아들었는지는 모르지만 나는 손을 슬그머니 빼버렸다. 물론 그날 영화의 나머지 부분을 제대로 볼 리가 없었다.

심한 동요를 느꼈던 또 다른 경험은, 돌아오는 여행길에서 밤중에 통과하게 되었던 어느 작은 마을에서였다. 그 마을을 지나기 20마일 전쯤 나는 우연히 그녀에게 비어즐리에서 그녀가 다닐 사립학교는 아주 고급이며, 남녀공학도 아니고 현대적인 감각을 갖춘 학교라는 얘기를 하게 되었다. 그랬더니 그녀는 덤벼들며 애원을 하다가도 곧 모욕을 가하고 자기 주장을 내세우는가 하면, 엉뚱한 말만 마구 늘어놓아 나를 어리둥절하게 만드는 말투를 사용하기도 했으며, 일부러 천박하게 군다든가 아니면 어린애 같은 자포자기에 몸을 맡기기도 했다. 이러한 행동들로, 분통터지게 만드는 질서정연한 논리 속에서 잘 짜여져 있는 격렬한 연설을 늘어놓음으로써 그녀는 내게서 빠른 해명을 요구하기도 했다. 그녀의 알 수 없는 말투(엄청난 횡재……당신의 의견을 심각하게 받아들이는 멍텅구리는 아니에요……싫증나는 사람…… 나한테 왕초 노릇하려고 들지 말아요……나는 당신을 지독히도 경멸하고 있어요……등등)에 질려버린 나머지, 나는 모두 잠에 빠져 있는 마을을 시속 50마일의 속도로 달려버렸다. 그러자 두 명이 한 조가 되어 달리던 순찰경관이 우리 자동차에 헤드라이트를 비추더니 속도를 늦추라고 말하는 것이었다. 나는 미친 사람처럼 정신없이 지껄이고 있는 로에게 '쉿' 하며 조용히 하라고 말했다. 그들은 다분히 악의가 섞인 호기심으로 우리를 쳐다보고 있었다. 그런데 갑자기 보조개까지 지으며 그녀가 그들을 향해 상냥하게 웃는 것이었다. 어떤 면에서는 그녀가 나보다도 더 법을 무서워했기 때문이다. 그러나 내가 그렇게 남자다웠음에도 불구하고 그녀는 한 번도 내게 그런 상냥한 웃음을 보여준 적이 없었다. 그래도 친절한 순경들이어서 우리를 용서해주었고, 우리는 또 비굴할 정도로 느리게 차를 몰았다. 그녀는 몹시 피로한 듯 눈을 감고 눈꺼풀만 끔벅거리고 있었다.

여기에서 괴상한 고백을 하나 할 게 있다. 여러분들은 웃을지 모르지만 솔직히 법률과 관계되는 일은 하나도 모른다. 지금도 잘 모르는 것은 마찬가지다. 그러나 이것저것 잡동사니들은 조금 배워서 알게 되었다. 앨라배마에서는 법의 승인 없이 보호자가 미성년자인 피보호자의 주거를 마음대로 변경하는 것을 금하고 있다. 내가 경의를 표하는 미네소타에서는 14세 미만인 어린아이의 보호와 책임을 그 친척이 떠맡게 되면 사법부는 그 권한을 행사하지 않는다. 너무나 귀여운 미성년자인 요정의 의붓아버지, 단지 한 달 동안의 의붓아버지, 이미 완숙한 나이에 접어들었으며 적지만 독자적인 수입도 가지고 있는 신경쇠약의 홀아비, 이혼 경력도 가지고 있으며 몇 군데의 정신병원도 전전했었던 이러한 의붓아버지를 과연 친척이라고 해줄 것인가, 그래서 자연스러운 보호자가 될 수 있을 것인가가 의문이다. 만약 그렇지 않다면 탄원서라도 제출해야 할 것인가(여러분들은 어떤 방법으로 탄원서를 내는가?), 아니면 사법부 관리로 하여금 온순하면서도 어딘가 수상한 나와 위험한 돌로레스를 조사해보도록 할 것인가? 나는 마치 죄나 지은 것 처럼 결혼·강간·양녀 그 외 여러 가지 것들에 대한 사항들이 나와 있는 많은 책들을 여러 도시의 국립도서관에서 읽어보았지만, 그 책들은 국가가 미성년자에 대한 표면상의 보호자라는 막연한 얘기 외에는 아무것도 말해 주지 않았다. 필빈과 자펠(그들의 이름을 제대로 기억한 것인지 모르겠다) 두 사람이 쓴 결혼의 법률적 측면에 관한 책에서도, 엄마가 없는 소녀들의 의붓아버지와의 관계를 철저히 부정하고 있었다. 1936년도에 시카고에서 발표됐던 특수 연구서가 그나마 나를 극도의 고통으로부터 끄집어내주었는데 거기에는 이렇게 적혀 있었다. '모든 어린아이에게 보호자가 꼭 있어야 한다는 원칙은 없다. 어린아이의 상황이 극도로 급박한 경우에만 법이 개입하며 평소에는 수동적인 자세를 취한다.' 그래서 나는 보호자란 자신이 진실하면서도 공식적인 희망을 표명했을 때만 가능한 것이라고 결론을 내렸다. 그러나 공청회에 출두하라는 통고를 받기까지는 몇 달이 걸릴지도 모른다. 드디어 출두하라는 날이 되었다. 판사석과 변호인석으로부터 몇 가지 질문과 대답이 오고간다. 미소, 끄덕거림, 밖에서는 가랑비가 조용히 내리고 운명이 정해진다. 그러나 아직 나는 그럴 엄두가 나지 않는다. 피하자, 생쥐라도 되어서 구멍 속에 몸을 숨기자. 돈 문제만 개입되면 법정은 언제나 지나칠 정도로 활기를 띤다. 욕심 많은 보호자 두 사람, 도둑질당한 고아, 세 번째는 더 욕심이 많은 사람. 그러나 이곳은 모든 것이 완벽하게 질서를 이루고 있었다. 재산목록도 작성되어 그녀 엄마의 재산이 몽땅 그대로 돌로레스 헤이즈가 자라기만을 기다리고 있었다. 어떠한 청원서도 다시 내지 않는 것이 최선의 방법인 것 같았다. 그렇지만 내가 너무 침묵만 지키고 있으면, 남의 일 참견하기 좋아하는 사람이나 인도단체에서 간섭하고 나서지 않을까?

엉터리이긴 했지만 그래도 꽤 명성 있는 변호사라고 할 수 있는 친구 팔로는 나에게 신뢰할 만한 충고를 해주었어야 함에도 아내 진의 암치료에 정신을 모두 빼앗기고 있었기 때문에, 고작 나에게 약속했던 정도 이외에는 아무것도 해주지 못하고 있었다. 즉, 다시 말하자면 샬로트의 갑작스러운 죽음에서 비롯된 충격으로부터 내가 서서히 회복될 때까지 그녀의 많지도 않은 재산을 돌봐주겠다는 것이었다. 나는 그로 하여금 돌로레스가 나의 사생아임을 믿도록 만들었기 때문에 우리들의 처지에 대해서만 끊임없이 생각해주기를 바랄 수는 없었다. 독자들도 아시다시피 나는 비즈니스에는 도무지 머리가 돌아가질 않는다. 그러나 여기저기에 전문가적인 충고를 구하려들지 않았던 것은 무지해서도 아니었고 게을러서도 아니었다. 나를 제어했던 것은, 내가 어떤 식으로든 운명을 간섭하거나 그녀의 변덕스러운 성격을 합리화시키려고 애쓰거나 한다면, 어떤 일화처럼 일이 엉뚱한 방향으로 어긋나버릴 것 같았기 때문이다.

궁전을 장차 소유하게 될 사람이 궁전의 관리인에게 '어떻게 해서 황혼이 지는 하늘의 일부분이 그렇게 멀리에서도 선명하게 보이느냐'고 물었다. 그러나 그것을 물을 때마다 황혼은 사라지곤 했다는 동양의 옛날 얘기가 있다. 마치 그것에 나오는 산꼭대기의 궁전처럼 나의 설득은 처음의 그 성격이 없어져버릴 것 같았다.

비어즐리에 있으면서 나는 이제까지는 공부할 수 없었던 워너의 논문《미국의 법률에 나타난 보호권》이라든가, 미국 어린이들에 대한 출판물 등 참고문헌에 접근해보기로 결심했다. 나는 또한 그녀의 형편없는 게으름보다 더 못한 것은 없으리라고 생각했다. 나는 그녀에게 이것저것 많은 것을 하도록 설득시킬 수가 있었는데, 그것들의 목록을 본다면 전문적인 교육자라도 입이 딱 벌어질 것이다. 그러나 내가 아무리 타이르고 때로는 고함을 치며 날뛰어도, 그녀는 미국 여성들을 위해 만들어진 만화책이나 잡지기사들 외에 다른 책은 한 줄도 읽지 않았다. 이론상으로는 《아라비안 나이트》라든가 《작은 아씨들》 따위를 곧잘 즐기면서도, 스스로 높은 지식인으로 자처하기 위해서 방학이란 기간을 독서로 낭비해 버릴 수는 없다는 생각을 그녀는 신앙처럼 가지고 있었다.

지금 생각해보니 나의 귀여운 크레올과 안전하게 결혼할 수 있을 때까지 적어도 2년간은 아열대적인 희열을 즐기며 숨어 지낼 수 있는 멕시코 국경으로는 가지 않고, 다시 동쪽으로 이동해서 그녀를 비어즐리의 사립학교에 보냈던 것이 나의 커다란 실책이었던 것 같다. 고백하건대, 나의 분비선과 신경선의 상태에 따라 나는 하루 동안에도 정신이상과 같은 생각들을 극에서 극으로 치닫게 할 수가 있었다. 1950년쯤이면 마법의 요정이 사라질 이 귀찮은 아가씨를 제거해야겠다는 생각에서부터, 1960년경에는 여덟 살이나 아홉 살쯤 되고 정교한 정맥 하나하나에 내 피가 흐르고 있는 요정, 제2의 롤리타를 그녀에게서 얻으려는 생각까지 했다. 사실 내 마음의, 마음이 아니어도 좋다, 관측술은 대단한 것이어서 원만한 시간상의 소원함도 다 구별해낼 수 있었다. 어리석은 잠꼬대일까? 괴상하고, 부드럽고, 침을 흘리는 험버트 박사는 지극히 아름답고 사랑스러운 롤리타 3세의 할아버지가 되는 기술을 연습하고 있었던 것이다.

무모한 여행을 계속하는 동안에도 나는 내가 롤리타 1세의 아버지임을 의심해본 적은 없었지만, 나는 우스꽝스러운 실패자였다. 그러나 나는 정말로 최선을 다했다. 의도적인 것은 아니었지만 《네 딸에 대해서 알고 있으라》는 성서에나 나옴직한 제목이 붙어 있는 책을 읽고 또 읽었었는데, 그 책은 로의 13번째 생일날 그녀를 위해서 샀던, 다분히 상업적인 의도가 엿보이는, 예쁜 그림이 어우러진 안데르센의 《인어공주》라는 책과 함께 같은 책방에서 샀던 책이었다. 그러나 우리에게 가장 좋았던 때, 비오는 날 앉아서 책을 읽는다든가, 사람들로 붐비는 식당차에서 조용히 유익한 식사를 한다든가, 아이들이 하는 카드게임을 즐긴다든가, 쇼핑을 한다든가, 아니면 박살이 나서 피로 범벅이 된 차와 도랑에 처박힌 젊은 여자의 신발을 다른 자동차 운전사들과 함께 말없이 바라본다든가(다시 차를 몰았을 때 로가 말했다. '내가 상점에서 말했던 것이 바로 아까 그런 노루가죽 신이었어요.'), 이런 모든 그때그때의 순간에도 나는 정말 그녀의 아버지 같지 않았고 그녀 또한 내 딸 같지 않았다. 만약 거처를 정하고 매일 똑같이 학교에 보내면 괜찮아질까?

내가 비어즐리를 택하게 된 것은 그곳에 비교적 얌전한 여학교뿐만 아니라 여자대학도 있었기 때문이다. 나도 일을 찾고 있었고, 비어즐리 대학 프랑스어 학과에 지인이 있다는 것을 생각해냈다. 이 남자는 수업에서 내 교과서를 사용하고, 한번 이쪽에 와서 강의를 해달라고 부탁한 적이 있었다. 지금까지 여러 가지 고백을 하는 동안 한 번 언급한 일이 있었지만, 무겁게 내려앉은 골반과 뚱뚱한 장딴지, 남녀공학에 다니는 여학생들의 대체적으로 형편없는 안색(몸뚱이 속에 요정들이 산 채로 묻혀 있는 여자의 관을 보는 것 같았다)을 나는 몹시 싫어했다.

마지막으로 돈 문제가 남아 있었다. 산을 찾아 여기저기 드라이브 하는 동안 쓰임새가 컸던지 내 주머니도 차츰 바닥이 드러나기 시작했다. 사실 나는 싸구려 모텔에 매달렸지만 때로는 호화판 호텔이나 관광목장(관광객을 위한 숙박시설)에도 묵게 되어 우리의 예산에 차질을 빚곤 했다. 더군다나 관광과 로에게 옷을 사주는 데 휘청거릴 정도로 돈이 많이 들었고, 헤이즈의 차도 아직은 힘이 좋고 헌신적인 기계이긴 하지만 크고 작은 수리를 끊임없이 해야 했다. 서류뭉치들 속에서 우연히 발견했던 지도 조각에 적어놓은 메모를 보니 대강 다음과 같은 계산이 나왔다. 호화판으로 즐겼던 1947년 8월부터 1948년 8월까지 1년 동안 먹고 자는 데 든 돈은 5500달러, 가스·기름·자동차 수리에 1234달러, 그리고 그 외에 경비가 또 그 정도 들었을 것이다. 실제로 차를 타고 다녔던 150일(주행거리는 약 27000마일!)과 그렇지 못했던 200일을 합하여 우리는 8천 달러—아니 1만 달러라고 하는 편이 더 옳을 것이다—가량을 낭비했지만 워낙 비현실적이다보니 자세한 항목들은 모두 잊어버리고 말았다.

우리는 동부를 향하여 다시 여행을 계속했다. 나는 점점 말라가는 반면 그녀는 건강이 넘쳐 흘렀는데 키도 2인치가 자라고 체중도 8파운드가 늘었다. 우리는 가지 않은 곳이 없었지만 본 것이라곤 정말 아무 것도 없었다. 그리고 오늘은 어쩐 일인지 우리의 오랜 여행이 평탄하지 못하고 쾌적하지 못한 나날의 연속이었다는 생각을 떨쳐버리지 못하고 있다. 사랑스럽고, 믿음직스러우며, 꿈꾸는 듯한 거대한 땅덩어리를 돌아다니면서 얻은 것이라고는 종이의 귀가 접힌 지도 몇 개와 다 떨어진 여행안내서, 낡은 타이어와 내가 자는 척하는 순간이면 폭발하던 그녀의 울음소리(매일 밤, 매일 밤을 그랬다)에 대한 기억뿐이다.

4

빛과 그림자의 풍경 속을 뚫고 우리는 데이어 14번가로 차를 몰았다. 무뚝뚝해보이는 작은 소년이 우리를 맞아주었는데, 우리를 위해서 집을 미리 빌려놓았던 게스톤의 쪽지와 열쇠꾸러미를 우리에게 건네주었다. 로는 첫눈에 새로운 환경을 마음에 들어하지 않는 것 같았다. 그녀는 습관적으로 라디오를 켜더니 낡은 잡지를 한아름 안고 거실 소파 위에 앉았다.

나는 롤리타와 함께 지낼 수 있는 곳이라면 어디에서 사느냐 하는 따위는 정말 개의치 않았다. 그러나 우유부단한 성격의 게스톤과 편지를 주고받으면서 나는 담쟁이로 덮인 벽돌집을 마음속에 그려보았다. 그곳은 헤이즈 가(불과 4백 마일밖에 안 떨어진)와 어이없게 너무도 닮아 있었다. 건물의 지붕은 판자로 대고 낡은 초록빛의 천막이 있는 지루한 회색 건물이었고, 좀더 호화스럽고 비싼 가구들로 진열이 되어 있었던 방들은 좀 작긴 했지만 거의 똑같은 배열이었다. 내가 서재로 사용했던 방은 화학에 관한 책들만 약 2천 권이 바닥에서부터 천장까지 쌓여 있는 아주 큰 방이었는데, 이 집 주인(휴가중이었다)은 비어즐리 대학에서 화학을 가르친 사람이었다.

나는 넓은 체육관도 있고 학생들에게 점심까지 제공하는 값비싼 사립학교인 비어즐리 여학교가, 젊은이들의 신체단련뿐만이 아니라 그들의 정신을 계발하는 면에 더욱 건전한 교육을 시켜주기를 원했다. 미국인들의 행동양식이나 사고방식을 제대로 판단해본 적이 없는 게스톤 고댕은, 여학생들만 공부하는 그 학교가 어쩌면 '스펠링은 잘못 발음하면서 눈치 하나는 빠른' 그런 학교일지도 모른다는 것이었다. 그러나 그 학교는 그런 명성조차도 못 얻었던 것 같다.

내가 여교장 프래트를 처음 만났을 때 그녀는 롤리타의 '아름다운 푸른 눈동자'를 칭찬해마지 않았고(푸른! 롤리타!), '천재 프랑스인'이라고 하며 나와 게스톤과의 우정에 대해서도 들먹거렸다. '천재! 게스톤!' 그녀는 돌리를 코모란트라는 선생에게 인계하고는 눈썹을 치켜올리며 다음과 같이 말했다.

"험버트 씨, 우리 학교의 교육방침은 학생들을 공부벌레로 만든다거나, 다른 사람은 알지도 못하는 유럽의 수도 이름들을 달달 외우게 한다거나, 옛날 머나먼 시대에 있었던 전쟁 연대를 암기시키는 데 있지 않습니다. 우리는 학생들이 단체생활에 잘 적응해나갈 수 있도록 지도하는 것에 더 관심을 기울이고 있습니다. 그래서 우리는 연극, 무용, 토론, 데이트 4원칙을 강조하고 있습니다. 이제 곧 선생님의 귀여운 돌리는 같은 나이 또래의 그룹에 끼여서 데이트를 즐기고 데이트할 때 입는 옷, 데이트할 때 지켜야 할 에티켓 등에 대해서 배우게 됩니다. 선생님께는 사업, 사업 관계, 사업의 성공 같은 의미라고나 할까요? 도로시 험버트는 그것이 싫든 좋든 이미 사회생활이라는 조직 속으로 발을 들여놓은 것입니다. 핫도그 파는 곳도 있고요, 코너엔 약국도 있습니다. 주스와 콜라, 영화감상, 스퀘어 댄스, 해변에서 펼치는 담요 파티, 머리 빗겨주는 파티에도 참여하게 되는 거죠. 그렇다고 우리 비어즐리 학교라고 해서 모든 활동을 다 찬성하는 것은 아니에요. 어떤 아이들에게는 좀 더 건설적인 방향을 제시해주기도 한답니다. 그러나 우리는 안개에는 등을 돌리고 햇빛에는 정면으로 얼굴을 드러내려고 무척 노력하고 있습니다. 간단히 말하자면 학생들을 가르치는 기술상의 문젠데요, 우리는 작문보다는 상호간의 의사소통이나 관계에 더 많은 관심을 기울이고 있습니다. 즉, 우리는 우리 학생들이 곰팡내 나는 낡은 책들과 씨름하기보다는, 우리들 주위에 살아있는 세상과 자유롭게 교류하기를 더 원하고 있다는 얘기죠. 어쩌면 우리는 아직도 갈팡질팡하며 손으로 더듬기만 하는지도 모르겠습니다. 그러나 우리는 마치 산부인과 의사가 종양을 더듬어 찾아내듯 현명하게 더듬고 있습니다. 조직적이고 구조적인 용어로 사고를 하고 있죠. 우리는 어린 소녀들에게 의례적으로 일어나는, 그리고 지식이나 기술을 배운다거나 그외의 것에 대해서는 조금의 틈을 주지 않는 부적당한 사건들을 수도 없이 처리해왔어요. 그런데 그 아이들은 실제로 자신의 생활을 꾸려나가다 보면(비꼬기 좋아하는 사람이라면 이 말도 덧붙일 거예요, 남편의 생활도구라고요) 지식이나 기술, 그리고 그 외의 것들이 필요하다는 것을 느끼게 되거든요. 험버트 씨, 이렇게 얘기해 볼까요? 별의 자리도 중요합니다. 그러나 이제 살림에 눈을 뜨기 시작한 새색시들에게는 부엌 어느 곳에 아이스박스를 두어야 하느냐가 더욱 중요하다 그 말입니다. 그러면 선생님께서는 이렇게 말씀하실지도 모르는 일입니다. 선생님이 선생님의 자녀에게 바라는 전부란 학교로부터 건전한 교육을 받는 것이라고요. 도대체 교육이란 뭡니까? 옛날에는 그것이 주로 언어현상으로 많이 나타났었습니다. 말하자면 어린 자녀에게 백과사전을 몽땅 외우게 시킴으로써 학교에서 제공하는 지식 그 이상의 것을 알게 할 수도 있었습니다. 험버트 박사님, 이제 사춘기에 갓 접어든 요즘 아이들에게 지나간 중세기의 날들은 주말 데이트만큼의 가치도 없다는 것을 알고 계십니까? 우리는 지금 사상의 세계 속에 살고 있을 뿐만 아니라 사물의 세계에도 살고 있는 것입니다. 경험이 따르지 않는 말이란 아무 의미가 없는 것이지요."

이 학교의 방침은 나를 좀 놀라게 했다. 그러나 나는 오랫동안 학교에 몸을 담아온 지적인 숙녀와 얘기를 나누었으며, 그들은 자기의 학생들이 꽤 많이 건전한 독서를 했음을 확신하고 있었다. 그리고 '상호교류'라고 하는 것은 구식인 비어즐리 학교를 재정적으로 수지가 맞도록 현대적인 운영을 하기 위해서 다소 법석을 떤 것이며, 그럼에도 불구하고 실제로는 얌전하기만 하다는 것이었다.

그 독특한 학교에 매력을 느꼈던 또 다른 이유는 독자들에게는 좀 우스울지 모르지만 내게는 매우 중요한 것이었다. 길 건너, 정확히 우리 집 바로 앞에 잡초로 우거진 버려진 땅이 있었다. 울긋불긋한 덤불과 판자들이 여기저기 널려 있는 가운데 벽돌이 한 줄로 쌓여 있었는데 그 사이로 틈이 생겨난 것이 보였다. 그 틈새로 데이어 거리와 평행을 이루고 있는 학교 도로가 보였고 바로 그 뒤에 학교 운동장이 있었다. 심리학적인 위안까지 들먹이지 않더라도, 이 자연스러운 배경은 돌리의 낮시간을 마치 곁에서 지켜보는 것 같이 나에게 여유를 줄 수 있는 것이었다. 또한 나는 나의 서재 겸 침실에서 성능이 좋은 쌍안경을 들고, 노는 시간이면 운동장에 나와 같이 뛰어 노는 다른 여자아이들 중에서도 유독 요정다운 면이 돋보이는 돌리를 찾아내는 즐거움을 이미 경험하기라도 한 듯한 기분이었다. 그러나 불행하게도 그녀를 학교에 보내던 첫날, 인부들이 오더니 그 틈 밑에서부터 담을 쌓기 시작하는 것이었다. 그러자 순식간에 황갈색 목재들이 세워지고 나의 멋진 조망은 완전히 차단되어버렸다. 그놈의 눈치 없는 일꾼들은 나의 모든 것을 망쳐놓기 딱 좋을 만큼의 충분한 목재를 쌓아놓기만 한 채 일을 중단하고 다시는 나타나지 않았다.

5

살기 좋은 초록과 사슴털 빛깔, 그리고 황금 빛깔로 싸여 있는 원숙한 학구적 분위기의 작은 마을, 데이어라는 이름의 거리에서는 큰 소리로 날씨 인사를 건네는 친절한 이웃을 누구나 한두 명쯤은 가지고 있어야 했다. 나는 그들과 적절한 관계를 유지했던 것을 자랑으로 여기고 있다. 너무 교양이 없지도 않으며 항상 태연한 사업가 아니면 대학교수쯤으로 보이던—어쩌면 그 둘 다일지도 모르지만—서쪽 문의 이웃은, 정원의 꽃나무를 손질할 때라든가 세차를 할 때, 아니면 좀 더 추울 때 차도의 눈을 치우면서 가끔 내게 말을 붙이곤 했었다(지금 사용한 동사들이 모두 틀렸어도 상관하지 않겠다). 그러나 짤막한 나의 투덜거림은 그저 판에 박은 듯한 불평처럼 들리기에 충분할 만큼 똑똑 끊어지는 소리였기 때문에 서로 친해질 가능성은 전혀 없었다. 잡목만이 무성한 공터를 끼고 서 있는 두 집 가운데 한 집은 문이 닫힌 채였고, 한 집은 머리를 짧게 자른 레스터 양과 여자다운 면이라곤 이미 없어져버린 페비안 양, 이렇게 영어교사 두 사람이 살고 있었다. 거리를 지나치면서 가끔 나누게 되는 대화 중에도 그들은 항상 내 딸아이의 젊음에서 느끼는 사랑스러움과 게스톤 고댕의 천진난만한 매력에 대해서만 언제나 이야기할 따름이었다—그들의 재치에 하느님의 가호가 있으시기를! 그런가 하면 동쪽에 사는 이웃은 훨씬 더 위험스런 인물이었다. 코가 뾰족하고 소설에나 나올 법한 인물로, 그녀의 죽은 오빠는 어느 대학의 건물과 운동장의 책임자로 있었던 것 같다. 마치 열병에라도 걸린 듯이 거실 창가에 서서 나의 귀염둥이가 학교에서 돌아오기만을 기다리고 있었을 때, 나는 그녀가 돌리를 숨어서 기다리다가 불러세우는 것을 보았다. 그 추악한 노처녀는 자신의 병적인 호기심을 호의라는 허울로 가장하려 짐짓 애를 쓰며 가느다란 우산에 기대 서 있었다(그때 마침 싸락눈이 그치고 차갑게 젖은 태양이 슬그머니 얼굴을 내밀었다). 돌리는 추운 날씨에도 불구하고 갈색 코트의 단추를 채우지도 않고, 책을 가슴팍에 산더미같이 들고 서 있었다. 무릎까지 올라오는 맵시 없는 장화 위로 드러난 그녀의 무릎이 발갛게 얼어 있었다. 가끔 그녀의 얼굴 위를 스치고 지나가는 약간 놀란 듯한 수줍은 작은 미소는(아마도 창백한 겨울 햇살 때문이었던 것 같다) 너무도 수수해 보여 촌스러울 정도였다. 돌리는 그런 자세로 서서 노처녀 이스트가 묻는 말에 대답하고 있었다.

"얘야, 너의 엄마는 어디 계시니? 아빠는 뭘 하시는 분이지? 여기 오기 전에는 어디서 살았니?"

한번은 그 아니꼬운 인간이 반갑게 인사를 했지만 나는 그녀를 피해버렸다. 그러자 며칠 뒤 그녀로부터 가장자리를 푸른색으로 테를 두른 편지봉투에 담긴 쪽지 하나가 날아들었는데 말하자면 독약과 묘약이 근사하게 혼합된 내용이었다. 즉, 주일날 돌리가 자기 집으로 온다면 의자에 쪼그리고 앉아서 '내가 어렸을 적에 밤새 라디오를 켜놓고 볼륨을 크게 하지 못하도록 우리 어머니가 타이르시며 내게 건네주었던 많은 아름다운 책들을 마음껏 볼 수 있게 해주겠다'는 것이었다.

나는 또한 홀리건 부인이라는, 날품팔이도 하고 남의 집 요리도 해주는 여자에 대해서도 무척 조심해야 했다. 그녀는 내가 이 집에서 바로 전에 살았던 사람으로부터 진공청소기를 인수받을 때 함께 인수받았던 가정부였다. 돌리는 점심을 학교에서 먹었기 때문에 이것은 별 문제가 아니었다. 그러나 아침마다 돌리에게 근사한 식사를 차려주고, 자기 집으로 돌아가기 전에 저녁을 준비해주고 떠나는 것이 아주 습관이 되어 있었다. 친절하고 악의가 없었던 그 부인은 고맙게도 눈이 침침해서 우리의 신경이 미처 가 닿지 못해서 빚어지는 작은 실수들을 알아채지 못했기 때문에, 나는 침대 정리하는 데는 아주 도통해버릴 수가 있었다. 그러나 나는 어딘가 모르는 곳에 결정적인 오점을 드러내놓고 있는 것이 아닌가 하는 강박관념에 늘 사로잡혀 있었다. 극히 드문 일이었지만, 홀리건 부인과 로가 우연히 함께 있게 되면 단순한 로는 귀여운 동정심으로 부인을 도와 부엌에서 요리를 하며 한가로이 잡담하는 것을 매우 좋아했다. 나는 가끔 우리가 환하게 들여다보이는 유리집에 살고 있다는 느낌이 들었다. 그리고 언제라도 얇은 입술에 양피지같은 얼굴이 나타나, 부주의하게 가려진 창의 차양을 통해 집 안에서 일어나는 온갖 일을 마음대로 훔쳐볼 것만 같았다. 제아무리 남의 부정한 장면만 찾아다니다가 지친 사람일지라도 그것은 매우 볼 만한 구경거리였을 것이다. 마치 작은 행운이라도 걸린 듯이 눈을 빛내면서.

6

게스톤 고댕에 대해서 몇 마디 더 언급하자면, 내가 그와 사귀었던 중요한 이유(적어도 안심하고 교제했으니까)는, 그가 알고 있는 많은 사람들이 나의 비밀에 대해서 주시하고 있는 것에 대한 절대적인 안전성 때문이었다. 그가 비밀을 알고 있었던 것도 아니고 그에게 구태여 내 비밀을 털어놓을 특별한 이유도 없었다. 그리고 그는 너무도 자기 중심적이고 남의 일에 대해서는 무관심한 편이어서, 그 편에서 솔직하게 물어오면 내 편에서도 솔직하게 대답해야 할 만큼 무엇을 눈여겨 본다거나 의심할 만한 여유가 없는 사람이었다. 그는 비어즐리 사람들에게 내 얘기를 무척 잘해주었기 때문에 그는 나의 좋은 메신저나 다름이 없었다. 만약 그가 나와 롤리타의 관계를 알았을 때 그의 흥미를 끄는 유일한 것이 있다면, 내가 왜 자기에게 그렇게 친절하게 대했나 하는 그 의문을 푸는 데 도움이 되는 정도일 것이라고 생각한다. 어느 편으로도 기울어지지 않는 그의 마음이나 흐리멍덩한 기억력에도 불구하고, 비어즐리의 시민들보다는 적어도 내가 자기에 관해서 더 많은 것을 알고 있다는 사실을 그도 아마 깨닫고 있는 것 같았다. 그는 언제나 밀가루 반죽처럼 멀쭉한 얼굴에 축 늘어져서 다니는 우울한 독신자였다. 좁고 기울어진 두 어깨는 위로 갈수록 점점 가늘어졌으며, 배 같이 생긴 원통형 머리는 한쪽만 반질반질한 검은 머리가 나있었고 다른 한쪽에는 머리카락 몇 가닥을 붙이고 다녔다. 그러나 그의 하체는 매우 거대해서, 보기에도 건장한 두 다리로 걸어다닐 때는 진지한 코끼리를 보는 것 같았다. 그는 항상 검은 옷만 입었다. 넥타이조차 검정이었다. 그는 좀처럼 목욕을 하는 일이 없었으며 그의 영어는 우스꽝스러웠다. 그럼에도 불구하고 사람들은 모두 그를 아주 사랑스러운 친구로 생각하고 있었으며, 그의 이랬다저랬다 하는 변덕까지도 사랑스럽게 봐주고 있는 터였다. 이웃 사람들이 그를 결국 제멋대로 굴게 했던 것이다. 그는 우리 집 부근에 사는 아주 어린 동네아이들의 이름까지도 모두 알고 있었는데(그는 우리 집에서 몇 블럭 떨어진 곳에 살고 있었다), 그 아이들을 시켜 집 앞 거리를 청소하게 하고 뒷마당의 나뭇잎을 태우게 한다거나 광에서 나무를 내오라고 시키기도 했으며 어떤 때는 집 안의 간단한 잡일까지도 시키는 것이었다. 그러고 나면 그는 동양적으로 꾸며놓은 지하실의 밀실로 데리고 가서 아이들에게 진짜 리큐르 향료가 들어간 최고로 좋은 초콜릿을 나누어주곤 했다. 그 밀실에는 담요로 장식을 한 곰팡내 나는 벽 위에 재미있는 단도와 권총들이 진열되어 있었다. 이층에 올라가면 그의 작업실이 있었는데 그는 그림도 조금 그릴 줄 알았다. 경사진 벽(영락없는 다락방이었지만) 위에 명상에 잠긴 듯한 앙드레 지드와 차이콥스키, 노만 더글러스, 영국의 저명한 작가 두 사람, 그리고 니진스키, 헤럴드 D X-X (몽롱한 눈동자를 가진 미드웨스턴 대학의 좌익교수), 마르셀 프루스트의 커다란 사진을 걸어놓고 있었다. 사진 속의 이 우울한 사람들은 모두 경사면으로부터 곧 앞으로 쏟아질 듯이 보였다. 그는 부자건 가난한 사람이건 막론하고 모든 이웃 사람들과 함께 찍은 스냅사진도 앨범에 모아놓고 있었다. 내가 어쩌다 사진첩을 뒤적이다가 지나가는 말로 한마디 하면 그는 도톰한 입술을 다물고, '아주 친절한 사람들이지요' 하며 입을 한껏 뾰족하게 내밀곤 했다. 그의 갈색 눈동자는 선물로 들어온 감상적이고 예술적인 여러 가지 골동품 주위와 자신의 케케묵은 옷감(원시적인 눈, 동강이 난 기타, 푸른 젖꼭지, 기하학적인 무늬) 따위를 맴돌고 있었다. 게스톤은 물감을 칠한 나무 쟁반과 나뭇결이 있는 꽃병을 멍청한 몸짓으로 가리키며 다음과 같이 말하곤 했다.

"여기 있는 배 하나 드세요. 우리 앞집에 사는 마음씨 좋은 부인이 내가 먹을 수 있는 양보다도 훨씬 더 많이 주셨지요."

혹은

"따이로르 씨가 저에게 이 다알리아 꽃을 보내왔어요. 그런데 이 다알리아는 예쁜 꽃이긴 하지만 저는 아주 싫어한답니다."(그는 무척 우울하고, 슬프고, 염세적이다.)

그럴싸한 이유들 때문에 나는 그와 일주일에 두세 번 정도는 장기를 두었다. 장소는 그의 집보다는 우리 집을 택했다. 땅딸막한 손을 무릎 사이에 끼우고 죽은 사람이라도 보듯이 장기판을 내려다보고 앉아 있을 때의 그의 모습이란 마치 부서진 낡은 석상 같았다. 씨근덕거리면서 십 분 동안이나 혼자 생각하고 나서도 겨우 지는 수를 두는 게 고작이었고, 내가 그에게 장군! 하고 외쳐야 할 차례라고 지적을 해주면 그제서야 휘어진 두 눈썹을 치켜올리며 깊은 한숨을 내쉬기가 일쑤였다.

서늘한 내 서재에 앉아 있으면 가끔 아래층 거실에서 맨발로 무용 연습을 하는 로의 발소리가 들려온다. 그러나 외부에 대한 게스톤의 감각은 아주 둔했기 때문에 그 적나라한 리듬은 전혀 의식하지 못하는 것 같았다. 하나, 둘, 하나, 둘, 체중이 모두 오른쪽 다리로 옮겨지고, 다시 하나, 둘, 하나, 둘, 그녀는 점프를 시작한다. 뛰어오른 만큼의 높이에서 두 다리를 쫙 편다. 한 다리는 구부리고, 한 다리는 펴고, 한번 뛰어넘고, 발끝으로 선다. 그제서야 이 잘난 체하는 무뚝뚝한 나의 상대자는 우리 만만찮은 여왕님의 날쌘 움직임과 어디선가 들리는 쾅 하는 소리가 혼동이라도 되는 듯 머리와 뺨을 문질러댔다.

우리가 장기판에 매달려있는 동안 롤리타가 가끔 몸을 구부정하게 수그리며 들어오기도 했다. 게스톤은 일어서서 그녀와 깍듯이 악수를 했지만 코끼리 같은 두 눈은 여전히 장기에만 고정시킨 채였고, 악수가 끝나기가 무섭게 그는 그녀의 포동포동한 손가락을 놓아버리고는 그녀를 한 번도 쳐다 봐주지 않고 자기 의자에 도로 앉아, 내가 쳐놓은 함정과 씨름하느라고 여념이 없었다. 내가 그를 2주간이나 만나지 못했던 어느 크리스마스 무렵의 날이었다고 기억이 되는데, 그가 나에게 상냥하게 묻기를 당신의 귀여운 꼬마 아가씨들이 잘 있느냐는 것이었다. 롤리타가 블루진과 스커트, 반바지, 누빈 외투 등 자기가 가지고 있는 옷이란 옷은 총동원해서 금방금방 갈아입고 나타나는 바람에, 장기판에만 눈을 내리깔고 있었던 그에게는 자기가 어렴풋이 보았던 옷의 종류로 해서 하나밖에 없는 롤리타가 서너 명쯤은 되는 줄 아는 모양이었다.

이제 더 이상 그 바보 같은 친구에 대해서는 언급하고 싶지도 않다(불쌍하게도 그 친구는 일 년 뒤에 유럽으로 여행을 떠난 후 다시는 돌아오지 않았다). 나는 비어즐리에서의 게스톤이라는 존재와 내가 가지는 미묘한 관계 같은 것에 대해서는 조금도 언급하지 않았다. 나를 안전하게 방어하기 위해서만 그가 필요했던 것이다. 어찌 됐건 재주라고는 아무것도 없는 사람이었다. 평범한 선생인 데다가 무능한 학자요 옆에도 못갈 만큼 쌀쌀맞고 늙고 뚱뚱한 동성애자였으며, 미국인들의 생활방식에 대해서는 지극히 경멸을 느끼고 영어를 할 줄 몰라도 의기양양해 하는 사내였다. 지금 그는 늙은이들이 낮은 소리로 노래를 불러대고 젊은이들은 애무에 빠진 건방진 뉴잉글랜드라는 곳에 있다. 나는 모든 사람을 속이고 대단히 행복한 시간을 보내며 여기에 있는 것이다.

7

나는 지금 롤리타의 품행 중에서도 결정적으로 나쁜 단점만을 기록하는 결코 유쾌하지 못한 이야기를 하려 하고 있다. 나 자신이 불태웠던 열정 속에서의 그녀가 그다지 흥미를 보이지 않았다면 나의 순수한 탐욕이라는 것도 결코 가능하지 않았을 것이다. 그러나 나는 약한 인간으로 현명하지 못했다. 요정의 노예가 되어버린 것이다. 인간적인 요소는 점차 감소되고 열정과 애정, 그리고 고통만이 증가했을 뿐이다. 롤리타는 바로 이러한 점을 이용했던 것이다.

기본적인 것만 해결한다는 조건으로 그녀에게 지급했던 용돈은, 비어즐리에 처음 왔을 때는 일주일에 21센트였는데 나중에는 1달러 5센트까지 올라갔다. 그동안 그녀가 내게서 갖가지 종류의 선물을 끊임없이 받아왔다는 것과, 언제라도 요구하기만 하면 어떤 과자라도 사주고 영화도 보여주고 했던 점을 감안해 보면 이것은 너무도 관대한 배려였다. 물론 나는 그때마다 키스를 더 요구하거나 여러 가지 애무를 요구하기는 했지만. 아무튼 다루기 쉬운 여자는 아니었다. 힘도 들이지 않고 그녀는 하루에 3센트나 15센트를 벌어들이곤 했다. 그것 없이는 단 며칠도 지낼 수 없는, 삶을 포기하게 할 만큼 이상하게 느린, 그러면서도 천국과도 같은 묘약을 자기 손아귀에 넣고 있을 때면 그녀는 잔인하게 내게 협상을 걸어왔는데 차마 힘으로는 뺏을 수가 없었다. 자신의 부드러운 입술의 마력과 힘을 익히 잘 알고 있던 그녀는 툭하면 값을 올려, 포옹 한 번 하는 데 3달러를 요구하는가 하면 어떤 날은 4달러를 받아내기도 했다. 오, 독자들이여, 웃지 말고 나의 희열이 사그러지는 순간에 10센트짜리 은화와 25센트짜리 은화를 시끄럽게 끄집어내는 소리와, 짤랑짤랑 그리고 달랑달랑 별 요란한 소리를 내며 완전히 미친 듯이 쏟아져 나오는 커다란 1달러짜리 은화들을 한번 상상해 보라! 그리고 정신병에라도 걸린 듯 한바탕 몸부림을 치고 나서 그 작은 주먹 안에 한 움큼의 동전들을 움켜쥐고 서 있는 그녀의 모습을. 이틀에 한 번 꼴로 나는 학교 주변을 서성이며 혼수 상태의 걸음걸이로 약국에도 가고, 안개 자욱한 골목길을 기웃거려보기도 하고, 내 심장의 고동과 떨어지는 나뭇잎들 중간에서 들리는 소녀의 웃음소리에 귀를 기울이곤 했는데, 그보다도 그녀의 방에 불법으로 침입해서 장미가 그려져 있는 쓰레기통 속에 버려진 찢어진 종잇조각들을 맞추어본다거나 내가 직접 만들어준 침대의 시트 밑을 뒤져보거나 하는 따위의 일은 더 종종 있었던 일들이었다. 한번은 그녀의 책갈피 속에서 1달러짜리 지폐 8장을 찾아냈으며(보물섬이라는 책이었다), 또 한번은 벽의 구멍에서 24달러와 약간의 잔돈이 쏟아져 나왔는데(약 24달러 60센트였다). 그 돈을 몰래 치웠더니, 그 다음날 그녀는 아무 죄도 없는 홀리건 부인을 더러운 도둑이라며 내 면전에서 마구 비난하는 것이었다. 결국 그녀는 자신의 IQ를 이용해서 좀 더 안전하게 숨길 곳을 찾아냈는데 내가 좀처럼 발견할 수 없는 그런 곳이었다. 하지만 그때에는 학교 연구활동에 참가하는 것을 허락하는 대신에 다시 무자비하게 돈을 깎아내렸다. 그것은 그녀가 혹시 내 돈을 바닥낼까봐 두려웠던 것이 아니고, 어디론가 도망칠 수 있을 만큼 넉넉한 돈을 모으게 될까 그것이 걱정이 됐기 때문이었다. 나는 그녀가 지갑에 50달러만 있어도 브로드웨이나 헐리우드에 어떻게든 갈 수가 있을 것이라는 생각이 들었다―혹은 바람이 불고 별이 빛나고 자동차와 술집이 있고 술집 주인이 있으며, 모든 것은 더럽혀지고 상처나고 죽어 있는 그런 곳, 인적이 드문 벌판에 있는 식당차(사람 구함)의 지저분한 부엌으로 갈지도.

8

남자문제를 해결하려고 나는 최선을 다했다. 어떻게 그것을 예방해야 할 것인가를 알아내기 위해 《비어즐리 스타》의 십대를 위한 칼럼을 읽어보기까지 했다.

아버지들에게 주고 싶은 말. 딸의 친구를 무섭게 쫓아 보내지 마십시오. 사내아이들이 당신의 딸을 매력적으로 보고 있다는 것이 아마 이해하기 좀 어려운 일인지도 모르겠습니다. 아버지에게 딸은 아직도 어리게만 보이니까요. 그러나 소년들에게는 매력적이고 재치있고 사랑스럽고 아름답게 여겨지는 것입니다. 그들은 그녀를 좋아하는 것이죠. 오늘 당신은 회사의 높은 자리에 앉아서 중요한 일들을 처리하지만, 예전에는 당신도 제인의 책가방을 들어다 주지 않았습니까? 생각나세요? 그러므로 당신의 딸도 이제 때가 되었으므로 그녀가 좋아하는 소년들의 사랑을 받으며 그들과 함께 어울려 행복해지는 것을 원치 않겠습니까?

건전한 즐거움? 아아!

왜 남자친구들을 손님으로 반겨주지 않습니까? 왜 그들과 대화를 나누지 않습니까? 말을 시켜보세요. 웃게 해보세요. 왜 편안하게 해주지 못합니까?
만약 자녀가 잘못을 저지른 일이 있어도 함께 잘못을 저지른 친구 앞에서는 소리치며 야단하지 마세요. 단둘이 있을 때 당신이 왜 기분 나빴던가를 깨닫게 하십시오. 그리하여 남자친구들로 하여금 당신의 딸이 무서운 괴물의 딸이라는 생각을 않도록 언제나 조심하십시오.

괴물은 우선 '절대로 금하는 것'과 '할 수 없이 봐주는 것', 이렇게 두 가지 목록을 만들었다. 절대로 금하는 것은 데이트. 혼자 하건, 둘이 하건, 셋이 하건—그 다음 코스는 분명 함께 어울려서 술이나 마시고 방탕해지는 게 뻔하기 때문이었다. 그녀는 여자친구와 함께 과자집에 가기도 했는데, 그 광경이 똑똑히 보이는 거리에서 기다리고 있는데도 그녀는 젊은 놈들과 어울려 낄낄거리며 잡담을 나누는 것이었다. 나는 만약 그녀의 친구들이 사회적으로 인정받는 버틀러 남자중학교 학생들의, 일 년에 한 번 열리는 무도회에 초대를 받는다면, 열네 살짜리 소녀에게 이브닝 드레스(펼럭이는 핑크 드레스로, 이것을 입으면 10대 소녀는 마치 플라밍고같이 보였다)를 입혀도 과연 좋을지 고려해보겠다고 그녀에게 약속했다. 더군다나 버틀러 무도회에서 만나게 될 그녀보다 더 예쁜 여자친구들과 잘생긴 남자아이들을 우리 집으로 초대해서 파티를 열어주겠다는 약속까지도 했었다. 그러나 나의 방침에 변동이 없는 한 그녀가 제멋대로인 젊은 놈과 영화를 보러 가거나 차 안에서 목을 껴안는다거나, 같은 학교 친구네 집에서 열리는 문란한 파티에 간다거나 아니면 몰래 숨어서(단지 친구 관계를 주장하는 내용일지라도) 남자와 전화통화를 하는 따위는 결코 용납할 수 없는 것들이었다.
때문에 로는 굉장히 화가 나 있었는데(나를 야비한 악당이라고 부르며 그보다 더 심한 말도 했다), 그녀를 진짜 화나게 했던 것은 내가 그녀에게서 어떤 특별한 만족을 빼앗았기 때문이 아니라 그녀의 일반적인 권리를 박탈했기 때문이었다. 나는 참다못해 같이 화를 낼 뻔했었다. 이 세상에 어린아이만큼 보수적이고 관습을 따르는 존재도 없을 것이다. 특히 여자아이인 경우엔 더 그렇다. 아주 붉은 갈색과 팥 빛깔의 그녀. 마치 10월 과수원의 저녁노을 같았고 신화 시대의 요정 같았다.

나를 오해하지는 말아 주십시오. 겨울 동안 내가 그녀의 여가 시간을 일일이 간섭을 했다고는 하지만, 우연하게라도 내가 모르는 젊은 아이들과 잡스러운 접촉이 있었는지는 확실하게 알 수가 없다. 설명할 수 없는 새어나간 시간이 항상 있게 마련이었고 그때마다 그녀는 그 틈을 막기 위해 지나칠 정도로 길게 변명을 늘어놓았다. 그러면 나의 질투는 언제나 뾰족한 손톱이 되어, 얌전하지 못한 요정을 할퀴는 것이었다. 그때 나는—지금은 내 느낌을 또렷이 기억한다—내가 그렇게 깜짝 놀랄 이유란 없다는 것을 분명히 느꼈다. 왜냐하면 손목 한번 잡는 것만으로 땀을 뻘뻘 흘리는 멍청이부터, 엄청나게 빠른 자동차를 가지고 있는 자부심 강한 여드름 투성이 강간자에 이르기까지, 모든 남자 고등학생들이 괴팍한 내 애인에게 똑같이 싫증을 냈으리라는 것이 내게는 너무나 '압도적으로 확실한'(시빌 아주머니가 즐겨 쓰던 표현이었다) 사실이었기 때문에 그렇게 느낀 것이다. 그녀의 교과서 안쪽에는 남자아이들에 대한 낙서가 씌어 있었는데 그 밑에는 모나(모나는 이제 몇 분만 있으면 등장하게 된다)의 필적으로 더 능청스러운 말이 적혀 있었다.

나는 그녀가 다른 남자와 함께 있는 모습을 우연히 몇 번 본 적이 있다. 모두 멋쟁이 미남자이긴 했지만, 개성이라곤 눈꼽만큼도 없는 얼굴이었다. 그 중의 하나가 레드 스웨드라는 아이였는데, 첫눈이 왔던 어느 날 그녀를 집에까지 바래다 준 모양이었다. 나는 응접실 창가에 서서, 현관 근처에서 이야기를 나누고 있는 그들의 모습을 지켜보았다. 그녀는 칼라에 털을 댄 코트를 입고 있었고 내가 좋아하는 머리모양(앞머리를 늘어뜨리고, 옆은 컬을 나누고, 뒤는 자연스러운 곱슬머리다) 위에는 작은 갈색 모자를 쓰고 있었다. 그러나 그녀의 축축하고 어두운 모카신과 흰 양말은 전에 없이 더욱 너절해 보였다. 그녀는 언제나 얘기를 하거나 얘기를 들을 때는 책을 가슴팍에 꼭 끼고 발은 한시도 그냥 놔두지 않았다. 왼쪽 발등 위에 오른쪽 발끝을 올리고서 서 있는가 하면 발을 뒤로 빼보기도 하고, X자로 꼬아도 보고, 가만히 흔들다가는 몇 발자국 걸음을 옮기기도 하고, 그러다가는 처음부터 다시 같은 동작을 되풀이하는 것이었다. 그 밖에도 어느 주일날 오후에 식당 앞에서 그녀에게 말을 걸었던 패드브레이커라는 녀석도 있었는데, 그의 엄마와 누이가 얘기를 하자며 나를 따로 데려가는 바람에 그들에게 질질 끌려가며 로를 자꾸 뒤돌아보았던 적도 있었다. 그녀는 이제까지의 판에 박은 듯 한 평소의 몸짓에서 벗어나 몸을 거의 반으로 접다시피하며 머리를 숙이고 인사를 하는 공손함을 보이는가 하면, 재미있어 못 견디겠다는 듯이 몇 걸음 뒤로 물러서더니, 아예 뒤로 돌아서서 잔잔한 미소를 띠며 나를 향해 걸어오는 것이었다. 나는 그녀가 운명에 순종하는 것처럼 한숨을 내쉬어가며 익살맞게 '오, 맙소사!'를 부르짖으며 계략을 쓴다거나—아마도 잊혀지지 않는 그녀의 첫 번째 고백이 생각났기 때문인 것 같다—뜻하지 않은 일이 밀어닥치면 거의 신음처럼 들려오는 깊은 저음으로 길게 '안돼—!' 하는 소리를 대단히 좋아했다. 그중에서도—우리는 지금 동작과 젊음에 대해서 얘기하고 있기 때문에—예쁘고 작은 자전거로 데이어 거리를 오르락내리락하며 질주하는 그녀의 모습을 바라보는 것이 더욱 즐거웠다. 그녀는 등을 펴고 열심히 페달을 밟았다. 그리고 속도가 줄어 완전히 멈출 때까지 노곤한 자세로 자전거에 앉아 있곤 했다. 그녀는 우체통 앞에 자전거를 세우고 여전히 걸터앉은 채로 가볍게 책장을 넘기며 잡지를 대강 훑어보고는 다시 제자리에 갖다 놓았다. 그러고는 혀로 윗입술을 지그시 누르며 희미한 그림자와 햇빛 속을 뚫고 전속력으로 다시 달려가는 것이었다.

이미 망쳐진 나의 어린 노예의 행동반경 등을 생각해 볼 때 그녀는 비교적 내가 희망했던 대로 그녀의 환경에 잘 적응하는 것 같았다. 죄가 있는 사람이나 위대한 사람이나 인정 많은 사람이거나 누구나 느껴야 하는 끊임없는 불안에 결코 길들여질 수는 없지만, 흉내라도 내려고 나는 정말 최선을 다해서 노력했다고 생각한다. 롤리타의 싸늘한 침실에서 숭배와 절망의 시간을 보내고 나면 나는 나의 좁은 스튜디오 침대에 누워 죄책감이 스쳐갔던, 아니 방황했다고 하는 편이 더 나을 나 자신의 모습을 점검함으로써 하루를 돌이켜보곤 했었다. 나는 거무스름하고 잘생긴 얼굴에 고교회파임이 분명한 켈

트인 험버트 박사가 학교에 가는 딸을 배웅하는 모습을 그려보았다. 또한 그가 여유있는 미소를 지으며 짙은 검정의 두 눈썹을 유쾌하게 아치형으로 만들며 인사하는 것도 보았다. 지금은 은퇴한 전직 사형집행관이었거나 아니면 종교적인 소책자를 쓰는 작가였음직한 웨스트 씨, 그는 프랑스 사람 아니면 스위스 사람 같았다. 깨끗한 창문이 달린 자기 서재의 타자기 위에서 무엇인가를 생각하고 있는 모습은 옆얼굴이 다소 수척해 보였으나, 창백한 이마 위로 흐트러진 머리카락은 거의 히틀러를 연상시켰다. 주말이면 멋진 오버를 입고 손에는 갈색 장갑을 끼고 딸과 함께 월튼 여관(보라색 리본을 맨 도자기로 만든 토끼와 초콜릿 상자로 유명한 곳이었는데, 두 사람이 앉을 테이블이 나기를 기다리다 보면 앞에 다녀간 사람들이 흘리고 간 빵부스러기들이 너저분하게 널려 있는 것도 보였다) 쪽으로 산책을 나서는 험버트 교수의 모습도 볼 수 있었다. 평일 오후 1시경에는 차고에서 꺼낸 차를 능숙하게 운전하면서, 감시가 철통 같은 동쪽을 향해 점잖게 목례를 보내고 시원찮은 상록수의 주위를 맴돌다가 미끄러운 길로 빠져나가기도 했다. 찌는 듯이 무더운 비어즐리대학 도서실, 지식 탐구에 여념이 없어 꼼짝도 하지 않고 있는 체격 좋은 젊은 여자들 사이에서 책을 읽다가 눈을 들어 시계를 바라보기도 하고, 대학교 교사인 리거 목사(그는 비어즐리 학교에서 성경을 가르쳤다)와 캠퍼스를 거닐기도 했다. '누군가가 그러는데 그녀의 엄마는 아주 유명한 여배우였으나 비행기 사고로 죽었다고 하더군요. 아, 제가 주제넘게 실수를 한 것 같군요. 그렇습니까? 저런, 안됐군요.'(그녀의 엄마가 고상해졌군 그래?) 나는 작은 손수레를 천천히 밀며 슈퍼마켓의 복잡한 미로 속을 헤치고 나간다. 역시 천천히 움직이며 염소 같은 눈을 가진 점잖은 홀아비인 W교수의 뒤를 따라간다. 그러고는 흰색과 검정색이 섞인 커다란 머플러를 목에 감고, 상의를 벗고 눈을 치운다. 돌리를 치과에 데리고 가면 귀여운 간호사가 그녀를 바라보며 웃는다. 마을에서 돌리와 함께 저녁을 먹을 때 에드가 험버트 씨는 유럽사람 같은 식사 매너로 스테이크를 먹는다. 둘이 함께 음악회를 간다. 대리석과 같은 얼굴에 고요한 표정을 한 프랑스인이 나란히 앉아 있고, 음악을 좋아하는 H. 험버트의 어린 딸은 그녀의 아버지 옆에, 그리고 W교수의 어린 아들은 G.G 씨의 왼편에 앉아 있다(아버지는 신(神) 안에서 감사한 저녁을 보내고 있는 것이다). 차고를 열면 자동차를 빨아들일 것 같은 불빛이 비치다가 곧 꺼진다. 화사한 잠옷을 입고 돌리의 침실 창문의 커튼을 잡아 내려준다. 일요일 아침에는 목욕탕에서 자못 진지하게 겨울 동안 하얘진 아가씨의 몸무게를 달아본다. 이상하게 관찰력이 예민한 돌리의 학교친구 얘기—흡연복 입은 사람은 처음 왔어요. 정말이에요, 영화에서 본 것 말고는.

9

내가 만나보고 싶었던 그녀의 여자친구들은 모두 내게 실망만 안겨줬을 뿐이다. 오팔 뭐라고 하는 아이, 린다 홀, 애비스 채프맨, 에바 로즌, 그리고 모나 달(한 사람만 제외하고는, 여기 이름들은 근사치에 가까운 것들이다). 오팔은 수줍음을 잘 타고 못생기고 안경을 쓴 여드름이 많은 아이였는데, 자기를 못살게 구는 돌리에게 푹 빠져 있었다. 린다 홀은 그 학교의 테니스 챔피언이었는데 돌리는 그녀와 일주일에 적어도 두 번은 단식 경기를 했다. 린다야말로 진짜 요정이 아닌가 하는 생각이 들었지만 무슨 이유에서였는지 다시는 우리 집에 오지 않았다(아마 누군가가 가면 안 된다고 말했을 것이다). 그래서 나는 그녀를 집 안마당에 내리쪼이는 햇빛의 섬광으로 기억하고 있다. 나머지 아이들 중에서는 에바 로즌만 요정다웠다. 털 많은 다리에 옆으로만 포동포동한 애비스, 음탕하여 감각적인 방면에 세련되었던 모나, 내 귀염둥이보다는 한 살이 많았지만 아주 일찍이 요정이기를 포기한 아이 같았다. 그녀에게도 한번은 그런 때가 있었는지 몰라도. 에바 로즌은 프랑스에서 온 유랑인이었는데 완전히 사춘기다운 몸매라든가 방황하는 듯한 눈동자, 그리고 높은 광대뼈 등 요정이 기본적으로 지녀야 할 매력을 드러내 보일 만큼 눈에 띄는 미모는 아니었다. 구릿빛 머리카락은 롤리타같이 매끈매끈해 보였다. 분홍 입술과 은빛 금붕어 같은 속눈썹이 달린, 젖빛같이 새하얗고 우아한 얼굴 모습은 같은 유랑민들 중에서도 훨씬 더 여우같이 보이게 했다. 그녀는 그들의 초록색 유니폼을 좋아하지 않고, 지금 기억하건대 그녀는 검정 아니면 어두운 버찌 빛깔의 옷을 입었던 것 같다. 예를 들면 아주 멋진 검정 스웨터와 굽이 높은 검은 구두, 그리고 손톱에는 석류색 매니큐어를 칠하고 있었다. 나는 불어로 그녀와 이야기했다(로는 매우 화를 냈다). 그녀의 발음은 감탄할 만큼 순수한 것이어서, 학교에서 아이들과 놀

때나 브루클린 악센트가 그녀의 입에서 튀어나오곤 했다. 고르고 고른 끝에 뉴잉글랜드 학교로 오게 되었던 그녀에게는 그것이 무척 즐거운 일이었다. 유감스럽게도 그녀의 숙부가 억만장자인데도 불구하고, 집에서 내가 그녀와 즐거운 시간을 갖기 전에 로는 어찌 된 영문인지 에바와 절교했다.

요정의 등수에는 들지 못하지만 위로 정도는 해줄 수 있는 나의 롤리타 주변의 꼬마 아가씨들에게 내가 얼마나 애착을 느끼고 있는지 독자들은 알고 있을 것이다. 나는 또 한동안은 모나 달에게서 감각적인 즐거움을 찾아보려고 노력해보았는데 특히 그녀와 로가 연극에 미쳐 있었던 봄학기 동안이었다. 언젠가 모나가 바닷가에서 어느 해병대원과 가졌었다는 연애사건에 대해 로가 나에게 정말 믿어지지 않을 만큼 깊숙한 부분까지 불쑥불쑥 말하는 것을 보고 혹시 모나에게 우리의 비밀을 말해버리지 않았을까 매우 걱정스러웠다. 로가 자기의 가장 친한 반 친구로 우아하며 차갑고, 그러면서도 도발적이며 경험이 많은 젊은 아이를 택했다는 것은 바로 로의 특징이기도 했다. 나는 그녀가 복도에서 로에게 그녀(롤리타)의 스웨터가 처녀 울로 짜인 것이라며 명랑하게 말하는 것을 들은 적이 있었다. (로는 잘못 들었다고 우겼지만.) 그녀의 목소리는 대단한 허스키였으며 일부러 파마한 검은 머리, 귀걸이, 암갈색 눈동자, 그리고 입술은 관능적이었다. 로의 말에 의하면, 그녀는 몸에 너무 많은 보석을 달고 다닌다고 선생님들에게 혼났다는 것이었다. 그녀의 두 손은 떨렸다. 그녀에게는 IQ 150이라는 무거운 짐도 있었다. 그리고 나는 로와 그녀가 버틀러학교 무도회에 가기 위해 파스텔 빛깔의 공상적인 드레스를 갈아입던 날 밤, 그녀의 등 뒤에 커다란 검정 사마귀를 보았다.

이야기가 조금 앞질러 가지만, 나의 기억만은 로가 학교에 다니던 시절에 있다. 로가 도대체 어떤 남자아이들을 알고 있는지 알아내려고 시도할 때마다 달은 요리조리 잘도 피했다. 린다가 소속된 컨트리 클럽으로 테니스를 치러 간 로에게서 30분 늦겠다는 전화가 걸려왔다. 그러면 〈말괄량이 길들이기〉의 한 장면을 연습하러 온 모나의 이야기 상대나 해줄까 하고 나는 생각했다. 그녀는 목소리와 태도를 한껏 멋부리며 갖은 교태로 애교있게 나를 바라보고 있었다. 한 가닥 빈정댐이 섞여 있는 표정으로(내가 잘못 본 것일까?) 예쁜 모나가 말했다.

"사실 돌리는 남자애들 같은 데는 관심도 없어요. 문제는 우리 둘이 적수라는 데 있어요. 돌리와 나는 리거 목사님한테 홀딱 반했어요."(이것은 농담이었다—턱이 말 같이 생긴 거인 같은 그 남자에 대해서는 이미 언급한 바 있다. 학부모들을 위한 티 파티에서 그는 스위스에 갔다온 소감으로 나를 지루하게 만들었지. 그러나 언제인지는 생각나지 않는다.)

무도회는 어땠을까? 무도회는 온통 야단법석이었다. 한마디로 무시무시했다. 로는 과연 춤을 췄을까? 한 번도. 기껏해야 서 있기만 하는 정도였다. 기운 없는 모나는 로에 대해서 어떤 생각을 하고 있을까? 로가 학교에서 공부를 잘한다고 생각할까? 저런, 어린애는 어린애로구나. 그러면 그녀의 품행은? 아, 그녀는 훌륭한 아이였다. 그렇지만 지금도? '그애는 인형이에요' 하며 모나가 결론을 내렸다. 그녀는 갑자기 한숨을 내쉬더니 우연히도 손 가까이 있는 책을 집어들었다. 그러고는 표정을 싹 바꾸며 찌푸린 얼굴로 내게 물었다.

"선생님, 볼 재크라는 사람에 대해서 제발 얘기해 주세요. 그 사람이 그렇게 멋있나요?"

그녀가 내 의자로 너무나 바싹 다가왔기 때문에 로션과 크림을 찍어바른 그녀의 살냄새(내겐 별 흥미도 없는)까지 맡을 수 있을 정도였다. 그때 이상한 생각이 들었다—롤리타가 혹시 뚜쟁이 짓을 한 게 아닐까? 그렇다면 사람을 잘못 골랐지. 모나의 싸늘한 눈초리를 피하면서 나는 문학에 대해 잠깐 동안 얘기했다. 그때 돌리가 돌아왔다. 엉큼한 눈빛으로 우리를 바라보았다. 나는 두 사람만 남겨놓고 그 자리를 떠났다. 계단을 돌면 창살이 달린 거미줄 투성이의 창문이 있었다. 그 창문은 한 군데만 색유리가 끼워져 있었다. 그래서 속살이 드러난 듯 늘 이상하게 신경이 쓰이곤 했었다.

10

가끔…… 정확하게 몇 번이지, 버트? 네 번, 다섯 번, 아니 그보다 더 많이 기억할 수 있는가? 가끔, 아무렇게나 숙제를 해치운 롤리타는 의자의 팔걸이 위에 두 다리를 올려놓고 안락의자에 털썩 기대앉아 연필을 빨고 있었다. 그러면 나는 선생님의 체통을 버리고 싸웠던 기억조차 깨끗이 잊어버린 채, 남자로서의 자부심 같은 것도 없이—문자 그대로 무릎으로 설설 기어서 그녀의 의자로 다가가곤 했다. 나의 롤리타! 그대는 나를 흘끗 쳐다봐주었지—부드러운 물음표(?)를 뜻하는 듯한 어두운 표정으로. '아, 안 돼요, 다시는' 당신은 내가 당신의 플레어 스커트에 내 얼굴을 파묻게 해달라고—어떤 음흉한 생각이 있어서가 아니었다—간청할 수도 있다는 사실을 결코 믿으려 하지 않았지. 만지면 깨질 것 같은 저 벗은 팔—얼마나 그 팔을 안아보고 싶었던가. 그 투명하고 아름다운 손발, 저 겹쳐진 치맛자락, 내 비열한 손 위에 당신의 머리를 올려놓고 당신의 눈에 입맞추면—'부탁이에요, 날좀 내버려둬요. 네? 제발 가만히 있게 해주세요' 하며 말하곤 했었다. 내가마루를 박차고 일어나면 나를 올려다보다가 나의 얼굴의 경련을 흉내 내느라고 일부러 자기 얼굴에 경련을 일으키곤 했었지, 그렇지만 괜찮다, 괜찮아. 내가 너무 동물적이니까, 상관할 것 없어. 우리의 비참한 이야기나 계속해보자.

11

12월 어느 월요일 오전이었다고 생각된다. 프래트 여사가 잠깐 들러 이야기 좀 나누자는 것이었다. 돌리의 성적이 형편없다는 것은 나도 알고 있었다. 이 부름에 대해 어떻게 하면 나 자신도 그럴 듯한 변명을 꾸며낼 수 있는가에 대해서는 생각도 안 하고 온갖 공포분위기만을 상상했다. 면담을 하기 전에 단단히 마음의 준비를 해야만 했다. 천천히 심장이 뛰기 시작했다. 나는 단두대로 향하는 듯 발걸음을 옮겼다.

거대한 몸집의 여자였다. 지저분한 회색 머리, 납작코와 까만 테두리의 안경 너머로 작은 눈이 보인다. '앉으세요' 하며 굴욕적으로 방석을 가리켰다. 그러더니 자기는 참나무 의자의 팔걸이 위에 재빠르게 걸터앉는 것이었다. 1, 2분 정도 그녀는 호기심에 가득 찬 표정을 지으며 나를 바라보았다. 생각해보니 처음 만났을 때도 그랬던 것 같다. 그러나 그때는 무서운 얼굴을 해서 위압해버릴 여유라도 있었다. 그녀는 내게서 눈을 뗐다. 그러고는 생각에 빠졌다. 아마도 그런 체하는 것 같았다. 그러고는 결심이라도 한 듯, 무릎까지 오는 회색 플란넬 스커트에 묻은 분필 자국을 털었다. 그러고는 여전히 치마를 문지르며 쳐다보지 않은 채 말했다.

"좀 죄송한 질문을 드려야겠군요, 헤이즈 씨. 선생께서는 유럽적인 기질을 가진, 시대에 뒤떨어진 아버지 같군요. 그렇지 않으세요?"

"아닙니다."

내가 말했다.

"보수적일지는 몰라도 시대에 뒤떨어지지는 않았습니다."

그녀는 한숨을 짓더니 얼굴을 찡그렸다. 그러고는 흥정하듯 본격적으로 얘기해보자는 식으로 크고 포동포동한 손을 탁탁 치며 구슬 같은 두 눈동자를 나에게 고정시켰다.

"돌리 헤이즈는 귀여운 아이예요. 그러나 육체적으로 너무 갑자기 성숙해진 것 때문에 괴로워하는 것 같아요."

나는 고개가 조금 수그러졌다. 그럴 수밖에 더 있겠는가?

"그 아이는 우왕좌왕하고 있어요. 근본적으로는 아주 사랑스러운 아인데......."

"죄송합니다."

내가 말했다.

"제 생각에는 생물학적 충동과 심리학적 충동이 서로 융해되어 있지 않은 것 같아요. 담배 피우세요?"

그녀의 손은 한순간 눈에 보이지 않는 노획물을 쥐고 있었다.

"산만하긴 하지만 매력적이고 영리한 아이이기는 해요."(앉은 채로 숨을 깊이 내쉬며 오른쪽 책상 위에 쌓인 아이들의 성적 카드를 들춰 보기 시작했다.)

"그애의 성적이 점점 나빠지고 있어요. 참 이상해요, 헤이즈 씨."

다시 뭔가 생각하는 척.

그녀는 흥미롭다는 듯 다시 말을 이었다.

"저는 담배를 즐기죠. 존경하는 피어스 박사님은 이렇게 말하곤 했었죠—나는 담배 피우는 것을 자랑으로 여기진 않지만 담배 피우는 것을 좋아한다고요."

그녀는 담배를 피워 물었다. 콧구멍으로 내뿜는 담배 연기가 마치 두 개의 코끼리 상아 같았다.

"몇 가지 더 자세하게 말씀드리겠습니다. 몇 분 안 걸릴 거예요. 어디 보자(서류를 뒤적이며), 레드콕 선생에게는 반항적이었고 코모란트 선생에게는 대단히 난폭하게 굴었군요. 자, 여기 좀 더 자세한 생활기록부가 있습니다. 반에서는 아이들과 노래 부르기를 좋아하는데 마음은 딴 곳에 가 있는 것 같다. 다리를 꼬고 앉아 왼쪽 다리를 리듬에 맞춰 흔든다. 이건 좀 우스운 얘기지만, 청소년 아이들이 보통 많이 사용하는 이백 쉰 두 가지나 되는 은어들이 대부분 유럽말 다음절(多音節)로 이루어져 있다는군요. 그리고, 11월 마지막 주였어요. 수업시간에 한숨을 너무 많이 쉬었으며 껌을 지독하게 씹었어요. 손톱을 물어뜯는 버릇은 없지만 만약 그렇다면 전반적인 패턴과 일치해요. 과학적으로 얘기하자면, 물론, 월경은 본인 말에 의하면 아주 정상이군요. 현재는 아무 교회에도 나가지 않고 있고, 그건 그렇고 헤이즈 씨, 엄마는요? 아, 알겠습니다. 그러면 선생께서는? 아무도 알 수 없는 일이라고 생각해요. 신만이 하실 수 있는 일이죠. 알고 싶은 게 또 있습니다. 집에서는 뭐 별로 집안일을 도와야 한다든가 하는 것은 하나도 없다고 보고 있습니다. 헤이즈 씨는 돌리를 공주처럼 생각하시는가 보죠? 자, 그러면 또 뭐가 없나? 책은 곱게 다루고 목소리도 쾌활하고. 그런데 좀 자주 낄낄거리더군요. 그리고 교사들의 이름 첫글자를 서로 바꾸어놓는 장난을 몰래 한 적이 있었습니다. 머리카락은 검은 갈색에 광택이 있고—아버님께서(웃으며) 더 잘 아시리라고 생각합니다. 발등이 높고, 눈은—잠깐만요, 어딘가 좀 더 최근의 기록이 있을 겁니다. 아, 여기 있군요. 골드 선생은 돌리의 테니스 폼이 썩 훌륭한 것이어서 린다보다도 훨씬 더 낫다고 했군요. 그러나 집중력이 부족하고 점수 획득에 아주 약하다고요. 코모란트 선생은 돌리가 극히 빼어나게 감정 조절을 잘 하는 건지 아니면 아주 그렇지 못한 것인지 알 수가 없다고 합니다. 호마 선생이 쓴 보고서에서는 그녀는 자기의 감정을 말로 표현할 줄을 모른다고 합니다. 반면에 칼 선생은 돌리의 신진대사 능력은 최고라는군요. 그리고 몰러 선생은 돌리가 근시이기 때문에 좋은 안과의사를 찾아가야 하며, 레드콕 선생은 돌리가 공부하기 싫으면 눈이 피곤한 척 한다고 주장하고 있습니다. 결론적으로 헤이즈 씨, 우리 교사들은 정말 힘든 일을 하고 있는 것입니다. 아버님께 부탁드릴 게 있어요. 선생님의 가엾은 부인이나 선생님 자신이나 아니면 가족 중의 누군가가—숙모 몇 분과 외할아버지가 캘리포니아에 살고 있다고 들었는데요, 아, 부인은 돌아가셨군요, 미안합니다. 아무튼, 우리는 모두 가족 중의 누군가가 돌리에게 포유류의 생식작용에 대해서 가르쳐주지 않았나 생각하고 있습니다. 이제 15세밖에 안 된 돌리라면 성적인 문제에 대해서는 병적으로라도 무관심해야 한다는 것이 일반적인 의견입니다. 좀 더 정확히 말하자면 그녀 자신의 품격을 위해서 호기심을 눌러야 한다는 것입니다. 아, 열네 살이군요. 헤이즈 씨도 아시다시피 우리 비어즐리 여학교는 벌이나 꽃, 황새, 잉꼬 같은 것은 믿지 않습니다. 우리는 우리 학생들이 서로 만족스러운 자기의 짝을 만나 아이를 훌륭하게 기르는 그 준비 작업을 시키는 데 중점을 두고 있습니다. 돌리가 오직 공부에만 전념해준다면 그녀에게 훌륭한 발전이 있으리라고 생각해요. 그런 점에서 코모란트 선생 보고서는 매우 중대한 의미를 지니고 있습니다. 돌리는 좋게 얘기해서 좀 건방져가고 있어요. 그러니까 첫째는 가족들의 주치의가 그녀에게 인생의 문제를 얘기해주도록 하셔야겠고요, 둘째는 주니어 클럽이나 리거 박사의 모임이나 아니면 부모님들의 따뜻한 가정에서 같은 반 친구의 오빠들과 어울릴 수 있도록 선생님께서 허락해주셔야 합니다."

"우리집에서도 남자아이들을 만날 수 있습니다."

내가 말했다.

"그렇게 되길 바라겠습니다."

프래트가 경쾌하게 대답했다.

"우리가 그녀의 고민에 대해서 물어보니까 돌리는 집안 얘기 하기를 거절하더군요. 그러나 그녀의 몇몇 친구들과 얘기를 해보았죠. 아버님께서 연극부에 가입하는 것을 반대하고 계시는 것 같더군요. 이번 요술쟁이 사냥 연극에 참여하도록 허락을 해주셔야 합니다. 연습하면서 보니 돌리는 완벽한 작은 요정이더군요. 이제 봄이 되면 극작가도 비어즐리대학에서 며칠간 머무르게 될 거예요. 그렇게 되면 새로 지은 우리 강당에서 리허설도 참관하게 될 거고요. 아직 젊고 아름답다면 그 즐거움을 누리는 게 당연한 일 아니겠어요? 이해를 해주셔야죠."

"저는 항상 저 자신을 아주 이해 깊은 아버지로 생각해왔습니다."

"아, 물론 그렇고말고요. 그러나 코모란트 선생의 의견으로 저도 찬성입니다만, 돌리가 성문제에 온통 사로잡혀 있다고 생각하고 있지요. 그러다가 잘못하면 다른 소녀들이나 혹은 어쩌면 젊은 교사들까지 충동질해서 희생시킬 수도 있는 문제거든요? 왜냐하면 그들은 지금 남자아이들과 너무도 순수한 데이트를 즐기고 있으니까요."

나는 어깨를 추스렸다. 초라하기 짝이 없는 이주민.

"우리 같이 한번 생각해 봅시다. 헤이즈 씨, 도대체 그 아이의 어디가 잘못된 거죠?"

"그 아이는 지극히 정상이며 행복해 보입니다만."

내가 말했다(드디어 올 것이 온 것인가? 내가 발각이 난 것일까? 최면술사라도 데리고 왔나?)

프래트 여사는 시계를 쳐다보더니 지금껏 한 얘기를 처음부터 다시 반복하기 시작했다.

"선생님들이나 돌리 친구들이나 모두 돌리가 적대적이며 불만이 많고 빈틈이 없는 아이라고 한결같이 얘기하니 참 걱정이 되는군요. 그런데 선생님께서는 정상적인 아이들이 즐길 수 있는 자연스러운 오락에 대해서 왜 그렇게 반대만 하시는지 모든 사람들이 궁금하게 여기고 있답니다."

"섹스 놀이를 말하시는 건가요?"

구석에 몰린 늙은 쥐처럼 움찔하면서도 한번 잘난 척을 해보았다.

"네, 아주 문화적인 그 표현이 좋겠군요."

프래트 여사는 씩 웃으며 말을 계속했다.

"그러나 그런 것은 아무래도 좋아요. 우리 비어즐리 학교가 주최하는 연극, 춤, 그 밖의 여러 가지 자연스러운 놀이들은 전혀 섹스 놀이가 아닙니다. 여자아이들이 남자아이들을 만나기는 하지만 그게 섹스 놀이입니까?"

"좋습니다."

내가 말했다. 그때 깔고 앉아 있던 방석에서 힘없이 피—익 하는 소리가 새어나왔다.

"제가 졌습니다. 그 연극에 참여를 시키겠습니다. 단 조건이 있습니다. 남자 역할도 여자들이 해야 합니다."

"외국인들이 우리 말을 유창하게 구사하는 것을 보면 언제나 황홀해진답니다. 연극반을 지도하는 골드 선생이 이 얘기를 들으면 뛸 듯이 좋아할 거예요. 그녀는 돌리가 다루기 쉬운 아이라는 것을 알고 있는 몇 안 되는 선생님 중의 하나랍니다. 그런데 특별한 문제가 하나 있어요. 또 곤란한 문제가 있단 말씀입니다."

프래트는 잠시 말을 멈추더니 둘째 손가락으로 콧구멍 밑을 세차게 비벼 댔다.

"나는 굉장히 솔직한 사람이에요."

그녀가 말했다.

"그러나 규정은 규정입니다. 아, 좀 어렵군요…… 이렇게 얘기해 봅시다 …… 언덕 위의 회색 저택 아시죠? 우리가 이 주위에서 공작의 저택이라고 부르는 집 말입니다. 그 집에 사시는 워커 씨 부부는 우리 학교에 두 따님을 보내고 있어요. 또 무어 학장의 조카딸도 우리 학교에 다니고 있답니다. 정말로 품위 있는 아이죠. 지금 명문의 자제가 얼마나 있나 그 숫자를 말하려는 것이 아닙니다. 이런 여건 밑에서 선생님 같은 외국인은 알아듣지도 못하고 이해하지도 못하는 그런 말을 어린 숙녀 티가 나는 돌리가 사용하고 있다면 이건 좀 곤란해지거든요. 돌리를 지금이라도 당장 여기로 오게 해서 여러 가지 얘기를 해보는 게 좋을 것 같은데 어떠세요? 싫으십니까? 아, 알겠어요—우리가 가보도록 하죠. 선생님이 좋으시다면—"

"아닙니다, 학교 규정을 어기면서까지 그러고 싶지는 않습니다. 나중에 제가 따로 그 애에게 얘기를 하겠습니다. 충분히 생각해보겠습니다."

"그렇게 하세요."

여자는 의자 팔걸이 위에서 몸을 일으켰다.

"그리고 곧 다시 한번 만나요. 그래도 개선의 기미가 안 보이면 커틀러 박사에게 돌리를 보여야겠어요."

프래트와 결혼해서 그녀를 목졸라 죽이고 싶다!

"……어쩌면 선생님의 가족 주치의도 돌리의 신체를 검사해보기를 좋아할는지도 모르죠—그저 판에 박힌 점검일 따름이에요. 돌리는 버섯반이에요 —복도를 따라 맨 끝 교실입니다."

비어즐리 학교는 반마다 모두 다른 전통적인 별명을 하나씩 가짐으로써 영국에 있는 유명한 여자 학교의 흉내를 내고 있었다. 버섯반, B반, BA반, 등등. 버섯반은 냄새가 나고 레이놀즈(영국의 초상화가)의 세피아 색 그림이 걸려 있었다. 칠판 위에는 '순진한 나이'라는 글이 걸려 있었고 촌스러워 보이는 학생들 책상이 몇 줄 놓여 있었다. 그 아이들 가운데서 나의 롤리타가 베이커의 연극 기법에 나오는 대화를 읽고 있었다. 모두가 조용한 가운데

한 아이가 눈에 띄었는데 백자같이 하얀 목덜미와 눈부신 은빛 머리의 소녀였다. 돌리의 앞에 앉아 역시 책을 읽고 있었는데 완전히 심취해서 한 손가락으로 부드러운 머리카락을 끊임없이 감아올리고 있었다. 나는 돌리의 옆에 앉았다. 바로 그 목덜미, 바로 그 머리카락 뒤에. 그리고는 코트의 단추를 풀었다. 또한 학교 연극에 참가해도 좋다는 뜻으로 책상 밑의 잉크와 분필가루 투성이의 돌리의 손에 65센트를 놓아주었다. 오, 아무것도 모르는 어리석기 짝이 없는 돌리.

12

크리스마스 무렵 로는 심한 오한에 걸려, 레스터 양의 친구인 일스 트리스트램슨이라는 여의사의 진찰을 받았다(안녕! 일스, 당신은 점잖고 비교적 무딘 사람이어서 나의 비둘기를 부드럽게 다루었었지). 그녀는 기관지염이라고 진단을 내렸다. 그리고 로의 등을 가볍게 두드리며(열 때문에 열꽃이 피어 있었다) 일주일 이상 침대에서 안정해야 한다는 것이었다. 처음에 그녀는 가엾은 롤리타의 체온을 쟀다. 기운이 쭉 빠진 롤리타는 내 품에 안겨서도 끙끙거리며 기침을 하고 몸을 떨었다. 그녀의 몸이 곧 다시 회복되자 나는 남자아이들을 초대하는 파티를 열었다.

아마 나는 마음의 준비를 하느라 좀 과음을 했었던 것 같다. 어쩌면 스스로 어리석었는지도 모른다. 소녀들은 작은 전나무에 장식을 꾸미고 온갖 장식품을 갖다 걸었다—독일 풍습으로 초 대신에 색전구. 레코드를 골라 구식 축음기에 얹혔다. 돌리는 멋진 회색 드레스를 입고 있었는데 꼭 맞는 조끼와 플레어 스커트 차림이었다. 나는 이층에 있는 서재에 틀어박혀버렸으나 10분, 아니 20분마다 아래층으로 내려와 백치처럼 잠시 서 있곤 했다. 표면상으로는 벽의 선반에서 파이프를 꺼내거나 아니면 신문을 찾는 척했다. 그러나 이런 단순한 행동들도 점점 하기가 어려워졌다. 그래서 나는 람스데일 집에서 리틀 카르멘이 진행되고 있는 방 안으로 아무렇지도 않게 들어가려고 신경을 곤두세우곤 했었던 아득히 지나간 날들을 떠올려보았다.

파티는 그리 성공적인 것은 아니었다. 초대를 받았던 세 명의 여자아이들 가운데 하나는 끝내 오지 않았고, 어떤 소년은 자기 조카 로이를 데리고 왔기 때문에 남자아이들이 두 명이나 남았다. 따라온 조카 아이는 무슨 춤이든

출 수 있었지만 다른 아이들은 춤을 출줄 몰랐기 때문에 저녁시간의 대부분은 부엌을 더럽히는 데만 쓰였다. 무슨 카드놀이를 할 것인가 끊임없이 재잘거리고, 그게 좀 지나고 나니까 창문이란 창문은 온통 다 열어젖히고 남자 넷에 여자 둘이 거실 바닥에 앉아 전혀 알아들을 수 없는 말놀이를 하는가 하면, 창백한 미남 소년 로이와 모나는 부엌에서 진저에일을 마시고 테이블에 앉아 다리를 포개더니 운명예정설과 평균법칙에 대해서 열렬하게 토론을 벌이기도 했다. 그들이 모두 돌아가고 나자 로는 눈을 감고 휴! 한숨을 내쉬었다. 그러고는 의자 위로 떨어져 불가사리같이 사지를 벌리고 극도의 혐오와 피로감을 나타내며, 이제까지 보아온 중에서 가장 몸서리나게 싫은 자식들이었다며 치를 떨었다. 나는 그래서 그 말 한마디 때문에 그녀에게 새 테니스라켓을 사주었다.

1월은 습기차고 따뜻했다. 그리고 2월은 개나리가 피었다. 마을사람 어느 누구도 그런 날씨를 일찍이 본 적이 없었다. 다른 선물들이 들어오기 시작했다. 그녀의 생일날 나는 그녀에게 암사슴같이 생기고 아주 예쁜 자전거를 선물했다. 게다가 〈현대 미국 회화의 역사〉를 덧붙여 사주었다. 그녀의 자전거 타는 폼, 특히 자전거에 다가가는 모습, 올라탈 때의 엉덩이의 움직임, 우아함 등은 나에게 더할 나위 없는 즐거움을 제공해주었다. 그러나 그녀의 그림 보는 안목을 키워주려던 내 노력은 허사였다. 그녀는 도리스 리^(미국)의 건초더미 속에서 낮잠을 자는 남자가 관능에 빠진 척하고 돌아다니는 말괄량이의 아버지인지 아닌지를 알고 싶어했으며, 그랜트 우드와 피터 허드는 좋은 사람이며 레지날드 마쉬와 프레데릭 워는 왜 끔찍하다고 하는지 이해하지 못했다.

13

그즈음, 봄은 데이어 거리를 노랑·초록·분홍으로 물들이고 있었고, 롤리타는 내가 어떻게 할 수 없을 정도로 연극무대에 미쳐 있었다. 어느 주일날 월튼여관에서 어떤 사람들과 점심식사를 하고 있는 프래트를 우연히 발견했다. 그녀는 멀리서 내 시선을 의식하고 손뼉을 치며 우리 쪽으로 걸어 왔지만, 로는 딴 데만 쳐다보고 있었다. 나는 원시적이고 타락한 형태의 연극이라면 딱 질색이었다. 역사적으로 얘기한다면 그것은 엘리자베스 시대의 시

(지금 나와 밀담 중인 독자들도 기계적으로 외우고 있을)도 읊어가며 개개인의 천재성을 발휘하지만, 어딘가 석기시대 의식의 냄새가 나고 난센스가 많은 그런 형태였다. 그 당시 나는 나의 집필 작업에 대부분의 시간을 빼앗기고 있었지만, 〈요술에 걸린 사냥꾼들〉의 원본만큼은 특별히 시간을 내서 다 읽어보았다. 그 단막극에서 돌로레스 헤이즈는 최면술 책을 가지고 있는 농부의 딸로 나오고 있었다. 자기 자신을 숲 속의 여자 마법사나 혹은 다이애나(달의 여신으로 처녀성과 사냥의 수호신)인 것처럼 상상하며 방랑시인(몰나 달)의 주문에 따라 길 잃은 많은 사냥꾼들을 여러 가지 황홀경 속으로 몰아 넣는 그런 역이었다. 나는 로가 온 집 안에 뿌리고 다닌 꾸겨지고 엉망으로 타이프를 친 원고 조각들을 많이 주워모았다. 결코 잊혀지지 않는 그때 그 여관의 이름과 연극 제목이 우연히도 일치한 것은 어딘가 씁쓰름하면서도 별로 기분 나쁘지는 않았다. 나는 그 연극이 누가 지은 것인지도 모르는 해묵은 전설을 다시 각색한 것이라고 생각했다. 호텔의 멋지고 매력적인 이름을 찾고 있던 호텔 창립자가 유일하게 직접적인 영향을 받은 것이 그가 고용했던 2류 벽화가가 그린 일시적인 공상세계이고, 게다가 호텔 이름이 연극 제목의 소재가 된 것이라고 생각할 수도 있었다. 뭐든지 쉽게 믿고 단순하고 호의적인 나는 달리 돌려서도 생각해보았다. 그리고 전체적인 것은 충분히 생각하지도 않고 그 벽화와 호텔 이름과 연극 제목은 모두 그저 어떤 보편적인 소재, 말하자면 어느 지방의 전통 같은 것에서 유래된 것이 아닐까 하고 생각했다. 물론 나는 뉴잉글랜드 전설에는 밝지 못한 이방인이어서 알 턱도 없었지만, 그 결과 나는 그놈의 단막극이 젊은 아이들을 지치게 하기 위한 변덕스러운 것이어서 리차드 로의 《헨젤과 그레텔》이나 도로시 도의 《잠자는 숲속의 미녀》, 그리고 모리스 버몽과 마리옹 런펠 메이에르의 《벌거벗은 임금님》같이 여러 번 손질해서 뜯어 고친 작품이라는 느낌을 갖게 되었다—그것들은 《학교연극집》이나 《연극을 합시다!》 같은 책에 보면 어디에나 나와 있는 것들이었다. 나는 〈요술에 걸린 사냥꾼들〉이란 연극이 최근 작품으로 뉴욕에서 소위 지식인이라고 자처하는 사람들에 의해서 불과 서너 달 전에 초연되었던 독창적인 작품이라는 사실을 모르고 있었다(알았다 하더라도 별 상관하지 않았을 것이지만). 나에게는(요정의 편에 서서 판단하는 까닭에) 그것이 로노망과 메테를링크부터 메아리가 들려오고, 꿈꾸는 듯 조용한 영국인들이 등장

하는 매우 환상적인 작품이었다. 빨간 모자를 쓰고 똑같은 복장을 한 사냥꾼들이 등장한다. 첫 번째 사람은 은행가였으며 두 번째는 연관공, 세 번째 사람은 순경, 네 번째는 장의사, 다섯 번째는 보험업자, 여섯 번째 사람은 도망친 죄수였는데 이 여섯 사람이 모두 돌리의 산간벽지에서 완전히 심경의 변화를 갖게 된다. 그래서 그들은 진짜 자기들의 현실생활이 꿈이나 악몽이었다고 기억하게 되며, 다이애나가 자기네들을 그곳으로부터 일깨워주었다고 생각하게끔 된다. 그러나 일곱 번째 사냥꾼(초록색 모자를 쓰고 나오는 익살꾼)은 젊은 시인이었다. 그는 다이애나와 그곳에 있는 것들(춤추는 요정들, 꼬마 요정들, 괴물들)을 모두 자기가 만든 것이라고 우겨대 다이애나의 골치를 썩이게 된다. 마지막에는 완전히 질려서, 맨발의 돌로레스가 자기는 시인의 환상이 아니며 영락없는 시골뜨기 아가씨라는 것을 그 허풍선이에게 입증하기 위해, 체크무늬 바지를 입은 모나를 데리고 위험한 숲 뒤에 있는 아버지의 농장으로 가는 것으로 되어 있었다—그리고 마지막 순간의 키스가 강조하게 되는 것은 즉, 사랑의 환상과 현실을 함축하고 있는 것, 이 연극의 심오한 의미였다. 로의 면전에서 이것저것 지적하며 비평하지 않는 것이 현명하겠다고 나는 생각했다. 그녀는 표현의 문제점들에 대단히 몰입해 있는 상태였다. 그녀는 플로렌스 사람 같은 작은 두 손을 너무나도 매력적으로 한데 모으고 속눈썹을 깜박거리며, 다른 바보스런 부모들같이 제발 리허설에 오지 말아 달라고 신신당부를 하는 것이었다. 왜냐하면 그녀는 첫날밤의 공연에서 완벽하게 연기를 해내서 나를 어리둥절하게 만들고 싶었던 것이다—나는 언제나 간섭하고 틀린 소리만 늘어놓는가 하면, 다른 사람이 있는 곳에서는 늘 그녀를 갑갑하게 만들었기 때문이었다.

매우 특별한 리허설이었다…… 아, 사랑하는 사람이여…… 기분 좋은 바람이 몹시도 불던 5월 어느 날이었다. 그것은 나의 시야와 기억을 벗어난 과거로 흘러가버렸다. 오후도 아주 늦은 시각이었다. 로가 자전거에 올라 앉아 우리 집 잔디밭 가장자리에 있는 여린 자작나무의 나무껍질을 손바닥으로 누르고 있었다. 그녀가 너무도 부드럽게 환한 미소를 띠고 있었기 때문에 나는 잠시 우리의 고민이 모두 사라진 듯한 착각마저 들 지경이었다.

"기억하세요?"

그녀가 말했다.

"그 호텔 이름 말이에요. 아세요? 하얀 기둥과 로비에 있던 대리석 백조 생각나요? (코로 숨을 쉬며) 나를 강간했던 그 호텔 말이에요. 좋아요. 그 얘기는 관둬요. 그 이름이 (거의 속삭이듯) 요술에 걸린 사냥꾼 아니었던가요? 아, 뭐더라? (생각하는 듯) 맞지 않아요?" 그녀는 요염한 웃음을 크게 터뜨리며 번들번들한 나무줄기를 손바닥으로 찰싹 갈기더니 거리 끝의 언덕 위로 쏜살같이 달려가는 것이었다. 그러더니 다시 돌아와 발을 페달 위에 올려놓고 자세를 느긋하게 취했다. 꽃무늬가 있는 스커트 무릎 위에서 그녀의 한 손이 꼼지락거렸다.

14

나는 로에게, 엠페러 선생(프랑스 학자들은 편의상 그녀를 그렇게 부른다)에게 피아노 레슨을 받아도 좋다고 허락했다. 그것은 피아노가 아마도 연극이나 무용에 대한 그녀의 흥미와 관계가 있으리라는 생각에서였다. 엠페러 선생의 푸른 덧문이 있는 하얀 집은 비어즐리에서 1마일 가량 떨어져 있었다. 5월이 끝나갈 무렵인 어느 금요일 밤(로가 내게 제발 오지 말라고 부탁했던 특별 리허설이 1, 2주일쯤 지난 뒤였다), 막 구스타브의—내 말은, 게스톤의—왕(장기)을 쓸어오려는데 서재에서 전화벨이 울렸다. 로가 지난 수요일 레슨도 빼먹고 오늘도 오지 않았다며 다음 화요일에는 올 것인지를 묻는 엠페러 선생의 전화였다. 무슨 일이 있어도 그날은 꼭 보내겠다고 대답한 뒤 나는 계속 장기를 두었다. 독자 여러분은 잘 아시겠지만 내 솜씨는 말할 수 없이 형편없어서, 이번 게스톤과의 내기에서는 한두 차례 말을 움직여보았지만 신통치 않았다. 여전히 마음 깊은 곳에는 근심이 깔려 있으면서도 그가 내 여왕을 곧 먹으리라는 것을 알 수 있었다. 그 역시 내가 열세에 놓여 있다는 것을 눈치챘으나 혹시나 잔꾀가 많은 상대방의 함정은 아닐까 싶어, 한동안은 침착하게 생각하더니 한숨을 푹푹 쉬기도 하고, 씩씩거리다가는 턱을 흔들기도 하고, 때로는 내 눈치를 힐끗거리며 매혹적인 여왕을 손에 넣고 싶어 안달을 하면서도 감히 그러지 못하는 양, 잘막하고 통통한 손가락을 머뭇거리며 오므렸다 폈다 하더니 순식간에 여왕을 냉큼 집어가버렸다. (이런데도 나중에 내가 그에게 대담성을 가르치지 않았다고 할 수 있겠는가?) 나는 비기라도 하기 위해서 따분하게 한 시간을 보냈다. 그는 브랜디를 다 비우고 결과에 매우 만족스러워하면서 그 자리를 떠났다(존경하는 친구, 꽤 오랫동안 사귀어 왔소. 그러나 이젠 당신이 내 책을 구하려고 하는 것을 볼 기회가 있다면 당신과 행복하게 악수를 할 것이고, 내 요정에게도 그렇게 하라고 시키겠소). 돌로레스 헤이즈는 시선을 연극 대사에만 고정시킨 채 부엌 테이블에 앉아 파이를 한 조각 먹고 있었다. 얼굴을 들어 나를 바라본 눈빛은 하늘을 바라보듯 멍했다. 나에게 들켜버렸는데도 기이하리만치 침착을 잃지 않은 초연한 자세였다. 그녀는 자신이 아주 나쁜 아이라는 것을 알고 있다며, 유혹을 그냥 물리칠 수 없어서 그 음악 레슨 시간을 —아, 독자여, 나의 독자여!—가까운 공원에서 모나와 함께 요술 숲 장면을 연습하는 데 다 써버렸다고 말하는 것이었다. 나는 '알았어'하고 말하고는 전화기 쪽으로 슬슬 걸어갔다. 모나의 어머니가 전화를 받았다—'네, 집에 있어요' 라고 대답하고는, 어머니 특유의 겸허한 즐거움을 담아 웃으며 '로이의 전화다!'하고 소리쳤다. 바로 그 다음 순간 모나는 급하게 달려와, 거칠지는 않으나 매우 낮고 단조로운 목소리로 로이의 행동과 말에 대해 로이를 꾸짖기 시작했다. 그래서 모나의 말을 막았더니 그녀는 곧 아주 겸손하고 섹시한 저음으로 '아, 선생님이세요. 네, 순전히 제 잘못이에요. (이 임기응변! 이 평정!) 솔직히 말해서 제가 나빴어요.'—마치 어린 악마들처럼 계속 지껄여댔다.

나는 기침을 내뱉으며 가슴에 손을 대면서 아래층으로 내려왔다. 로는 거실에서 푹신한 의자에 앉아 있었다. 길게 내뻗은 맨발의 뒤꿈치를 얹은 의자를 계속 흔들거리며, 또 손톱을 물어뜯으며 매정하면서도 공허한 눈길로 나를 놀리는 듯 쳐다보는 그녀를 바라보았다. 나는 그녀가 2년 전 처음 만난 이래 얼마나 많이 변했는가를 갑자기 한꺼번에 고통스러운 느낌과 함께 인식하게 되었다. 아니면 지난 2주 동안에 그렇게 되어버린 것일까? 그녀에 대한 사랑은 어디에 간 것일까? 확실히 그것은 신화의 파멸이었다. 그녀는 타오르는 내 분노의 초점 안에 앉아 있었다. 이 끔찍한 명료함만을 남기고 욕망의 안개는 말끔히 걷혀버렸다. 아, 그녀는 변했구나! 그녀의 피부는, 마치 씻지 않은 얼굴에 남의 화장품을 얻어 더러운 손가락으로 찍어 바르고, 그렇게 해서 생길 불결한 살결이나 농피성 표피세포가 얼굴에 어떤 영향을 미칠 것인가도 생각지 않는 그런 저속한 여학생의 얼굴이었다. 전에는 매끄럽고 부드러운 솜털도, 그리고 장난하느라고 그녀의 헝클어진 머리를 내 무릎 사이에 끼우고 뒹굴 때 눈물이 흐른 그녀의 피부는 그렇게 해맑을 수가 없었다. 그러나 지금은 거친 홍조가 옛날의 순수함과 해맑음을 대신하고 있다. 그녀는 그 지방에서 흔히 '추운 토끼'라고 부르는 타는 듯한 분홍색을 건방진 콧구멍 끝에 칠하고 있었다. 화가 난 나머지 나는 시선을 밑으로 떨구었는데, 내 눈길은 쭉 뻗은 그녀의 맨살 넓적다리 아래쪽으로 자연스럽게 미끄러져 내려갔다—그녀의 다리는 얼마나 세련되어지고 근육도 어느새 그렇게 발달했는지! 그녀는 탁한 유리 같은 회색빛의 핏발 선 두 눈으로 나를 계속 응시하고 있었다. 그 눈 속에서 나는 그녀의 비밀스러운 속셈을 읽어낼 수 있었다. 그래, 모나가 옳았어. 고아인 로는 자기 자신을 곤경에 몰아넣지 않고도 얼마든지 내 가면을 벗길 수 있겠지. 내가 얼마나 빗나갔는지! 내가 얼마나 정신이 나가있었는지! 늘씬한 다리의 강건함, 하얀 양말의 더러운 발바닥, 방이 더움에도 불구하고 입고 있는 두꺼운 스웨터, 풍겨나오는 체취, 이상하게 홍조를 띤 얼굴, 처음 칠해 본 루즈, 이 모든 것이 나를 분노케 만드는 그런 요소들이었다. 그녀의 앞니에 묻어 있는 붉은 색 루즈는 생각하기도 싫은 괴로운 추억을 되살려냈다. 갑자기 모니크가 아니라, 아주 오래 전에 어느 사창가에서 보았던 어린 창녀의 모습이 떠올랐다. 단지 그녀의 젊음을 보고, 무서운 병에 걸릴지도 모를 모험을 할까말까 채 결정하기도 전에 다른 사람이 채어 가버렸던 것이다. 촌스러운 갈색 머리에 칙칙한 빨간 리본을 꽂고 앞니가 커다란, 어머니를 일찍 여읜 소녀였다.

"이제 만족했나요?"

로가 말했다.

"아, 그래, 완벽했어. 둘이서 함께 꾸며낸 것이라는 것을 의심할 여지가 없었어. 사실은 네가 그녀에게 우리 사이에 있었던 모든 일을 말해버렸다는 것도 느낄 수 있어."

"아, 그래요?"

나는 호흡을 정돈했다.

"돌로레스, 그따위 짓은 당장 집어치워. 너를 비어즐리에서 끄집어내 네가 알고 있는 곳에다 가둘 수도 있지만, 하여튼 그런 짓은 당장 그만둬. 여행가방 쌀 시간만 있으면 너를 데리고 떠날 수 있는 준비도 다 되어 있어.

당장 그만두지 않으면 무슨 일이 일어날거야."

"무슨 일이 또 일어난다고요? 흥!"

그녀가 흔들어대고 있던 의자를 홱 낚아채자 그녀의 발이 쾅 소리를 내며 마룻바닥으로 떨어졌다.

"왜 그래요, 진정하세요."

그녀가 소리쳤다.

"우선 이층으로 올라가."

이번에는 내가 소리를 질렀다. 그리고 동시에 그녀를 붙잡아 일으켜 세웠다. 그 순간부터 나는 내 목소리를 걷잡을 수 없었다. 우리는 서로를 향해 소리를 질렀다. 그녀가 내뱉었던 말들은 여기에 쓸 수도 없을 정도의 것들이었다. 나를 미워한다고 그녀가 말했다. 그녀는 볼을 잔뜩 부풀리고 괴물같이 소리를 내면서 귀신같은 얼굴로 나를 쳐다보았다. 그녀는 자기 엄마와 내가 함께 살고 있을 때도 내가 몇 번이나 자기를 강간하려 했으며, 내가 자기의 엄마도 살해했음이 분명하다고 말했다. 또 어떤 놈이든지 먼저 자기와 같이 자고 싶다고 말하는 첫 번째 남자와 자기가 잠자리를 같이 한다 해도 내겐 그것을 말릴 아무 자격도 없다는 것이었다. 나는 그녀에게 이층으로 올라가 돈을 숨긴 모든 장소를 내게 보이라고 했다. 정말 말할 수 없이 비위에 거슬리고 증오스러운 장면이었다. 나는 그녀의 손목을 꽉 움켜잡았다. 그녀는 기회가 있을 때마다 도망치려고, 잡힌 손을 빼기 위해 이리저리 비틀면서 적당한 기회만을 기다리며 내 약점을 노리고 있었다. 워낙 세게 움켜쥐고 있었기 때문에 사실 나도 마음이 아팠으며, 한두 번 그녀가 너무나도 맹렬하게 팔을 잡아당기는 바람에 혹시 그녀의 손목이 빠져버리지나 않을까 걱정되기도 했다. 그녀는 북받치는 분노와 뜨거운 눈물이 갈등을 일으키는, 결코 잊어버릴 수 없는 그런 싸늘한 눈으로 나를 노려보고 있었다. 싸우는 소리 때문에 전화 신호음을 듣지 못하다가 벨이 울리고 있음을 알아챘을 때 그녀는 이때다 하고 도망을 쳐버렸다.

마치 영화에 나오는 사람들처럼 나는 전화와 갑작스러운 전화의 신(神)의 도움을 받은 것 같은 느낌이 들었다. 그 전화는 화가 난 이웃 사람에게서 온 것이었다. 거실의 동쪽 창문은 다행히 내려져 있었지만 정작 문은 열려 있어서, 음산한 뉴잉글랜드 봄의 축축하고 캄캄한 밤이 문 밖에서 숨을 죽인 채

우리를 엿듣고 있었다. 미국 현대 소설 속에 담겨 있는 상당량의 문학적인 이야기에 영향을 입어 음탕한 상상을 하는 노처녀들이 세상 어딘가에는 있을 것이라는 생각을 나는 늘 해왔었다. 얌전한 숙녀인 척하는 외설스러운 이스트(그녀의 실명을 폭로하자면, 펜톤 리본) 양은 아마도 우리의 언쟁을 엿듣기 위해 그녀 몸의 사분의 삼쯤은 침실 창문 밖으로 내밀었을 것이라는 확신을 갖게 되었다.

'……이 소란하며……몰상식한……' 하며 수화기에서는 계속 '우린 이곳에서 셋방을 사는 게 아니에요. 정말이지……' 하고 꽥꽥거렸다.

나는 딸의 친구들이 너무 시끄럽게 굴어 미안하다고 사과했다. 아시다시피 젊은 사람들은—하며 몇 마디 하는 사이 전화는 탁 끊겨버렸다.

아래층에서 미닫이가 꽝 닫히는 소리가 났다. 로인가? 도망갔나? 계단 옆 벽에 있는 여닫이 창문으로, 작은 도깨비가 정원의 관목 사이로 빠르게 달아나는 것이 보였다. 어둠 속의 빛나는 은색의 점(자전거 바퀴의 축)이 움직이며, 비틀거리며, 그녀는 사라진 것이다.

하필이면 이때에 내 차는 하룻밤 동안 시내에 있는 정비공장에 가 있었기 때문에, 날개 달린 도망자를 뒤쫓기 위해서는 걷는 수밖에 별 도리가 없었다. 이미 3년이나 흘러가버린 이날까지도, 나뭇잎이 어느새 무성해지기 시작하던 그 봄밤의 거리를 떠올리면 너무나 마음이 아프다. 불을 켠 현관 앞에서 레스터 씨는 패비언 씨의 수종이 걸린 개를 산보시키고 있었다. 하이드 씨는 그 개를 거의 넘어뜨릴 뻔했다. 세 발자국 뛰다가 세 발자국 걷는다. 미적지근한 비가 밤나무 잎사귀를 두드리기 시작했다. 다음 모퉁이에서 잘 보이지 않는 어떤 젊은이가 롤리타를 철책 쪽으로 밀어붙이고 키스를 하고 있었다—아니 잘못 본 것이다. 그녀가 아니었다. 발톱까지 얼어붙었다. 나는 계속 걸었다.

14번지에서 동쪽으로 반 마일 정도 가면 데이어 거리는 어떤 골목길과 교차로가 만나게 되는데 그 교차로는 중심 지역으로 연결되어 있었다. 첫 번째 잡화상 앞에서(다행스럽게도!) 그녀의 멋진 자전거가 그녀를 기다리고 서 있는 것이 보였다. 문을 당기는 대신 문을 밀었다. 당기고, 밀고, 당기고는 안으로 들어갔다. 봐봐! 열 걸음 정도 떨어진 전화 부스의 유리를 통해 롤리타의 모습이 보였다(보이지 않는 신이 아직도 우리와 함께 계시는구나).

그녀는 옆눈으로 흘낏 나를 쳐다보더니 서둘러 전화를 끊고 재빨리 걸어나오는 것이었다.

"집으로 전화를 걸려고 했었어요."

그녀가 밝게 말했다.

"중요한 결정을 내렸어요. 아빠, 우선 마실 것 좀 사주세요."

맥이 풀렸다. 창백한 얼굴의 어린 여자점원이 컵에 얼음과 콜라를 넣고 그 위에 앵두 시럽을 넣는 것을 로는 지켜보았다. 내 가슴은 사랑의 아픔으로 터져나갈 것만 같았다. 저 가녀린 그녀의 손목. 내 사랑스러운 아가. 험버트 씨, 당신은 귀여운 딸을 갖고 있소. 우리는 그녀가 지나갈 때마다 경탄하는 눈으로 바라본다오. 핌 씨는 칵테일을 마시고 있는 피파 씨를 바라보고 있었다.

그러는 사이 비는 어느새 소나기로 변해 퍼붓고 있었다.

그녀는 내 바로 옆에서 자전거에 올라앉아 한쪽 발로 검게 빛나는 보도를 질질 긁으며 이렇게 말했다.

"결정한 게 있어요. 학교를 그만두고 싶어요. 학교고 연극이고 모두 싫증 났어요. 이젠 정말 진저리가 나요. 무슨 일이 있어도 다시 그곳에 돌아가지는 않겠어요. 다른 학교를 찾아요. 당장 떠나요. 다시 긴 여행을 하는 거예요. 그러나 이번만큼은 제가 가자는 대로 가주셔야 해요, 네?"

나는 고개를 끄덕였다. 나의 롤리타.

"내가 선택해도 돼요? 허락할 수 있어요?"

그녀는 내 옆에서 약간 비틀거리며 물었다. 아주 고분고분한 아이가 될 때에만 그녀는 불어를 썼다.

"그래, 알았어. 빨리 뛰어가자. 잘못하다간 흠뻑 젖겠어."(흐느끼는 듯한 폭풍이 내 가슴을 메워오고 있었다.)

그녀는 이를 드러내며 미소를 짓더니 귀여운 여학생의 모습으로 몸을 앞으로 구부리며 속력을 내어 달리기 시작했다.

레스터 씨는 잘 다듬어진 손으로, 식사시간에 정확하지만 어기적거리는 늙은 개에게 문을 열어주고 있었다.

로는 유령 같은 자작나무 옆에서 나를 기다리고 있었다.

"아주 흠뻑 젖었어요."

그녀는 큰 소리로 말했다.

"이렇게 몹쓸 장난을 치니 기분이 어떠세요? 내가 무슨 말을 할지 아시겠어요?"

보이지 않는 마녀의 손이 이층 창문을 쾅 하며 닫는 소리가 났다.

우리를 반갑게 맞아들이는 환한 복도에 들어서자 롤리타는 스웨터를 벗고 물방울이 보석같이 맺힌 머리를 털고 나더니, 한쪽 무릎을 들고 벗은 두 팔을 내게로 쭉 내밀었다.

"이층으로 안고 올라가 주세요. 오늘 밤은 참 로맨틱하게 느껴지네요."

아주 격렬한 사랑의 행위 동안 줄곧 억수같이 눈물을 흘릴 수 있는 능력이 내게 있다고 한다면(물론 극히 드문 경우라고 생각하지만) 아마 생리학자들은 관심을 보일지도 모르겠다.

15

기계에 대해서 그다지 능숙하지는 못했으나 신중했던 험버트가 브레이크의 안을 갈아 끼우고 막힌 수관을 뚫고 밸브를 갈고, 그 밖에도 여러 가지 수리를 정성스레 한 덕분에, 고(故) 험버트 부인의 자동차는 새로 여행을 떠나도 좋을 만큼 아주 훌륭한 모습이 되었다.

비어즐리 학교, 역사와 전통을 자랑하는 비어즐리 학교에는 할리우드에서 일이 끝나는 대로 곧 돌아오겠노라고 약속했다(창의력을 발휘해야 했던 험버트는, 그때 한창 유행하고 있던 '실존주의'를 다룬 영화 제작에 고문 이사가 되어 가는 것이라고 말했다). 사실 나는 멕시코 국경을 넘어가서(나는 작년보다 훨씬 대담해졌다) 그곳에서 키가 겨우 60인치이고 몸무게는 90파운드밖에 안 되는 나의 이 조그만 연인과 무엇을 할 것인가 하는 생각을 벌써부터 궁리하고 있었다. 우리는 모든 관광안내서와 지도들을 끄집어냈다. 그녀는 우리가 여행할 행선지를 아주 열심히 더듬고 있었다. 어린애같이 싫증난 태도에서 벗어나 저토록 흥미있게 현실을 추구하게 된 것은 연극을 한 덕분일까? 어두운, 그러나 포근했던 주일날 아침 화학교수의 어지러운 집을 떠나 4차선 고속도로로 향하는 메인 가(街)에서 차를 몰며, 나는 꿈이라도 꾼 듯한 이상스러운 가벼움을 느꼈다. 나의 연인은 체크무늬 목면 원피스에 푸른 운동모를 쓰고, 흰 양말과 갈색 노루가죽신을 신고 있었는데 그 모든 것은 내가 봄비를 맞고 오던 날 사주었던 선물이었다. 그녀의 목에 두르고 있는 은색 쇠줄에 달린 아콰마린과는 영 조화를 이루지 못하고 있었다. 우리의 자동차가 뉴 호텔을 지나가자 그녀는 킬킬거렸다.

"무슨 생각을 했는지 얘기할 때마다 동전 한 닢씩 주지."

이렇게 말하자 그녀는 당장에 손바닥을 내밀었다. 바로 그 순간 빨간 불이 켜졌기 때문에 나는 급히 브레이크를 밟아야 했다. 차를 멈췄을 때 다른 차 하나가 천천히 오더니 우리 옆에 멈췄다. 그 차 안에는 멋진 외모와 혈색이 좋고 어깨까지 내려오는 찬란한 구릿빛 머리를 한 젊은 여자가(저 여자를 어디서 봤더라?) 타고 앉아 로에게 '안녕!' 하며 인사를 건네는 것이었다. 그러더니 이번에는 나에게 감정이 넘치고 아주 세련된 몇 마디 인사를 하더니 '이번 연극에서 돌리를 빼 가다니 정말 속상해요. 지난번 리허설 뒤 작가가 돌리에 대해 말했던 격찬을 들으셨어야 하는 건데!' 말했다.

"바보, 녹색 신호잖아요."

로가 목소리를 낮추며 말했다. 그와 동시에 잘 가라고 소리치며 팔찌 긴 팔을 흔들고 잔 다르크(그 지방 극장에서 보았던 연극 속에서 그녀의 역할이었다)는 급히 우리의 시야로부터 멀어져 캠퍼스 거리 쪽으로 접어들고 있었다.

"아까 그 여자가 정확하게 누구였지? 버먼트? 아니면 럼펠마이어?"

"아니에요. 에두사 골드, 우리를 가르친 선생이에요."

"그 여자를 말하는 게 아니야. 도대체 누가 그 연극을 썼느냐고."

"아, 물론 나이 많은 무슨 클레어, 뭐라고 하는 여자가 썼을 거예요. 그날 구경왔던 사람들은 말도 못하게 많았어요."

"그래, 그 여자가 너를 칭찬했단 말이지?"

"내 눈을 칭찬했어요. 그리고 내 깨끗한 이마에 키스했어요."

그녀는 최근에 나타나기 시작한 버릇으로, 연기 습관과 관련이 있을 법한 그런 즐거운 고함을 질렀다.

"롤리타, 너는 참 재미있는 아이로구나."

나는 다음 몇 마디를 덧붙였다.

"이건 당연한 얘긴데, 네가 무대에 서는 걸 포기해줘서 나는 너무나도 기뻐. 그러나 클라이막스라고 할 수 있는 무대 공연을 일주일 앞두고 왜 이렇게 전부 포기했을까 하는 것에 대해서는 호기심이 생기는구나. 오, 롤리타, 지금까지 네가 포기한 것들을 조심하지 않을 수가 없구나. 너는 야영을 가려고 람스데일을 포기했었고, 또 드라이브를 즐기기 위해서 야영을 그만두었었지. 그 밖에도 그렇게 갑작스럽게 포기했던 것들을 다 열거할 수가 있지. 조심해야 해. 그런 것들은 절대로 포기해서는 안 될 것들이야. 참아야 한다, 롤리타. 우선 내게 좀 더 잘해주려고 노력해야 해. 먹는 것도 또한 신경을 써야 하고. 넓적다리 둘레가 17인치 반을 넘어서는 안 돼. 더 굵어지다간 치명적일 걸(물론 농담이었다). 우린 지금 멀고도 행복한 여행을 떠나려는 거야. 내 기억으로는……."

16

나는 어린 시절 유럽에 살 때, 북미지도를 펴놓고 앨라배마에서 뉴브런즈윅까지 다다르는—테네시, 버지니아, 펜실베이니아, 뉴욕, 버몬트, 뉴햄프셔, 메인까지 뻗어 있는 애팔래치아 산맥을 홀린 듯 바라보곤 했다. 모든 산들과 찬란한 다이아몬드 모양의 산봉우리들, 그리고 거대한 침엽수림, 곰가죽 옷을 입고 있을 산사람들, 개오동나무 아래의 붉은 인디언 등을 생각할 때면, 거대한 스위스나 티베트 같은 것이 내 상상 속에 떠오르곤 하던 것을 아직도 기억한다. 그 모든 것들이 교외의 더러운 잔디밭과 연기를 뿜어대는 쓰레기 소각장으로 전락하고 만 것은 정말 끔찍한 일이 아닐 수 없다. 애팔래치아 산맥이여! 그곳을 떠나 오하이오 주와 'I'자로 시작되는 세 개의 주를 거쳐 마침내는 네브래스카를 넘었다—아, 서부의 첫 냄새! 우리들은 한가롭게 여행을 했다. 로키 산맥의 분수령 웨이스라는 지방에 도착하려면 아직 일주일도 더 남아 있었고, 거기서 그녀는 '요술 동굴'의 공개를 축하하는 인디언 의식을 꼭 보고 싶어했다. 게다가 서부 어느 주의 보석이라 할 만한 엘핀스톤이라는 곳까지 도착하려면 적어도 3주일은 남아 있었다. 거기서 그녀는 '붉은 바위'에 오르고 싶어했지만, 그곳은 최근 중년 여배우가 정부와 술에 취해 싸움 끝에 투신자살했던 장소였다고 한다.

또다시 다음과 같은 안내문이 적힌 자상한 여관들이 우리를 반기고 있었다.

'저희 여관에 투숙하시는 동안 편안하게 지내셨으면 합니다. 모든 시설들은 손님의 도착에 대비해서 완벽하게 점검되어 있습니다. 여기에는 손님의 면허번호도 기록되어 있습니다. 더운 물은 절약해 주십시오. 우리에게는 무례한 분을 내보낼 권리가 있습니다. 변기에는 물건을 버리시면 안 됩니다. 감사합니다. 또 오십시오. 지배인 올림. 추신 ; 우리는 우리 여관을 이용하시는 분들이야말로 이 세상에서 가장 멋진 분들이라고 생각하고 있습니다. 이것이 이 호텔의 모토입니다.'

우리는 침대 두 개가 놓인 방 하나를 빌리느라고 10불씩이나 지불했다. 발도 없는 문 밖엔 파리들이 줄로 늘어서 앉았다가 문을 열자마자 한꺼번에 안으로 몰려들어왔다. 재떨이에는 먼저 방을 쓴 사람이 피운 담뱃재가 그대로 뒹굴고 있었으며 베개에는 여자의 머리카락이 붙어 있었고, 옆방에서는 옷장에 코트 거는 소리까지 들려왔다. 옷걸이 훔쳐가는 것을 방지하기 위해 옷장을 가로지르는 막대기에 옷걸이를 철사로 감아 교묘하게 고정시켜 놓았으며, 더 모욕스러웠던 일은 똑같은 쌍둥이의 그림을 쌍둥이 침대 위에 나란히 걸어놓은 것이었다. 상업적인 유행도 바뀌고 있다는 것을 알 수 있었다. 조그만 여관들을 합쳐 점차 큰 호텔을 만들고(로는 별로 관심이 없었지만 혹시 독자가 알고 싶어할지도 모른다는 생각에서), 기존 건물에 이층이 세워지고, 로비가 생기고, 차는 공동주차장을 만들어 그곳으로 옮기고, 모텔들은 옛날의 멋있던 호텔로 되돌아가는 경향을 나타내고 있었다.

앞으로 독자는 나 자신이나 내 정신의 몽롱한 상태를 비웃지 말기를 바란다. 과거의 운명에 관해서는 독자나 나나 쉽게 풀이할 수 있어도, 지금 현재 창조되고 있는 운명은 단서에만 주목하면 다 해결할 수 있는 정직한 미스테리 소설 같은 것이 아니다. 내가 젊었을 때 이야기를 푸는 단서들이 모두 이탤릭체로 되어 있었던 프랑스 탐정소설을 읽은 기억이 있다. 그러나 그것은 불분명한 힌트를 찾아내는 것을 배운다 하더라도 맥페이트의 방식은 아니었다.

예를 들어보자. 중서부 지방으로 여행을 떠나기 직전이나 바로 시작할 때쯤, 그녀가 알지도 못하는 사람들과 사적으로든 공적으로든 말을 하려 했다거나 아니면 접촉을 했던 일이 한 번도 없었다고는 장담할 수 없다. 우리는 페가수스라는 표시가 있는 어느 주유소에 멈추었다. 차의 덮개를 올리고 정비공이 자동차를 손보고 있는 것을 허리를 숙여 들여다보고 있는 동안, 그녀는 살그머니 차에서 빠져나와 건물 뒤로 사라지더니 내 시야에 얼마동안 나타나지 않았다. 이유는 알 수 없지만 엄격히 말해서 그런 행동은 금지된 것이지만, 화장실이나 전화가 본능적으로 어쩐지 내 운명을 결정지을 것만 같아 관대해 보려고 너그럽게 고개를 저었다. 신들이 우리에게서 특별히 중요성을 갖는 사건들을 유도해내기 위해 신중하게 선택한, 그러한 숙명적인 의미를 갖는 사람들이 누구에게나 있게 마련인 것 같다. 어떤 경우에는 똑같은 풍경을 봐도 그렇고, 또 다른 경우엔 어떤 숫자를 대해도 그렇다. 그러면 여기서 존은 언제나 비틀거릴 것이며 저기서 제인은 언제나 마음을 상할 것이다.

내 차의 수리가 다 끝나자 나는 작은 짐 트럭이 기름을 넣을 수 있도록 급유 펌프 있는 곳에서 차를 빼주었다. 그때 내 가슴은 그녀가 보이지 않는 시간이 길어지면 길어질수록 회색빛으로 무겁게 내려앉고 있었다. 처음 있었던 일도 아니었고 마지막으로 있었던 일도 아니었지만, 여행자의 눈길이 미쳐 있다는 것을 스스로 놀랍게 생각하고 있는 듯이 보이는 정지한 상태의 사소한 물건들—즉, 초록색 쓰레기통, 안쪽을 흰색과 검은색으로 칠해 팔려고 내놓은 타이어들, 밝은 빛깔의 자동차 기름 깡통, 빨간 아이스박스 속에 골고루 갖추어진 청량음료들, 다 맞추어 넣지 못한 가로 세로 글자 맞추기같이 칸막이 나무상자에 세워 놓은 네 개, 다섯 개, 일곱 개의 빈 병들, 사무실의 안쪽 유리창을 참을성있게 오르락거리는 벌레들을 나는 벌판을 바라보듯 막연한 불안으로 응시하고 있었다. 라디오 음악 소리가 열린 사무실 문을 통해 흘러나오고 있었으나 그 음악의 리듬은 바람에 식물들이 내는 펄럭거리는 소리나 다른 동작과 조화를 이루지 못하고 있어, 옛날 전원 영화에서 들려주는 피아노나 바이올린의 선율을 듣고 있는 것 같은 인상을 받았다. 샬로트의 마지막 흐느낌이 어울리지 않게 나의 내부에서 진동하듯, 음악 소리의 리듬과는 어울리지 않는 펄럭거리는 옷 소리를 내며 롤리타가 전혀 예상하지 못했던 방향에서 모습을 나타냈다. 그녀는 화장실이 너무 복잡해서, 길을 건너 다음 블럭의 '콘크'라는 표시가 있는 곳까지 갔다 왔다고 했다. 그들은 가정집 같이 깨끗한 화장실을 자랑으로 여기고 있었다. 사용 후 소감을 얘기하면 우편엽서를 준다고 했으나, 우편 엽서도 없고 비누도 없으니 소감도 없을 수밖에.

그날인가 그 다음날인가 들판의 평야를 가로지르는 지루한 여행 끝에, 우리는 작고 기분 좋은 마을에 도착했다. 산뜻한 환경과 녹색의 싱싱한 정원, 사과나무, 낡은 그네—그리고 놀다가 지친 롤리타는 무시해버리지만, 멋있는 일몰 광경을 바라볼 수 있는 체스트넛 코트에 여장을 풀었다. 케스빔이라고 하는 곳은 그녀의 고향으로부터 30마일밖에 떨어지지 않은 곳이었기 때문에 그녀는 그리로 해서 여행을 계속하자고 했다. 그 다음날 아침에 보니 로가 너무 지쳐 있어, 5년 전에 사방치기 하며 놀았다는 그 거리를 다시 보겠다는 욕망인지 뭔지도 없어져버렸다. 여행을 하는 동안 절대로 남의 눈에 띄게 행동하지 말 것이며, 차 속에서만 지낼 뿐 옛날 친구들도 찾아보지 않기로 그녀와 미리 약속이 돼 있었다. 그러나 몇 가지 뚜렷한 이유 때문에 나는 그녀의 고향으로 가는 게 어쩐지 두려웠다. 만약 작년처럼 그녀의 피스키에 대한 향수를 내가 전적으로 반대하고 있다는 것을 그녀가 눈치챘다면 그녀도 그렇게 쉽사리 포기해버리지는 않았을 것이라는 생각을 하니, 그녀가 그 계획을 포기한 데 대한 나의 기쁨도 안심할 수 없는 일이었다. 내가 이런 얘기를 한숨을 섞어가며 쏟아내자 그녀도 한숨을 쉬더니 기운이 없다고 짜증을 부렸다. 적어도 오후에 차 마시는 시간까지는 침대에 누워 이것저것 잡지나 뒤적이다가 그때 가봐서 다시 기분이 좋아지면 서부행을 계속하자는 것이었다. 나른해서 신선한 과일이 먹고 싶다고 해서, 나는 케스빔에 가서 맛있는 야외용 점심 도시락을 사오기로 했다. 우리가 투숙했던 여관은 숲이 우거진 언덕 위에 자리잡고 있었다. 꼬불꼬불 내려간 길이 두 줄로 늘어선 밤나무 사이로 머리카락처럼 쭉 곧게, 독특하고 장난감같이 생긴 예쁜 마을을 향해 내리닫고 있는 것이 유리창을 통해 내려다보였다. 사슴같이 작은 자전거를 탄 요정 같은 소녀도 보이고, 비례해서 너무 큰 개도 있다. 푸른 언덕과 붉고 작은 사람들이, 유화 속에서 밀랍 같이 길을 지나가는 순례자나 노새처럼 똑똑하게 보였다. 차가 그리 필요하지 않을 때는 언제든지 걷는 유럽인의 습성이 있는 나는 천천히 걸어 내려가다, 무지무지하게 큰 세인트버나드 종의 개와 땋은 머리를 한 못생기고 뚱뚱한 자전거 탄 소녀 아이를 만났다. 그리고 케스빔에서는 한 늙은 이발사에게 볼품 없는 이발도 했다. 그는 센 발음을 할 때마다 온통 내 목덜미에다 침을 튀기면서, 내가 두르고 앉아있던 헝겊에다 때때로 안경을 닦거나 가위질하던 손을 멈추고는, 색이 바랜 신문 스크랩을 보이면서 야구선수였던 자기 아들에 대해 수다를 떨기도 했다. 내가 얼마나 듣는 둥 마는 둥 했던지, 오래 된 회색 로션병 사이에 세워져 있던 사진 속의 콧수염을 기른 젊은 야구선수가 죽은 지 벌써 삼십 년이 됐다는 이야기는 충격적일 정도였다.

맛없는 커피를 한 잔 마시고 나의 원숭이에게 줄 바나나 한 다발을 산 후에 생과자집에서 10분 정도를 지체했다. 체스트넛 성으로 향하는 꼬불꼬불한 길에, 집으로 향하는 작은 순례자가 나타난 것은 적어도 1시간 반은 족히 지난 후의 일이었다.

마을로 내려가던 길에 만났던 여자아이는 시트를 가득 안고, 싸구려 이태리 코미디에 나왔던 '버톨도'라는 인물을 닮은 머리가 크고 보잘것 없는 몸집의 한 불구자를 돕고 있었다. 그들은 울창한 신록의 한가운데 있는 12개 정도의 여관방을 청소하고 있는 중이었다. 정오여서 거의 모든 방들의 미닫이문들이 마지막 꽝 하는 소리와 함께, 투숙했던 손님들이 모두 방을 비웠다. 거의 미라처럼 보이던 늙은 노인 부부가 인접한 차고에서 기어나오다시피했고, 다른 차고에서는 붉은 보닛이 어딘가 주머니처럼 툭 튀어나왔다. 우리 방과 좀 더 가까운 곳에서는 검은 머리에 푸른 눈을 가진 젊고 건장한 청년 하나가 소형 냉장고를 트럭에 싣고 있었다. 무슨 이유에서였는지 내가 옆을 지나가자 그는 머뭇머뭇 쓴웃음을 지었다. 무성한 나무들이 사지를 벌리고 서 있는 그늘에는 아까 보았던 세인트버나드가 자기 주인의 자전거를 지키고 있었다. 그 가까이에는 어떤 젊은 여자가 아기를 그네에 태우고 가볍게 흔들자, 샘이 난 두세 살 정도의 사내아이가 그네의 널빤지를 당겼다 밀었다 했다. 마침내 그 사내아이는 그네에 부딪혀 잔디에 고꾸라져 소리내어 울기 시작했고, 엄마는 두 아이 중 어느 아이에게도 신경을 쓰지 않고 그냥 미소만 계속 짓고 있었다. 이때의 장면들을 이렇게 확실하게 기억하고 있는 것은 그 다음의 한참 후에 받았던 인상을 매우 철저하게 점검해야 했기 때문이었고, 그 외에도 비어즐리에서의 그 생각하기도 싫은 그날 밤 이후로 나의 내부에서 무엇인가 그렇게 하도록 감시하고 있는 것 같았기 때문이었다. 목덜미를 감싸는 초여름의 싱그러운 산들바람, 젖은 자갈을 밟을 때마다 나는 경쾌한 소리, 구멍난 이에서 빨아낸 맛있는 음식물 찌꺼기, 또 평소 심장 상태로는 도저히 들지 못할 무게의 물건들을 들고 왔음에도 불구하고 오늘따라 무리없이 상쾌하게 작동하고, 내가 애독하는 롱사르를 인용하자면 '나른한 사랑의 황홀감'을 기억하면서 롤리타가 기다리고 있는 방에 돌아왔다.

놀랍게도 그녀는 옷을 다 입고 있었다. 바지와 티셔츠 차림으로 침대 끝에 걸터앉아서 그녀는 나를 기억하지 못하겠다는 듯이 노려보고 있었다. 티셔츠가 얇고 느슨해서 작고 부드러운 가슴의 곡선이 그대로 드러나 보여 그 대담함이 나를 은근히 화나게 만들었다. 그녀는 세수도 하지 않은 채였다. 그러나 입술은 천박하게 칠해져 있었고, 그녀의 대문짝만한 앞니들은 술 색깔이 도는 상앗빛과 분홍빛의 포커칩같이 반짝거리고 있었다. 꼭 마주 쥔 두 손을 무릎 사이에 끼우고, 나와는 아무 상관이 없다는 양 악마 같은 홍조를 띠고 꿈이라도 꾸는 듯한 표정으로 그렇게 앉아 있었다.

나는 무거운 종이가방을 쾅 하고 내려놓고 처음엔 샌들을 신고 있던 그녀의 발목을, 그 다음에는 그녀의 바보 같은 얼굴을, 그러고는 다시 죄가 있는 그녀의 발을 주시하다가(그녀의 샌들은 자갈로 더러워져 있었다), '밖에 나갔다 들어왔구나' 하고 말했다.

"방금 일어났어요."

그녀가 말했다. 그러더니 내가 밑을 보고 있다는 것을 눈치채고는 다시 덧붙였다.

"돌아오시나 보려고 잠깐 나갔었어요."

내가 바나나를 사온 것을 안 그녀는 침대에서 몸을 일으켜 테이블 쪽으로 다가왔다.

뭐 특별히 의심할 거라도 있었나? 사실 아무것도 없었다. 그러나 그녀의 멍하고 꿈을 꾸는 듯한 눈초리와 몸에서 발산되는 야릇한 따스함! 나는 아무 말도 하지 않았다. 그냥 창틀 너머로 꼬불꼬불하고 독특한 모양의 길을 바라보고 있었다. 나의 믿음을 배반하고 싶은 사람에게 이곳은 망을 보기에 굉장히 좋지 않을까? 식욕이 되살아났는지 로는 과일을 먹기 시작했다. 갑자기 나는 아까 그 옆의 젊은 녀석의 알랑거리는 미소가 생각났다. 나는 급히 밖으로 나갔다. 그의 자동차를 제외하고는 아무 차도 눈에 보이지 않았다. 임신한 젊은 부인이 아까 그 아기와 이제는 울음이 그친 사내아이를 데리고 차에 오르고 있었다.

"무슨 일이에요, 어딜 가시는 거예요?"

현관에서 로가 소리치고 있었다. 나는 아무 말도 하지 않았다. 그녀의 매끄러운 등을 밀면서 나도 방으로 들어왔다. 그녀의 셔츠를 벗겼다. 그리고 그녀의 샌들은 찢어버렸다. 난폭하게 그녀에게서 부정의 그림자를 찾아내려고 했으나 아주 희미한 냄새뿐이어서, 이미 제정신이 아닌 남자의 감각으로는 도저히 구별할 수 없었다.

17

뚱뚱한 게스톤은 성격이 소심해서, 무엇을 선물할 때도 그의 성격 그대로 유독 작은 것을 선택했고 생각 또한 그리 대담하지 못했다. 어느 날 밤 우리 집에서 장기말을 넣어 두는 상자가 부서진 것을 보고 가더니, 그는 어떤 소년에게 시켜 뚜껑에 정교한 동양적 무늬가 그려져 있고 열쇠도 있는 구리상자 하나를 내게 보내 왔다. 나는 그것을 보자마자 엘지에 같은 곳에서 산 '루이제따'라고 부르는 싸구려 상자라는 것을 한 눈에 알아차렸다. 무엇에 쓸까 골똘히 생각해도 용도가 떠오르지 않았다. 너무 납작해서 장기말을 넣어 둘 수는 없었지만, 완전히 다른 목적에 써먹을 때가 있겠지 싶어 그냥 간직하고 있기로 했다.

무슨 까닭인지 함정에 걸려들 것 같은 불길한 생각에서 벗어나보려고(로가 싫어하는데도) 체스트넛 코트에서 하루를 더 묵기로 결정했다. 다음 날 정확하게 새벽 4시에 눈을 뜬 나는, 세상 모르고 깊은 잠에 빠져 있는 그녀를 확인하고는 루이제따 상자의 내용물이 안전한지 확인했다. 롤리타 신장의 9분의 1이 약간 안 되는, 격자 무늬 호두나무로 만든 몸체의 8연발 32구경 휴대용 자동권총이 하얀 실크 스카프에 싸여서 상자 속에 들어있었다. 나는 이것을 고(故) 헤럴드 헤이즈로부터 '이 권총은 착용하기 편리할 뿐만 아니라 집 안이나 차 속에서 사용하기에도 적당하다' 라고 쓰인 1938년 달력과 함께 물려받았었다. 그 권총은 우발적인 사고를 방지하기 위해 안전장치를 갖추고, 즉시라도 어떤 개인이나 여러 사람에게 발사할 수 있게끔 장전되어서 상자 속에 놓여 있었다.

내가 권총을 소지하고 있는 것이 다행스럽기도 했다. 게다가 2년 전에 샬로트의 아워글래스 호수 근처의 어느 소나무 숲에서 총 쏘는 법을 배웠다는 사실이 나를 더욱 흐뭇하게 했다. 함께 멀리 떨어진 숲으로 돌아다니던 팔로란 친구는 정말 존경할 만한 명사수로, 38구경으로 벌새를 떨어뜨렸다. 하지만 명중한 증거를 내세우기에는 너무나 부족했다. 20년대에는 탈옥수 두 명을 죽인 일도 있다는 전직 경찰관 출신의 크레스토프스키란 사람은 제철도 아닌데 우연히 나온 예쁜 딱따구리를 쏘아 잡은 적도 있었다. 이 두 노련한 전문가들 사이에서 나는 물론 다 놓치기만 하는 풋내기였지만, 나중에는 혼자 나가서 다람쥐를 쏘아 다치게 한 일은 있었다. '너는 여기 좀 누워 있어' 하며 가벼운 그 다람쥐 녀석을 내려놓고 자축하기 위해서 진을 한 모금 마셨었다.

18

이제 체스트넛이나 콜트 권총에 대한 기억은 잊어버리고 서쪽으로 가야겠다. 그 뒤부터는 매일 계속해서 폭풍우가 몰아쳤는데, 트랩 탐정을 떨쳐버릴 수 없는 것처럼 가는 곳마다 폭풍우를 우리는 단 한 번도 제대로 피할 수가 없었다. 빨간 아즈텍 컨버터블 차를 보게 된 것은 바로 그때이고, 로의 애인 문제들이 내 마음을 어둡게 내리누르기 시작한 것도 바로 이때부터였다.

이상도 하지! 우리가 만나는 남자마다 질투를 했던 나는 파멸의 의미를 얼마나 틀리게 해석했는지. 겨울 동안 얌전해진 로의 행동에 마음을 놓고 있었는지 모르겠으나, 넓고 험하기 이를 데 없는 대초원 위에서 천둥과 함께 험버트와 험버트의 요정의 뒤를 또 다른 험버트가 열심히 따라오고 있었다고 상상했다면 너무 바보같이 미쳤다고 할 것인가. 일정한 거리를 유지하면서 1마일, 2마일 우리 뒤를 계속 따라오고 있는 그 빨간 야크는, 남의 말을 꽤나 좋아하는 어떤 사람이 험버트가 미성년자인 의붓딸을 데리고 도대체 무엇을 하는가를 알아내기 위해 고용한 탐정이 아닐까 추측되었다. 어쩌면 그것은 환영이 아닌 실재였는지도 모른다. 남자인지 여자인지 아니면 그 둘 다인지 모를 누군가가 내 술에 무엇인가를 섞었는지도 모른다. 그런데 어느날 밤, 여관의 방문을 두드리는 소리가 나서 문을 활짝 열어젖히고 보니 두 가지 사실을 알 수 있었다. 하나는 내가 발가벗고 있었다는 것과, 또 하나는 비가 죽죽 내리는 어둠 속에서 하얗게 반짝이는 어떤 물체가 만화 속에 나오는 괴상한 탐정 가면을 얼굴에 들고 서 있는 것이었다. 그는 우물거리면서 바보같이 웃더니 홀연히 사라져버렸다. 나도 다시 방으로 돌아와 잠에 빠져버렸다. 그러나 오늘까지도 그것이 약 때문에 꾼 꿈이었는지 확실히 모르겠다. 나는 트랩스타일의 유머를 열심히 연구했었는데 아마 이것이 그럴싸한 예가 될 수 있을지도 모르겠다. 얼마나 야비하고 유치한가! 아마 잘 알려진 괴물이나 바보들의 가면을 만들어 돈벌이를 하고 있는 놈이라는 생각도 들었다. 다음 날 아침 쓰레기통 속에서 그 가면을 발견한 소년 둘이서 그것을 쓰고 있는 것을 보았었나? 그건 잘 모르겠다. 이 모든 것이 우연의 일치였는지도 모르겠다.

신사 숙녀 여러분, 살인자인 내 기억력이 놀랍기는 하나 아직도 불완전하고 정통하지 못하기 때문에, 그 빨간 컨버터블 차가 우리를 확실히 미행하고 있다는 것을 알게 된 날이 정확하게 언제였는지는 기억할 수 없다. 그러나 그 차를 몰고 있던 운전사만큼은 똑똑하게 보았던 기억이 난다. 어느 날 오후 억수같이 쏟아지는 빗속을 천천히 차를 몰아 그 빨간 귀신이 내 자동차 백미러 속에서 욕망으로 떨며 헤엄쳐 떠다니는 것을 나는 지켜보았다. 억수같이 쏟아지던 비도 약한 비로 바뀌자 우리는 똑같이 차를 세웠다. 순식간에 햇빛이 고속도로 위를 휩쓸고 지나갔다. 나는 선글라스가 필요해 주유소 앞에 차를 댔다. 그 다음 순간 아주 병적인 것처럼 말없는 미행자가 우리보다 약간 뒤에서 어느 바보 같은 이름의 술집(엉덩이를 크게 보이는 옷)앞에 차를 세우는 것을 보고도 나는 완전히 무시했다. 차를 살펴보고 나서 선글라스를 사고 기름값도 내기 위해 나는 사무실로 걸어 들어갔다. 여행자 수표에 막 사인을 하려고 할 때 나는 도대체 여기가 어디쯤인지 궁금했다. 그러다가 우연히 한번 쳐다본 옆 창문을 통해 나는 무서운 광경을 보게 되었다. 베이지색 상의에 짙은 밤색 바지를 입은 등이 넓고 대머리인 남자가, 상체를 차창 밖으로 내밀고서 빠른 속도로 이야기하는 로의 말을 듣고 있는 것이었다. 그녀는 굉장히 심각하거나 무엇을 강조할 때 흔히 잘 그러듯 손가락을 쭉 편 손을 올렸다 내렸다 하며 얘기를 하고 있었다. 갑자기 떠오른 혐오감은—이걸 어떻게 말해야 할까? —그들이 마치 몇 주일 전부터 알고 지낸 것 같이 보이는 그녀의 다정한 말투 탓이었다. 나는 놈이 자기 뺨을 긁더니 고개를 끄덕거리며 돌아서서 자신의 컨버터블 차로 돌아가는 모습을 보았다. 내 나이쯤 돼 보이는 크고 뚱뚱한 남자였는데, 스위스에 살고 있는 우리 아버지의 사촌 구스타브 트랩과 어딘가가 비슷했다. 그는 골고루 미끈하게 잘 태운 얼굴과 작은 장미 봉오리 같은 입, 작고 검은 콧수염을 기른 사내였다. 차로 돌아와 보니 롤리타는 거리 지도를 찬찬히 들여다보고 있었다.

"그 남자가 너보고 뭐라고 했니, 로?"

"남자라니요? 아, 그 사람. 네, 아, 잘 모르겠어요. 혹시 지도 있느냐고 했어요. 아마 길을 잃었나봐요."

나는 차를 몰며 말했다.

"로, 네가 거짓말을 하고 있는 건지, 네가 지금 제정신인지 아닌지는 잘 모르겠지만 지금 이 자리에서 그런 건 아무래도 좋아. 그렇지만 그 남자는 오늘 하루종일 우리를 따라오고 있었어. 놈의 자동차가 어제 모텔에 있었거든. 경찰이 아닐까 싶어. 경찰이 낌새를 알아채면 무슨 일이 일어날지, 또 네가 어디로 가게 될지 너무나 잘 알고 있지 않니. 자, 그러니 저놈이 너에게 무슨 말을 했고, 너는 그 사람한테 뭐라고 그랬는지 다 말해 봐."

롤리타는 웃었다.

"만약 그 사람이 진짜 경찰이라면"

그녀는 날카로우면서도 합리적으로 얘기했다.

"우리가 겁을 집어먹고 있다는 것을 보이는 것처럼 어리석은 일이 또 어디 있겠어요? 무시해버려요, 아빠."

"우리가 어디로 가는 길이냐고 물어보든?"

"그 정도는 벌써 알고 있던걸요."(나를 놀리느라고 한 말이었다)

"아무튼"

나는 포기하고 말했다.

"이제 그놈의 얼굴은 알아. 별로 잘생기지도 못했더군. 내 친척 중에 트랩이라는 사람이 있는데 아주 닮았더군."

"아마 그가 바로 트랩일지도 몰라요. 내가 아빠라면…… 아, 저기 좀 봐요, 9가 전부 0으로 바뀌고 있어요. 내가 어렸을 때는요."

그녀는 계속 말했다.

"엄마가 차를 뒤로 가게 한다면 다시 모두 9의 숫자로 되돌아 올 것 같았어요."

그녀가 험버트 가(家)로 오기 이전의 어린 시절에 대해 자발적으로 말한 것은 이번이 처음 있는 일이었다. 아마도 연극이 그녀에게 그런 방법을 가르쳤을 것이다. 우리는 아무 말 없이 여행을 계속했다. 미행은 없었다.

그러나 다음날 약과 희망이 닿아 없어지기만 하면 다시 찾아오는 치명적인 불치병의 고통처럼, 그 번쩍거리는 뻘건 짐승은 다시 우리의 뒤를 따르고 있었다. 그날따라 교통이 별로 복잡하지가 않아서 다른 차를 추월하는 차도 없었으며, 그 어떤 차도 우리의 소박한 푸른 자동차와 오만한 빨간 그림자 사이에는 끼어들려 하지 않았다. 마치 두 자동차 사이의 공간에는 주문이라도 걸린 듯 악의 환희와 마성의 영역, 그리고 거의 예술의 경지에 다다른 미덕을 가지고 있는 안정감 있는 영역이었다. 심을 넣은 어깨와 트랩 같은 콧수염을 단 우리 뒤의 운전사는 마네킹처럼 바보같이 보였고, 그의 컨버터블 승용차는 초라한 우리 자동차와 보이지 않게 조용한 실로 연결되어 움직이는 것 같았다. 번쩍번쩍 빛나는 그의 멋진 기계에 비해 우리 자동차는 몇 배나 보잘것없는 것이어서, 그를 뒤로 처지게 하기 위해 속도를 낸다는 것은 생각조차 할 수 없었다. 우리는 기다란 오르막길을 오르기도 하고 내리막길을 굴러내려가기도 하고, 제한속도도 지키고, 천천히 길을 건너는 아이들을 재촉하지도 않고, 노란 표지판에 꼬불꼬불하게 표시된 모퉁이를 휩쓸고 다녔다. 그러나 우리가 어떻게 달리건 어디를 가건 간에, 그 수학적이고 신기루 같은 요술은 두 자동차 사이의 공간을 언제나 그대로이게 했다. 그리고 줄곧 나는 내 오른쪽의 섬광을 의식하고 있었다. 그녀의 즐거운 눈동자, 붉게 상기된 그녀의 뺨.

교통지옥 속에서 어떤 교통순경의 손 하나만으로 그 주술은 깨졌다. 공장이 있던 어느 마을에서 오후 4시 30분 경에 있었던 일이었다. 그는 나에게 그대로 가라고 손짓하고는, 똑같은 손가락으로 나의 그림자를 차단해버린 것이었다. 많은 자동차들이 우리 사이를 파고들었고, 우리는 속력을 내서 작은 샛길로 접어들었다. 커다란 빵부스러기를 입에 물고 앉아있던 참새가 다른 참새의 공격을 받고 그 부스러기를 놓쳐버렸다.

몇 번인가의 통행금지 끝에 다시 고속도로로 나와보니 그 그림자는 종적을 감추고 없었다.

롤리타가 코웃음을 치며 말했다.

"만약 그 사람이 아빠가 생각하는 바로 그런 사람이라면 어떻게 바보같이 그를 도망가게 내버려두지?"

"지금 다른 생각을 하고 있어."

내가 말했다.

"그 사람과 계속 접촉을 유지하면서 확인했어야 했는데." 그녀는 자신의 냉소에 칭칭 감겨서 말했다.

"너무 비열해요." 평상시의 목소리로 한마디 덧붙이는 그녀.

머리 위에서 계속 빗소리와 선사시대의 요란한 천둥소리가 들렸다. 우리는 지저분한 여관에서 무서운 하룻밤을 보냈다.

"나는 숙녀가 아니고, 번개도 싫어요."

이렇게 말하는 그녀의 번개에 대한 공포심은 나에게 조금은 위안을 안겨주었다.

우리는 소다 팝 1001에서 아침을 먹었다.

"버스 종점에 있는 인물로 미루어 짐작하건대 그 뚱뚱한 얼굴이 벌써 여기 와 있는가 봐."

내가 말했다.

"너무 웃겨요."

그때 우리는 쑥이 많이 난 시골에서 하루나 이틀 정도 즐거운 해방감을 만끽했다. 모든 것이 순조로웠다. 그 불안은 단순히 덫에 걸린 한 줄기의 바람에 불과했다. 내가 바보였다. 얼마 안 가서 주위가 절벽으로 이루어진 대지는 곧 진짜 산으로 바뀌었고 우리는 제 시간에 웨이스로 들어가고 있었다.

아, 약간의 혼돈이 일어났다. 그녀가 여행안내서의 날짜를 잘못 읽어 마법 동굴 축제는 이미 끝나버린 뒤였다. 그녀가 그것을 대범하게 받아들였다는 것만은 인정하지 않을 수 없다. 그러나 웨이스의 여름극장이 한창 성황을 이루고 있다는 것을 알고 우리는 날씨 좋은 6월 중순 어느 날 저녁, 말할 필요도 없이 그곳으로 향했다. 그때 본 연극의 줄거리가 사실 생각이 나지 않는다. 강한 색감의 조명효과와 그렇고 그런 여자배우가 나오는 흔해빠진 연애 사건이었음에 틀림없다. 단 한 가지 재밌었던 것은, 일곱 명의 작고 우아한 맨발의 소녀들로 구성된 화환이었다. 7명으로 구성된, 넋을 잃게 만드는 사춘기 소녀들은 그 지방에서 거두어들인 물들인 가제 옷을 입고(여기저기서 청중들이 웅성거렸던 소리로 미루어) 처음부터 끝까지 여기저기 떠다니는 살아있는 무지개 역할을 하게 돼 있었는데, 여러 겹의 베일 뒤에서 오히려 그 빛을 잃고 있었다. 수많은 색깔들 중에서도 오렌지색을 들고서 계속 안절부절못하던 아이와, 우리가 앉아 있는 관객석 쪽의 칠흑 같은 어둠이 눈에 익자 자기의 엄마를 발견하고 갑자기 웃어버린 에메랄드 색을 들고 있던 소녀는 얄미우리만큼 사랑스러웠다.

연극이 끝나기가 무섭게 사방에서 박수가 터져 나왔다. 내 신경으로는 도저히 견뎌낼 수 없는 소리였다. 어리둥절한 별이 총총히 떠 있는 밤 속에서 푸른 네온이 켜진 여관으로 빨리 그녀를 데려가고 싶은 호색적인 조바심에서, 나는 그녀를 잡아당겨 출구 쪽으로 밀었다. 그러나 돌리는 장밋빛 유혹 속에서 희열에 찬 눈을 가늘게 뜨고, 사람들이 기계적으로 쳐대는 박수소리 때문에 그녀의 두 손을 같이 포개지도 못할 정도로 모든 감각이 마비된 양, 다리를 질질 끌며 뒤에서 따라오고 있었다. 전에도 아이들에게서 그러한 것을 본 일이 있었지만 맹세코, 이번만은 좀 특별했다. 언뜻 보았던 그 연극의 공동 작가(예복을 차려입은 남자와, 매 같은 얼굴에 어깨를 드러낸 검은 머리의 아주 키가 큰 여자)가 서 있었던, 이제는 이미 멀어진 그 무대를 향해 그녀는 근시안적인 웃음을 짓고 있었다.

"내 손목을 또 다치게 했어요, 왜 그렇게 거칠어요."

자동차의 자기 자리로 미끄러져 들어가며 롤리타가 작게 말했다.

"정말 미안해, 달링, 나의 진보랏빛 연인!"

이렇게 말하며 나는 그녀의 팔꿈치를 잡으려 했지만 잘 되지 않았다. 그래서 나는 화제를 바꾸려(아니 운명의 방향을 바꾸려고) 다음과 같이 덧붙였다.

"비비안은 참 굉장한 여자야. 소다 팝의 음식점에서 어제 분명히 그녀를 봤어."

"당신은 가끔 불쾌하리만치 바보스럽군요. 첫째, 비비안은 남자 작가예요. 여자 작가는 클레어예요. 둘째, 그녀는 마흔 살 먹은 기혼녀예요. 그리고 검둥이의 피도 흐르고 있다고요."

로의 말이었다.

"옛날 람스데일에서 네가 날 사랑하던 시절, 퀼티가 너의 옛 애인이라고 생각했었다."

나는 농담조로 그렇게 말했다.

"뭐라고요?"

로가 얼굴을 찌푸리며 대들었다.

"그 뚱뚱한 치과의사 말이에요? 나를 다른 사람하고 혼동하시는 거 아네요?"

19

이튿날 아침 우리는 웨이스 우체국을 찾아갔다. 길지도 않은 줄이었는데 한참을 기다려야만 했다. 평온한 표정의 로는 그동안 죄인들의 사진이 걸려 있는 진열실을 돌아보고 있었다. 담갈색 눈과 흰 살결의 안소니 브라운·토니 브라운 등의 별명으로도 불리는 잘생긴 얼굴의 브라이언, 브라이언스키라는 작자는 유괴범으로 지명수배를 받고 있었다. 슬픈 눈을 짓고 있는 어느 늙은 사내의 죄목은 우편 사기였는데, 그것만으로는 성이 차지 않았다는 듯이 누군가가 그의 얼굴 위에 보기 흉한 아치 모양을 그어놓고 있었다. 그리고 기분 나쁘고 음산하게 생긴 설리반에게는 '무기를 소지하고 있는 것으로 여겨지는 극도의 위험 인물'이라는 경고문까지도 적혀 있었다. 게다가 거기에는 얼룩으로 온통 더럽혀진 실종된 여자아이의 스냅 사진도 하나 있었는데 나이는 14세이며 실종될 당시 갈색 구두를 신고 있었다. 그 내용은 아이의 행방을 아는 사람은 블러 보안관에게 알려달라는 것이었다.

내 편지 이야기를 해야겠다. 돌리에 관한 것이었는데, 그 안에는 그녀의 성적표와 매우 중요하게 보이는 봉투가 들어있었다. 나는 신중하게 봉투를 뜯어 편지의 내용을 읽어보았다. 나는 그녀가 편지에는 별로 신경을 쓰지 않고 출구 옆에 놓여 있는 신문 판매대 쪽으로 가는 것을 보고 미리 편지 내용을 봐두어야겠다고 생각한 것이었다.

─돌리 로에게. 연극은 대성공이었어. 개 세 마리는 모두 커틀러가 약을 먹였는지 조용히 누워 있었어. 린다도 너의 대사를 아주 잘 외웠어. 연기도 훌륭했단다. 몸놀림도 민첩하고 감정 억제도 좋았어. 그러나 다소 감응이 부족하고 생동감과 나의(그리고 작가의) 다이애나의 매력 같은 것이 조금 결여된 듯 싶었어. 작가는 마지막까지 남아서도 우리에게 박수를 보내주지 않았단다. 그날따라 바깥에서는 폭풍우까지 동반한 무시무시한 번개가 쳐대는 바람에, 무대 뒤에서 적당히 연출하기로 했던 천둥소리는 별로 효과를 보지 못하고 말았단다. 아, 세월은 정말 빠르구나. 이제 모든 것은 다 끝났어. 학교도, 연극도, 로이의 실수도, 그리고 우리 엄마의 해산도(불쌍하게도 우리 아기는 죽고 말았단다). 이 모든 일들이 아주 오래 전에 있었던 아득한 일로

만 여겨지는구나. 사실은 아직 분장도 채 지우지 못하고 있으면서 말이야.

모레쯤 뉴욕으로 가려고 해. 그리고 내 생각으로는 엄마 아빠랑 같이 또 유럽으로 가야 할 것 같기도 해. 그리고 로, 너에게 알리기가 좀 뭣한데 네가 돌아올 때 나는 어쩌면 비어즐리에 돌아가지 못할지도 모르겠어. 여러 가지 이유 때문에 우리 아버지는, 아버지가 보내주는 생활비와 풀브라이트 장학금으로 나도 그곳에서 1년 동안 학교에 다니기를 바라고 있단다.

우리가 예상했던 대로 시인은 불어를 몇 마디 해야 하는 3막에서 그만 더듬고 말았어. 기억나니? 너의 애인 시멘느에게 말하는 것을 잊지 말라. 호수가 아름다워 너를 그곳에 데려가려 한다. 아름다운 행운이여! 너를 그곳에 인도하려고. 하긴 발음하기 어려운 말이기는 해. 너의 시인도 안부 전해 달라고 하는구나. 모나로부터. 추신 ; 이런저런 사정 때문에 내 편지가 가끔 엄격히 통제를 받기도 하니까, 유럽에 가서 네게 편지 띄울 때까지 기다리는 편이 차라리 나을 것 같구나. (그러나 내가 기억하건대 그 후 그녀의 편지는 결코 오지 않았다. 그 편지에는 뭔가 까닭이 있는 듯한 꺼림칙한 요소가 몇 군데 있었다. 그러나 오늘은 그것을 분석하기에는 내가 너무도 지쳐 있다. 나중에 보니 관광안내서 속에 그 편지가 끼여 있었다. 그래서 두 번이나 읽어보았다.)

나는 편지에서 눈을 들었다. 그리고 막 둘러보니 로가 보이지 않았다. 내가 모나의 마법에 정신을 잃고 있는 동안 로는 어깨를 움츠리고 사라져버린 것이다.

"저, 혹시 못 보셨는지요……."

입구 쪽의 마루를 쓸고 있는 곱사등이에게 물어보았다. 그 늙은 곱사등이는 그녀를 보았다는 것이었다. 친구인 것 같은 사람을 보더니 급히 나가더라고 했다. 나도 급히 나가보았다. 그러나 이내 발을 멈추고 말았다. 그녀는 보이지 않았다. 급히 다시 안으로 들어왔다. 그리고 우두커니 섰다. 드디어 올 것이 오고야 만 것이었다. 그녀는 영원히 가버린 것이다.

그런 일이 있은 몇 년 후 나는, 아주 도망을 칠 수 있었던 바로 그날 어째서 그녀는 도망을 가지 않았었는지에 대해 가끔 생각해보곤 했었다. 잠긴 차 속에 놓아둔 그녀의 최고급 새 여름옷 때문이었을까? 아니면 그녀가 짜놓은 계획 중에 아직은 미숙한, 아주 작은 부분에 해당하는 것이었을까? 아무튼 그때 나는 그녀가 내 곁을 아주 떠나버렸다는 것만을 확실하게 알고 있을 뿐이었다. 마을을 반쯤 둘러싸고 있는, 뭔가를 알고 있는 듯한 자주색의 산들이 내게는 마치 아지랑이 속에 몸을 숨긴 롤리타가 여기저기에서 숨을 할딱거리면서 소리내어 웃으며 산을 기어오르고 있는 듯한, 온통 그런 모습으로만 보였다. 교차로에서 멀리 바라다보이는 곳, 가파른 비탈 위의 하얀 돌에 새겨진 커다란 W자는 마치 고통이라는 단어의 첫머리 글자 같았다.

내가 방금 전에 나온, 예쁘게 새로 지은 우체국 건물은 지금은 쓰지 않고 있는 영화관과 공모라도 하는 듯이 보이는 포플러 나무들 사이에 서 있었다. 시각은 그곳 시간으로 오전 9시였다. 그리고 그 길은 바로 중심가였다. 나는 반대편 거리를 바라보며 푸른 보도 위를 걸었다. 여기저기서 쇼윈도가 금광처럼 번쩍거리고, 참을 수 없이 무더운 정오가 되려는 징조로 대기는 벌써부터 비틀거리며 거의 정신을 잃고 있는, 만지면 산산조각이 날 것 같은 초여름의 아침이었다. 나는 길을 건너 긴 블럭을 따라 걸으며 하릴없이 시간을 보냈다. 약국, 부동산 가게, 옷가게, 자동차 부품상, 커피숍, 스포츠용품, 가구, 세탁소, 식료품점 등을 구경했다. 순경 양반, 제 딸이 도망을 갔습니다. 형사와 짜고, 그 공갈쟁이와 사랑에 빠졌다, 이 말입니다. 나의 완전한 방관을 이용한 거죠. 나는 상점마다 자세히 들여다보았다. 그러고는 드문드문 지나가는 행인들에게 말을 걸어볼까 곰곰 생각했다. 그러나 나는 아무에게도 말을 걸지 않았다. 나는 세워 두었던 차 안에 잠시 앉아 있다가 동쪽에 있는 국립공원 쪽을 돌아보았다. 그러고는 다시 옷가게와 자동차 부품상으로 되돌아왔다. 무서울 정도로 빈정대며 조롱이라도 하듯 나는 혼잣말처럼 되뇌었다. 롤리타에 대한 의심으로 미쳐버릴 것 같았으며 당장이라도 불쑥 그녀가 나타날 것 같았다. 실제로 롤리타는 그랬다.

나는 등을 돌리고 돌아서버렸다. 그녀는 머뭇거리며 그리고 좀 모자라는 듯한 미소를 지으며 내 소매 위에 손을 올려놓았지만 나는 그 손을 뿌리쳤다.

"차에 올라 타."

내가 말했다.

롤리타는 그대로 했다. 나는 뭐라고 이름 지을 수도 없는 많은 생각들과 싸우며 위아래로 차를 몰았다. 롤리타의 이와 같은 이중성에 어떻게 맞서야 할 것인가, 대충 그런 것들을 짜내려고 고심하고 있었다.

그러자 그녀는 차에서 내리더니 다시 내 옆자리로 와서 앉았다. 서서히 귀가 뚫리기 시작하면서 로가 옛날의 여자친구를 만났다고 얘기하는 소리가 들려왔다.

"그래? 그게 누구야?"

"비어즐리 아이예요."

"좋아, 너의 그룹에 있는 아이들 이름은 내가 다 알고 있으니까. 앨리스 아담스였니?"

"우리 그룹에 있는 아이가 아니었어요."

"그래도 좋아. 내게는 학생 전체의 명단이 있으니까 말이야. 이름이 어떻게 되지?"

"우리 학교 아이가 아니에요. 그냥 비어즐리에 살고 있는 아이예요."

"그래? 그 지역 주민들의 주소록도 있으니까 샅샅이 찾아보면 되겠구나."

"그 아이 이름만 알고 있을 뿐이에요."

"메리? 아니면 제인?"

"아니에요. 돌리라고 해요. 나하고 똑같이."

"이런, 김빠지는 장난이 있나. 좋아 그러면 다른 각도에서 한번 검토해보자꾸나. 너는 28분 동안 내 곁을 떠났었다. 그동안 너희 돌리 둘이 뭘 했니?"

"드러그스토어 ($^{약·잡화·간이음식}_{등을 파는 가게}$) 에 들어갔었어요."

"그래서?"

"그냥 콜라 먹었어요."

"속이면 안 돼, 돌리. 다 알아볼 수 있으니까. 알겠니?"

"그 아이가 콜라 먹고, 나는 물 한 잔 마셨어요."

"좋아, 저기 보이는 저곳이니?"

"맞아요."

"어디 그럼 같이 가서 한번 물어보자."

"잠깐만요. 지금 생각하니깐요, 더 밑으로 가야 되는 것 같아요. 저기 저 모퉁이 어디에……"

"그렇더라도 이리 와. 자, 안으로 들어가거라. 어디 한번 볼까?"

고리로 달아 매놓은 전화번호부를 펼쳤다.

"고급 장의사라…… 아니지, 이건 아니겠고. 아, 여기 있구나, 라르킨 약국. 그리고 두 개가 더 있구나. 자, 모조리 한번 확인해보자."

"빌어먹을." 그녀가 말했다.

"로, 무례한 말은 하지 않는 법이야."

"알았어요. 설마 나한테 혐의를 씌우려는 건 아니겠죠. 좋아요. 얘기할게요. 음료수는 마시지 않았어요. 그냥 얘기를 하고 쇼윈도에 걸려 있는 옷들이나 구경했어요."

"어떤 것 말이지? 예를 든다면 저런 창문 말이냐?"

"그래요. 저런 것, 예를 들면."

"오, 로! 좀 더 가까이 가서 보자."

과연 아름다운 광경이었다. 잘생긴 젊은이가 진공청소기로 청소를 하고 있는 양탄자 위에는 지금 막 태풍이라도 휩쓸고 지나간 것처럼 보이는 두 개의 마네킹이 서 있었다. 하나는 아주 벌거벗은 채로 팔도 없고 가발도 벗겨지고 없었다. 자그마한 키와 방실거리며 웃고 있는 모습은 다시 옷을 입혀놓으면 롤리타만한 크기의 여자아이일 것 같았으나 지금 현재 상황으로는 성별도 없었다. 그 옆에 서 있는 마네킹은 베일을 쓴, 훨씬 키가 큰 신부였는데 팔이 하나 없는 것을 제외하고는 흠잡을 데가 없었다. 이 처녀들의 발 밑에서는 그 젊은이가 무릎을 꿇고 가느다란 세 팔과 금빛 가발이 나뒹굴고 있는 마룻바닥을 열심히 청소하고 있있다. 그 중 두 개의 팔은 우연히 서로 엉켜 있었는데, 공포에 질려 서로를 끌어안고 무엇인가를 애원하고 있는 몸짓으로 보였다.

"로."

나는 조용히 말했다.

"잘 봐둬, 저건 뭔가를 아주 잘 나타내주고 있는 것 같지 않니? 그러나……"

나는 차에 오르며 말을 계속했다.

"미리 알고 적어둔 게 있지. 여기 이 메모지에 남자친구 차번호가 적혀 있단다."

바보였는지 나는 그것을 외우고 있지 못했다. 마치 불투명한 색유리창 뒤에 여섯 글자가 옴폭 들어가 있어 가운데 글자는 도저히 해독이 불가능했던 것처럼, 내 기억 속에 남아 있는 것은 첫 글자와 마지막 글자였다. 그런 중에서도 불투명한 부분이 있었던지 맨 처음과 맨 끝의 글자만 간신히 기억하고 있었다. 그것은 대문자 P와 6이라는 숫자였다. 이 얘기를 좀 더 상세하게 해두고 넘어가야겠다(전문적인 심리학자에게나 재미있는 얘기일는지 모르지만). 만약 그렇게 하지 않는다면 독자들이(나의 원고를 마셔버리기라도 할 것 같은 장밋빛 입술과 노란 수염을 기른 학자를 나의 독자로 상상하고 싶다) P라는 글자는 B의 허리 아래가 잘려나간 것이며, 6이란 숫자도 모두 삭제된 것을 발견했을 때의 나의 놀라움이 과연 어떠한 것이었는지를 도무지 이해하지 못할 것 같아서다. 나머지 부분들은 모두가 연필에 달린 지우개 끝으로 급히 문질러서 못 알아보게 됐거나 아니면 지웠다가 다시 써놓은 것 같은 숫자들이어서, 얼기설기 엉킨 철조망과도 같은 그것은 논리적으로는 전혀 어떤 설명도 가능하지 않았다. 그저 비어즐리 근처의 어느 곳이라는 것만이 내가 알고 있는 전부였다.

나는 아무 말도 하지 않았다. 메모지를 다시 제자리에 집어넣고는 차를 몰아 웨이스를 벗어났다. 물결치는 흰 블라우스를 입고 갈색 팔꿈치 하나는 창밖으로 내민 채 로는 뒷자리에서 만화잡지를 보고 있었다. 그 속에 나오는 우스꽝스러운 인물들의 최신 모험담에 온통 정신을 빼앗기고 있었다. 웨이스를 벗어나 한 3, 4마일 가량 달렸을까, 나는 사람 없는 텅 빈 테이블 위에 아침 햇살이 어지럽게 쏟아지고 있는 어느 유원지 안으로 들어갔다. 미소를 조금 머금었지만 로는 놀란 듯한 표정으로 나를 올려다보았다. 말 한마디 없이, 나는 있는 힘을 다해 그녀의 작고 단단한 광대뼈 위를 손등으로 때렸다.

그러나 밀려드는 후회의 감정, 마음을 아프게 만드는 속죄의 아름다운 흐느낌 소리, 비굴해지기 시작하는 사랑의 감정과 다시 화해하고 마는 나의 이 속수무책. 미라나 모텔(미라나!)의 벨벳과도 같았던 어느 날 밤, 나는 긴 발의 노르스름한 그녀의 발바닥에 입 맞추었지, 그리고 나를 희생했었지…… 그러나 모든 것은 쓸데없는 것이었다. 우리 두 사람의 운명은 이미 정해져 있었던 것이다. 그리고 나에게는 새로운 수난의 주기가 또 시작되려 하고 있었다.

웨이스 가에서였는지 웨이스의 변두리에서였는지…… 아, 분명히 그것은 환상이 아니었다. 웨이스의 도로 위에서 나는 아즈텍 제품의 빨간 컨버터블 차를 흘낏 보았는데, 만약 그 차가 아니었다면 그와 아주 똑같은 차종이었을 것이다. 그러나 이번에는 트랩이 아니라 너댓 명으로 보이는 젊은 남녀들이 시끌벅적하게 차 속에서 떠들고 있었다. 그러나 나는 아무런 말도 하지 않았다. 웨이스를 떠난 후에는 완전히 새로운 상황이 벌어졌다. 하루나 이틀 동안, 우리는 지금 미행을 당하고 있지도 않고 또 미행을 당해 본 일도 없노라고 나 자신에게 말함으로써 스스로 위안을 삼아보기도 했지만 그것도 잠시, 트랩이 그의 작전을 바꿔 이 차 저 차를 빌려 타가면서 우리를 뒤따르고 있다는 사실을 나는 병적으로 믿고 있었다.

고속도로의 실제 프로테우스 신이기라도 한 것처럼 그는 놀랍게도 차를 바꾸어 나타났다. 그의 이러한 수법으로 미루어 보아서 특수한 차고가 분명히 있는 것 같았지만 그가 사용하는 차고를 찾아내지는 못했다. 처음에 그는 캠퍼스 크림 컨버터블을 타는 등 시보레 종류의 차만 골라 타는 것 같더니 어떤 때는 호라이즌 블루 세단을 타기도 하고, 그 후에는 서프 그레이와 드리프트 우드 그레이로 옮겨다니는 것이었다. 그러다가 그는 다른 제품의 자동차를 타기도 했는데, 어느 날인가 나는 우리가 타고 있는 드림 블루 멜모스 차와 그가 빌려 타고 있는 크레스트 블루 올즈모빌과의 미묘한 차이점을 겨루어보려고 한 일도 있었다. 아무튼 그가 회색을 좋아하는 것만큼은 틀림 없었다. 그러나 악몽에 시달리면서도 그 유령 같은 물체들, 즉 크라이슬러의 조개빛깔 회색이나 시보레의 엉겅퀴빛 회색, 그리고 들쥐의 붉은빛 도는 회색을 제대로 구별해보려고 노력했지만 도무지 그것을 가려낼 재간이 없었다.

그의 작은 콧수염과 풀어 헤친 셔츠 앞자락, 그리고 그의 벗겨진 머리와 넓은 어깨에 끊임없이 신경을 쓰며 살피다 보니까 나는 어느새 도로 위를 달리는 많은 차량들에 대해선 잘 알게 되었다. 뒤에서, 앞에서, 옆에서 가고 오는 모든 차량, 춤추는 태양 아래를 달리는 모든 자동차들에 대해서 말이다. 뒷 창문에 부드러운 화장지 상자를 놓아둔 말수 적은 휴가객의 자동차. 창백한 얼굴의 어린애들을 잔뜩 태우고 포동포동한 개는 머리를 쑥 내밀고, 무모하게 속력을 내는 낡은 자동차, 뒤틀린 차의 흙받이, 옷걸이가 양복으로 가득 찬 독신남성의 튜더 양식 세단, 전후좌우로 움직이며 다니는 거대하고 육중한 트레일러, 앞좌석 가운데 자리에 아주 얌전하게 앉아 있는 젊은 여자

손님이 젊은 남자 운전자에게 좀 더 가까이 다가가려 하는 자동차, 지붕 꼭대기에 빨간 보트를 얹고 달리는 자동차…… 우리 앞에서 천천히 속력을 줄이는 회색 자동차, 추월하는 회색 자동차.

우리는 산악지대에 들어서서 스노와 챔피언의 중간쯤 되는 곳의, 얼마나되는지 알 수도 없을 정도의 비탈길을 내려가고 있었다. 그때 나는 또다시트랩의 모습을 분명히 보았다. 우리 뒤의 회색 안개는 점점 짙어져 푸른 세단을 가득 채우고 있었다. 그때 갑자기, 내가 몰던 자동차는 바보같이 두근거리던 내 심장의 고동에 응답이라도 하듯 자동차 밑바닥 어디에선가 픽—픽—픽 하는 한심한 소리와 함께 좌우로 주르륵 미끄러지기 시작했다.

"타이어에 펑크가 났군요."

로가 까불거리며 말했다.

나는 벼랑 근처에 차를 댔다. 그녀는 팔짱을 끼고 자동차 계기판 위에 발을 올려놓았다. 나는 차에서 내려 오른쪽 뒷바퀴를 살펴보았다. 타이어의 밑부분이 형편없이 찌부러져 있었다. 트랩은 우리에게서 약 50야드쯤 떨어진뒤에 차를 세웠다. 멀리서 보는 그의 얼굴엔 쾌재를 부르며 희희낙락해 하는표정이 기름처럼 번지고 있었다. 기회였다. 나는 그가 있는 쪽을 향해 걸음을 옮겼다. 사실 잭(자동차 연장)은 나도 갖고 있기는 하지만 좀 빌려 달라해야지 하는 기발한 생각을 하며 말이다. 그는 주춤하며 약간 뒤로 물러섰다. 내가 돌에 넘어질 뻔하자 웃음소리가 들려오는 것 같았다. 그때 트랩의뒤쪽에서 거대한 몸체의 트럭이 무너지는 듯한 소리를 내며 희미하게 모습을 드러냈는데, 그와 때를 같이해서 발작적인 자동차 경적 소리가 들렸다. 직감적으로 나는 뒤를 돌아보자 내 자동차가 살며시 미끄러져나가고 있었다. 로가 익살스러운 폼으로 핸들을 잡고 있었다. 엔진도 분명히 작동하고있었다. 내가 기억하기론 엔진을 끄고 비상 브레이크는 걸어두지도 않았는데 말이다. 요란하게 소리가 나는 엔진 쪽으로 가슴을 두근거리며 걸었다. 짧은 시간동안 나는, 지난 2년이란 세월은 어린 로가 운전의 기초 정도를 익히는 데는 충분한 시간이었을 것이라는 생각이 들었다. 나는 비틀어 문을 열었다. 로가 나를 트랩에게 다가가지 못하도록 차를 출발시킨 게 분명했다. 그러나 그녀의 그러한 속임수도 헛일이었다. 내가 그녀와 실랑이를 벌이는동안 그는 힘차게 유턴을 하더니 사라져버렸다. 나는 잠시 머리를 식혔다.

로는 자기에게 감사하고 싶지 않느냐고 내게 물었다. 자동차를 스스로 움직이기 시작한 것이다. 그러나 내가 아무런 대꾸도 하지 않자 그녀는 다시 지도에 몰두하기 시작했다. 나는 샬로트가 곧잘 뇌까리던 소위 '궤도의 엄한 시련'을 다시 시작하고 있었다. 아마도 나는 그때 마음의 평정을 잃고 있었던 것 같다.

우리는 괴상스러운 여행을 계속했다. 가파른 비탈길에 이르러 나는, 우리를 앞지른 거대한 트럭 뒤에 우리가 있다는 것을 알았다. 그 트럭은 꾸불꾸불한 길을 씩씩대며 올라가고 있었기 때문에 도저히 비켜 지나갈 수가 없었다. 그때 트럭의 앞부분에서 장방형으로 생긴 부드러운 은빛 물결이(안에는 껌을 싼) 우리가 앉아 있는 자동차의 유리창을 향해 날아오는 것이었다. 내가 정말로 이성을 잃고 있었더라면 살인이라도 저지르고 끝장을 냈을지도 모른다. 사실—고지식한 험버트가 초조해하는 험버트에게 이르기를—언젠가는 찾아올 정신분열의 증세를 잘 이용하기 위해선 상자에서 무기를 꺼내 주머니에 옮겨놓았어야 현명했을 것이다.

20

롤리타에게 연기를 공부하도록 허락해줌으로써 나는 바보같이 그녀의 거짓말을 유도하고 키워준 꼴이 되고 말았다. 그것은 사실 나를 배반하는 방법을 깨우치게 만드는 과정이었다. 그녀는 마치 최면에 걸린 사람이나 신비로운 의식을 집행하는 사람같이 비어즐리의 응접실을 왔다갔다하며 어둠 속에서 신음 소리를 듣거나, 아니면 이제 갓 들어온 젊은 계모와 처음으로 만나는 장면, 버터밀크 같은 자기가 싫어하는 어떤 음식을 먹는 모습, 숲이 우거진 과수원의 뭉개진 건초 냄새를 맡는 모습, 그리고 장난기가 가득한 가늘고 긴 어린애 같은 두 손으로 신기루 같은 물체를 잡는 모습 등을 능청스러울 정도로 그럴 듯하게 꾸며보였다. 그동안에도 나는 그녀의 이러한 관능적인 흉내들을 계략의 관점에서만 바라보았었다. 그러나 지금 생각하면 그렇게 후회스러울 수가 없다. 이러한 내용을 암시해주고 있는 복사된 종이 한 장이 아직도 내 서류 속에 들어있다.

—촉각 훈련. 지금 이것을 집어올려서 손에 쥐고 있다고 상상해보자. 탁

구공, 사과, 끈적끈적한 대추야자 열매, 플란넬의 보풀이 일어난 새 테니스
공, 뜨거운 토마토, 네모난 얼음, 새끼 고양이, 강아지, 말굽, 깃털, 손전
등.

다음에 열거하는 가상의 물건들을 손가락으로 빚어 만들어보라. 빵 한조
각, 고무 지우개, 친구의 아픈 관자놀이, 벨벳 견본, 장미꽃잎.

눈을 감고 다음 얼굴들을 손으로 느껴본다. 그리스 젊은이, 시라노, 산타
클로스, 아기, 웃고 있는 목양신, 잠든 나그네, 너의 아버지.

그러나 섬세하고도 매력적인 동작으로 꿈꾸는 듯 연속적인 연기를 펼쳐나
가는 그녀의 모습은 너무나도 예뻤다. 비어즐리에서 모험으로 가득했던 어
느 날 저녁, 나는 그녀에게 나를 위해서 춤을 추어준다면 그녀에게 먹을 걸
사주거나 아니면 선물을 사주겠다고 약속한 일이 있었다. 다리를 벌리고 뛰
어오르는, 틀에 박힌 일정한 형태의 그녀의 동작은 파리의 어린 댄서라기보
다는 미국 축구경기 응원단장의 다릿짓 같기는 했지만, 아직은 여자냄새가
나지 않는 그녀의 부드러운 팔다리의 움직임은 내게 쾌락을 주었다. 하지만
그 모든 것은 그녀의 테니스 게임이 불러오는 이루 다 말할 수 없는 기쁨에
비교한다면 아무것도, 정말 아무것도 아니었다. 그것은 천상의 질서와 찬란
함의 끝에서 이리저리 움직이는 광적인 감각인 것이다.

이제 나이가 제법 들었음에도 불구하고 살구 빛 팔다리 하며 십대들 전용
의 테니스복을 입은 그녀의 자태는 그 어느 때보다도 더욱 요정 같았다. 날
개 돋친 신사들! 그녀의 모든 것이 완벽했던 스노와 엘핀스톤 사이의 콜로
라도 휴양지에서처럼 앞으로 그녀를 다시 그렇게 연출해낼 수는 없을 것이
다. 어린 남자아이들이 입는 흰색의 넓은 반바지, 가느다란 허리, 살구 빛
횡격막, 위로 올라간 리본이 그녀의 목을 한번 감아 숨을 쉴 때마다 어린 솜
털과 그 귀엽고 가느다란 뼈가 보이는 사랑스러운 살구 빛 어깨, 그리고 밑
으로 갈수록 매끈매끈하고 부드러운 등을 드러낸다. 그녀의 모자는 앞 챙이
하얀 것이었다. 그녀가 쓰던 라켓도 내가 돈을 좀 들여서 사준 것이었다. 바
보, 바보 중의 바보! 사진을 찍어둘 수도 있었는데! 그랬다면 지금 내 눈앞
에, 내 고통과 절망의 영사실 안에 그녀와 함께 있을 수 있을 텐데.

서브 동작을 넣기 전에 그녀는 잠시 기다리며 휴식을 취하곤 했다. 한두

번 공을 튕겨보기도 하고 발로 땅을 약간 차보기도 하며 언제나 느긋하게, 점수에는 별로 신경을 쓰지 않고 집에서의 우울한 생활 같은 것이 언제 있었느냐는 듯이 항상 쾌활했다. 그녀의 테니스는 내가 상상하기에 젊은이로서 기교를 부릴 수 있는 최고의 절정을 이루는 것이었다. 그러나 그녀에게는 그것이 근본적인 현실의 기하학 바로 그 자체였다.

그녀의 동작 하나하나가 가지고 있는 절묘한 아름다움도 아름다움이었지만, 그녀가 쳐내는 스트로크 하나하나에서 울리는 상쾌한 소리 또한 상대적으로 청각을 즐겁게 해주는 것이었다. 볼이 그녀의 영역으로 일단 들어오기만 하면 그 볼은 더욱 하얗게 보였고 탄성도 훨씬 더 좋아졌으며, 그녀가 사용하는 정밀한 도구는 공을 맞히는 순간에 더욱 힘이 있고 신중해지는 것 같았다. 그녀의 폼은 최고 수준의 테니스를 그야말로 완벽하게 모방한 것으로 어떤 실질적인 성과는 전혀 없었다. 에두사의 언니이며 유능한 젊은 코치인 일렉트라 골드는 흔들리는 딱딱한 의자 위에 앉아서, 돌로레스가 린다 홀을 가지고 노는 장면을 보고 있는 내게 한번은 이렇게 말하는 것이었다.

"돌리는 라켓 가운데에 자석이라도 달고 있는 것 같아요. 그런데 도대체 어떻게 저렇게 얌전하기만 하죠?"

아, 일렉트라. 그러한 장점이 무슨 소용이 있겠는가! 아름다움과의 일체감, 그 지극히 고통스러운 경련 속에 흠뻑 젖은 채 바라보았던 바로 그 첫 경기를 나는 기억하고 있다. 발뒤꿈치를 든 발과 깊게 패인 겨드랑이, 그리고 빛나는 팔뚝과 머리 뒤로 깊숙이 젖힌 라켓과의 사이의 결정적인 균형을 잠시 허공에 걸어둔 채로, 그녀의 서브 넣기 중에서도 탄력있고 풍부한 스타트를 보여줄 때면 나의 롤리타는 구부린 왼쪽 무릎을 일으키는 버릇이 있었다. 그때 그녀는 금빛 채찍으로 짧고도 날카롭게 울리는 일격을 가하려는 특별한 목적으로 자신이 창조한, 강력하고 우아한 우주의 정점 위에 아주 높이 걸려 있는 작은 공을 바라보며 빛나는 치아를 드러내고 활짝 웃었다.

아름다움과 정확성, 그리고 젊음이 담겨 있는 그녀의 서브는 우아하고 순수한 포물선을 그려보이곤 했는데, 빠른 속도에도 불구하고 되받아치기에는 더없이 좋은 공이었다.

그녀의 스트로크, 그리고 그녀의 요염한 모습 등을 하나하나 이 셀룰로이드 조각 속에 간직할 수 없었다는 사실이 지금도 나를 힘들게 만들고 있다.

내가 불태워버린 스냅 사진들보다도 훨씬 소중한 것들이었다! 공이 땅에 떨어지기도 전에 머리 위에 뜬 공을 쳐 보내는 것은 그녀의 서브와도 관계가 있는 것이었다. 왜냐하면 나의 귀염둥이는 하얀 신을 신은 민첩하고 씩씩한 발놀림으로 단숨에 네트까지 달려갈 수 있게끔 훈련을 받았기 때문이었다. 정면으로 공을 처리할 것인가, 아니면 연타로 할 것인가 하는 따위는 그녀에겐 문제도 되지 않았다. 둘 다 꼭 같았기 때문이다. 아주 맑은 메아리와 일렉트라의 외침으로 자꾸만 들려오는 그때의 그 총성은 아직도 내 하복부를 욱신거리게 한다. 돌리의 게임에서 정수라고 할 수 있었던 것은 네드 리탐이 켈리포니아에서 그녀에게 가르쳐 주었던 것으로, 공이 뛰어오르는 찰나에 빨리 날아서 짧게 치는 것이었다.

그녀는 테니스보다는 수영을 더 좋아했고, 수영보다는 연극을 더 좋아했다. 그러나 그녀 내부에 잠재되어 있는 그 어떤 것을 내가 파괴하지만 않았더라도(그때 나는 그걸 깨닫지 못하고 있었다!) 그녀는 상당히 수준급인 완벽한 폼으로 이기겠다는 의지를 가졌을 것이고, 그렇게 해서 정말로 주니어 챔피언이 되었을 것이다. 겨드랑이에 두 개의 라켓을 끼고 있는 윔블던의 돌로레스. 프로로 전향하는 돌로레스. 영화 속에서 주니어 챔피언으로 출연하는 돌로레스. 돌로레스와 희끗희끗 머리칼의 초라하고 말이 없는 남편 코치, 늙은 험버트.

시합 결과에 대해서는 전혀 무관심한 그녀의 천연스런 행동을 요정인 체한다고 여기지만 않았다면 그녀의 게임 내용에는 어떤 잘못이나 속임수는 없었다. 일상생활에서는 그렇게도 잔인하고 교활하기 짝이 없던 그녀가 공을 다룰 때만큼은 순진하고 솔직하고 부드러운 구석을 드러내, 아직은 제대로 다듬어지지도 않고 실력도 부족한 2류 정도였지만, 우승까지도 과감하게 목표로 삼아볼 그런 선수는 될 수 있었다. 자그마한 체구에도 불구하고 그녀는 천오십삼 제곱피트나 되는 테니스 코트를 힘 하나 들이지 않고 종횡무진으로 누비고 다녔다. 그러나 상대선수가 갑자기 공격하거나 갑자기 전략을 바꾸거나 하면 힘을 못 썼다. 매치 포인트에서 그녀의 두 번째 서브는 그녀답게 첫 번째 서브 때보다도 훨씬 강하고 더 멋있었지만(왜냐하면 그녀에게는, 이것저것 가리기 좋아하는 신중한 우승자들이 흔히 가지는 징크스 같은 것이 하나도 없었기 때문이었다), 네트의 하프 줄을 흔들거나 코트 밖으로 낮게 날아갔다. 그녀의 세련된 드롭 샷(네트를 넘자마자 공이 떨어지게 치는 방법)은 정말 일품이었지만, 다리는 마치 네 개인데다 구부러진 노를 쥐고 휘두르는 듯한 상대방에겐 먹혀들어가지 않았다. 그녀의 기묘한 드라이브나 멋진 발리도 곧장 상대방 발 밑에 떨어지기 일쑤였다. 자꾸만 계속해서 그녀는 쉬운 공을 네트로 보냈다—그러고는 발레리나처럼 머리를 숙여 앞머리를 내려뜨리고 낙담한 모습을 흉내 내곤 했다. 그녀는 우아하게 돌진했으나 힘이 너무 없어서 숨을 헐떡이며, 구식으로 치는 나조차 이기지 못했다.

내가 생각하기에도 나는 특별히 게임의 마력에 아주 쉽게 빠져드는 것 같았다. 게스톤과 체스를 두는 동안에도 내 눈에는 체스판이 모자이크 무늬의 잔잔한 밑바닥에 마치 진귀한 조개와 보석이 장밋빛으로 보이는 것에 반해, 당황한 내 상대의 눈에는 그것이 모두 진흙이나 오징어 떼였다. 내게는 아직도 롤리타에게 처음 테니스 코치를 해주었던 것이—그것은 그녀가 실력 있는 캘리포니아 사람에게서 지도를 받으며 내 실력을 알아차리기 전의 일이었다—고통스러운 기억으로 남아 나를 압박하고 있다. 그러나 그것은 내가 시키는 대로는 그녀가 전혀 움직이지 않고 속수무책으로 화만 냈기 때문만이 아니었다. 내가 잘못 가르친 탓에 불만투성인데다가 볼썽사나운 행동으로, 그녀의 내부에 숨어있는 조화가 드러나는 대신 완전히 엉망이 되어버렸기 때문이기도 했다. 우리가 하룻밤을 지냈던 챔피언 호텔, 그 호텔로 이르는 가파른 돌층계가 끝나는 곳에 있었던 콜로라도의 훌륭한 테니스 코트, 그곳에서 챔피언이라는 순진하고도 의기양양한 기분에 들떠 있었던 바로 그날은 사정이 좀 달랐다. 그녀의 스타일과 그녀의 영혼, 그리고 그녀가 가지고 있는 본질적인 아름다움의 순진무구함 속에 도사리고 있는, 알 수 없는 배신으로 시달려야 하는 악몽에서 그날만큼은 해방될 수 있을 것 같았다.

그녀는 평상시와 마찬가지로 별로 힘도 들이지 않고 라켓을 휘두르며 세게, 그리고 낮게 공을 맞추어 깊숙한 스키밍 볼을 내게 보내고 있었다. 그것은 모두 리듬이 똑같고 너무나도 예측 가능한 것들이어서 사실 그저 힘차게 걸어다니면서도 받아낼 수 있는 공들이었다. 일류 선수라면 나의 말을 이해할 것이다. 사실 아버지의 친구들이었으며 위대한 챔피언이기도 했던 데큐지스와 보먼에게서 아버지가 배워 다시 나에게 가르쳐주었던 서브로 쳤다면 로는 상당히 골치를 앓았을 것이다. 그러나 그렇게 귀여운 애인을 누가 괴롭히고 싶겠는가? 그녀의 팔에는 예방주사를 맞은 흔적이 여덟 군데나 있다고 얘기했었는지 모르겠다. 그리고 내가 그녀를 절망적으로 사랑했었다는 것과 그녀의 나이 이제 겨우 열네 살이었다는 얘기도!

알고 싶은 게 있는 듯 나비 한 마리가 우리 사이를 낮게 날아 지나갔다.

어디선가 테니스용 반바지를 입은 두 사람이 나타났다. 하나는 햇빛에 그은 채 발그스레한 두 무릎을 드러낸, 나보다 여덟 살쯤 아래로 보이는 빨강 머리의 사내였고, 또 하나는 변덕스러워보이는 입과 매서운 눈매를 가진, 반질반질한 검은 피부의 소녀였다. 롤리타보다는 나이가 두 살쯤 많아 보였다. 열심히 뛰는 초보자들에게서 흔히 볼 수 있듯이 그들은 라켓에 덮개를 씌우고 라켓의 틀도 만들어 끼우고 있었다. 그들은 그것을 어떤 특수한 근육의 극히 자연스럽고 편안한 연장이 아니라, 마치 장도리나 17, 18세기의 나팔총, 또는 지겹도록 귀찮은 게 내 죄라도 되는 양 끌고 다니는 것이었다. 테니스장에서 가까운 벤치 위에 놓아두었던 내 비싼 코트 옆에 다소 무례하게 자리를 잡고 앉은 그들은 로와 내가 50번 가량 주고받는 랠리를 그야말로 소리를 지르며 감탄하며 지켜보았다. 그리고 공이 로의 머리 위로 날아 코트 밖으로 나가자 그녀는 승리의 기쁨에 들뜬다.

그때 나는 갈증을 느껴 물이 나오는 곳으로 걸어갔다. 그러자 빨강 머리가 내게 다가오더니 아주 공손하게 복식을 한번 치지 않겠느냐고 제의해왔다. '나는 빌 미드요'라고 그가 말했다. '그리고 저쪽은 페이 페이지, 배우이며 나의 약혼자입니다.' 그가 덧붙였다(그는 우스꽝스럽게 덮개를 씌운 라켓으로 세련된 페이를 가리켰는데 그녀는 벌써 돌리와 얘기를 나누는 중이었다). '미안합니다만, 저―' 하고 막 말을 하려는데(왜냐하면 나는 내 귀염둥이가 시건방진 건달들하고 아무렇게나 어울리는 것이 싫었기 때문에), 그때 들려온 상당히 아름다운 외침이 나의 주의를 끌었다. 사환 아이가 호텔에서 테니스장으로 향하는 계단을 내려오며 내게 손짓을 했다. 내게 아주 급한 장거리 전화가 걸려왔는데 너무도 긴급한 용무라고 해서 전화를 끊지 않고 있다는 것이었다. 곧, 가지. 나는 코트를 입었다(안주머니에 권총이 들어있어서 무거웠다). 그리고 로에겐 곧 돌아오겠다고 말했다. 그녀는 공을 줍고 있었다. 내가 그녀에게 가르쳐주었던 멋진 방법 중의 하나로 미소를 지었다. 내게 미소를 지었던 것이다.

적막한 고요 때문에 소년을 따라 호텔로 올라가는 동안에도 내 마음은 좀처럼 가라앉지 않았다. 이것은—미국식 표현을 빌리자면—발견, 보복, 고문, 죽음, 영원성 등등 그 어느 하나가 독자적으로도 충분히 혐오감을 유발할 수 있다고 하는 바로 그것이었다. 나는 지금 그녀를 평범한 사람들에게 남겨두고 온 것이다. 그러나 그런 것은 아무 문제도 되지 않았다. 싸워야지, 물론, 싸우고 말고. 그녀를 포기하느니 차라리 모든 것을 파괴해버리는 게 더 낫지. 정말, 어지간히도 올라가는 계단이구나.

과거의 행적에 대한 조사를 한번 해보고 싶을 만큼 아리송하게 생긴, 위엄 있는 모습의 매부리코 남자가 데스크에서 손에 쥐고 있던 쪽지를 내게 건네주었다. 전화는 이미 끊겨 있었다. 쪽지의 내용은 이러했다.

'험버트 씨. 비어즐리 학교의 교장 선생님으로부터 전화. 여름 별장—비어즐리 2-8282. 즉시 전화해주기 바람. 대단히 급한 일임.'

나는 전화박스 속에 틀어박혀버렸다. 그러곤 작은 알약을 하나 먹고 약 20분 동안이나 허공의 허깨비들과 씨름을 했다. 4중창이 들리는 것 같았다. 소프라노, 비어즐리에는 그런 번호가 없는데. 알토, 프래트 여사는 지금 영국에 가 있을 테고. 비어즐리 학교에선 전화하지 않았어. 베이스, 그렇게 할 수도 없고, 왜냐하면 내가 지금 콜로라도의 챔피언 호텔에 있다는 걸 아는 사람은 아무도 없으니까. 내가 자꾸 캐물으며 따지고들자 그 매부리코는 수고스럽게도 장거리 전화가 걸려 왔었는지를 확인해주었다. 그러나 그런 전화는 온 일이 없었다. 거짓말로 걸려온 시외전화가 한 통 있었을 뿐이었다. 나는 그에게 고맙다고 말했다. 그는 '천만에'라고 말했다. 바에 들어가 독한 술 한 잔을 마신 뒤 나는 돌아가기 위해 걸음을 옮겼다. 계단의 맨 꼭대기에서 한참 아래로 내려다보니, 어린아이가 엉성하게 땜질해놓은 슬레이트 크기만하게 보이는 저 밑의 테니스 코트에서 나의 황금빛 롤리타가 복식 경기를 하고 있는 것이 눈에 들어왔다. 그녀의 모습은 보슈의 그림에 나오는 소름끼치는 세 명의 사람들 사이에서 움직이고 있는 아름다운 천사와도 같았다. 그녀의 파트너로 뛰고 있던 그중의 한 명이 위치를 바꾸면서 자기의 라켓으로 그녀의 엉덩이를 장난스럽게 툭툭 두드리는 것이 보였다. 유난히 머리가 둥근 그는 정말 안 어울리는 갈색 바지를 입고 있었다. 순간 그가 나를 보더니 (내) 라켓을 그냥 집어던지고 비탈길로 허둥지둥 도망가버리는 것이었다. 그는 자기의 회색 자동차가 서있는 길 쪽으로 오리처럼 기어오르면서, 아직 발육이 덜 된 날개의 모습을 제딴에는 코믹하게 흉내 낸답시고 손목과 팔을 흔들어대고 있었다. 그러더니 곧 그와 그의 회색 물체는 사라져버렸다. 내가 밑으로 내려왔을 때, 남은 세 사람은 공을 주워 가려내고 있는 중이었다.

"미드 씨, 저 사람 누구죠?"

빌과 페이, 둘은 모두 심각한 표정을 지으며 머리를 옆으로 흔들었다.

그 멍청한 침입자는 복식 경기의 짝을 맞추어준다는 구실로 끼어든 것이 분명하겠지, 돌리?

돌리. 내 라켓의 손잡이에는 메스껍게도 아직 온기가 남아 있었다. 호텔로 돌아오기 전에 나는 안개 같은 꽃들과 향기로운 관목들로 반쯤 가려진 숲길로 그녀를 데리고 들어갔다. 그녀를 붙들고 실컷 울어대면서 제발 냉정한 꿈을 가져달라는 것을, 가장 비참한 방법으로라도 그녀에게 호소해볼 참이었다. 그러나 나는 그때 우리보다 한발 앞서 온 미드네 한 쌍이 우리 앞에서 뒹굴고 있는 것을 알았다. 옛날 희극에나 나옴직한 전원 풍경 속에서 은밀한 만남을 즐기고 있는 그들은 서로 썩 잘 어울리는 한 쌍이었다. 빌과 페이, 두 사람은 왁자지껄 떠들었으므로—우리는 그들 둘이서 주고받는 농밀한 대화까지도 다 들을 수 있었다. 그러나 그런 따위는 아무래도 좋았다.

말로는 정말로 별 문제가 안 된다고 말하거나 또 그런 체하지만, 보건대 우리 인생이라고 하는 것은 평범한 즐거움으로 가득찬 가운데 세월만 그저 흘러가는 게 아닐까. 돌로레스는 수영복으로 갈아입었다. 그리고 남은 오후 시간을 수영이나 즐기며 보내고 싶다고 말했다. 멋진 하루다. 롤리타!

21

"로! 로라! 롤리타!"

오늘도 나는 문앞에 서서 태양을 향해 이렇게 외치고 있다. 나일론 수의의 단추를 열 때도 그랬듯 수많은 근심과 열정, 고통의 덩어리로 뒤범벅이 되어 나도 모르는 사이 쉬어버린 목소리로 이렇게 외쳐대고 있는 것이다. 롤리타! 잔디가 깔려 있는 테라스 한가운데에서 나는 드디어 그녀를 찾아냈다. 내가 준비를 채 끝내기도 전에 그녀는 밖으로 뛰쳐나간 것이다. 오, 롤리타! 그녀는 내가 아닌 강아지와 장난을 치고 있었다. 테리어 종의 그 개는 물에 젖은 빨간색 작은 공을 턱에 끼우거나, 공을 놓쳤다가 다시 확 물기도 하고 융단 같은 잔디 위에서 앞발로 공을 다루며 놀다가는 껑충껑충 뛰어 돌아다니기도 했다. 나는 그녀가 어디에 있는지 그것을 확인하려고 했었는데 그때의 그런 마음 상태로는 도저히 불안해서 수영도 못할 것 같았다. 나는 소리 지르던 것을 뚝 그쳤다. 아즈텍 빨간 비키니를 입고 이리저리 돌아다니는 그녀의 움직임을 보고 있으니 갑자기 무엇인가 나를 치고 지나가는 것 같았다……. 정신이 혼미해지며, 너무나도 즐거운 듯 까불며 장난치는 그 광경에 나는 그만 미칠 것만 같았다. 개조차 그녀의 정열적인 흥분에 어리둥절해하는 것 같았다. 나는 가만히 가슴에 손을 갖다대고 상황을 지켜보았다. 푸른 수영장은 잔디밭 뒤쪽으로 약간 떨어진 거리에 위치하고 있었지만, 그때는 이미 그곳에 없었다. 내 가슴 속에 있었던 것이다. 내 신체의 모든 기관들은 니스의 푸른 바닷물 속의 배설물처럼 내 가슴 속에서 헤엄치고 있었다. 그때 수영하던 한 사람이 풀장에서 나오더니 나무 그늘에 몸을 반쯤 숨긴 채, 목에 두른 타월의 양 끝을 쥐고선 움직이지도 않고 가만히 서서 게슴츠레한 눈으로 롤리타를 바라보고 있었다. 햇빛과 그늘에 가려, 또 그것들 때문에 아름다움이 조금은 손상될 수밖에 없는 그 벗은 몸으로 자신을 감추고서 말이다. 그의 둥근 머리 위에 찰싹 달라붙어 있는 물에 젖은 검은 머리카락, 물기가 배어 있는 그의 작은 콧수염, 균형이 잘 잡힌 트로피 모양의 털로 온통 뒤덮여 있는 그의 가슴팍, 검실검실 털이 많은 장딴지에선 반짝이는 물방울들이 뚝뚝 떨어지고, 몸에 꼭 끼는 젖은 검정 수영팬티는 부풀어올라 온 힘으로 터져나갈 것 같았다. 그의 갸름한 개암색 얼굴을 바라보며 나는 언젠가 본 일이 있는 인상이라고 생각했는데, 그것은 그가 내 딸아이의 얼굴과 비슷하게 닮아 있기 때문이었다. 인상을 찌푸리는 것까지 똑같았지만 그는 남자였기 때문에, 그가 얼굴을 찡그릴 때는 온몸에 소름이 끼쳤다. 나는 그녀가 그의 시선을 의식하고 있다는 것을 알았다. 그녀는 호색적인 시선을 즐기고 있었으며 그래서 일부러 더욱 까불며 장난치고 있었다. 역겹지만 사랑스런 화냥년. 공을 잡으려다 놓친 그녀는 뒤로 발랑 나자빠지더니 미끈한 두 다리를 치켜올리고 미친 듯 허우적대는 것이었다. 내가 서 있는 곳까지 그녀의 발정한 냄새가 풍겨오는 것 같았다. 그러나 나는 그가 얼룩진 많은 프리아포스(변식과 다산의 신)들이 흔들거리며 떨고 있는 나무에 비스듬히 몸을 기대어 괴상하게도 작고 납작한 이를 드러내는 것을 보았다. 그와 동시에 놀랄 만한 변화가 일어났다. 그는 더 이상 색마가 아니었다. 역도의 묘기를 보여준다고 술좌석의 흥을 곧잘 깨뜨리고(그는 맥주에 우유를 타서 마셨다. 착한 돼지 같으니), 한쪽 어깨가 벗겨져 내려온 수영복 차림으로 노을진 해변을 비틀비틀 돌아다니던, 바보스러울 정도로 사람 좋은 스위스인, 전에도 내가 여러 번 언급한 일이 있었던 바로 내 사촌 트랩이었다. 이 트랩이 멀리에서도 나를 알아보았다. 그는 무관심한 척 일부러 애쓰고 수건으로 목덜미를 문지르면서 수영장을 향해 뒤돌아 걸어가는 것이었다. 게임의 열기도 가셨는지 축 늘어진 로는, 테리어 개가 자기 앞에 갖다놓는 공도 거부하고 천천히 몸을 일으키고 있었다. 장난을 그만두었다고 해서 설마 개가 상심하지는 않았겠지? 나는 뭔가를 중얼거리기 시작했다. 그러고는 가슴에 와닿는 아주 무서운 고통을 느끼며 풀밭에 털썩 주저앉아, 언제 먹었는지 전혀 기억조차 나지 않는 갈색과 초록색의 음식물을 토해냈다.

나는 롤리타의 두 눈을 보았다. 그것은 겁먹은 눈이라기보다는 빈틈없고 타산적인 눈이었다. 그녀가 어느 친절한 여자에게 자기 아버지가 발작을 일으켰다고 말하는 것이 들렸다. 그러고 나서 나는 작은 잔으로 진을 연거푸 마셔대면서 한참 동안이나 라운지 의자에 앉아 있었다. 그러나 다음날 아침 나는 다시 힘을 내어 운전을 계속했다(몇 년 뒤에 이 이야기를 들려줬더니 어느 의사도 그것을 믿으려 하지 않았다).

22

엘핀스톤의 실버 스퍼 코트에 예약했던, 방이 둘 딸려있는 객실은 우리가 처음 여행길에 올랐던 그 시절 그녀가 그렇게도 좋아했던 번쩍번쩍 빛나는 밤색 소나무 목재로 만들어진 것이었다. 아, 지금은 얼마나 변했는가! 결코 트랩이나 트랩 같은 사람의 얘기를 하려는 것이 아니다. 마치 프리즘을 보는 것 같이 볼 때마다 바뀌던 자동차 속의 그 동일인물, 형사의 모습은 내 피해망상이 만들어낸 허구의 인물이었으며, 우연의 일치였거나 아니면 그와 비슷한 경우에 처할 때마다 신기루처럼 떠올랐던 영상에 불과했었다는 사실이 점점 더 뚜렷하게 확실해지고 있었다. 논리적으로 보면 내 머리 한구석을 차지하고 있는 의기양양한 프랑스인 기질이 득의만만해 하며, 그리고 더 나아가서는 짓궂게 따라다니며, 내 눈을 속이거나 그렇지 않으면 나와 형사와의 미묘한 관계를 악랄하게 이용하고야 마는, 롤리타에게 미친 점원이나 희극에 나오는 한 갱에게 치닫는 나의 공상을 지워주었다. 나는 내가 느꼈던 공포를 우물쭈물 넘겨버리려던 것을 기억하며, '비어즐리' 전화 사건의 내막도 밝혀냈던 것을 기억하고 있다. 챔피언의 잔디밭 위에서 겪었던 고통을 이겨낸 것처럼 내가 트랩에 관한 생각을 떨쳐버릴 수만 있었다면, 아무리 애를 태워도 내 것이 되어주지 않는 롤리타라고 생각해야 하는 따위의 괴로움과는 거리가 멀었을 것이다.

엘핀스톤에서는 한술 더 떠서 엉뚱하고 전혀 쓸데없는 걱정거리가 친절하게도 나를 기다리고 있었다. 마지막 여행을 하는 동안 로는 축 처진 채 말이 없었다. 공해의 찌꺼기에 오염되지 않고, 지그재그로 차를 모는 바보들도 없는 2백 마일이나 계속되는 산지였다. 그녀는 산 위에 불쑥 튀어나온 기묘한 모습의 이름난 바위나 말할 나위없이 아름다운 바위는 좀처럼 쳐다보지도 않았다. 그 마을은 7천 피트나 되는 높은 계곡의 평퍼짐한 마루턱 위를 여러 번 고쳐 건설한 곳이었다. 로는 보나마나 금방 싫증을 내겠지. 나는 은근히 그러기를 바랐다. 우리는 캘리포니아로, 멕시코 국경지대로, 신비의 바다로, 신기루와 선인장의 사막으로 누비고 다녔다. 호세는, 독자들도 기억하겠지만 카르멘을 미국으로 데리고 갈 계획을 꾸민 일이 있었다. 나는 돌로레스 헤이즈와 캘리포니아 곳곳에서 모여든 여학생 챔피언들이 화려하게 참가하고 있는 중앙아메리카의 테니스 대회를 머릿속에 상상해보았다. 아주 즐겁게 여행을 하다보니까 여권과 스포츠의 차이점까지도 아리송하게 되어버렸다. 나는 왜 다른 나라에 가서 행복하기를 원했을까? 환경의 변화란 비운의 사랑이 의지하게 되는 전형적인 착각이다.

모텔을 경영하고 있는, 푸른 눈동자에 벽돌처럼 붉은 얼굴색과 활달한 성격을 가진 과부, 헤이즈 부인(철자는 다름)은 자기 여동생이 스키를 가르치는 스위스 사람에게 시집을 갔다면서 나더러 혹시 스위스인이 아니냐고 물었다. 나는 내 딸아이는 반 아일랜드계라고 말했다. 숙박부에 이름을 적자 헤이즈 부인은 화사한 미소를 머금으며 내게 열쇠를 건네주었다. 그러고는 친절하게도 차를 주차시킬 장소를 가르쳐주었다. 차에서 나오자 로는 몸을 조금 떨었다. 맑은 저녁 공기는 너무도 상쾌했다. 숙소로 들어오기가 무섭게 그녀는 카드 테이블 옆에 놓인 의자에 가서 앉더니, 구부린 팔에 얼굴을 파묻고 두렵다고 말하는 것이었다. 나는 생각했다. 틀림없이 나의 애무를 피하려고 저러는구나. 그러나 나는 열정에 불타고 있었다. 내가 그녀를 쓰다듬으려고 하자 그녀는 좀 유별나게 소리내어 울기 시작했다. 롤리타가 병이 난 것이다. 죽어가고 있는 롤리타. 살갗이 매우 뜨거웠다. 나는 그녀의 입 속에 체온계를 넣어 열을 재어보았다. 그리고 메모장 속에 다행히 적어 두었던, 아무렇게나 휘갈겨 쓴 처방을 찾아보았다. 화씨 온도계에 나와 있는 눈금을, 어렸을 때부터 내게는 더욱 친숙한 섭씨 온도로 열심히 환산을 해보니 그녀의 체온은 40.4도였다. 나는 신경질이 날 대로 난 이 작은 요정의 체온이 더 올라가 치명적인 선을 넘어버릴지도 모르겠다고 생각했다. 그녀의 육체 중에서 최고 품질을 이루는 부분의 하나인 그녀의 목선이 벌겋게 달아오르고 있다는 것을 보지 못했더라면, 나는 그녀에게 매콤한 향료를 가미한 술 한 모금과 아스피린 두 알을 먹이고 열을 떨어뜨린다면서 그 귀여운 곳에 키스를 했을지도 모른다. 그녀의 숨결은 씁쓸하면서도 향기로웠다. 나는 그녀의 옷을 벗겼다. 그녀는 머리 끝에서 발 끝까지 떨고 있었다. 또 척추의 윗부분이 참을 수 없이 불편하다며 하소연을 늘어놓았다. 그래서 나는 보통의 미국 부모들처럼 소아마비가 아닐까 생각했다. 그녀와의 정사에 걸었던 모든 기대를 포기하고 나는 담요로 그녀를 덮어 자동차로 데리고 갔다. 그러는 동안 친절한 헤이즈 부인은 그 지방 의사에게 미리 연락을 해 주었다.

"여기서 이런 일이 생겨서 그래도 참 다행이에요." 그녀가 말했다. 그것은 블루라는 사람이 그 지방에서 제일가는 의사이고, 엘핀스톤 병원은 병실 수는 적지만 아주 최신식 현대 의료설비를 갖춘 병원이었기 때문이다. 나는 헤이즈 부인이 우리에게 딸려 보내준 늙고 자그마한 여자(휴대하고 다닐 수도 있는 마녀, 아니면 그 마녀의 딸일지도 모르겠다)의 안내를 받으며, 낮은 땅 위로 내려앉는 멋진 황혼에 반쯤 가려진 채 맞은편을 향해 차를 몰았다. 그런데 그 여자는 이후 두 번 다시 볼 수 없었다. 명성에 비해 아는 게 예상 외로 그리 많은 것 같지 않은 블루 박사는 그녀가 바이러스에 감염된 것이라고 했다. 그래서 내가 의사에게 그녀는 비교적 최근에 유행성 감기에 걸린 일이 있었다고 암시해주었더니, 그는 이건 또 다른 병균이라고 단정지으며 손가락으로 40가지나 되는 예를 드는 것이었다. 그러나 그것은 모두 옛날 보릿고개 시절에나 있었던 '천연두'같이 들려왔다. 나는 열다섯 살 먹은 내 딸이 남자친구와 함께 힘든 담벼락을 오르다가 아주 작은 사고를 당했었다는 투로, 그저 지나가는 얘기처럼 웃으면서 말해야 좋을지 아니면 말을 말아야 좋을지 잠시 망설였다. 그러나 나는 내가 취했다는 것을 알고 있었기 때문에 이 귀띔만큼은 나중에 필요할 때까지 보류해두기로 마음을 고쳐 먹었다. 무뚝뚝한 금발의 비서에게 내 딸의 나이는 올들어 열여섯이라고 말해주었다. 그리고 잠시 내가 보고 있지 않는 사이에 그들은 그녀를 내게서 데려 가버렸다! 그놈의 병원 한쪽 구석에 '사용해도 좋음'이라고 씌어 있는 매트 위에서라도 밤을 새우게 해달라고 사정해보았지만 허사였다. 특히 변덕이 발동할 때 방정맞게 아무 소리나 지껄여서는 안 된다는 것을 그녀에게 일러두기 위해 나는 계단을 뛰어 올라갔다. 그리고 내 사랑하는 로의 흔적을 찾아보았다. 그러다가 나는 불타는 검은 눈의(내가 알기로는 바스크계 후손인 것 같은) 매우 젊고 매우 건방진 어느 간호사에게 지독스레 난폭하게 대해 버렸다. 그녀의 아버지는 다른 나라에서 데려온 양치기 개를 훈련시키는 사람이었다. 마침내 나는 차로 돌아와 몇 시간이나 그렇게 보냈는지 모른다. 어둠 속에 쪼그리고 앉아 나의 새로운 고독에 어안이 벙벙해진 채, 온통 잔디로 뒤덮인 블럭의 한가운데 안정감 있게 들어선 아주 네모반듯하고 나지막한 병원 건물의 희미한 불빛을 멍하니 바라보고 있었다. 그 건물 위의 별이 물러간 자리, 톱니 모양의 은빛 누각에서는 메리의 아버지 요셉 로어가 오리온, 라고르, 롤라스 등을 꿈꾸고 있거나 아니면 암양을 유혹하는 꿈을 꾼다. 이와 같은 방랑을 꿈꾸는 향긋한 생각들은 스트레스가 유난스럽게 덮쳐올 때면 항상 내게 좋은 위로가 되어주었고, 밤이 전혀 끝나지 않을 것 같다는 쪽으로 완전히 생각이 바뀌고서야 나는 비로소 모텔로 돌아가야겠다는 생각을 하게 되었다. 늙은 여자는 어디로 갔는지 보이지 않았고 나도 어디로 가야 하는지 길을 확실히 모르고 있었다. 넓은 자갈길이 잠자는 장방형의 그림자를 교차시켰다. 나는 아마도 학교 운동장인 듯한 곳에 교수대 그림자와 흡사한 것이 드리워져 있는 것을 보았다. 그리고 황폐해 보이는 한쪽 구역에서는 지방 종파 사원이 둥근 지붕이 침묵 속에서 어스름하게 몸을 일으키고 있었다. 나는 드디어 고속도로를 찾아냈다. 그리고 모텔도 찾아냈는데, 그곳

앞의 네온사인 표지판 주위에는 하루살이라고 불리는 수백만 마리의 곤충이 '빈 방 없음'이라고 씌어 있는 글자 위를 온통 뒤덮듯이 우글거리고 있었다. 새벽 3시, 고작해야 남자의 절망감과 피로를 진정시켜줄 뿐인 뜨거운 물샤워를 시간에 걸맞지 않게 한바탕 즐기고 나서 나는 밤나무와 장미, 박하, 그리고 매우 섬세한, 아주 최근에 이르러서야 사용해도 좋다고 그녀에게 허락해주었던 프랑스제 고급 향수냄새가 배어 있는 그녀의 침대에 몸을 뉘었다. 지난 2년 동안 지내오면서 오늘 처음으로 롤리타와 떨어져 있다는 단순한 사실을 나는 감당해낼 수 없었다. 그러자 나는 갑자기 그녀의 병이, 우리가 여행을 계속하는 동안 나를 불안하게 만들고 고통스럽게 했던 모든 느낌들과 서로 연관된, 조금도 다를 바 없는 똑같은 맛과 빛깔을 가지고 있다는 생각이 들었다. 나는 스파이나 숨겨둔 애인, 장난꾸러기, 혹은 환상, 혹은 그 무엇이건 간에, 이러한 것들이 병원 주위를 배회하고 있는 모습을 상상해보았다. 아침도 먹지 않고, 화장실도 가지 않고, 절망 속에서 그 초록 대문을 두드리며 다시 토굴 속으로 들어가려는 나 자신을 발견했을 때, 그때는 내가 태어난 시골에서 라벤더 꺾던 사람이 한 말대로 여명의 여신 오로라가 아직 손도 덥히지 않은 때였다.

그날은 바로 화요일이었다. 수요일, 목요일에는 혈청주사(해마의 정액과 타조의 타액으로 만든)를 맞고 많이 좋아져 있었고, 의사의 말로도 2, 3일이면 뛰어 놀 수 있을 것이라고 했다.

내가 그녀를 방문했던 여덟 번의 면회 중에서도 유독 마지막 때만이 내 마음속에 새겨져 있다. 그땐 나도 감염되어 있었기 때문에 사실 문병을 간다는 것은 상당한 노력이 필요한 일이었다. 게다가 꽃다발과 60마일이나 차를 몰고 가 사온 책들—브라우닝의 희곡집, 무용의 역사, 남자 어릿광대와 여자 어릿광대, 러시아 발레, 록키 산의 꽃들, 연극조합 시집, 그리고 열 다섯이라는 나이에 전국 소녀부 단식에서 우승을 했던 '헬렌 윌스의 테니스' 등이었다—그 짐까지 들고 가느라고 얼마나 애를 먹었는지 아무도 모를 것이다. 하루에 13달러짜리 그녀의 독실 문을 향해 피곤한 걸음을 비틀거리며 걷고 있었을 때, 영 맘에 안 드는 젊은 시간제 간호사 메리 로어가(그녀도 나를 노골적으로 싫어했지만) 아침상을 들고 나타났다. 그녀는 쨍그렁 소리와 함께 재빨리 복도 의자 위에 그릇을 내려놓더니 엉덩이를 요란하게 흔들며 방으로 뛰어들어가는 것이었다. —모르긴 몰라도 가엾은 돌로레스에게 포악한 늙은 아버지가 크레이프 고무가 달린 구두를 신은 채 책과 꽃다발을 한 아름 안고 비틀거리며 오고 있다는 것을 알려주기 위해서였을 것이다. 그때의 그 꽃다발은 해뜰녘에(불행했던 그 주간 동안 나는 거의 잠을 이루지 못했었다) 산을 지나면서 장갑 낀 손으로 내가 직접 꺾어 모은 야생화와 아름다운 이파리들을 엮어 만든 것이었다.

나의 카르멘시타를 잘 먹이고 있는지? 나는 쟁반을 흘낏 훔쳐보았다. 노른자위로 얼룩이 진 쟁반 위에는 꾸깃꾸깃한 봉투가 하나 놓여 있었다. 봉투의 한쪽 끝이 찢어져 있는 것으로 보아, 뭔가 들어있음이 분명했다. 그러나 주소는 적혀 있지 않았다—전혀 없었다. 초록색 글씨로 '폰데로사 여관'이라고 새겨진 가짜 문장밖에는. 메리는 다시 부산을 떨기 시작했다. 젊은 간호사들이 엉덩이를 흔들며 어쩌면 그렇게도 빨리, 민첩하게 움직이는지. 그녀는 내가 곱게 펴서 제자리에 갖다 놓은 봉투를 노려보았다.

"만지지 않는 게 좋아요."

그녀는 턱으로 봉투를 가리키며 말하는 것이었다.

"괜히 쓸데없는 참견하면 욕 먹는 거 몰라요?"

땅에 떨어진 체면을 간신히 추스려 내가 할 수 있었던 말은 고작해야 이것뿐이었다.

"난 무슨 청구서인 줄만 알았어요—아름다운 편지인지는 정말 몰랐습니다."

그러고는 햇살이 환한 방 안으로 들어가며 롤리타를 불렀다.

"안녕, 내 귀여운 것."

"돌로레스!"

메리 로어도 이렇게 말하며 나와 함께 방으로 들어와 나를 지나쳐 가로질러 갔다. 그 토실토실한 간호사는 눈을 깜박거리며 하얀 플란넬 담요를 매우 신속하게 개기 시작했다.

"돌로레스, 네 아빠는 네가 내 남자친구에게서 편지를 받고 있다고 생각하시는가 봐. 편지 받는 사람은 바로 난데(목에 걸린 도금한 작은 십자가를 거만하게 톡톡 두드리며). 그리고 우리 아빠도 네 아빠만큼은 불어를 할 줄 아신단다."

그녀가 방에서 나갔다. 돌로레스, 입술은 장밋빛과 적갈색으로 새로 칠하고, 머리도 눈부시게 빗어넘기고, 다 드러낸 팔은 깨끗한 이불 위에 쭉 펴고 누워 나를 보며 천진난만하게 웃고 있었다. 침대 테이블 위에 놓인 종이 냅킨과 연필 한 자루, 바로 그 옆에 그녀의 토파즈 반지가 태양빛을 받아 빛나고 있었다.

"어쩜 저렇게 섬뜩한 장례식 꽃 같은 걸 가져오셨어요?"

그녀가 말했다.

"아무튼 고마워요. 그런데 그 불어 좀 그만하실 수 없어요? 모두들 싫어해요."

그때 젊고 풍만한 말괄량이 간호사가 오줌과 마늘 냄새를 풍기며 여전히 수선을 피우며 다시 나타나더니 《사막의 뉴스》라는 잡지를 준다. 그녀는 내가 가져온 호화로운 책들은 거들떠도 안 보고 그 책을 반갑게 받는다.

"내 동생 앤은 폰데로사란 곳에서 일해요." 메리가 말했다.

불쌍한 푸른 수염(프랑스 전설에 나오는 이야기로, 무정하고 잔인하여 여섯 아내를 차례차례로 죽였다는 사나이). 그 잔인한 형제들. 너는 나를 사랑하지 않았는가, 나의 카르멘? 그녀는 결코 나를 사랑한 것이 아니었다. 그리고 내 사랑이 그 어느 때보다도 절망적이라는 것을 알아차린 순간—나는 그 두 여자가 희망을 잃은 나의 사랑에 맞서서 음모를 꾸미고 있는 공모자라는 것도 알게 되었다. 여기서 한 가지 더 말해두어야 할 것은, 로가 나와 메리를 이중으로 가지고 놀았다는 사실이다. 분명 그녀는 감정적이고 정이 많은 메리에게, 자기는 재미있고 사랑스러운 젊은 아저씨와 살고 싶지, 잔인하고 우울한 나와는 살고 싶지 않다고 말했을 것이다. 미처 누구인지 신원을 파악하지 못했던 어떤 다른 간호사, 승강기 속으로 보조 침대와 관을 들어나르던 그 마을 바보, 대기실의 새장 속에 들어있던 천치같이 생긴 초록색 잉꼬—그것들 모두가 그 더러운 음모에 가담하고 있었다. 내 생각에는 메리가, 돌로레스와 그녀의 아버지 대용품인 땅딸보 로미오와의 사이에서 벌어지는 로맨스에 아버지 험버트 교수가 주책없이 끼어들어 방해를 하고 있다고 생각하는 것 같았다.

목이 아팠다. 나는 창가에서 침을 삼키며 산을 바라보았다. 그리고 음모에 함께 가담한 듯 생글거리는 하늘을 향해 높이 솟구친 신비스러운 바위를 바라보았다.

"나의 카르멘(나는 가끔 그녀를 그렇게 부르기도 했었다). 네가 몸이 낫기만 하면 바로 이 낯설고 불쾌한 마을을 떠나야겠다."

"그러려면 옷이 모두 필요해요."

무릎을 구부린 채 페이지를 한 장 넘기며 집시는 말했다.

"……왜냐하면, 정말……" 나는 말을 이었다.

"여기는 머무를 의미가 없어."

"어디를 가도 마찬가지예요." 롤리타가 말했다.

나는 팔걸이 의자에 깊숙이 앉아 매력적인 식물도감 책을 폈다. 그리고 스팀만이 붕붕거리는 방 안의 침묵 속에서 꽃다발을 풀어 내 꽃들을 확인해보려고 했다. 그러나 무리였다. 통로 어딘가에서 음악 같은 종소리가 부드럽게 들려왔기 때문이었다.

그 병원의 입원 환자는 10명이 더 되는 것 같지는 않았다(전에 로가 까불거리며 내게 말하기를 그중 서너 명은 정신이상자들이라는 것이었다). 그리고 병원 직원들도 너무나 한가하게 시간을 보내고 있었다. 그러나(마치 보이기 위한 이유처럼) 규정은 매우 엄격했다. 내가 번번이 면회시간을 지키지 못했던 것도 사실이다. 혼자서 은밀하게 악의를 품고 꿈꾸듯 상상의 나래를 펴면, 환상 속의 메리는(포효하는 계곡 사이를 떠다니는 푸른 빛깔의 아주 아름다운 부인을 떠올려야지) 내 소매를 잡고 나를 끌어냈다. 나는 그녀의 손을 바라보았다. 그 손이 멈칫했다. 내가 자리를 뜨려고 하자—이건 순전히 내 자유의지였다—돌로레스는 내일 아침에 올 때 자기에게 갖다 줄 물건을 잊지 말라고 상기시켜주었다. 그녀는 자기가 가져오라고 한 여러 가지 물건들이 어디에 있는지 기억하고 있지 않았다.

"꼭 가지고 와요." 그녀가 소리치며 말했다(벌써 내 모습은 보이지 않고 문만 혼자 움직이다가, 점점 닫히더니, 완전히 닫혔다).

"새 회색 옷가방하고 엄마 트렁크 말이에요!"

그러나 다음날 아침 나는 이 모텔에서, 그녀가 단 몇 분밖에 사용한 적이 없는 그녀의 침대 위에서 술에 취해 한기로 몸을 떨며 다 죽어가고 있었다. 그리고 눈앞에 있는 모든 것이 빙빙 돌아가는 그런 상황 속에서 기껏 내가 할 수 있었던 일은, 건장하고 친절한 트럭 운전사인 과부의 애인을 시켜 가

방 두 개를 병원으로 보내주는 것뿐이었다. 로가 메리에게 자기의 보물들을 늘어놓고 자랑하는 모습을 나는 상상해보았다…… 확실히, 그때 난 정신이 좀 나갔었나보다. 그리고 그 다음날에도 나는 여전히 몸을 떨고 있었다. 그러다가 목욕탕 창문을 통해 바깥을 내다보니 돌리의 작고 예쁜 자전거가 가까운 잔디밭 위에 우뚝 버티고 서 있었다. 우아한 앞바퀴는 언제나 그랬던 것처럼 멀리서 나를 바라보고 있었고 안장 위에는 참새 한 마리가 앉아 있었다. 그러나 그것은 주인여자의 자전거였다. 나의 이 맹목적인 상상에 머리를 저으며 나는 피식 웃었다. 그리고 비틀거리며 침대로 돌아가 성자(聖者)처럼 조용히 몸을 뉘었다.

과연, 성자였다!
갈색의 돌로레스는
태양이 빛나는 한 조각 푸른 풀밭 위에 앉아
영화잡지 속의 기사를 읽고 있는 동안……

그날은 마침 전국적인 커다란 경축 행사가 있어서 그 마을에서도 종일 폭죽과 진짜 폭탄을 터뜨리고 있었다. 반쯤 열린 방문 근처에서 누가 휘파람을 부는 소리가 들려오더니, 노크 소리가 났다.

거대한 몸집의 프랭크였다. 몸을 앞으로 조금 들이밀고 한 손은 문설주에 갖다댄 그의 모습은 마치 열린 문의 사각틀에 꼭 맞추어놓은 것 같았다.

간호사 로어에게서 전화가 와있었다. 그녀는 몸이 좀 나았느냐며, 오늘 병원에 올 것인지를 물어보았다.

스무 발자국 정도의 거리에서 봤을 때 프랭크는 마치 거대한 산 같았다. 그런데 지금 다섯 발자국 정도에서 가까이 보니 흉터 자국이 모자이크처럼 울긋불긋하게 드러나 있었다. 그러나 그러한 흉터 투성이 얼굴을 하고서도 못하는 것이 없었던 그는 거대한 트럭 운전, 낚시, 사냥, 술, 게다가 길거리의 여자들을 희롱하는 데 대단한 베테랑급이었다. 그날이 즐거운 공휴일이어서 그랬는지 아니면 단순히 아파 누워있는 사람 기분전환이나 시켜주려고 그랬는지, 그는 왼손에(지금 문설주를 누르고 있는 손) 늘 끼고 다니던 장갑을 벗어 내 눈을 커다랗게 만들어버렸다. 넷째 손가락과 새끼손가락이 완전히 없었다. 뿐만 아니라 그의 손등 위에는 붉은 젖꼭지가 달린 발가벗은 소녀의 모습이 문신으로 희한하게 새겨져 있었는데 둘째 손가락과 가운데손가락이 그녀의 두 다리였고, 그의 손목에는 화관을 쓴 소녀의 머리 부분이 그려져 있었다. 오, 재미있는…… 나무문에 비스듬히 기대어 있는 모습은 마치 교활한 요정같았다.

나는 그에게 오늘은 그냥 종일 누워서 몸조리나 하고 내일쯤에나 딸에게 가겠다는 말을 메리 로어에게 전해달라고 했다.

그는 내 시선의 방향을 눈여겨 보더니 손등 위에 있는 소녀의 오른쪽 엉덩이를 음흉하게 잡아당겼다.

"알았어요." 이렇게 말하며 문설주를 쾅 하고 치더니 몸집 좋은 프랭크는 내 전갈을 가지고 휘파람을 불며 사라졌다. 그리고 나는 다시 술을 계속 마셔댔다. 아침이 되자 열이 많이 내렸다. 아직 두꺼비처럼 축 늘어졌지만, 나는 내 노란 파자마 위에 자주색 가운을 걸치고 사무실로 걸어가 전화를 빌렸다. 모든 일이 순조로웠다. 밝은 음성이 전화로 "네, 아무 일 없어요, 따님은 어제 두 시경에 퇴원하셨어요." 하고 알려주었다. 그리고 검은 캐딜락 승용차를 탄 숙부 구스타브 씨가 개의 일종인 코커스패니얼 새끼 한 마리를 데리고 그녀를 찾아와 모든 사람에게 미소를 지으며 돌리의 병원비를 현금으로 지불하고, 자기네들은 할아버지의 목장에 가기로 했으니까 하나도 걱정하지 말고 몸이나 따뜻이 보살피라고 나에게 전해달라는 부탁까지 하더라는 것이었다.

아직도 그대로이길 바라지만 엘핀스톤은 매우 정갈하고 자그마한 마을이었다. 단정한 초록 잎새의 나무들과 계곡의 마루턱 위에 지어 놓은 빨간 지붕의 집들은 마치 그림의 모형을 보는 것 같았다. 그리고 그 마을의 모범 학교와 사원, 넓은 정사각형의 블럭들에 대해선 이미 언급한 바 있다. 그런데 아주 이상했던 점은, 그 블럭들 중 어떤 것은 7월 초순의 어느 날 아침 안개 속에서 풀을 뜯어 먹는 노새와 일각수(이마에 한 개의 비틀린 뿔과 영양의 엉덩이, 그리고 사자의 꼬리를 가진 말 비슷한 전설적 동물)를 놓아 기른 아주 자유로운 목장같이 보였던 사실이다. 대단히 우스운 일이 있었다. 자갈 소리를 요란하게 내며 급히 회전을 한 번 하느라고 나는 누군가 주차시켜 놓은 자동차를 슬쩍 스치고 지나갔다. 그러나 나는 혼잣말로만—그리고 손짓

발짓을 짓고 있는 차 주인에게도 내 말이 텔레파시로 전해지기를 바라며―
조금 있다 돌아오겠노라고 중얼거렸다. 술기운은 내 심장을 뚝딱거리게 했지
만 머리는 멍하게 만들었다. 꿈을 꿀 때 흔히 그러하듯 어떻게 왔는지도 모
르게 나는 병원 응접실에 와 있었다. 의사를 때려눕히겠다며, 의자 밑으로
숨은 직원들에게 고래고래 소리를 질러댔다. 그러고는 메리를 내놓으라고 시
끄럽게 떠들어댔지만 그녀는 운 좋게도 그곳에 없었다. 누군가의 거친 손이
내 가운을 잡아당겼고 주머니가 찢겨져 나갔다. 나는 머리가 벗겨진 갈색 머
리의 환자를 블루 박사로 잘못 알고 그 사람 옆에 앉아 있었던 모양이다. 그
는 마침내 벌떡 일어서더니 앞뒤가 맞지 않는 억양으로 다음과 같이 말했다.
  "누가 지금 신경성 환자인지 모르겠군?"
  그때 말라빠지고 뚱한 표정의 간호사가 들어와 일곱 권의 예쁘고 귀여운
책과 솜씨있게 접은 창살 무늬의 모직 담요를 내게 주며 영수증을 써 달라고
했다. 그때 갑자기 주위가 조용해져 곰곰 살펴보니 현관에 경찰관 한 명이
와 있었고, 어느 자동차 운전사가 나를 손으로 가리키고 있었다. 나는 매우
상징적인 그 영수증에 그저 온순하게 서명을 마쳤다. 그리하여 나는 그 원숭
이들에게 나의 롤리타를 내어주고 만 것이었다. 그러나 그 외에 내가 할 수
있는 다른 뾰족한 수가 있었을까? 그러나 한 가지 단순하면서도 확실한 생
각이 머리를 떠날 줄을 몰랐다. 그 생각은 바로 이것이었다.
  '순간의 자유로움이 전부이다.'
  일이 잘못되면 죄악으로 가득찬 내 생활을 말해야 할 것 같았다. 그래서
나는 몽롱한 상태에서 깨어나는 척했다. 자동차 운전사에게는 그가 말하는
대로 변상을 해주었다. 그리고 내 손을 어루만지고 있던 블루 박사에게는 나
스스로 너무나 자유자재로 조종이 가능했던 눈물을 줄줄 흘려가며 주책을
떨긴 했지만 그러나 상처받은 가슴으로 했던 말들이었다. 나는 병원에 있는
다른 사람들에게도 자존심을 누르고 사과의 말을 그럴 듯하게 늘어놓았다.
험버트 집안 사람들하고는 별로 잘 지내고 있지 않다는 말까지 곁들여 가면
서. 그리고 나 자신에게는 이렇게 속삭이고 있었다. 총이 있잖아? 아직은
자유로운 몸이고, 도망자를 뒤쫓아 갈 수도 있어. 가서 그놈을 없애버릴 수
도 있는 자유로운 몸이잖아?

23

내 추측으로는 붉은 악마가 처음 모습을 나타내기로 되어 있었던 캐스빌과 독립기념일 바로 일주일 전에 우리가 도착했던 숙명의 도시 엘핀스톤까지는 1천 마일이나 펼쳐지는 실크처럼 매끄러운 길이 계속 이어진다. 하루에 150마일 이상을 달렸던 적은 거의 없었기 때문에 우리의 여행엔 6월 한 달이 모두 소비되었다. 한 곳에 차를 세울 때마다 어떤 경우엔 닷새 씩이나 묵으며 나머지 시간을 모조리 보내곤 했지만 그것은 모두 미리 계획을 세웠던 일이었다. 귀신의 발자국을 찾으려면 그 길만 쭉 따라가면 될 것 같았다. 엘핀스톤의 주위로 사정없이 퍼져나간 길들을 헤매는 날들을 수도 없이 보낸 후 나는 내가 직접 찾아보기로 마음 먹었다.

독자들이여, 수줍음 많고, 겉치레라면 딱 질색인 내 성미와 타고난 교양미, 이런 모습의 나를 상상해 보라. 그리고 이번에는 슬픔의 광기를, 떨리는 미소를 감추고 제법 호의적인 표정으로 호텔 숙박부를 무사히 넘겨받을 아주 그럴싸한 핑계를 짜내느라 고심하는 내 모습도 상상해 보라. 나는 이렇게 말하곤 했다. "아, 분명히 한번 왔던 곳 같은데⋯⋯. 6월 중순의 숙박부 좀 볼 수 있을까요? 아, 없군요, 다시 생각하니 아닌 것 같군요. 마치 고향 이름같이 느껴지면서도 정취가 있는 이름으로군요. 카우타게인이라, 아무튼 감사합니다." 아니면, "제 고객 한 분이 지금 여기 묵고 계시는데⋯⋯. 그분 주소를 어디다 뒀는지를 몰라서요. 저, 혹시⋯⋯?"

때로는 호텔 숙박부를 보여주지 않는 경우도 있었는데 호텔의 경영자가 소심한 타입의 남자였을 때는 특히 그러했다.

여기 메모를 해둔 게 하나 있다. 7월 5일에서 11월 18일 사이, 나는 며칠 동안 비어즐리에 돌아온 적이 있었는데, 그때 나는 342개나 되는 호텔과 모텔 그리고 관광객 숙소에 이름을 올렸으나 실제로 머물지는 않았다. 이 숫자는 체스트넛과 비어즐리의 것이 포함된 것으로 그중 한 군데는 악마가 다녀간 흔적이 있기도 했다('N·프티트, 라루스, 일리노이주'). 그러나 사람들의 주의를 끌지 않기 위해선 이렇게 일일이 조사하며 다니는 것도 일정한 간격을 두고 조심스럽게 때를 가려가며 해야만 했다. 호텔 데스크에 가서 슬쩍 물어만 보고 지나친 곳만도 아마 적어도 50군데는 넘을 것이다. 그러나 그건 모두 쓸데없는 탐색이었다. 그래서 나는 사실 내겐 필요도 없는 방이지만 방값도 내고 실제로 머물면서 좀 더 그럴 듯한 방법을 택하기로 했다. 3백여 개의 호텔 숙박부를 뒤져본 결과 20군데 정도에서 어떤 실마리를 잡을 수 있었는데, 그 빈둥거리는 귀신은 나보다 더 동에 번쩍 서에 번쩍하는 인물이었다—능히 그럴 만한 사람이었지만—내게 끊이지 않고 단서를 제공해주겠다는 듯이 나를 조롱하면서 그는 더 많은 힌트를 떨구고 다녔다. 그가 나와 같은 숙소에 실제로 묵었던 일은 딱 한 번밖에 없었다. 그는 우리와 같은, 아니면 이웃 블럭에 자기 거처를 정하곤 했다. 그러고는 두 지점의 중간쯤 되는 곳에 숨어 있기도 했다. 비어즐리를 떠나오기 바로 전, 응접실 융단 위에 엎드려 관광안내서와 지도를 열심히 들여다보며 립스틱으로 여기저기 표시를 하던 롤리타의 모습이 어쩌면 그리도 생생하게 떠오르는지!

내가 자기를 추적할 게 뻔하다는 것을 미리 알아챈 그가 나를 골탕먹일 셈으로 일부러 모욕적인 익명을 사용하고 있다는 것도 나는 한순간에 금방 알아차렸다. 내가 맨 처음 찾아갔던 모텔 〈폰데로사〉의 숙박부에는 그라시아노 포비슨 박사와 미란돌라라는 이름이 있었다. 물론 이 이름이 이탈리아 희극을 연상시킨다는 것 정도는 알고 있었다. 여관의 여주인은 그 신사가 여기서 닷새 동안이나 독감으로 앓아 누워 있었다는 것과, 차를 어딘가의 자동차 수리공장에 보내서 고치더니 7월 4일날 자기네 집을 떠났다는 말까지 친절하게 내게 가르쳐주었다. 네, 앤 로어라고 하는 아가씨, 전에 여기서 일한 적이 있어요, 그렇지만 지금은 식료품 가게 주인하고 결혼해 사다 시티에서 살아요. 달빛 은은한 어느날 밤, 인적 없는 길거리에서 나는 흰 구두를 신은 메리를 숨어 기다리고 있었다. 자동인형처럼 그녀는 즉각 비명부터 지르려고 했지만, 무릎을 꿇고 아주 경건한 자세로 도움을 간청하는 나의 지극히 단순한 동작으로 나는 그녀의 마음을 돌려놓을 수 있었다. 그러나 자기는 아무것도 모른다고 말했다. 맹세도 할 수 있다고 했다. 그라시아노 포비슨이 누구지? 그녀는 망설이는 것 같았다. 나는 1백 달러짜리 지폐 한 장을 꺼냈다. 그녀는 그것을 들어 달빛에 비추어 보았다.

"그 사람, 바로 당신 동생이에요."

마침내 모기만한 소리로 그녀가 이렇게 말했다. 나는 달처럼 싸늘한 그녀의 찬 손에 쥐어져 있는 돈을 낚아챘다. 그리고 프랑스 말로 욕설을 내뱉으며 돌아서 도망을 쳐버렸다. 이 일로 믿을 놈은 결국 나 자신밖에 없다는 교훈을 얻게 되었다. 제아무리 민첩한 형사들이라도 나의 심신 양면을 가지고 놀았던 트랩의 그런 수법에서 어떤 단서를 발견하진 못했을 것이다. 물론 그가 언제나 정확한 이름과 주소를 남기기를 기대할 수는 없었다. 그래서 나는 그가 제 꾀에 제가 넘어가기만을 기다리고 있었다. 그는 한 가지 면에서만큼은 성공적이었다. 즉 나를 완전히 자기 그물에 얽혀들게 하고 악마의 심술로 나의 괴로움을 주물럭거릴 수 있었으니 말이다. 그는 무한한 능력을 가지고 언제나 자기 마음 내키는 대로 즐기다가, 약간 주춤거릴 때도 있었지만 내게는 도저히 불가능해 보이는 균형을 어느새 다시 회복하고, 다음번에는 그도 정체를 드러내겠지 하는 일말의 희망을 걸어볼 수 있는 여지를 항상 내게 남겨주었다. 배신, 격분, 황량함, 공포, 그리고 증오와 같은 말을 사용해도 좋을 것이다. 그는 결코 정체를 드러내지 않았다. 번쩍번쩍 빛나는 옷을 입고 다이아몬드 같은 라이트를 받으며 팽팽한 줄 위를 섬세하게 걸어가는 곡예사의 고전적인 우아함에 우리는 모두 경탄해 마지않는다. 그러나 요리조리 흔들리는 줄 위에서 허수아비 복장을 하고 괴상망측한 술주정뱅이 역을 소화해내기란 얼마나 힘든 묘기인가!

그가 남기고 간 단서만으론 놈이 바로 내가 찾고 있는 인물이라고 단정을 내릴 수는 없었다. 그러나 그의 성격만큼은 어느 정도 말해주었는데, 적어도 그와 비슷한 동질의 사람이라는 것과 그의 뚜렷한 성격의 일면이 드러나 있었다. 그의 스타일, 그의 기질, 그의 두뇌, 이러한 것들이 내가 생각하는 그것과 거의 맞아떨어지고 있었다. 그는 나를 흉내 내고 나를 조롱했다. 그의 암시법은 충분히 스스로를 지식인으로 자처할 만한 것이었다. 아는 것도 많았다. 불어도 알고 있었다. 그는 교묘하고 신비로운 어휘 구사에 조예가 깊은 언어의 마술사였다. 그는 성지식의 애호가였다. 그는 여자 같은 필적을 가지고 있었다. 아무리 자기의 독특한 t나 w, 그리고 l은 싫어하긴 했어도, 그는 이름을 바꾸면 바꾸었지 절대로 변장은 하지 않았다. 켈크파르(프랑스어로 아무개) 섬은 그가 자주 사용하는 주소 중의 하나였다. 그는 만년필을 사용하지 않았다. 그 사실은 그가 억눌린 물의 여정주의자(여성이 방뇨하는 것을 보고 흥분하는 남성)라는 것을 의미했다. 어떤 정신분석가라도 그렇게 얘기할 것이다. 스틱스(그리스신화에 나오는 강)에는 물의 요정이 산다고 사람들은 굳게 믿고 있으니까.

그의 주된 특징은 그가 사람의 애간장을 태우는 데 매우 열정적이라는 사실이었다. 세상에, 이렇게 귀찮고 답답한 친구가 또 있을까! 내 학식에 그가 도전을 하고 나선 것이다. 아무것도 모르는 나의 지식이 매우 겸허한 것이라고 나는 스스로 자처하고 있으나, 암호문 경주를 펼치느라고 그것을 약간은 잊어버리고 있었다. 호텔 숙박부에 적혀 있는 평범하고 무심한 많은 이름들 가운데서 그의 아리송한 수수께끼가 내 얼굴을 향해 튀어나오기라도 할 때면 나는 승리와 혐오감으로 얼마나 몸을 떨었는지 모른다! 나는 그가 자신의 수수께끼가—나 같은 사람도 풀지 못할 정도로—너무 어려워지고 있다고 생각이 들면 언제나 이번엔 좀 더 쉬운 방법으로 나를 다시 꾀어들이곤 했다는 사실을 알았다. '아르센 뤼팽' 하면 어려서 탐정소설께나 읽은 프랑스 사람이라면 누구나 훤히 알고 있는 이름이다. 그는 가명을 통해 자신이 매우 교양있는 사람인 척—경찰관도 아니고, 그 흔해 빠진 깡패도 아니고, 추잡한 장사치도 아닌—암시하는, 결코 좋은 취미라고 볼 수 없는 행동을 하고 있었다. 그 예가 '아서 레인보'—'푸른 배'를 순수하고 꾸밈없이 코미디물로 만들어버린 작가—웃음이 나오려고 하는데 좀 웃어도 되겠지요—'사로잡힌 새'로 유명한 작가 모리스 슈미터링 등 가명이었다. 좀 바보스럽긴 하지만 그래도 재미가 있는 '디 오르곤, 엘미라, 뉴욕'은 물론 몰리에르에게서 빌려온 것이었다. 요즘에 들어서 나는 그 유명한 18세기 연극을 가지고 롤리타를 즐겁게 해주려고 꽤나 노력했기 때문에 '헤리 범퍼, 세리단, 와이오밍' 등은 마치 옛 친구를 다시 만난 것 같은 반가운 이름들이었다. 독특하게 생긴 '피니아스 쿠임비, 레바논, 뉴햄프셔'가 어떤 인물인가 하는 것은 보통 백과사전에도 나와 있다. 그리고 종교적인 타락에 대해 약간의 관심을 가지고 있는 독일식 이름의 프로이트파 학자라면 '키즐러 박사, 에릭스, 미스'가 함축하고 있는 것을 한 번만 척 보고서도 알 수 있어야 한다. 거기까진 그것으로 됐다. 그런 종류의 즐거움이란 그럴 듯하게 겉치레만을 한 것이었지만 개인과는 아무 관계가 없는, 그래서 전혀 무해한 것이었다. 이거야말로 진짜 단서로구나 하고 나의 주목을 끌었던 투숙객 명단도 곧장 나를 좌절시키고 말았다. 왜냐하면 나는 살아서 움직이는 휴가객들의 모습이 문자 그대로 환영처럼 보이는 등 이것도저것도 아닌 안개 속만을 헤매고 있었기 때문이었다. '조니 랜달, 램블, 오하이오' 이 자는 또 누구지?' 'N. S. 아리스토프, 카타젤라, 뉴욕'이라고 쓴 글씨의 비슷한 필적을 남긴 사람은 실제 인물인가? 그리고 '제임스 매이벌 모렐, 호우크스톤, 영국'이라고 적혀 있는 것은? '아리스토파네스' '호우크스'—좋아, 다 좋다. 그럼 내가 찾고 있는 것은 도대체 뭘까?

이 모든 익명 속에는 한 가지 특징이 맥을 이룬 채 감추어져 있었는데, 그것을 우연히 발견해낼 때마다 나는 고통스러우리만큼 가슴이 설레었다. 'G. 트랩, 제네바, 뉴욕'이라고 적혀 있는 따위는 롤리타 쪽에서 일방적으로 내게 감행한 배신의 표시라는 것을 감지할 수 있다. '오브리 비어즐리, 켈크파르 섬'이라는 주소에서는 이번 사건의 출발점이 동쪽이었다고 하는 것을 잘못 전해진 전화 내용보다는 훨씬 명백하게 제시해주고 있었다. '루카스 피카도르, 메리메이, 펜실베이니아'—이것으로 나의 카르멘은 자신이 나의 감동적인 총애를 협잡꾼에게 팔아넘겼음을 스스로 인정하고 있었다. 그 중에서도 정말 너무했구나 싶었던 것은 '윌 브라운, 돌로레스, 콜로라도'라고 써 놓았던 것이었다. 그리고 머리카락이 온통 쭈뼛해지는 것 같았던 '헤럴드 헤이즈, 툼스톤, 애리조나'—다른 때 같았으면 유머 정도로 이해하고 넘어갔을—라고 쓰인 글에서는 그가 우리 아이의 과거를 훤히 알고 있는 듯했으며, 내가 지금 찾고 있는 그 인물이 우리 가족과는 아주 오랜 친구이며, 어쩌면 샬로트의 옛 애인이거나 아니면 악에서 손을 뗀 사람(도날드 퀵스, 시에라, 네바다)이었을 가능성을 내포하고 있었다. 그러나 가장 결정적으로 내게 상처를 주었던 것은 체스트넛 여관의 숙박부에 기입한 '테드 헌터, 케인, 뉴햄프셔'라는 주소와 이름이었다.

퍼슨이니 오르곤이니, 또는 모렐이니 트랩이니 하는 인물이 적어놓은 가짜 면허번호는 모텔 주인들이 손님의 자동차가 정확하게 등록이 되어 있는 것인지조차도 확인하지 않았다는 사실만을 말해주고 있었다. 초스피드를 내는 그의 아즈텍 차번호는 어떤 것은 글자의 위치를 바꾸고 또 어떤 것은 글자의 모양을 고치거나 아주 삭제해버리는 등, 그저 눈가리고 아웅하는 식의 속임수로 그때그때 숫자가 이리저리 마구 옮겨다니고 있었다. 그러나 어찌 됐건 그것들은 서로 밀접한 관계로 조화를 이루고 있었는데, 너무도 교활하게 머리를 짜낸 것이었기 때문에 도저히 공통분모를 찾아낼 수가 없었다 ("WS 1564" "SH 1616" "Q 32888" 또는 "CU 88322" 따위).

나는 그가 웨이스에 있는 자기 공범에게 지금 타고 있는 컨버터블(지붕이

접혀지는 자동차)을 넘겨주고 다른 자동차로 바꾸어 타면, 그의 차에 옮겨 탄 사람이 어느 호텔 사무실에서 숙박부를 쓸 때 상호관계를 가지고 있는 원래의 그 숫자를 부주의하게 그냥 기입할지도 모른다는 생각이 들었다. 그러나 그가 지나갔으리라고 여겨지는 길을 따라 그 귀신을 찾아 나선다고 하는 것이 그렇게 어렵고도 모호하고 또 아무 소용도 없는 작업이었다면, 어디를 가고 있는지 또 누구인지도 모르는 그 운전사들을 따라가본들 무슨 소용이 있었겠는가?

24

내가 비어즐리에 도착했을 즈음 지금까지 지루하리만큼 상세하게, 이 비통스러운 이야기를 털어놓는 과정에서 형성된 한 가지 뚜렷한 이미지가 내 마음속에 자리잡고 있었다. 그래서 나는 삭제라는 과정을 통해—언제나 모험이 따르는 것이었지만—병적인 사고와 둔한 기억력이 미치는 범위 안에서 구체적인 근거로 이 이미지를 환원시켜보았다.

리거 모티스 목사(여학생들은 그를 그렇게 불렀다)와 필수과목이 아닌 독일어와 라틴어를 가르치는 노신사를 제외하면 비어즐리 학교에서 정식 남자 선생이라곤 한 명도 없었다. 그러나 비어즐리 대학교의 미술강사가 두 번이나 와서 여학생들에게 프랑스 성곽과 19세기 회화의 사진 등을 슬라이드로 보여준 일이 있었다. 나는 직접 가서 그것들을 보고 설명도 듣고 싶었지만 돌리가 늘 그랬던 것처럼 가지 못하게 했었다. 언젠가 게스톤이 그 깔끔한 강사를 가리켜 재주가 뛰어난 청년이라고 말했던 기억이 났다. 그러나 그게 전부였다. 내 기억력이 그의 이름까지 입력하지는 않았던 것이다.

일을 치르기로 한 바로 그날, 나는 진눈깨비를 맞으며 캠퍼스를 가로질러 비어즐리 대학 메이커 홀의 안내를 향해 걸어갔다. 거기서 나는 그 친구의 이름이 리그스(무슨 장관 이름 같은데!)라는 것과 독신이라는 것, 그리고 지금 강의하고 있는 박물관으로부터 앞으로 10분이면 수업을 마치고 나오리라는 것 등을 알아냈다. 그러고는 강당으로 통하는 복도에 놓여있는, 세실리아 달림플 램블이 기증했다는 대리석 의자 위에 앉았다. 전립선의 불쾌감과 숙취와 수면부족으로 눈꺼풀이 내리덮이는 것을 간신히 참고서, 총을 꽉 쥔 주먹을 비옷 주머니 속에 깊이 찌른 채 그가 나타나기를 기다리고 앉아 있었다. 그런데, 갑자기 내가 미쳐도 단단히 미쳐서 바보 같은 짓을 저지르려고 하는구나 하는 생각이 문득 떠올랐다. 알버트 리그스 부교수가 프리차드 가(街) 24번지에 있는 비어즐리의 자기 집에 나의 롤리타를 숨겨두었을 가능성은 사실 1백만분의 1의 확률도 없었다. 정말 터무니없는 생각이었다. 나는 나의 시간과 이성만을 허비하고 있었던 셈이다. 그와 그녀는 캘리포니아에 있었다.

그런데 곧 어떤 희뿌연 조각상들 뒤에서 작은 소동이 일어나고 있는 게 보였다. 내가 바라보고 있던 문 말고 다른 문이 세차게 활짝 열리면서 여대생들에게 둘러싸여 대머리의 남자가 밝은 갈색의 두 눈을 위아래로 굴리며 안으로 들어서는 것이었다.

전혀 모르는 사람이었는데 그는 비어즐리 학교의 가든 파티에서 우리가 만난 일이 있다고 우겨댔다. 그 테니스 잘 치는 예쁜 따님은 잘 있지요? 아직 수업이 있어서 다음에 뵙기로 하지요.

또 한 번의 다른 시도는 이것보다는 좀 더디게 이루어졌다. 로가 보던 잡지 속에 나와있는 광고를 보고 나는 과감하게 사립 탐정에게 연락을 취했다. 그는 은퇴한 권투선수였는데, 그 귀신이 지금까지 써먹은 수법을 대강 알려주기 위해 나는 내가 이제껏 모은 이름과 주소 등을 그에게 가르쳐주었다. 그는 내게 상당한 금액을 요구했다. 그런데 2년 동안이나(독자 여러분, 자그마치 2년이오!) 그 머저리는 보잘것없는 자료만 가지고 주물럭대느라고 여념이 없었다. 그런데 빌 브라운이라는 여든 살 된 인디언이 콜로라도의 돌로레스 근처에 살고 있다는 소식을 가지고 무슨 대단한 정보라도 입수한 양 의기양양하게 불쑥 나타났을 때, 나는 이미 그와의 돈거래를 끊어버린 지 오래였었다.

25

이 책은 롤리타에 관한 얘기다. 그리고 이제는 '잃어버린 돌로레스'라고 불러야 하는 단계까지 도달했기 때문에, 허송세월만 했던 그 후의 3년에 대해서는 그다지 얘기할 필요가 없을 것 같다. 물론 몇 가지 대목은 짚고 넘어가야 할 부분도 없지 않으나 내가 말하고 싶은 전체적인 인상이란, 인생이 한창 비상하려는 순간에 요란한 소리로 깨져버리는 옆문과, 고독한 불행의 절규 때문에 밀려오는 어두운 시간의 포효가 잠겨버리는 듯한 느낌이었다.

그런데 이상하게도 그녀의 꿈을 꾸게 되더라도 롤리타는 내가 기억하고 있는 그녀의 모습 그대로는 나타나지 않았다. 불면에 시달리는 밤이나 악몽으로 괴로워하는 대낮에도 그녀는 깨어있는 마음속에서 항상 떠날 줄을 몰랐다. 좀 더 정확하게 얘기한다면, 그녀는 내 꿈 속에 자주 모습을 나타냈는데 그때마다 그녀는 이상스럽고 익살맞은 모습으로 발레리아나 샬로트로 변장하고 있거나 아니면 두 사람을 섞어놓은 듯한 모습이었다. 그 복잡한 유령은 대단히 음울하고 혐오스러운 분위기를 조성하면서 교대로 번갈아가며 내게 나타나곤 했는데, 어떤 때는 축구공에 바람을 넣는 주머니의 고무 밸브처럼 조화를 잃은 육신으로 좁은 널빤지 위나 딱딱한 긴 의자 위에 기대어 있었다. 꿈 속에서의 내 모습은 생체해부 파티가 벌어지고 있는, 으스스하게 장식된 어느 방에 초대되어 이가 몽땅 부러진 채 오도가도 못하고 갈 곳 몰라 절망에 빠져있기가 일쑤였다. 경매에 붙여진 비엔나의 골동품들, 연민, 무기력, 그리고 방금까지도 수다를 떨며 법석대던 늙은 여편네들의 갈색 가발들이 난무하는 이런 꿈 속의 무질서 속에서, 피가 흐르는 나의 팔에 안겨 흐느끼며 다정한 내 입술로 키스를 받고 있는 샬로트나 발레리아의 모습이 보이면서 나는 대개 꿈을 깨곤 했다.

어느 날 나는 그때껏 모아두었던 틴에이저 잡지를 차에서 끄집어내 모두 없애버렸다. 마음 속은 석기시대, 위생학에 대해서는 현대까지, 적어도 미케네 문명 시대까지. 거대한 속눈썹을 달고 아랫입술을 붉게 칠한, 아름답고 원숙한 여배우가 샴푸를 권하고 있다. 이것들은 사실 모두가 얼마나 멀리 떨어져 있던 것들인가! 의복을 준비해주는 것은 안주인의 의무다. 이것도 저것도 아닌 아주 사소한 일이, 당신의 말 한마디가 세상의 생기란 생기를 모조리 앗아가버린다. 우리 모두는 이러한 여자는 공식석상에서 얼굴의 겉껍질을 벗기는 사람이라고 알아왔다. 남자가 매우 나이가 많거나 대단히 중요한 요직에 있는 사람이 아닌 다음에야 여자와 악수할 때는 꼭 장갑을 벗어야 한다. 새 코르셋을 입고 사랑을 불러들여라. 허리를 조이고, 엉덩이를 꼬집으라. 영화 속의 사랑의 주인공 트리스탄(이졸데와의 비련으로 유명)과 세 명의 여자들! 조와 로의 결혼 수수께끼는 듣기 싫은 잔소리를 쫓아보내준다. 당신 자신을 매력있게 만들라, 빨리 그리고 값싸게. 희극물, 나쁜 소녀.

검은 머리카락. 뚱뚱한 아버지의 담배, 착한 소녀, 빨강머리. 깎은 수염. 나는 그녀가 아직 어렸을 때 그녀에게 곧잘 써주곤 했던 귀엽고 멍텅구리 같은 시를 하나 기억해냈다. 그녀는 이렇게 빈정대곤 했었지, '실없는 말이야말로 가장 정확한 것이다'라고.

스퀼과 그의 다람쥐, 그리고 랩과 그들의 토끼는
괴상하고도 멍청한 버릇이 있었지.
벌새야말로 가장 정교하고 잘 만들어진 로켓.
뱀이 걸으며 포켓 속에 손을 찌른다……

그녀의 다른 물건들은 포기하기가 꽤나 어려웠다. 1949년 말까지만 해도 그토록 아끼고 사랑했던 물건들, 나의 입맞춤과 인어의 눈물로 얼룩진 것은 낡아빠진 운동화 한 켤레, 그녀가 입었던 남자 셔츠, 트렁크 칸막이 속에서 찾아낸 빛바랜 청바지, 구겨진 모자 등 아주 사소하고 어지러운 보물들이었다. 내가 이성을 잃고 있다는 생각이 들면서부터 나는 비어즐리에 놔두었던 것까지 포함해서—책 상자, 그녀의 자전거, 낡은 코트들, 덧신—이런 잡다한 소지품들을 모으기 시작했다. 그러고는 그녀의 15번째 생일날, 캐나다 국경지대의 바람많은 호숫가에 살고 있는 어느 고아원 소녀들에게 익명으로 이 물건들을 보냈다.

내가 만약 아주 용한 최면술사를 찾아갔더라면, 그는 아마 내게서 대단한 허식으로 이 책을 일관해 왔던 지극히 우연한 기억들을 끄집어내 논리적인 예를 들어가며 열거했을지도 모른다. 그때 나는 단순히 현실에서만 이탈하고 있다고 생각했을 따름이었다. 전에도 한번 머무른 일이 있었던 퀘백 요양소에서 남은 겨울과 이듬해 봄을 거의 보낸 후, 나는 우선 뉴욕으로 가서 내 문제들 몇 가지를 해결하고 그 다음에 캘리포니아로 가서 그곳에서 철저히 조사를 해야겠다고 마음먹었다.

그때 은거해 있으면서 몇 자 적어둔 것이다.

찾는 사람 : 돌로레스 헤이즈.
머리카락 : 갈색. 입술 : 진홍빛.

나이 : 5천 3백일.
직업 : 없음, 미래의 스타?

돌로레스 헤이즈, 어느 곳에 숨어 있니?
(말에도 두서가 없고 걸음을 걸어도 미로 속인 것 같이, 빠져나갈 수가
없구나).

돌로레스 헤이즈, 어느 곳을 달리고 있니?
요술 양탄자는 무엇으로 만들었니?
크림색 퓨마는?
그리고 차는 어디에 세워두었니? 내 귀염둥이야.

돌로레스 헤이즈, 누가 너의 영웅이니?
푸른 망토를 덮어 쓴 슈퍼맨?
아, 향기로운 날들과 종려나무 피어 있는 해안!
그리고 자동차들, 나의 카르멘!

아, 돌로레스, 저 주크박스가 내 마음을 아프게 하는구나!
너는 누구와 춤추고 있니?
(다 낡아빠진 바지와 다 찢어진 셔츠를 입고,
나는 궁지에 몰려, 고래고래 고함을 지른다.)

늙은 멕페이트는 행복하겠다.
안전한 방종의 생활 가운데서도
가는 곳곳마다 여자를 두고
어린 마누라와 함께 미국을 여행하는 그는 행복하겠다.

나의 돌리, 나의 고통!
그녀의 눈은 얼룩 다람쥐의 털 빛깔,
내가 그녀에게 입맞춤할 때 그녀는 눈감는 법이 없었다오.

녹색의 태양이라고 불리는 오래된 향수를 아시는지?
당신은 파리에서 오셨소?

어느 날 저녁 오페라의 차가운 공기가 나를 덥혀주었지.
그것을 신뢰하는 사람은 대단히 우둔하다고 할 수 있다!
눈이 온다, 장식이 무너졌다, 롤리타!
롤리타, 너의 인생에서 내가 한 일은 무엇이었니?

죽어간단다, 롤리타 헤이즈.
증오와 후회로 내가 죽어가고 있단다.
다시 털투성이 나의 주먹을 들어올린다.
그리고 다시 한번 너의 울음소리를 듣는다.

선생님, 선생님, 저기 그들이 가는군요.
빛 속을, 불이 환하게 켜진 저 가게를 향해 가고 있군요!
그녀가 하얀 양말을 신네요, 네가 그렇게도 사랑하는 그녀.
그녀의 이름은 돌로레스 헤이즈랍니다.

선생님, 선생님, 그들이 저기 있어요.
돌로레스 헤이즈와 그녀의 애인 말이에요!
총을 뽑아들고 저 차를 따라가주세요.
자, 이제 뛰어 나가세요, 그리고 몸을 숨기세요.

사람을 찾습니다, 돌로레스 헤이즈.
그녀의 꿈꾸는 듯한 잿빛 시선은 결코 시들 줄 몰라요.
몸무게는 90파운드밖에 안 나가고요.
키는 60인치랍니다.

내 자동차가 말을 안 듣는구나, 돌로레스 헤이즈.
마지막의 긴 회전이 가장 힘들어,

잡초 썩는 곳에 나 버려지리니,
나머지는 모두 녹이고 우주의 먼지로구나.

이 시를 심리학적으로 분석해보면, 꼭 미친 사람이 쓴 걸작 같다. 힘차고 딱딱하고 야단스러운 시의 리듬들은, 기민한 훈련생이 생각해낸 방법의 실험용으로 정신병자가 그린 원근법도 무시한 무서운 풍경과 인물들, 그리고 풍경과 인물을 터무니없이 확대시켜 그린 그림과 매우 일치하는 듯한 그런 느낌을 주었다. 나는 이것 말고도 많은 시를 썼다. 그리고 다른 사람의 시도 탐독해보았다. 그러나 복수해야겠다는 생각만은 한순간도 잊은 적이 없었다.

롤리타를 잃어버린 충격이 나의 호색 기질을 고쳐주었다고 만약 내가 말한다면 나는 나쁜 놈밖에 안 될 것이며, 독자 중에는 그걸 믿으려드는 바보도 없으리라고 믿는다. 그녀에 대한 내 사랑이 변한다 해도 나의 이 저주받은 천성만은 바꿀 수가 없었다. 운동장에 가든 해변에 가든, 음산하게 사람 눈을 꺼리는 나의 두 눈은, 나의 의지와는 반대로, 롤리타의 시녀들과 장밋빛 소녀들의 교활한 상징인 요정의 팔다리가 내뿜는 섬광을 찾고 있었다. 그러나 내 안의 한 가지 본질적인 환상은 시들어버렸다. 독특하거나 아니면 롤리타를 대신해 줄 수 있는 작은 소녀와, 사람 눈에 띄지 않는 후미진 곳에 가서 함께 사는 따위의 즐거운 가능성 같은 것에는 더 이상 집착하지 않게 되었던 것이다. 모든 것이 끝이었다. 적어도 한동안은 그랬다. 그러나 또 다른 한편, 지난 2년 동안의 비정상적인 방종은 슬프게도 나에게 이상한 번뇌의 습관을 가지게 했다. 나는 내가 겪고 있는 이 공허감이 어느 좁은 골목길에서 우연한 기회의 유혹과 마주쳤을 때 갑작스러운 정신이상의 해방감 속으로 나를 몰아넣지나 않을까 무척 두려웠다. 고독이 나를 부패시키고 있었다. 나에겐 친구와 누군가의 따뜻한 보살핌이 필요했다. 나는 너무나 신경질적이었다. 이렇게 해서 '리타'라는 여자가 등장하게 된다.

26

그 여자의 나이는 롤리타의 2배로 내 나이의 4분의 3이었다. 검은 머리에 체중은 105파운드밖에 안 되는 대단히 깡마른 체격, 그리고 창백한 피부, 전혀 균형을 이루고 있진 않지만 그런대로 매력이 있었던 두 눈, 모가 나고 볼품 없는 그녀의 옆모습, 그녀의 몸 중에서 그래도 가장 괜찮았던 부분은 가냘픈 등이었다. 그녀는 스페인이나 바빌로니아 태생인 것 같았다. 몹시 타락한 5월 어느 날 저녁 몬트리올과 뉴욕의 중간쯤 되는 곳에서 나는 그녀를 처음 만났다. 좀 더 정확하게 말한다면, 토일스톤과 블레이크 사이였다. '불나비'라는 간판이 내걸린 어둑어둑한 불빛의 어느 술집에서 그녀는 귀엽게 술에 취해 있었다. 그녀는 우리가 학교를 같이 다닌 일이 있다고 고집을 피우면서 떨리는 작은 손을 원숭이 같은 내 손 위에 올려놓았다. 처음엔 정신이 약간 아찔했지만 곧 이 여자를 가까이해보기로 마음 먹었다. 그리곤 그렇게 했다. 그래서 나는 그녀를 내게 변함없이 충실한 동반자로 삼았다. 리타는 성품이 상냥해서 사귀기 좋은 여성이므로, 자연물에 대해서도 순수한 우정과 동정으로 대할 것이다.

내가 그녀를 처음 만났을 때는 그녀가 세 번째 남편과 이혼하고 난 직후였었다. 그리고 그런 일이 있은 후에도 그녀는 자기에게 은근히 충성을 맹세하던 일곱 번째 사내에게서조차 버림을 받았다. 그 외에도 다른 사건들이 열거할 수도 없을 만큼 많았는데 도표를 작성해도 될 정도이다. 그녀의 오빠는(틀림없이 지금도 그렇겠지만) 안색이 창백하고 멜빵과 색채가 선명한 타이를 매고 다니는 유능한 정치가였는데, 자기 고향의 시장이자 야구와 성서읽기회 등의 후원자 노릇도 겸하고 있었다. 그는 지난 8년 동안이나 다시는 그레인볼 시(市)에 가지 않는다는 엄격한 조건 아래 그 잘난 여동생에게 한 달에 몇백 달러씩 돈을 지급하고 있었다. 그런데 무슨 빌어먹을 이유에서 그랬는지 새로 사귀는 남자친구마다 자기를 유독 그레인볼 쪽으로만 데려가려 하더라며 그녀는 한탄했다. 아마도 숙명적인 이끌림이 었나보다. 그리고 자신은 뭐가 뭔지 채 깨닫기도 전에 달의 궤도에 흡수가 되어, 마을을 둘러싸고 있는 햇무리의 조명을 따라가고 있더라는 것이었다. 그녀의 표현을 그대로 빌리자면, '주위를 자꾸만 뱅뱅 도는 빌어먹을 놈의 누에나방처럼.'

그녀는 아담하고 작은 쿠페(2인승 4륜 자동차)를 한 대 가지고 있었다. 그래서 나는 나의 훌륭한 자동차에게도 휴식을 좀 주기 위해서 쿠페를 타고 그녀와 함께 캘리포니아로 향했다. 그녀의 정상 속력은 90이었다. 사랑스런 리타! 1950년 여름부터 1952년 여름까지 2년이란 어렴풋한 세월을 우리는 같이 떠돌아다녔다. 리타는 매우 상냥하고, 순진하고, 온화하고, 말수가 아주 적었다. 그녀와 비교를 한다면 발레츠카는 슐레겔이며 샬로트는 헤겔이라고 할 수 있다. 이 음험한 회고록이 거의 끝나가는 부분에 와서 그녀를 데리고 희롱이나 하고 있을 그런 이유는 하나도 없다. 그러나(안녕, 리타— 당신이 어디 있든지간에, 술에 취해 있건 아니면 술에 절어 있건, 리타, 안녕!) 그녀야말로 내 곁에 있었던 그 어느 누구보다도 나를 잘 이해하고 내 마음을 진정시켜주었던 사람이었다는 것만큼은 자신있게 말하고 싶다. 그리고 그녀의 도움으로 정신병원 신세를 면할 수 있었던 것도 확실한 사실이다. 나는 그녀에게, 내가 지금 어떤 여자아이를 뒤쫓고 있으며 그녀의 정부를 쏘아 죽이려 한다는 얘기를 해 주었다. 그녀는 진지하게 내 계획에 동의하고 나서더니, 그들의 행적을 조사하는 과정에서 자기 나름대로의 계획까지도 세우는 것이었다(사건의 전말은 정말 하나도 모르면서). 그러던 어느 날 그녀는 한시도 떨어지지 않고 나와 붙어다니는 내 자동권총에 러시아 룰렛을 한번 써보면 어떻겠느냐고 내게 제의해왔다. 나는 연발 권총이 아니기 때문에 그럴 수 없다고 대답했다. 이 문제로 옥신각신 입씨름을 주고받다가 결국엔 총알이 튀어나가 여관방 벽에 구멍을 냈고 그 구멍에서는 꽤나 가늘고 대단히 우스꽝스러운 뜨거운 물줄기가 솟구쳐 나왔다. 그때 깔깔거리며 웃던 그녀의 높은 웃음소리를 나는 아직도 기억하고 있다.

아직 사춘기도 되지 않은 듯이 기묘하게 구부러진 그녀의 등, 희고 매끈한 살결, 느리면서도 고단한 그녀의 키스, 이런 것들이 나의 마음을 한결 안정시켜주었다. 몇몇 허풍선이들과 마술쟁이들이 얘기한대로 예술적인 재능이 곧 제2차 성징을 만드는 것은 아니다. 그와는 정반대다. 섹스는 예술의 시녀일 뿐이다. 나는 그들 두 남녀에 관한 조사를 포기하고 말았다. 그 유령은 타타르 지방에도 있었고, 내 작은 골에서 불붙어 있기도 했다 (나의 번뇌와 비탄에 부채질하는 불꽃으로). 그러나 태평양 연안 어느 곳에선가 돌로레스 헤이즈에게 테니스를 못 치도록 하는 것만큼은 확실했다. 다시 동부로 돌아오던 어느 날 오후, 사람의 성(姓)에서부터 술의 상표에 이르기까지 별의별 이름이 나붙어 있고, 뚱뚱하고 불그스레한 남자들이 갈지자로 돌아다니던 어느 기분 나쁜 호텔에서 있었던 일이다. 리타와 내가 잠에서 깨어나보니, 흰 속눈썹과 속이 들여다보일 정도의 커다란 귀를 가진 금발의 젊은 청년이 우리 방 안에 우리와 함께 있었다. 그는 몸과 털이 온통 하얗고, 이제까지 처량하게 살아오면서 리타나 나나 한 번도 본 기억이 없는 사람이었다. 땀에 흠뻑 젖은 두껍고 꾀죄죄한 내의를 입고 낡은 군화를 신고 있었던 그는, 정숙한 나의 리타의 맞은편 더블 베드 위에서 코를 골며 누워 있었다. 그의 앞니 하나는 빠졌고 이마에는 호박색 작은 혹이 자라고 있었다. 리토츠카는 제일 먼저 손에 집히는 대로 내 비옷으로 그녀의 물결치는 알몸을 감싸고, 나는 줄무늬 바지를 급히 입었다. 그러고 나서 우리는 상황을 자세히 살펴보았다. 유리잔 다섯 개가 쓰였는데, 이것은 단서치고는 너무 많아 당황스러웠다. 방문도 제대로 닫히지 않은 채였고 스웨터와 황갈색 바지 한 벌이 아무렇게나 바닥에서 뒹굴고 있었다. 우리는 그 옷의 임자를 흔들어 깨웠다. 그는 완전히 기억이 없었다. 브루클린 토박이의 악센트를 써가며 그는 우리가 자기의 신분을 몰래 훔쳤다고 엉뚱한 심술을 부렸다. 우리는 서둘러 그에게 옷을 입히고 가장 가까운 병원으로 데리고 갔다. 그리고 우리가 그레인볼에 와 있다는 것을 알게 되었다. 반년이 지나서 리타는 의사에게 소식을 묻는 편지를 보냈다. 잭 험버트슨이라는 무미건조한 이름으로 불리던 그는 그때까지도 자기 자신의 과거로부터 고립되어 있는 상태였다. 오 기억의 여신이여, 가장 달콤하고 가장 장난스러운 나의 뮤즈여!

'지혜의 샘을 관리하는 거인과 기억'이라는 제목의 수필을 캔트립 리뷰 잡지에 실어야겠다는 연이은 생각들이 꼬리에 꼬리를 물고 일어나지 않더라면 이 사건은 언급하지도 않았을 것이다. 그 글에서 나는 그 훌륭한 잡지의 호의적인 독자들에게 신기하고 중요한, 지각 있는 시간의 이론이라는 내 나름대로의 의견을 펴나갔는데 그것은 혈액 순환에 근거를 두고 개념상으로는 정신의 의식 상태에 기초를 둔 내용이었다. 이 모험의 결과로, 그리고 내가 전에 제출한 바 있는 논문이 최고의 효과를 거둠에 따라 나는 뉴욕으로 초청을 받았다. 그래서 리타와 나는 센트럴파크의 분수에서 물놀이를 하며 노는 어린아이들의 어슴푸레한 모습이 저 멀리 내다보이는 주택을 빌려 1년 동안 살게 되었다. 그리고 1951년 9월부터 1952년

6월까지 나는 시인과 철학자들을 위한 좀 특수한 아파트에 세를 들어 살았던 적도 있었다. 그때 빈들빈들 무위도식하는 리타의 모습을 남에게 보이기가 싫어서 그녀는 도로변에 있는 어느 여관에 묵게 하고(약간 무례한 행동이었지만) 일주일에 두 번씩 그녀를 찾아갔다. 그리고 그녀는 없어져 버렸다. 그러나 롤리타보다는 훨씬 인간적으로 사라져주었다. 한 달 뒤 나는 지방 유치장에 들어가 있는 그녀를 찾아냈다. 맹장까지 제거했다는 그녀의 모습은 당당했다. 그리고 로랑 맥크럼 부인의 물건을 훔쳤다는 죄목으로 기소되었던 문제의 바로 그 아름다운 푸른 모피는 로랑 자신이 자발적으로, 약간 술에 취해 있긴 했지만 자기에게 준 선물이었다고 하는 것을 그녀는 내게 확신시키려 했다. 까다로운 그녀 오빠의 힘까지 빌리지 않고도 나는 그녀를 유치장에서 빼내는 데 성공할 수 있었다. 그러고는 곧바로 브라이스랜드(바로 1년 전에 몇 시간을 머물렀던 곳이다)를 경유하여 센트럴파크로 되돌아갔다.

그곳에 롤리타와 함께 있었던 그 추억을 상상으로나마 다시 체험해보고 싶은 기묘한 충동이 나를 사로잡았다. 그녀와 그녀의 납치범을 뒤쫓으려는 더 이상의 모든 희망을 포기한 바로 그 자리에서 나는 새로운 생존의 국면으로 들어서고 있었던 것이다. 추억이라는 방법으로 간직해두기 위해서 나는 예전의 주위 환경들에 기대기 시작했다. 대기 속에선 가을이 울려 퍼지고 있었다. 트윈 베드가 있는 방을 알아보는 그림엽서를 띄웠더니 그들은 햄버그 교수 앞으로 대단히 유감스럽다는 회신을 즉각 보내왔다. 방이 모두 꽉 찼다는 것이었다. 목욕탕이 없고 침대만 네 개 있는 지하실 방이 하나 있기는 한데 내가 마음에 안 들어 할 것 같다는 말도 적혀 있었다. 그들이 보내온 편지에는 다음과 같은 말이 씌어 있었다.

요술에 걸린 사냥꾼

교회 근처   개는 안됨

모든 합법적인 음료수

나는 이 마지막 문장이 과연 사실인지가 궁금했다. 전부라고? 예를 들면 그들에게 그레나딘(석류 시럽)이라도 있었던가? 또 요술에 걸렸든 아

니든, 사냥꾼들도 교회 좌석보다는 차라리 포인터(사냥개)를 원하지는 않았을지 그것도 의심스러웠다. 고통의 발작을 일으키며 나는 위대한 예술가가 남겼음직한 광경을 떠올려보았다. 의기소침한 귀여운 요정, 그러나 그때 그 명주같이 매끄럽던 코커스패니얼은 아마도 세례를 받은 놈이었던가 보다. 아니다. 그 로비를 다시 찾아간다면 그때 받아야 하는 그 고통을 도저히 견뎌낼 것 같지 않았다. 부드럽고 풍부한 가을 빛깔의 브라이스랜드에서는 그 시간을 보상해줄 수 있는 더 좋은 가능성들이 어디에나 있었다. 리타를 술집에 남겨놓고 나는 마을 도서관으로 향했다. 한 묶음의 브라이스랜드 신문철에서 1947년 8월 중순 경의 신문을 찾아보았는데, 나를 도와준다고 노처녀가 재잘거리며 너무 수선을 피우는 바람에 도리어 힘이 더 들었다. 한참 후, 덮개도 없는 불 밑의 어느 구석진 곳에서 나는 롤리타 키만한 높이에 관 같이 새까맣던 책의, 찢어질 것 같은 책장을 한 장 한 장 넘기고 있었다.

독자여! 형제여! 그 햄버그는 어쩌면 그리도 어리석은 햄버그였는지! 지나치게 예민한 그의 조직은 실제 광경을 보는 것을 싫어했기 때문에 그는 적어도 감추어진 부분은 즐길 수 있다고 스스로 생각했다. 마치 약탈당한 슬픈 마을에서 호전적인 쾌락에 취하며, 그 견딜 수 없는 눈동자를 보지 않기 위해 소녀의 검은 숄을 그녀의 흰 얼굴에 덮어 씌우고 강간을 자행하는 군인들의 줄에서 열 번째 혹은 스무 번째 병사를 연상시킨다. 내가 꼭 찾아내고 싶었던 것은, 그 신문사의 사진기자 브래독 박사와 그의 일행에 초점을 맞추어 찍은 것에 우연히도 내 얼굴까지 찍혀나왔던 바로 그 신문 사진이었다. 젊은 야수와 같은 모습으로 예술가의 초상이 보존되어 있기를 나는 열렬히 바랐다. 아무 것도 모르는 카메라가 롤리타의 침대로 돌아가고 있는 비밀스러운 내 모습을 잡았던 것이다. 나의 이와 같은 충동의 성질이 과연 어떠한 것이었는지를 잘 설명할 자신이 없다. 그러나 내가 생각하건대, 그것은 이른 아침 사형장의 단두대에 서 있는 창백하고도 작은 모습들(아직은 살아 움직이며 모두가 두 팔을 들어올리려고 하는)을 확대경을 통해 관찰해보고 싶은 그러한 호기심과 일맥상통하는 것이었다. 아무튼, 나는 문자 그대로 숨을 헐떡이고 있었다. 그리고 자세히 보기도 하고 대강 훑어보기도 하는 동안 그 책의 한쪽 귀퉁이는 계속 내 가슴을 찌르고 있었다. 영화 〈짐승 같은 힘〉과 〈신들린 사람〉은 두 극장에 24일 일요일에 들어올 것이다. 담배의 독점 경매인 퍼돔 씨는, 자기는 1925년 이래 오멘 파우스텀을 피워왔다고 말했다. 건장한 행크와 그의 귀여운 신부는 인치케이스 가(街) 58번지에 사는 레지날드 G. 고르 부부의 손님으로 초대를 받고 있었다. 어느 식객들의 크기는 주인의 1/6이었다. 던케르크 항구는 10세기에 요새화되었다. 미혼 여성들의 양말, 39센트, 새들 옥스퍼드 3달러 98센트, 사진 찍기를 거부한 《암흑 시대》의 저자는, 포도주는 페르시아 산(産) 거품새에게나 어울릴지 모른다는 궤변을 늘어놓았다. 그러나 나는 장미와 영감(靈感)을 위해서 판자 지붕 위에 비를 달라고 말한다. 보조개는 피부 껍질이 좀 더 깊은 조직과 부착함으로써 생기는 것이다. 그리스 사람들은 무서운 게릴라의 공습을 격퇴시켰다. 아, 이제 드디어 흰 옷을 입은 작은 모습과 검은 복장의 브래독 박사, 그러나 뭔지 모르는 유령 같은 어깨가 그의 널찍한 몸체를 가리고 스쳐 지나가고 있었기 때문에 나 혼자선 뭐가 뭔지 아무것도 알아낼 수가 없었다.

나는 리타를 찾으러 갔다. 리타는 자기와 동창이라면서 쭈글쭈글하고 엉망으로 술에 취한 어느 노인을 웃으면서 내게 소개해주었다. 그런데 그가 그녀를 붙잡으려고 해서 우리는 가벼운 격투를 벌였는데, 그때 나는 그의 단단한 머리통에 맞아 엄지손가락을 다쳤다. 조용한 공원에서 나는 그녀에게 산책을 시키고 바람도 좀 쏘이게 했다. 그녀는 울면서, 그녀의 모든 남자들이 이제까지 그랬던 것처럼 나도 자기 곁을 떠날 것 같다며 흐느꼈다. 그래서 나는 생각에 잠기게 하는 프랑스 민요 하나를 그녀에게 불러주었다. 그러고는 그녀를 즐겁게 해주기 위해 음조를 맞추어 즉흥시도 하나 읊었다.

그곳은 '요술에 걸린 사냥꾼' 이라고 불렸다네.
푸른 호텔 앞의 나무들을 모조리 벌목해
그림 호수를 만들려는 것에
다이애나, 그대의 골짜기가 과연 서명을 했을지?

그녀는 '도대체 왜 꼭 푸른색이어야 하죠?'라고 말하며 다시 울기 시작했다. 그래서 나는 그녀를 끌다시피 차에 태우고 뉴욕을 향해 차를 몰았다. 그러자 그녀는 우리가 살게 될 아파트의 자그마한 테라스 위를 감도는 아지랑이에 느긋하게 취해 다시금 행복해하고 있었다. 나는 두 가지 우연한 사건이 다소 혼합되어 있는 것을 알았는데 하나는 캔트립으로 가는 길에 리타와 함께 브라이스랜드를 방문했다는 것이었고, 다른 하나는 뉴욕으로 돌아오면서 브라이스랜드를 다시 지나왔다는 사실이었다. 그러나 그러한 어지러운 빛깔들의 충만함은 그것을 추억하는 예술가에게 경멸을 당해서는 안 되는 것이었다.

27

현관 입구에 놓인 내 우편함은 가느다란 유리 구멍을 통해 내용물을 대강 들여다볼 수 있게 만든 것이었다. 유리를 비추던 여러 색의 빛이 뒤틀리면서 유리 밑에 있던 낯선 필적이 마치 롤리타의 필적으로 보이는 바람에, 옆에 있는 항아리에 기대 서 있던 나는 거의 쓰러질 뻔했었다. 그런 일이 일어날 때마다 나는 사랑스럽고 동그라미가 많은 어린애 같은 그녀의 낙서가, 나와 편지를 주고받던 몇 안 되는 사람들 중의 어느 똑똑치 않은 글씨체로 무섭게 변형될 때마다, 나의 과거를 고통스러운 희열로 회상하는 버릇이 있었다. 부끄러운 내 죄악에 대해 언제나 빈틈없는 현미경인 비밀스런 나의 눈에 잘못 비친, 보석처럼 빛나는 반대편 창문을 통해 조용하게 머리를 빗질하고 있는 거의 벗은 몸의 요정(동화나라의 앨리스)을 멀리서 발견하곤 하였다. 불 같이 타오르는 이 환영 속에는 나의 이 엉뚱하고도 무모한 희열을 더욱 완전한 것으로 만들어주는 그 무엇이 있었다. 그것은 그 환상이 내 손길이 전혀 미치지 않는 곳에 있었기 때문에 그것을 다시 손에 넣음으로써 환상을 깨뜨려버릴 염려는 적어도 없었다. 정말이지, 그러한 것들에 대해 내가 매력을 느낄 수 있었던 것은, 가져서는 안 되는 순수하고 젊은 요정의 투명한 아름다움에 있었기보다는, 무한한 재능으로 적게 주어진 것과 크게 약속된 것 사이의 벌어진 틈을 메워나가는 마음 든든한 안전함에 있었다. 결코 가져서는 안 되는 대단한 회색 장미. 나의 창문! 얼룩진 황혼과 솟아오르는 밤 사이에서 머뭇거리며, 나는 진동하는 발코니 난간 쪽으로 내 욕망의 모든 악마들을 이를 갈며 몰아냈다.

살구빛으로 습기찬 검은 저녁이 무르익고 있었다. 밝은 영상이 떠다니며 돌아다녔다. 창문에 비치는 것이라곤 일부만 옷을 걸친 채 신문을 읽고 있는 뚱뚱한 남자뿐이었다.

환상과 자연의 현실싸움에서도 나는 가끔 이겼었기 때문에 현혹이라는 것은 견뎌낼 수 있는 것이었다. 그러나 참을 수 없는 고통이란 기회가 비집고 들어와 소동을 일으키고는 내게서 웃음을 빼앗아갈 때, 바로 그때 시작되었다. '내 어린 딸이 열 살 때 당신에게 미쳤었다는 것을 당신은 알고 있나요?' 파리의 어느 찻집에서 내게 말을 걸었던 어느 부인의 말이다. 그 소녀는 수 마일 떨어진 곳에서 얼마 전에 결혼했다고 했다. 그러나 지금부터 10년 전 테니스장 가까이에 있던 그 정원에서 서로를 본 일이 있었다 하더라도 나는 그녀를 기억해낼 수가 없었다. 나의 환상은 그렇게도 프루스트 같았으며 또한 그렇게도 직설적이었다. 1952년 9월 하순의 어느 아침, 내게 온 우편물을 가지러 내려왔을 때, 얼마 전에 리타를 집에까지 바래다주고 간 남자는 '마치 짐승처럼 욕지기가 나는' 사람이더라면서, 나와는 영 사이가 좋지 않았던 날씬한 체격에 화를 잘 내던 수위가 투덜대기 시작했다. 그의 이야기를 들어주며 그에게 팁을 주었더니, 지금까지 하던 이야기의 내용이 일부 수정되면서 그의 어투도 좀 더 공손해졌다. 그의 이야기에 계속 귀를 기울이며 나는, 저 우편물 속에 끼여 있는 두 장의 편지 중 하나는 리타의 병약하고 자그마한 엄마에게서 온 것일 거라는 생각을 했다. 리타와 나는 케이프 코드에서 그녀를 딱 한 번 찾아간 적이 있었다. 매일같이 바뀌는 일정치 않은 내 주소에도 불구하고 그녀는 계속 편지를 띄우면서, 자기 딸과 내가 어쩌면 그렇게도 잘 어울리는 한 쌍인지 모르겠으며, 그래서 결혼까지 한다면 그보다 더 멋진 일이 없을 거라는 등의 내용을 적어보내고 있었다. 그리고 또 다른 한 장의 편지는 존 팔로에게서 온 것으로, 엘레베이터에서 뜯어 급히 읽어보았다.

문학작품 속의 등장인물들이 독자의 마음속에 고정된 형태로 부각되듯이, 친구들에게 이 친구는 어떤 타입, 저 친구는 어떤 타입 하며 그 사람의 유형을 아주 정해버리려는 경향이 있는 것을 나는 종종 보아왔다. 제아무리 수백 번 《리어 왕》을 들춰본다고 한들 그 속에서 만나는 왕은, 자기의 세 딸과 애견과 함께 재회를 나누며 모든 괴로움도 잊어버리고 부어라

마셔라 하며 커다란 술잔이나 두드리고 떠드는 그런 모습의 왕은 결코 아니다. 플로베르의 아버지가 때맞춰 흘려준 눈물의 동정의 소금으로도 에마는 결코 다시 소생되거나 회복되지 못한다. 그 인물의 성격이 책 속에서 어떻게 전개되든지 간에, 등장인물의 성격이라고 하는 것은 이미 독자의 마음에 고정관념처럼 새겨져 있기 때문이다. 마찬가지로 우리들은 우리의 친구들도 우리가 그들에 대해 나름대로 가지고 있는 논리적이고 전형적인 고정관념대로 되어주기를 은근히 바라고 있는 것이다. 그리하여 X라는 사람은 불후의 명작은 결코 작곡하지 못할 것이다. Y도 결코 끔찍한 살인은 저지르지 못할 것이다. 그리고 어떠한 상황 아래서도 Z는 결코 우리를 배반하지 못한다. 이러한 것들을 이미 우리 마음속에 그려놓고 있다. 그래서 우리는 어떤 사람을 덜 만나면 덜 만날수록, 우리가 가지고 있는 그의 모습에 그가 얼마나 딱 맞는지, 그의 소식을 들을 때마다 점검하며 더욱더 만족하게 된다.

이미 우리들에게 정해진 운명에서 발생하는 오차라고 하는 것은 변칙적일 뿐만 아니라 때로 비도덕적이기도 하다. 이제는 은퇴한 핫도그 장사가 위대한 시집을 한 권 출판해낸 게 사실이라면, 차라리 우리는 우리의 이웃들을 처음부터 모르는 편이 나았다.

내가 왜 이런 이야기를 하고 있느냐 하면, 팔로의 신경질적인 편지를 받고 내가 얼마나 당황했었는지를 설명하기 위해서이다. 나는 그의 아내가 죽은 것을 알고 있기는 했다. 그러나 약간 좀 지루하긴 했지만 그는 언제나 침착하고 또 믿을 만한 인물이었기 때문에 지금쯤 혼자서 경건하게 홀아비로 지내고 있겠거니 하고 나는 그렇게 철석같이 믿고 있었다. 그러나 편지에서 그는 미국에 잠깐 들렀다가 남아메리카로 돌아왔으며, 람스데일에서 자기가 취급했던 모든 일들은 그 마을의 잭 윈드밀러에게 인계하기로 결정했다고 말했다. 잭 윈드밀러는 우리 두 사람이 모두 잘 알고 있는 변호사였다. 특히 헤이즈의 '복잡한 문제'를 넘겨주어서 더욱 홀가분해 하는 것 같았다. 그는 스페인 여자와 결혼했는데 담배도 끊고 몸무게도 30파운드가 늘었다고 했다. 그 스페인 여자는 아주 젊었으며 스키 챔피언이었다. 그들은 신혼여행을 인도로 떠날 예정이라고 했다. 그가 말한 것을 여기 그대로 옮기자면 그는 '가정을 만들고' 있었기 때문에, 역시 그의 표현 그대로 '매우 이상하고 매우 우울한' 내 문제들에 대해선 이제 앞으로 신경 쓸 시간이 없을 거라는 얘기였다. 아마 누군가 남의 일깨나 봐주기 좋아하는 사람이 어느 틈에 그에게, 돌리 헤이즈가 종적을 감춰 행방이 묘연하며 그래서 나는 지금 이름난 이혼녀와 함께 캘리포니아에서 살고 있다는 얘기를 한 모양이었다. 그의 장인은 백작으로 굉장한 부자였다. 헤이즈의 집에 몇 년 동안 세들어 살고 있던 사람들이 이제는 그 집을 사기를 원하고 있었다. 그는 내게 돌리를 빨리 보이는 게 좋을 거라고 했다. 그는 흰 털옷의 여자와 함께 칠레의 눈 속에서 서로 마주보며 웃는 모습을 찍은 스냅사진도 동봉하고 있었다.

그러고 나서 나는 아파트로 들어가 이렇게 중얼거렸다. 좋다, 다른 건 못 해도 적어도 그들을 따라다니기라도 해야겠다. ―그때 또 다른 편지 한 통이 작은 목소리로 내게 말을 걸어왔다.

사랑하는 아빠!

건강하세요? 저는 결혼했어요. 지금 아기를 가졌는데 아기가 굉장히 크려나 봐요. 아마 크리스마스에는 낳을 것 같아요. 편지 쓰기가 참 어려웠어요. 전 빚진 것을 갚고 여기를 떠나야 하는데 돈이 없어서 큰일났어요. 딕은 기계 분야가 전공이기 때문에 알래스카에서 일자리를 얻게 됐어요. 아직은 그것밖에 모르지만 아무튼 굉장한 자리래요. 우리 집 주소를 밝히지 못해 죄송해요. 제게 아직도 굉장히 화가 나 계실 테지만, 딕이 알아서는 안 되거든요. 이곳은 좋은 곳이에요. 스모그 때문에 얼간이들 얼굴을 보지 않아도 되거든요. 아빠, 죄송하지만 수표 좀 보내주세요. 부탁이에요. 3, 4백이면 그럭저럭 될 것 같아요. 조금 모자라도 괜찮아요. 아무튼 얼마라도 좋으니까 제 옛날 물건이라도 팔아서 보내주셨으면 좋겠어요. 일단 거기 가기만 하면 돈이 저절로 굴러들어올 거에요. 제발 부탁이에요. 그동안 슬프고 어려운 일 많이 겪었어요.

답을 기다리며,
돌리(리처드 F. 실러 부인).

28

나는 다시 여행을 떠났다. 낡고 푸른 자동차 바퀴자국 위에 또다시 나 혼
자였다. 내가 그 편지를 읽으며 나의 내부에서 복받쳐 일어나는 산더미 같은
고뇌와 싸우고 있을 때 리타는 죽은 듯이 자고 있었다. 자면서 살포시 웃는
그녀의 모습을 바라보았다. 그러고 나서 그녀의 촉촉하게 젖은 이마에 입을
맞추고 나는 영원히 그녀의 곁을 떠나버렸다. 부드러운 이별의 글을 그녀의
배꼽에 테이프로 붙여두었다. 그렇게 하지 않으면 그녀가 쪽지를 못 볼지도
모르기 때문이다.

'혼자'가 되었다고 했던가? 전혀 그렇지 않았다. 작고 검은 친구가 하나
있었다. 나는 사람들의 발길이 뜸한 한적한 곳에 이르자, 리처드 실러를 살
해하는 장면을 미리 연습해보았다. 차 뒤에서 아주 오래 되고 꽤나 더러운
내 회색 스웨터가 한 벌 나왔다. 나는 이제 저 멀리 아득하게 보이는 고속도
로를 벗어나 숲길로 접어들어, 말 한마디 들리지 않는 숲 속의 빈터 나뭇가
지에 그 스웨터를 걸어놓았다. 자동차에 기름을 좀 넣을까 생각하다가 그럴
시간도 없다고 결론을 내렸다. 온통 총알로 꿰뚫린 죽은 스웨터를 가지고 차
에 오른 나는, 온기로 따뜻해진 '친구'에게 다시 총알을 장전하고 여행을 계
속했다.

그 편지에 쓰인 날짜는 1952년 9월 18일이었다(그리고 이날은 9월 22일이
었다). 그리고 그녀가 적은 주소는 '콜몬트, 일반 우편'이라고만 되어 있었
다('버지니아 주'도 아니고 '펜실베이니아 주'도 아니고 '테네시 주'도 아니었
다. 물론 콜몬트도 아니다—이런 것까지 위장을 하다니, 롤리타). 알아보니
이곳은 뉴욕 시로부터 약 8백 마일 가량 떨어진 조그마한 공업 도시였다. 나
는 우선 밤낮을 가리지 않고 차를 몰기로 계획을 세웠지만, 그 마을에서 수
마일 떨어진 곳에 있는 모텔에서 방을 빌려 새벽녘의 한두 시간 정도를 그곳
에서 쉬기로 했다. 내 생각엔 그 유령, 그러니까 바로 실러라는 자는 비어즐
리에서(임펠러 씨에게 가다가 그만 그녀의 자전거 타이어에 펑크가 나던 바
로 그날) 그녀에게 차를 태워주느라고 나의 롤리타를 사귀게 되었던 그 자
동차 세일즈맨임이 틀림없었다. 총탄에 쓰러진 스웨터의 시신은 자동차 뒷
좌석에서 트랩 실러에 관한 이모저모를 계속 끊임없이 드러내주는 것 같았
다—그의 거대한 체격과 그 체격에서 풍기는 음탕한 유순함 등을. 아침 6시

에 맞춰놓은 자명종시계가 울리기 전에 시계 버튼을 지그시 누르며 나는, 형편없이 타락한 이 취향을 중화시키기 위해선 나 자신을 아주 멋지고 잘생긴 사람처럼 보이도록 차려야겠다고 마음먹었다. 그래서 나는 이제 격투라도 벌이려는 신사같이 엄격하고도 아주 세심한 주의를 기울여 서류의 배열이 제대로 되었는지를 확인하고, 목욕을 하고 섬세한 내 몸에 향수를 뿌렸다. 뿐만 아니라 얼굴과 가슴의 면도를 끝내고 나서는 실크 셔츠와 깨끗한 바지를 골라 입고 투명한 검은 양말도 신었다. 그러고는 트렁크 속에 좋은 의복을 몇 벌 가지고 있는 나 자신을 스스로 자축했다. 예를 들자면 진주 광택이 나는 단추가 달린 조끼라든가, 푸르스름한 캐시미어로 만든 넥타이 등등이었다.

아, 그런데 나는 아침을 굶을 수가 없었다. 나는 이러한 신체 현상을 그저 단순한 의외의 고난 정도로 깨끗이 잊어버리고, 소매에서 끄집어낸 얇은 비단 손수건으로 입을 닦았다. 그리고 심장 대신에 푸른 얼음 덩어리로 채우고 바지 뒷주머니에는 견고한 죽음을, 그리고 혀 위에는 알약을 하나 올려놓고 나는 콜몬트의 전화 박스 안으로 얌전하게 걸어 들어갔다(삐삐 삐익 하며 작은 문이 열린다). 다 낡아빠진 전화번호부에서 찾아낸 전화번호로 다이얼을 돌렸다. 실러라는 이름은 딱 하나밖에 나와있지 않았다. 폴이라는 사람은 리처드가 자기 사촌의 아들이어서 그를 잘 알고 있으며, 그는 킬러 가 10번지에 살고 있다고 쉰 목소리로 내게 가르쳐주었다. 삐삐 삐익하며 작은 문이 다시 소리를 냈다.

킬러 가 10번지에 있는 빈민 아파트에서 나는 힘없는 노인 몇 사람과 붉은 빛이 도는 금발을 길게 늘어뜨린, 말도 못하게 더러운 두 요정에게 말을 걸었다. 네, 딕 실러라는 사람 거기 살았어요. 그런데 결혼하고 나서 바로 이사 갔어요. 아무도 그의 주소를 알고 있는 사람이 없었다. '가겟집에서 어쩌면 알고 있을지도 몰라요.' 팔이 앙상하게 여윈 맨발의 두 꼬마 아가씨와 그들의 할머니와 함께 무심코 서 있는데, 근처의 맨홀 속에서 저음의 목소리가 들려왔다. 처음에 잘못 알고 들어갔던 가게에서는 경계하는 듯한 늙은 흑인이 한마디 말도 꺼내기 전에 고개부터 설레설레 저어댔다. 그래서 나는 파리만 날리고 앉아 있는 맞은편 식품점으로 가서 물어보았더니, 맨홀같이 생긴 마루 밑 깊숙한 곳에서 어느 여자의 목소리가 들려왔다. 헌터 거리의 마지막 집이에요.

헌터 거리는 수 마일 떨어진 아주 음산한 구역에 위치하고 있었다. 가는 곳마다 쓰레기, 구정물 천지였으며 벌레가 우글거리는 채소밭과 오두막, 음울한 이슬비, 붉은 진흙, 그리고 담배꽁초가 널려 있었다. 나는 마지막 '집' 앞에서 걸음을 멈추었다. 길에서 한참을 들어오는 곳에 자리잡은 그 집은 시든 잡초 더미가 주위에 어지럽게 널려 있는 널빤지로 만든 오두막이었다. 그 옆에는 비슷하게 생긴 오두막이 두세 채 가량 더 있었다. 집 뒤쪽에서 망치질하는 소리가 들려왔다. 나는 잠시 꼼짝하지 않고 낡은 자동차 안에 가만히 앉아만 있었다. 이제 나의 여행도 끝을 내려 하는구나, 이제 끝이다. 친구여, 이제 끝이다. 나의 악령들이여. 나이 들어 초췌해진 기분이다. 시각은 2시경이었다. 맥박이 1분에 40을 뛰더니 다음 번에는 100이었다. 가랑비가 차의 덮개 위에 후드득 떨어진다. 권총은 오른쪽 바지 주머니로 옮겨 넣었다. 그때 똥개 한 마리가 집 뒤에서 나타나더니 나를 보고 놀랐는지 우뚝 멈춰 서는 것이었다. 눈이 가늘게 찢어진 그놈의 덥수룩한 배는 온통 진흙 투성이었는데 온순하게 몇 번 짖다가 몇 발자국 움직이고 나서 다시 한번 짖었다.

29

나는 차에서 내려 쾅 하고 세차게 문을 닫았다. 태양마저 얼굴을 감춘 날의 그 공간 속에서 쾅, 울리는 소리는 얼마나 사실적이고 또 얼마나 단호하였을까! 개는 계속 짖어대고 있었다. 초인종 단추를 누르자 그 소리는 마치 나의 몸 전체를 뚫고 울려 퍼지는 것 같았다. 아무도 없었다. 다시 한 번 눌러 보았다. 아무 대답이 없었다. 개가 컹컹거렸다. 신발을 질질 끌며 나오는 소리. 문이 신음을 냈다.

2인치 가량 더 자란 키. 핑크빛 테두리의 안경. 높이 올린 머리. 꾸밈없는 모습! 그 순간, 지난 3년 동안을 내가 주문처럼 외우고 다녔던 '죽음'이라고 하는 것은 마른 나뭇조각만큼이나 간단한 문제였다. 그녀의 배는 거대하게 불러 있었다. 머리는 전보다 더 작아진 듯 보였고(실제로는 2초밖에 지나지 않았지만, 최대한 길게 늘여 그녀를 뚫어지게 본다), 주근깨가 핀 창백한 두 뺨은 깊숙이 그늘이 져 있었으며, 드러난 무릎과 두 팔은 건강한 혈색을 잃은 채 솜털만이 보였다. 그녀는 소매 없는 갈색 무명옷을 입고 너절한 펠트

슬리퍼를 신고 있었다.

"어머나!"

놀라움과 반가움에 뒤섞인 그녀는 한참 만에야 숨을 내쉬었다.

"남편도 있어?"

주먹을 주머니에 찌른 채 거친 목소리로 나는 말했다.

물론 여러분 중에는 내가 그녀를 죽일 것이라고 생각하는 사람도 없지 않겠지만, 나는 그녀를 죽일 수가 없었다. 정말이지, 독자들도 아시다시피 나는 그녀를 사랑했으니까. 처음 보았을 때도 그랬고, 마지막 보았을 때도 그랬으며, 언제 보아도 그것은 사랑이었다.

"들어오세요."

매우 명랑한 음성으로 그녀가 말했다. 죽은 나무로 지어 금방 조각날 것 같은 문에 기댄 돌리 실러는 내가 들어갈 수 있도록 자기 몸을 한껏 안으로 들이밀고(발뒤꿈치까지 들었다) 잠시 팔을 열십자로 벌리더니 미소를 지으며 문지방을 내려다보고 있었다. 움푹 골이 패인 그녀의 두 뺨은 둥근 사과 같았으며, 물 탄 우유같이 새하얀 두 팔은 나무 위에 걸쳐져 있었다. 나는 부풀어오른 아기에게 닿지 않게 안으로 들어섰다. 기름에 튀겨낸 냄새가 약간 섞인 돌리의 냄새. 바보같이 이가 덜덜 떨렸다.

"안 돼, 너는 나가 있어(개에게)."

그녀는 문을 닫고, 그리고 자기의 부른 배를 따라 인형같이 작은 집의 거실로 들어왔다.

"딕은 저기 있어요."

그녀는 테니스 라켓으로 눈에 보이지 않는 밖을 가리키며 이렇게 말했다. 지금 우리가 서 있는 부엌 바로 맞은편의 단조로운 거실 겸 침실에서 눈을 들어 뒷문 쪽을 바라보니, 그곳에선 작업복 차림을 한 검은 머리의 젊은 청년이 아직 문명의 손길이 미치지 않은 풍경 속에서 등을 돌리고 사다리 위에 걸터앉은 채 이웃 오두막 지붕 위에 무엇인가를 얹고 있었다. 팔이 하나밖에 없는, 엄청난 몸집의 그 이웃 사람은 사다리 밑에서 그를 올려다보고 서 있었다.

그 모습에 대해 그녀는 변명하듯 말을 중얼거렸다('남자들은 모두 어쩔 수가 없어요'라고). 그녀가 그를 불러들일까?

아니, 상관없다.

비스듬히 기울어진 방 한가운데 서서 시답잖은 질문을 퍼부은 그녀는 손목과 손으로 자바 사람 같은 낯익은 몸짓을 했다. 그러고는 재미있는 호의를 베풀었는데, 흔들의자와 긴 소파(밤 10시 이후엔 그들의 침대로 사용되는) 중에서 어느 것을 택하겠느냐고 물었다. 내가 '낯익은'이라고 하는 것은 언젠가 비어즐리의 어느 파티에 그녀가 바로 그 손목춤으로 나를 초대해주었기 때문이다. 우리는 나란히 의자 위에 앉았다. 그런데 이상하게도 그녀의 용모가 확실히 지난날보다 못하게 시들어버렸음에도 불구하고, 갸름한 그녀의 코라든가 훼손된 아름다움은 예나 지금이나 여전하다는 것을—마치 보티첼리의 붉은 비너스처럼—나는 그날 밤 늦게 너무나도 절망적으로 그리고 너무나도 똑똑히 느꼈다. 주머니 속의 내 손가락들이 부드럽게 움직이며 손수건 속에 보금자리를 치고 누워 있는, 아직 쓰지 않은 무기의 끄트머리를 가만히 만지작거리고 있었다.

"내가 말하는 건 그 사람이 아니야." 내가 말했다.

그녀의 눈동자 속에서 더 이상 느긋하고 반가워하는 기색은 찾아볼 수 없었다. 지난날 쓰라렸던 시절처럼 그녀의 이마에 주름이 잡혔다.

"그럼 누구?"

"어디 있어? 빨리!"

"이봐요."

이렇게 말하는 그녀의 머리가 한쪽으로 기울어지더니 기울어진 쪽으로 머리가 흔들리기 시작했다.

"아니, 설마 문제를 일으키지는 않으시겠죠."

"아니긴 왜 아니야."

나는 소리쳤다. 마치 그녀가 아직도 내 것이기나 한 것처럼 우리는 머리털을 곤두세운 채 서로에게 경악해 있었다.

냉정하게도 그녀는 곧 자신을 억제하고 있었다.

딕은 이 일에 대해선 아무것도 모르고 있었다. 그는 내가 단순히 그녀의 아버지인 줄로만 알았다. 그는 또 그녀를 고작해야 식당 차에서 접시나 닦으려고 상류 가정에서 뛰쳐나온 가출소녀 정도로 생각하고 있었다. 그는 무엇이든지 믿었다. 그러나 나로선 괜히 긁어 부스럼을 만들어 일을 더 어렵게 만들 이유가 조금도 없었다.

　그러나 나는 그녀에게 이렇게 말했다. 현명해질 필요가 있다고, 똑똑해져야 한다고, 그래서 정말로 나의 도움을 필요로 한다면 그동안 어떻게 되어 돌아간 상황인지 내게 정확하게 이야기해야 한다고.

　"빨리 이름을 대!"

　그녀는 내가 이미 오래 전부터 알고 있는 줄 아는 모양이었다. 꼭 알고 싶은 이름이었다. 도무지 믿을 수가 없었다. 그녀 자신도 믿어지지 않는 모양이었다.

　"그놈 이름만 말해. 빨리!"

　"그게 그렇게 중요한 건 아니잖아요, 그냥 무시해 버리세요." 그녀가 말했다.

　"담배라도?"

　"필요없어. 그 남자 이름!"

　문득 결심이라도 한 듯 그녀는 단호히 머리를 내저었다. 이제 와서 뒤늦게 소동을 일으키고 떠들어본댔자 아무 소용도 없을 뿐더러, 놀라울 정도로 믿어지지 않을 이 일을 당신이 끝내 믿어줄 것 같지도 않다고 그녀는 생각하는 눈치였다.

　나는 다시 만나서 대단히 기뻤으며 이제 그만 가봐야겠다고 말했다.

　그녀는 이것이 정말로 쓸데없는 짓이며 자기는 절대로 입을 열지 않겠노라고 했는데, 그러더니, 결국엔……

　"그게 누구인지 진짜 알고 싶으세요? 그 사람은 바로……."

　부드럽게 그리고 가만히 가느다란 눈썹을 깜박이며 바싹 탄 입술을 오므리는 그녀. 눈치빠른 독자들은 이미 오래 전에 짐작하고 있을 그 이름을 그녀는 조롱하듯, 약간은 괴팍스럽게 그리고 상냥하게 내뱉는 것이었다.

　방수. 어째서 아워글래스 호수 생각이 나의 의식 속을 스치고 지나갔을까? 잘 알지도 못하면서. 겨우 그 이름 정도만을 알고 있었다. 충격도 놀라움도 없었다. 조용하게 융합되었다. 모든 것이 제자리로 돌아갔다. 무르익은 열매를 바로 제때에 떨어뜨리기 위한 특별한 목적으로 이 회고록 속에 매달아 놓았던 가지들 속으로 모든 것이 제자리를 찾고 있었다. 그렇다. 그것은 모든 것을 논리적으로 다 깨닫고 났을 때 찾아오는 뿌듯함, 그때의 그 금빛 찬란한 엄청난 평화를 맛보기 위하여 특별히 그리고 괴팍스럽게 쳐놓았던 가지들이었다. 그녀는 계속 지껄이고 있었지만 나는 앉아서 나의 찬란한 금빛 평화 속으로 녹아들어가고 있었다.

그녀는 말한 대로 계속 이야기를 지껄이고 있었다. 한참 만에야 그녀의 열변이 얼마쯤 누그러졌다. 그는 이제껏 그녀가 열광할 수 있었던 유일한 사람이었다. 그럼 딕에게는 어떠했을까? 아, 딕이야말로 양 같이 온순한 사람이었다. 그들 둘은 그런 대로 행복했지만, 그녀의 생각은 조금 다른 것 같았다.

그녀는 벨벳 코트를 입고 자기 곁에 앉아 있는 서먹서먹하고 고상하고 비쩍 마른 사십대의 이 병약자가, 자기의 털구멍과 세포조직 하나하나까지도 다 알고 경탄해마지 않았던 적이 있었다는 이 엄청난(어찌됐건 이제는 지루하고, 혼란스럽고 무의미하기만 한) 사실을 놓치지 않으려고 단단히 붙들고 나 있는 사람인 것처럼 여기고 있었다. 이상한 안경을 끼고 있는 그녀의 지친 회색 눈동자는, 마치 지루했던 어느 파티에서처럼 우리의 일을 잊고 있는 것 같았으며, 우리의 불행한 로맨스가 가장 따분하고 우둔한 사람만이 따라가던 비오는 날의 소동이나 재미없고 단조로운 연습, 그리고 그녀의 어린 시절을 빚고 있는 한 조각 마른 진흙이나 다름없었음을 말하고 있었다.

그녀는 나더러 너무 신경쓰지 말 것을 요구했다. 과거는 과거라면서. 나는 언제나 자기에게 좋은 아버지였으니까—그것은 인정하는구나. 계속해 봐, 돌리 실러.

그러면, 그가 그녀의 엄마도 알고 있었을까? 실제로 그는 오랜 친구였을까? 자기의 삼촌과 람스데일에 와서—아, 벌써 몇 년 전 일이다—'클럽'에서 모든 사람이 다 보는 앞에서 돌리의 벗은 팔을 잡아 자기 무릎 쪽으로 끌어당기며 그녀의 얼굴에 키스를 퍼붓던 바로 그 사내? 그때 그녀의 나이 열 살이었다. 그녀는 펄펄 뛰며 화를 냈지. 그러면 그는 그때 그 여관에서 나와 그녀를 봤단 말인가, 2년 후 비어즐리에서 연습하던 바로 그 연극을 쓰면서? 그러니 나로 하여금, 클레어가 그의 친척이거나 아니면 한때 그와 함께 살았던 늙은 여자인 것처럼 믿게 만들기가 그녀로선 얼마나 지긋지긋한 일이었을까. 그리고 웨이스 저널에 그의 사진이 실렸을 때, 아, 그땐 얼마나 또 아슬아슬했을까.

브라이스랜드 신문엔 실리지 않았었다. 그래, 그것 참 재미있구나.

"그래요, 이 세상은 사기의 연속이에요. 누군가 내가 살아온 일생을 글로 써낸다면 그것을 믿으려드는 사람은 아마 아무도 없을 거예요." 그녀는 이렇게 말했다.

그때, 부엌에서 정다운 발소리가 들려왔다. 딕과 빌이 맥주를 찾느라고 쿵쾅거리며 돌아다니는 소리였다. 현관에 들어서서야 손님이 있음을 알고 딕이 응접실로 들어왔다.

"딕, 우리 아빠예요!" 돌리가 어찌나 귀가 멍멍할 정도의 커다란 소리로 외쳐대는지 내게는 그 소리가 너무나도 이상하고 생소하게, 그러면서도 익숙하고 서글프게 들렸다. 하지만 그것은 꽤 오래 전 어느 전쟁에 참가한 적이 있는 그 젊은 친구에게 청각장애가 있었기 때문이었다.

차갑고 푸른 눈동자, 검은 머리, 불그스레한 두 뺨, 면도도 하지 않은 턱.

우리는 서로 악수를 나눴다. 한 손으로도 놀랄 만큼 일을 잘 해내는 사실을 틀림없이 대단한 자랑으로 여기고 있을 것 같은 신중한 빌은 마개를 딴 캔맥주를 들고 들어왔다. 그 자리를 물러나오고 싶었다. 소박한 사람들의 깍듯한 대접. 그들이 가지 못하게 했다. 사실, 나도 그렇게 되기를 바라고 있었고 실러 부부도 그러했다. 나는 한시도 가만히 있지 못하고 흔들거리는 흔들의자로 옮겨 앉았다. 마시멜로와 감자칩을 게걸스럽게 소리내어 먹으며 돌리는 내게도 먹어보라고 억지로 자꾸만 권했다. 두 사나이는 벨벳 코트에 베이지색 조끼를 받쳐 입은 나를, 추워 보이면서 왜소하고, 구식으로 다소 젊어보이기는 하나 어딘가 병약하기 짝이 없는 마치 자작 같은 이 아버지를 바라보고 있었다.

그들은 내가 며칠 묵어 가리라고 생각하고 있었는지, 딕은 뭔가 어려운 일을 골똘히 궁리할 때 짓는 주름살을 이마 가득 지으며 돌리와 자기는 부엌에 여분으로 놔두었던 매트리스에서 자겠다고 하는 것이었다. 나는 가볍게 손을 내저으며, 친구들과 나를 따르는 몇몇 사람들의 대접을 받기로 되어 있는 리즈버그로 가는 길에 잠깐 들렀을 뿐이라고 돌리에게 얘기해주었고 돌리는 큰 소리로 딕에게 말해주었다. 빌에게 남아 있는 손가락 중 하나에서 피가 흐르고 있다는 것을 안 것은 바로 그때였다(결국 그다지 솜씨 좋은 일꾼도 못 되었던 것이다). 그의 손 위에 몸을 구부리고 있을 때 그녀의 창백한 젖무덤 사이에 만들어지던 으슥한 계곡은 결코 전에는 본 적이 없었던 너무나 여자를 느끼게 하는 모습이었다. 그녀는 그를 치료해주기 위해 부엌으로 데리고 갔다. 잠시 딕과 나만이 남아 있게 되었다. 그는 딱딱한 의자 위에 앉아 사지를 문지르며 인상을 찡그리고 있었다. 땀이 물방울처럼 맺힌 그의 코 양 옆으로 돋아난 여드름을 나의 기다란 손톱으로 꽉 눌러 짜버리고 싶은 묘한 충동을 느꼈다. 그는 아름다운 속눈썹에 아름답고 슬픈 눈동자와 굉장히 흰 이를 가지고 있었다. 그의 목젖은 커다랗고 솜털이 돋아 있었다. 저렇게도 튼튼한 근육을 가진 젊은 자식들이 왜 말끔하게 면도를 하지 않을까? 저기 저 침대 위에서 그와 그의 돌리는 마음 내키는 대로 사랑을 했겠지.

그런데 언제부터 그녀는 그와 알고 지냈을까? 아무런 원한은 없다. 이상하게도 원한은 정말 없다. 단지 슬프고 속이 메스꺼울 뿐이다. 그는 이제는 코를 비벼대고 있다. 저 친구가 마침내 입을 열면 틀림없이 이렇게 말하겠지 (약간 머리를 흔들면서).

"아, 정말 훌륭한 따님입니다, 헤이즈 씨. 틀림없어요. 그래서 훌륭한 어머니가 될 거라 생각해요."

그는 입을 열었다. 그러고는 맥주 한 모금을 마셨다. 그러자 그의 혈색도 점점 달라졌다. 그는 입가에 거품이 잔뜩 묻을 때까지 계속해서 마시고 있었다.

매우 유순한 사람이었다. 그의 손톱은 시커멓고 부러져 있었지만 손가락 관절이라든가 손목, 그리고 모양 좋게 생긴 힘센 팔뚝 같은 데는 나보다 훨씬 더 훌륭했다. 너무 많은 육체에 너무 많은 상처를 준 내 비틀린 가련한 손은 자랑할 수 없다. 영국 남부 더시트 촌사람의 손가락 매듭, 오스트리아 양복장이의 평평한 손가락 끄트머리—그게 바로 험버트, 험버트다.

좋다. 그가 입을 열지 않으면 나도 잠자코 있으려고 했었다. 권총의 껍질을 벗기고 방아쇠를 지그시 누르는 흥분을 맛보기 전에, 사실 나는 이 가라앉고 심하게 흔들거리는 흔들의자 위에서 잠깐 쉬었다. 나는 언제나 비엔나 마술사의 말을 착실히도 믿어왔던 것이다. 그런데 지금 나는 갑자기 딕이 불쌍하다는 생각이 들었다. 그것은 그가 어쩌면 생각해낼지 모르는 단 한마디의 그 말('정말 좋은 따님이에요……')이 그의 입에서 나오지 못하게 하느라고, 마치 최면에라도 걸린 사람처럼 그것에만 매달려 있었기 때문이었다.

"그래서" 내가 말했다.

"캐나다로 갈 예정이오?"

부엌에서는 빌이 뭐라고 말을 했는지 아니면 무슨 행동을 했는지 돌리의 깔깔거리는 웃음소리가 들려왔다.

"그래서"

나는 크게 소리를 질렀다.

"캐나다로 갈 건가? 아니, 캐나다가 아니지."

나는 다시 소리를 질렀다.

"알래스카 말일세."

그는 컵을 조심성있게 다루며 제법 뭐나 되는 사람처럼 고개를 끄덕이더니 다음과 같이 말하는 것이었다.

"톱니 같은 것에 다쳤어요. 이태리에서 오른쪽 팔을 잃었어요."

만개한 아몬드 나무의 사랑스러운 자줏빛. 점묘법으로 칠한 듯한 엷은 자주색 속에 높이 매달린, 바람에 실려 날아간 초현실적인 팔 한 짝. 손등에 새겨진 꽃소녀의 문신. 돌리와 붕대를 감은 빌이 다시 나타났다. 모호하고 창백한 그녀의 고동색 아름다움이 그 불구의 사나이를 흥분시켰으리라는 생각이 떠올랐다. 얼마쯤 안심이 된 듯 딕은 싱긋이 웃으며 자리에서 일어났다. 헤이즈 씨와 돌리는 서로 할 말이 태산 같을 테니 자기와 빌은 아까 그만두었던 전깃줄이나 다시 매러 가야겠다고 딕은 생각하고 있었다. 그리고 내가 떠나기 전에 나를 배웅해주어야겠다는 생각도 하고 있었다. 왜 이 사람들은 상상은 그렇게 많이 하면서 수염은 깎지 않으며, 보청기 사용하는 것을 왜 그렇게도 꺼리는 것일까?

"앉으세요."

소리가 들릴 정도로 손바닥으로 옆구리를 탁 때리며 그녀가 말했다. 나는 다시 어두운 흔들의자에 앉았다.

"그래서 네가 날 배반했니? 어디로 갔었니? 그놈은 지금 어디 있어?"

그녀는 벽난로의 오목한 장식 선반에서 반들거리는 스냅사진 한 장을 집어들었다. 매우 짧은 흰 옷을 입은 안짱다리의 뚱뚱한 노부인이 웃으며 서 있었고, 그 옆에는 수염을 기르고 회중 시계줄을 길게 늘어뜨린 노인이 셔츠 차림으로 서 있었다. 그녀의 시부모였다. 그들은 주노에서 딕의 형네 가족과 함께 살고 있었다.

"정말로 담배 피우고 싶지 않으세요?"

그녀는 담배를 피우고 있었다. 나는 그녀가 담배 피우는 것을 그때 처음 보았다. 완고한 신사 험버트 앞에선 절대 금기로 되어 있었던 부분이었다. 푸른 안개 속에서 나는 샬로트 헤이즈가 무덤에서 우아하게 일어나는 것을 보았다.

"배반했다고요? 천만에."

그녀는 둘째 손가락으로 담배를 톡톡 털더니 자기 엄마가 늘상 하던 식 그대로 난로를 향해 담배를 집어던졌다. 그러더니, 역시 자기 엄마와 똑같이, 세상에 어떻게 저런 것까지 닮았을까, 아랫입술에 붙어 있는 담배 종이를 긁어 떼어버리는 것이었다. 아니다, 그녀가 나를 배반한 것이 아니다. 나는 그저 친구 중의 한 사람이었던 것이다. 에두사는 그녀에게 큐가 너무나도 어린 소녀들을 좋아한 나머지 한번은 거의 감옥에까지 갈 뻔했었다는 경고를 들려준 적이 있었는데, 그녀가 이러한 사실(멋진 사실이다)을 알고 있다는 것을 그 자신도 모르는 바 아니었다. 그렇다…… 손바닥 위에 괸 팔꿈치, 뻐끔뻐끔 피워대는 담배, 미소, 내뿜는 담배연기, 담배 집어던지는 몸짓. 분노가 일어나는 나. 그는—미소를 머금은 채—모든 것, 모든 사람을 가지고 놀았던 것이다. 왜냐하면 그는 나나 그녀와는 다른 천재였기 때문이다. 대단한 놈. 정말 재미있는 일이다. 그녀가 자기와 나에 관한 고백을 늘어놓았을 때, 나는 몸을 뒤흔들며 웃음보를 터뜨렸다. 그러고는 아마 그랬겠지, 라고 얘기했다. 그런 상황 아래에서는 그에게 그렇게 말하는 것이…….

그렇다. 큐—그들은 모두 그를 큐라고 불렀다.

5년 전 그녀의 캠프 생활. 기이한 우연의 일치…… 엘리펀트(엘핀스톤)로부터 하루종일 차를 몰아야 갈 수 있는 관광목장으로 그는 그녀를 데려갔다. 이름은 얘기했던가? 아, 정말 바보 같은 이름이었지—덕, 덕 목장. 이름만 들어도 얼마나 평범한 곳인지 알 것이다. 그러나 지금 그런 따위가 문제되는 것은 아니다. 왜냐하면 그곳은 이미 허물어져서 지금은 존재하지도 않기 때문이다. 그녀는 그 목장이 얼마나 울창한 숲으로 싸인 채 푸르렀는지 당신은 감히 상상도 못할 거라고 계속 강조하였는데, 옥외 폭포까지 있을 정도로 거기엔 모든 것이 다 풍족했었다고 했다. 그녀는 우리('우리'라고 하는 게 좋겠다)가 딱 한 번 테니스를 함께 친 일이 있는 빨강 머리의 사내를 기억하느냐고 내게 물었다. 그곳은 바로 그 빨강 머리 형님의 목장이었는데 여름 동안만 그것을 큐에게 넘겨주었다는 것이었다. 큐와 그녀가 목장에 도착했을 때 사람들은 그들에게 실제로 대관식까지 베풀어주고 물 속에 처박는 등의 장난도 서슴지 않았다고 그녀는 말했다. 이만하면 독자도 다 알았을 것이다.

그녀의 두 눈동자는 모든 것을 체념한 빛으로 구르고 있었다.

"계속해."

좋아, 애긴즉 그는 그해 9월에 그녀를 헐리우드로 데리고 가 테스트를 받게 해보고 자기가 직접 각본을 쓸 〈황금의 용기〉라는 영화 속에 나오는 테니스 시합 장면에 그녀를 잠깐 출연시켜주기로 했었으며, 그리고 어쩌면(영화 촬영할 때 쓰는 조명등) 빛이 눈부시게 비치는 테니스 코트에서 한참 인기 절정인 여배우와 함께 복식을 치는 장면에도 써줄지 모른다고 했다는 것이었다. 그러나, 아, 그런 일은 결코 일어나지 않았다.

"그 돼지 같은 놈 지금 어디 있어?"

그는 돼지가 아니었다. 어느 모로 보나 대단한 놈이었다. 그러나 술고래에 약물중독이었다. 그리고 그의 친구들은 모두 그의 노예였다. 그들 둘이 덕, 덕 목장에서 무슨 짓을 하며 지냈는지 나는 도대체(험버트, 나 같은 사람이 말이다!) 상상조차 못하겠다. 그를 사랑했었기 때문에 그녀가 그 짓만은 못하겠다고 거절하자 그는 그녀를 내쫓아버렸다.

"무슨 일이었는데?"

"오오, 불쾌하고 형편없는 것이었어요. 사실은 나 외에도 계집아이 둘, 사내아이 둘, 그리고 남자어른이 서너 명 정도 있었어요. 그런데 늙은 여자가 연기를 하는 동안 우리는 모두……."

"좀 더 자세하게 얘기해줄 수 없어?"

"오오, 그것은…… 아, 나는…… 정말 나는" 그녀가 '나'라고 말할 때는 특히 울음을 가라앉힌 소리였다. 그리고 알맞은 단어를 찾지 못해 다섯 손가락을 쫙 펴고 아래위로 흔들었다. 그녀는 설명을 그만두더니, 뱃속에 아기까지 들어있는 몸으로 더이상 자세한 이야기는 하고 싶지 않다며 거절했다.

그 말에는 일리가 있었다.

"지금은 아무 의미도 없는 일이에요."

주먹으로 회색 쿠션을 주물러보고는 배를 위로 하고 긴 소파 위에 길게 누우며 그녀는 그렇게 말했다.

"미친 짓, 정말로 추잡한 짓이었어요. 나는 안 된다고 말했지요. 저 짐승 같은 사내아이들하곤 같이 어울릴 수 없어요(그녀는 정말 무의식적으로 품위 없는 속어를 사용했지만, 그것은 글자 그대로 불어로 번역하면 '헐떡거리다'라는 뜻이 된다). 왜냐하면 내겐 당신만이 필요하기 때문이에요. 그랬더니 그가 나를 쫓아내더군요."

더 이상 얘기할 것도 없었다. 1949년 그해 겨울, 페이와 롤리타는 일자리를 찾았다. 거의 2년 동안이나 그녀는—아아, 떠돌아다니며, 작은 마을에서 식당일을 거들며 살았는데 그러다가 지금의 딕을 만나게 된 것이었다. 그 남자가 어디에 사는지조차 롤리타는 알지 못했다. 그저 뉴욕에 있겠거니 하는 정도였다. 그는 워낙 유명한 사람이었기 때문에 그녀가 그럴 마음만 있다면 당장이라도 그를 찾아낼 수는 있었다. 페이는 다시 목장으로 돌아가려고 하였지만 모조리 불에 타 없어지고, 남은 것이라고는 까맣게 타버린 잿더미뿐이었다. 너무도 이상한 일이었다. 너무도 이상한……

그녀는 눈을 감고 입을 열었다. 등을 방석에 대고 뒤로 기대면서 한쪽 발을 마루 위에 내려놓았다. 마루판이 경사져 있었기 때문에 쇠로 만든 작은 공이 부엌으로 굴러갈 뻔했다. 나는 내가 알고자 하던 것을 모두 다 알게 되었다. 내가 사랑하는 사람을 괴롭히고 싶은 생각은 조금도 없었다. 빌의 오두막 뒤편 어딘가에서 들려오는 라디오에서는 사랑에 미친 여인과 슬픈 운명을 노래하고 있었다. 그리고 초라한 모습으로 그녀가 있었다. 힘줄이 튀어나온 작은 두 손과 소름이 돋아난 하얀 팔, 그리고 얄팍한 두 귀, 정숙하지 못한 겨드랑이, 그녀가 거기에 있었다(나의 롤리타!). 열일곱이란 나이에다 낡고 해진 모습으로, 아기까지 밴 채, 일찍이 대스타가 되어 2020년 쯤에는 화려하게 은퇴하리라는 꿈을 꾸었던 소녀가 아니었던가. 나는 롤리타를 바라보고 또 바라보았다. 그때 나는 내가 언젠가는 죽는다는 것을 알고 있는 것과 마찬가지로, 이 세상에 사는 동안 내가 보아오고 상상할 수 있었던, 그리고 소망했던 그 어느 것보다도 더 그녀를 사랑했다고 하는 것을 확실히 깨닫게 되었다. 그녀는 내가 지난날 그렇게 울부짖으며 내 모든 것을 바쳤던 요정, 가냘픈 보랏빛 향기였으며 마른 잎사귀의 메아리였다. 하얀 하늘 밑의 먼 숲과 맞닿은 자줏빛 계곡에서 들려오는 메아리, 시냇물을 숨막히게 하는 낙엽들, 바삭거리는 잡초 우거진 숲 속에 마지막 남은 귀뚜라미 한 마리……. 그러나 다행스럽게도 내가 사랑했었던 것은 그 메아리만이 아니었음을 나는 하느님께 감사드린다. 내 마음속 뒤엉킨 가시덩굴 가운데서 실컷 심통을 부렸던 경박스럽고 죄 많은 나는 이제 순수한 모습으로 바뀌었다. 나는 늘 남을 무시하고 저주하던 이기주의를 볼모로 한 악의 화신이었다. 여러분은 나를 비웃으며 법정 진술을 명확히 하라고 위협할지 모르지만, 나는 내게 재갈을 물리고 거의 질식할 때까지라도 나의 이 서글픈 진실을 부르짖을 것이다. 내가 얼마나 롤리타를 사랑했었는지 온 세상 사람들은 알아야 한다. 바로 이 롤리타를, 창백하게 더럽혀진 채, 다른 사내의 아이로 배가 불룩해진, 그러나 여전한 회색 눈동자와 여전히 검은 속눈썹, 붉은 갈색과 아몬드 빛이 변함없는, 나의 영원한 카르멘시타! 그리고 아직도 나의 것인 그녀, 나의 카르멘, 어느 곳이든지 너와 내가 결코 헤어질 수 없는 곳으로 가서 살자꾸나. 오하이오? 매사추세츠의 광야? 그녀의 눈이 흐릿해져 근시가 되어도, 그녀의 젖꼭지가 부풀어올라 갈라져도, 또한 귀엽고 어리고 부드럽고 섬세한 그녀의 손이 더럽혀지고 거칠어졌다 한들 그게 무슨 상관이랴. 너의 사랑스러운 창백한 얼굴만 보고도, 그리고 목이 쉬어버린 너의 젊은 목소리만 듣고도 나는 그 평화로 미쳐버릴 것이다. 나의 롤리타여.

"롤리타." 나는 이렇게 말했다. "한 가지 말해 둘 게 있다. 우리 인생은 대단히 짧단다. 여기서부터 저기 저 낡은 자동차까지는 너도 잘 알다시피 스무 걸음, 아니 스물다섯 걸음밖에는 되지 않지, 잠깐만 걸으면 돼. 자, 스물다섯 걸음만 걸어 봐. 지금 당장. 지금 그대로 말이야. 그러면 우리는 그 어느 때보다도 행복해지는 거야."

카르멘, 나와 함께 가지 않을래?

"그럼" 그녀는 눈을 동그랗게 뜨더니 몸을 조용히 일으켰다.

"그러니까 모텔에 같이 가주면 그 돈을 제게 주시겠다는 뜻인가요? 그 말이죠?"

"아니, 내 말을 완전히 잘못 알아들었군. 내 말은 딕의 곁을 떠나자는 얘기야. 그리고 동시에 이 형편없는 움막도 말이야. 가서 나와 함께 사는 거야. 그리고 나와 함께 죽고. 모든 것을 다 나와 함께 하는 거야."(정확하게

는 기억나지 않는다.)

"미쳤군요."

그녀는 믿을 수 없다는 표정을 지었다.

"잘 생각해 봐, 롤리타, 조건이라고는 아무것도 없어. 단지, 이것만은……
……. 아. 아니야, 아무것도 아니야."(일시적 도피, 사실은 말하고 싶었지만
하지 않았다.) 아무튼, 만약 네가 거절한다고 해도 너의…… 결혼자금은 줄
테니까."

"농담이시죠?" 돌리가 물었다.

나는 현금 4백 달러와 3천6백 달러짜리 수표가 들어있는 봉투를 그녀에게
주었다.

몹시 조심하면서, 그리고 반신반의하면서 그녀는 내가 주는 작은 선물을
받았다. 그녀의 이마가 아름다운 핑크빛으로 물이 든 것은 바로 그때였다.
"정말로" 그녀는 괴로운 어조로 물었다. "우리한테 정말 4천 달러씩이나 주
시는 거예요?"

나는 손으로 얼굴을 감싸고, 이제껏 흘려본 적이 없는 가장 뜨거운 눈물을
흘렸다. 손가락 사이를 흘러내린 눈물이 턱을 적셨다. 코가 콱 막히고 몸이
확 타오르는 것 같았지만 눈물은 그칠 수가 없었다. 그러자 돌리가 내 손목
을 잡았다.

"만지지 마, 죽을 것 같다. 나를 따라가지 않겠니? 함께 갈 생각이 전혀
없니? 그것만 말해 다오."

"없어요." 그녀가 말했다. "안 돼요, 여보, 갈 수 없어요."

그녀가 나를 여보라고 불러준 것은 처음이었다.

"안 돼요, 그런 것은 정말이지 문제도 되지 않는 일이에요. 빠른 시일 안
에 큐에게 돌아가려고 해요. 그러니까 내 말은……"

그녀는 적당한 말을 찾고 있었다. 나는 머릿속으로 혼자 그 뒷말을 생각해
보았다('그는 나의 마음을 파괴했어요. 당신은 그저 내 인생만을 파괴했지만
요.')

"제 생각에는" 그녀는 말을 계속했다. '앗' 봉투가 마룻바닥에 떨어졌다.
그녀는 그것을 주워들었다. "이렇게 많은 돈을 주시리라곤 꿈에도 생각 못
했어요. 이걸로 모든 것을 해결할 수 있어요. 다음 주에 출발할 수 있어요.

제발 눈물을 거두세요. 이해해 주셔야 돼요. 맥주라도 갖다 드릴까요? 오오, 울지 마세요. 정말 미안해요. 그렇게 많이 속여서, 그렇지만 그때 형편은 그럴 수밖에 없었어요."

나는 얼굴과 손가락을 닦았다. 그녀는 나의 선물을 들여다보며 미소를 짓고 있었다. 그녀는 기뻐서 어쩔 줄을 모르고 있었다. 그녀는 딕을 부르려고 했다. 나는 바로 가겠으며 절대로, 절대로 그를 만나지 않겠다고 그녀에게 말했다. 우리는 서로 무슨 말을 나눌 것인지를 생각하고 있었다. 그때 무슨 이유에서였는지 내 눈에는(눈물로 젖은 축축한 나의 망막이 떨며 부드럽게 타오르고 있었는데) 열두 살 정도 먹은 찬란한 모습의 어린아이가 문지방에 걸터앉아 쨍그렁 소리를 내며 빈 깡통 속에 자갈을 집어던지고 있는 모습이 보였다. 그저 지나가는 투로 아무렇지 않게 한다는 말이 그만 이렇게 나오고 있었다.

"그때 그 작은 맥쿠 소녀는 어떻게 됐는지 가끔 궁금할 때가 있어. 좀 나아졌는지 모르겠군?"

그러나 혹시라도 그녀가 대답이라도 할까봐,

"작은 헤이즈 소녀도 어떻게 됐는지 가끔 궁금해⋯⋯"

그리고 나는 돈 문제로 화제를 돌렸다. 그 금액은 네 엄마 소유로 되어 있는 집을 세줘서 받은 집세라고 나는 그녀에게 말해주었다. 그랬더니 그녀는, "그 집 몇 년 전에 팔지 않았던가요?" 물었다(람스데일에서의 모든 관계를 끊어버리기 위해서 그녀에게 이렇게 말한 적이 있었다). 변호사가 나중에 재산 상태에 관한 자세한 보고서를 보내올 것이라고 말해주었다. 매우 낙관적이며, 그녀의 엄마가 소유하고 있던 약간의 증권값이 아주 많이 올랐다고 말했다. 이제 가야만 한다는 것을 나는 알고 있었다. 가야 했다. 가서 그를 찾아내고, 그를 파멸시켜야 했다.

그녀 입술의 여운을 남겨두고 싶지 않기 때문에, 그녀와 그녀의 배가 동시에 나를 향해 걸음을 옮길 때마다 나는 마치 춤추듯, 거드름을 피우듯 뒷걸음질쳤다.

그녀와 그녀의 개가 나를 배웅해주었다. 요정이었을 때 자기가 타고 다니던 정든 자동차를 보고서도 그렇게 무관심한 그녀의 태도에 나는 놀랐다. 버스를 타고 갈 테니 내 차를 가지라고 롤리타에게 말했다. 그녀는 펄쩍 뛰며,

비행기로 주피터에 가서 자동차를 살 거라고 덧붙였다. 그래서 나는 이 자동차를 5백 달러에 사는 것으로 치자고 했다.

"이런 식으로 나가다간 다음 번엔 백만장자가 될 것 같군요."

그녀는 흥분해서 숨을 헐떡거리고 있는 개를 바라보며 말했다.

카르멘시타, 그녀에게 나는 물었다.

"마지막으로 한마디만……." 나는 꽤나 조심스러운 영어로 말했다.

"아직도 너는, 너는……. 좋아, 물론 내일이 아니어도 좋고 모레가 아니어도 좋아. 그렇지만, 언젠가, 어느 때고, 와서 나와 함께 살아야겠다는 생각은 들지 않을까? 만약 네가 나에게 아주 자그마한 희망이라도 갖게 해준다면, 나는 멋지고도 새로운 신이라도 창조해 마음에서 우러나오는 기도를 드리겠다. 소리쳐 부르짖으면서 그 신에게 감사하겠다."

"안 돼요." 그녀는 웃으며 말했다. "그럴 순 없어요."

"그러면 모두 변하겠지만." 험버트는 말했다.

나는 자동권총을 꺼냈다—그것은 이 책을 읽은 사람이라면 내가 그랬으리라고 충분히 짐작하고도 남을 어리석은 짓이다. 나 자신도 내가 그런 행동을 취하리라고는 생각도 한 적 없다.

"안녕히 가세요!"

그녀는 마치 노래하듯이 말했다. 죽어버린 사랑, 달콤한 나의 불멸의 사랑. 왜냐하면 독자가 이 책을 읽을 때쯤이면 그녀는 죽어서 영원히 살아 있을 것이기 때문이다. 그것은 곧 다시 말하자면 권위와의 형식적인 타협이라는 것이다.

딕을 향해 외치는 카랑카랑한 그녀의 목소리를 뒤로 하고 나는 차를 몰아 나왔다. 개는 내 자동차 옆을 따라오며 살찐 돌고래처럼 뛰어오르려고 했지만, 너무 몸이 무겁고 늙어서 곧 포기했다. 그런 뒤 얼마 안 있어 나는 저무는 오후의 가랑비 속을 달리고 있었다. 앞 유리창 와이퍼가 힘차게 빗물을 닦아내고 있었지만, 흐르는 눈물만은 어쩔 수가 없었다.

30

오후 4시경에 콜몬트를 떠나(X도로를 이용하여—그런데 숫자는 기억을 못하겠다) 지름길의 유혹만 받지 않으면 늦어도 새벽녘에는 람스데일에 도착할 것 같았다. Y고속도로를 타야만 했다. 나의 지도에는 저녁 무렵에 도착한 우드바인 바로 너머에 있는 비포장 도로 지역만 횡단하면, 포장이 되어 있는 X를 떠나 역시 포장이 된 Y에 도착할 수 있다고 나와 있었다. 지도상에 나타난 거리로는 약 40마일 정도다. 만약 그렇게 하지 않으면 Y와 나의 목적지까지 가기 위해서는 Y를 따라 백 마일 가량을 더 가야 할 판이었다. 그런데, 그 문제의 지름길이라고 하는 것이 가면 갈수록 노면이 사납고 울퉁불퉁해서 차가 덜커덕거리기 바빴다. 또한 가도가도 진흙 투성이었다. 거북이 걸음으로 어렵사리 차를 몰아 10마일이나 전진한 후 그제서야 돌아가야겠다는 생각이 들었는데, 그때는 낡고 힘없는 내 자동차 멜모스가 깊은 진흙탕 속에 처박히고 난 후였다. 모든 것이 깜깜하기만 하고 날씨는 무더웠으며 절망적이었다. 자동차의 헤드라이트는 물이 불어나서 넓어진 개천 수면에 걸려 있었다. 주위를 돌아보니 암담한 황무지일 뿐이었다. 이 곤경을 벗어날 방법을 모색해보았지만 뒷바퀴만이 윙윙거리며 괴로운 듯 털털대고 있었다. 제기랄, 하필이면 이런 때 이런 일이 생길 게 뭐람. 나는 값비싼 옷을 벗고 헐렁한 바지로 갈아입고, 총알로 벌집이 된 스웨터도 잡아당겨 입었다. 그러고는 4마일 가량 떨어진 길가의 어느 농장으로 걸어나왔다. 가는 도중에 비가 내리기 시작했지만 방수복을 가지러 되돌아갈 기운조차 내겐 남아 있지 않았다. 이러한 작은 사고로 한 가지 확신을 갖게 된 것이 있는데, 최근에 받았던 진단에도 불구하고 내 심장이 아직은 건강하다는 점이었다. 견인차가 내 차를 끌어내어 간신히 그곳을 빠져나올 수 있었다. X를 향해 핸들을 똑바로 잡고 다시 여행을 계속했다. 한 시간 후 어느 이름 모를 작은 마을에 도착했을 땐 말할 수 없는 피곤과 권태로움이 내 몸을 엄습해왔다. 나는 커브길에 차를 대고 낯익은 휴대용 플라스틱 병을 꺼내어 어둠 속에 홀로 앉아 가슴 깊숙이 술을 들이켰다.

비는 마을에 도착하기 몇 마일 전에 그쳤다. 따스하고 깜깜한 밤이었다. 애팔래치아 산맥 어디쯤일 것 같았다. 차들이 이따금씩 내 곁을 스치고 지나갔다. 빨간 미등이 멀어지고, 하얀 헤드라이트가 다가섰다. 그러나 마을은 죽어 있는 것 같았다. 유럽의 시민들처럼 보도 위를 산책하며 웃는 사람이라곤 한 사람도 없었다. 나 혼자만이 죄없는 밤과 무서운 상념들을 즐기고 있었다. 커브에 놓여 있는 철로 된 통은 수용할 수 있는 내용물에 대한 설명이 매우 특이했다. 쓰레기, 종이, 부엌 오물은 안 됨, 카메라 상점의 간판에는 세리(스페인산 백포도주)처럼 빨간 글자의 불이 들어와 있었다. 설사약의 이름이 씌어 있는 커다란 온도계가 약국 정면에 얌전하게 걸려 있었다. 루비노프의 보석상에선 모조 다이아몬드를 늘어놓고 붉은 거울에 반사시키고 있었다. 불이 커진 초록색 시계가 제프 세탁소의 세탁물 속에 젖어 있었다. 그리고 맞은편 길에 잠들어 있던 자동차 차고. 루비노프의 보석으로 장식된 비행기 한 대가 벨벳 같은 하늘 위를 날아 붕붕거리며 지나갔다. 그동안 나는 얼마나 많이 이렇듯 죽어버린 작은 밤의 마을을 보아왔던가! 그러고도 이번이 마지막이 아니었다.

그건 그렇고, 나는 거의 죽은 것이나 다름없었다. 길 건너 저만치 떨어진 곳의 네온 불빛은 내 심장의 박동이 두 번 뛸 때 한 번씩 깜박이고 있었다. 식당이라고 표시되어 있는 네온사인의 가장자리와 커다란 커피포트가 매초 에메랄드 빛으로 번쩍거렸고, 그 불이 나갈 때마다 '고급 식사'라고 쓰인 핑크색 글자들이 번갈아 켜졌다. 그런데 커피포트만이 다음 번의 에메랄드 불빛이 되살아날 때까지도 완전히 꺼지지 않아 눈을 성가시게 했다. 우리는 그림자 놀이를 하고 있었다. 이 은밀한 마을은 호텔 '요술에 걸린 사냥꾼'에서 멀지 않은 곳이었다. 나는 다시 울고 있었다. 불가능했던 과거를 추억하며.

31

콜몬트와 람스데일의 중간인(그리고 순진한 돌리 실러와 명랑한 아이보 아저씨 사이) 이곳에서 기분전환을 위해 쓸쓸히 머무는 동안 나는 나의 처지를 한번 돌아보았다. 지극히 단순하게, 그리고 지극히 투명하게 나는 나 자신과 나의 사랑을 응시하였다. 앞서의 모든 시도들은 비교적 핵심을 벗어난 것들처럼 생각되었다. 지금으로부터 2년 전, 그러니까 그것은 조금은 형이상학적 호기심의 발동이었다. 지성적인 프랑스어를 구사하는 어느 고해신부의 지도로, 프로테스탄트의 단조로운 무신론을 구식의 카톨릭적인 영혼의 구제로 변절시키고 나의 죄의식으로부터 절대자인 하느님의 존재를 유추해내고 싶었던 적이 있었다. 흰 서리로 수놓은 퀘벡의 어느 혹한의 아침, 어느 선량한 사제는 아주 각별한 친절과 이해로 내 이야기를 들어주었다. 그가 내게 보여준 위대한 성직자로서의 수행에 대해 나는 무한한 감사를 느끼고 있다.

그러나 내가 어떻게 영적인 위로를 받는다 하여도, 혹은 앞으로 어떠한 투명한 영원이 내 앞에 펼쳐진다고 하여도 내가 롤리타에게 가했던 더러운 욕망은 좀처럼, 아니 결코 롤리타의 뇌리에서 사라지지 않을 것이다. 이 단순하고도 인간다운 사실 하나만큼은 초월할 수가 없었다. 돌로레스 헤이즈라는 이름의 북아메리카 계집애가 어느 광인에 의해서 자신의 어린 시절을 빼앗겼다고 하는 것이 조금도 문제삼을 만한 일이 아니었음을 스스로 깨닫지 못하는 한, 정말 내게(지금의 나, 심장과 수염이 있고 그리고 아직도 썩어가는 나에게) 이것이 증명되지 않는 한(만약 그럴 수 있다면, 인생은 장난이다), 나는 나의 불행 속에서 우울과 사상이 담긴 예술의 부분적인 변명만을 발견하게 될 뿐이다.

32

우리가 처음 여행하던 때의 어느 날이었다(말하자면 첫 번째 낙원). 그때를 회상하며 평화로이 환상을 즐기기 위해서, 내가 이해하지 않으면 안 되는 사실을 무시해버리기로 단단히 맘먹던 날이 있었다. 그녀에게 나라는 존재는 애인도, 그렇다고 그녀의 정신을 잃게 할 정도의 매력있는 남자도, 친구도, 그리고 전혀 인간도 아닌(애써 말로 옮기자면) 그저 욕심껏 먹는 돼지의 두 눈과 발일 뿐이었다는 사실이다.

만약 어린아이가 눈썹을 높이 치켜올리며 입을 헤벌리고 있는 모습을 생각한다면, 과연 어떠한 것이 고의적인 육욕의 구렁텅이와 반성에서 우러나온 자포자기일까. 그녀의 사랑스러운 발밑에 엎드려 인간적인 눈물을 흘리며, 나는 그녀에겐 더욱 현실적인, 바깥 세계의 위험하고 더러운 아이들과 어울림으로써 롤리타가 누릴 수 있는 즐거움에 대한 질투를 단념하려고 노력하였다. 그리고 묻어둔 기억들도 몇 가지 더 있다. 그러나 지금은 그것들이 팔다리도 없는, 고통이라는 괴물의 모습으로 나타나고 있다. 한번은 황혼이 끝나가는 비어즐리 거리에서였다. 롤리타는 에바 로젠에게로 돌아섰다(나는 그때 두 요정을 음악회에 데려가는 중이었는데, 어찌나 그들 뒤에 바싹 붙어서 걷고 있었던지 그들과 내 몸이 직접 닿을 정도였다). 밀턴 핀스키(그녀가 알고 있던 시골 남학생이었던 것 같다)가 음악에 관해 미주알고주

알 떠드는 것을 듣느니 차라리 죽는 게 훨씬 낫겠다고 하던 에바의 말에 매우 신중하게 대답하며 에바 쪽으로 얼굴을 돌렸다. 롤리타는 이렇게 말했다.

"죽음이 그렇게도 두려운 것은 완전히 혼자가 되기 때문이야."

충격적이었다. 자동 인형처럼 기계적으로 무릎이 오르락내리락 거리는 것 같았다. 그녀의 기분 따위 어느 것 하나 아는 것이 없었던 것이다. 그런 지독히도 소녀적인 상투어 뒤에, 그리고 그녀의 가슴 속에 꽃밭과 황혼과 천국의 대문이 있었다는 것을 미처 모르고 있었으니—더럽혀진 옷과 비참하기 짝이 없는 경련 속에 결코 느끼려야 느낄 수 없었던 어렴풋하고 사랑스러운 대목이었다. 악으로 가득찬 세상에서 그녀와 함께 생활하며 그녀와 나, 우리는, 그녀와 어느 옛 친구, 그녀와 부모, 그녀와 정말 건장한 애인, 나와 애나벨, 그리고 롤리타와 분석, 정화되고 신격화된 안하무인의 헤럴드 헤이즈가 의견을 나누었을 그 어느 부분을 가지고 이야기를 나누려고 할 때마다 이상한 당혹감을 맛보곤 했었다. 이를테면 추상적인 개념들, 회화라든가 점화법의 홉킨스라든가, 혹은 빼앗긴 보들레르라든가 신과 셰익스피어, 그 외에도 진실에 가까운 것이라면 그 어느 것이나 맛보곤 했었다. 나는 이를 악물고 억지로 꾸며낸 목소리로 신경 써서 말한다는 것이 그만 전혀 동떨어진 몇 마디를 함으로써, 더 이상의 말은 입 밖에 비치지도 못할 정도로 내 말을 듣는 사람의 감정을 노하게 하기 일쑤였다. 반면에 롤리타는 타고난 뻔뻔스러움으로 자신의 약점에 잘도 철판을 씌우곤 했었다. 오오, 나의 가엾은, 상처받은 아가여.

나는 너를 사랑했다. 나는 괴물이었으나 너만은 사랑했다. 나는 비열하고, 잔인하고, 야비한 그 모든 것이었지만 나는 너를 사랑하였다. 너를 사랑하였다! 네 기분이 어떠한지를 알 수 있는 때도 더러 있었으나 그것을 안다는 것은 곧 지옥이었단다. 롤리타. 나의 롤리타야, 용감한 돌리 실러야.

또 생각나는 기억들이 몇 가지 있는데 나는 그것들을 빙산의 일각이라 부르고 싶다. 그녀에게서 내 욕망을 채우고 나면(해괴하고 제정신이 아닌 듯한 열렬한 행위로 힘이 빠진 후) 나는 가장 인간적인 부드러움, 무언의 신음과 함께 마침내는 그녀를 꽉 껴안곤 했었다(어둠 속의 가느다란 구멍을 통해 새어 들어오는 네온사인 불빛에 비친 그녀의 살결, 숯처럼 새까만 속눈썹, 그 어느 때보다도 공허해 보이던 수심어린 회색 눈동자). 그러면 그 부드러움은 부끄러움과 절망감으로 더욱 깊어지고, 나는 나의 외로운 빛인 롤리타를 딱딱한 팔에 안고 달래며 그녀의 따스한 머리카락 속에 내 머리를 파묻고 슬퍼했다. 그녀를 마구 애무하며, 그리고 그녀의 축복을 말없이 요구하면서, 그러다가 인간적인 고통이 녹아 있는, 그러면서도 이 부드러움(그녀의 주위를 언제까지나 배회하는, 그리고 언제나 참회의 빛인 나의 영혼)이 절정에 이르는 순간 갑자기 아이러니컬하게, 그리고 무서울 정도로 다시 욕망이 부풀어오르는 것이었다. 그러면 롤리타는 '아아, 안 돼요.' 하며 가느다란 한숨과 함께 허공을 바라보곤 했었지. 그런 다음 순간이면 부드러움이니 하늘의 빛이니 하는 따위는 모조리 산산조각이 나고 말았다.

어린아이와 부모와의 관계에 대한 20세기 중반의 개념이란 소위 현학적인 체하는 오만한 장문이나 심리분석적인 진단으로 인하여 상당히 더럽혀졌지만, 적어도 이 글을 읽는 독자들은 편견을 가지지 말고 내 말을 들어줬으면 한다. 언젠가 아비스의 아버지가 자기 아이들을 데리러 왔다는 표시로 집 밖에서 자동차 경적을 울렸을 때, 나는 할 수 없이 그를 응접실까지 모셔야겠다는 생각을 하게 되었고 그리하여 그는 잠시 쉬어가게 되었다. 그와 내가 이런저런 이야기를 나누는 동안, 매력이라곤 한 군데도 없으면서 상냥하기만 한 아비스는 자기 아버지 옆에서 얼쩡거리더니 결국에는 무릎에 털썩 올라앉는 것이었다. 롤리타가 모르는 사람들에게 언제나 사람을 홀리는 요염한 미소와 가느다랗고 보드라운 눈길, 그리고 그녀 몸 구석구석까지 꿈꾸는 듯 달콤한 광채를 흘리고 다녔었다는 얘기를 한 적이 있는지는 기억나지 않지만, 그렇다고 해서 그것이 무조건 아름답고 사랑스러운 것만은 아니었다. 거친 독자라면 능히 이렇게 말할 수도 있을 것이다. 서비스가 근사한 매춘부라고. 아무튼 버드 씨가 모자를 빙빙 돌리며 얘기하고 있는 동안 롤리타도 그곳에 서 있었다. 그런데…… 아, 또 바보짓을 했군, 그 유명한 롤리타 미소의 가장 중요한 특징을 빼먹었으니. 말하자면 이런 것이었다. 부드럽고 달콤한, 그리고 잔물결이 이는 광채가 발하는 동안에는 그것은 방 안의 낯선 남자에게로 향하지 않았다. 다만 꽃으로 덮인 먼 허공 위에 걸려 있을 뿐이었다. 바꾸어 말하자면, 그럴듯한 기회만을 노리며 가까이에서만 맴돌고 있었던 것이다. 그 당시의 상황은 이러했다. 뚱뚱한 아비스는 자기 아버지에게로 자꾸만 파고들었고, 롤리타는 내게서 멀찌감치 떨어진 곳의 책상에 비스듬히 기대앉아 책상 모서리에 놓인 과일칼을 만지작거리며 조용히 웃고 있었다. 아비스가 갑자기 아버지의 목덜미에 매달리자 사나이는 별 생각없이 그 덩치 크고 멍청한 자식을 끌어안았다. 그때 나는 롤리타의 미소에서 빛이 사라지며 그것이 얼어붙은 작은 그림자로 변하는 것을 보았다. 과일칼이 책상에서 스르르 미끄러지면서 은빛 손잡이가 자신의 발목을 강타하자 롤리타는 그만 깜짝 놀라 숨까지 넘어가는 것이었다. 머리를 앞으로 숙인 채 한 발로 서서 깡충거리는 그녀의 얼굴은, 울음이 채 터져나오기도 전에 얼굴부터 미리 찡그리고 눈물을 기다리는 어린애의 모습 바로 그것이었다. 그녀는 위로받기 위해서 곧장 아비스를 따라 부엌으로 들어갔다. 아비스에겐 그렇게 훌륭하고 건장한 아빠와 작고 토실토실 살찐 오빠와, 이제 갓 태어난 계집애 동생과, 가정과, 이를 드러내는 개가 두 마리나 있었지만 우리 롤리타에겐 아무것도 없었다. 그날 있었던 또 하나의 작은 사건인데 역시 비어즐리가 무대이다. 불 옆에서 독서를 하고 있던 롤리타가 기지개를 켜더니, 팔꿈치를 들어올리며 이렇게 투덜거리는 것이었다.

"도대체 어디에다 묻었죠?"

"누구를?"

"세상에! 누구긴 누구예요. 살해된 우리 엄마 말이죠."

"엄마 무덤은 너도 알지 않아?"

나는 자신을 추스리며 이렇게 말하고 나서 람스데일의 바로 바깥, 기찻길과 레이크뷰 언덕 사이에 있는 공동묘지의 이름을 말해버렸다.

"더구나"

나는 거리낌없이 이야기했다.

"그런 사고의 비극이란, 우리가 그럴 수밖에 없었다고 생각하여 붙이는 형용사에 의해 더욱 비하되는 데에 있단다. 네가 정말 네 마음속의 죽음이라는 관념과 싸워 이기고 싶다면……" 로는 소리를 지르더니 기운없이 곧 방을 나가버렸다. 나는 오랫동안 시린 눈으로 불을 바라보았다. 그리고 그녀가 보던 책을 집어들었다. 그것은 젊은이들을 위한 싸구려 책이었다. 그 책에는 마리온이란 우울한 소녀와 그녀의 계모가 등장한다. 그 계모는 모든 예상을 뒤엎고서 젊고, 밝고, 이해심 많은 붉은 머리 여자로 나온다. 그리고 자기는 죽어가는 몸이고, 또 어머니가 없다는 생각으로 자기 딸이 괴로워하거나 자기를 그리워하는 것을 원하지 않았기 때문에 딸에 대한 커다란 사랑을 스스로 신중하게 감춘다. 그리하여 마리온의 죽은 어머니는 결국 위대한 여인이었다는 얘기를 마리온에게 들려주는 내용이었다. 나는 울먹이며 롤리타의 방으로 뛰어가지는 않았다. 나는 항상 불간섭이라는 정신건강법을 더 좋아했었다. 지금은 이러한 지난날의 기억들로 꿈틀거리며 몸부림치고 있지만 이 일뿐만이 아니라 다른 비슷한 경우도 돌이켜보니, 나는 비열한 나 자신만 위로가 되면 롤리타의 마음 상태쯤이야 무시해버리는 것이 언제나 습관이었고 또 그것이 그녀를 사랑한 방법이기도 했다. 납빛의 젖은 옷을 입은 나의 어머니가 흩뿌려진 안개 속을 헤치고(그래서 나는 그녀를 생생하게 기억하고 있는 것이다) 벼락이 떨어진 산마루 위를 꿈결같이 헐떡거리며 달려 올라갔을 때, 그때 나는 겨우 갓난아이였다. 그러나 돌이켜 보건대, 후일 절망에 빠져있을 당시 심리요법 의사들이 아무리 무자비하게 내게 질문 공세를 퍼부었어도, 그와 비슷한 어떠한 열망도 내 젊음의 어느 한순간과 결합시킬 수는 없었다. 그러나 나 같이 상상력이 풍부한 사람도 보편적인 감정까지 자기 혼자 묵살해버릴 수는 없다는 사실을 인정한다. 나는 또한 샬로트와 그녀의 딸 사이의 비정상적일 정도로 냉정한 관계에 너무 지나치게 의존했었는지도 모를 일이다. 그러나 문제의 핵심은 바로 여기에 있었다. 희한하고도 즐거운 동거생활을 나와 함께 해오는 동안, 최악의 가장 비참한 형태의 가정생활이라 할지라도, 소위 근친상간(결국 집 없는 아이에게 내가 줄 수 있었던 최상의 것이었지만)이라는 것보다는 훨씬 낫다고 하는 사실을 나의 롤리타가 점점 확실하게 깨닫기 시작했었다는 점이다.

33

람스데일에 다시 갔다. 이번에는 호수에서부터 마을에 이르는 길 쪽으로 접근해보았다. 한낮의 태양이 그 눈을 있는 대로 크게 부릅뜨고 있었다. 진흙으로 엉망인 자동차를 몰며 가다보니 저 멀리 소나무 숲 사이로 다이아몬드처럼 빛나는 물이 보였다. 나는 공동묘지로 접어들어 길고 짧은 갖가지 비석 사이를 거닐었다. 안녕, 샬로트. 어떤 무덤들 위에는 상록수 밑 바람 한 점 없는 공기 속에 색이 바래고 앞뒤가 비치는 작은 국기가 걸려 있기도 했다. 저런, 에드, 운이 없었군 그래. 에드워드 그래머, 그는 올해 서른다섯 살로 뉴욕의 어느 사무실 책임자로 일하고 있었는데 서른세 살 난 아내 도로 시를 살해한 혐의로 기소되어 재판을 받고 있는 중이었다. 에드는 완전범죄를 꾀하느라고 아내를 몽둥이로 마구 때려 차 속에다 집어넣었다. 그런데 지방 경찰관 두 명이 순찰 도중, 결혼기념일 선물로 남편이 사준 그래머 부인의 커다란 푸른색 새 자동차인 크라이슬러가 미친 듯이 언덕 아래로 질주하는 것을 발견함으로써 그 사건이 드러나게 되었던 것이다(이 능력있는 경찰관에게 신의 은총이 함께 하시기를!). 그 자동차는 전신주를 슬쩍 스치고 지나가더니 가시풀과 산딸기, 그리고 양지꽃으로 잔뜩 뒤덮인 둑으로 뛰어들어 그만 전복되고 말았다. 두 경관이 그래머 부인의 시체를 끄집어냈을 때도 자동차의 바퀴는 부드러운 햇빛 속에서 여전히 조용하게 헛돌고 있었다. 얼핏 보기에는 고속도로에서 흔히 있을 수 있는 평범한 사고처럼 보였다. 아아, 그러나, 단순한 자동차 사고로 판단하기에는 산산이 부서진 여인의 시체가 너무도 비참했다.

나는 다시 차를 몰았다. 자그마한 하얀 교회와 거대한 느릅나무 등을 다시 접하니 기분이 조금은 야릇했다. 미국 교외의 거리에서는 외로운 자동차 운전사보다 외로운 보행자가 오히려 눈에 더 잘 띈다는 사실을 까마득하게 잊어버린 채, 나는 차를 거리에 세워 두고 론 가 342번지까지 산책을 나섰다. 하얀 셔터들은 굳게 내려져 있었고, 길가 쪽으로 붙여 놓은 '집을 팝니다'라는 표지 위에 누군가가 새까만 벨벳 머리리본을 달아놓은 것도 보였다. 개한 마리 짖지 않았다. 정원사에게 걸려오는 전화도 한 통 없었다. 포도넝쿨이 드리워진 현관에 앉아 있는 아퍼지트 씨의 모습도 보이지 않았다. 그때이 쓸쓸한 산책자의 앞에 두 젊은 여인이, 물방울 무늬가 있는 작은 말꼬리가 달린 앞치마를 똑같이 두르고 무슨 일인가 하던 일을 멈추고선 나를 바라보고 있었다. 틀림없이 아퍼지트 양은 오래 전에 죽었는데, 그렇다면 이들은 필라델피아에 살던 그녀의 쌍둥이 조카들일는지도 모른다.

내가 살았던 옛집에 들어가 볼까? 이탈리아 음악이 투르게네프의 소설에서처럼 열린 창문을 타고 물결처럼 흘러나왔다. 그것은 바로 거실 창문 쪽이었다. 어느 신비한 영혼이 자기의 아름다운 다리 위에 태양을 쏠어주는 이 황홀한 일요일, 피아노를 연주하고 있는 것일까? 나는 돌연 내가 풀을 베어낸 잔디밭에서 아홉 살이나 열 살쯤 먹어보이는 구릿빛 피부와 갈색 머리의 요정이 흰 반바지를 입고, 커다랗고 검푸른 눈동자에는 다듬어지지 않은 고혹적인 빛을 띤 채 나를 바라보고 있음을 알았다. 나는 그녀에게 상냥한 말을 몇 마디 건넸다. 무서워하지 마. 좀 낡아빠진 찬사이지만, 정말 예쁜 눈을 가졌구나. 그러나 그녀는 당황하여 집 안으로 들어가고, 음악소리도 그쳤다. 그러고는 땀으로 범벅이 된 사나운 인상의 시커먼 남자가 나타나더니 나를 빤히 쳐다보는 것이었다. 내가 이러저러한 사람이라는 것을 밝히려고 했지만, 나는 진흙이 여기저기 묻은 무명바지와 지저분하고 구멍난 스웨터, 꺼칠하게 자란 턱수염, 그리고 핏발이 선 눈 등을 의식하고는 아찔한 당혹감을 느끼지 않을 수 없었다. 나는 한마디도 내뱉지 않고, 왔던 길을 터덜거리며 다시 돌아왔다. 생기다가 만 듯한 조그만 꽃들이 보도의 터진 틈 사이로 자라나오고 있었다. 아퍼지트 양이 조카들 손에 이끌려 휠체어를 타고 그녀가 늘상 앉던 현관 쪽으로 향하고 있었다. 그곳은 마치 무대이고 나는 배우이기나 한 것처럼, 제발 그녀가 내 이름을 부르지 않기를 속으로 기도하면서 나는 서둘러 자동차로 향했다. 그 조그만 거리가 어쩌면 그렇게도 가파른지 몰랐다. 그리고 어쩌면 그렇게도 정숙한지. 자동차 앞유리창 와이퍼에 빨간 딱지가 붙어 있었다. 나는 조심스럽게 둘로, 넷으로, 다시 여덟 조각으로 그것을 짝짝 찢어 버렸다.

쓸데없이 시간을 버리고 있다는 생각이 들었던 나는, 지금으로부터 실히 5년은 더 되었을 과거의 어느 날, 새 가방을 들고 도착한 적이 있는 시내의 어느 호텔을 향해 기세좋게 차를 몰았다. 나는 방을 잡은 뒤, 전화로 두 군데나 약속을 했다. 그리고 면도와 목욕을 마치고 검은 옷으로 갈아입은 후 한잔 마시기 위해 지하 바로 내려갔다. 변한 것이라곤 아무것도 없었다. 예전 그대로였다. 술집의 내부는 몇 년 전에 유럽에서 잠시 유행한 일이 있는 침침해서 견딜 수 없는 암적색 조명으로 가득차 있었는데, 여기에서는 어딘가 가족적인 분위기를 그 불빛이 연출하고 있었다. 나는 샬로트의 동거인이 된 직후, 그녀와 함께 샴페인을 반 병이나 산뜻하게 비우며 그날을 축하하던, 그래서 결국은 넘쳐흐르는 그녀의 쓸쓸한 마음을 사로잡을 수 있었던, 바로 그 작은 테이블에 가서 앉았다. 그때, 달덩이 같이 둥근 얼굴의 웨이터가 결혼 피로연을 위한 준비로 50가지나 되는 셰리(백
포도주)를 둥근 접시 위에 아주 정성스럽게 배열하고 있었다. 이번에는 머피와 환타지아 커플이다. 시

계는 3시 8분 전이었다. 로비를 걸어나가는 동안 나는, 오찬식이 끝난 후 아
주 상냥한 태도로 서로에게 작별인사를 나누고 있는 부인들 곁을 스쳐 지나
가야만 했다. 누군가 나를 알아보았는지 귀에 거슬리는 소리를 지르면서 별
안간 나에게 와락 덤벼들었다. 조개 빛이 도는 회색 옷을 입은 작고 땅달막
한 부인이었는데, 작은 모자에는 길고 가느다란 회색 깃털을 꽂고 있었다.
채트필드 부인이었다.

　상당한 호기심으로 야릇한 미소를 지으며 그녀는 아는 척을 해왔다〔1948
년, 오십 세의 늙은 기계공이었던 프랭크 라셀이 열한 살짜리 샐리 호너에게
했던 짓(실화로, 1950년 3월에 2년간 행방불명된 이 소녀가 발견되면서 프
랭크는 체포된다. 두 사람은 2년 동안 미국을 돌며 성적관계를 맺었다고 한
다.)을 나도 돌리에게 했단 말인가?〕. 나는 마구 떠들어대는 그녀를 곧 내
나름대로 소화해낼 수가 있었다. 그녀는 내가 캘리포니아에 있는 줄 알았다
고 했다. 어떻게 지냈느냐고? 나는 매우 기쁜 듯이 호들갑을 떨며, 내 의붓
딸이 서북부 지방에서 일을 하고 있는 젊고 똑똑한 광산기술자와 결혼해서
잘 살고 있다는 말을 그녀에게 해주었다. 그랬더니 그녀는 그와 같은 조혼은
절대 반대라면서, 지금 열여덟 살이 된 자기 딸 필리스는 결코 그렇게 되도
록 내버려두지는 않을 것이라고 말했다.

　"아, 네, 알고말고요."

　나는 조용하게 말했다.

　"필리스, 기억합니다. 필리스와 캠프 Q도 기억하지요. 물론입니다. 그건
그렇고, 찰리 홈즈가 어떤 식으로 자기 어머니가 맡고 있었던 어린애들을 유
혹했는지 따님이 얘기 안하던가요?"

　그렇지 않아도 이미 일그러져 있던 채트필드 부인의 미소가 이번에는 완
전히 허물어져버렸다.

　"어떻게 그런 말을."

　그녀는 소리치며 말했다.

　"어떻게 그런 말을, 험버트 씨! 그 가엾은 아이는 한국전쟁에서 얼마 전
에 전사했어요."

　나는 그녀에게, 최근에 일어난 일을 강조할 때 쓰는 '이제 막'이라는 불어
가 과거와 함께 쓰이는 'just'라는 영어단어보다는 훨씬 더 단정하다고 생각

지 않느냐고 물어보았다. 그리고 급히 가봐야겠다고 말했다.

윈드밀러의 사무실까지는 두 블럭만 지나면 되었다. 그는 매우 느리게, 손을 감싸쥐는, 강하고도 다정한 악수로 나를 맞아주었다. 그 역시 내가 캘리포니아에 있는 줄만 알았다고 했다. 한때 비어즐리에 살았던 적이 있지 않았나요? 내 딸이 비어즐리대학에 갓 입학한 후였네요. 그동안 어떻게……? 나는 실러 부인에 대한 모든 필요한 사항을 그에게 알려주었다. 우리는 업무상의 문제들에 관해 즐거운 기분으로 서로 얘기를 나눴다. 나는 배부른 거지가 된 기분으로 9월의 뜨거운 햇빛 속을 걸어나왔다.

이 모든 것이 비밀스럽게 행해졌기 때문에, 나는 람스데일을 찾아온 중요한 목적에만 자유롭게 시간을 할애할 수가 있었다. 방법론의 문제에 있어서만은 나 스스로 늘 자만하던 터이지만, 나의 어두컴컴한 동굴 속에선 가면을 뒤집어 쓴 클레어 퀼티의 얼굴이 언제나 떠나지를 않았다. 그는 그곳에서 내가 이발사와 신부(神父)를 데리고 나타나기만을 기다리고 있었던 것이다.

"당신은 기억하는가, 마지막, 죽어야 할 시간이라는 것을!"

지금 여기에서 사람의 인상을 기억하는 비법 같은 것을 놓고 떠들 시간의 여유같은 건 없지만 이것만은 적고 넘어가야겠다. 나는 지금 그의 아저씨를 찾아가는 길이어서 굉장히 빠른 걸음으로 걷고 있기 때문이다. 나는 구름에 덮인 기억의 알코올 속에 두꺼비 같은 얼굴 하나를 보존해두고 있다. 몇 번인가 흘낏거리며 보아오는 동안, 나는 그 얼굴이 스위스에서 포도주 장사를 하는 명랑한, 아니 쌀쌀맞다고 하는 편이 오히려 나을 내 친척 한 사람과 약간 닮았다는 사실을 알아냈다. 고약한 냄새를 풍기는 내의, 털이 검실검실하게 난 살찐 팔, 맨들거리는 대머리, 그리고 돼지 같은 얼굴의 하녀까지 그 모든 것이 영락없는, 그러나 악의는 없어보이는 늙은 불량배임을 말해주고 있었다. 너무도 악의가 없어보여서 한 순간 만만한 내 사냥감으로 혼동을 일으킬 정도였다. 트랩의 이미지로부터는 멀어져가는 나 자신을 느낄 수 있었다. 그러나 나는 클레어 퀼티의 얼굴에 완전히 휩싸이고 말았다. 그의 아저씨 책상 위에 세워져 있는 사진틀 속의 그 얼굴.

비어즐리에 있을 때, 나는 매력적인 몰러 박사의 집도로 위아래 앞니 몇 개만 그대로 놔두는 꽤 심각한 치과수술을 받은 적이 있었다. 의치들은 위쪽 잇몸을 따라 눈에 잘 보이지 않는 가느다란 철사로 서로 연결되어 있었다.

모두 다 맞추어 놓고보니 편안하기 짝이 없는 아주 성공작이었다. 그리고 송 곳니들도 전혀 아무런 이상이 없었다. 그러나 그럴 듯한 구실로 이 비밀스러 운 성취감을 포장하기 위하여, 나는 퀼티 박사에게 안면 신경통을 가라앉히 고 싶어서 그러니 이를 모조리 빼달라고 했다. 틀니 한 벌 새로 맞추는 데 얼마죠? 11월 언제쯤으로 첫 약속을 잡는다면 치료는 얼마나 걸릴까요? 박 사님의 그 유명한 조카분은 지금 어디 있습니까? 한 번에 모조리 잡아뺄 수 있을까요?

상고머리로 깎아 올린 희끗희끗한 머리카락과 정치가처럼 크고 넓은 두 뺨을 가진, 하얀 작업복 차림의 퀼티 박사는 자기 책상 모서리에 걸터앉아 장기간에 이르는 꽤 거창한 계획을 세우며 다리 한 짝을 힘없이, 그러나 아 주 볼품있게 흔들고 있었다. 그는 잇몸이 완성될 때까지 끼고 있을 수 있는 임시 의치를 박아주겠다고 했다. 그러고 나면 죽을 때까지 낄 수 있는 틀니 를 만들어주겠다는 것이었다. 그는 내 입 안을 보여달라고 말했다. 그는 구 멍이 뚫린 괴상한 슬리퍼를 신고 있었다. 그와는 1946년 이래 만난 적이 없 지만, 파킹턴에서 그리 멀지 않은 그림 로드에 있는 대대로 물려 내려오는 집에 있을 거라고 한다. 그의 발이 흔들거리고, 그의 시선은 빛났다. 6백 달 러 정도의 비용이 들 것 같았다. 그는 나에게 지금 당장 치수를 재서, 본격 적인 작업으로 들어가기 전에 틀니를 우선 만들어보자고 말했다. 나의 입은 그에게 귀중한 보물들로 가득찬 화려한 동굴로 보였을 것이다. 그러나 나는 그의 처지와 희망사항을 허용하지 않았다.

"아닙니다."

나는 말했다.

"다시 생각해 보니까 몰러 박사에게 가서 해야 할까 싶습니다. 치료비가 더 비싸기는 하지만 선생님보다는 그쪽이 훨씬 더 유능한 치과의사인 것 같 아서요."

이 글을 읽는 독자들 중에도 이런 이야기를 해야 할 경우가 앞으로 생길지 모르겠다. 아주 고소했다. 퀼티 박사는 멍한 표정이 되어 책상 위에 그냥 그 대로 앉아 있었지만, 호박이 넝쿨째 굴러오는가 싶어 즐겁게 흔들어대던 그 의 발은 어느새 요지부동으로 움직이지 않았다. 그때 해골처럼 마르고, 실패 한 금발의 비극적인 두 눈을 가진 초라한 그의 간호사가 쪼르르 내 뒤를 쫓아와서는 쾅 하고 문을 닫아버렸다.

34

파킹턴에 있는 어느 주유소 종업원이 그림 로드로 가는 경로를 아주 자세히 가르쳐주었다. 퀼티가 꼭 집에 있기를 바라면서 그에게 전화를 걸어보았지만 그의 전화는 최근에 선이 끊겨서 불통이라는 것이었다. 어디로 간 것일까? 12마일 북방의 그림 로드로 나는 차를 몰기 시작했다. 벌써 밤은 깊어 아무것도 보이지 않았다. 좁고 꼬불꼬불한 고속도로를 달리는 동안 반사경이 달린 유령같이 짧고 흰 말뚝들이 내가 탄 자동차의 불빛을 받아 커브길을 지시해주었다. 도로 한쪽에는 어두운 계곡이, 그리고 다른 한쪽에는 숲이 우거진 벼랑이 있다는 것을 나는 알 수 있었다. 그리고 나의 정면에서는 숱한 나방들이 마치 때늦은 눈송이처럼 어둠 속을 떠다니고 있었다. 20마일쯤 이르렀을 때 이상한 모습의 지붕이 달린 다리가 나를 잠시 멈추게 했다. 그러더니 그 너머로 하얗게 씻긴 바위가 흐릿한 모습을 오른쪽에서 드러내고 이어서 몇몇 자동차들의 행렬도 눈에 들어왔다.

나는 고속도로를 벗어나 자갈이 깔린 그림 로드로 접어들었다. 처음 몇 분 동안은 모든 것이 축축하고, 어둡고, 빽빽한 숲만 같았다. 그때, 작은 탑이 달린 목조 건물인 페이버 매너가 둥근 개간지 한가운데 서 있는 것이 보였다. 창문은 모두 빨갛고 노란 불빛으로 타오르고 있었으며, 현관까지 이르는 차도에는 자동차 여섯 대가 바짝 차를 대놓고 있었다. 나는 나무 밑에 차를 세우고 다음 행동을 결정하기 위하여 불을 모두 껐다. 그는 그의 부하들과 창녀들에게 둘러싸여 있을 게 뻔했다. 축제 분위기로 떠들썩한 그 성의 내부를 들여다보았다. 그는 그곳에 분명 있었다. 내일 아침 다시 오리라.

나는 조용하게 그리고 즐거운 기분으로 나를 위해 봉사해온 충실한 나의 오랜 자동차를 타고서 유유히 다시 마을로 돌아왔다. 나의 롤리타! 자동차 깊숙한 곳에는 그녀가 쓰던 3년 된 철사 머리핀이 여전히 들어있었다. 내 자동차의 헤드라이트를 보고 밤으로부터 돌진해왔던 나방의 잔해도 그대로 있었다. 시커먼 외양간들이 길가 여기저기에 우뚝 서있었다. 그 시간에도 극장에 들어가는 사람들이 있었다. 하룻밤 묵을 곳을 찾아다니는 동안, 나는 자동차에 탄 채로 구경할 수 있는 영화관을 지나치게 되었다. 달도 없는 무거운 밤과 정녕 신비로운 조화를 이루어, 조는 듯 어두운 들판 속에 비스듬히 걸린 거대한 스크린 위에서는 희미한 그림자가 총을 뽑아들고 있었는데 그의 몸과 팔이 부르르 물보라를 일으키는 모습으로 변하더니—그 다음 순간엔 늘어선 나무들이 그 몸짓마저도 가려버리고 말았다.

35

나는 잠을 못 자고 다음날 아침 8시 경 나와 파킹턴에서 얼마간 시간을 보냈다. 일을 망쳐버릴 것 같은 환상이 자꾸 나를 괴롭히고 있었다. 일주일 동안이나 사용하지 않기 때문에 권총 속에 들어있는 실탄이 혹시 못쓰게 됐을지도 모른다는 생각에서 나는 새 실탄을 갈아 끼웠다. 그리고 나의 친구를 정성들여 기름칠해 닦고 있노라니까 앞으로 이놈 없이는 살 수 없을 것 같았다. 나는 마치 다친 손을 어루만지듯 헝겊으로 나의 친구, 권총을 쌌다. 그리고 또다른 헝겊으로는 한 움큼의 총알을 싸두었다.

그림 로드로 돌아오는 길에는 줄곧 번개와 비가 쏟아졌다. 그러나 페이버 매너에 도착했을 때는 태양이 다시 얼굴을 내밀고 용감한 순교자처럼 타오르고 있었으며, 새들은 비에 흠뻑 젖어 김이 모락모락 피어나는 나뭇가지 사이에서 쩍쩍거리고 있었다. 정성들여 지었지만 이제는 오래 되어 불안한 그 집이 몽롱하게 보였다. 그것은 마치 지금의 내 상태를 보는 것 같았다. 그것은 축축하고 위태로운 땅을 발로 딛고 서 있는 동안, 내가 술을 너무 많이 마셨구나 하는 것을 깨달았기 때문이었다.

신중하게 벨을 눌렀으나 우스꽝스러운 침묵만이 응답할 뿐이었다. 그러나 그의 차고엔 그가 임시로 쓰고 있는 검은 컨버터블이 얌전하게 들어있었다. 이번에는 문을 두드려보았다. 아무런 대답이 없었다. 급한 성미로 신경질을 부리며 앞문을 밀쳤더니—아, 어쩌면, 중세 동화에 나오는 것처럼 문이 끼익 하고 열리는 것이었다. 문을 살며시 닫은 다음, 나는 넓기만 할 뿐 아름다움과는 상당히 거리가 먼 홀을 가로질러 들어갔다. 옆에 붙어있는 응접실을 살짝 들여다보았다. 어젯밤에 사용했던 술잔들이 양탄자 위에서 어지러이 뒹굴고 있었다. 이 집 주인은 아직 침실에서 자고 있겠구나 하고 나는 생각했다.

나는 조용조용 이층으로 올라갔다. 오른손은 주머니 속에 찌른 채 헝겊으로 싼 권총을 꽉 움켜쥐고 있었고, 왼손은 끈적끈적한 층계의 손잡이를 두드리고 있었다. 세 침실을 훑어본 결과, 한 군데에서는 분명히 어젯밤 사람이 있었던 흔적을 발견할 수 있었다. 꽃으로 장식한 서재가 있었다. 미끄러운 마루 위엔 북극에 사는 곰의 가죽이 깔려 있고 크고 색이 진한 거울이 몇 개 걸려 있을 뿐 다른 장식은 별로 눈에 띄지 않았다. 그리고 다른 방도 또 있었다. 갑자기 나는 그럴 듯한 생각이 떠올랐다. 이 집 주인이 혹시 숲 속에서의 회의를 마치고 돌아오거나 그렇지 않으면 이 집 어딘가에 있는 잠자리에서 일어나거나 하여 불쑥 나타나면, 두렵긴 하지만 그때는 우선 방으로 몸을 숨기지 못하도록 하는 것이 현명할 것이다. 못 되어도 5분 동안은 돌아다녔던 것 같다. 완전히 미쳐서, 이상할 정도로 조용하게 무엇에 홀린 듯한 건장한 사냥꾼처럼, 문에 꽂혀 있는 열쇠마다 다 돌려보고는 쉬고 있는 왼손으로 그것들을 모조리 뽑아 호주머니 속에 넣었다. 그 집은 아주 낡은 건물이었는데, 애초에 현대적인 시설에 역점을 두고 지었다기보다는 철저히 사람의 눈을 피하기 위한 쪽으로 시공이 되어 있었다. 그리고 누군가를 감금시킬 수 있는 유일한 장소였던 목욕탕은 좀 더 은밀한 목적으로 만들어진 것이었다.

목욕탕 얘기가 나왔으니 말인데, 내가 세 번째 목욕탕으로 막 들어가려는 순간 이 집 주인이 물방울을 뚝뚝 흘리며 나오는 것이었다. 복도의 구석진 곳이라고 해봤자 내 몸을 충분히 숨길 수 있는 곳은 못 되었다. 어두운 얼굴에 축 처진 두 눈, 대머리가 될 듯 말 듯 하는 머리 위에 어지러이 흐트러진 머리카락. 충분히 알아볼 수 있는 거리였는데도 그는 내가 가지고 있는 것과 똑같은 자주색 가운을 걸치고 바로 내 옆을 그냥 스쳐 지나갔다. 나를 못 보았거나 아니면 흔히 볼 수 있는, 아무 장해가 없는 환각 정도로 깨끗이 지워 버렸거나 그 둘 중의 하나였다. 털투성이 허벅지를 드러내고 몽유병자처럼 아래층으로 걸어 내려가는 그의 모습을 나는 노려보고 있었다. 그리고 마지막 열쇠까지 호주머니 속에 넣고 그를 따라 입구에 있는 홀로 내려갔다. 그는 자기 입과 현관문을 반쯤 열어놓은 채, 찾아온 손님이 벨을 누르고 들어왔다가 돌아가는 모습을 마지못해 생각하는 사람처럼 햇살이 들어오는 틈을 응시하고 있었다. 그러더니, 계단 중간에 우의를 입고 우뚝 멈춰 서 있는 유령은 아직도 보지 못한 채, 그는 객실에서 나와 홀을 거쳐 아늑한 내실로 느릿느릿 들어가는 것이었다. 그러는 사이 나는 그에게서 멀어져 나와 빗장으로 장식된 부엌으로 향했다. 그리고 크롬 위에 기름얼룩을 묻히지 않으려고 특별한 신경을 쓰면서, 더러워진 권총 보따리를 조심스럽게 풀었다. 너무도 지저분하게 더러워서 내 권총이 아닌 것 같았다. 평상시와 마찬가지로 꼼꼼하게, 벌거벗은 나의 친구를 꺼내 들고 나는 작은 내실을 향해 걸음을 옮겼다. 발걸음이 어찌나 빨랐는지…… 모르긴 몰라도 성공을 의미하는 것 같았다. 하지만 내 가슴은 격한 기쁨으로 두근거리고 있었고, 그만 나는 발 밑에 있던 칵테일 잔을 밟았다.

주인과 만난 곳은 동양식으로 꾸며진 응접실이었다.

"누구십니까?"

귀에 거슬리는 높은 음성으로 그가 물었다. 두 손은 가운 호주머니에 밀어넣고, 두 눈은 내 머리의 북동쪽을 바라보고 있었다.

"혹시 브루스터 씨 아닙니까?"

이쯤되면 그는 독 안에 든 생쥐 꼴로서 그의 모든 것이 나의 처분에 완전히 달려 있었다고 하는 것은 굳이 강조하지 않아도 다 알 수 있을 것이다. 나는 나 자신을 한껏 즐길 수도 있었다.

"그렇소."

나는 명쾌하게 대답했다.

"내가 바로 브르스떼르요(불어로)."

"일을 시작하기 전에 얘기 좀 나누실까요?"

그는 마음을 좀 놓는 것 같았다. 더럽고 고리타분한 그의 수염에 순간 경련이 일어났다. 나는 우의를 벗었다. 나는 까만 양복에 까만 셔츠를 입고 있었지만, 타이는 매지 않고 있었다. 우리는 두 개의 안락의자에 나란히 앉았다.

"저"

그는 육감적이지만 뭔가 많이 돋은 잿빛 뺨을 요란스럽게 벅벅 긁으며, 그리고 기분 나쁜 웃음 속에 작고 누런 이를 내보이며 이렇게 말했다.

"당신은 잭 브루스터 씨가 아닌 것 같군요. 닮았다는 것이 그렇게 중요한 것은 아니지만 말입니다. 그에게 형이 있다는 얘기는 누군가에게서 들었는데, 같은 전화회사에 다니고 있다더군요."

이놈을 사로잡으려면…… 그 수많은 참회와 분노의 나날들…… 오동통한 손등에 난 저 시커먼 털…… 수백 개의 눈으로 그의 자줏빛 명주옷과 털로 뒤덮인 가슴을 더듬으며 상처와 혼란, 그리고 고통의 음악을 미리 맛본다는 것…… 내 사랑을 더럽힌 이 인간 이하의 사기꾼의 풀 꺾인 모습을 본다는 것…… 아, 롤리타, 이것은 정말 견딜 수 없는 희열이로구나!

"아니오, 브루스터 형제 중의 그 누구도 아니어서 유감이오."

그러자 그는 머리를 위로 쳐들었는데, 아까보다는 훨씬 느긋한 표정이었다.

"좀 더 상상해 보시지 그래, 돼지선생."

"아, 그 장거리 전화사건 때문에 나를 찾아온 게 아닙니까?"

"이따금 장거리 전화를 하고 있죠, 그렇죠?"

"예? 못 들었는데요."

나는 내가 말했던 것을 다시 반복해주었다.

"사람들이 말입니다."

그가 말했다.

"대부분의 사람들이, 브루스터 당신을 두고 하는 얘기는 아니에요, 노크조차도 하지 않고 이 집 안으로 뛰어들어오는 건 정말 이해할 수 없는 노릇이에요. 그들은 들어와서 화장실을 사용하고 부엌도 사용하고 전화도 마음대로 쓴답니다. 필은 필라델피아에 전화를 하고, 팻은 파타고니아에 장거리 전화를 거는 거예요. 요금까지 내가 물 수는 없지 않습니까? 그런데 재미있는 악센트가 있으시군요."

"퀼티."

내가 말했다.

"돌로레스 헤이즈, 또는 돌리 헤이즈라고도 불리는 소녀 기억나오?"

"기억하고말고요. 그애도 틀림없이 장거리 전화를 했을거요. 틀림없어요. 아무데나 다. 천국, 워싱턴, 헬 캐니언. 그런데 그게 무슨 상관이오?"

"내겐 상관이 있었어요, 퀼티. 내가 그녀의 아버지니까 말이오."

"당치도 않은 소리, 당신은 그애의 아버지가 아니오. 내가 보기에 당신은 어느 외국에서 온 출판 에이전트 같소. 어떤 프랑스 사람이 《거만한 육체》라는 내 작품을 《육체의 오만》이라고 번역해놓은 걸 보았소. 말도 되지 않아요."

"퀼티, 그 아이는 내 딸이었소."

그는 자기가 빠져있는 상황 속에서도 눈 하나 까딱하지 않고 그 어느 것에도 놀라는 기색이 없었다. 그러나 그의 거들먹거리는 태도만은 어딘가 수상쩍었다. 뭔지 어렴풋이나마 알고 있는 듯한, 그러나 결코 방심하지 않는 그러한 빛이 그의 눈 속에서 불붙고 있었다. 그러더니 이내 곧 흐리멍덩한 눈빛으로 변하였다.

"나는 아이들을 굉장히 좋아해요." 그가 말했다.

"그래서 아버지들끼리도 매우 친하게 지내고 있답니다."

그는 고개를 돌리더니 무엇인가를 찾기 시작했다. 그는 자기 주머니를 두드렸다. 그러더니 자리에서 몸을 일으키려고 했다.

"앉으시오!" 내가 말했다. 내가 의도했던 것보다는 훨씬 더 커다란 소리였다.

"고함까지 지를 건 없지 않소."

그는 마치 여자와도 같은 이상한 말투로 투덜거렸다.

"그저 담배가 피우고 싶었기 때문이오. 담배 피우고 싶어서 죽을 지경이란 말이오."

"어차피 당신은 죽게 되어 있으니까."

"아이고 저런, 나를 괴롭히기 시작하는구려. 원하는 게 뭐요? 선생, 프랑스인이오? 어디 술집에나 가서 독한 술이라도 한잔……"

그는 마치 자기에게 주려는 듯이 내 손바닥 위에 얌전히 놓여있는 작고 새까만 권총을 보았다.

"아니!"

그는 느릿느릿 말을 이었다(영화 속에 나오는 암흑가의 돌대가리들처럼).

"아주 멋진 총을 갖고 계시는군요. 도대체 원하는 게 뭐요?"

나는 그가 내미는 손을 찰싹 갈겨버렸다. 그러자 그의 손은 옆의 낮은 테이블에 놓인 상자를 뒤엎었다. 그 바람에 한 움큼의 담배가 쏟아졌다.

"아, 여기 있군요."

그가 즐거운 듯이 말했다.

"당신 꼭 키플링 같아. 여자는 여자예요, 그러나 카포랄이라는 것, 담배? 지금 우리에게 필요한 것은 성냥이오."

"퀼티." 내가 불렀다.

"정신을 좀 집중해주었으면 좋겠소. 이제 조금 있으면 당신은 죽을 몸이오. 우리가 알고 있는 우리의 장래, 몹시 괴로운 정신이상의 상태만이 영원히 계속될지도 모르는 일이오. 당신은 어제 당신의 마지막 담배를 피웠소. 주의를 집중시키시오. 그리고 지금 당신에게 일어나고 있는 일을 이해하려고 노력하시오."

그는 드롬 담배를 꺼내더니 그것을 우적우적 씹었다.

"기꺼이 그렇게 해보지요."

그의 말이었다.

"당신은 오스트레일리아 사람, 아니면 독일 피난민 같소. 나하고 꼭 얘기를 해야만 하겠소? 당신도 알다시피 여기는 이방인의 집이오. 그러니 그냥 가보시는 게 좋을 것 같소. 제발, 그 무지막지한 권총일랑 그만 휘두르시오. 음악실에 가면 루거^(독일제 자동 권총)가 있는데……"

나는 슬리퍼를 신고 있는 그의 발에 총을 겨누고 방아쇠를 당겼다. 그런데 짤까닥 하는 소리가 났다. 그는 자기 발을, 권총을, 그리고 다시 자기 발을 내려다보았다. 나는 있는 힘을 다해 다시 한번 방아쇠를 당겼다. 그런데, 그것은 또 우스꽝스럽게도 힘없는 소리를 내며 엉뚱한 곳으로 빗나가고 말았다. 총알은 두꺼운 핑크색 양탄자를 뚫고 들어가 있었다. 나는 양탄자 속에 들어간 총알이 당장이라도 다시 튀어나올 것 같은 아찔한 착각에 사로잡혔다.

"그것 봐요."

퀼티가 말했다.

"좀 더 조심스러워야겠군요. 제발 그걸 이리 줘요."

그는 손을 내밀었다. 나는 그를 의자에 밀어 앉혔다. 기세가 당당했던 즐거움이 차츰 흐트러지고 있었다. 내가 그를 처치해버릴 수 있는 절호의 기회였지만 자기가 왜 당해야 하는지 그 이유를 우선 당사자가 알아야 했다. 그의 컨디션이 나에게까지 감염이 되었는지, 손에 쥐고 있는 권총이 힘겹고 무기력하게 느껴졌다.

"당신이 유괴했던 돌리 헤이즈에 대해 잘 생각해 보시오." 내가 말했다.

"나는 유괴한 일 없소! 당신은 지금 너무 취해 있소, 짐승만도 못한 변태로부터 그 애를 구해줬을 뿐이오. 내 발을 쏘는 대신에 당신 배지나 좀 보여주시오, 그 배지 어디 있소? 나는 다른 사람이 저지른 일에는 책임이 없소. 없고말고! 내가 장담하건대, 그때 그 자동차 여행은 어리석은 묘기였을 뿐이오. 그렇지만 당신이 그녀를 다시 데려가지 않았소, 안 그래요? 자, 이리 오시오, 술이나 한잔 합시다."

나는 그에게 앉아서 죽고 싶은지 아니면 서서 죽고 싶은지를 물었다.

"아, 잠깐 생각해 봅시다. 그거 쉬운 문제가 아니구려. 우연한 기회에 실수를 하나 저질렀었소. 그 점은 나도 진심으로 후회하고 있소. 정말이지, 당신의 돌리를 희롱하지는 않았소. 나는 사실, 슬픈 얘기지만, 성불구자요. 그애에게 멋진 휴가를 즐기도록 해주었소. 그녀는 더러 훌륭한 사람들을 만나기도 했었는데, 당신도 혹 아실지……"

그때 그가 갑자기 나에게 달려들었다. 권총이 옷장 아래로 떨어졌다. 다행히 그는 힘이 좋기보다는 성급했고, 나는 별로 힘들이지 않고 그를 다시 의자에 앉힐 수 있었다. 그는 숨을 헐떡거리며 가슴에 팔짱을 꼈다.

"당신은 지금 곤경에 처해 있소, 친구여."

그가 말했다.

그의 불어는 어느새 상당히 좋아져 있었다.

나는 주위를 둘러보았다. 혹시, 잘만 한다면 기어서? 한번 해 봐?

"또 무슨 짓을 하려고 그러는 거요?"

그는 나를 찬찬히 바라보며 물었다. 나는 몸을 굽혔다. 그는 꼼짝도 않고 있었다. 나는 더 낮게 몸을 구부렸다. 그가 입을 열었다.

"존경하는 선생, 삶과 죽음을 희롱하는 따위의 경박한 행동은 이제 그만 삼가시오. 나는 극작가요. 비극도 썼고, 희극도 썼으며, 환상극도 썼소. 〈저 스틴〉과 18세기풍 성모험담을 다뤘던 몇 작품은 영화로도 만들어졌소. 52편이나 되는 시나리오를 성공적으로 써낸 장본인이란 말이오."

시끄럽게 이것저것 참견하면서 교활하게 얘기를 하는 동안 그는 다시 또 몸을 일으켰다. 나는 그에게서 눈을 떼지 않은 채 옷장 밑을 손으로 더듬거렸다. 그때 나는 권총이 옷장의 다른 쪽 모서리에 삐죽이 나와 있는 것을 모르고 있었는데, 그가 그것을 알고 있음은 직감으로 눈치챌 수 있었다. 우리는 서로 엉켜붙어 나뒹굴었다. 마치 덩치는 크지만 미련한 두 아이처럼 우리는 서로의 팔을 붙들고 온 마룻바닥을 굴러다녔다. 가운 밑으로는 그의 벌거 벗은 맨살이 드러나 염소 같은 냄새가 풍겼는데, 그가 내 위에서 구를 때면 숨이 막혀버릴 지경이었다. 나는 그를 밀어뜨렸다. 우리가 나를 넘어뜨렸다.

그들이 그를 넘어뜨렸다. 우리가 우리를 넘어뜨렸다.

나는 A. D 2천 년경쯤이나 이 책이 출판되어 읽히지리라고 추측한다(1935 더하기 80이나 90, 부디 오래 살기를, 내 사랑). 나이가 지긋한 독자들은 어린 시절을 보냈던 서부 생활을 떠올리게 될 것이다. 틀림없이, 그러나 우리의 난투극엔 황소라도 어리둥절하게 만들 무차별한 주먹질이 부족했고 가구도 얌전히 한 자리에 있었다. 그와 나는 더러운 솜과 넝마로 채워진 두 개의 커다란 허수아비였다. 한 사람은 마약으로 완전히 혼미 상태에 빠져있고, 다른 한 사람은 심장병과 너무 많이 마신 진 때문에 곤란을 겪고 있었다. 이 두 명의 문학가들 편에서 보자면 그것은 조용하고 부드러우며, 형태도 가늠할 수 없는 난투극이었다. 나의 귀중한 무기를 마침내 내 손 안에 넣었을 때, 그리고 시나리오 작가도 다시 자기의 낮은 의자에 가서 앉았을 때, 우리 둘은 싸움을 끝내고 도무지 어떤 짓도 할 수 없는, 소나 양을 치는 목동처럼 모두 숨을 거칠게 헐떡거리고 있었다.

나는 권총을 살펴봐야겠다고 생각했다. 우리가 흘린 땀이 권총의 부품이나 뭔가를 손상시켰을 것 같았다. 그리하여 본격적인 부분으로 들어서기 앞서 나는 심호흡을 했다. 그 틈에 나는 그에게, 내가 준 시의 형태에다가 즉석에서 만든 자신의 문장을 곁들여 읽어 볼 것을 제의했다. 이런 경우 가장 그럴 듯하게 사용될 수 있는 말은 '시적인 공정성'이었다. 나는 그에게 깨끗하게 타이프로 찍은 원고를 건네주었다.

"좋소. 기발한 생각이오. 책 볼 때 쓰는 안경 좀 가져오겠소."(그가 일어서려고 했다.)

"안돼!"

"좋소, 그럼 그냥 읽겠소. 커다란 소리로 읽을까요?"

"그러시오."

"자, 시작합니다. 시(詩) 형식으로 되어 있군요."

　죄악이란 것을 이용했기 때문에
　이용했기 때문에
　당신이 나의 불리함을 이용했기 때문에……

"좋아요. 너무나도 좋습니다."

　　……미합중국의 법과 날카로운 별들 앞에
　　아담처럼 벌거벗고 서 있었을 때

"오, 멋진 소재요!"

　　……롤리타의 침실과
　　결혼이라는 굉장한 사실을 꿈꾸며
　　그저 잘 되었으면 하고
　　속수무책의 힘없는 눈물만을 떨어뜨리고 있었을 때
　　당신이 죄악을 이용했기 때문에……

"잘 모르겠는걸."

　　당신은 나의 내면의
　　본질적인 순결을 이용했기 때문에
　　나를 속였기 때문에……

"같은 말이 조금 반복 되고 있군, 아, 어디더라?"

　　당신이 나의 구원을 기만했기 때문에
　　사내아이였다면 기구를 가지고 놀았을 나이의
　　그녀를
　　당신이 빼앗아갔기 때문에

"어, 점점 지저분해지는데?"

　　아직도 핑크빛 옷을 입고 있는 솜털같이 작은 소녀
　　구릿빛 인디언이 품삯을 받고 있는

물들어가는 어둠 속에서 여전히 팝콘을 먹고 있다.
밀랍 같은 이마를 가진 엄격한 보호자에게서
당신이 그녀를 훔쳤기 때문에
그의 무거운 눈꺼풀에 침을 뱉으며
그의 옷을 찢어서 벗기고, 그리고 새벽녘에
새로운 불안을 향하여 돼지 곁을 떠나갔기 때문에
사랑의 무서움과 오랑캐꽃
당신이 바보 인형을 발기발기 찢어서
인형 머리를 내팽개칠 때의
깊은 참회의 절망
이유는 당신이 저지른 모든 일 때문에
이유는 내가 하지 못한 모든 일 때문에 당신은 죽어야 한다.

"아, 정말 훌륭한 시로군요. 제가 아는 바로는 선생의 최고 걸작입니다."
그는 종이를 접어서 내게 다시 주었다.
나는 그에게 죽기 전에 해야 할 매우 중요한 유언이 없느냐고 물어보았다.
"내 말 좀 들어봐요." 그는 이렇게 말했다.
"당신은 지금 술에 취해 있고 나는 아픈 사람이오. 이 일은 당분간 연기하기로 합시다. 나에겐 지금 안정이 필요하오. 컨디션부터 회복해야 하겠단 말이오. 친구들이 나를 어느 시합에 데리고 가준다고 이따 오후에 이곳으로 오기로 했소. 이런 권총 소극은 곧 대단한 문제를 일으키겠지. 우리는 세상을 잘 아는 사람들이오. 모든 것을 다—사랑, 자유로운 시(詩), 사격술. 혹시 내가 원한을 살 일이라도 저질렀다면 톡톡히 보상해드릴 용의도 있소. 리오나 아니면 다른 어떤 곳에서 칼이나 권총을 들고 싸우는 구식 격투라도 벌이겠소. 나의 기억력이나 말주변이 그리 대단한 것은 못 되지만, 험버트 씨, 정말 당신도 그리 이상적인 의붓아버지는 못 되었던 것 같소. 내가 당신의 귀여운 따님에게 내게 와달라고 강요한 일은 한 번도 없었소. 그녀가 자청해서 자기를 좀 더 행복한 가정으로 데려다 달라고 했소. 이 집은 사랑하는 친구들과 함께 지냈던 그 목장처럼 현대적이진 않지만 여름에 시원하고 겨울엔, 한마디로 아늑해요. 이제는 아예 영국이나 피렌체에서 은거할 작정이니까 당신이 이 집으로 이사 오시면 어떨까요. 당신 것이에요, 공짜지요, 물론. 단, 내게 겨누고 있는 그 총부리를 거두어들인다는 조건이 붙습니다. 그건 그렇고, 혹시 괴상한 것을 좋아하시는지 모르겠습니다. 혹 관심이 있으시다면 제가 선생께 드리겠습니다. 역시 공짜랍니다. 유방이 세 개 달린 젊은 여인인데, 약간 자극적인 기형이죠. 그래도 한쪽 가슴은 굉장히 멋지답니다. 진기하고도 매혹적인 자연의 이변을 바라볼 수 있는데, 애완용으론 아주 그만입니다. 자, 이제 이성적으로 생각해보시오. 당신이 내게 심각한 상처를 입히면 내가 건강을 회복하는 동안 당신은 감옥에서 병들어가고 있을 것이오. 브루스터, 내가 약속합니다. 당신은 이 집에서 행복하게 사는 거예요. 으리으리한 지하실과, 나의 다음 작품에서 나오는 인세를 받고서 말입니다. 지금 당장은 은행구좌에 돈이 많지는 않지만 빌려볼 수도 있어요. 당신도 아시다시피 빌리고 빌리고 또 빌리는 거예요. 다른 유리한 점들도 있죠. 가장 믿을 만하고 매수하기 쉬운 잡역부가 한 사람 있어요. 비브리사 부인이라고 (이상한 이름이죠), 2주일에 두 번 마을에서 온답니다. 유감스럽게도 오늘은 아니군요. 그녀는 딸도 있고, 손녀딸들도 있어요. 나는 극작가죠. 나는 이제까지 미국의 마테를링크라고 불려왔어요. 마테를링크—슈메터링이란 바로 나를 말하는 겁니다. 그만둡시다. 모든 것이 다 창피하기만 할 뿐이오. 그리고 나는 내가 지금 옳은 일을 하고 있는지조차도 확신을 갖지 못하겠소. 마약을 럼주와 함께 해서는 안 돼요. 자, 순순히 그 총을 버리시오. 나는 당신의 사랑스런 아내를 조금 알고 있었지요. 내 옷장을 사용해도 좋습니다. 오, 또 있어요. 당신도 좋아하실 것 같아요. 이층에 올라가면 이색적인 것만 수집해놓은 것이 있는데, 이건 어디에도 없는 아주 독특한 것이죠. 한 가지만 얘기하자면, 탐험가이자 심리분석가인 멜라니 바이스가 펴낸 '바그레이션 섬'이라는 이절지로 된 호화판 책이 있어요. 굉장한 여자가 쓴 굉장한 책이죠. 총 내리세요. 책 속에는 8백여 개나 되는 남성의 신체구조의 사진들이 자세한 설명까지 곁들여 실려 있는데 그것은 1932년, 바르다 해에 있는 바그레이션 섬에서 그녀가 조사하고 측정했던 것들을 토대로 하고 있지요. 그 권총 좀 내리세요. 그리고, 그것이 실제로 재현되는 장소에도 가실 수 있도록 해드리겠습니다. 그곳 의자에 노란 페인트칠이 되어 있다는 사실을 아는 사람은 별로 없어요."

피용. 이번엔 딱딱한 것에 가서 맞았다. 돌리 실러의 집에 있던 것과 같은 검은 흔들의자의 등을 관통시켰던 것이다. 안쪽 표면에 총알을 맞은 의자가 어쩌면 그리도 빨리 흔들리는지, 누군가 그 방 안에 들어오는 사람이라도 있었더라면 아마 두 가지 기적을 보고 놀라 자빠졌을 것이다. 그 의자는 공포로 몸체를 온통 떨고 있었다. 그리고 내 자주색 목표물이 방금까지 앉아 있었던 그 안락의자는 텅 비어 있었다. 그는 손가락을 공중에 쳐들고 엉덩이는 재빨리 들어올린 채, 몸을 흔들면서 쏜살같이 음악실로 달아났다. 다음 순간, 우리는 열쇠가 꽂혀 있는 문고리를 잡고 양쪽에서 서로 밀고 당기느라 숨을 헐떡거렸는데, 그 방은 아까 내가 모르고 그냥 지나친 곳이었다. 다시 또 내가 이겼다. 그때였다. 도무지 종잡을 길 없는 클레어는 갑작스러운 행동으로 피아노 앞에 가서 앉더니, 턱을 달달 떨며 두 손은 팽팽하게 건반 위에 놓았다. 그리고 음을 콧바람으로 내보내며 시끄럽기 짝이 없는, 신경질적이고도 요란한 곡조를 몇 곡 두들겨대는 것이었다. 견딜 수 없는 그 곡조를 여전히 울려대면서 그는 피아노 가까이에 있는 선원의 트렁크 같은 것을 발로 열어보려고 했지만 허사였다. 나의 다음 총알은 그의 옆구리 어딘가를 맞추었다. 그는 마치 늙고 우울한 상태에서 미쳐버린 니진스키처럼, 그리고 그 옛날 나의 악몽처럼 의자에서 높이, 높이 솟아올랐다. 그 불길한 음악의 쩌렁쩌렁한 소리로 허공은 아직도 흔들리고, 그가 허공을 가르며 놀랄 만한 높이에까지 솟아오를 때 그의 머리도 고함소리로 뒤로 젖혀져 있었으며 한 손은 이마를 누르고 있었다. 그리고 다른 한 손으로는 말벌에라도 쏘인 것처럼 겨드랑이를 꽉 움켜쥐고 있었다. 그는 두 발로 땅을 짚으며 제대로 떨어지더니 여느 보통 사람처럼 홀을 향해 달려나갔다.

나도 그를 따라 홀로 달려갔다. 두 번, 세 번, 마치 캥거루가 뛰는 것처럼. 그리고 두 번을 더 튀어오르고, 문 중간에서는 발레를 하듯 팽팽하게 다시 튀어올랐다. 현관문이 제대로 닫혀 있지 않았기 때문이었다.

갑자기 근엄해진 그는, 그러나 다소 침울한 모습으로 넓은 계단을 걸어 올라가기 시작했다. 그래서 나는 그를 따라 올라가지는 않고 위치만 바꾸면서 재빠르게 3발인가 4발의 총알을 계속 쏘아댔다. 한 발 한 발이 모두 그에게 상처를 입혔다. 내가 그를 향해 방아쇠를 당길 때마다, 그 무서운 상처를 그에게 입힐 때마다, 그의 얼굴은 어릿광대 같은 모습으로 뒤틀렸다. 마치 고통을 과장이라도 하고 있는 것처럼, 반쯤 내리감은 눈을 천천히 굴리며 그는 여자 같이 '아!' 소리를 냈다. 그리고 총알이 자기 몸에 와 닿을 때까지 내가 자기를 간지럼이라도 태우고 있는 것처럼 몸을 흔들었다. 내 권총이 느리고, 졸렬하고, 눈먼 총알을 뿜을 때마다 그는 엉터리 영국 악센트를 섞어가며 (그러는 동안에도 얼굴은 무시무시하게 뒤틀리며 떨리고 있었지만, 이상스럽게도 초탈한, 거기에 인자하기까지 한 태도로 웃음까지 띠고) 지껄이고 있었다.

"아, 아파요. 선생, 이제 그만 됐소! 아, 지독하게 아파요, 선생. 제발 부탁이니, 그만하시오. 아…… 너무 고통스럽소, 너무 고통스러워요, 제발 ……하느님! 하! 이런 무시무시한 일이, 당신은 정말……"

넓은 층계참까지 이르는 동안 그의 목소리는 점점 작아졌다. 그러나 몸 속에 박힌 탄환에도 불구하고 그는 꿋꿋하게 걷고 있었다. 나는 그를 죽이고 살리는 문제를 떠나서, 총알이 마치 불로장수의 묘약이라도 되는 듯한 착각에 사로잡혔다. 이 불쌍한 사내에게 오히려 힘을 줬구나 하는 생각이었는데 그것은 참으로 고통스럽고 놀라운 느낌이었다.

시꺼멓게 피묻은 손으로 나는 권총에 다시 탄환을 집어넣었다. 그가 흘린 핏덩어리가 묻어 있는 어떤 것을 만진 나는 이층으로 도망친 그에게 가보았다. 호주머니 속의 열쇠들이 금처럼 딸랑거리고 있었다.

그는 장렬하게 피를 흘리며, 그리고 머리를 흔들면서 열린 창문을 찾으려고 이 방 저 방을 헤매고 다녔다. 그는 살인하지 말라며 아직도 나를 향해 중얼거리고 있었다. 나는 그의 머리에 총을 겨누었다. 그는 귀에서 푸른 빛이 도는 자줏빛 피를 쏟으며 침실로 도망쳤다.

"나가…… 나가란 말이야!" 기침을 토하며, 그리고 침을 튀기며 그가 말하고 있었다. 피를 튀기면서도 아직도 힘이 남아있는 이 남자는 침대 속을 파고들더니 흐트러진 잠옷으로 자기 몸을 감싸는 것이었다. 나는 넋 나간 사람처럼 경탄을 금하지 못하며 그 모습을 바라보고 있었다. 나는 매우 가까운 거리에서 담요를 향해 다시 쏘았다. 그가 뒤로 나자빠졌다. 마치 껌처럼 커다란 핑크색 거품이 무언가 알아들을 수 없는 말과 함께 그의 입술에 떠오르더니 장난감 풍선만큼 커졌다. 그러고는 없어져버렸다.

약 1, 2초 가량 나는 현실세계를 벗어나 있었던 것 같다. 아, 그가 흘린 핏방울 하나하나가 다 나에게 책임이 있었다는 사실을 강조하고 싶다. 그러나 순간적인 착각이 일어난 나는 부부의 침실에라도 와 있는 듯싶었으며 침대에는 샬로트가 아파 누워있는 것 같았다. 퀼티는 금방이라도 죽을 것 같았다. 나는 권총 대신 그의 슬리퍼 한 짝을 주워들었다. 나는 권총을 깔고 앉아 있었다. 침대 옆에 놓인 의자로 옮겨 자세를 좀 더 편안하게 취하고 앉아서 나는 손목시계를 들여다보았다. 유리판은 어디론가 달아나고 없었지만 시계는 똑딱똑딱 가고 있었다. 따져보니 이 슬픈 사건은 한 시간 이상이 걸렸다. 그에게선 마침내 아무 소리도 들려오지 않았다. 마음이 편안해지기는커녕, 이제까지 내 마음을 따라다니던 것보다 더 크고 무거운 짐이 나와 함께, 나를 감싸고 나를 뒤덮었다. 그가 정말로 죽었는지를 확인하려면 그를 만져봐야 할 텐데 도무지 그럴 마음이 내키지 않았다. 보기에는 죽은 것 같았다. 그러나 내 손이 죽은 사람의 손보다 결코 나은 것이 못 되었다. 나는 옆에 붙어있는 목욕탕에 들어가 손을 말끔하게 씻었다. 이제야 떠날 수 있을 것 같았다. 층계참의 복도를 걸어가다가 나는 깜짝 놀랐다. 내 귀에서 울리는 이명이려니 하고 별 대수롭지 않게 여겼던 여러 가지 왁자지껄한 소리는 바로 아래층 응접실에서 들려오는, 사람들과 라디오 노랫소리였던 것이다.

나는 몇 명의 손님들이 막 도착해서 퀼티의 술을 퍼마시며 떠들고 있음을 알았다. 안락의자에는 웬 뚱뚱한 사내가 앉아 있었다. 그리고 기다란 의자 위에는 키가 큰 여자와 작달막한(거의 어린애에 가까웠다) 검은 머리의 창백한 젊은 미인 둘이(자매간임에 틀림없었다) 나란히 얌전하게 앉아 있었다. 사파이어 빛 푸른 눈동자를 지닌 친구는 부엌에서 술잔 두 개를 들고 나오는 중이었는데, 부엌에서는 둘인지 셋인지 모를 여자들이 종알거리며 얼음을 깨고 있었다. 나는 출입구에 멈춰 서서 이렇게 말했다.

"내가 방금 클레어 퀼티를 죽였소."

"잘했군."

긴 의자 위에 앉아 있는 언니에게 술잔 하나를 건네주며 혈색 좋은 사내가 말했다.

"진작 누가 그렇게 했어야 했는데……"

뚱뚱한 남자의 응답이었다.

"토니, 그분이 뭐라는 거예요?"

빛바랜 금발의 여자가 묻는 소리가 부엌에서 들려왔다.

"응."

다시 혈색 좋은 친구의 대답,

"큐를 죽였대."

"잘했소."

레코드를 찾느라 몸을 구부리고 있던 정체불명의 사나이가 구석에서 몸을 일으키며 말했다.

"우리도 언젠가는 그를 죽이려고 했었으니까."

"아무튼"

토니가 말했다.

"그 시합에 가려면 그를 더 이상 기다리고 있을 시간이 없어요."

"누가 저 사람한테 한잔 권하지 그래."

뚱뚱한 사내의 말.

"맥주하시겠어요?"

바지를 입은 여인이 맞은편에서 나를 향해 맥주를 쳐들어 보이며 말했다. 긴 의자 위의 두 여자는 둘 다 검은 옷을 입고 있었고, 동생은 하얀 목덜미 위에서 반짝이는 무엇인가를 손가락으로 만지작거리고 있었다. 하지만 아무 말도 하지 않고 다만 미소를 머금은 것만으로, 아주 천진스럽고 아주 귀여웠다. 음악이 잠시 끊기더니 계단에서 갑작스러운 소동이 들려왔다. 토니와 내가 홀로 뛰어나갔다. 우리들의 퀼티가 기를 썼는지 어떻게 가까스로 층계 중간까지 기어나와 있었다. 그는 축 늘어져서 소리를 몇 번 내더니 그대로 무너지고 말았다. 이번에는 영원히, 자줏빛 덩어리가 되어.

"서둘러, 큐. 나는 믿어요, 그는 아직도……"

토니가 웃으며 말했다. 그는 객실로 돌아가고 있었다. 음악 소리 때문에 그의 마지막 말은 들리지 않았다.

나는 혼잣말로 중얼거렸다. 이것이 퀼티가 나를 위해 공연한 연극의 마지막이로군. 무거운 마음을 끌어안은 채 나는 그 집을 나와 불꽃같은 햇빛 속을 뚫고 자동차 있는 곳으로 걸어갔다. 다른 자동차 두 대가 내 차의 양쪽에 주차하고 있었기 때문에 차를 돌려 나오느라고 무척 고생을 해야 했다.

 나머지 이야기는 조금 단조로운 편이고 시들하기까지 하다. 나는 언덕 아래로 천천히 차를 몰았다. 그러다가 나는 내가 파킹턴과는 정반대 방향으로 가고 있다는 것을 알았다. 우의는 객실에, 그리고 나의 파트너는 목욕탕에 그냥 놔두고 왔다. 아무리 생각해도 그곳은 내가 살고 싶어 했던 집이 아니었다. 어떤 천재적인 외과의사가 만약 퀼티를 다시 소생시킴으로써 자신의 경력만이 아니라 어쩌면 인류 전체의 운명까지도 뒤바꾸어 놓는다면 어떻게 될까 하고 부질없는 생각을 해보았다. 어찌 됐든 내가 상관할 바는 아니었다. 이 모든 혼란의 덩어리를 우선 잊어버리고 싶었다. 그가 정말 죽었다는 것을 알았을 때 내가 느꼈던 유일한 만족감이란, 모든 종류의 수술과 병의 재발로 생기게 마련인 고통스럽고 지긋지긋한 그 회복기를 당분간은 정신적으로 맛보지 않아도 된다는 것이었다. 그리고 그가 귀신이 아니라 정말로 살아있는 사람이라고 그의 존재를 합리화시킬 때마다 느꼈던 그 괴로움을 이제는 더 이상 맛보지 않아도 된다는 안도감이었다. 모든 인간들이 시각보다는 훨씬 덜 중요하다고 생각하는 그 촉감이라고 하는 것은 결정적인 순간엔 현실을 느끼는 중요한 수단이 된다. 나는 온통 퀼티로 뒤덮여 있었다―피가 역류하기 전의 그때의 그 감촉으로.

 도로는 탁 트인 시골 풍경을 따라 펼쳐져 있었는데, 그때 이런 생각이 떠올랐다(반항 때문도 아니고, 상징이나 그 어떤 이유에서도 아니며, 단지 이상한 경험에 의해서). 그것은 이제껏 내가 인생의 모든 법칙도 무시해온 사람인데 이까짓 교통법규쯤이야 하는 생각이었다. 그래서 나는 도로의 왼편으로 꺾어 들어가보았다. 기분이 그럴 듯했다. 횡경막이 다 녹아내리는 듯한 유쾌한 기분이었다. 도로의 반대방향을 유유히 달리는 것만큼 기본적인 물리 법칙을 무시하는 물리적인 행위는 또다시 없을 거라는 생각으로 이 같은 기분은 더욱 고조되고 있었다. 어느 면에서 그것은 정신적인 충동이었다. 시속 20마일을 초과하지 않는 속도로 부드럽게, 그리고 꿈꾸듯이 거울 같은 도로 위를 미끄러져나갔다. 교통은 그렇게 복잡하지 않았다. 이따금씩 맞은편에서 달려오던 차들이 내 옆을 스쳐가며 위기일발로 무지막지한 소리의 경적을 울렸다. 나를 향해 달려오던 자동차들은 하나같이 비틀거리며, 급히 핸들을 틀었다. 한마디로 아비규환이었다. 나는 인가가 있는 곳으로 다가가고 있었다. 빨간 불도 무시하고 그냥 달리는 것은, 어렸을 적 먹지 말라는 포도주 한 모금을 슬쩍 훔쳐 마시는 기분이었다. 그러는 사이 골치 아픈 일이 일어나고 있었다. 따라오며 나를 에워싸는 무리가 있었던 것이다. 이윽고 자동차 두 대가 내 앞을 정면으로 가로막고 서더니 완전히 내 앞길을 차단하고 말았다. 나는 점잖게 차를 옆으로 댔다. 그리고 나의 차는 급히 두세 번 껑충 뛰어오른 후 놀란 소들을 헤집고 풀이 많은 언덕을 향해 기어올라갔다.

나는 곧 차에서(안녕, 멜모스, 그동안 수고 많았네) 끌려나왔다. 그들이 내 주위를 오가며 마치 환자를 다루듯 조심스럽게 나를 쉬게 하고, 마음 편하게 모든 것을 깨끗이 포기시키는 동안 나는 정말이지 타협할 생각 같은 건 털끝만큼도 갖고 있지 않았다. 그들의 많은 손에 내 몸을 맡겨버릴 생각만 하고 있었다. 그들은 나의 무기력을 대단하게도 칭찬하는 것이었다. 경찰과 앰뷸런스가 나에게 제공해 준 아주 훌륭했던 지원에 대해 스스로 대단한 만족을 느끼고 있었다. 그리고 그들이 높은 비탈길로 나를 찾아올 때까지 기다리는 동안, 나는 내가 마지막으로 보았던 경이롭고 절망적인 환상을 다시 한 번 생각했다. 가슴이 시원하도록 기침을 한 후 나는 둥근 돌 위에 걸터앉아 잠시 쉬었다가, 이 달콤한 공기가 건강에 좋겠구나 싶어 낭떠러지 쪽 나지막한 돌난간을 향해 조금 걸어나갔다. 작은 메뚜기들이 도로변의 시들어빠진 잡초더미 속에서 튀어나왔다. 아주 가벼운 구름이 두 팔을 벌리고, 하늘하늘 느릿한 동작으로 흐르고 있는 약간 더 무거운 구름을 향해 떠가고 있었다. 이미 내게는 익숙해져버린 심연의 깊은 나락, 나는 내 밑의 계곡의 조그마한 탄광도시에서 수증기처럼 올라오는 소리가 서로 음악적인 조화를 이루고 있음을 깨달았다. 기하학적으로 펼쳐진 거리들, 붉은 블럭과 회색 지붕들, 초록빛으로 부풀어오른 나무들, 뱀처럼 흘러가는 시냇물, 광석 같은 풍부한 광채로 번뜩이는 도시의 쓰레기들이 보였다. 마을 건너편으로는 어둡고 희미한 들판을 이불처럼 덮은 도로가 십자형으로 교차하고 있었고, 그 뒤로는 숲들이 펼쳐져 있었다. 그러나 이와 같이 묵묵히 서로를 감싸는 빛깔들보다 더 밝고 빛나는 것이 있었으니—빛깔과 그림자가 멋스럽게 한데 어우러져서 서로를 즐기고 있었는데, 눈으로 보기보다는 귀로 듣기에 더욱더 선명하고 꿈결 같았다—그것은 한순간도 그치지 않고 쌓이는 소리의 공허한 울림이었다. 남자들은 밖에 일하러 나가고 없는, 환히 내려다보이는 저 마을의 거리로부터 들려오는 것은 오직 이 소리뿐이라는 것도 알았다. 독자여! 내 귀에 들려왔던 것은 힘차게 뛰어 노는 아이들의 소리였다. 오로지 그것이었다. 공기가 너무나도 밝고 투명하다보니, 뚝뚝 끊겨서 전해져오는 아이들의 자지러지는 웃음소리와 방망이 휘두르는 소리, 장난감 자동차의 덜컹거리는 소리까지도 섬세하게 들려왔던 것이다. 뚜렷하고도 섬세하게, 먼 곳에서도 신비할 정도로 가깝게, 거칠 것 없이, 그러면서도 아련하게 들려오던 아이들의 뒤섞인 음성. 그러나 이 모든 것은 눈으로 그 움직임을 확인할 수 있는 성질의 것이 아니었다.

나는 높은 언덕바지에 서서 음악소리와도 같은 그 작은 울림에 귀를 기울였다. 햇살처럼 들려오는 아이들의 그 외침 한 마디 한 마디를, 그러고 나서 나는 깨달았다. 지금 나에게 가장 절망적으로 상처를 주는 대목이란 롤리타가 내 옆에 없다는 사실이 아니라, 저 화음 속에 롤리타의 목소리가 빠져 있다는 사실이라는 것을.

이것이 나의 이야기다. 나는 읽고 또 읽어보았다. 거기에는 진실의 알맹이가 더러 있었으며, 피도 있고, 아름다우면서 밝은 초록의 잎사귀들도 있다.

가끔 이상한 버릇이 나올 때마다 나는 내 본질이 내게서 빠져나가 스스로 의도한 것 이상의 훨씬 깊고 어두운 물속으로 들어가고 있는 것도 느꼈다. 사람들에게 상처를 주지 않으려고 가능한 한 위장을 했다. 나에게 알맞은 이름이 생각나지 않아 여러 개의 가명을 가지고 행세해보기도 했다. 메모에 적혀 있는 것을 보면 '오토 오토'라든가 '메스머 메스머' 또는 '램버트 램버트' 따위가 있지만, 그래도 맨 나중에 선택한 이름이 추잡스러움을 가장 잘 나타내주고 있다는 생각이 든다.

처음에는 감시를 받은 정신과 병동에서, 그리고 지금은 무덤 같기는 하지만 난방시설이 잘 되어 있는 이 독방에서 《롤리타》를 쓰기 시작했을 때, 그러니까 56일 전의 일이다. 나는 재판 때 이 기록들을 모조리 사용하리라고 생각했었다.

물론 그것은 나의 목숨을 구원하기 위해서가 아니라 나의 영혼을 구원하기 위해서였다. 그러나 반쯤 써내려가다 보니 살아있는 롤리타를 대중에게 드러내서는 안 된다는 것을 알았다. 나는 이 회고록의 일부분을 공개되지 않는 경우에 한해서 사용할 수 있지만, 지금 당장 책으로 출판되어 나오는 것을 원치 않는다.

내 나름대로의 어떤 뚜렷한 이유 때문에, 나는 사형제도에 반대한다. 이와 같은 주장에는, 형을 언도하는 판사들도 언젠가는 나와 의견을 같이 하리라고 믿어 의심치 않는다. 내가 만약 나에게 형을 내린다면, 나는 험버트에게 강간죄에 해당하는 부분에 대해서는 최소한 35년을 선고했을 것이고, 그 나머지 죄는 기각해버렸을 것이다. 설사 그렇게 된다고 하더라도 돌리 실러가 나보다는 몇 년을 더 살게 될 것이 분명하고 그녀가 이 세상 사람이 아닐 때 비로소 이 책이 출판되어야 한다는 것이었다.

그러므로 독자들이 이 책을 펼칠 즈음에는 우리 두 사람 중 어느 누구도 살아있지 않을 것이다. 그러나 글을 쓰고 있는 이 손에서 피가 뛰고 있는 동안에는, 너는 많은 부분을 축복받고 있는 것이며, 그리고 나는 너와 이야기를 나눌 수가 있는 것이다. 여기서 알래스카까지도, 딕에게 충실해라, 다른 놈들이 너를 만지지 못하도록 해야 한다. 모르는 사람들에겐 말도 걸지 말고, 네 아기를 사랑하기 바란다. 사내아이라면 좋겠구나. 네 남편은 언제나처럼 너에게 잘해 줄거야. 또 그러기를 바라겠다. 그러나 만약 그렇지 못 할 때는, 그때는 내가 시꺼먼 연기 같은, 아니 미친 거인 같은 유령이 되어서 그에게 나타나 신경의 한 올 한 올을 다 풀어헤칠 것이다. 클레어 퀼티를 동정하지는 말아라. 그와 험버트 험버트, 둘 중의 하나를 선택해야 했고, 그보다는 험버트 험버트를 두 달이라도 더 오래 살게 하고 싶었으니까. 그렇게 함으로써 너를 후세 사람들의 마음속에 오래도록 살아있게 하고 싶었던 것이다.

나는 지금 들소(알타미라 벽화에 그려진 들소, 1627년 없어짐)와 천사를 생각하고 있다. 오래 지워지지 않는 그림물감의 비결과 예언의 소네트를, 그리고 예술의 피난처를. 이것이 롤리타, 너와 내가 나누어 가질 수 있는 유일한 영원한 생명인 것이다, 나의 롤리타.

《롤리타》 나의 책에 대하여

블라디미르 나보코프

《롤리타》의 머리글을 쓴 친근한 사람, 존 레이의 형상화를 끝내고 나서 내가 무슨 말을 하건 사람들은 그것이 자신의 책에 대해 말하는 나보코프의 형상화라는 인상을 받았을지도 모른다. 사실은 내가 그런 인상을 받은 것 같다. 그러나 몇 가지 점에 대해서는 언급을 해야만 하고, 자전적 이야기를 하다보면 모방자와 모델이 한데 섞이게 될지도 모른다.

문학교수란 흔히 '저자의 목적은 무엇인가?' 아니면 좀 덜 점잖은 표현으로 '그 친구 도대체 뭘 말하려는 거야?' 하는 질문을 떠올리기 쉽다. 그래서 말해두지만, 나는 일단 책을 쓰기 시작하면 그것을 끝내야겠다는 생각 외에는 다른 생각을 하지 않는 타입이다. 어떻게 그걸 쓰게 되었느냐, 어떤 과정을 거치느냐 등의 질문을 받았을 때, 영감과 배합의 상호작용이라는 낡은 용어들에 의지하는 그런 작가 말이다. 마치 마술사가 어떤 마술을 설명한답시고 다른 마술을 더 보이는 것처럼 들릴 것이다.

《롤리타》의 희미한 고동을 내가 처음 느낀 것은 1939년 끝무렵인가 1940년 초로 파리에서 심한 늑골신경통으로 누워있을 때이다. 기억을 더듬어 보면 처음 그 떨리는 영감은 신문 기사 때문이었다. 식물원 원숭이가 여러 달 동안 과학자에 의해 훈련받아, 동물로서는 처음으로 목탄을 들고 그림을 그렸다는 기사였다. 그 스케치에는 불쌍한 동물이 갇힌 우리 창살이 그려져 있었다. 나는 신문기사를 보고 느꼈던 충동을 글로 적어놓았는데, 그것은 그 뒤로 계속되었던 일련의 사고들과 텍스트적으로 연관성을 갖지는 않았다. 하지만 그 기사를 읽은 뒤 떠올랐던 일련의 생각들이 약 30쪽 되는 단편소설을 낳아, 지금 소설의 원형이 된 것만은 사실이다. 나는 그것을 1924년 이래 내가 창작에 써왔던 러시아어로 썼다(그 중 최고의 작품은 영어로 번역되지 않았고, 정치적인 이유에서 러시아에서는 모두 판매금지되었다). 주인공 아서는 중부 유럽에서 태어났고, 익명의 요정(성적 매력을 가진 여자아이)은 프랑스인, 그리고 무대는 파리와 프로방스이다. 아서는 병치레가 잦은 소녀의 엄마와 결혼하였으나, 그녀가 죽자 호텔 방에서 그 고아를 유혹하려다 실패한다. 결국 아서는 기차 바퀴 아래로 몸을 던진다. 나는 이 단편소설을, 파란 종이로 창문을 가린 전시 중의 어느 밤에 벗들 앞에서 낭독한 일이 있다. 바로 마크 알다노프, 두 사회혁명당원, 그리고 한 여의사 앞에서였다. 하지만 나는 이 작품이 마음에 들지 않아, 1940년 미국으로 건너가 얼마 뒤 원고를 없앴다(실제 이 원고는 1964년에 발견되어 1985년에 아들 드미트리에 의해 영문판 《The Enchanter》라는 제목으로 출판된다. 번역서 제목은 《매혹자》이다).

1949년 무렵, 뉴욕 주 중부 이타카에 살고 있을 때 아직 완전히 사라지지 않은 그 고동 소리가 또다시 나를 괴롭히기 시작했다. 마음의 다짐이 새로운 열의를 가지고 영감에 합류했고, 이 주제를 다시 다루어 이번엔 영어로 써볼 생각이었다. 상트페테르부르크에서 1903년 무렵, 나는 가정교사 레이첼 홈으로부터 처음 영어를 배웠다. 아일랜드인의 피도 섞인 요정은 실제로 예전의 작품 속에 등장하는 아이와 거의 같은 어린 딸로, 주인공이 그 애의 엄마와 결혼한다는 기본적인 구상도 그대로 남았다. 하지만 그 밖의 점에서는 작품이 완전히 새로워지고, 장편소설로서의 발톱과 날개가 은밀하게 자라나기 시작했다.

몇 번이나 중단되고 옆길로 새는 바람에 느리게 진행되었다. 나는 러시아와 서유럽을 새로 만들어내는 데 40년 정도 걸렸지만, 이번에는 미국을 새로 만들어내야 하는 과제에 직면해 있었다. 적은 양의 평균적 '현실성'(묶음표 없이는 의미를 갖지 않는 말)을 개인적인 몽상에 주입하는 데 필요한 지역에 관한 자료들을 입수하는 것은, 모든 것을 자동적으로 수용하고 기억하던 청년시절에 비해 50세가 된 나로서는 매우 어렵다는 사실을 깨달았다. 다른 집필 활동도 끼어들었다. 미완성 원고를 태우려고 한두 번 잔디 위 기울어진 소각로의 그림자가 드리운 곳까지 가지고 갔지만, 파기된 작품의 망령이 평생 나의 파일에 달라붙어 따라다닐 것 같아서 그만두었다.

해마다 여름이 오면 나는 아내와 함께 나비 수집에 나섰다. 표본은 모두 하버드대학 비교동물학 박물관이나 코넬대학 컬렉션 등 과학기관에 기증했다. 나비 아래에 핀으로 고정된 수집 장소를 나타내는 라벨은, 파묻힌 전기(傳記)를 발굴하는 것을 취미로 삼는 21세기 학자에게는 도움이 될 것이다. 나는 밤이나 흐린 날에 기운을 가다듬어 다시 《롤리타》를 집필하곤 했다. 콜로라도 주의 텔루라이드나 와이오밍 주의 에프턴, 애리조나 주의 포탈, 오리건 주의 애쉬랜드와 같은 곳이 내가 거점으로 사용했던 장소였다. 원고를 끝낸 것이 1954년 봄으로, 곧바로 출판사를 찾아 나섰다.

처음엔 뛰어난 통찰력을 가진 벗이 권유했던 대로 익명 출판을 조건으로 할 정도로 나는 기가 죽어 있었다. 그 뒤 곧 가면을 쓴다는 것은 본디의 취지에 어긋난다는 것을 깨닫고 《롤리타》에 서명을 해서 출판하기로 결정했지만, 앞으로 그것을 후회할 거라고는 생각하지 않았다. 원고를 받아본 미국 출판사 W, X, Y, Z는 편집자에게 책을 읽히고 《롤리타》에 충격을 받았지만, 그것은 통찰력이 뛰어난 옛 벗 F. P.도 예상치 못했을 정도였다.

고대 유럽에서, 그리고 18세기에 들어서서도(뚜렷한 예를 프랑스에서 볼 수 있다) 의도적인 외설은 희극 장면이나 대담한 풍자, 또는 훌륭한 시인이 방자한 기분으로 드러내는 정력과 무관하지 않다. 또한 현대에도 '포르노그래피'라는 용어가 평범함이나 상업주의, 말하는 방식의 어떤 엄격한 규칙들을 암시한다. 외설이 평범함과 항상 같이 하는 까닭은, 모든 종류의 미적 쾌락이 소박한 성적 자극으로 완벽하게 대치될 수 있어야 하기 때문이다. 물론 이때 성적 자극은 환자에게 직접적인 영향을 미치는 전통적인 말이어야 한다. 포르노그래피 작가가 과거의 엄격한 규칙을 준수하는 것은, 예컨대 추리소설 애독자가 느끼는 흡족한 만족감 같은 것을 환자에게 느끼게 하기 위함이다. 이런 소설에서는 조심하지 않으면 진짜 범인은 실은 예술적인 독창성의 이유로 애독자를 분통 터지게 할지도 모른다(예를 들어 대화가 하나도 없는 추리소설을 도대체 누가 읽고 싶겠는가?). 따라서 포르노그래피 소설에서 행동은 상투적인 말들의 접합점에서 멈춘다. 문체·구조·이미지는 독자를 미지근한 욕정 속에 계속 놓아두어야 한다. 소설에서 성적인 장면은 연이어 나와야만 한다. 그 사이를 채우는 문장은 의미를 계속 이어가고, 간단한 디자인을 가진 논리나 짧은 제시 또는 설명으로 독자는 그것을 건너뛰어 읽기는 하지만, 속았다는 생각은 하지 않도록 그런 부분이 제대로 있다는 것만은 알 필요가 있다. 게다가 책 속의 성적 장면은 점점 강해지는 선을 따라 앞으로 나아가야 하고, 새로운 얘기, 새로운 조합, 새로운 섹스가 더해져서 참가자의 수도 점점 늘어난다(사드의 연극에서는 정원사까지 불러들인다). 따라서 책의 마지막은 처음 몇 장보다도 외설적인 일화로 채워진다.

《롤리타》첫머리의 기교(예를 들면 험버트의 일기) 때문에, 맨 처음 이 책을 읽은 사람들 중에는 포르노라고 오해한 사람도 있었다. 그런 독자는 에로틱한 장면이 점점 많아지기를 기대했다. 그렇지 않으면 독자는 읽기를 그만두고, 지루하고 속았다는 생각을 하게 된다. 네 개 출판사 모두 원고를 끝까지 읽지 않은 것은 이것이 하나의 이유가 아닐까? 그들이 이 소설을 포르노라고 생각했는지의 여부는 나로서는 흥미가 없다. 그들이 이 책을 거절한 것은 주제를 다루는 방법이 아니라 주제 그 자체에 원인이 있었다. 왜냐하면 대부분의 미국 출판사에서 금기로 삼는 주제가 적어도 세 가지나 있었기 때문이다. 나머지 두 주제는 다음과 같다. 하나는 흑인과 백인이 결혼하여 완벽한 성공을 거두고, 아이들과 손자들을 많이 낳는 것이다. 또 하나는 완전한 무신론자가 다른 사람에게 도움이 되는 행복한 삶을 보내고, 106세에 잠자다가 죽는 줄거리이다.

매우 흥미로운 반응도 있었다. 어느 편집자는 만일 내가 롤리타를 12세의 소년으로 바꾸어 그 아이가 농부 험버트에게 으스스하고 황량한 분위기의 헛간에서 욕보이는 줄거리로 하고, 문체는 짧고 강렬하게 사실적인 문장으로 한다면('그의 행동은 난폭하다. 어쩌면 우리의 행동도 난폭하다. 그리고 아마도 신의 행동도 난폭하다' 등), 한번 검토해 보겠다는 것이었다. 내가 상징이나 우화를 혐오하는 것 정도는 누구나 다 알고 있을 것 같은데도(이것은 프로이트식 신비주의를 예부터 고집해 왔기 때문이고, 문학적 신화학자나 사회학자들에 의해 고안된 일반론을 혐오하기 때문이다), 제1부만을 속독한 지적인 독자는 《롤리타》를 '늙은 유럽이 어린 미국을 타락시킨 이야기'라고 쓰거나, 또 어느 독자는 '젊은 미국이 늙은 유럽을 타락시킨 이야기'라고 읽기도 했다. X 출판사는 험버트에게 질려 188쪽 이상은 읽기 힘들었고, 제2부가 너무 길다고 순진하게도 나에게 써보내왔다. 또 Y 출판사는 유감스럽지만 이 책에는 선량한 사람이 전혀 등장하지 않는다고 했고, Z 출판사는 만일 《롤리타》를 출판한다면 우리 모두 감옥에 가야한다고 말했다.

자유로운 국가에서는 어느 작가도 미적인 것과 관능적인 것의 엄밀한 차이에 신경쓰지 않는다고 여겨진다. 이것은 바보 같은 이야기이다. 젊고 잘생긴 포유동물들에게 잡지에서 포즈를 취하게 하고, 그 네크라인이 과거의 주인이 껄껄 웃을 정도로는 낮게 파이고, 미래의 주인이 눈썹을 찡그리지 않을 정도로는 높이 올라가 있다는 판단력을 나는 칭찬할지언정 그것과 맞설 생각은 없다. 평범한 작가들이 굳은 손가락으로 타자를 치고, 삼류 비평가들이 '힘차다', '신선하다'고 거듭 칭찬하는, 절망적으로 진부하고 장대한 소설에 나오는 벽에 쓴 단어들을 보고 간지럼을 타는 독자들도 아마 있을 것이다.

심성이 착한 사람들 중에는 《롤리타》에서는 배울 게 하나도 없어 무의미하다고 말하는 사람도 있을 것이다. 나는 교훈적 소설의 독자도 아니고 작가도 아니다. 존 레이가 뭐라고 말하든 《롤리타》는 교훈을 전혀 주지 않는다. 나에게 픽션은 거칠게 말해 미학적 지복을 주는 한 존재한다. 그것은 어딘가에서 예술(호기심·사랑·배려·황홀감)이 규범이 되는 다른 존재 상태로 이어진다는 의식이다. 그런 책은 흔하지 않다. 그 밖엔 모두 시사적인 쓰레기, 사상소설이라 불리는 것들로 시대에서 시대로 조심스럽게 이어지다가 커다란 석고 덩어리로 버려진다. 곧 누군가가 망치를 들고 나타나 발자크나 고리키 또는 토마스 만을 마음껏 부숴줄지 모른다.

독자의 다른 비난으로는 《롤리타》가 반미적이라는 것이 있다. 이것은 부도덕적이라는 어리석은 비난보다도 훨씬 나에게 와 닿는다. 깊이와 원근감(교외의 잔디밭, 산간 목초지)을 고려해서 나는 수많은 북아메리카를 무대로 한 세트를 짜보았다. 나에게는 자극적인 환경이 필요했던 것이다. 속물의 품위 없는 것만큼 자극적인 것은 없다. 하지만 속물의 품위 없다는 것을 말한다면, 유라시아 대륙의 매너와 북아메리카 대륙의 매너 사이에는 본질적인 차이는 없다. 시카고 태생의 프롤레타리아가 공작(公爵) 못지않은 부르주아(플로베르적인 의미에서)가 되는 경우도 있다. 내가 스위스 호텔이나 영국 여관이 아니라 미국 모텔을 고른 것은 단순히 내가 미국 작가가 되고자 하고, 다른 미국 작가가 누리는 것과 같은 권리만을 주장하기 위해서이다. 한편 내가 만들어낸 험버트는 외국인으로서 무정부주의자이고, 요정 이외에도 내가 그와 맞지 않는 점은 아주 많다. 그리고 나의 러시아어 작품의 독자라면 나의 구세계(러시아·영국·독일·프랑스)가 나의 신세계와 전적으로 같아서 모두 환상적이고 은밀한 세계라는 것을 알고 있을 것이다.

여기서 불만이나 털어놓는 꼴이 되지 않기 위해, 《롤리타》를 원고나 올림 피아 출판사의 초판본으로 읽고 '왜 이런 걸 썼을까?'라든가 '왜 이런 미친 이야기를 읽어야 하지?' 생각한 얌전한 독자들과 달리, 나의 책을 잘 이해해 준 현명하고 감수성이 풍부하며 신뢰가 가는 사람들이 많다는 것도 이야기 하겠다.

진지한 작가라면 누구나 자신이 발표한 작품이 끊임없이 위로를 준다는 것을 잘 알고 있다. 그 표시등은 지하실 어딘가에서 끊임없이 켜져 있어서, 감추어 둔 자동온도조절 장치에 조금이라도 닿으면 이내 따뜻한 온기를 내 뿜는다. 책의 빛은 멀리 있어도 항상 가까이 다가갈 수 있는 곳에 있고, 그 것이 친근하게 다가오고 예견된 윤곽과 색채에 일치할수록 풍부하고 순조로 운 빛을 낸다. 그렇다 하더라도 책의 다른 부분보다도 간절히 떠오르거나 사 랑을 느끼고 즐길 수 있는 어떤 지점, 샛길, 마음에 드는 곳은 분명히 존재 한다. 1955년 봄에 교정을 본 이후 나는 《롤리타》를 다시 읽은 적은 없지만, 그래도 나에게는 기쁨으로 가득 찬 존재이고, 안개 저편에서 틀림없이 밝게 빛날, 여름날 태양과 같다.

그래서 내가 《롤리타》를 생각할 때면 늘 각별한 즐거움으로 택소비치나 람 스데일의 학급 출석부, '방수(防水) 시계죠'라고 말하는 샬로트, 험버트의 선물을 향해 서서히 다가가는 롤리타, 게스톤 고댕의 다락방에 걸린 사진, 케스빔 이발사(그를 그리는 데 한 달이 걸렸다), 테니스를 치는 롤리타, 엘 핀스톤 병원, 창백하고 사랑스럽고 돌이킬 수 없던 임신한 돌리 실러가 그레 이 스타(이 책의 수도(首都))에서 죽어가던 모습, 그리고 산자락에 들어앉 은 골짜기 마을 멀리서 들리던 아이들 노는 소리가(거기서 나는 리케이데스 서블리벤스 나보코프라는 새로운 종류의 나비 암컷을 잡았다) 떠오른다. 이 것들은 이 소설의 중추신경이다. 또한 비밀스런 점이고, 의식 아래의 좌표이 며, 그것을 바탕으로 이 책은 구성되어 있다. 오로지 나는 확실히 알고 있지 만, 이런 것들이나 다른 장면은 이 책을 《쾌락을 추구하는 어느 여자의 회고 록》이나 《그로스비의 사랑의 편력》 계열의 책이라는 인상으로 읽기 시작하는 독자에게는 기껏 그냥 건너뛰거나, 알아채지 못한 채로 끝마치거나 아니면 처음부터 거기까지 다 읽지도 못할 것으로 남을 것이다.

내 소설이 성도착자의 생리학적 충동에 대해 여러 언급을 포함하고 있는 것은 사실이다. 하지만 결국 우리들은 어린애가 아니고, 문맹의 비행소년도 아니며, 동성애를 즐기고 난 뒤 그리스 로마의 고전을 삭제판으로 읽어야 하는 모순을 견뎌야만 하는 영국 공립학교의 학생들도 아니다.

어떤 나라, 어떤 사회계층 또는 작자에 대하여 정보를 얻기 위해 허구작품을 연구하려는 생각은 어린애 같은 생각이다. 그런데도 나의 친한 벗 하나는 《롤리타》를 읽은 뒤 내가(바로 내가!) '이런 우울한 사람들에게 둘러싸여' 살고 있는 것을 진심으로 걱정해주었다—내가 실제로 불편하게 느끼는 것은, 작업실에서 폐기된 손발과 미완성인 채로 끝나버린 몸통과 함께 살고 있다는 것뿐이다.

올림피아 출판사가 파리에서 이 책을 출판하고 난 뒤 어느 미국 비평가는, 《롤리타》는 나와 로맨틱한 소설과의 연애 이야기라고 썼다. 이 '로맨틱한 소설'이라는 부분을 '영어라고 하는 언어'로 바꾸면 우아함은 더 정확해졌을 것이다. 하지만 여기서 나는 내 목소리가 꽤 귀에 거슬린다는 것을 느낀다. 나의 미국인 벗들 중 아무도 내가 러시아어로 쓴 소설을 읽지 않았기 때문에, 영어로 쓴 소설을 기준으로 한 평가라는 것은 초점이 벗어날 수밖에 없다. 물론 나의 개인적인 비극은 누구의 관심사일 수도 없고 또 그래서도 안 되지만, 나는 내가 타고나면서 터득한 일상표현이나 아무런 제약도 없는, 풍부하고 한없이 온순한 러시아어를 버리고 이류의 영어로 바꿔야만 했다. 거기에는 그런 것들이 전혀 없는 소도구들(이상한 거울, 검은 벨벳 배경, 어둡고 고요한 가운데서 지시되는 연상이나 전통)조차 마법처럼 사용할 수도 있었고, 연미복 소매를 나풀거리면서 타고난 마술사처럼 독특한 솜씨로 유산을 초월할 수도 있었을 것이다.

1956년 11월 12일

The Great Gatsby

위대한 개츠비

피츠제럴드/박순녀 옮김

황금 모자가 그녀를 기쁘게 한다면, 기꺼이 그것을 써라.
만약 높이 뛸 수 있다면, 그녀를 위해 뛰어 올라라.
그녀가 이렇게 외칠 때까지,
"사랑하는 이여, 황금 모자를 쓰고 높이 뛰는 그대,
당신을 차지하고 말겠어요!"

토마스 파크 단빌리어스

위대한 개츠비

1

내가 아직 어리고 마음의 상처를 입기 쉬웠던 시절, 아버지가 한 가지 충고를 해주셨는데, 나는 그 말씀을 그 뒤 줄곧 마음속에 되뇌어왔다.

"남을 비판하고 싶을 때는 이렇게 생각하거라, 이 세상의 모든 사람이 너처럼 유리한 처지에 있는 것은 아니라고 말이다."

그는 더 이상 설명하지 않았지만, 우리 부자는 이상하리만큼 말을 주고받지 않아도 서로 마음이 통했고, 나는 아버지의 그런 침묵 속에 더 많은 의미가 들어 있음을 느끼고 있었다. 덕분에 나는 무슨 일에든 판단을 보류하는 버릇을 갖게 되었다. 그 때문에 조금 유별난 성격을 가진 사람들이 나에게 가까이 오기 시작했고, 때때로 나는 따분하기 그지없는 사람들에게 딱 좋은 제물이 되었다. 정상적인 사람에게 그런 성질이 나타나면, 비정상적인 인심은 재빨리 냄새를 맡고 다가온다. 그로 인해 대학에서 나는 교활한 녀석이라는 근거 없는 비난을 받았다. 왜냐하면 혼란에 빠진(게다가 잘 알지도 못하는) 사람들이 나를 상대로 그들의 절실한 비밀을 여러 번에 걸쳐 털어놓았기 때문이다. 나로서는 그 역할이 조금도 달갑지 않았다. 슬슬 속마음을 털어놓으려는 기미가 멀리 수평선 끝에 비치기 시작하면 나는 잠든 척 하거나, 뭔가에 몰두해 있는 척 하거나 또는 적의에 찬 변덕을 가장했다. 젊은이들의 고백 따위, 혹은 적어도 그런 식으로 표현되는 말은 흔히 표절한 것이거나 명백한 억압에 의해 왜곡되어 있기 일쑤이기 때문이다. 판단을 보류하는 것은 무한히 연기된 희망을 품는 것이다. 아버지가 이치에 통달한 얼굴로 말하고, 나 또한 그러한 태도로 주장하는 것처럼, 인간의 기본적인 양식과 품위는 태어날 때부터 공평하게 분배되어 있지 않다. 그리고 만약 그 점을 잊으면 무언가 매우 중요한 것을 빠뜨린 것처럼 아직도 걱정이 된다.

나의 그런 인내심을 자랑스레 으스대긴 했지만, 그래도 역시 관대함에 한

계가 있다는 걸 인정하지 않을 수 없다. 인간의 행위는 단단한 바위 위에 구축되어 있을 수도 있고, 또는 말랑한 습지에 실려 있을 수도 있다. 그러나 솔직히 나는 어느 지점을 지나면 행위가 어디에 근거하느냐에 대한 흥미를 잃고 만다. 작년 가을 동부에서 돌아왔을 때, 나는 차라리 세상이 군복을 입고 영원히 도덕적으로 차렷 자세를 취하면 좋겠다는 생각마저 들었다. 나는 인간의 마음속을 높은 데서 들여다보는 듯한 야단스런 들뜸과 법석에 완전히 질려 있었다. 오직 이 책의 제목으로 이름을 준 개츠비만이 나의 반발을 벗어나는 예외였다. 사실 개츠비는 내가 확고부동하게 경멸하는 모든 것을 대표하는 인물이었다. 만일 인격이 남의 눈에 보이는 제스처의 끊임없는 연속이라면, 그에게는 확실히 뭔가 찬란한 데가 있었다. 인생의 장래에 대한 어떤 고양된 감수성이 있었다—마치 1만 마일 밖에서 일어난 지진을 기록하는 복잡한 기계들 중의 하나와 연결되어 있는 것처럼. 그러한 민감성은 '창조적 기질'이라는 이름 아래 으리으리한 위엄을 갖춘 맥빠진 감수성과는 전혀 다른 것이었다. 그것은 희망을 갖는 탁월한 재주이며, 견고한 몽상으로의 질주이다. 나는 이제껏 그러한 마음을 다른 어떤 사람에게서도 발견한 적이 없고, 앞으로도 다시는 발견할 수 없을 것이다. 그렇다—개츠비가 옳았다는 것이 결국 밝혀졌다. 사람들의 실패로 인한 슬픔과 숨가쁜 의기양양함에 대하여 내가 일시적이나마 이렇게 마음을 닫아버린 것은, 개츠비를 먹이로 삼았던 녀석들과, 그의 꿈의 항로를 더럽히며 떠돌던 추한 쓰레기 때문이다.

*

　나의 집안은 이곳 중서부 지방 도시에서는 꽤 이름 있고 부유한 집안이었다. 캘러웨이 가(家)는 제법 이름이 알려진 가문이었다. 그리고 버클 공작의 후예라고 전해지기도 하지만, 가문의 실제 창설자는 내 할아버지의 형님으로 1851년에 이곳으로 왔다고 한다. 그는 남북전쟁에 다른 사람을 대신 내보내고 철물 도매업을 시작했는데, 내 아버지가 오늘날 그것을 계승하고 있다. 나는 큰할아버지를 뵌 적이 없지만, 아버지의 사무실에 걸려 있는 고지식해 보이는 초상화를 보면, 내가 그분을 닮은 것도 같다. 나는 1915년, 그러니까 아버지의 졸업년도보다 25년 늦게 예일 대학을 졸업했다. 얼마 뒤 세계대전이라 불리는 때아닌 게르만 민족 대이동에 휘말렸지만, 그 물살을 거슬러 막아내는 작업을 만끽하느라 돌아와서도 마음이 안정되지 않았다. 한때는 세계의 따뜻한 중심지였던 중서부 지방도 이제 우주의 남루한 변경으로 보였다. 그래서 나는 동부로 가서 증권 사업을 배우기로 결심했다. 내가 아는 모든 사람은 증권업에 종사하고 있었고, 독신자 하나쯤은 더 받아줄 수 있을 것 같았다. 숙모와 숙부들이 모여 마치 나를 위한 대학 예비학교라도 선택하듯이 그것에 관해서 의논했고, 마침내 매우 엄숙하고 떨떠름한 얼굴로 이렇게 말했다.

"좋을 대로 하거라."

아버지는 일 년 동안 나에게 돈을 보내주기로 동의했고, 그리고 이런 저런 일로 시일을 끌긴 했지만, 1922년 봄에 나는 아예 눌러앉을 작정으로 동부로 왔다. 편의성을 고려하면 시내에 방을 구해야 했다. 그러나 따뜻한 계절인데다가 넓은 잔디밭과 정든 나무들이 있는 시골을 막 떠나온 터라, 같은 사무실의 한 젊은 친구가 전차로 통근할 수 있는 교외의 집을 공동으로 빌리는 게 어떠냐고 제의했을 때, 그게 퍽 좋다고 생각되었다. 그는 허름한 월세 80달러짜리 방갈로를 구했지만, 정작 입주하기 직전에 회사에서는 그를 워싱턴으로 발령을 내는 바람에 나는 혼자서 그 시골로 갔다. 낡은 닷지 자동차를 사고, 개를 한 마리—적어도 그놈이 도망가버릴 때까지 며칠 동안은—길렀다. 또 침대를 정리하고 아침을 차려줄 핀란드인 가정부를 고용했다. 그녀는 전기 난로에 몸을 굽히고 혼자서 핀란드 속담을 쉴 새 없이 중얼거리곤 했다.

하루쯤은 고독했다—어느 날 아침 나보다 늦게 도착한 어떤 사람이 나를 불러세워 길을 물었을 때까지.

"웨스트 에그 마을은 어디로 갑니까?" 그는 막막한 듯이 물었다.

나는 그에게 길을 가르쳐주었다. 그러고 나서 계속 걸어가는데, 나는 더 이상 외롭지 않았다. 나는 안내자요, 개척자며 토박이였던 것이다. 그는 우연히 선주민의 특권 같은 것을 나에게 주었던 것이다.

햇살은 눈부시고, 고속영화에서 사물들이 쑥쑥 자라듯이, 나뭇잎들이 넘실거리며 주변을 에워쌌다. 삶이 여름과 함께 다시 시작되었구나, 하는 친근한 확신을 가졌다.

무엇보다 먼저 나는 읽어야 할 것이 많았으며, 맑고 신선한 공기로부터 터질 듯한 건강을 얻어내야 했다. 나는 은행경영, 신용대부, 증권투자에 관한 책을 한 아름 사서 서가에 꽂았다. 책들은 조폐국에서 방금 가져온 돈처럼 금빛과 붉은 빛을 번쩍이며, 오직 마이더스(손만 대면 모든 것이 황금으로 변한 프리기아의 왕)와 모건(미국의 대은행가)과 마에케나스(로마의 정치가, 호라티우스와 베르길리우스의 친구이자 후견인)만이 알고 있던 눈부신 비밀을 모조리 밝혀 줄 것 같았다. 그리고 나는 그 외의 책들도 닥치는 대로 읽겠다는 의욕에 불탔다. 나는 대학 시절엔 글깨나 쓰는 편이었다—어느 해인가 나는 〈예일 뉴스〉에 아주 엄숙하고 조금 뻔한 내용의 연재 논설을 쓰기도 했다—이제 나는 그런 모든 것들을 나의 삶 속에 다시 끌어들여, 전문가 중에서 가장 쓸모 없는 '종합적 인간'이 되려고 하였다. 이것은 단순한 격언은 아니지만—인생이란 결국 하나의 창에서 바라본 쪽이 가장 잘 보이게 마련이다.

내가 북미에서도 가장 별난 지역 사회 중 하나에 집을 얻은 것은 우연한 일이었다. 그 집은 뉴욕에서 정동쪽에 위치한 가느다랗고 떠들썩한 섬에 있었는데—거기엔 자연이 만든 희한한 것들 중에서도 특히 별나게 생긴 지형이 있다. 그것은 뉴욕에서 20마일 떨어져 있는 두 개의 거대한 달걀 모양의 섬으로서 외형이 같고, 명목상으로 겨우 만(灣)이라고 할 수 있는 협소한 만에 의해서 분리되어 있을 따름인데, 서반구에서 가장 길들여진 수역—즉 롱아일랜드 해협이라는 눅눅하고 큰 안마당—으로 돌출되어 있다. 그것들은 완벽한 타원형이 아니라, 콜럼버스의 달걀처럼 내륙에 붙어 있는 아랫부분이 둘 다 평평하게 찌부러져 있다. 그러나 그것들의 생김새는 완벽할 정도로 똑같았으므로, 그 위를 나는 갈매기들에겐 영원한 놀라움의 원천일 것이다. 하지만 날개가 없는 자들에게 가장 흥미로운 것은, 모양과 크기를 제외하면 그 두 땅이 모든 면에서 전혀 딴판이라는 점이다.

나는 웨스트 에그에 살았다. 웨스트 에그는 이스트 에그에 비해 뒤떨어진 지역인데, 둘 사이의 특이하고 그다지 온당하달 수 없는 대조적인 모습을 나타내기에는 너무나도 피상적인 표현이다. 나의 집은 그 달걀의 바로 끝, 해협에서 50야드밖에 안 떨어진 곳에 두 개의 광대한 토지 사이에 끼어 있는 듯한 형태로 지어져 있었다. 양쪽 다 한 철에 1만 2천 내지 1만 5천 달러를 줘야 빌릴 수 있는 곳이다. 특히 오른편의 저택은 어떤 기준에서 보더라도 엄청난 것이었다—그것은 노르망디에 있는 시청을 그대로 본뜬 것으로, 한쪽에는 제멋대로 자란 수염 같은 담쟁이덩굴에 싸여 솟아 있는 지나치게 새

것으로 보이는 탑이 있다. 대리석 수영장과 40에이커 이상이나 되는 잔디밭 정원이 펼쳐져 있다. 이것이 개츠비의 저택이었다. 아니, 그때 나는 개츠비 씨를 모르고 있었으니까, 그런 이름의 어떤 신사가 살고 있는 저택이라 해야 옳겠다. 내가 살고 있는 집은 아무리 봐도 그곳에 어울리지 않았지만, 눈에 거슬린다고 하기에는 너무 작았으므로 아예 상대도 되지 않았다. 그래서 나는 바다를 바라보며, 옆집 잔디정원 한 모퉁이를 뒤로 하고, 백만장자의 이웃이라는 기쁨을 은밀히 맛보았다. ―월세 80달러짜리 집에서 이런 모든 것을 가질 수 있었던 것이다.

만이라고 하기가 어려울 정도로 좁은 만의 맞은편에는 이스트 에그의 하얀 저택들이 해변을 따라 번쩍이고 있었다. 그리고 그 여름의 역사는 내가 톰 뷰캐넌 부부와 함께 저녁을 먹으러 그곳으로 차를 몰고간 저녁에 시작된다. 데이지는 나의 팔촌 여동생뻘이고, 톰은 대학 시절부터 친분이 있는 터였다. 전쟁 직후 나는 이틀 동안 시카고에 있던 그들의 집에서 지내기도 했다.

그녀의 남편은 여러 가지 운동에 재주가 있었지만, 특히 예일 대학의 축구 선수로선 일찍이 보지 못한 가장 강력한 역할을 한 사람이었다―어떤 면으로는 국가적인 인물이었는데, 21세 때 이미 한정된 분야에서 탁월한 재능을 보인 덕분에 그 뒤로는 모든 것이 내리막길처럼 보이는 그런 사람이었다. 그의 가족은 엄청난 부자여서, 대학 때도 돈을 물쓰듯 쓰는 그의 씀씀이는 빈축의 대상이 되었다. 그러나 시카고를 떠나 동부로 옮겨온 지금의 그는 아무에게도 거리낄 것 없이 눈이 휘둥그레질 정도로 화려한 생활을 하고 있다. 예컨대 그는 멀리 레이크 포레스트로부터 폴로경기용으로 조랑말 한 떼를 끌고 왔던 것이다. 나와 나이가 비슷한 세대가 그런 호사스런 생활을 할 수 있다는 것은 납득하기가 퍽 힘든 일이었다.

그들이 왜 동부로 왔는지 나는 모른다. 그들은 별다른 이유 없이 프랑스에서 일 년을 지냈고, 그 뒤로도 이곳저곳으로 옮겨 다녔다. 부유층이 모여 있고 폴로경기를 하는 곳이면 어디나 다니면서 더불어 즐겼다. 옮길 때마다 이것이 마지막 이동이라고 데이지는 전화로 말했지만, 나는 그 말을 믿지 않는다. 나는 데이지의 마음속까지는 알 수 없지만, 톰은 아마 평생 한곳에 머물지 못할 것이다. 그는 두 번 다시 되돌릴 수 없는 축구경기의 드라마틱한 휘몰아침을 그리워하면서 끝없이 찾아 헤매고 있는 것이다.

바람이 따뜻한 어느 날 저녁, 나는 실은 잘 알지 못하는 두 옛 친구를 만나기 위해 이스트 에그로 차를 몰았다. 그들의 집은 내가 예상했던 것 이상으로 훌륭했다. 조지 왕조 식민지시대 양식의 쾌적한 적백색의 저택으로, 만이 내려다 보이는 곳에 있었다. 잔디밭은 해변에서 시작되어 현관까지 25마일이나 계속되는데, 중간에 해시계들과 벽돌로 된 산책길과 불타는 듯한 정원들을 뛰어넘어 마침내 집까지 오면, 마치 뻗어온 여파에 못 이겨 반짝이는 덩굴이 되어 집 한 옆으로 밀려 올라간 것처럼 보인다. 집 정면에 즐비하게 늘어선 프랑스식 창들은 빛을 받아 황금빛으로 번쩍이며 훈풍 부는 오후를 향해 열려 있었다. 그리고 톰 뷰캐넌이 승마복을 입은 채 두 다리를 벌리고 현관 앞에 서 있었다.

그는 대학 시절과는 달랐다. 이제 그는 한결 굳게 다문 입과 교만한 태도를 지닌 연누른빛 머리카락의 건장한 30세 남자였다. 오만함이 깃든 두 눈이 우선 주의를 끈다. 눈에는 언제나 뭔가를 노리고 앞으로 기울어져 있는 듯한 인상이었다. 그의 승마복의 나약한 우아함조차도 그 건장한 몸집의 엄청난 힘을 숨기지 못했다—그가 신고 있는 번쩍거리는 부츠는 팽팽하게 부풀어 맨 위 끈이 끊어질 것 같았고, 엷은 윗옷 밑에서 어깨가 움직일 때는 우람한 근육이 꿈틀거리는 걸 볼 수 있었다. 지렛대처럼 강대한 힘을 휘두를 수 있는 육체—그것은 무자비한 육체다.

음성은 걸걸한 고음의 허스키로, 그것이 그가 풍기는 방약무인한 인상을 한층 더 강조했다. 어딘지 모르게 상대를 깔보는 듯한 태도는 비록 그가 호의를 품고 있는 사람이라 할지라도 별반 다르지 않았다. 대학에서는 적지 않은 사람들이 톰에게 반감을 갖고 있었다.

"이러저러한 문제에 대해 내가 어떤 의견을 냈다고 그것을 마지막 결론이라고 생각하지는 말았으면 좋겠어. 단지 내가 너보다 힘이 세고 우월하다는 이유만으로 말이지." 라고 말하는 것 같았다.

그와 나는 같은 4학년 모임에 들어 있었지만 서로 친했던 적은 한 번도 없다. 그럼에도 그가 나를 인정하면서 내가 자기를 좋아하기를 바라고 있는 듯한 인상을 받았다—특유의 거칠고 도전적인 태도이긴 했지만 어딘가 모르게 간절한 곳이 있었다.

우리는 햇빛 밝은 현관에서 잠깐 이야기했다.

"꽤 괜찮은 집이지?" 그가 말했지만, 그의 번쩍이는 두 눈은 끊임없이 두리번거렸다.

한쪽 팔을 잡고 내 몸을 빙글 돌리더니, 크고 넓적한 손으로 앞 경치를 쓸 듯이 천천히 움직였다. 손이 쓸고 간 곳에는, 푹 꺼진 이탈리아식 정원과 반 에이커 넓이의 빛깔이 짙고 향기로운 장미 화단, 저쪽 바닷가에서 조수에 흔들리고 있는 뱃머리가 짧은 모터보트도 포함되어 있었다.

"여기는 드메인 소유지였어, 석유 제조업자 말이야."

그는 다시 내 팔을 잡고 돌려세웠다. 정중하게, 그러나 당돌하게 말했다.

"안으로 들어가세."

우리는 천장이 높은 복도를 지나서 밝은 장밋빛이 가득한 곳으로 들어갔다. 그곳은 양쪽 끝에 달린 프랑스식 문을 통해 안채로 이어져 있었다. 활짝 열린 문은 싱싱한 잔디를 배경으로 새하얗게 빛나고 있었다. 잔디는 금방이라도 집 안으로 몰래 숨어들 것 같았다. 미풍이 불자 커튼이 마치 하얀 깃발처럼 한 끝은 안으로 또 한 끝은 밖으로 나부끼며, 설탕을 입힌 웨딩 케이크 같은 천장을 향해 기세 좋게 펄럭였다. 그리고 바람은 포도주 빛깔의 깔개 위로 바다 같은 잔물결을 일으키면서 그림자를 만들었다.

방 안에서 조금도 움직이지 않는 물건은 오직 엄청나게 큰 긴 의자뿐이었는데, 그 위에는 젊은 두 여자가 마치 붙잡아 맨 기구를 타고 있는 듯 둥실 떠 있었다. 그들은 둘 다 흰 옷을 입고 있었고, 그들의 옷은 마치 집 근처를 잠깐 비행하고 날아들어온 것처럼 잔물결을 나부끼며 파드득거리고 있었다. 나는 커튼이 매질하듯 탁탁거리는 소리와 벽에 걸린 그림의 웅웅거리는 소리를 들으며 잠시 서 있어야 했다. 그러자 톰 뷰캐넌이 뒤창을 닫는 소리가 쾅 하고 났고, 방을 가로지르던 바람이 멈추자 커튼과 깔개와 두 여자는 바닥으로 천천히 두둥실 내려앉았다.

두 여자 중 젊은 쪽은 처음 보는 여자였다. 긴 의자의 맨 끝까지 쭉 뻗은 채 꼼짝도 안 하고 있는데, 턱을 조금 치켜올리고 있는 모습이 마치 턱 위에 무엇을 올려놓고 그것이 떨어질까봐 균형을 잡고 있는 것 같다. 그녀는 곁눈질로 나를 보았는지 어땠는지 전혀 기색을 보이지 않았는데, 사실 나는 얼떨결에 이렇게 들어와서 그녀를 방해한 것에 대한 변명을 중얼거릴 뻔했다.

또 한 여자 데이지는 일어서려는 기미를 보였다. 성실한 표정으로 몸을 앞으로 약간 굽히며 웃었다. 꾸밈 없는, 작고 매력적인 웃음에 이끌려 나 역시 웃으며 방으로 들어갔다.

"저는 행복해서 마비될 지경이에요."

데이지는 마치 뭔가 아주 기발한 말을 한 것처럼 또다시 웃었다. 그러고는 내 손을 꼭 잡고 내 얼굴을 말끄러미 쳐다보면서, 세상에 당신처럼 진심으로 보고 싶은 사람은 단연코 없다고 말했다. 그런 식으로 말하는 것이 그녀의 버릇이었다. 그녀는 귀엣말로, 턱 끝으로 균형을 잡고 있는 저 여자의 성은 베이커라고 일러주었다(나는 데이지의 귀엣말은 듣는 사람들이 그녀 쪽으로 몸을 기울이게 하려는 수작이라는 이야기를 들은 적이 있지만, 그런 당치도 않은 비평은 그녀의 귀엣말의 매력을 조금도 깎아내리지 못했다).

이러저러 하는 사이에 베이커 양의 입술이 팔랑이듯 흔들리며 나에게 거의 알아볼 수 없을 정도로 목례를 하고는 재빨리 머리를 다시 뒤쪽으로 살짝 기울였다—그녀가 떨어뜨리지 않으려는 듯이 균형을 잡고 있던 것이 조금 흔들렸는지, 그녀의 얼굴에 두려움 비슷한 것이 스쳤다. 다시 일종의 변명이랄까, 사과의 말이 내 입술을 달싹이게 했다. 나는 이렇게 자기 내면에 완전히 빠져있는 사람을 보면 언제나 너무 놀란 나머지 깊이 탄복하게 된다.

나는 데이지에게 다시 눈을 돌렸다. 그녀는 낮고 짜릿한 목소리로 나에게 이것저것 묻기 시작했다. 듣는 사람이 가만히 귀를 기울이며 그 높낮이에 따라 오르락내리락 할 수밖에 없는 그런 목소리였다. 흘러나오는 낱낱의 말은 마치 두 번 다시 연주되지 못할 특별한 음들의 배열 같은 정취가 있다. 그녀의 얼굴은, 즉 빛나는 눈과 빛나는 정열적인 입매 등은 애잔하고 사랑스럽다. 그러나 무엇보다도 그녀를 사모하는 남자에게 가장 자극적인 것은 그 목소리에 나타나는 마음의 흥분이었다. 즉 노래하듯 달콤하게 강요하는 "좀 들어봐요" 하는 속삭임, 그녀가 방금 더없이 즐겁고 신나는 일을 막 끝냈다는 표시, 그리고 또 다른 즐겁고 신나는 일이 1시간 이내에 날아들 거라고 시사한다.

나는 내가 동부로 오는 길에 시카고에서 하루 머물렀던 일이며, 열 명도 넘는 사람들이 그녀에 대한 애정과 안부를 전해달라고 부탁하더라는 이야기를 했다.

"그들이 저를 보고 싶어 하던가요?"

그녀는 황홀한 기쁨에 싸여 소리쳤다.

"거리 전체가 허전해. 모든 차들이 장례식 화환 대신 왼쪽 뒷바퀴를 검게 칠하고, 북쪽 기슭에는 밤새도록 바람이 슬프게 불어댔어."

"어머, 굉장해요! 돌아가요, 톰 내일요!" 그러고는 엉뚱하게 이야기를 돌렸다.

"우리 꼬마 아가씨를 보셔야 해요."

"꼭 보고 싶군."

"지금은 자고 있지만, 올해 세 살이에요. 아직 한 번도 안 보셨던가요."

"안 봤어."

"그럼 반드시 보셔야 해요. 그 애는!"

톰 뷰캐넌은, 방 안을 끊임없이 왔다갔다하다가 발을 멈추고 내 어깨에 손을 얹었다.

"자넨 무슨 일을 하고 있나, 닉?"

"증권 장사야."

"회사는 어딘가?"

나는 회사의 이름을 가르쳐주었다.

"들어본 적 없군." 그는 딱 잘라 말했다.

이 말이 나를 불쾌하게 했다.

"머잖아 알게 될 걸세." 나는 퉁명스레 대답했다.

"자네가 동부에 머문다면 알게 될 거야."

"오, 나는 동부에 안착할 거니까 염려할 거 없어." 그는 말하곤, 데이지를 힐끗 보더니 다시 내게로 눈을 돌렸다―마치 뭔가 또 다른 경계를 하는 것처럼.

"여기 말고 다른 데서 산다는 건 바보짓이야."

이때 베이커 양이 말했다.

"그렇고 말고요!"

너무나도 갑작스런 말이라 나는 깜짝 놀랐다―그것은 내가 이 방에 들어오고 나서 그녀가 처음 한 말이었다. 그 말은 나를 놀라게 한 만큼 그녀 자신도 놀라게 한 모양이다. 왜냐하면 그녀는 하품을 하고 나서 빠르고 능숙한 동작으로 일어서서 방 가운데 쪽으로 나왔기 때문이다.

"몸이 뻣뻣해졌어요."

그녀는 투덜거렸다.

"너무 오랫동안 저 소파에 누워 있었나봐요."

"나한테 뭐라 하지 마." 데이지가 반박했다.

"그래서 뉴욕으로 외출하자고 오후 내내 말했잖아."

"아니, 괜찮아."

베이커 양은 방금 식료품실에서 가져온 넉 잔의 칵테일 쪽을 보면서 말했다.

"지금은 열심히 훈련에 열중하고 있으니까." 톰은 못 미더운 듯이 그녀를 보았다.

"그렇군요!"

그는 술잔에 술이 한 방울밖에 남아 있지 않다는 듯 잔을 들어올려 쭉 들이켰다.

"그걸로 무언가를 이룰 수 있다니 참으로 놀랍군요."

나는 베이커 양을 보면서, 그녀가 '하려는 일'이 무엇일까 생각했다. 보기가 나쁘지 않다. 그녀는 날씬하고 젖가슴이 작은 여자로 몸가짐이 곧았는데, 마치 젊은 사관생도처럼 어깻죽지부터 몸을 뒤쪽으로 확 돌리자 꼿꼿한 자세가 한층 강조되었다. 햇빛이 여과된 듯한 그녀의 잿빛 눈동자가 나를 똑바로 바라보았다. 나른하고 매력적이며 어쩐지 불만이 서린 얼굴 뒤에는 나와 마찬가지로 그녀도 나에 대한 온당한 호기심이 어려 있었다. 순간 갑자기 전에 어디선가 그녀를, 혹은 그녀의 사진을 본 적이 있다는 느낌이 들었다.

"웨스트 에그에 사신다죠?"

그녀는 경멸조로 말했다.

"거긴 내가 아는 사람이 있어요."

"나는 아직 아는 사람이라곤 하나도 없습니다."

"그래도 개츠비란 분은 아실 텐데요."

"개츠비?" 데이지가 캐물었다. "개츠비가 누군데?"

그 사람은 내 이웃이라고 말하는 순간 저녁식사가 준비되었다고 알려왔다. 톰 뷰캐넌은 그의 팽팽한 팔을 다짜고짜 내 팔 아래 껴넣고, 마치 장기 말 옮기듯 나를 밖으로 데리고 나갔다.

두 젊은 여자는 손을 가볍게 허리에 대고, 우리보다 앞서 저무는 해를 향해 열린 장밋빛 현관으로 나른하게 걸어나갔다. 테이블 위에 놓인 네 개의 촛불이 약해진 바람에 간들거리고 있었다.

"촛불은 왜 또 켰을까?"

데이지는 눈살을 찌푸리더니 손가락으로 촛불을 비벼 껐다.

"이제 2주일만 있으면 일 년 중에서 낮이 가장 긴 날이 찾아오는데."

그녀는 환한 얼굴로 우리를 바라보았다.

"하지는 줄곧 기다리다가도 막상 그날이 오면 잊어버리고 지나쳐버리지 않아요? 나는 그날을 꼭 기억하려고 다짐하는데도 매년 잊고 지나쳐버려요."

"미리 뭔가 계획을 세워두는 게 어때?"

베이커 양은 하품을 하면서 마치 침대라도 들어가듯 테이블 앞에 앉았다.

"그게 좋겠다." 데이지가 말했다.

"무슨 계획이 좋을까요?"

그녀는 난처한 듯이 내 쪽을 본다.

"하지에는 모두 어떤 계획을 세울까요?"

내가 미처 대답하기도 전에 그녀는 무슨 큰일인 양 그녀의 새끼손가락을 지긋이 바라보고 있었다.

"이것 좀 봐요!"

그녀는 투덜거렸다.

"여기를 다쳤어요."

모두의 시선이 한 곳에 모아졌다. 손가락 마디에 푸른 멍이 들어 있었다.

"당신이 한 짓이에요, 톰."

그녀는 책망조로 말했다.

"일부러 그런게 아닌 줄은 알지만, 그래도 당신 때문이에요. 짐승 같은 사람과 결혼하면 이렇다니까요. 무지무지하게 크고 몰골 사납고 힘이 남아도는 사람과—"

"몰골 사납다는 말은 그만둬."

톰이 부루퉁하게 반발했다.

"놀리는 말이라도 말이야."

"몰골 사나운." 데이지는 집요하게 강조했다.

이따금 그녀와 베이커 양은 둘이 동시에 이야기를 했는데, 거기에는 주제넘다는 인상은 없었고, 닥치는 대로 두서 없는 농담조의 이야기가 오고 갔다. 대화랄 것도 없이, 강한 '요구'가 눈곱만큼도 없다는 점에서 그녀들이 입고 있는 하얀 드레스처럼, 그리고 그 무뚝뚝한 눈처럼 매우 청량한 것이었다. 그녀들은 거기서 톰과 나를 받아들이고 있었다. 다만 상대를 즐겁게 한다든가 자신들도 즐긴다는 점에 있어서는, 기분 좋게 예의에 어긋나지 않는 정도의 노력밖에 기울이지 않았다. 그녀들은 곧 저녁식사가 끝나고, 또 조금 있으면 이 밤도 끝나고, 그리하여 모든 것이 잊혀지리라는 것을 알고 있었다. 그런 점은 서부와 전혀 달랐다. 서부의 저녁 시간은 시시각각 기대를 배반당하여 실망을 쌓아올리면서, 또는 '지금'이라는 이 순간을 오직 두려움에 떨면서 저녁의 그 끝을 향해 바삐 재촉당한다.

"너와 있으면 내가 문명에 뒤처진 사람으로 느껴져, 데이지."

나는 코르크 냄새가 나는 좀 독한 적포도주를 두 잔째 마시면서 실토했다.

"너는 농작물 재배라든가 그런 얘기는 안 하니?"

별 생각 없이 내뱉은 말은 엉뚱한 데로 흘러갔다.

"문명이란 건 산산조각이 나려고 하는 참이야."

톰이 과격하게 말을 터트렸다.

"나는 만사에 대해 비관론자가 되었어. 자네, 고다르라는 사람이 쓴 《유색인종 제국의 융성》이라는 책 읽어봤나?"

"아니, 못 읽었는데." 나는 그의 말투에 약간 주눅들며 대답했다.

"아주 좋은 책이야. 모두 읽어야 할 책이지. 책 내용은, 만일 우리가 백인종을 주의 깊게 살피지 않으면―백인종은 완전히 침몰하고 만다는 거야. 그것은 충분히 과학적 자료를 갖고 한 말이야. 증거의 뒷받침이 있는 거지."

"톰은 요즘 들어 아주 학구적이에요."

데이지가 일부러 슬픈 표정을 지으며 말했다.

"이 사람은 말이 장황하고 심각한 책들을 읽어요. 그 무슨 말이더라, 예전에 우리가―"

"글쎄, 그 책들은 모두 과학적이라니까."

톰이 그녀를 짜증스러운 눈길로 힐끗 보며 주장했다.

"저자는 그 문제를 면밀하게 해석했어. 주의 깊게 주위를 살피는 것은 지배민족인 우리의 책무야. 만일 그렇지 않으면 다른 종족들이 만사를 지배하게 될 거야."

"우리는 그들을 타도해야 해요."

데이지가 저물어가는 태양을 향해 그럴듯한 눈길을 던지며 낮게 말했다.

"여러분은 캘리포니아에 사시는 건데 그랬어요!"

베이커 양이 말을 꺼냈으나 톰이 의자에서 무겁게 고쳐 앉으며 그녀의 말을 가로막았다.

"요컨대 우리는 북유럽 인종이라는 거야. 나도, 자네도, 당신도, 그리고―"

그는 한동안 망설이다가 고개를 끄덕거리며 데이지도 포함시켰다. 데이지는 나에게 다시 살짝 눈짓을 했다.

"―그리고 우리는 말이지, 문명의 초석이 되는 모든 것들을 만들어 왔어―과학과 예술, 그리고 모든 것을 말이야. 아시겠나?"

그의 열중하는 태도에는 어딘지 절박한 데가 있었는데, 옛날보다 훨씬 심해진 자기만족도 그를 더는 충족시켜주지 못하는 것 같았다. 바로 그때 방 안에서 전화벨이 울려 집사가 전화를 받기 위해 자리를 뜨자, 데이지는 그 틈을 노려 내 쪽으로 몸을 기울였다.

"우리 집 비밀을 말해드리죠."

그녀는 더 이상 못참겠다는 듯이 속삭였다.

"집사의 코에 관한 얘긴데요, 들어보시겠어요?"

"바로 그 얘길 들으러 내가 오늘밤 여기 온 거야?"

"그런데 말예요, 그는 처음부터 집사는 아니었어요. 전에는 뉴욕의 어떤 저택에서 은그릇 닦는 일을 했는데, 그 사람들이 가지고 있는 은그릇 수는 2백 명이 사용할 수 있을 정도였대요. 그는 그것을 아침부터 밤까지 쉬지도 못하고, 결국 그게 그의 코를 망가뜨릴 때까지 닦았다는 거예요―"

"사태는 설상가상으로 악화되어갔어요."

베이커 양이 끼어들었다.

"그래요, 사태는 점점 더 나빠졌어요. 결국 그는 일을 그만두어야 했어요."

잠시 마지막 햇빛이 데이지의 반짝이는 얼굴에 로맨틱한 매력을 실어주었다. 그녀의 작은 목소리에 나는 몸을 앞으로 기울이고 숨을 죽이며 그 이야기에 집중했다. 빛이 서서히 옅어졌다. 거리에서 즐겁게 놀던 아이들이 해질 무렵 집으로 돌아가듯이, 한 줄기 한 줄기의 빛이 아쉬움을 남기며 데이지의 곁을 떠나갔다.

집사가 다시 돌아와서 톰의 귀에 대고 뭐라고 속삭이자 톰은 눈살을 찌푸리고는, 의자를 뒤로 밀어젖히며 한 마디 말도 없이 안으로 들어갔다. 남편이 사라지자 그녀의 내부에서 뭔가가 되살아난 것처럼 데이지는 다시 내 쪽으로 몸을 굽혔다. 그녀의 목소리는 반짝반짝 빛나며 노래하는 듯했다.

"함께 식사를 하게 되어 반가워요, 닉. 당신은 나에게—장미를, 완전무결한 장미를 상기시켜준답니다. 그렇지 않니?"

그녀는 베이커 양에게 동의를 구했다.

"순수한 장미 말이야. 그렇지?"

이것은 진실이 아니었다. 나는 추호도 장미꽃 같지 않다. 그녀는 단지 그 순간을 넘기기 위해 즉흥적으로 이야기했을 뿐이다. 그러나 그럼에도 가슴을 울리는 따뜻함이 넘쳐흘렀다. 마치 그녀의 속마음이 숨죽인 고혹적인 말로 몸을 감싸고 상대에게 다가가려는 것처럼. 그녀가 갑자기 냅킨을 식탁 위에 던지고, 실례한다면서 안으로 들어갔다.

베이커 양과 나는 아무렇지도 않은 듯이 서로 시선을 주고받았다. 내가 입을 떼려 하자 갑자기 진지한 얼굴로 일어서면서 경고하는 목소리로 "쉬!" 했다. 격한 감정을 억누르며 속삭이는 소리가 방에서 들려왔다. 베이커 양은 뻔뻔스럽게 몸을 숙여 엿들으려고 했다. 중얼거리는 소리는 떨리며 엉겨붙다가 가라앉았고, 격앙되는가 싶더니 뚝 그쳐버렸다.

"당신이 말씀한 그 개츠비 씨는 내 이웃집에—" 나는 말을 시작했다.

"조용히 좀 하세요. 무슨 이야기인지 듣고 싶어요."

"무슨 일이 있습니까?" 나는 어리둥절하여 물었다.

"혹시 아무것도 모르세요?" 베이커 양은 정말 놀라서 말했다.

"나는 모두들 알고 있는 줄 알았는데."

"모릅니다."

"그러세요!" 그녀는 주저하듯 말했다.

"톰은 뉴욕에 여자가 있어요."

"여자가 있다고요?"

나는 멍하게 되풀이했다. 베이커 양은 고개를 끄덕였다.

"아무리 그래도 저녁식사 때는 전화를 하지 않는 게 예의인데. 그렇잖아요?"

그녀가 무슨 말을 하고 있는지 미처 깨닫기도 전에 사그락거리는 드레스 자락과 가죽장화가 삐그덕거리는 소리가 나더니, 톰과 데이지가 나란히 식탁으로 돌아왔다.

"도저히 참을 수 없었답니다!"

데이지가 억지로 명랑한 척하면서 말했다. 그녀는 앉아서 베이커 양을 탐색하듯 힐끗 보더니 나를 보며 말을 계속했다.

"잠시 정원을 보고 있었어요. 밖은 아주 로맨틱해요. 잔디밭에 새가 한 마리 앉아 있었는데, 내 생각엔 커너드 해운회사나 화이트스타 해운회사 편으로 유럽에서 건너온 나이팅게일인 것 같아요. 넋을 잃을 정도로 황홀한 소리로 노래하는데—"

그녀의 목소리도 노래하고 있었다.

"더없이 로맨틱했어요. 안 그래요, 톰?"

"음, 아주 로맨틱해."

그는 말하고 나서 한심한 얼굴로 나를 보았다.

"저녁 먹은 뒤 날이 여전히 환하면 자네를 마구간으로 안내하겠네."

안에서 갑작스럽게 전화벨이 울렸고, 데이지가 톰을 향해 단호하게 고개를 좌우로 흔들자, 마구간에 관한 화제—사실상 모든 화제가 사라지고 말았다. 식탁에서 마지막 5분 동안에 일어난 일들 중에서 단편적으로 기억하는 것은 촛불들이 의미 없이 켜진 것과, 내가 아무와도 눈을 맞추지 않으면서 이 자리에 있는 모두를 정면에서 똑바로 관찰하고 싶어한다는 것을 깨달은 정도이다. 나는 톰과 데이지가 무슨 생각을 하고 있는지 짐작할 수 없었다. 그러나 견고한 회의주의를 터득한 듯이 보이는 베이커 양조차도 그 다섯 번째 손님의 질려하지 않는 요구를, 귀를 긁는 금속음을 마음에서 완전히 지워버릴 수 없는 모양이었다. 세상에는 이러한 일을 흥미진진해 하는 사람도 있을지 모른다. 하지만 당장이라도 전화를 걸어 경찰을 부르고 싶은 것이 나의 본심이었다.

말할 필요도 없지만, 말(馬) 이야기는 다시 나오지 않았다. 톰과 베이커 양은 황혼 속에 서로 몇 걸음 떨어져서 서재로 걸어 들어갔다—마치 누군가의 시체 옆에서 철야를 하러 가기라도 하는 듯이. 그동안 나는 매우 흥겨우며 귀가 잘 안 들리는 척하면서, 데이지를 따라 정면 현관으로 통하는 긴 베란다를 돌아갔다. 그곳 어스름한 어둠 속에서 우리는 긴 등나무 의자에 나란히 앉았다.

　데이지는 두 손으로 그녀의 얼굴을 감쌌다—마치 얼굴의 예쁜 생김새를 느끼려는 듯이. 이윽고 그녀의 시선이 벨벳 같은 땅거미를 응시했다. 나는 사나운 감정들이 그녀의 마음을 뒤흔들고 있었으므로, 조금이라도 그녀를 진정시켜줄 것이라고 생각하며 그녀의 딸아이에 관해서 물었다.

　"우리는 서로 잘 모르고 있군요, 닉."

　그녀가 느닷없이 말했다.

　"친척이라지만 당신은 제 결혼식에도 오지 않았어요."

　"나는 그때 전쟁에서 돌아오지 않았으니까."

　"맞아, 그랬지요."

　그녀는 조금 주저했다.

　"뭐랄까, 그동안 저는 아주 힘든 일이 많았어요, 닉. 그래서 모든 것에 대해 아주 냉소적이 되어버렸어요."

　확실히 무슨 일이 있어 보였다. 이야기가 이어지길 기다렸지만 그녀는 더이상 말하지 않았고, 조금 뒤에 나는 억지스러운 감이 없진 않지만 그녀의 딸 이야기를 다시 꺼냈다.

　"이제 말도 할 줄 알고, 그리고—밥도 혼자 먹을 수 있나?"

　"아, 그럼요."

　그녀는 나를 멀거니 바라보았다.

　"들어봐요, 닉. 내가 그 애를 낳았을 때 했던 말을 가르쳐줄게요. 들어보시겠어요?"

　"듣고말고."

　"그 얘길 들으면 아실 거예요—내가 만사를 지금처럼 느끼게 된 경위를 말이에요. 아기가 태어난 지 한 시간도 못 되었는데 톰은 여느 때와 마찬가지로 어디 있는지 알 수 없었어요. 나는 마취에서 깨어난 뒤라 정말 외로웠지만, 그래도 곧바로 갓난애가 사내애인지 계집앤지 간호사한테 물었어요. 간호사는 딸이라고 말했고, 나는 얼굴을 돌리고 울었어요. '괜찮아' 하고 나는 말했어요. '계집애여서 기뻐, 바보로 자라주면 더 좋을 텐데. 그게 한 계집애가 이 세상에서 될 수 있는 가장 바람직한 모습이야, 아름답고 머리 나쁜 여자가 되는 게 말이야.'"

"그러니까, 요컨대 이 세상은 끔찍한 일 투성이에요."

그녀는 확신에 찬 어조로 말을 계속했다.

"모두들 그렇게 생각해요—가장 진보적인 사고를 하는 사람들도 말이에요. 하지만 나 같은 경우는 생각하는게 아니라 그냥 알아요. 나는 안 가본 데가 없고, 보지 않은 게 없고 또 모든 일을 다 해보았는걸요."

그 눈은 금방이라도 덤벼들 것처럼 강렬하게 번뜩였다. 조금 전 톰의 눈과 어딘지 모르게 닮아 있다. 자포자기한 쓸쓸한 웃음소리가 심장을 죄어온다.

"굴러먹은 여자—이 내가 굴러먹은 여자라니!"

나의 주의력과 믿음을 중단시키면서 그녀의 목소리가 뚝 끊어지는 순간, 나는 그녀가 한 말의 근본적인 불성실성을 느꼈다. 그것은 나를 불편하게 했다—오늘 저녁식사시간 자체가, 내게서 그녀가 원하는 감정을 끌어내기 위해 마련한 일종의 교묘한 장치였던 것이 아닐까 하는 생각이 들 정도다. 아무 말도 하지 않자 예상했던 대로, 이내 그녀는 그 아름다운 얼굴에 흠잡을 데 없는 완벽한 미소를 띠우며 나를 바라보았다—마치 "어쨌든 나와 톰은 평범한 것과는 거리가 먼 특수한 사회에 속해 있으니까요." 라고 말하는 것처럼.

*

방 안은, 진홍빛 방은 마치 꽃이 핀 것처럼 불빛으로 가득했다. 톰과 베이커 양은 긴 소파의 양쪽 끝에 앉아 있었고 그녀는 그에게 〈세터데이 이브닝 포스트〉를 큰 소리로 읽어주고 있었다. 나직하고 억양 없는 말들이 달래는 듯한 음조로 이어지고 있었다. 램프 불빛은 그의 장화에 반사되어 번쩍거리고, 그녀의 낙엽 빛 노란 머리에 흐릿하게 반사하면서, 그녀가 가냘픈 팔근육을 움직이며 잡지를 넘길 때마다 종이 위에 반짝였다.

방으로 들어서자 그녀는 손을 들며 잠시 말하지 말고 기다려 달라고 했다.

"다음 호에 계속" 하고 말하면서 베이커 양은 잡지를 테이블 위에 획 던졌다. 그녀의 몸은 무릎을 쉴 새 없이 움직이며 존재감을 주장하더니 이내 일어났다.

"10시군요."

아마도 천장을 보면 시간을 알 수 있는 모양이다.

"나 같은 요조숙녀는 잠자리에 들 시간이에요."

"조던은 내일 마상경기를 하러 간대요." 데이지가 설명했다.

"웨스트 체스터로요."

"아—당신이 그 조던 베이커로군요."

그녀의 얼굴은 어디서 본 듯하다 싶었던 이유를 그제야 알았다—서늘하고 남을 깔보는 듯한 얼굴 표정을 애슈빌, 핫 스프링스, 그리고 팜 비치 같은 고급휴양지의 스포츠 정보를 전하는 신문기사의 사진으로 본 적이 있었다. 그녀에 대한 약간의 소문을 들은 적이 있다. 썩 유쾌하지 않은 헐뜯는 이야기였지만, 너무 오래 전의 일이라 그게 무슨 이야기였는지 기억이 없다.

"잘 자." 그녀가 부드럽게 말했다.

"여덟 시에 깨워줘."

"깨워도 일어나야 말이지."

"일어날 거야. 안녕히 주무세요, 캘러웨이 씨. 다음에 또 뵙도록 해요."

"그건 걱정마." 데이지가 약속했다.

"결혼 중매까지 해 줄 테니까. 앞으로도 종종 놀러와야 해요, 닉. 내가 당신들을, 음, 그 뭐랄까, 한곳에 잘 던져 넣어줄게요. 그러니까, 당신들을 어떤 실수처럼 꾸며서 린넨 캐비닛에 가두고는 그대로 보트에 실어 바다로 띄워보내는 거예요. 그럼 과연 어떻게 될까요?"

"잘 자요!" 베이커 양이 계단 위에서 소리쳤다.

"나는 한 마디도 못 들었어."

"멋있는 여자야." 톰이 잠시 후 말했다.

"하지만 저렇게 제멋대로 부평초처럼 떠도는 생활을 하게 하는 건 좋지 않지."

"떠돌게 하다니, 누가 말이에요?" 데이지가 쌀쌀하게 물었다.

"그녀의 가족 말이야."

"그녀의 가족이래 봤자 한 천 살쯤 먹은 늙은 숙모 하나뿐이에요. 그리고 이제부턴 닉이 그녀를 돌봐줄 거예요. 그렇죠, 닉? 그녀는 올 여름 주말을 거의 여기서 보낼 거예요. 가정이 그녀에게 퍽 좋은 작용을 할 거예요."

데이지와 톰은 한동안 아무 말 없이 서로를 쳐다보았다.

"그녀는 뉴욕 사람인가?" 나는 재빨리 물었다.

"루이스빌요. 우리는 순수한 소녀시절을 거기서 함께 보냈어요. 아름답고 때묻지 않은—"

"당신 베란다에서 다 터놓고 얘기를 했소?" 톰이 갑자기 나무라듯 물었다.

"그랬나요?" 데이지가 나를 보며 시치미를 뗐다.

"잘 기억은 안 나지만, 북구 인종에 관해 이야기하지 않았던가요? 맞아, 정말 그랬어요. 뭐랄까 그런 얘기가 우리에게 은근슬쩍 다가왔는데, 문득 정신을 차렸을 때는—"

"데이지의 말을 그대로 받아들이지는 말게, 닉."

그가 나에게 충고했다. 별다른 얘긴 없었다고 가볍게 말하고, 잠시 뒤에 나는 집으로 가려고 일어섰다. 두 사람은 현관까지 따라나와, 네모지게 잘린 따뜻한 입구의 불빛 속에 나란히 섰다. 내가 자동차의 시동을 걸자, 데이지가 "기다려요!" 단호하게 소리쳤다.

"물어볼 말이 있는데 깜박 했어요, 중요한 거예요. 오빠가 서부 아가씨와 약혼했다는 얘길 들었는데, 사실이에요?"

"참 그래." 톰이 가세했다.

"자네가 약혼했다는 얘길 들었어."

"그건 뜬소문이야. 나 같은 가난뱅이가 결혼할 수 있을 리 없잖아."

"하지만 분명히 들은 걸요."

데이지는 물러서지 않았다. 마치 꽃이 피어나는 것처럼 그녀가 다시 생기를 되찾은 점이 적잖이 놀라웠다.

"그런 소리를 세 사람한테서나 들었어요. 아무런 근거가 없다고는 못할걸요?"

물론 그들이 무슨 얘기를 하는지 모르는 바는 아니지만, 나는 꿈에도 약혼한 일은 없었다. 단지 어떤 아가씨와 결혼한다는 소문이 떠돈 것은 사실이고, 그것이 내가 동부로 온 이유 중의 하나이기도 했다. 소문 때문에 옛 친구와의 교류를 갑자기 끊을 수도 없는 노릇이고, 또 그렇다고 그 소문에 휩쓸린 채 그대로 결혼할 생각도 없었다.

두 사람이 내게 그 정도로 관심을 갖고 있다는 점이 기뻤고, 덕분에 상대가 나로서는 그들의 발끝에도 미치지 못하는 엄청난 부자라는 사실에 주눅이 들어있던 마음도 어느 정도 회복되었다. 하지만 그것 말고는 나는 차를 몰고 오면서 심란했고 기분이 언짢았다. 아무리 생각해도 데이지는 어린애를 안고 그 집을 뛰쳐나와야 했다. 그러나 분명히 그녀의 머릿속에는 그런 의도가 없었다. 한편 톰에 대해서도 '뉴욕에 애인이 있다'는 사실보다, 그가 한 권의 책에 푹 빠져 있다는 점이 더욱 놀라웠다. 무엇인가가 그로 하여금 진부한 생각의 언저리로 접근하게 하고 있었다. 어쩌면 이제 그의 강건한 육체가 주는 자부심만으로는 이제 그의 자기중심적인 마음의 자양분으로 삼기에는 부족한지도 모른다.

길가의 술집 지붕이나, 도로 옆에 있는 자동차 수리공장(빨간 새 주유기가 빛을 받으며 정면에 오도카니 서 있다)에는 이미 여름이 한창이었다. 웨스트 에그에 있는 나의 집에 도착하여 차를 차고에 몰아넣고, 마당에 팽개쳐져 있는 잔디깎기기계 위에 한동안 앉아 있었다. 바람은 나뭇가지 사이로 날갯짓하고, 대지의 풀무가 생명의 숨결을 듬뿍 불어넣었는지 개구리들의 성대한 오르간 연주가 쉬지 않고 울려 퍼지며, 떠들썩하고 밝은 밤을 연주한다. 움직이는 고양이의 그림자가 달빛에 어른거렸고, 그놈을 보려고 머리를 돌린 순간 나는 혼자가 아니었다는 것을 알았다—50피트 저쪽에서 한 사람이 나의 이웃 저택의 그림자 속에서 소리 없이 나타났다. 두 손을 주머니에 찌른 채 서서 은빛 후춧가루를 뿌려놓은 듯한 별들을 바라보고 있었다. 차분한 동작이라든가 잔디를 딛고 있는 안정된 자세 등으로 미루어 개츠비 씨일 것이다. 이 지역의 하늘 중에서 어디까지가 자기의 몫인지를 확인하려고 나와 있는 모양이었다.

나는 그에게 말을 걸어볼까 생각했다. 베이커 양이 만찬을 먹으면서 그에 대해 말했으니까, 그것이 말을 꺼내는 구실이 될 것이다. 하지만 결국 그를 부르지 못했다. 그가 돌연한 몸짓으로, 혼자 있고 싶어한다는 암시를 보였기 때문이다. 그는 두 팔을 어두운 바다를 향해 기묘하게 뻗었고, 나는 멀리 떨어져 있기는 했지만 그가 작게 떨고 있었다고 단언할 수 있다. 무의식중에 나는 그의 손끝을 따라 바다를 바라보았다. 그곳에는 조그맣게 멀리서 반짝이는 단 하나의 초록색 불빛밖에 없었다. 아마도 다리 끝에 달린 조명일 것이다. 내가 개츠비 씨 쪽을 다시 보았을 때는 그는 이미 사라지고 없었고, 그리고 나는 소란스러운 어둠 속에 다시 혼자 남겨졌다.

2

웨스트 에그와 뉴욕 사이의 중간쯤에서 찻길은 갑자기 철로와 만나 4분의 1마일 정도를 나란히 달리는데, 어떤 황량한 지역을 피하기 위해 찻길이 꺾이기 때문이다. 이것이 재(灰)의 계곡이다—이곳은 산마루와 언덕들과 정원들에 밀이 자라듯이 재가 자라는 기괴한 농지다. 잿더미는 집을 만들고, 굴뚝을 만들고, 연기가 되어 피어오르다가 마침내 부단한 노력 끝에 사람 모양을 띠게 된다. 사람 모양의 잿더미는 힘없이 움직이며, 그러다가 어느새 부스러져 가루투성이의 공기가 되는 것이다. 이따금씩 잿빛 열차가 보이지 않는 선로를 따라 느릿느릿 기어와 끼익 하는 불길한 마찰음을 내며 정차한다. 그러면 순식간에 잿빛으로 물든 사람들이 납으로 만든 삽들을 들고 기어올라 농밀한 먼지 구름을 일으켜 막을 만든다. 그 구름은 그들의 모호한 (삽질)작업을, 보는 사람의 시야로부터 가린다.

그러나 회색빛 땅과 그 위에 발작적으로 피어오르는 먼지 너머로, 잠시 후 T.J. 에클버그 박사의 눈이 떠오른다. T.J. 에클버그 박사의 두 눈은 푸르고 거대한데—그 두 눈의 망막은 높이가 1야드나 된다. 얼굴은 없고 눈만 있다. 존재하지 않는 코에 걸린 거대한 황색 안경 너머로 이쪽을 똑바로 보고 있는 것이다. 분명히 어떤 장난꾸러기 안과 의사가 퀸스 지구의 환자를 모으려고 간판을 걸어놓았을 것이다. 그런 뒤 그 자신은 영원히 눈이 멀어버렸거나 혹은 간판을 잊은 채 떠나버린 것이다. 그럼에도 T.J. 에클버그의 눈은 수많은 얼룩진 날들이 지나는 동안 햇빛과 바람 때문에 좀 흐려지긴 했지만, 멸망해가는 쓰레기장 위에서 여전히 깊은 사색에 잠겨 있다.

재의 계곡은 한쪽으로 작고 더러운 강으로 나뉘어 있다. 도개교가 화물선들을 통과시키기 위해 올라갈 때, 다리가 다시 내려오기를 기다리며 서 있는 기차 안의 승객들은 반 시간 동안 그 음울한 풍경을 응시할 수 있다. 그렇지 않아도 기차는 언제나 적어도 1분 동안은 거기서 정지했다. 내가 톰 뷰캐넌의 정부(情婦)를 처음 만난 것도 그 때문이었다.

그가 정부를 두고 있다는 사실은, 그의 이름이 알려진 곳이면 어디서나 들을 수 있었다. 톰은 유명한 레스토랑에 그녀와 함께 나타났다가, 아는 얼굴이 보이자 그녀를 혼자 남겨두고 자리를 떠나버려서 사람들의 입방아에 오르내렸다. 그를 아는 모든 사람들은 그 일을 몹시 불쾌해 했다. 나는 그녀가 어떻게 생겼는지 보고 싶기는 하였지만, 딱히 그녀를 만나고 싶지는 않았다. 하지만 결국 그렇게 되어버렸다. 나는 톰과 함께 어느 날 저녁 기차로 뉴욕에 갔는데, 기차가 그 잿더미 근처에서 멈추자 그는 박차고 일어나 내 팔꿈치를 붙잡고, 그야말로 강제로 나를 차에서 끌어내렸던 것이다.

"내리자고." 그가 재촉했다.

"자네한테 내 여자를 보여줄 테니."

점심 때 마신 술이 상당히 과했던 모양이다. 그래서 나를 데리고 가겠다는 그의 결의가 이런 난폭한 형태로 나타난 것이다. 아니면 오만불손하게도 일요일 오후니까 나 같은 인간에게는 어차피 대단한 스케줄도 없을 거라고 억측했을 수도 있다.

나는 석회 도료를 하얗게 바른 나지막한 철도의 담장을 넘어 그를 따라갔다. 우리는 에클버그 박사의 끊임없는 시선을 받으며 길을 따라 1백 야드쯤 걸어 들어갔다. 눈에 들어온 유일한 건물은 황무지의 끝에 서 있는 노란 벽돌의 작은 블록 건물이었는데, 그것이 일종의 간결한 중심가 구실을 하고 있었다. 그 옆에는 아무것도 없었는데, 그 건물 속에 있는 3개의 상점 중 하나는 세를 놓고 있었고, 다른 하나는 밤새도록 여는 레스토랑이었으며, 잿더미 계곡의 자락이 닿아 있었다. 나머지 상점은 자동차 수리소였는데 '수리함, 조지 B. 윌슨. 차 사고팖'이라고 쓰인 간판이 있다. 나는 톰을 따라 안으로 들어갔다.

내부는 장사가 안 되는지 텅 비어 있었다—눈에 들어온 유일한 차라고는 어둠침침한 구석에서 먼지를 뒤집어쓰고 있는 부서진 포드 하나뿐이었다. 자동차 수리소의 이 어두침침한 그늘은 눈가림일 뿐이고, 위층에는 호화스럽고 로맨틱한 비밀의 방이 숨겨져 있을지도 모른다는 망상을 하고 있는데, 그때 바로 집주인이 누더기조각으로 손을 닦으며 사무실 문 앞에 나타났다. 금발에 활기 없는 사람이었지만 생김새 자체는 결코 나쁘지 않았다. 우리를 보자 그의 연푸른 눈에 희망의 빛이 은은하게 깃들었다.

"이봐, 윌슨."

톰은 그의 어깨를 신나게 두드리며 말했다.

"장사는 어떠시오?"

"그저 그래요."

윌슨은 힘없이 대답했다.

"차는 언제 팔아주실 건가요?"

"다음 주에—지금 일꾼이 손보고 있는 중이야."

"일이 아주 느린 모양이군요, 안 그래요?"

"그렇게 말하면 쓰나." 톰이 냉담하게 말했다.

"자네가 그렇게 생각한다면, 좋아, 아예 딴 데다 팔겠네."

"아니, 그게 아니고." 윌슨이 황급히 설명했다.

"저는 단지—"

그의 음성은 기어들어갔고 톰은 참을성 없게 자동차 수리소 안을 훑어보았다. 그러자 층계에서 발소리가 들리더니, 몸집이 뚱뚱한 여자가 사무실 문으로부터 들어오는 빛을 막아버렸다. 그녀는 30대 중반에 접어든 여자였고, 살집이 넉넉했다. 그러나 그녀는 그 넉넉한 살들을 우아하게 움직이는 법을 알고 있었다. 그것은 극소수의 여성들만이 부릴 수 있는 재주였다. 검푸른 색의 부드러운 천으로 만든 물방울 무늬의 드레스 위로 솟은 그녀의 얼굴은 아름답지는 않으나, 내면에 약동하고 있는 활력은 한눈에 알 수 있었다. 그녀의 몸 중심부가 끊임없이 불타고 있는 듯한 인상을 주었다. 그녀는 천천히 웃었고, 그녀의 남편이 마치 무슨 유령이기나 한 듯 남편을 지나 걸어가서는 톰의 눈을 똑바로 바라보며 악수를 했다. 그런 뒤 그녀는 입술에 침을 바르고, 남편을 쳐다보지도 않은 채 부드럽고도 거친 목소리로 남편에게 말했다.

"의자 좀 가져와요. 좀 앉아야 하지 않겠어요?"

"아, 그렇군."

윌슨은 급히 말했고, 시멘트 빛 벽에 바로 연결되어 있는 작은 사무실로 갔다. 잿더미 근처에 있는 것은 무엇이든 하얀 재 먼지를 뒤집어 쓰고 있었는데, 그의 검은 작업복과 흐릿한 머리칼에도 한 꺼풀 입혀져 있었다—윌슨 부인은 예외다. 그녀가 톰에게 다가왔다.

"만나고 싶어." 톰이 진지하게 말했다.

"다음 기차를 타."

"좋아요."

"아래쪽 매점에서 만나."

그녀는 고개를 끄덕였고, 조지 윌슨이 그의 사무실에서 의자 2개를 들고 나타나자 톰으로부터 떨어졌다. 우리는 길 아래쪽으로 내려가 눈에 띄지 않는 데서 그녀를 기다렸다. 그날은 7월 4일(독립기념일)을 며칠 앞둔 때였다. 창백하고 깡마른 이탈리아계 아이들이 철도 노선을 따라 한 줄로 신호뇌관을 장치하고 있었다.

"끔찍한 곳이야, 그렇지 않아?"

톰이 에클버그 박사를 향해 얼굴을 찡그리며 말했다.

"끔찍해."

"이런 곳에서 하루빨리 벗어나는 게 그녀를 위한 길이야."

"남편이 반대 안 하나?"

"윌슨? 그 사람은 그녀가 뉴욕에 있는 그녀의 동생을 만나러 가는 줄 알고 있어. 우둔하기가 이를 데 없어서 자기가 살아 있는지조차 모르는 사내야."

그리하여 톰 뷰캐넌과 그의 정부와 나는 함께 뉴욕으로 가게 되었다—정확히 말해서 함께라고 할 수도 없는데, 윌슨 부인은 눈치 있게 다른 찻간에 앉아 있었기 때문이다. 아무리 톰이라도 같은 기차에 타고 있을지도 모를 이스트 에그 사람들을 신경 쓸 정도는 되었던 것이다.

그녀는 다갈색 무늬가 있는 모슬린 드레스로 갈아입었는데, 톰이 뉴욕 플랫폼에서 그녀를 부축해 내릴 때 그녀의 엉덩이에 착 달라붙어 팽팽해졌다. 신문 가판대에서 그녀는 〈타운 태틀〉 한 권과 영화잡지를 샀고, 역의 약국에서 콜드크림과 조그만 휴대용 향수 한 병을 샀다. 계단을 올라와 차 소리가 윙윙 울리는 차도에서, 그녀는 새 택시를 골라 잡을 때까지 4대의 택시를 그냥 보냈다. 골라잡은 택시의 빛깔은 연보랏빛에다가 회색 시트 커버를 한 것이었다. 이 택시를 타고 우리는 역을 빠져나와 타는 듯한 햇빛 속으로 들어섰다. 그녀는 창밖을 바라보다가, 얼마 가지도 않았는데 획 몸을 돌려 상반신을 앞으로 굽히면서 앞창을 두드렸다.

"저 개들 좀 봐, 한 마리 갖고 싶어요."

그녀는 흥분한 목소리로 말했다.

"아파트에서 기르고 싶어요. 개가 있다니 정말 멋지지 않아요?"

우리는 터무니없게 존 D. 록펠러를 닮은 백발 노인 쪽으로 차를 돌렸다. 노인의 목에 걸려 있는 광주리에는 낳은 지 얼마 안 되는 강아지 열두어 마리가 쪼그려 앉아 있었다.

"무슨 종이에요?"

노인이 택시 창으로 가까이 왔을 때 윌슨 부인이 흥분에 들떠 물었다.

"다양하게 다 있습죠. 어떤 개를 원하는뎁쇼, 부인?"

"경찰견 같은 게 좋은데, 그런 개 없죠?"

노인은 미심쩍게 광주리를 들여다보더니, 손을 넣어 고물거리며 몸을 뒤트는 강아지의 목덜미를 잡고 들어올렸다.

"경찰견이 아닌데." 톰이 말했다.

"그렇습죠, 정확히는 경찰견이 아니죠."

노인은 목소리에 실망의 빛을 띠며 말했다.

"에어데일 종류에 가깝죠."

노인은 갈색 수건 같은 개 등허리를 쓰다듬었다.

"이 털 좀 보세요. 좋은 털입죠. 감기에 걸려서 성가시게 하는 일은 없습죠."

"예뻐요." 윌슨 부인이 들떠서 말했다.

"얼마죠?"

"이놈 말씀입니까?"

노인은 그 강아지를 멍하니 바라보았다.

"10달러는 주셔야죠."

그 에어데일—확실히 에어데일의 피가 살짝 섞인 것처럼 보이기는 하지만, 발은 눈부실 정도로 새하얬다. —은 노인의 손으로부터 윌슨 부인의 손으로 넘어와 그녀의 무릎 위에 자리잡았다. 그녀는 황홀한 표정으로 그 전천후성 털을 쓰다듬고 있었다.

"남자아이예요, 여자아이예요?"

그녀가 에둘러 물었다.

"그놈이요? 그놈 숫놈입니다."

"암캐야."

톰이 단호하게 말했다.

"자, 돈 여기 있소. 가서 그 돈으로 개 10마리 더 사슈."

우리는 5번가를 향해 달렸다. 여름날 일요일 오후의 공기는 따뜻하고 부드러웠으며, 목가적이었다. 새하얀 양 떼가 거리 모퉁이를 지나가더라도 나는 놀라지 않았을 것이다.

"세워주게." 나는 말했다.

"난 여기서 내리겠네."

"그건 안 되지."

톰이 재빨리 가로막았다.

"자네가 아파트까지 안 가면 머틀이 언짢아할 거야. 안 그래, 머틀?"

"오세요."

그녀도 끼어들었다.

"전화해서 내 동생 캐서린을 부를게요. 그 애는 사람들한테 아주 예쁘다는 말을 듣는답니다."

"아니, 나도 물론 가고 싶기는 하지만—"

우리는 그대로 계속 달렸다. 센트럴파크를 지나 웨스트 헌드리즈로 향했다. 158번가에 이르러 택시는 희고 기다란 케이크처럼 늘어서 있는 아파트 한쪽에서 멈추었다. 윌슨 부인은 마치 왕후가 영지로 돌아온 듯한 위풍당당한 시선으로 주위를 둘러보며, 개와 그 밖에 산 물건들을 모아 들고는 거만스럽게 안으로 들어갔다.

"맥키 부부를 부를게요."

엘리베이터를 타고 올라가면서 그녀가 말했다.

"그리고 물론 내 동생한테도 전화하고요."

방은 맨 위층에 있었다. 작은 거실 하나, 작은 식당 하나, 작은 침실 하나, 그리고 목욕탕. 좁은 거실은 그 넓이에 어울리지 않게 태피스트리로 장식된 커다란 가구들로 꽉 채워져 있어서, 움직였다 하면 어딘가에 부딪혀 베르사유의 정원에서 그네를 타는 귀부인들 위로 비틀거리다 넘어질 지경이었다. 지나치게 확대한 사진 하나가 그곳에 있는 유일한 그림이었다. 그것은 번져서 희미하게 보이는 바위 위에 앉아 있는 암탉이었다. 그러나 멀리서 보면 그 암탉은 부인용 모자가 되고, 퉁퉁한 노부인이 상냥하게 웃으며 방 안을 내려다보고 있는 그림이 나타난다. 테이블 위에는 《베드로라 불린 시몬》이라는 책 한 권과 함께 옛날 〈타운 태틀〉 몇 부가 놓여 있었고, 브로드웨이의 스캔들을 실은 잡지 몇 권이 놓여 있었다. 윌슨 부인은 처음에는 개에게 관심을 쏟고 있었다. 엘리베이터 보이는 마음 내키지 않는 듯 짚을 잔뜩 넣은 상자와 우유를 가지러 갔지만, 세심하게도 크고 딱딱한 개 비스킷 캔도 사왔다. 비스킷 하나는 누구의 관심도 받지 못하고 오후 내내 우유가 담긴 접시 속에서 흐물흐물하게 녹고 있었다. 한편 톰은 위스키 한 병을 잠겨 있던 찬장에서 꺼내왔다.

나는 평생 술 취한 적이 두 번밖에 없는데, 두 번째 술 취한 것이 그날 오후였다. 그래서 8시가 지나도록 방 안은 밝은 햇빛으로 가득 차 있었으나, 거기서 일어난 일들은 희미하고 몽롱하게 기억될 뿐이다. 톰의 무릎 위에 앉은 채로 윌슨 부인은 몇 사람에게 전화를 했다. 나는 담배가 없어서 길모퉁이에 있는 가게로 담배를 사러 나갔다. 돌아와보니, 그들이 보이지 않았다. 하는 수 없이 얌전히 거실에 앉아 《베드로라 불린 시몬》을 읽었다—내용 자체가 형편없는 탓인지, 아니면 위스키 때문에 정신이 혼미해서 그랬는지 모르지만 나는 무슨 소리인지 통 알 수가 없었다.

톰과 머틀이(한잔 하고 난 다음부터 윌슨 부인과 나는 서로 이름을 불렀다) 다시 나타나자, 친구들이 아파트 앞에 도착하기 시작했다.

여동생 캐서린은 서른 살쯤 된 날씬하고 세속적인 여자였는데, 머리는 숱이 많고 빳빳한 붉은 단발이었고, 얼굴에는 분을 하얗게 바르고 있었다. 눈썹은 뽑은 다음 더욱 확실한 선이 나타나게 다시 그려졌지만, 뽑힌 눈썹이 다시 돋아나려는 흔적이 그녀의 얼굴 모양을 선명치 못하게 하고 있었다. 그녀가 다시 움직일 때마다 그녀의 두 팔에 걸린 헤아릴 수 없이 많은 도기 팔찌가 아래위로 흔들리며 끊임없이 딸그락거리는 소리를 냈다. 그녀는 주인처럼 서둘러 들어왔고, 게다가 어찌나 내 것이로다 하는 표정으로 가구를 둘러보는지, 나는 그녀가 여기서 사는 게 아닌가 하는 생각이 들었다. 그러나 내가 여기서 사느냐고 묻자 그녀는 호들갑스럽게 웃으면서, 내 물음을 큰 소리로 되풀이하고는 자기는 여자친구와 함께 호텔에서 산다고 말했다.

맥키 씨는 창백하고 여자 같은 사람으로 아래층에 살았다. 그는 방금 면도를 했는지, 광대뼈에 흰 비누거품이 작게 남아 있었다. 그리고 그가 방 안에 있는 사람들에게 인사하는 태도는 아주 예의바르고 훌륭했다. 그는 자기가 '예술방면'의 일을 하고 있다고 말했는데, 나중에 그가 사진사이며, 무슨 심령체처럼 벽에 걸려 있는 것은 그가 확대한 윌슨 부인의 어머니 사진임이 밝혀졌다. 그의 아내는 쨍쨍하게 시끄러운데도 생기가 없고, 단정한 얼굴이 어딘지 모르게 오싹한 여자였다. 그녀는 자기 남편이 결혼 후 127번이나 사진을 찍어주었다고 뽐내면서 말했다.

윌슨 부인은 조금 전에 옷을 갈아입어서, 지금은 크림색 시폰으로 만든 정교한 애프터눈 드레스를 차려입고 있었다. 그녀가 방 안을 걸어다닐 때마다 사그락사그락하는 소리가 끊임없이 들렸다. 옷이 날개라고 그 드레스 때문에 그녀의 인품이 달라보였다. 차 수리소에서 그리도 눈에 띄던 강렬한 생기는 바야흐로 완전한 거만함으로 변해 있었다. 웃음소리와 몸놀림, 강압적인 말투는 시간이 지날수록 과장되었고, 그녀가 그렇게 팽창해 갈수록 방은 점점 더 작아졌다. 그녀가 담배 연기 자욱한 방 안에서 혼자 끼익끼익 시끄럽게 삐걱거리며 회전하고 있는 것처럼 보일 때까지.

"애."

그녀가 동생에게 젠체하며 높은 소리로 말했다.

"세상 대부분의 사람들은 언제나 너를 속일 기회만 노리고 있어. 그들이 생각하는 건 돈뿐이야. 지난 주에 다리가 조금 불편해서 어떤 여자를 여기로 불렀는데, 청구서를 보니까 맹장수술이나 한 것처럼 비싸게 부르는 거야."

"그 여자 이름이 뭔데요?" 맥키 부인이 말했다.

"에버하트 부인. 집으로 찾아와서 다리를 치료하는 사람이에요."

"드레스가 참 예뻐요." 맥키 부인이 말했다.

"반하겠어요."

윌슨 부인은 경멸하듯 눈썹을 치켜올리며 찬사를 물리쳤다.

"이건 아주 오래 전 거예요."

그녀가 말했다.

"아무렇게나 입어도 좋을 때 가끔 걸치는 거예요."

"하지만 당신이 입으니까 아주 훌륭해요. 제 생각은 그래요." 맥키 부인은 굴하지 않았다.

"만일 그 포즈로 체스터가 사진을 찍으면, 당신의 걸작이 탄생할 거예요."

우리는 말없이 윌슨 부인이 눈 위로 흘러내린 머리카락을 쓸어올리며 환한 미소와 함께 우리를 보는 것을 보고 있었다. 맥키 씨는 고개를 한쪽으로 갸웃거리며 그녀를 응시하고 있었다. 그런 뒤 손을 얼굴 앞으로 내밀더니 앞뒤로 천천히 움직였다.

"조명을 바꿔야겠군."

잠시 후 그가 말했다.

"얼굴의 입체감을 나타내고 싶어요. 뒷머리의 양감도 충분히 살리고 싶고."

"이 조명이 어때서요?"

맥키 부인이 소리를 높였다.

"내 생각에는—"

그녀의 남편이 "쉬!" 하고 말했고, 우리 모두는 또다시 그 피사체 쪽으로 눈을 돌렸다. 그때 톰 뷰캐넌이 모두에게 들릴 정도로 크게 하품을 하면서 일어섰다.

"맥키 씨와 부인도 뭔가 좀 마시겠소?" 톰이 말했다.

"얼음하고 미네랄 워터를 더 가져오지, 머틀. 모두들 잠들어버리기 전에 말이오."

"그 보이한테 얼음은 말해두었어요."

머틀은 칠칠치 못한 아랫것들을 참을 수 없다는 듯이 눈썹을 치켜올렸다.

"정말이지, 그 사람들은 쉬지 않고 다그치지 않으면 움직일 생각을 않는다니까요."

그녀는 나를 보더니 괜히 웃었다. 그러고 나서 갑자기 개한테로 달려들어서 황홀한 표정으로 키스하고, 마치 한 무리의 요리사가 자기 명령을 기다리고 있기라도 한 듯 씩씩하게 부엌으로 갔다.

"일전에 롱아일랜드에서 꽤 멋있는 작업을 했지요."

맥키 씨가 말을 꺼냈다. 톰은 표정 없는 얼굴로 그를 보았다.

"그 둘을 액자에 넣어서 아래층에 걸어놓았지요."

"둘이라니?" 톰이 물었다.

"습작 두 장 말이죠, 하나는 '몬토크 곶—갈매기'라고 하고, 다른 하나는 '몬토크 곶—바다'라는 제목입니다."

여동생 캐서린은 긴 의자의 내 옆에 앉았다.

"당신도 역시 롱아일랜드에 살고 계신가요?" 그녀가 물었다.

"웨스트 에그에 살고 있습니다."

"정말이세요? 한 달쯤 전에 거기서 파티가 있어서 가보았죠. 개츠비라는 분의 집에서요. 그분 아세요?"

"바로 옆집에서 살고 있습니다."

"그런데 말이죠, 그분은 빌헬름 황제의 조카인지 사촌이래요. 그분의 돈이 다 거기서 나온다고들 해요."

"그래요?" 그녀는 고개를 끄덕였다.

"무서운 사람이에요. 그런 분한테는 절대 약점 잡히고 싶지 않아요."

나의 이웃에 관한 이런 솔깃한 정보는 맥키 부인이 갑자기 캐서린을 가리키며 말하는 바람에 중단되었다.

"체스터, 나는 당신이 '이분'을 데리고 멋진 작품을 만들 수 있을 것 같은데요."

그녀가 위세좋게 말했지만, 맥키 씨는 귀찮다는 듯이 고개만 몇 번 끄덕이고는 톰에게 주의를 돌렸다. "롱아일랜드에서 더 일하고 싶지만, 그러려면 '연줄'이 필요합니다. 초기 후원 정도만 구하면 좋겠는데 말이지요."

"머틀한테 부탁하시구려."

톰은 말하면서 윌슨 부인이 쟁반을 들고 들어오자 짧고 큰 웃음을 터트렸다.

"저 여자가 당신한테 소개장을 써줄 거요, 안 그래, 머틀?"

"뭘 해요?" 그녀가 놀라서 물었다.

"당신이 당신 남편에게 맥키를 소개하는 소개장을 써주면, 이 사람이 당신 남편을 대상으로 해서 습작을 할 수 있을 거란 말이오."

그러더니 말을 찾고 있는지 그의 입술은 잠시 말없이 움직였다.

"'조지 B. 윌슨, 주유기 앞에서' 같은 제목으로 말이야."

캐서린은 나에게 가까이 오더니 내 귀에다 대고 속삭였다.

"저 두 사람은 서로 자기들이 결혼한 상대가 견딜 수 없는 모양이에요."

"그래요?"

"견딜 수 없는 거예요."

그녀는 머틀을 보고 나서 톰을 보았다.

"내 말은요, 서로를 그렇게 견딜 수 없으면 왜 계속해서 사느냐는 거예요. 만일 내가 그들이라면 이혼하고 곧장 서로 재혼을 할 거예요."

"머틀은 윌슨을 좋아하지 않는 모양이죠?"

이 질문에 대한 대답은 예기치 못한 곳에서 되돌아왔다. 그 질문을 엿듣고 있던 머틀이 입에 담은 말은 정말로 뻔뻔스럽고 듣기 불편한 것이었다.

"그것 보세요."

캐서린은 의기양양하게 말했다. 그녀는 목소리를 다시 낮추었다.

"두 사람을 떼어놓고 있는 건 사실상 톰의 부인이에요. 그 여자는 가톨릭교도이고, 가톨릭에서는 이혼을 인정하지 않거든요."

데이지는 가톨릭교도가 아니었고, 그래서 나는 그 잘 꾸며낸 거짓말에 충격을 받았다.

"만일 저 사람들이 결혼하게 된다면," 캐서린이 말을 이었다.

"소동이 일단락될 때까지 한동안 서해안으로 몸을 피하게 될 거예요."

"유럽으로 가는 게 맞지 않을까?"

"어머, 유럽을 좋아하세요?"

그녀는 깜짝 놀랄 만큼 목소리를 높였다.

"나는 몬테카를로에서 막 돌아왔어요."

"그렇군요."

"바로 작년이에요. 나는 다른 여자친구와 둘이서 거기 갔지요."

"오래 계셨나요?"

"아뇨, 몬테카를로까지 갔다가 그대로 돌아왔어요. 마르세유를 경유해서 갔어요. 우리는 출발할 때 1천2백 달러를 가지고 갔지만, 이틀 만에 도박판에서 몽땅 털렸어요. 다시 돌아오는 데 얼마나 고생했는지 몰라요. 그놈의 도시라면 진절머리가 나요!"

해질녘의 하늘은 지중해의 꿀처럼 푸른 빛을 띠며 창 밖으로 빛나고 있었다—그때 맥키 부인이 나를 불러 다시 방 안으로 돌아오게 했다.

"나도 하마터면 엄청난 실수를 할 뻔했어요."

그녀는 힘차게 말했다.

"나를 몇 년 동안이나 따라다닌 작은 유대인과 결혼할 뻔했어요. 그는 나보다 하층계급 사람이었어요. 모두들 나한테 이렇게 말했어요. '루실, 그 남자는 당신보다 훨씬 못해요!' 하지만 내가 체스터를 만나지 못했다면, 그는 나를 차지했을 거예요."

"그래요, 하지만 들어봐요."

머틀 윌슨이 고개를 아래위로 크게 끄덕이며 말했다.

"어쨌든 당신은 그와 결혼하지 않았어요."

"그래요, 안 했어요."

"그런데 나는 '그치'와 결혼해버렸단 말이지요."

머틀이 의미심장하게 말했다.

"그리고 그게 당신과 내 경우의 큰 차이예요."

"어째서 결혼한거야, 머틀?" 캐서린이 물었다.

"아무도 강요하지 않았는데." 머틀은 생각에 잠겼다.

"왜냐하면 나는 그가 신사라고 생각했기 때문이에요." 그녀는 마침내 말했다.

"나는 그가 교양 같은 걸 좀 안다고 생각했지만, 그는 조금도 나를 위해주지 않았어요."

"하지만 처음에는 그에게 홀딱 빠져 있었잖아." 캐서린이 말했다.

"홀딱 빠져 있다니!"

머틀이 믿을 수 없다는 듯 소리쳤다.

"내가 그에게 미쳐 있었다고 누가 그래? 그건 내가 '이' 사람에게 반하지 않은 것과 마찬가지로 단언할 수 있어."

그녀가 갑자기 나를 가리키자 모두들 비난하듯이 나를 쳐다보았다. 나는 그녀의 과거와 아무런 관계가 없음을 표정으로 나타내려고 열심히 노력했다.

"내가 '미쳤었다'면 내가 그와 결혼했을 때예요. 나는 내가 실수를 했다는 걸 곧 알았어요. 그는 결혼식 때 어떤 사람의 최고급 양복을 빌려 입고 왔는데, 그러고도 나한테 아무 말도 하지 않았어요. 그런데 결혼식이 끝난 뒤 어느 날, 그이가 집에 없는 동안 옷을 빌려준 사람이 찾아왔어요. '아, 그게 댁의 양복이었어요?' 하고 나는 말했어요. '금시초문입니다.' 하지만 나는 양복을 그에게 내주고 드러누워서 오후 내내 한없이 울었어요."

"언니는 무슨 일이 있어도 그와 헤어져야 해요." 캐서린이 나에게 다시 말했다.

"그들은 그 자동차 수리소에서 11년 동안이나 살았어요. 톰은 언니의 첫 애인이에요."

방 안에 있는 사람들은 계속 위스키병—두 병째다—을 기울였지만, 캐서린은 예외였다. 그녀는 "마시지 않아도 지금 이대로도 충분히 기분 좋아요"라고 하면서 술은 한 방울도 입에 대지 않았다. 톰은 전화로 관리인을 불러 유명한 가게의 샌드위치를 사오게 했는데, 그것은 그들에게 흡족한 저녁 식사였다. 나는 할 수만 있다면 밖으로 나가 부드러운 황혼 속을 가로질러 공원을 향해 동쪽으로 걷고 싶었다. 그러나 나가려고 할 때마다 나는 난잡하고 껄끄러운 이야기에 얽혀들어, 마치 밧줄에 묶이기라도 한 것처럼 의자에 눌러앉게 되었던 것이다. 그럼에도 우리가 있는 방의 불켜진 노란 창문들이 도시의 머리 높이 둥실 떠 있는 모습은, 어두워가는 거리를 무심코 지나가며 바라보는 사람에게는 틀림없이 비밀스러운 사람들의 은밀한 공간으로 보일 것이다. 나는 또한 그렇게 스쳐 지나가는 사람이기도 하다. 거기에 대체 무엇이 있을까 상상한다. 나는 창문 안에 있으면서 동시에 밖에 있었다—생의 무한한 다양성에 매료되면서, 동시에 넌더리 치고 있었다.

머틀은 그녀의 의자를 잡아당겨 나에게 가까이 오더니, 느닷없이 더운 입김을 내뿜으며 그녀가 톰과 처음 만났을 때 이야기를 쏟아놓았다.

"마주 보고 앉게 되어 있는 작은 시트에 우리가 앉게 되었던 거죠. 기차에서 언제나 마지막까지 아무도 앉지 않는 그 자리 말이에요. 나는 동생을 보러 뉴욕에 가는 길이었고, 밤을 거기서 지낼 작정이었어요. 그는 야회복을 입고 번쩍이는 에나멜 가죽구두를 신고 있었는데, 나는 그에게서 눈을 뗄 수가 없었죠. 하지만 그가 나를 볼 때마다 나는 그의 머리 뒤에 있는 광고를 보는 척했어요. 역에 도착하자 그는 바로 내 곁으로 다가왔고, 흰 와이셔츠를 입은 그의 앞가슴이 내 팔을 눌렀어요. 나는 경찰을 부르겠다고 말했지만, 그는 내가 진심이 아니란 걸 알고 있었지요. 나는 너무 흥분한 나머지 그와 함께 택시를 탔을 때, 내가 평상시처럼 지하철을 타지 않았다는 것조차 깨닫지 못했어요. 내가 줄곧 생각하고 또 생각한 것은 '사람은 영원히 살 수 없다, 사람은 영원히 살 수 없다'는 것 뿐이었어요."

그녀는 맥키 부인 쪽으로 몸을 돌렸고, 방 안은 그녀의 부자연스런 웃음으로 꽉 차 울렸다.

"있잖아요." 그녀는 큰 소리로 말했다.

"내게 이 옷이 더 이상 필요없어지면 즉시 당신한테 줄게요. 나는 내일 또 한 벌을 갖게 되니까요. 아 참, 쇼핑 리스트를 만들어야지. 마사지도 받아야 하고 파마도 하고, 개 목줄을 사고, 용수철이 달린 작고 귀여운 재떨이도 살 거예요. 그리고 어머니 무덤에 장식할 까만 비단 띠를 두른, 여름 내내 시들지 않을 꽃다발. 내가 장만해야 할 물건들을 잊어버리지 않게 모두 리스트를 작성해야겠어요." 그때가 9시였다. 얼마 뒤에 또다시 시계를 보니, 놀랍게도 벌써 10시였다. 맥키 씨는 두 주먹을 꽉 쥐어 무릎 위에 올려놓고 잠들어 있었는데, 마치 '행동하는 사람'이라는 타이틀의 사진 같았다. 나는 손수건을 꺼내서, 오후 내내 신경쓰여서 참을 수 없던 그의 뺨의 거품자국을 닦아주었다.

강아지는 테이블 위에 앉아서 담배연기를 통해 잘 안 보이는 눈으로 바라보고 있었고, 이따금 희미하게 끙끙거렸다. 사람들은 어디론가 사라졌다가 다시 나타나고, 어디론가 갈 계획을 세우다가 서로를 잃어버렸고, 서로를 찾아 헤매다가 몇 피트 떨어져 있는 서로를 찾아냈다. 자정이 가까울 무렵 톰 뷰캐넌과 윌슨 부인은 얼굴을 맞대고 열띤 목소리로 토론을 하고 있었는데, 윌슨 부인이 데이지의 이름을 입에 올릴 권리가 있느냐 하는 것을 놓고 열을 올리고 있었다.

"데이지! 데이지! 데이지!" 윌슨 부인이 소리쳤다. "부르고 싶은 만큼 부를 테예요! 데이지! 데이—"

짧지만 능란한 동작으로 톰 뷰캐넌은 그녀의 얼굴을 손바닥으로 세게 때렸다. 코가 찌부러졌다.

목욕탕 바닥에는 피묻은 수건이 굴러다니고, 여자들의 비명이 울려 퍼지고, 이런 소란보다 훨씬 더 높은 소리로 아프다고 외치며 우는 소리가 간헐적으로 들렸다. 맥키는 잠에서 깨어나 어리벙벙한 상태로 문을 향해서 갔다. 반쯤 가다가 돌아서서 그 광경을 응시했다—구급약들을 들고 꽉 들어 찬 가구 사이를 이리저리 비트적거리며 욕설을 퍼붓고 위로하고 있는 그의 아내와 캐서린, 긴 의자 위에 이성을 잃고 흐트러져 있는 여성은 끊임없이 코피를 흘리며, 태피스트리의 베르사유 풍경이 더러워지지 않도록 그 위에 〈타운 태틀〉을 펼치려 하고 있었다. 그러나 맥키 씨는 다시 돌아서서 문 밖으로 나갔다. 샹들리에 걸려 있던 모자를 집어들고 그의 뒤를 따랐다.

"언제 점심이나 같이 하시죠."

끼익 끼익 거리는 엘리베이터를 타고 내려가며 그가 말했다.

"어디서요?"

"아무데서나요."

"손잡이에서 손을 떼세요."

엘리베이터 보이가 잘라 말했다.

"미안해요."

맥키 씨가 위엄을 지키며 말했다. "만지고 있는지 몰랐어."

"좋습니다."

나는 점심 초대에 응했다.

"즐거운 마음으로 가겠습니다."

……나는 그의 침대 옆에 서 있었다. 그는 속옷 바람으로, 손에 커다란 포트폴리오를 들고 이불 속에 앉아 있었다.

"'미녀와 야수'……'고독'……'식료 잡화점의 늙은 말'……'브루클린 브리지'……"

그 뒤에 나는 펜실베이니아 역의 추운 대합실에 누워 반쯤 감긴 눈으로 조간 〈트리뷴〉지를 보면서 4시 기차가 출발하기를 기다렸다.

3

여름 내내 밤이면 이웃집에서 음악이 흘러나왔다. 그의 푸른 정원에서는 남자들과 여자들이 나방처럼 모여들어 속삭임이 샴페인과 별빛 사이를 오고 갔다. 오후 만조 때 나는 그의 손님들이 다이빙대에서 바다로 뛰어들거나 뜨거운 모래밭에서 일광욕 하는 것을 보고 있었다. 그의 모터보트 2대가 거품이는 물줄기 위로 수상스키를 끌고 해협의 바다 위를 미끄러졌다. 주말이면 그의 롤스로이스는 버스가 되어 아침 9시부터 새벽까지 파티에 오고가는 사람을 실어나르는가 하면, 그의 스테이션 웨건은 손님들이 기차 시간에 늦지 않도록 하려고 마치 민첩한 노란 곤충처럼 뛰어다녔다. 그리고 월요일에는 임시로 고용된 정원사를 포함한 8명의 하인들이 하루 종일 걸레, 솔, 망치, 정원용 가위 등을 들고 지난밤에 망가진 곳을 손보는 것이다.

매주 금요일에는 다섯 상자의 오렌지와 레몬이 뉴욕의 과일상으로부터 도착했다. 월요일이면 반으로 쪼개진 오렌지와 레몬 껍질들이 뒷문 밖에 버려져 피라미드처럼 쌓였다. 부엌에는 주스를 짜는 기계가 있는데, 집사가 작은 단추를 2백 번 누르면 30분만에 2백 개의 오렌지가 주스로 만들어진다.

적어도 2주일에 한 번씩 출장 연회업자가 군단을 보내왔다. 수백 피트의 야회용 천막과, 개츠비의 광대한 정원을 한 그루의 크리스마스 트리로 바꿀 수 있을 만큼의 색깔 전구도 대량으로 가져왔다. 뷔페 테이블에는 오르되브르_(구미를 돋우기 위해 정식의 맨 처음에 나오는 채소)가 차려지고, 양념을 친 구운 햄과 알록달록한 샐러드, 그리고 밀가루를 발라 기름에 튀긴 돼지고기와 거무스름한 금빛을 내며 보는 사람을 매혹하는 칠면조 등이 가득했다. 메인 홀에는 진짜 청동 가로대를 놓은 바가 세워졌다. 진과 각종 술과 코디얼_(알코올성 음료의 일종)들이 저장되어 있었는데, 아주 오래전에 잊혀졌을 법한 것들 뿐이라 대부분의 여자손님들은 그 술들을 구별하기에는 나이가 너무 어렸다.

7시에 오케스트라가 도착했는데, 볼품없는 5악기 편성이 아니다. 극장 오케스트라석을 채울 만한 것으로 여러 개씩의 오보에, 트롬본, 색소폰, 현악기, 코넷, 피콜로, 저음 및 고음의 드럼 등이 모두 갖춰졌다. 그 무렵에는 이미 수영하던 사람들이 바야흐로 해변으로부터 돌아와 위층에서 옷을 갈아입고 있다. 뉴욕에서 온 자동차 5대가 저택 안 차도 깊숙이 정차해 있고, 여러 개의 홀과 살롱과 베란다에는 원색 옷을 입고 이상한 최신형의 단발을 한, 카스티야_(엣스파냐 중부의 옛 왕국)의 꿈을 능가하는 숄을 두른 여자들로 붐볐다. 바는 떠나갈 듯 활기가 넘치고, 칵테일 쟁반이 빙빙 돌아 밖의 정원까지 나가자, 지껄이는 소리와 웃음소리로 생기가 넘쳤다. 고약한 풍자가 나오는가 하면 사람을 소개받고 그 자리에서 잊어버리고, 서로의 이름을 모르는 여자들이 재회를 열렬하게 기뻐하기도 한다.

태양이 저물며 서서히 어두워짐에 따라 불빛들은 더욱 밝아졌다. 바야흐로 오케스트라가 황혼의 칵테일 음악을 연주하고 있고, 이야기가 엮어내는 오페라는 한층 더 높아진다. 웃음소리는 점차 활달해져 아낌없이 넘쳐흐르고, 유쾌한 한 마디에 통겨 올라갔다. 그룹은 서로 더욱 빨리 사람을 교환하고, 새로 도착한 사람들로 수가 불어나면서 소리도 높아지고, 흩어졌다가 또 금방 모인다. 자신감에 찬 여자들은 한 곳에 자리잡고 앉은 사람들 사이를 수놓듯 옮겨 다니며, 한동안 어떤 그룹의 중심이 되어 분위기를 돋운다. 그러고 나서는 승리감에 취해, 끊임없이 바뀌는 불빛 아래 얼굴들과 목소리와 빛깔의 변화를 뚫고 어딘가로 미끄러져간다.

문득 이들 아가씨 중의 하나가 흔들리는 오팔의 다양하게 바뀌는 색채 속에, 쟁반 위의 칵테일 잔을 집어들고 용기를 얻기 위해 단숨에 들이키고는 캔버스 천이 깔린 무대 위로 올라가, 양손을 프리스코(조 프리스코(Joe Frisco, 1889~1958) 말더듬이 코미디언으로, 괴상한 춤으로 유명했다)처럼 움직이며 춤추기 시작했다. 순간 조용해진다. 오케스트라 지휘자가 리듬을 그녀의 춤에 맞춰 변화시킨다. 그녀가 폴리스(매년 브로드웨이에서 상연된 뮤지컬 레뷰 '지그펠드 폴리스'를 말함. 길다 그레이는 유명한 인기배우였다)에서 길다 그레이의 대역 배우라는 근거 없는 뉴스를 전하며 일제히 지껄이는 소리로 웅성거렸다. 파티가 시작된 것이다.

내가 개츠비의 집을 처음 방문했던 밤, 나는 정식으로 초대된 얼마 안 되는 사람 중의 하나였다고 생각한다. 대부분의 사람들은 초대받지 않았다—그들이 멋대로 찾아온 것이다. 그들은 롱아일랜드로 그들을 실어다준 자동차를 탔던 것이고, 어떻든 그들은 개츠비네 집 문 앞에서 내린 것이다. 일단 도착하여 개츠비를 알고 있는 누군가를 찾아내어 소개받고 난 뒤로는 유원지의 행동규범 같은 것에 따라 행동한다. 때때로 그들은 주인인 개츠비와 얼굴도 마주치지 않고 그대로 돌아가기도 한다. 그러한 천진난만함을 입장권 대신 들이밀고 파티에 찾아오는 것이다.

나는 정식으로 초대받았다. 개똥지빠귀의 알처럼 푸른 제복을 입은 운전사가 토요일 아침 일찍, 자기 주인의 놀랄 만큼 격식을 갖춘 편지를 전하러 우리 집 잔디밭을 건너왔다—내용은, 오늘 밤 그의 '작은 연회'에 왕림해주신다면 개츠비의 다시 없는 영광이겠다는 것, 그리고 그는 나를 몇 번 본 일이 있고, 오래 전부터 '인사차 찾아뵙고자' 했으나 예상치 못한 잡무들이 연달아 터지는 바람에 여지껏 찾아뵙지 못하여 송구하기 그지없다는 것이었다. —이렇게 쓰고 나서 위엄 있는 필적으로 J. 개츠비라고 사인을 했다.

흰 플란넬 양복을 차려 입고 나는 7시 조금 지나서 그의 잔디밭으로 건너갔다. 모르는 사람들의 떠들썩한 소용돌이를 헤치며 겸연쩍은 기분으로 어정거렸다—비록 여기저기 통근 열차에서 본 얼굴이 있기는 했지만. 나는 여기저기 흩어져 있는 젊은 영국인들이 꽤 된다는 데 우선 놀랐다. 그들은 모두 차림새가 좋았지만 어딘지 모르게 굶주려 보이는 얼굴이었고, 체격 좋고 돈 씀씀이도 좋은 미국인들에게 낮고 진지한 목소리로 열심히 이야기하고 있었다. 나는 그들이 뭔가 팔고 있구나, 하고 생각했다—증권이나 보험이나 혹은 자동차를 팔고 있는 게 아닌가 싶었다. 그들은 적어도 손쉽게 벌 수 있는 돈이 근처에 있다는 걸 훤히 알고 있었고, 적절한 말 몇 마디로 그 돈이 자기들 주머니로 굴러들어온다고 확신하고 있었다.

도착하자마자 나는 주인에게 인사하기 위해 그가 어디 있느냐고 몇 사람에게 물어보았지만, 모두 뭔가 신기한 것을 보는 눈으로 내 얼굴을 말똥말똥 보면서 그의 동정을 아는 바 없다고 묘하게 딱 잘라 말했다. 할 수 없이 나는 칵테일 테이블이 있는 데로 슬그머니 꽁무니를 빼고 말았는데—거기야말로 외톨이인 사람이 하릴없이 보이거나 혼자임을 보여주지 않고 어정거릴 수 있는 정원 안의 유일한 장소였다. 만약 그 상태가 계속 이어졌더라면, 나는 몸 둘 곳이 없다는 이유만으로 엄청나게 취해버렸을지도 모른다. 그런데 바로 그때 조던 베이커가 집 안에서 나오더니 대리석 계단 꼭대기에 서서, 몸을 약간 뒤로 젖히고 경멸조로 흥미롭다는 표정을 지으며 정원을 내려다보고 있었다.

그것이 반가운 만남인지 아닌지 정하진 못했지만, 이대로라면 근처를 지나가는 사람들에게 아무렇게나 말을 걸지도 몰랐으므로, 여기서는 아는 사람에게 딱 달라붙어있는 쪽이 좋겠다고 생각했다.

"안녕하세요!" 나는 그녀 쪽으로 가면서 소리쳤다. 내 목소리는 정원을 가로질러 부자연스럽게 크게 울려 퍼졌다.

"어쩐지 여기 계실 것 같았지요."

그녀는 내가 다가가자 무심하게 대꾸했다.

"이웃에 사신다고 하셨지요—"

그녀는 '나중에 당신 상대를 해줄 테니 지금은 잠시 실례할게요'라는 느낌으로 약속하듯이 내 손을 잡고, 계단 밑에 서 있는 두 아가씨(그들은 똑같이 맞춰 입은 것 같은 노란 드레스를 입고 있었다)들의 이야기에 귀를 기울였다.

"안녕하세요!" 두 사람이 동시에 인사했다.

"이기지 못해서 유감이에요."

골프 시합 이야기다. 그녀는 지난주에 결승전에서 지고 말았던 것이다.

"당신은 우리가 누군지 모를 거예요."

노란 드레스의 아가씨 중 한 사람이 말했다.

"우리는 한 달 전에 여기서 당신을 만난 적이 있어요."

"그 뒤에 머리를 염색하셨지요?"

조던의 말에 나는 조금 놀랐지만, 그 여자들은 별 생각 없이 이미 움직이고 있었던 터라, 그녀의 말은 아직 차지 않은 달을 향한 격이 되었다. 그 달로 말하면 의심할 여지 없이, 저녁식사와 마찬가지로 출장 요리사들의 바구니에서 꺼낸 것이었다. 조던의 날씬한 황금색 팔이 내 팔을 낀 채, 우리는 계단을 내려가서 정원을 산책했다. 칵테일 쟁반이 황혼 속에서 우리들에게 건네졌다. 우리는 노란 드레스의 두 여자 및 세 남자와 함께 식탁에 앉았고, 남자들은 알아듣기 힘들 정도로 우물거리며 각자 소개를 했다.

"이런 파티에 자주 오세요?"

조던이 자기 옆의 여자에게 물었다.

"지난번 파티에서 당신과 만난 이후로 처음이에요."

그 여자는 시원스런 목소리로 분명하게 대답했다. 그녀는 자기의 친구 쪽으로 고개를 돌리고 말했다.

"너도 그렇지, 루실?"

루실도 그렇다고 대답했다.

"나는 여기 파티가 좋아." 루실이 말했다

"쓸데없이 신경쓰지 않아도 돼서 즐거워. 지난 번 여기 왔을 때 내 옷이 의자에 걸려 찢어졌는데, 그분이 내 이름과 주소를 묻지 않겠어? ―일주일이 못 되어 크뢰리에르 양품점에서 새 이브닝 드레스가 들어 있는 소포가 도착했다고."

"그냥 받았어요?" 조던이 물었다.

"물론이죠. 오늘 밤 입고 올 생각이었지만, 가슴둘레가 너무 커서 고치러 보내야 했어요. 보라색 구슬이 달린 어두운 푸른색 드레스예요. 265달러예요."

"그런 행동을 하는 남자는 좀 이상하지 않아?"

다른 여자가 흥미진진하다는 투로 말했다.

"'누구'와도 일체 마찰을 일으키지 않겠다는 느낌이야."

"누가 말입니까?" 내가 물었다.

"개츠비요. 있잖아, 어쩌다 들었는데—"

그 두 여자와 조던은 머리를 맞대고 소곤소곤 이야기했다.

"그 사람, 누군가를 살해한 적이 있는 것 같아."

주위에 싸늘한 공기가 감돌았다. 세 '우물우물' 신사들도 몸을 앞으로 내밀고 열심히 들었다.

"그건 아닐 거야." 루실이 의심쩍게 말했다.

"그보다도 전쟁 중에 독일 스파이였다는 게 더 그럴듯한 걸."

세 남자 중의 하나가 긍정한다는 듯이 고개를 끄덕였다.

"나는 그 얘기를, 독일에서 그와 함께 자랐고 그에 관해서는 잘 알고 있다는 사람한테서 들었죠." 그는 단호히 확언했다.

"아니라니까요." 첫 번째 여자가 말했다.

"그럴 수 없어요. 왜냐하면 그는 전쟁 중에 미군에 들어가 있었으니까요." 휩쓸리기 쉬운 군중의 마음이 갑자기 자기 쪽으로 쏠리는 것을 눈치 챈 그녀는 더욱 열을 띠며 몸을 내밀었다.

"그가 아무도 자기를 보고 있지 않다고 생각하며 방심하고 있을 때 자세히 관찰해 보세요. 틀림없이 사람을 죽여 본 적이 있는 얼굴이에요."

그녀는 눈을 찡그리며 몸을 떨었다. 루실도 몸을 떨었다. 우리는 모두 고개를 두리번거리며 개츠비가 어디 있나 하고 주위를 살폈다. 도대체 수군거릴 것도 없음을 잘 아는 사람들이 그에 관해서 수군거린다는 사실 자체가, 개츠비가 세상 사람들에게 로맨틱한 추측을 불러일으키고 있다는 증거였다.

첫 번째 만찬이—자정이 지나면 또 만찬이 나오는 것이었다—준비되자 조던은 내게 그녀의 친구들과 함께 하자고 권했다. 일행은 정원 안쪽에 있는 테이블을 둘러싸고 있었다. 거기엔 세 쌍의 부부와 조던의 에스코트가 있었는데, 그는 거친 풍자를 지껄이는 건방진 대학생 같은 타입이었다. 분명히 그는 조던이 조만간 어떤 식으로든 자기 사람이 될 것이라고 믿고 있음을 한눈에 알 수 있었다. 그 테이블에는 흐트러짐이라고는 눈곱만큼도 없이, 전원이 위엄있는 동질성을 유지하고 있었다. 웨스트 에그라면 일단 무시하고 보는, 우아하고 근엄한 이스트 에그의 역할을 기꺼이 받아들이고 있었다. 교외 생활의 모범을 보이려는 것이다. 그리고 주변의 떠들썩한 축제 분위기에 휩쓸리지 않으려 잔뜩 신경을 곤두세우고 있었다.

"다른 데로 가요."

얼마간 무료하고 어울리지 못한 채 반 시간이 지난 뒤 조던이 속삭였다.

"여기는 나한테는 조금 고상한가 봐요."

우리는 일어섰다. 그녀는 우리가 주인을 찾으러간다고 말했다.

"이분이 아직 개츠비 씨를 만나지 못해서 마음에 걸린대요."

대학생은 우려하는 얼굴로 시니컬하게 끄덕였다.

우리가 먼저 기웃거린 바에는 사람들이 붐비고 있었지만, 개츠비는 없었다. 계단 꼭대기에서 내려다 보아도, 베란다에 나가 보아도 그는 없었다. 혹시나 싶어 척 보기에도 으리으리해 보이는 문을 열어보니, 천장이 높은 고딕식으로 꾸며진 서재였다. 벽은 조각이 새겨진 영국산 참나무다. 아마 외국의 버려진 저택에서 그대로 옮겨다놓은 것 같다.

올빼미 눈 같은 커다란 안경을 낀, 건장한 중년 남자가 얼큰하게 취하여 커다란 테이블 끝에 앉아서, 안정되지 않은 집중력으로 서가를 응시하고 있었다. 우리가 들어가자 그는 흥분했는지 획 돌아보더니 조던을 머리부터 발끝까지 훑어보았다.

"어떻게 생각하시오?" 그는 흥분에 들떠 물었다.

"무엇에 대해서요?"

그는 손을 들어 서가를 가리켰다.

"저것 말이오. 혹시나 싶어 말해두자면, 진짜인지 일부러 확인할 건 없소. 내가 이미 조사했으니까. 저것들은 진짜요."

"책들 말입니까?"

그는 고개를 끄덕였다.

"틀림없는 진짜요—페이지도 그렇고 전부 다 있소. 어차피 그럴듯하게 만들어진 소품인줄만 알았는데, 어떻게 된 건지 틀림없는 책이란 말이오. 페이지도 하나하나—자! 내 보여드리리다."

우리도 당연히 의심할 것이라고 생각하고는, 그는 서가로 달려가 스토더드 (리처드 헨리 스토더드(R.H.Stoddard, 1825~1903) 미국의 시인·비평가. 뉴욕의 수많은 신문, 잡지의 편집과 서평을 담당했다) 《강의록》 제1권을 가지고 왔다.

"자!" 그는 승리감에 차서 소리쳤다.

"이건 진짜 인쇄물이오. 한 방 먹었다니까. 이 사람은 진짜 벨라스코(¹⁹²⁰년대의 이름난 브로드웨이 흥행사. 배우 양성·사실적 무대장치·새로운 조명법으로 유명)요. 당했어. 이 얼마나 철두철미하냔 말이야! 놀라운 리얼리즘! 그리고 어디서 멈춰야 할지도 아주 잘 알고 있어. 봐요. —페이지 까지는 자르지 않았어요. 하지만 그게 뭐 대순가? 안 될 게 뭐 있냔 말이지."

그는 나에게서 책을 나꿔채서는 급히 서가의 원래 자리에 돌려놓았다. 벽돌 하나가 빠지면 서가 전체가 무너질지도 모른다고 중얼거리면서.

"누가 당신들을 안내했소?" 그는 따지듯 물었다.

"그렇지 않으면 그냥 온 거요? 나는 누구에게 이끌려 왔소. 여기 있는 대부분의 사람들도 다 그렇지만 말이지."

조던은 대답하지 않고, 빈틈없이 생긋 웃으며 그를 보았다.

"나는 루스벨트라는 여자가 데려왔소." 그는 말을 계속했다.

"클로드 루스벨트 부인. 그녀를 아시오? 어젯밤에 어디선가 만났는데. 나는 한 일주일 내내 술에 취해 있다가, 서재에 앉아 있으면 술이 깨리라 생각했소."

"깨셨나요?"

"조금 깬 것 같군. 아직 말할 수는 없지만. 나는 여기 온 지 겨우 한 시간 지났다오. 내가 당신들한테 저 책 얘기를 했던가요? 저것들은 진짜요. 저것들은—"

"이야기하셨어요."

우리는 정중하게 그와 악수하고 나서 다시 밖으로 나왔다. 정원의 야회용 정원에서는 바야흐로 춤을 추고 있었다. 늙은이들은 끊임없이 야비한 원을 그리며 젊은 여자들을 밀어대고 있었다. 잘나 보이는 많은 커플들은 서로를 정중하고 우아하게 안고 구석 쪽에 자리잡고 있었다. 그리고 혼자 온 많은 여자들은 홀로 제멋대로 춤을 추거나, 혹은 오케스트라에서 벤조나 타악기를 멋대로 가져와 두드리며 놀았다. 한밤중이 되자 떠드는 소리가 더욱 고조되었다. 유명한 테너 가수가 이탈리아어로 노래했고, 또 유명한 알토 가수가 재즈를 노래했다. 곡과 곡 사이에 사람들은 온 정원에서 남의 눈을 끄는 '묘기'들을 해내고 있었으며, 그런가 하면 한쪽에서는 행복하고 공허한 웃음소리가 터져 여름 하늘을 향해 솟아올랐다. 노란 드레스를 입었던 아가씨들은 무대에서 쌍둥이 의상을 입고 어린애 콩트를 했다. 그리고 샴페인이 핑거볼 _(식사 후에 손가락을 씻는 물을 담는 그릇)보다 더 큰 잔에 담겨 나왔다. 달은 높이 떠오르고, 해협 여기 저기에서 세모꼴의 은빛 비늘이, 잔디 위에서 울리는 건조하고 날카로운 벤조 소리에 맞춰 조금씩 흔들리고 있었다.

나는 여전히 조던 베이커와 함께 있었다. 우리는 내 또래의 남자 및 수선 스러운 작은 아가씨와 함께 테이블에 앉아 있었는데, 그 아가씨는 조금만 자극 받아도 어쩔 줄을 모르고 웃어댔다. 나는 그 무렵에는 이미 스스로 즐기고 있었다. 나는 핑거볼 두 잔의 샴페인을 비웠고, 덕분에 눈앞의 광경이 뭔가 의미 있고, 중요하며, 심원한 그 무엇으로 보였다.

무대의 공연이 끝난 틈을 타 그 남자가 나를 보고 웃었다.

"낯이 익습니다." 그는 예의 바르게 말했다.

"전쟁 때 제3사단에 계시지 않았어요?"

"아, 그렇습니다. 제9기관총 대대였어요."

"나는 1918년 6월까지 제7보병연대에 있었습니다. 어쩐지 전에 어디선가 당신을 본 것 같았어요."

우리는 얼마 동안 프랑스의 습기 차고 어두컴컴한 몇몇 마을들에 관해 이야기했다. 그는 이 근처에 사는 모양이었다. 왜냐하면 그는 자기가 이제 막 수상 비행기를 샀고, 아침에 시운전할 생각이라고 말했기 때문이다.

"함께 하시지 않겠습니까? 올드 스포트_(대화 끝에 친근하게 부르는 말). 사운드 해협 연안인 데요."

"몇 시에요?"

"아무 때나 당신이 좋은 시간에요."

이제 막 상대의 이름을 물어보려는데, 조던이 나를 보며 빙긋 웃었다.

"어떠세요, 즐거우세요?" 그녀가 물었다.

"덕분에요."

대답하고 나서 새로 알게 된 남자 쪽으로 얼굴을 돌렸다.

"독특한 파티로군요. 나는 아직 주인조차도 보지 못했답니다. 저는 저쪽에 살고 있는데ㅡ"

나는 손을 들어 멀리 보이지 않는 울타리를 가리켰다.

"그 개츠비라는 분이 운전사를 시켜서 초대장을 보내왔습니다."

잠시 그는 내 말을 못 알아들은 듯이 나를 쳐다보았다.

"내가 개츠비입니다." 그는 문득 말했다.

"뭐라고요!" 나는 큰 소리를 내고 말았다.

"아, 실례했습니다."

"나는 당신이 알고 계신 줄 알았습니다, 올드 스포트. 파티를 주관한 사람으로서 실격이군요."

그는 무마하려는 듯 미소지었다—아니 '무마한다' 따위의 평범한 웃음이 아니었다. 그것은 영원한 안도를 줄 정도로 보기 드문 미소였는데, 평생 너댓 번 볼까말까한 웃음이었다. 그것은 한 순간에 영원한 세계를 직접 대면한—혹은 대면하고 있는 것 같은 미소였다. 또한 그것은 이쪽을 좋아하는 데 있어서 불가항력적인 편애를 가지고 있다는, 다시 말해서 당신을 덮어놓고 좋아하며 당신 편이라고 말하고 있는 듯이 '당신'에게 집중하고 있는 미소였다. 그것은 당신이 이해 받고 싶은 만큼 당신을 이해하고 있으며, 당신이 원하는 만큼 당신을 믿고 있고, 당신이 최선의 상태에서 전달하고 싶어하는 당신의 인상을 분명히 받아들였다고 보장해주는 미소였다. 바로 이런 찰나에 미소는 사라졌다—지금 내 눈앞에는 기품있지만 어딘가 난폭함이 엿보이는 서른 두세 살 가량의 젊은 남자가 있다. 그 세심하고 정중한 말투는 자칫 우스꽝스럽게 보일 수 있는 지점을 아슬아슬하게 피하고 있었다. 그가 자기 소개를 하기 조금 전부터 나는 그가 매우 조심스럽게 말을 골라 하고 있다는 강한 인상을 받았다.

개츠비 씨가 자기를 드러냄과 거의 동시에 집사가 급히 그에게 와서 시카고에서 전화가 왔다고 전했다. 그는 우리를 한 사람 한 사람씩 돌아보면서 실례하겠다는 표시로 고개를 약간 숙였다.

"무엇이든지 원하는 게 있으시면 기탄없이 말씀하십오, 올드 스포트." 그가 나에게 말했다.

"실례합니다. 나중에 다시 자리를 같이 하겠습니다."

그가 가버리자마자, 나는 즉시 조던 쪽으로 얼굴을 돌렸다—나의 놀라움을 그녀에게 전하지 않을 수 없었다. 나는 개츠비 씨가 혈색 좋고 비대한 중년 신사일 거라고 생각하고 있었던 것이다.

"어떤 사람이오?" 나는 물었다.

"알고 있습니까?"

"개츠비라는 이름의 사람일 뿐이에요."

"그러니까, 어디 출신이오? 그리고 뭘 하는 사람입니까?"

"'당신'이 물으니까 하는 말인데요,"

그녀는 마음에도 없는 미소를 띠며 대답했다.

"전에 언젠가 옥스퍼드 출신이라고 말하더군요."

희미하게나마 배경을 알 듯하다가 그녀의 다음 말에 곧바로 사라졌다.

"하지만 나는 그걸 믿지 않아요."

"왜요?"

"모르겠어요." 그녀는 힘주어 말했다.

"그저 그가 거기에 갔다고 생각되지 않을 뿐이에요."

그녀의 말투는 아까 다른 여자가 했던 '틀림없이 사람을 죽여 본 적이 있는 얼굴이에요.' 라는 말을 환기시켜주며 나의 호기심을 점점 더 자극했다. 개츠비가 루이지애나의 습지대나 혹은 뉴욕의 하류 이스트 사이드 출신이라고 했어도 믿었을는지는 모른다. 그건 나도 이해할 수 있기 때문이다. 그러나 젊은 사람이 어디서인지도 모르게 흘러들어와서 아무렇지 않은 얼굴로 롱아일랜드 사운드 해협에 궁전 같은 저택을 사는 것은—적어도 나 같은 세상 물정 모르는 지역 출신의 상식으로는—있을 수 없는 일이었다.

"어떻든 그는 성대한 파티를 열어요."

조던은 화제를 바꾸었다. 도시 사람은 한 가지 화제에 집중하는 것을 좋아하지 않는다.

"그리고 나는 큰 파티가 좋아요. 안정감이 느껴지거든요. 작은 파티에서는 프라이버시가 있을 수 없어요."

북소리가 나더니, 오케스트라 지휘자의 목소리가 갑자기 정원의 떠들썩한 소리를 압도하면서 울려 퍼졌다.

"신사 숙녀 여러분!" 그는 부르짖었다.

"개츠비 씨의 요청으로 여러분들을 위해 블라디미르 토스토프 씨의 최신 작을 연주하겠습니다. 이 곡은 지난 5월 카네기 홀에서 연주되어 많은 관심을 끌었습니다. 신문들을 통해 이미 아시겠지만 일대 센세이션을 일으켰습니다!" 그는 장난조의 거만한 몸짓으로 웃음을 띠면서 덧붙였다—"사실 고

만고만한 센세이션이었습니다!" 그러자 모두들 웃어댔다.

"곡의 제목은." 그는 힘차게 말을 맺었다.

"블라디미르 토스토프의 '재즈판·세계의 역사'입니다!"

토스토프 씨의 곡은 내 귀에 제대로 들어오지 않았다. 연주가 시작되자 나는 개츠비한테 눈이 팔려 있었기 때문이다—그는 대리석 계단 위에 혼자 서서 만족스런 눈으로 여기저기 모여 있는 사람들을 바라보고 있었다. 햇볕에 그을린 피부는 그의 얼굴을 매력적으로 팽팽하게 보이게 했고, 그의 짧은 머리는 매일 자르는 것처럼 보였다. 나는 그에게서 어떤 사악한 그림자도 찾아볼 수 없었다. 그가 술을 마시지 않았다는 사실이 그를 손님들로부터 거리를 두고 떨어져 있게 하는 것이 아닌가 하고 나는 생각했는데, 왜냐하면 손님들의 떠드는 소리가 더욱 커져갈수록 그는 더욱 빈틈없었기 때문이었다. '재즈판·세계의 역사'가 끝나자 여자들은 주흥에 겨운 듯 그들의 머리를 강아지처럼 남자들의 어깨 위에 올려놓았고, 누군가가 받쳐주리라는 것을 알면서 남자들의 팔 속으로, 심지어 사람들 속으로 장난스럽게 몸을 발랑 뒤로 젖혀 자빠지고 있었다—그러나 아무도 개츠비한테 몸을 기대지 않았고, 또 프랑스식 단발머리를 한 여자들 중 아무도 개츠비의 어깨를 건드리지 않았으며, 개츠비를 가운데 끼워넣고 노래를 부르는 사중창단도 없었다.

"실례합니다."

개츠비의 집사가 어느샌가 우리들 옆에 서 있었다.

"베이커 양이십니까?" 그가 물었다.

"실례합니다만, 개츠비 씨가 당신과 단둘이 말씀하고 싶으시답니다."

"나하고요?" 그녀는 놀라서 소리쳤다.

"네, 마담."

그녀는 놀라움의 표시로 나한테 눈썹을 치켜올려보이면서 천천히 일어나, 집사를 따라 집 쪽으로 갔다. 그때 깨달았는데, 그녀는 야회복을 아주 운동복 비슷하게 입고 있었다. 그녀의 경우, 어떤 옷을 입어도 자연히 그렇게 보이는 것이다. 그만큼 그녀의 움직임은 시원시원했다—마치 맑고 상쾌한 아침에 골프장 걷는 법을 처음 배운 것처럼.

나는 혼자 남았고, 거의 2시가 다 되었다. 테라스 위쪽으로 창이 많이 있는 기다란 방에서 정체를 알 수 없는 흥미를 돋우는 소리가 들려왔다. 조던의 그

대학생—그는 코러스 걸 둘을 데리고 어떻게든 이야기를 해보려고 기를 쓰면서 나더러 같이 어울리자고 했는데—을 피해서 나는 안으로 들어갔다.

커다란 방은 사람들이 가득 차 있었다. 노란 드레스의 아가씨 중 하나는 피아노를 치고 있었고, 그녀 옆에는 유명한 코러스 출신의 키 크고 머리가 붉은 젊은 부인이 서서 노래를 부르고 있었다. 그런데 그녀는 이미 샴페인을 꽤 많이 마셨는지, 노래를 부르는 동안 그녀는 터무니없게도, 모든 것이 구원의 여지도 없을 만큼 슬프다고 단정지어버렸다—그녀는 노래를 하면서 훌쩍훌쩍 울고 있었다. 노래가 끊길 때마다 그녀는 훌쩍거리는 소리와 오열로 노래의 틈을 메꾸었으며, 그러고 나서 떨리는 소프라노로 다시 서정곡을 노래했다. 눈물은 그녀의 뺨 위로 흘러내렸는데, 그러나 우아하게 주르르 흘러내리는 것은 아니었다—왜냐하면 눈물은 무겁게 칠해진 속눈썹에 닿아 잉크빛으로 변하여 천천히 실개천이 되어 남은 길을 흘러내리는 것이었다. 그녀가 그녀의 얼굴 위에 그려진 악보를 노래한다는 유머를 누가 넌지시 던지자, 그녀는 손을 번쩍 들어올리고, 의자에 푹 파묻혀서 술 취한 깊은 잠에 떨어졌다.

"저 여자는 남편이라는 어떤 남자와 크게 싸웠어요."

내 곁에 있는 한 여자가 설명했다. 나는 주위를 둘러보았다. 남은 여자들의 대부분이 그녀들의 남편이라는 남자들과 싸우고 있었다. 이스트 에그에서 온 조던의 무리에서조차도 두 부부들이 의견 충돌로 뿔뿔이 흩어져 있었다. 그 중 한 남자가 젊은 여배우에게 말을 하고 있었는데, 그의 아내는 품위 있게 그리고 무관심한 체하며 짐짓 웃으려 하다가, 마침내 인내심이 한계에 달하여 서서히 공격하기 시작했다—말이 끊어지는 틈을 이용, 그녀는 갑자기 성난 다이아몬드처럼 남편 옆에 나타나 그의 귀에다 대고 꾸짖었다—

"당신 약속했잖아요!"

집에 가기 싫어하는 것은 바람난 사내들뿐만 아니었다. 홀은 바야흐로 애처롭게도 취하지 않은 두 남자와 머리 끝까지 화가 난 그들의 마누라들에 의해 점령되어 있었다. 마누라들은 약간 높은 목소리로 서로 동정하고 있었다.

"내가 재미있어하는 걸 볼 때마다 이이는 언제나 집으로 돌아가자고 해요."

"그렇게 이기적인 말은 내 평생 처음 들어요."

"우리는 언제나 맨 먼저 돌아가는 축이에요."

"우리도 그래요."

"그런데 오늘 밤은 우리가 맨 마지막까지 남아 있는 축이 되겠군요."

두 남자 중 하나가 낮은 소리로 말했다.

"오케스트라는 반 시간 전에 떠났다오."

그런 김 빠지는 애기를 하다니 믿을 수 없다며 마누라들이 의견을 같이 했음에도 불구하고 언쟁은 짧은 싸움으로 끝나고, 두 마나님들은 발버둥치면서 밤 속으로 들려나가고 말았다.

홀에서 모자 가져오기를 기다리고 있는데, 조던 베이커와 개츠비가 서재의 문을 열고 같이 나왔다. 그는 뭔가 마지막 말을 그녀에게 하고 있었는데, 그의 태도에 나타난 열성은 예닐곱 명의 사람들이 작별인사를 하기 위해 그에게 다가가자, 갑자기 딱딱하게 굳어졌다.

조던의 일행들이 현관에서 기다리다 못해 그녀를 부르고 있었으나, 그녀는 악수를 하느라고 잠시 서성거렸다.

"나는 방금 아주 놀라운 애기를 들었어요." 그녀는 속삭였다.

"우리가 저기서 얼마나 오래 있었죠?"

"글쎄요, 한 시간쯤 됐을까?"

"그건…… 정말 놀라운 애기예요."

그녀는 얼빠진 듯이 반복했다.

"하지만 말 않겠다고 맹세했으니, 당신의 애만 태우는 꼴이군요."

그녀는 내 얼굴에다 대고 우아하게 하품을 했다.

"언젠가 저를 찾아오세요…… 전화번호에…… 시고니 하워드 부인이라는 이름으로…… 우리 숙모예요……"

그녀는 말하면서 서둘러 갔다—그녀는 갈색 손을 흔들어 쾌활하게 인사하면서, 문간에 모여 서 있는 그녀의 패거리 속으로 녹아들어갔다.

나로서는 처음 온 파티에 너무 늦게까지 있는 게 좀 부끄러웠지만, 마지막까지 남은 개츠비의 손님들과 어울렸다. 그들은 개츠비를 중심으로 모여 있었다. 나는 저녁 일찍부터 그를 찾았다는 것과, 정원에서 그를 알아보지 못해서 미안하다는 변명을 하고 싶었다.

"천만의 말씀을." 그는 거의 명령하듯 말했다.

"달리 생각하지 마십시오, 올드 스포트."

그 입버릇 같은 말에는 친밀함만이 가득 깃들어 있었다. 안심시키기 위해 상대의 어깨에 손을 올리는 것과 마찬가지다.

"그리고 내일 아침, 9시에 수상 비행기를 탄다는 걸 잊지 마십시오."

그때 집사가 그의 어깨 뒤에서 말했다.

"필라델피아에서 전화 왔습니다."

"알았어, 잠깐. 곧 간다고 해요…… 그럼 안녕히 가십시오."

"안녕히 계십시오."

"안녕히 가십시오."

그는 미소 지었다—그것만으로 갑자기, 마지막 손님 속에 남아 있어서 다행이다, 늦게까지 남았던 의미가 있었구나, 하는 마음이 들었다. 그것이야말로 그가 계속 원하던 것이었다는 생각마저 들었다.

"안녕히 가십시오, 올드 스포트…… 안녕히 가십시오."

그러나 층계를 내려가자 파티의 저녁이 아직 완전히 끝나지 않았다는 것을 알았다. 문으로부터 50피트 떨어진 곳에 12개의 헤드라이트가 기괴하고 떠들썩한 광경을 비추고 있었다. 길 옆 도랑 속에, 개츠비의 차고를 나온 지 2분도 안 된 쿠페형(型) 새 차가 타이어 하나가 난폭하게 빠져버린 채 처박혀 있었다. 담이 날카롭게 삐죽 나와 있었기 때문에 타이어가 빠진 모양인데, 호기심에 찬 운전사 6명이 주의 깊게 그것을 들여다보고 있었다. 그러나 그들이 차를 멈추고 길을 가로막고 있는 동안, 뒤따라온 차들로부터 시끄럽고 소란스런 경적소리가 들려와서 그렇지 않아도 혼란스런 상황을 더욱 혼란케 했다. 기다란 먼지막이 코트를 입은 남자 하나가 도랑에 빠진 차에서 내려와 길 한가운데 서서, 재미있고 당황한 표정으로 차에서 타이어로, 그리고 타이어에서 구경꾼들에게로 시선을 옮겼다.

"이런!" 그는 외쳤다.

"차가 도랑에 빠졌네."

차가 빠졌다는 사실은 그를 몹시 놀라게 했다. 나는 처음에는 너무나 황당한 전개에 어안이 벙벙했지만, 머지않아 그 사람을 본 적이 있다는 것—아까 개츠비의 서재에서 본 단골손님이라는 걸 알았다.

"어떻게 저렇게 됐소?"

그는 어깨를 으쓱했다.

"나는 기계에 대해서 아는 바가 없소." 그는 단호하게 말했다.

"그런데 어떻게 저렇게 됐습니까? 벽으로 몰아넣은 겁니까?"

"나한테 묻지 마슈."

올빼미 안경은 이 사건에서 손을 떼는 듯이 말했다.

"난 운전에 대해서 잘 몰라요—전혀 모르는 것이나 다름없죠. 이렇게 되고 말았어요. 내가 아는 건 그것뿐이오."

"당신이 운전을 잘 모른다면 밤에 운전하려고 해선 안 됩니다."

"운전하려던 게 아니오." 그는 분개하듯 말했다.

"처음부터 그럴 생각은 조금도 없었소."

황당함의 침묵이 구경꾼들 위에 떨어졌다.

"자살이라도 할 셈이었소?"

"타이어 하나만 빠졌으니 다행이오! 운전이 서투르기 그지없는데, 운전할 '생각'조차 없었다니 말이오!"

"모르시는 말씀." 죄 지은 사람이 말했다.

"나는 운전을 하지 않았어요. 차 안에 또 다른 사람이 있소."

이 말이 몰아온 충격에 사람들이 어쩌지 못하고 있는데, 차의 문이 천천히 열리면서 겨우 "아—아—" 하는 소리가 들렸다. 군중은—이제는 군중이 되어 있었다—부지불식간에 뒤로 물러섰고, 차 문이 활짝 열리자 유령이라도 나올 때처럼 조용해졌다. 그러나 창백하고 몸을 잘 가누지 못하는 사람이 부서진 차에서 아주 조금씩, 그야말로 아주 조금씩 걸어나와서, 커다랗고 불안정한 무용 신발로 시험해보듯 서툴게 땅을 디뎠다.

헤드라이트 불빛 때문에 앞이 안 보이고 끊임없이 으르렁거리는 경적 때문에 정신을 못 차리면서, 그는 먼지막이 코트를 입은 사람을 알아보기 전까지 한동안 몸을 가누지 못하고 서 있었다.

"어찌된거요?" 그는 조용히 물었다.

"가솔린이 떨어졌나요?"

"봐요!"

몇몇 사람들이 일제히 떨어져나간 타이어를 가리켰다—그는 잠깐 그것을 응시하더니, 마치 그것이 하늘에서 떨어진 게 아닌가 하는 듯이 위를 쳐다보았다.

"빠져버렸어요."

누군가가 설명했다. 그는 고개를 끄덕였다.

"처음에는 차가 멈춘 줄 몰랐어요."

잠시 침묵이 이어졌다. 그런 뒤 길게 숨을 쉬면서 어깨를 펴고 결연한 목소리로 말했다.

"주유소가 어딘지 모르나요?"

적어도 열 명의 사람들이—이들 중 일부는 차에서 기어나온 사람과 어금버금한 정도로 만취해 있었지만—그에게 타이어가 차에 붙어 있지 않다는 것을 설명했다.

"조금 뒤로 물러나 주세요." 그는 잠시 후에 제안했다.

"후진해서 차를 꺼낼게요."

"하지만 '타이어'가 빠져버렸다니까!"

그는 주저했다.

"해봐서 나쁠 건 없지." 그가 말했다.

웅웅거리는 경적들은 크레셴도가 되었고, 나는 돌아서서 잔디밭을 가로질러 집으로 향했다. 딱 한 번 뒤를 돌아보았다. 얄팍한 달이 개츠비의 저택 위를 비추며 변함없이 밤을 아름답게 장식하고 있었다. 정원에서 웃음소리와 소란이 사라지자, 저택 안을 차지한 갑작스런 공백이 수많은 창문과 커다란 문을 통해 쏟아지며, 현관에 서서 손을 들고 정중하게 작별의 인사를 보내고 있는 주인의 모습을 더욱 고립시켰다.

*

지금까지 내가 써놓은 것을 읽어보면, 몇 주씩 걸러 일어났던 세 번의 밤의 일이 나를 완전히 사로잡고 있었던 것 같은 인상을 주고 있음을 알 수 있다. 그러나 실은 그 반대다. 그 사건들은 단지 어수선한 여름 동안에 일어난 우연한 일들에 지나지 않았고, 훨씬 나중에 이르기까지 이러한 사건에 딱히 의미를 두지도 않았다. 당시의 나는 그보다 훨씬 중요한 개인적인 문제들을 끌어안고 있었던 것이다.

대부분의 시간을 나는 일하며 보냈다. 이른 아침 내가 프로비티 신탁회사를 향해 하류 뉴욕의 흰 담들 사이를 급히 내려가면 태양은 내 그림자를 서

쪽으로 던졌다. 나는 이름을 부를 정도로 친해진 사무원이나 젊은 채권 판매원들과 함께 어둡게 붐비는 식당에서 작은 돼지고기 소시지와 으깬 감자 및 커피로 점심을 먹었다. 나는 저지 시(市)에 살며 회계과에서 일하고 있는 아가씨와 짧은 연애까지 했다. 그러나 그녀의 오빠가 나에게 야비한 시선을 던지기 시작했기 때문에, 그녀가 7월에 휴가 간 것을 계기로 우리의 연애가 조용히 사라져버리게 내버려두었다.

나는 대개 예일 클럽에서 저녁을 먹었다—어떤 의미에서 그것은 하루 중 가장 우울한 시간이었다—그러고 나서 나는 위층 도서실로 올라가 1시간 정도 투자와 유가 증권에 관한 공부를 했다. 그곳에는 대체로 몇 명의 소란스런 건달들이 있었지만 도서실까지 들어오지는 않았으므로, 공부하기에 좋은 장소였다. 공부를 끝낸 뒤, 밤이 부드럽고 달콤하면, 나는 매디슨 가를 어슬렁어슬렁 내려가 낡은 머레이 힐 호텔을 지나고 33번가를 넘어 펜실베이니아 역으로 갔다.

나는 뉴욕이 좋아지기 시작했다—밤의 활기 있고 도발적이며 모험적인 느낌, 그리고 끊임없이 나부대는 남녀와, 자동차들의 끊임없는 행렬이 나의 호기심 어린 눈에 주는 만족감. 나는 5번가를 걸어올라가 군중 속에서 로맨틱한 여자들을 골라내어, 그녀의 생활 속으로 들어가는 상상을 하며 즐겼다. 누군가에게 들키거나 비난받지도 않는다. 때때로 마음속에서 나는, 인적 없는 거리의 모퉁이에 있는 그들의 아파트까지 그 여자들을 따라갔고, 그들은 문으로 들어가 희미한 어둠 속으로 사라지기 전에 살짝 돌아보며 나를 보고 의미심장한 웃음을 던진다. 매혹적인 대도시의 황혼녘이면 나는 가끔씩 왠지 모를 고독을 느꼈고, 때로는 다른 사람들에게서도 그것(고독)을 느꼈다—저녁을 먹기 위해 식당이 문을 열기를 기다리며 창문 앞에서 홀로 서성거리는 가난한 젊은 사무원들—밤에 있어서, 그리고 인생에 있어서도 가장 인상적이어야 할 순간을 어스름 속에서 혼자 쓸쓸하게 어정거리는 젊은 사무원들에게서 나는 고독을 느꼈다.

여덟 시가 되어, 40번가의 어두운 골목에, 극장 지대로 가는 택시들이 다섯 줄로 서서 부릉부릉 진동하며 서 있을 때, 나는 또다시 우울해졌다. 택시 안에서 사람들은 차가 떠나기를 기다리며 서로 몸을 기댔고, 노래 부르는 소리도 났으며, 또 농담을 하며 웃어대기도 했고, 담배 연기가 택시 안에 만질 수 없는 원을 그렸다. 나 역시 즐거움을 향해 서둘러 가고 있다고 상상하면서, 그리고 그들의 은밀한 흥분을 나누어 가지면서, 나는 그들이 잘 되기를 바랐다.

한동안 나는 조던 베이커를 보지 못하다가, 한여름에 그녀를 다시 만났다. 처음에는 그녀와 함께 여러 곳으로 쏘다니는 것이 즐거웠다. 왜냐하면 그녀는 골프 챔피언으로, 모든 사람이 그녀의 이름을 알고 있었기 때문이다. 그러다가 사태는 그 이상으로 진전됐다. 나는 사실상 그녀와 사랑을 하고 있지는 않았지만, 일종의 애정이 깃든 호기심을 느꼈다. 그녀가 세상을 향해서 내놓는 따분하고 거만한 얼굴은 뭔가를 숨기고 있었다—세상을 향해 만들어진 표정이란 원래, 처음부터 그럴 의도는 아니었다 하더라도 결국은 무언가를 숨기기 위한 것일 뿐이다—그리고 어느 날 나는 그것이 무엇이었는가를 알아냈다. 우리가 워릭에 있는 어떤 집 파티에 갔는데, 그녀는 빌려온 차의 지붕을 열어 놓은 채로 빗속에 방치하고는 그것에 대해 거짓말을 했다—그러자 문득 나는 데이지의 집에서 떠올리지 못했던 그녀의 신변 이야기가 기억났다. 그녀가 처음 출장했던 골프 선수권 대회에서 신문에까지 날 뻔한 소동이 있었다—그녀가 준결승전에서 공의 위치를 움직였다는 것이었다. 그것은 추문으로까지 확대되었다가 없어지고 말았다. 캐디는 자신의 진술을 취소했고, 단 한 사람뿐이었던 그 외의 목격자는 자기가 잘못 봤을 것이라고 인정했다. 그 사건과 그녀의 이름은 함께 내 마음속에 남아 있다.

조던 베이커는 영리하고 날카로운 사람을 본능적으로 회피했는데, 이제 그녀가 왜 피했는지를 나는 알았다—그녀는 규범에서 탈선하는 것이 불가능하다고 생각되는 곳에 있지 않으면 안심이 되지 않았던 것이다. 그녀는 치유할 수 없을 정도로 부정직했다. 그녀는 불리한 입장에 있는 걸 참지 못했고, 또 그런 못마땅한 상태가 주어지면, 세상에 대해 차고 오만한 미소를 지닐 수 있기 위하여, 그리고 굳세고 의기양양한 육체의 요구를 만족시켜주기 위해 어렸을 때부터 그런 구실이나 속임수를 마련하기 시작했던 것이다.

그런 점으로 본다면 나도 별 수 없을 것이다. 여자의 부정직함을 심하게 비난할 처지가 못 된다—보통일이 아니겠다고 쉽게 생각했을 뿐이다. 우리가 자동차 운전에 관해서 흥미로운 대화를 주고받은 것도 바로 그 워릭의 파티에서였다. 이야기가 시작된 이유는, 그녀의 자동차가 도로에서 작업하고 있는 사람들 곁으로 바싹 지나가다가 차의 흙받이가 그중 한 사람의 코트 단추를 가볍게 건드렸기 때문이었다.

"당신은 엉터리 운전사야." 나는 불평을 터트렸다.

"좀더 조심해야 했어. 아니면 운전을 하지 말든가."

"나는 조심했어요."

"아니, 전혀 그렇지 않았어."

"그치만 다른 사람들이 알아서 조심하는 걸요." 그녀가 가볍게 말했다.

"그게 무슨 뜻이요?"

"다들 내가 가려는 곳에서 능숙하게 잘 피해준다고요." 그녀가 주장했다.

"요컨대 서로가 부딪치지 않으면 사고는 일어나지 않잖아요."

"그럼 당신이 당신과 똑같이 부주의한 사람을 만나면 그땐 어쩔거요?"

"그러지 않기를 바라요." 그녀는 대답했다.

"나는 조심성 없는 사람들을 미워해요. 내가 당신을 좋아하는 이유도 거기 있어요."

햇빛 때문에 오므라든 그녀의 잿빛 눈동자는 곧장 앞을 보고 있었지만, 그녀는 신중하게 우리의 관계를 변화시켰고, 한순간 나는 내가 그녀를 사랑한다고 생각했다. 그러나 나는 생각이 느린데다가 나의 욕망에 브레이크를 거는 내적 규칙들로 가득 차 있었다. 그리고 어찌되었든 고향에 남겨두고 온 굴레를 먼저 깨끗이 정리하지 않으면 안 된다는 것도 알고 있었다. 나는 일주일에 한 번씩 그 아가씨에게 편지를 쓰고 있었고, '그대의 사랑 닉'이라고 서명해왔다. 그러나 내가 기억하는 것이라곤, 그녀가 테니스를 할 때 엷은 콧수염 같은 땀방울이 윗입술 위쪽으로 송글송글 맺힌다는 것뿐이었다. 그럼에도 불구하고 우리 사이에는 말로 표현하지 않는 약속 같은 것이 있었으므로, 내가 자유로워지려면 먼저 그것부터 해결해야 했다.

누구나 자기가 적어도 기본 덕목 중에 한 가지는 갖추고 있다고 스스로 생각하는데, 나도 그렇게 생각한다—나는 내가 알고 있는 얼마 안 되는 정직한 사람 중의 한 사람이다.

4

일요일 아침 해변의 마을에서 교회 종소리가 울릴 무렵, 세상의 여왕인 태양이 개츠비의 저택을 다시 찾아와 정원의 잔디밭 위로 눈부시게 빛나고 있었다.

"그는 주류 밀수업자래요."

젊은 부인들은 그의 칵테일과 꽃들 사이를 오가며 말했다.

"언젠가 그는 그가 폰 힌덴부르크(1차대전 당시 독일의 육군 원수)의 조카이며, 그 악마(1차대전의 도발자로 알려진 독일 황제 빌헬름 2세)와는 육촌뻘이라는 사실을 알아낸 사람을 죽였어요. 여보, 장미를 꺾어줘요, 그리고 저기 있는 크리스탈 잔에 마지막 한 방울을 따라줘요."

언젠가 나는 시간표의 비어 있는 자리에다 그해 여름 개츠비의 집에 왔던 사람들의 이름을 적어놓은 적이 있다. 그것은 이제 낡은 시간표이고, 접은 곳이 다 해어져 있는데, 서두에 '이 스케줄은 1922년 7월 5일 유효'라고 쓰여 있었다. 그러나 나는 지금도 그 희미하게 지워진 이름들을 알아볼 수 있다. 그 이름들은 개츠비의 환대를 받고도 그에 관해서는 아무것도 모른다고 교묘하게 피한 사람들에 대해 내가 총괄적으로 이야기하는 것보다 더 선명한 인상을 줄 것이다.

이스트 에그에서는 체스터 베커 부부와 리치 부부, 그리고 내가 예일 대학에서 안 번슨이란 남자, 작년 여름에 메인 주에서 익사한 웹스터 시버트 박사 등이 있다. 그리고 혼빔 부부와 윌리 볼테어 부부. 블랙벅이라는 이름의 일가 친척 전부가 왔는데, 그들은 항상 구석에 모여서 누구든지 가까이 접근하면 마치 염소처럼 코를 치켜세웠다. 또 이스메이 부부와 크리스티 부부(라고 하기보다는 휴버트 오어바흐와 크리스티 씨의 처라고 해야 할 것이다), 그리고 에드거 비버가 왔는데, 들리는 바로는 이 사람의 머리는 어느 겨울날 오후 특별한 이유도 없이 솜처럼 하얗게 변했다고 한다.

내가 기억하기로는 클래런스 엔다이브도 이스트 에그에서 왔다. 그는 하얀 니커보커스(무릎 위에서 졸라 매는 짧은 바지)를 입고 꼭 한 번 왔었는데, 그때 에티라는 부랑자와 정원에서 주먹다짐을 했다. 멀리 롱아일랜드에서는 치들 부부와 O.R.P. 슈레이더 부부, 그리고 조지아의 스톤월 잭슨 에이브럼스 부부 및 피시가드 부부와 리플리 스벨 부부가 왔다. 스넬은 주(州) 형무소로 가기 전에 사흘 동안 거기 있었는데, 몹시 취해 자갈 깔린 차도에서 자빠져 자다가 율리시스 수위 부인의 차에 오른손을 치였다. 댄시 부부도 왔고, 예순 살이 훨씬 넘은 S.B. 화이트베이트, 그리고 모리스 A. 플링크와 해머헤드 부부, 담배 수

입업자인 벨루거의 여자가 왔다.

웨스트 에그에서는 폴 부부와 멀레디 부부, 세실 뢰벅과 세실 쇼언, 주의회 의원인 걸릭스와 「필름즈 파르 익설런스」 영화회사의 지배인인 뉴턴 오키드, 에크허스트와 클라이드 코언, 돈 S. 슈바르츠(아들)와 아서 매카티, 이들은 모두 이러저러하게 영화 일에 관계하고 있었다. 그리고 캐틀리프 부부와 뱀버그 부부 및 G. 얼 멀둔이 왔는데, 이 사람은 나중에 자기 아내를 교살한 바로 그 멀둔과 형제간이었다. 범죄를 선동한 장본인인 다 폰타노도 왔고, 에드 리그로스와 제임스 B. ('잡놈') 패리트, 드 종 부부와 어네스트 릴리—그들은 도박을 하러 온 것이었다. 그리고 페리트가 정원 안으로 어슬렁어슬렁 걸어나오면 그의 호주머니가 깨끗이 비었으며, 다음날 수송회사인 '연합 통운'의 주가가 파란을 일으킨다는 걸 의미한다.

클립스프링거라는 사람은 노상 와서 오랫동안 죽치고 있었으므로 그는 기숙생이라고 불렸는데—나는 그에게 다른 집이 있는지 의심스럽다. 연극에 관계하는 사람들로는 거스웨이스와 호레이 스오도너번, 레스터 마이어, 조지 덕워드 및 프란시스 벌 등이었다. 또한 뉴욕에서 온 사람으로는 크롬 부부, 배커슨 부부, 데이커 부부, 러셀 베티, 코리건 부부, 켈리허 부부, 디워 부부, 스컬리 부부, S.W. 벨처, 스머크 부부, 지금은 이혼한 젊은 퀸 부부, 그리고 타임스 스퀘어에서 지하철 기차 앞에 투신자살한 헨리 L. 팔미토 등이었다.

베니 매클리너핸은 언제나 네 명의 여자와 함께 도착했다. 같은 여자를 두 번 데려 온 적은 없지만 다들 너무 닮아서 누가 보더라도 전에 본 적이 있는 것 같은 느낌이었다. 나는 그녀들의 이름을 잊어버렸는데—재클린이었던 것 같기도 하고, 아니면 콘수엘라나 글로리아 혹은 주디나 준이었던 것 같기도 하다. 그녀들의 성은 꽃의 이름이나 달 같은 음악적인 것이거나, 혹은 미국의 대자본가들 중의 어떤 이름을 본딴 것이었는데, 억지로라도 대라고 한다면 자기들이 자본가들의 사촌뻘이 된다고 할는지도 모른다.

위와 같은 사람들 외에 덧붙여서 나는 포스티나 오브라이언이 적어도 한 번은 왔던 것으로 기억하며, 그리고 베데커 집 여자들과 전쟁통에 총에 맞아 코가 날아가버린 젊은 브뤼어, 앨브럭스버거 씨와 그의 약혼녀인 하그 양, 어디터 피츠 피터스와 전에 미국 재향군인회 회장을 지낸 P. 즈웨 씨, 같이 온 남자는 그녀의 운전사라고 소문난 클로디아 히프 양, 그리고 우리가 공작이라고 부른 어딘가의 황족인가 하는 사람이 있었는데, 그의 이름은 잊어버렸다. 이 모든 사람이 그해 여름 개츠비의 집에 왔었다.

*

6월 하순 어느 날 아침 아홉 시에, 개츠비의 호화로운 차가 우리 집 현관으로 이어지는 울퉁불퉁한 길을 덜컹거리며 찾아와 세 음으로 된 경적으로 멜로디를 울려댔다. 이것은 그가 처음 나를 찾아온 것이었다—비록 그의 파티에 두 번이나 갔었고, 그의 수상 비행기를 탔으며, 그리고 그의 간곡한 초대로 해변을 자주 이용하기는 했다고 하더라도.

"굿모닝, 올드 스포트. 오늘 점심을 같이 하기로 했으니, 그 김에 함께 차를 타고 거리로 나가지 않겠소?"

그는 미국인 특유의 재치 있는 동작으로 그의 차의 흙받이 위에서 몸의 균형을 잡고 있었는데—아마도 그것은 젊은 시절에 물건을 들어본 일이 없거나, 똑바로 앉는 훈련을 받은 적이 없기 때문인지도 모른다. 또는 우리가 좋아하는 진득하지 못하고 산발적인 경기의 형식 없는 우아함에서 유래할 수도 있다. 어쨌든 이러한 침착하지 못한 동작은, 그의 빈틈없는 언동에 끊임없이 허점을 만들었다. 그는 가만히 있지 못했다—항상 발을 까불거나 아니면 참을성 없이 손을 폈다쥐었다 했다.

그는 그의 차를 감탄하며 보고 있는 나를 보았다.

"차 멋있죠, 올드 스포트?"

그는 차가 더 잘 보이게 하기 위해 뛰어내렸다.

"당신이 이걸 본 건 처음이로군요?"

나는 본 일이 있었다. 누구나 다 보았던 것이다. 차는 화려한 크림색이며, 니켈이 화려하게 번쩍이고, 괴물스럽게 기다란 차체의 여기저기에는 뽐내듯이 모자 박스들과 음식 박스들, 그리고 장난감 박스들이 달려 튀어나와 있고, 미로처럼 둘러져 있는 방풍유리에 셀 수 없을 정도로 많은 태양이 눈부시게 반사되고 있었다. 녹색 가죽으로 만든 온실 같은 여러 겹의 유리 뒤에 앉아서 우리는 뉴욕으로 출발했다.

이 한 달 동안 나는 그와 아마 여섯 번쯤은 이야기했는데, 실망스럽게도 그는 말할 것을 별로 가지고 있지 않다는 걸 알았다. 그래서 내가 본 그의 첫인상, 즉 분명치는 않지만 그가 어떤 중요한 인물이라는 첫인상은 차츰 없어지고, 지금은 단순히 화려한 파티를 여는 이웃 사람에 불과했다.

이런 참에 그 어리벙벙한 승차를 한 것이다. 우리가 웨스트 에그 마을에 도착하기도 전에 개츠비는 그의 우아한 말을 끝내지 못하고 흐지부지 흐리면서 결정을 못하는 듯이, 캐러멜색 양복을 입은 자기 무릎을 탁탁 치기 시작했다.

"이봐요, 올드 스포트." 그는 느닷없이 말했다.

"나에 대해서 어떻게 생각하시죠?"

나는 깜짝 놀라 질문에 대체로 적절하도록 말을 돌리기 시작했다.

"그럼 당신한테 내 인생 얘기를 좀 하죠." 그는 내 말을 막았다.

"남에게서 들은 이야기로 나에 대해 그릇된 생각을 갖는 걸 원치 않아요."

보아하니 그는 그의 집 곳곳에서 오고간 여러 가지 이야기 속에 들어 있는 묘한 비난들을 알고 있었던 모양이다.

"당신한테는 틀림없는 진실을 얘기하겠습니다."

그는 오른손을 갑자기 들더니 거짓말하면 천벌을 받겠다는 듯 맹세를 했다.

"나는 중서부의 어떤 부잣집 아들이오—가족들은 모두 죽고 없지만. 나는 미국에서 자랐으나 교육은 옥스퍼드에서 받았는데, 그것은 내 조상들이 옛날부터 거기서 교육을 받았기 때문이오. 가족의 전통이죠."

그는 곁눈질로 나를 보았다—그래서 나는 그가 거짓말을 하고 있다고 조던 베이커가 믿는 이유를 알았다. 그는 '옥스퍼드에서 교육받았다'는 말을 급히 해버렸다. 그 말이 전에도 그를 괴롭힌 일이 있다는 듯이, 그 말을 삼켜버리거나 아니면 목에 탁 걸린 것 같았다. 이런 의심과 함께 그의 모든 이야기는 신뢰감을 잃었고, 결국 그에게는 뭔가 사악한 데가 있지 않나 생각되었다.

"중서부 지방 어디쯤입니까?"

나는 넌지시 떠보았다.

"샌프란시스코(샌프란시스코는 중서부가 아니라 서부에 있다)죠."

"그렇군요."

"나의 가족은 다 죽고, 그래서 거액의 돈을 물려받은 것입니다."

그의 음성은 엄숙했다―마치 그렇게도 갑자기 가족이 소멸해버린 데 대한 기억이 아직도 마음에서 떠나지 않고 있다는 듯이. 한순간 나는 그가 나를 놀리고 있는 게 아닌가 하는 의심이 들었지만, 그를 한번 힐끗 보는 순간 결코 그렇지 않다는 확신이 들었다.

"그 후 나는 젊은 왕자처럼 유럽의 모든 도시들―파리, 베니스, 로마 등―에 살면서 보석, 주로 루비를 수집하고, 큰 사냥감을 쫓아 사냥에도 열심이었소. 나 자신만을 위한 것이지만 그림도 좀 그리면서, 오래 전에 일어난 매우 슬픈 일을 잊으려고 애쓰고 있었습니다."

웃음이 터져 나오려는 걸 간신히 참았다. 그의 이야기는 너무나도 진부해서 속까지 훤히 들여다보였다. 터번을 감은 인형이 뜯어진 실밥 사이로 톱밥을 흘리며 볼로뉴 숲(파리에 있음)에서 호랑이를 쫓고 있는 모습 외에 어떠한 이미지도 떠오르지 않았다.

"그러다가 전쟁이 일어났습니다. 그건 커다란 구원이었지요. 나는 죽으려고 무척이나 애썼지만, 내 앞에는 마법으로 보호받는 인생이 마련되어 있는 것 같았어요. 전쟁이 시작되었을 때 나는 중위로 임명되었지요. 아르곤 숲(프랑스 동북부의 산림 지대)에서 기관총 부대를 지휘했는데 너무 전진시켜서, 전진을 못 했던 보병과의 사이에 반 마일의 틈이 생겼죠. 우리는 이틀 낮 이틀 밤을 그곳에서 버텼어요. 루이스식 기관총 열여섯 정을 가진 병정 130명이 있었는데, 마침내 보병이 도착했을 때는 시체 더미 속에서 독일군 3개 사단의 휘장이 발견되었지요. 나는 소령으로 승진했고, 가는 곳마다 연합국 정부는 나한테 훈장을 줬어요―심지어 몬테네그로, 아드리아 해에 면해 있는 작은 몬테네그로에서도 훈장을 줬으니까!"

작은 몬테네그로! 그는 목소리를 높였고, 미소를 지으면서 몬테네그로 사람들에게 목례를 하듯 고개를 끄덕였다. 그 미소는 몬테네그로의 수난사를 이해하고 있었고, 몬테네그로 사람들의 용감한 투쟁을 동정하고 있었다. 그 미소는 몬테네그로의 따뜻하고 작은 심장에서 왜 그에 대한 이러한 칭찬이 나오게 되었는지, 그 국가가 처한 복잡한 입장까지 낱낱이 이해하고 있었다. 이제까지의 의심은 바야흐로 매혹에 잠겨 사라지고 말았다―마치 한 무더기의 잡지를 단숨에 읽어내린 것 같은 기분이었다.

그는 호주머니에 손을 넣어 리본이 달린 금속 하나를 내 손바닥 위에 떨어뜨렸다.

"몬테네그로에서 받은 거죠."

놀랍게도 그것은 진짜처럼 보였다. '다닐로 훈장'이라고 금속 가장자리에 둥그렇게 새겨져 있었다. '몬테네그로, 니콜라스 왕'

"뒤집어보세요."

"제이 개츠비 소령," 나는 읽었다.

"특별 공훈을 기념함."

"여기 또 내가 늘 가지고 다니는 게 있어요. 옥스퍼드 시절의 기념물이죠. 트리니티 구내에서 찍은 건데—내 옆에 있는 사람은 현재 돈캐스터 백작입니다."

그것은 블레이저(운동선수 등이 입는 화려한 플란넬 옷)를 입은 청년 여섯 명이 아치 천장의 통로에서 빈둥거리며 노는 사진이었는데, 뒤로는 일군의 뾰족탑이 보였다. 거기에 약간 젊어보이는 개츠비가—크리켓 배트를 들고 있었다.

그렇다면 모든 것은 사실이었다. 나는 베니스의 대운하 근처에 있는 그의 궁전을 화려하게 장식하고 있는 호랑이 가죽들을 상상했다. 루비 상자를 열고 그것들의 짙은 진홍색을 바라보며 마음의 상처를 달래고 있는 그의 모습이 떠올랐다.

"오늘은 당신한테 큰 부탁을 드리려고 합니다."

그는 만족한 표정으로 그의 기념품들을 주머니에 넣으며 말했다.

"그래서 당신이 나에 관해서 뭔가를 알아두셔야 한다고 생각했습니다. 내가 아무것도 아니었다고 당신이 생각하시는 걸 원치 않았어요. 아시다시피, 나는 주로 언제나 낯선 사람들 속에 있는데, 나에게 일어났던 슬픈 일을 잊으려고 여기저기 떠돌아다니기 때문입니다."

그는 주저했다.

"당신은 오늘 오후에 그 내막을 듣게 될 것입니다."

"점심을 들면서요?"

"아뇨, 오늘 오후. 나는 우연히 당신이 베이커 양과 차를 마시러 간다는 걸 알았습니다."

"베이커 양을 사랑하신단 말씀입니까?"

"아뇨, 올드 스포트, 사랑하진 않아요. 하지만 베이커 양은 당신에게 이

이야기를 해달라는 나의 바람을 흔쾌히 수락해 주었지요."

나는 '이 이야기'라는 게 뭔지 전혀 짐작할 수 없었지만, 흥미보다는 귀찮다는 생각이 들었다. 나는 제이 개츠비 씨 이야기를 하기 위해 조던에게 차를 마시자고 한 건 아니었다. 그 부탁이란 분명히 예삿것이 아니겠구나 하고 생각하니, 한순간 사람들이 득실거리는 그의 잔디밭에 발을 들여놓은 게 후회되었다.

그는 다른 말은 더 하지 않았다. 도시에 가까워지자 그의 단정함은 더욱 견고해졌다. 루스벨트 항을 지나자, 거기에는 붉은 줄이 쳐진 원양선들이 시야에 들어왔다. 그리고 여전히 영업하고 있는, 퇴색한 도금을 한 1900년대 식의 컴컴한 술집들이 나란히 있는 자갈이 깔린 빈민굴 옆을 빠른 속도로 지나갔다. 마침내 재의 계곡이 양쪽으로 펼쳐졌다. 그곳을 지나가면서 나는 윌슨 부인이 숨을 가쁘게 몰아쉬며 힘껏 주유 펌프를 누르고 있는 걸 언뜻 보았다. 우리는 아스토리아의 반을 지나는 동안 줄곧 흙받이를 날개처럼 펴서 빛을 부리며 달렸다―꼭 반까지만 그렇게 달렸는데, 왜냐하면 우리가 고가철도의 받침 기둥 사이로 몸을 비틀면서 달리고 있을 때 모터사이클의 그 귀에 익은 소리가 들리며, 준엄한 표정의 경관이 우리 옆으로 바싹 따라왔기 때문이었다.

"알았소." 개츠비가 소리쳤다. 우리는 속력을 늦춰 천천히 내려갔다. 개츠비는 지갑에서 하얀 카드를 꺼내더니, 경관 눈앞에 대고 흔들어보였다.

"좋습니다."

경관이 그의 모자에 손을 대고 말했다.

"다음부터는 알아뵙겠습니다, 개츠비 씨. 용서하십시오!"

"그게 뭐였습니까?" 내가 물었다.

"옥스퍼드 사진을 보았습니까?"

"경찰 장관한테 언젠가 호의를 한 번 베풀었더니, 해마다 크리스마스 카드를 나한테 보내요."

큰 다리 위에는 큰 들보 사이로 비치는 햇빛이 달리는 자동차들을 끊임없이 반사하고 있었고, 강 건너로는 도시가 하얀 산이나 설탕 덩어리처럼 솟아 있었는데, 모두가 퀴퀴하게 냄새나는 돈으로 세워진 것이다. 퀸스보로 브리지에서 바라보는 그 도시는 세상의 모든 신비와 아름다운 자연 그대로를 지니고 있다는 점에서 언제나 처음 보는 도시 같다.

죽은 사람을 실은 꽃을 쌓아올린 영구차가 지나갔는데, 창을 가린 차 두 대가 뒤를 따르고, 또 친구들이 탄 조금 떠들썩한 차들이 따르고 있었다. 그 친구들은 슬픈 눈에 남동부 유럽에서나 볼 수 있는 짧은 윗입술을 가진 얼굴로 우리를 내다보았다. 나는 그들의 우울한 휴일이 개츠비의 화려한 차를 보고 조금이나마 위로가 되었다고 생각하니 기분이 좋았다. 우리가 블랙웰 아일랜드를 지날 때 리무진 한 대가 우리 앞으로 지나갔다. 백인 운전사가 운전을 하고 있었고, 쪽 빼입은 사내 둘과 여자 하나 등 세 명의 흑인이 타고 있었다. 그들이 도토리 같은 눈알을 굴리며 거만하고 적의에 차 우리를 쳐다보는 걸 보고 나는 크게 웃음을 터트렸다.

'일단 이 다리만 건너면 무슨 일이든 가능할 수 있다니까.' 나는 생각했다. '무슨 일이라도……'

그렇다. 이 개츠비조차도 더 이상 그렇게 유별난 존재가 아니다.

*

소란스런 대낮. 42번가의 환기가 잘 되는 지하 레스토랑에서 나는 개츠비와 만나 점심을 먹기로 했다. 바깥 거리의 밝음 때문에 눈이 잘 안 보여, 나는 옆방에서 다른 사람과 이야기하고 있는 그를 겨우 알아보았다.

"캘러웨이 씨, 이쪽은 내 친구 울프심입니다."

납작한 코에 체격이 작은 유대인이 커다란 머리를 들고 나를 보았는데, 양쪽 콧구멍에는 감탄이 나올 정도로 콧털이 풍성하게 자라 있었다. 잠시 후 나는 침침한 어둠 속에서 그의 자그마한 눈을 발견할 수 있었다.

"—그래서 나는 그를 노려보았지."

울프심 씨는 내 손을 열심히 흔들면서 말했다.

"그러곤 내가 어쨌을 것 같나?"

"무슨 말씀이죠?"

나는 겸손하게 물었다. 그러나 분명히 그는 나에게 이야기하고 있지 않았다—왜냐하면 그는 내 손을 놓고 나서 그 독특한 코를 개츠비에게 향했기 때문이었다.

"나는 캐스포우에게 그 돈을 건네주며 말했지. '좋아, 캐스포우, 그가 입을 닫기 전에는 한 푼도 지불하지 마'라고 말이야. 그는 즉시 그 자리에서 입을 다물었지."

개츠비는 우리 두 사람의 팔을 잡고는 레스토랑으로 들어갔으므로, 울프심 씨는 새로 시작하고 있던 말을 꿀꺽 삼키고 마치 최면술에 걸린 것처럼 멍해졌다.

"하이볼을 드릴까요?"

웨이터가 물었다.

"근사한 식당이로군."

울프심 씨가 천장에 그려진 장로교 회화 같이 새침한 요정들을 쳐다보며 말했다.

"하지만 나는 길 건너가 더 좋아!"

"그래, 하이볼로."

개츠비가 웨이터에게 말하고 나서, 울프심에게 말했다. "거긴 너무 더워."

"덥고 좁지, 맞는 말이야." 울프심이 말했다.

"하지만 거긴 여러 가지 추억이 얽혀 있어."

"거기가 어딘데요?" 내가 물었다.

"'그' 메트로폴이죠."

"그 메트로폴."

울프심 씨는 침울하게 생각에 잠겼다.

"죽은 사람의 얼굴과 떠나가버린 사람의 얼굴로 가득 차 있지. 지금은 영원히 가버린 친구들의 얼굴로 가득 차 있어. 거기서 로지 로젠달이 총에 맞은 일은 평생 잊을 수 없어. 그때 우리는 여섯 명이 테이블에 앉아 있었고, 로지는 밤새도록 먹고 마시고 했어. 새벽이 다 됐을 무렵 웨이터가 석연치 않은 표정으로 그에게 밖에서 누가 잠깐 보자고 한다는 말을 했어. '좋아' 하고 말하면서 로지는 일어나려 했고, 나는 그를 의자에 끌어앉혔어. '보고 싶으면 그놈들더러 이리 들어오라고 해, 로지, 이 방 밖으로 나가면 안 돼.' 시간은 새벽 네 시가 되었고, 아마 덧문을 열면 밝은 새벽빛을 볼 수 있었을 거야."

"그는 갔습니까?"

나는 천진난만하게 물었다.

"물론 그는 갔어요."

울프심 씨의 코가 갑자기 나를 향했다.

"그는 문쪽으로 가면서 말했어요. '웨이터가 내 커피를 가져가지 못하게 해!' 그리고 나서 그는 보도로 나갔지. 그들은 그의 팽팽한 배에다 총을 세 번 쏘고 자동차로 달아나버렸어."

"그들 중 네 명은 전기의자에서 사형을 당했지요."

나는 기억을 더듬으며 말했다.

"다섯 명이죠, 백커를 합쳐서."

그의 코는 흥미롭다는 듯이 나를 향해 벌름거렸다.

"당신은 사업 관계로 찾아다니신다고요."

두 가지 이야기를 동시에 하는 건 좀 놀라운 일이었다. 개츠비가 나 대신 대답했다.

"아니요." 그는 음성을 높였다.

"그건 이 사람이 아닙니다."

"아니에요?" 울프심 씨는 실망하는 것 같았다.

"이분은 그냥 친구예요. 그것에 관해서는 다른 기회에 얘기하자고 내가 말했잖소."

"미안합니다." 울프심 씨가 말했다.

"사람을 잘못 알았습니다."

육즙이 그득한 쇠고기 요리가 나오자 울프심 씨는 옛 메트로폴의 감상적인 분위기도 잊어버리고 사납게도 맛있게 먹기 시작했다. 그러면서 그의 눈은 아주 천천히 식당 안을 두루 살펴보았다—그는 그의 바로 뒤에 있는 사람들까지 살펴본 뒤 주위 점검을 끝냈다. 내가 없었다면 우리 테이블 밑까지 들여다보았을 거라고 생각한다.

"이봐요, 올드 스포트."

개츠비가 상체를 나한테로 기울이며 말했다.

"오늘 아침 차 안에서 당신을 화나게 하지 않았나 모르겠습니다."

예의 그 미소가 얼굴에 떠올랐지만 이번에는 나도 그것에 맞섰다.

"나는 수수께끼는 싫어합니다." 나는 대답했다.

"그리고 왜 툭 터놓고 당신이 원하는 바를 말하지 않는지 이해할 수 없어요. 굳이 베이커 양을 번거롭게 할 필요는 없지 않습니까?"

"아, 그렇게 대단한 건 아니에요." 그는 나를 안심시키듯 말했다.

"베이커 양은 아시다시피 대단한 운동가입니다. 그래서 옳지 않은 일은 절대로 하지 않아요."

갑자기 그는 시계를 보더니 자리를 박차고 일어나, 나를 울프심 씨와 함께 테이블에 남겨둔 채 급히 방을 나갔다.

"그는 전화를 걸 일이 있어요."

울프심 씨는 나가는 그를 바라보며 말했다.

"좋은 친구죠, 안 그렇습니까? 얼굴도 잘생긴데다가 완전한 신사지요."

"네."

"오그스퍼드 (옥스퍼드의
틀린 발음) 출신이죠."

"그래요!"

"그는 영국의 오그스퍼드에 갔어요. 오그스퍼드 대학 아시죠?"

"들어봤습니다."

"세계에서 가장 유명한 대학 중의 하나죠."

"개츠비를 오래 전부터 아시나요?" 나는 물었다.

"칠, 팔 년 됐습니다."

그는 자랑스레 대답했다.

"처음 알게 된 건 전쟁 직후였지요. 나는 그와 단 한 시간 이야기를 나눈 것만으로 그가 상당한 집안 출신임을 알 수 있었습니다. 나는 생각했죠. '말 그대로 집에 데려가서 어머니와 누이에게 소개하고 싶은 사람'이라고 말이죠." 그는 잠시 말을 끊었다.

"당신 내 소매 단추를 보고 있군요."

나는 소매 단추를 보고 있지 않았지만, 그가 그런 말을 하자 눈이 소매 단추에 쏠렸다. 그것들은 야릇하게도 친근감이 가는 상아 단추였다.

"사람의 어금니로 만든 최고급품이죠." 그가 알려주었다.

"그렇군요!"

나는 그것들을 자세히 보았다.

"발상이 참 독특하군요."

"그렇죠."

그는 겉옷 속으로 셔츠 소매를 밀어넣었다.

"그래요, 개츠비는 여자에 대해 퍽 조심스럽죠. 친구의 마누라에게는 눈도 주지 않을 겁니다."

울프심 씨의 전폭적인 신뢰를 받는 이야기의 주인공이 돌아와서 식탁에 앉자 울프심 씨는 훌쩍 마시고 일어섰다.

"점심 잘 먹었소." 그는 말했다.

"젊은 사람들이 귀찮아하기 전에 나는 가봐야겠군."

"그렇게 서두를 것 없어요, 메이어."

개츠비가 담담히 말했다. 울프심 씨는 무슨 축복이라도 내리듯이 그의 손을 쳐들었다.

"말씀은 고맙지만, 나는 늙은 세대니까." 그는 엄숙하게 말했다.

"당신들은 천천히 앉아서 스포츠나 젊은 부인들 얘기라도 나누시게. 아니면—"

그는 손을 굽이치게 흔들어서 자기가 말하지 않은 기타의 명사를 암시했다.

"나도 나이 50에 더는 당신들을 귀찮게 하고 싶지 않아요."

그가 악수를 하고 돌아서는데, 그의 비극적인 코가 떨리고 있었다. 나는 혹시 그의 기분을 상하게 하는 말을 하지나 않았나 생각했다.

"그는 이따금 아주 감상적이 되지요." 개츠비가 설명했다.

"오늘이 딱 그런 날인가 봐요. 뉴욕에선 꽤 유명한 인물이죠—말하자면 브로드웨이 주민이죠."

"뭐하는 사람인데요, 배웁니까?"

"아뇨."

"치과 의사?"

"메이어 울프심이요? 천만에, 그는 도박꾼이에요."

개츠비는 망설이다가 냉담하게 덧붙였다.

"그는 1919년 월드 시리즈 _(매년 가을에 열리는 전
미국 프로야구 선수권 시합)의 승부를 조작한 사람입니다."

"월드 시리즈의 승부를 조작했다고요?" 나는 되풀이했다.

그 말은 나를 주춤하게 했다. 나는 물론 월드 시리즈가 1919년에 승부 조작 사건으로 시끄러웠던 것을 기억하고 있었지만, 이제껏 딱히 깊이 생각해 본 적은 없었다. 생각했었다고 하더라도 나는 그것을 그냥 단지 '일어난' 일로 치부하고, 어떤 불가피한 연쇄작용으로 인해 '우연히' 그런 결과를 낳았다고 생각했을 것이다. 한 인간이 계획적으로 5천만 명이나 되는 사람들의 믿음을 가지고 놀다니 나로서는 상상도 할 수 없었다. 쳐들어온 강도가 닥치는 대로 금고를 폭파시키는 것과는 이야기의 차원이 전혀 다르다.

"어째서 그런 짓을 하게 됐나요?"

나는 잠시 후에 물었다.

"단순히 솔깃했던 거죠."

"왜 감옥에 들어가 있지 않습니까?"

"증거가 없었어요. 그는 영리한 사람입니다."

나는 점심값을 내가 내겠다고 우겼다. 웨이터가 거스름돈을 가지고 왔을 때, 북적거리는 가게 안쪽에 있는 톰 뷰캐넌을 보았다.

"잠깐만 나하고 같이 가주시죠." 나는 말했다.

"어떤 사람에게 인사를 해야겠습니다."

우리를 보자 톰은 벌떡 뛰어 일어나 우리 쪽으로 대여섯 발자국 다가왔다.

"영 소식이 없더니 어디 있었나?" 그는 열심히 물었다.

"자네한테서 전화가 오지 않는다고 데이지는 몹시 화를 내고 있어."

"이쪽은 개츠비 씨, 그리고 이쪽은 뷰캐넌 씨."

그들은 짤막하게 악수했는데, 전에 없이 긴장한 당혹스런 표정이 개츠비의 얼굴을 덮었다.

"어떻게 지냈나?" 톰이 나한테 다그쳐 물었다.

"어떻게 이렇게 멀리 식사를 하러 왔나?"

"개츠비 씨와 함께 점심을 먹었어."

나는 개츠비 씨 쪽으로 몸을 돌렸지만, 그는 이미 거기 없었다.

*

1917년 10월 어느 날—

(하고 그날 오후 조던 베이커는 플라자 호텔의 커피숍에서 곧은 의자에 몸을 꼿꼿이 펴고 앉아서 말했다.)

—나는 이리저리, 반은 보도에서, 반은 잔디에서 걷고 있었어요. 나는 잔디 쪽이 더 행복했어요. 뒤축에 고무가 붙어 있는 영국에서 가져온 구두를

신고 있었는데, 그걸로 부드러운 잔디를 밟으니까 아주 기분이 좋았거든요. 나는 또 창살무늬가 있는 새 스커트를 입고 있었는데, 그게 바람을 따라 날렸고, 그때마다 집들 앞에 내걸린 붉고 희고 푸른 국기가 빳빳이 펼쳐지며 마치 나를 나무라기라도 하듯 탓탓탓탓 소리를 냈어요.

데이지 페이네 집 깃발과 잔디밭이 가장 컸어요. 그녀는 열여덟 살이었는데 나보다 두 살 위였고, 루이스빌의 젊은 아가씨들 중에서 가장 인기 있었지요. 그녀는 흰 옷을 입고, 작고 하얀 로드스터(두세 명이 타는 지붕 없는 차)를 가지고 있었어요. 그 애네 집에서는 하루 종일 전화벨이 울려대며, 테일러 기지에서 온 흥분한 젊은 장교들은 그날 밤 그녀를 독차지하는 특권을 갖겠다고 주장했어요. "그게 안 된다면 부디 한 시간이라도 좋습니다!" 라고 하면서요.

내가 그날 아침 그녀의 집 앞을 지나가는데, 그녀의 흰 로드스터가 길 모퉁이에 서 있었고, 그녀는 내가 본 적이 없는 중위 한 사람과 앉아 있었어요. 그들은 서로 너무 열중해 있어서, 내가 5피트쯤 떨어진 거리까지 가도록 나를 알아보지 못했어요.

"헬로우, 조던."

뜻밖에도 그녀는 내게 말을 걸었어요.

"이리 와."

그녀가 말을 걸어 주어서 기뻤어요. 왜냐하면 나보다 나이가 위인 아가씨들 중에서 그녀를 가장 동경하고 있었거든요. 그녀는 나더러 적십자사로 붕대 만들러 가는 길이냐고 물었어요. 그렇다고 대답했어요. 데이지는 오늘은 못 가게 되었으니 말을 전해 달라고 부탁했어요. 장교는 그녀가 말하는 동안 줄곧 그녀를 쳐다보고 있었는데, 모든 아가씨가 언젠가 자기들도 그렇게 누가 쳐다봐줬으면 하고 바랄 만한 그런 시선이었어요. 그게 내게는 로맨틱하게 보였기 때문에, 그 일을 지금까지도 기억하고 있어요. 그의 이름이 제이 개츠비였고, 그 뒤로 4년 동안 그분을 보지 못했어요—심지어 그 뒤 롱아일랜드에서 그를 만났을 때도 나는 그가 그때의 그 장교라는 걸 알아보지 못했어요.

그게 1917년이었어요. 이듬해에는 내게도 몇 사람의 추종자가 생겼고, 골프 선수권 시합 경기를 시작했기 때문에 데이지를 자주 만나지 못했어요. 그녀는 파트너가 필요한 자리에는 그녀보다 나이가 좀 많은 사람들과 나타나게 되었어요. 그녀에 관한 좋지 않은 소문이 제멋대로 돌았어요—어떤 겨울날 밤, 해외로 가는 한 군인을 전송하러 뉴욕으로 가기 위해 가방을 챙기다가 어머니한테 들켰다는 거예요. 그녀의 시도는 실패로 끝났고, 여러 주일 동안 집안 식구들과 말도 안 했대요. 그 일이 있은 뒤 그녀는 더 이상 군인과 사귀지 않았고, 그 대신 군대에 전혀 가지 못할 평발이나 근시인 몇몇 젊은 남자들하고만 돌아다녔대요.

다음해 가을에는 그녀는 다시 평소와 마찬가지로 명랑해졌어요. 그녀는 휴전 후에 사교계에 데뷔했고, 2월에 뉴올리언스 출신의 남자와 약혼했어요. 그런데 6월에 그녀는 시카고의 톰 뷰캐넌과 결혼했어요. 결혼식을 루이지빌에서는 일찍이 보지 못했을 만큼 성대하게 치렀어요. 그는 네 대의 전용 차량에 백여 명의 사람들을 태우고 와서 뮬바흐 호텔을 통째로 빌렸고, 결혼식 전날에는 그녀에게 35만 달러짜리 진주 목걸이를 사주었어요.

나는 신부 들러리였어요. 피로연이 열리기 삼십 분 전에 그녀의 방에 가봤더니, 그녀는 꽃 장식을 한 드레스를 입고 6월의 밤처럼 아름답게 침대에 누워 있었어요—그리고 원숭이처럼 빨갛게 취해 있었어요. 그녀는 한 손에 소테른 백포도주병을 쥐고 있었고 다른 손에는 편지를 가지고 있었어요."

"축하해줘." 그녀는 중얼거렸어요.

"술은 처음 마시는데, 아, 참 기분이 좋아."

"무슨 일이야, 데이지?"

나는 겁이 났어요. 젊은 아가씨가 그렇게 취한 걸 한 번도 본 적이 없었거든요.

"아, 여기 있다."

그녀는 침대 옆에 놓인 휴지통을 뒤지더니 진주 목걸이를 꺼냈어요.

"가지고 내려가서 누구든지 임자한테 돌려줘. 그들한테 데이지의 마음이 변했다고 전해주고. '데이지의 마음이 변했다'고 말이야."

그녀는 울기 시작했어요—그녀는 울고 또 울었어요. 나는 뛰어나가서 그녀 어머니의 하녀를 데려와서 문을 걸어 잠그고 그녀를 목욕탕의 찬물 속에 넣었어요. 그녀는 편지를 쥐고 놓지 않았어요. 그녀는 그걸 가지고 욕조 속에 들어가 물에 담가 쥐어 짜서 덩어리를 만들고, 그게 눈송이처럼 조각조각

나는 걸 보고서야 비누 접시에 버리도록 했어요.

하지만 그녀는 다른 말을 하지 않았어요. 우리는 그녀에게 암모니아수를 주었고, 이마에 얼음을 얹어주고, 드레스를 입혀주고, 그리고 삼십 분 뒤 방에서 나왔어요. 그 진주 목걸이는 그녀의 목에 걸려 있었고, 어떻게든 상황을 넘길 수 있었어요. 다음날 다섯 시에 그녀는 떨지도 않고 톰 뷰캐넌과 결혼식을 올리고, 3개월 예정으로 남태평양으로 신혼 여행을 떠났어요.

그들이 돌아왔을 때 나는 샌타바버라에서 그들을 만났는데, 나는 그렇게 남편에게 미쳐 있는 여자는 처음 보았다고 생각했어요. 그가 잠깐만 방을 떠나도 그녀는 불안스레 방 안을 둘러보며 말하는 거예요—"톰 어디 갔지?" 그러고 나서 그가 문에 나타나는 걸 볼 때까지 얼빠진 표정을 하고 있는 거였어요. 그녀는 그의 머리를 무릎에 얹은 채 몇 시간이나 모래 위에 앉아 있곤 했는데, 그럴 때면 그녀의 손은 그의 눈을 쓰다듬고 문지르며 무한한 기쁨을 가지고 그를 보고 있었어요. 그들이 같이 있는 걸 보면 감동하게 되죠—뭐랄까, 매혹되어서 소리도 못 내고 웃게 돼요. 그때가 8월이었어요. 내가 샌타바버라를 떠난 지 일주일 뒤 톰은 어느 날 밤 벤튜라 가도에서 소형 화물 자동차와 충돌했고, 그래서 그의 차 앞바퀴가 빠져버렸어요. 같이 타고 있었던 여자도 신문에 났어요. 그 여자의 팔이 부러졌기 때문이에요. 그녀는 샌타바버라 호텔의 침실 하녀였어요.

이듬해 4월 데이지는 딸아이를 낳았고, 그들은 일 년 정도 프랑스에서 살았어요. 나는 어느 해 봄에 칸에서 그들을 보았고, 그 후에는 도빌에서 보았어요. 그 뒤 그들은 정착하기 위해 시카고로 돌아왔어요. 아시다시피 데이지는 시카고에서 인기가 많았어요. 두 사람은 방탕한 무리들과 어울려다녔죠. 그들은 모두 젊고 부자고 와일드했지만, 그녀는 끝까지 완벽한 평판을 그대로 유지했어요. 아마 그녀가 술을 마시지 않았기 때문이었을 거예요. 술꾼들 틈에서 술을 마시지 않는다는 건 커다란 이점이에요. 술을 안 마시면 입이 가벼워지지도 않고, 더구나 자기 자신의 어떤 작은 변칙도 제때에 대처하니까, 술 취한 사람들은 알아보지도 못하고 관심도 두지 않는다는 거예요. 데이지는 바람을 피운 적이 한 번도 없을 거예요. 그런데도 그녀의 목소리에는 뭔가 있어요……

그런데, 약 6주일 전에 그녀는 몇 년 만에 개츠비의 이름을 처음 들었어요. 그게 언제냐 하면, 내가 당신한테 물었을 때예요—기억하세요? —웨스트 에그에 사는 개츠비를 아시냐고 물은 거 말이에요. 당신이 집에 가신 뒤 그녀는 내 방에 와서 나를 깨우더니 이렇게 말했어요. "개츠비라는 사람, 이름은 뭐라고 해?" 내가 반쯤 잠에 취해 그는 이러저러한 사람이라고 말하자, 그녀는 자기가 옛날에 알던 사람임에 틀림없다고 했어요. 나도 그 말을 듣고 나서야 비로소 그녀의 하얀 로드스터에 있었던 장교와 개츠비를 연관시키게 됐어요.

*

조던 베이커가 이야기를 다 끝마쳤을 때, 우리는 플라자 광장을 떠나 삼십 분 정도 관광용 사륜 포장마차를 타고 센트럴 파크를 빠져나가고 있었다. 해는 서부 50번가의 영화배우들이 사는 고층 아파트 뒤로 넘어갔고, 아이들의 밝은 목소리들이 풀 위의 귀뚜라미처럼 불타는 황혼을 뚫고 솟아올랐다.

　　나는 아라비아의 족장(族長)
　　너의 사랑은 나의 것
　　네가 잠든 밤에
　　너의 텐트 속으로 기어들 테야—

"이상한 우연이군요."
"하지만 그건 전혀 우연의 일치가 아니었어요."
"왜요?"
"개츠비는 데이지가 그 만 바로 건너에 있으니까 그 집을 산 거예요."
　그렇다면 그 6월의 밤에 그가 뜨거운 눈길을 보내던 상대는 단지 밤하늘의 별만은 아니었던 것이다. 그 순간 그는 의미 없는 낭비라는 태내를 쑥 빠져나와, 내 눈 앞에서 피와 살을 갖춘 존재가 되었다.
"그는 알고 싶어해요." 조던이 말을 이었다.
"당신이 어느 날 데이지를 당신 집으로 초대하여, 그때 자기도 살짝 그리로 불러줄 수 있는지 말이에요."
　그 너무나도 겸손한 요청에 나는 할 말을 잃었다. 그는 5년 동안 한눈도 팔지 않고 기다리며 호화로운 저택을 사서 별빛을 나방들한테 나누어 주었던 것이다—누군가의 정원에서 점심 때 살짝 '얼굴을 내밀게' 해 줄지도 모른다는, 단지 그것만의 이유로.

"그가 그런 사소한 일을 부탁하기 위해 내게 그 모든 것을 털어놓는 건가요?"

"그는 두려워해요, 그렇게 오래 기다렸으니까요. 그는 당신의 감정을 상하게 할까봐 염려한 거예요. 저래보여도 상당히 세심한 사람이에요."

하지만 이해되지 않는 부분도 있었다.

"왜 그는 당신한테 만나도록 해달라고 부탁하지 않습니까?"

"그는 데이지에게 자기 집을 보여주고 싶어해요." 그녀가 설명했다.

"그런데 당신 집이 바로 옆에 있거든요."

"아!"

"어느 날 밤 그녀가 자기네 파티에 나타나지 않을까 얼마쯤 바랐나봐요." 조던이 말을 이었다.

"하지만 그녀는 오지 않았어요. 그래서 그는 사람들에게 그녀를 아는지 은근히 떠 보기 시작했고, 내가 바로 그녀를 안다는 첫 번째 사람이었어요. 저번 파티에서 나를 부르러 사람을 보냈던 그때예요. 그가 정교한 방법으로 일을 처리한다는 것은 이미 들으셨을 거예요. 물론 나는 즉시 뉴욕에서 점심을 같이 하자고 했죠—그랬더니 그는 보는 내가 더 조마조마해질 정도로 당황했어요.

'나는 인간의 도리에 어긋난 짓을 하려는 게 아닙니다! 나는 단지 이웃집에서 그녀를 보고 싶어요.' 하지 않겠어요?

내가, 당신이 톰의 특별한 친구라고 말하자, 그는 모든 계획을 전부 포기하기 시작했어요. 그는 톰에 대해서 잘 모르고 있어요—그래도 데이지의 이름이 혹시나 눈에 띌까 하여 몇 해 동안 계속 시카고의 신문을 읽었대요."

주위는 이미 어두워져 있었다. 마차가 다리 아랫길로 빠질 때 나는 조던의 매혹적인 어깨에 팔을 둘러 감아 안고 저녁을 먹자고 했다.

어느덧 나는 데이지와 개츠비를 더 이상 생각하고 있지 않았다. 대신 깨끗하고, 단단하고, 다소 깊이가 없고, 회의주의로 세상과 소통하는 이 사람만을 생각하고 있었다. 그녀는 내 팔의 원이 겨우 닿는 곳에서 꼿꼿이 뒤로 몸을 빼고 있었다. 심장의 격렬한 고동과 함께 어떤 문구 하나가 내 귓속에서 울려 퍼졌다. —'쫓기는 자와 쫓는 자, 바쁜 자와 지쳐버린 자가 있을 뿐이다.'

"그리고 데이지도 그녀의 생애 뭔가 마음의 자극이 있어야 해요." 조던이 중얼거렸다.

"그녀는 개츠비를 보고 싶어하나요?"

"그녀에게는 말하지 않을 거예요. 개츠비는 그녀가 그런 사실을 알기를 바라지 않아요. 당신은 데이지에게 차 마시러 오라고 초청하기만 하면 돼요."

장벽처럼 늘어선 나무들을 지나자 59번가의 섬세하고 창백한 빛을 머금은 거리가 공원을 마주보고 부드럽게 웃고 있었다. 개츠비나 톰 뷰캐넌과 달리, 내게는 실체 없는 얼굴이 어두운 처마 끝이나 눈부신 네온사인과 함께 떠오르는 그런 여자가 없으므로, 나는 내 옆의 여자를 바짝 끌어당겼다. 그녀의 나른하고 조소적인 입술에 엷은 웃음이 떠올랐고, 그래서 나는 그녀를 다시 더 바짝, 얼굴이 닿을 정도로 끌어안았다.

5

그날 밤 웨스트 에그의 집으로 돌아왔을 때 나는 우리 집에 불이 났나 하고 잠시 놀랐다. 새벽 두 시인데 반도의 구석에 불이 환했으며, 그 불빛은 관목림에 환상적으로 비쳤고 또 길가의 전선에 반사해서 가늘고 기다랗게 반짝였다. 모퉁이를 돌면서 나는 그것이 탑 꼭대기부터 지하실에 이르기까지 불이란 불은 모조리 켜져 있는 개츠비의 집 때문임을 알았다.

처음에 나는 또 파티가 열렸나보다 생각했고, 바보스런 소동이 커져서 마침내 '숨바꼭질'이나 '상자 속의 정어리' 놀이(비좁은 곳에 될 수 있는 대로 많이 들어가려는 놀이)를 하느라 온 집 안을 휘젓고 다닌다고 생각했다. 그러나 아무 소리도 들리지 않았다. 단지 나무 사이로 부는 바람소리뿐이었는데, 바람은 전깃줄을 흔들고 불을 깜박이게 하여 마치 그 집이 어둠을 향해 눈짓하는 것 같았다. 내가 탔던 택시가 부르릉거리며 지나가는데, 개츠비가 그의 잔디밭을 건너 나를 향해 걸어오는 게 보였다.

"집이 세계 박람회장처럼 보이는군요." 내가 말했다.

"그래요?"

그는 무심하게 자기 집 쪽으로 눈을 돌렸다.

"지금까지 방들을 점검하고 있었어요. 우리 코니 아일랜드 (롱아일랜드에서 가까운 섬으로 해수욕장이며 유흥장)에 갑시다. 내 차로 말이죠."

"너무 늦었습니다."

"그럼 풀에 뛰어드는 게 어때요? 이번 여름 내내 아직 한 번도 사용하지 못했습니다."

"난 자야겠어요."

"그럼 할 수 없군요."

그는 초조함을 억누르고 나를 보며 가만히 기다리고 있었다.

"조던 베이커 양과 이야기를 했습니다."

나는 잠시 후 말했다.

"내일 당장이라도 데이지에게 전화해서 차를 마시러 오라고 할 생각입니다."

"아, 그렇군요."

그는 개의치 않는 듯이 말했다.

"나는 당신에게 폐를 끼쳐드리고 싶지 않습니다."

"어느 날이 좋으십니까?"

"'당신'은 어느 날이 좋으십니까?"

그는 내 말을 재빨리 되받아쳤다.

"당신에게 걱정을 끼쳐드리고 싶지는 않으니까요."

"모레는 어떠십니까?"

그는 잠시 생각했다. 그러고 나서 말하기 거북한 듯이 말했다.

"잔디를 깎았으면 하는데."

우리는 잔디를 내려다보았다—나의 초라한 잔디가 끝나고 그의 무성하고 잘 가꾸어진 잔디가 시작되는 경계는 아주 뚜렷한 선이 나타나 있었다. 그렇군, 내 잔디 말이로군, 하고 생각했다.

"또 다른 작은 일이 있는데."

그는 불확실하게 말을 흐리며 주저했다.

"아예 이삼일 더 연기하시렵니까?" 내가 물었다.

"아, 그 얘기가 아닙니다. 적어도—"

그는 자꾸 말을 시작만 해놓고 우물쭈물하였다.

"저어, 내 생각이지만—저어, 이것 봐요, 올드 스포트, 당신은 돈을 많이 벌지 못하시죠?"

"그다지 많이 못 법니다."

이 말이 그를 안심시킨 듯, 보다 확신을 가지고 말을 이었다.

"그럴 줄 알았어요. 실례가 될지 모르지만—아시는지 몰라도 나는 부업으로 조그만 사업을 하고 있어요, 본업과는 상관없이요. 그래서 말인데, 당신이 돈을 많이 못 번다면—채권을 팔고 있죠, 그렇죠, 올드 스포트?"

"팔려고 노력하고 있죠."

"그러면, 이건 당신이 흥미를 느낄 겁니다. 별로 시간을 들이지 않고도 당신은 상당한 돈을 벌 수 있어요. 좀 비밀에 속하는 일입니다만."

이런 이야기가 다른 환경 아래서 오고갔다면 그것은 내 인생의 중요한 전환기가 됐을 것이다. 그러나 그 제안이 분명히 약삭빠른 임기응변이 아니라 나의 배려에 대한 보답이었으므로, 나는 그 자리에서 끊어버리는 수밖에 다른 선택이 있을 수 없었다.

"지금 하고 있는 일만 해도 벅찹니다." 내가 말했다.

"대단히 고맙긴 하지만 다른 일은 더 할 수가 없어요."

"울프심과 거래할 필요는 없는 일입니다."

분명히 그는 점심 먹을 때 나왔던 '사업 관계'라는 말 때문에 내가 뒷걸음질치고 있다고 생각하고 있었지만, 나는 그런 것이 아니라고 분명히 말했다. 그 뒤에도 그는 내가 이야기를 시작하기를 바라며 한동안 머뭇머뭇 기다렸지만, 나는 내 일만으로도 머리가 가득 차서 그의 심경을 일일이 헤아려 줄 여유가 없었다. 그래서 그는 하는 수 없이 집으로 돌아갔다.

그날 저녁에 있었던 일로 인해, 나는 발이 공중에 떠 있는 듯한 아련한 기분에 휩싸여 있었다. 따라서 나는 개츠비가 코니 아일랜드에 갔는지 안 갔는지, 또는 자기 집에 불을 야단스럽게 켜놓고 '방이나 좀 둘러보고' 있었는지 알지 못한다. 나는 다음날 아침 사무실에서 데이지에게 전화해서 차를 마시러 오라고 초대했다.

"톰은 데리고 오지 마."

나는 그녀에게 주의시켰다.

"뭐라고요?"

"톰은 데리고 오지 말라고."

"'톰'이 누군데요?" 그녀는 시치미를 떼며 말했다.

약속된 날은 비가 퍼부었다. 열한 시가 되자 비옷을 입은 사람 하나가 제초기를 끌고 우리 집 문을 두드리며, 개츠비 씨가 우리 집 잔디를 깎으라고 자기를 보냈노라고 말했다. 순간 핀란드인 가정부에게, 손님이 오기로 했으니 나중에 한 번 더 와 달라고 말하는 것을 잊어버린 게 생각났다. 그래서 나는 웨스트 에그 마을로 차를 몰고 가서, 비에 젖은 수성 백색 석회의 담 사이로 뚫린 골목들을 뒤져 그 여자를 찾아내고 컵과 레몬과 꽃을 샀다.

꽃은 사지 않아도 되었다. 두 시쯤 개츠비의 집으로부터 온실 하나를 통째로 옮겨온 듯한 엄청난 양의 꽃이 꽃병과 함께 도착했기 때문이다. 그 한 시간 뒤에 현관문이 요란하게 열리더니 개츠비가, 흰 플란넬 양복에 은색 셔츠와 금색 넥타이를 매고 급히 들어왔다. 그는 창백했고, 눈 밑에는 잠을 못 잔 흔적이 거무스레하게 어려 있었다.

"모든 게 잘 되었나요?" 그는 들어오자마자 물었다.

"풀이 아주 보기 좋습니다. 그걸 말씀하는 거라면."

"풀이 왜요?" 그는 정신이 딴 데 팔려 있는 것 같은 목소리로 물었다.

"아, 뜰의 잔디 말이로군."

그는 창 밖을 내다보았지만 그의 표정으로 보아, 아무것도 눈에 들어오지 않는 모양이다.

"아주 보기 좋군요." 그는 건성으로 말했다.

"신문을 보니까 비가 네 시에 그친다고 하더군요. 그게 〈저널〉지였던 것 같은데. 필요한 것—차를 마시는 데 필요한 게 모두 준비됐나요?" 나는 그를 식기실로 데리고 갔다. 거기서 그는 핀란드인 가정부를 못마땅한 듯이 쳐다보았다. 우리는 더불어 식료품점에서 사온 열두 개의 레몬 케이크를 면밀히 살펴보았다.

"괜찮을까요?" 나는 물었다.

"물론이죠, 물론이고 말고요! 아주 훌륭합니다!" 말하고 나서 그는 공허하게 붙였다. "……올드 스포트."

비는 3시 30분쯤부터 뜸해지면서 축축한 안개가 끼었는데, 그 안개 속으로 이따금씩 엷은 빗방울들이 이슬처럼 흘러내렸다. 개츠비는 안정되지 않은 눈길로 클레이의 《경제학》을 펼치고 책장만 뒤적이다가, 핀란드인 가정부가 부엌 마룻바닥을 울리는 소리에 퍼뜩 정신을 차렸다. 그러고는 마치 바깥에서 보이지 않으나 무언가 뒤숭숭한 사건이 일어나고 있다는 듯이 때때로 흐려진 창으로 힐끔힐끔 시선을 던졌다. 마침내 그는 일어서서 상기된 목소리로 자기는 집에 가야겠다고 말했다.

"왜 그러십니까?"

"아무도 차를 마시러 오지 않으니 말이에요. 시간이 너무 늦었어요!"

그는 마치 다른 데서 약속이라도 있다는 듯이 시계를 들여다보았다.

"하루 종일 기다릴 수는 없습니다."

"어리석게 굴지 마십시오. 아직 4시 2분 전입니다."

그는 마치 내가 밀어 앉히기라도 한 듯이 가엾은 모습으로 앉았고, 마침 그때 우리 집 좁은 길로 돌아 들어오는 차 소리가 들렸다. 우리는 다 같이 벌떡 일어났고, 나까지도 이상하게 안절부절 못하며 정원으로 나갔다.

물방울이 떨어지고 있는 라일락나무 밑으로 지붕이 없는 커다란 차가 차도를 올라오고 있었다. 차가 멎었다. 보라색 삼각 모자 밑에서 약간 옆으로 숙인 데이지의 얼굴은 밝고 황홀한 미소를 띠며 나를 쳐다보았다.

"정말 여기 살고 계신 거예요?"

그녀의 목소리의 쾌활한 파문은 비에 젖은 온갖 것에 터질 듯한 생기를 불어넣었다. 나는 그 말의 내용보다도 그 목소리에 들어 있는 그런 음색의 높낮이를 귀만 가지고 잠시 따라갔다.

젖은 머리카락 한 가닥이, 푸른 페인트로 살짝 그은 것처럼 그녀의 뺨으로 흘러내렸다. 내가 차에서 내리는 그녀를 부축하기 위해 그녀의 손을 잡자 그 손은 물에 젖어 번들거렸다.

"나를 사랑하세요?" 그녀는 내 귀에다 대고 낮게 말했다.

"나 혼자만 오라고 하셨으니 말이에요."

"그건 래크런트 성의 비밀이지(이쪽에서 대답을 피할 때 쓰는 말). 운전사한테 멀리 가서 한 시간만 있다 오라고 해."

"퍼디, 한 시간 뒤에 다시 데리러 와요."

운전사에게 말하고 나서 그녀는 진지한 목소리로 중얼거렸다.

"저 사람 이름은 퍼디예요."

"그는 휘발유 때문에 냄새를 못 맡게 되었나?"

"그렇지 않을 거예요." 그녀는 천진하게 말했다.

"왜요?"

우리는 안으로 들어갔다. 몹시 놀랍게도 거실에는 아무도 없었다.

"그거 참 이상한데."

"뭐가 이상해요?"

현관문을 가볍고 위엄 있게 두드리는 소리가 들리자 그녀는 그쪽으로 고개를 돌렸다. 나는 나가서 문을 열었다. 개츠비가, 죽은 사람처럼 창백한 얼굴로, 두 손을 아령처럼 그의 코트 주머니에 무겁게 찔러넣고, 다급해진 눈으로 나를 가만히 응시하며 물구덩이 속에 서 있었다.

두 손을 여전히 코트 주머니에 찌른 채 그는 내 옆을 지나 홀로 걸어 들어갔고, 흥분해서 안절부절 못하는 태도로 싹 돌더니 거실 안으로 사라졌다. 그것은 조금도 이상하거나 우습지 않았다. 내 심장이 크게 뛰는 걸 느끼며 나는 점점 굵어지는 빗방울이 안으로 들이치지 못하도록 문을 닫았다.

잠시 아무 소리도 들리지 않았다. 그런 뒤, 거실에서 숨막힌 듯한 중얼거림과 약간의 웃음소리 같은 게 들렸고, 이어서 데이지의 꾸며낸 듯 어색하고 분명한 목소리가 들렸다.

"다시 뵙게 돼서 정말 무척 기뻐요."

(……)견딜 수 없는 침묵이었다. 나는 홀에서 아무 할 일이 없었으므로 방 안으로 들어갔다. 개츠비는 여전히 두 손을 호주머니에 찌른 채, 잔뜩 긴장한 얼굴로 억지로 편안한 척, 심지어 싫증나는 것처럼 가장하며 벽난로 장식에 몸을 기대고 있었다. 그의 머리는 너무 뒤로 젖힌 나머지, 고장난 벽난로 장식 시계의 글자판과 딱 붙어 있었다. 그런 자세로 그의 들뜬 두 눈은 데이지를 응시하고 있었는데, 데이지는 놀란, 그러나 우아한 표정으로 딱딱한 의자 끝에 앉아 있었다.

"우리는 전에 만난 일이 있습니다."

개츠비가 중얼거렸다. 그의 눈은 순간적으로 나를 힐끗 보았고, 그의 입술은 웃으려다가 실패로 끝난 모양으로 벌어져 있었다. 다행히도 이런 순간에 시계가 그의 머리의 압력으로 위험하게 옆으로 비뚤어지는 바람에 그는 돌아서서 떨리는 손가락으로 시계를 붙잡아 바로잡아 놓았다. 그러고 나서 그는 뻣뻣하게 앉아, 팔꿈치를 소파의 팔걸이에 올리고 손으로 턱을 고였다.

"시계, 미안하게 됐습니다." 그는 말했다.

나까지도 얼굴이 바야흐로 뻘겋게 달아오르고 있었다. 아무리 머리를 쥐어짜도, 평상시 같으면 수월하게 튀어나올 평범한 말 한 마디조차 찾아낼 수가 없었다.

"시계가 낡아서요." 나는 두 사람을 보고 바보처럼 말했다.

덕분에 그 시계가 바닥에 떨어져 산산조각이 난 것 같은 분위기가 되어버렸다.

"우리는 여러 해 동안 못 만났어요."

데이지가 말했는데, 그녀의 목소리는 사실상 평소와 다름이 없었다.

"오는 11월이면 5년째 되는군요."

개츠비의 기계적인 대답은 또 한 번 우리를 잠잠하게 했다. 나는 자포자기한 심정으로, 부엌에 가서 차를 마련해야겠는데 같이 가서 좀 도와달라고 말했다. 그 말을 하자마자 두 사람이 벌떡 일어났는데, 밉살스럽게도 핀란드 여자가 쟁반에 차를 얹어 가지고 왔다.

컵과 케이크를 받아놓으려고 법석대는 중에 다행스럽게도 그럴듯한 자리 배치가 저절로 이루어졌다. 개츠비는 스스로 그늘진 곳으로 옮겨갔고, 데이지와 내가 이야기하는 동안, 긴장되고 암울한 눈으로 우리 두 사람을 번갈아가며 뚫어져라 보았다. 그러나 평온 그 자체가 목적이 아니었으므로, 나는 적절한 순간을 틈타서 양해를 구하고 일어섰다.

"어디 가시려고요?" 개츠비가 고개를 번쩍 들며 물었다.

"바로 돌아올 겁니다."

"가시기 전에 말씀드릴 게 있는데요."

그는 허둥거리며 나를 쫓아 부엌으로 들어와서 문을 닫고는 "아, 맙소사!" 하고 비참한 어조로 속삭였다.

"왜 그러십니까?"

"이건 끔찍한 실수요."

그는 머리를 좌우로 흔들며 말했다.

"끔찍한, 끔찍한 실수예요."

"당신이 긴장해 있을 뿐이오. 데이지 역시 그렇고요." 이 말이 효과가 있었다.

"그녀도 긴장하고 있다고요?" 그는 믿을 수 없다는 듯 되풀이했다.

"당신이 당황한 것만큼 말이죠."

"그렇게 크게 말하지 마세요."

"당신은 꼭 어린아이처럼 구시는군요."

나는 참지 못하고 터트렸다.

"뿐만 아니라 매우 무례하기도 하죠. 데이지는 저기 혼자 앉아 있어요."

그는 손을 들어 내 말을 막았고, 비난하는 눈으로 나를 노려보더니, 조심스럽게 문을 열고 다시 거실로 돌아갔다. 나는 뒷문을 통해 밖으로 나와서 —개츠비가 삼십 분 전에 신경 과민 상태로 집을 한 바퀴 돌았을 때와 마찬가지로—옹이 진 울퉁불퉁한 커다란 나무 쪽으로 뛰어갔다. 나무의 무성한 잎은 비를 피하게 하는 지붕 노릇을 해주었다. 비는 다시 퍼부었고, 개츠비의 정원사가 깎아준 나의 엉성한 잔디밭에는, 작은 진흙 구덩이와 선사 시대와 같은 습지가 여기저기 생겨 있었다. 나무 밑에서는 개츠비의 거대한 집 이외에 아무것도 볼 수 없었다. 그래서 나는, 마치 칸트가 교회의 뾰족탑을 보듯이 삼십 분 동안 그 거대한 집을 바라보았다. 한 양조업자가 10년 전에 유행했던 '역사회귀' 분위기에 휩쓸려 저 고풍스러운 저택을 지었는데, 다음과 같은 이야기도 전해온다—즉 그 양조업자는, 만일 근방에 있는 지역 주민들이 모두 지붕을 짚으로 엮는다면 5년 동안의 세금을 자기가 대신 물겠다고 했다는 이야기다. 그들의 거절로 '한 가문을 세우자'는 그의 계획이 좌절되자 맥이 빠져 병에 걸리고 말았다. 그의 자식들은 문에서 검은 화환을 떼기도 전에 그 집을 팔았다. 미국 사람들이란 경우에 따라서는 자진해서 농노가 되려는 주제에, 소작인 취급에는 언제나 단호하게 대처한다.

30분이 지난 뒤 다시 햇빛이 났다. 식료품상 자동차가 개츠비네 하인들이 먹을 저녁 재료들을 싣고 그의 차도를 돌아 올라왔는데—오늘의 개츠비는 그 음식을 한 숟갈도 입에 대지 않을 것이다. 가정부 하나가 그의 집 위 창문들을 열기 시작했다. 각 창문마다 잠깐씩 나타나다가 중앙에 있는 커다란 베이 윈도우(벽면에서 일부분을 내밀어 만든 창)로 몸을 내밀더니 무슨 생각에 잠긴 얼굴로 정원으로

412 위대한 개츠비

침을 뱉었다. 내가 돌아갈 시간이었다. 빗속에 있으니, 빗소리가 마치 그들의 두런거리는 목소리—정서적인 맛을 풍기며 때때로 높아지기도 하고 낮아지기도 하는 목소리 같았다. 그러나 비가 멎고 다시 조용해지자 집 안에도 고요가 깔리는 것 같았다.

나는 안으로 들어갔다—난로를 뒤집어엎은 것은 아니지만, 부엌에서 갖은 소리를 다 내며—그러나 그 소란스러운 소리도 두 사람의 귀에는 전혀 들리지 않는 모양이었다. 그들은 긴 의자의 양쪽 끝에 앉아서 서로 마주보고 있었는데, 그들의 표정은 마치 어떤 질문을 이미 던졌거나, 이제 막 던지려는 참인 것 같았다. 아까의 당황한 흔적은 이제 그림자도 없었다. 데이지의 얼굴에는 눈물이 묻어 있었고, 내가 들어가자 그녀는 펄쩍 일어나더니 거울 앞에 가서 손수건으로 눈물 자국을 닦았다. 그러나 개츠비에겐 놀랄 만한 변화가 있었다. 그는 문자 그대로 타오르듯 빛나고 있었다—환희의 말 한 마디나 제스처 하나 없었지만, 새로운 행복이 그로부터 발산되어 작은 방을 가득 채우고 있었다.

"아, 오셨군요, 올드 스포트."

그는 마치 몇 년 동안 나를 보지 못했던 것처럼 말했다. 나는 순간적으로 그가 악수를 하려고 한다고 생각했다.

"비가 그쳤습니다."

"그래요?"

내가 무슨 말을 하고 있는지 깨닫고 방으로 반짝이는 방울 같은 햇빛이 비쳐드는 것을 보자, 그는 기상 통보관처럼, 다시 비치는 빛의 열광적인 후원자처럼 웃으면서 그 소식을 데이지에게 되풀이했다.

"당신은 어떠세요? 비가 그쳤습니다."

"기뻐요, 제이."

아프고 슬픈 아름다움에 가득 찬 그녀의 목소리는 그녀가 생각지도 못했던 기쁨을 말할 뿐이었다.

"당신과 데이지가 우리 집에 오셨으면 좋겠습니다." 그는 말했다.

"데이지에게 집을 구경시켜드리고 싶어요."

"나도 오라고 하는 말씀 정말입니까?"

"정말이고말고요, 올드 스포트."

데이지는 세수를 하려고 위층으로 올라갔고—나는 때문은 내 수건이 창피스러웠으나 이미 때는 늦었다—그동안 개츠비와 나는 잔디밭에서 기다렸다.

"우리 집 좋아 보이죠, 안 그래요?" 그가 물었다.

"집 앞 전체에 빛이 드는 걸 보십시오."

나는 집이 아주 훌륭하다고 동의했다.

"그래요."

그의 눈은 아치형 문 하나하나와 네모진 탑을 한 차례 훑어보았다.

"저 집 살 돈을 버는 데 꼬박 3년이 걸렸습니다."

"유산을 상속받으신 줄 알았는데요."

"그랬죠, 올드 스포트." 그는 묘하게 기계적으로 말했다.

"하지만 대공황 때—전쟁의 공황 때 거의 다 없어져버렸어요."

나는 그가 자신이 무슨 말을 하고 있는지 모르고 있다는 생각이 들었다. 왜냐하면 내가 무슨 사업을 했느냐고 묻자, 그는 이렇게 대답했기 때문이다—"그건 당신이 알 바 아닙니다." 적절한 대답이 아니라는 걸 깨달았을 때는 이미 늦었다.

"아, 여러 가지 일을 했죠." 그는 말을 고쳤다.

"나는 제약 사업을 하고 석유 장사도 했습니다. 하지만 지금은 둘 다 모두 손을 뗐어요."

그는 조금 현실로 돌아왔는지 나를 보며 물었다.

"그 말인즉슨 그날 밤 내가 제안한 것을 다시 생각해 보겠다는 겁니까?"

내가 미처 대답하기 전에 데이지가 집에서 나왔다. 그녀의 드레스에 달린 두 줄의 놋쇠 단추가 햇빛에 빛나고 있었다.

"'저긴' 아주 엄청난 곳이군요."

그녀가 손으로 지적하면서 외쳤다.

"마음에 드십니까?"

"좋아요, 하지만 어떻게 저기서 혼자 사시는지 모르겠군요."

"나는 언제나, 밤낮없이 저 집을 흥미로운 사람들로 가득 채웁니다. 흥미 있는 일들을 하는 사람들이나 유명한 사람들로 말입니다." 사운드 해안을 따른 지름길로 가는 대신 우리는 도로를 내려가서 커다란 뒷문을 통해 들어갔다. 데이지는 매력적인 작은 목소리로 하늘을 배경으로 우뚝 솟은 봉건시대

영주의 것 같은 저택의 실루엣을 찬탄했고, 정원들과 노랑 수선의 코를 찌르는 향기와 산사나무의 부드러운 향기, 서양자두꽃과 오랑캐꽃의 연한 금빛 향기를 찬탄했다. 대리석 계단에 이르러도 문 안이나 밖에서 화려한 드레스의 움직임이 없고, 나무에서 지저귀는 새소리 이외에 아무 소리도 들리지 않는다는 게 이상했다. 그리고 안에 들어가 마리 앙투아네트 음악실과 왕정복고 시대풍의 살롱을 지나가면서, 나는 모든 긴 의자와 테이블 뒤에 손님들이 우리가 지나갈 때까지 숨을 죽이고 숨어 있을 것 같은 느낌이 들었다. 개츠비가 '머튼 대학 도서실'(옥스퍼드 대학 도서관 이름을 딴 것)의 문을 닫았을 때, 나는 올빼미 안경의 사나이가 유령 같은 웃음을 터트리는 소리를 들었다고 맹세코 말할 수 있다. 우리는 위층으로 올라가서 장밋빛과 보랏빛 실크로 둘러싸여 있고 새로 가져다놓은 꽃으로 생기가 도는 복고풍 침실들—계절에 따라 사용하도록 되어 있는 침실들을 지나고, 드레싱 룸(침실 옆에 있는 분장실)들과 푸어 룸(당구장 내지 공개 도박장)들을 지나고 또 푹 꺼진 욕조가 있는 목욕실을 지났다. 어떤 방에서는 파자마 바람에 머리가 헝클어진 한 사내가 방바닥에서 간장 강화 운동을 하고 있었다. 그는 '기숙생'인 클립스프링거 씨였다. 나는 그날 아침 배가 고파서 해변을 돌아다니는 그를 본 일이 있다. 마침내 우리는 개츠비의 방에 갔는데, 거기엔 침실과 목욕실, 그리고 애덤(영국의 건축 및 가구 설계가)식 서재가 있었다. 우리는 서재에 앉아 그가 벽 찬장에서 꺼내온 샤르트뢰즈(프랑스산의 달콤하고 향기로운 술)를 마셨다.

그는 한 번도 데이지한테서 눈을 떼지 않았는데, 나는 그가 그녀의 사랑스런 눈으로부터 나오는 반응 정도에 따라 그 집의 모든 것을 재평가하고 있다고 생각했다. 또한 이따금 그는 그의 소유물들을 곤혹스러운 시선으로 둘러보았는데, 마치 그녀가 지금 자신의 눈앞에 있다는 믿기 어려운 상황 때문에 그 모든 것들이 더 이상 실재하지 않는다는 것 같은 눈이었다. 아닌게 아니라 한 번 그는 계단에서 굴러 떨어질 뻔했다.

그의 침실은 모든 방 중에서도 가장 단순한 방이었다—경대가 무광택의 순금 화장세트로 장식되어 있는 걸 제외한다면. 데이지는 기쁘게 브러시를 집어들고 머리를 빗었으며, 그것을 보고 개츠비는 앉아서 눈을 지그시 그늘지게 하며 웃기 시작했다.

"그거 참 이상하군요, 올드 스포트." 그는 경쾌하게 말했다.

"나는 그게 되지 않아요—하려고 해보니까—"

보아하니 그는 두 개의 상태를 지나서 세 번째 상태로 접어들어 있었다. 그의 당황과, 그리고 어쩔 줄 모르는 기쁨을 지나 데이지가 눈앞에 있다는 놀라움에 빠져 있었다. 그는 너무 오랫동안 그 생각만 해왔고, 끝끝내 그 일만을 꿈꾸었다. 말하자면 상상할 수조차 없이 강렬한 긴장으로 이를 악물고 기다렸던 것이다. 이제 그 반작용으로, 그는 너무 감은 시계의 태엽이 풀리듯 기세 좋은 상태였다.

잠시 후 그는 다시 정신을 차리고 양복과 드레싱 가운, 넥타이와 셔츠들이 꽉 들어차 있는 부피 큰 두 개의 옷장 문을 열어보았다.

"영국에 나한테 옷을 사 보내는 사람이 있습니다. 그는 봄가을로 계절이 바뀔 때마다 물건들을 골라서 이쪽으로 보내오지요."

그는 와이셔츠 더미 하나를 끄집어내서 하나씩 우리 앞에 던졌다. 엷은 리넨 셔츠, 두터운 실크와 고급 플란넬 셔츠들이 떨어질 때마다 개켜졌던 것이 풀리며 가지각색으로 테이블을 덮었다. 우리가 감탄하자 그는 더 가져왔고, 부드럽고 값비싼 셔츠 더미는 더욱더 높아졌다—줄무늬 셔츠, 소용돌이무늬와 산호 빛의 바둑판무늬, 능금빛과 보랏빛, 하늘색 글자무늬가 있는 엷은 오렌지색 등이었다. 갑자기 감정이 북받쳐 올랐는지 데이지는 셔츠들 속으로 머리를 파묻으면서 와락 울음을 터뜨렸다.

"정말 아름다운 셔츠들이에요."

그녀는 훌쩍거렸고, 음성은 겹겹이 쌓인 셔츠 더미 속에 묻혀버렸다.

"슬퍼져요, 나는 지금까지 한 번도 이렇게—이렇게 아름다운 셔츠를 본 일이 없으니까요."

*

집을 구경한 뒤, 우리는 운동장과 수영장 그리고 수상 비행기와 한여름을 수놓은 꽃들을 보기로 했다. —그런데 개츠비의 집 창 밖에 다시 비가 오기 시작했으므로 우리는 한 줄로 나란히 서서 사운드 해협의 물결치는 수면을 보고 있었다.

"안개가 끼지 않으면 만 건너 댁의 집을 볼 수 있습니다." 개츠비가 말했다.

"당신 집이 있는 부두 끝에는 항상 초록빛 불이 켜져 있더군요."

데이지는 느닷없이 개츠비의 팔에 그녀의 팔을 끼었으나, 그는 자기가 방금 한 말에 몰두해 있는 것 같았다. 아마도 그 불빛의 대단하고 멋진 의의가 바야흐로 영원히 사라졌다는 생각이 떠올랐는지 모른다. 그를 데이지로부터 갈라놓았던 그 머나먼 거리와 비교하면 그 불빛은 그녀를 만질 수 있을 만큼 아주 가까이에 있는 것처럼 보였다. 그 불빛은 달에 가장 가까운 별처럼 보였던 것이다. 그러나 이제 그것은 다시 부두에 있는 별다를 것 없는 초록 불빛으로 돌아왔다. 그의 마음을 사로잡았던 것이 또 하나 줄어든 것이었다.

나는 어스름 속에서 여러 가지 분명치 않은 물건들을 눈여겨보면서 방을 어슬렁거렸다. 요트복을 입은 나이 든 남자의 사진이 내 마음을 끌었는데, 그것은 그의 책상 위 벽에 걸려 있었다.

"이건 누굽니까?"

"그거요? 댄 코디 씨예요, 올드 스포트." 그 이름은 언젠가 들어본 이름 같았다.

"지금은 죽고 없습니다. 한때는 나의 가장 친한 친구였죠."

사무용 큰 책상 위에는 요트복 차림의 어린 개츠비 사진도 있었다—도전적으로 머리를 뒤로 젖히고 있었는데—열여덟 살 때쯤에 찍은 사진 같았다.

"어머, 멋져요!" 그녀가 소리쳤다.

"머리 좀 봐요! 당신이 머리를 완전히 뒤로 넘겼었다니, 전혀 몰랐어요. 요트에 관해서도요."

"이걸 봐요." 개츠비가 급히 말했다.

"스크랩한 게 여기 잔뜩 있어요—모두 당신에 관한 것들이죠."

그들은 나란히 서서 그것을 눈여겨보았다. 내가 루비들을 보여달라고 하려는데 전화벨이 울렸고, 개츠비가 수화기를 들었다.

"네…… 글쎄요, 지금 얘기할 수는 없어요…… 지금은 얘기하기 곤란해요, 올드 스포트…… '작은 마을'이라니까…… 작은 마을이 뭔지는 그도 알고 있을 거예요…… 글쎄, 디트로이트를 작은 마을이라고 생각한다면 그는 전혀 쓸모가 없다는 뜻이지 않소? ……"

그는 전화를 끊었다.

"이리 오세요, 빨리!" 데이지가 창가에서 소리쳤다.

비는 여전히 내리고 있었으나 어둠은 서쪽으로 몰려 있었고, 바다 위로는 거품 같은 구름의 핑크빛, 금빛 소용돌이가 파도처럼 퍼져 있었다.

"저것 좀 보세요."

그녀는 속삭였다.

"저 핑크빛 구름 하나를 가져다가 당신을 그 속에 넣어서 이리저리 밀어봤으면 좋겠어요."

나는 그만 가려고 했으나 그들은 좀처럼 들어주지 않았다—아마도 내가 있는 것이 오히려 그들에게 단둘이 있다는 느낌을 더욱 주는 모양이었다.

"좋은 생각이 있어요." 개츠비가 말했다.

"우리 클립스프링거에게 피아노를 치게 합시다." 그는 "어윙!" 소리쳐 부르며 방을 나갔고, 잠시 후 부끄러운 듯한 표정의 약간 지쳐 보이는 청년을 하나 데리고 들어왔다. 그는 조개껍질테 안경을 쓴 금발머리 청년이었다. 옷차림은 아까보다 훨씬 나아져 있었다. 그는 목 부분이 열린 '운동 셔츠'를 입고, 운동화를 신고, 흐릿한 빛깔의 면바지를 입고 있었다.

"우리가 당신의 운동을 방해한 건 아닌가요?" 데이지가 겸손하게 물었다.

"나는 자고 있어서요."

클립스프링거 씨가 당황했던지 큰 소리로 말했다.

"아니, 그게 아니라 아까까지 자고 '있었어요'. 그러다가 조금 전에 일어나서……"

"클립스프링거는 피아노를 잘 쳐요."

개츠비가 청년의 말을 잘라버리면서 말했다. "그렇잖아, 어윙, 올드 스포트?"

"그렇게 잘 치지 못해요. 못 쳐요—거의 못친다고 하는 게 맞아요. 연습도 전혀 하지 않아서—"

"아래층으로 가죠."

개츠비가 말을 가로챘다. 그는 스위치를 올렸다. 집 전체에 불이 켜지자 어두컴컴한 창들은 사라졌다. 음악실에서 개츠비는 피아노 옆의 작은 램프를 켰다. 그리고 떨리는 손으로 성냥불을 켜서 데이지의 담배에 불을 붙여주었다. 그리고 방 저쪽 멀리 떨어져 있는 긴 의자에 그녀와 함께 앉았는데, 거기에는 홀에서 비쳐드는 불빛이 번들거리는 바닥에 반사할 뿐 다른 불빛이라곤 없었다. 클립스프링거는 '사랑의 보금자리'를 치고 난 다음, 의자에 앉은 채 몸을 돌려 괴로워보이는 표정으로, 어두컴컴한 데 있는 개츠비를 찾았다.

"전혀 연습을 안 했어요, 아시다시피. 못 친다고 말씀드렸죠. 연습을 통하지 않아서—"

"말이 너무 많소, 올드 스포트."

개츠비는 명령했다.

"그냥 쳐요!"

아침에도
저녁에도
우리는 즐겁지 않은가—

밖에는 바람이 세게 불고 있었고, 사운드 해협을 따라 희미한 천둥소리가 들렸다. 그에 맞춰 웨스트 에그의 전등들이 차례차례 켜졌다. —사람들을 실은 전철이 뉴욕을 떠나 빗속을 뚫고 집으로 돌진하고 있었다. 인간의 깊은 변화가 일어나는 시간이었고, 세상에는 흥분이 고조되고 있었다.

무엇보다 분명한 사실 한 가지.
부자는 더 부자 되고, 가난한 자 아이들만 생기네.
그러는 사이
그러는 사이에—

내가 작별인사를 하러 개츠비에게 갔을 때, 나는 당황하는 표정이 다시 그의 얼굴에 떠올라 있는 걸 보았다—마치 그가 현재의 행복을 그대로 받아들여도 좋을지에 대해 얼마간 의심이 생긴 것 같았다. 거의 5년이라는 세월! 오늘 오후에만도 데이지가 그의 꿈을 쫓아오지 못한 상황이 몇 번이나 있었을지도 모른다—그녀의 잘못 때문이 아니라, 그의 환상의 거창한 활력 때문이다. 그 환상의 강력함은 그녀를 뛰어넘고, 모든 것을 뛰어넘었던 것이다. 그는 창조적인 정열로 자기 자신을 그것에 내던졌고, 끊임없이 그것을 불어 나게 했으며, 그의 가는 길 앞에 떠도는 모든 빛나는 것으로써 장식했던 것이다. 어떠한 불길이나 신선함도 한 인간이 가슴에 은밀히 간직한 것에는 도전할 수 없다.

가만히 그를 보니, 겉으로는 어느정도 자신을 되찾고 있었다. 그의 손은 그녀의 손을 잡고 있었는데, 그녀가 낮은 목소리로 뭔가 그의 귀에 속삭이자 와락 솟구치는 감정으로 그녀를 향해 몸을 돌렸다. 생각건대 무엇보다도 그를 사로잡은 것은 파동치고 열에 들뜬 그녀의 음성이었을 터이다. 왜냐하면 그 음성은 아무리 큰 환상으로도 뛰어넘을 수 없는 특별한 것—불멸의 노래였기 때문이다.

그들은 나를 잊고 있었지만, 그래도 데이지는 살짝 눈을 들며 그녀의 손을 빼냈다. 개츠비는 바야흐로 나를 전혀 모른다고 할 정도로 나는 안중에도 없었다. 나는 한 번 더 그들을 보았고, 그들은 긴장된 생명에 사로잡힌 채, 초점 없는 눈으로 이쪽을 보았다. 나는 그들을 남겨둔 채 방을 나와 대리석 계단을 내려가서 빗속으로 걸어나갔다.

6

그 무렵, 뉴욕의 한 의욕적인 청년 기자가 어느 날 아침 개츠비의 집 문 앞에 도착하여 혹시 할 말이 있느냐고 물었다.

"할 말이라니, 무엇에 관해서요?"

개츠비가 공손하게 물었다.

"글쎄요—발표하고 싶은 아무 얘기라도."

어리둥절한 5분이 지나서야, 그가 자기 사무실 주위에서 어떤 일과 연관시켜 개츠비의 이름을 들었다는 사실이 드러났다. 그 연고란 이 청년이 밝히기를 꺼리거나 혹은 충분히 알고 있지 못한 것이었다. 그날은 회사를 쉬는 날이었는데도 갸륵하게 자발적으로 '확인해보러' 부지런히 출동을 했다는 것이다.

무턱대고 한번 쏘아본 총알이 맞은 셈이긴 하나 그 기자의 육감은 옳았다. 개츠비의 악명은 그의 환대를 받았던, 그래서 그의 과거에 관해 권위자가 되어버린 수백 명 손님이 퍼트려 놓은 덕택에 여름 내내 높아지더니 마침내 그는 뉴스의 인물이 되기 직전의 상태까지 이르게 되었던 것이다. '캐나다로 연결된 지하 파이프라인' 따위의 당세적 전설이 그에게 붙어다녔고, 실은 그가 집에서 살고 있는 것이 아니라 집 같이 생긴 배에서 살고 있으며, 그 배는 롱아일랜드 해변을 비밀리에 오르락내리락하고 있다는 이야기가 끈질기게 나돌았다. 이런 황당무계한 이야기들이 도대체 어째서 노스다코타 주의 제임스 개츠에게는 만족의 근원이 되는 것인지는 쉽게 말할 수가 없다.

제임스 개츠—그것이 그의 진짜, 적어도 법적인 이름이었다. 그는 나이 열일곱 살 때, 그의 출세의 시점이 되었던 그 특정 시간에 이름을 바꿨던 것이다—즉 댄 코디의 요트가 슈페리어 호에서도 가장 고약한 지점에 닻을 내리는 것을 그가 보았을 때였다. 그날 오후 찢어진 녹색 저지 윗옷에 작업복 바지를 입고 호숫가를 어슬렁거린 것은 제임스 개츠였으나, 보트 하나를 빌려 투올로미 호로 저어나가 코디에게 여기서 정면으로 바람을 받으면 30분도 안 되서 요트가 두 동강이 날거라고 알려준 사람은 이미 제이 개츠비였던 것이다.

그때 그는 오랫동안 그 이름을 준비해놓고 있은 뒤가 아니었나 싶다. 그의 부모는 무능하고 가난한 농사꾼이었다. 그의 상상력은 결코 그들을 자기 부모로 받아들일 수가 없었다. 롱아일랜드 웨스트 에그의 제이 개츠비는 그 자신의 플라토닉한 상념에서 튀어나온 것이다. 그는 신의 아들이었다—관용적인 표현으로서가 아니라 문자 그대로의 의미로. 따라서 그는 그 아버지의 비즈니스를 돌보아야 했으며, 그 비즈니스란 방대하고 저속하고 허식적인 미에 봉사한다는 것이었다. 그리하여 그는 열일곱 살 소년이 창조해냄직한 바로 그런 종류의 제이 개츠비를 창조해냈고 이 상념에 끝까지 충실했다.

일 년 남짓이나 그는 슈페리어 호 남단 기슭을 따라 여행했는데, 조개잡이를 하거나 연어잡이 혹은 다른 어떤 일이라도 해서 숙식을 해결했다. 갈수록 탄탄해져 가는 그의 갈색 육체는 가혹하기는 하지만 반쯤 타성적인 노동을 아무렇지도 않게 해나갔다. 그는 여자를 일찍 알았다. 그리고 여자들이 그를 만족시키지 못했기 때문에 그들을 경멸하게 되었는데, 어린 처녀의 경우엔 그녀들이 세상 물정에 무지하다고 생각했기 때문이고, 다른 경우에는 그 자신이 압도적인 자기도취 속에서 당연한 것으로 생각하던 일들에 대해 시끄럽게 잔소리하기 때문이었다.

그러나 그의 가슴은 언제나 거친 동요 속에 있었다. 매우 그로테스크하고 허황된 망상이 밤의 잠자리에서 그를 괴롭혔다. 세면대 위에서 시계가 똑딱

거리고, 축축한 달빛이 마룻바닥에 헝클어진 그의 옷을 적시고 있을 때 이루 말할 수 없이 저속한 세계가 그의 머릿속에서 뭉게뭉게 피어오르는 것이었다. 매일 밤 그는 그의 환상의 무늬를 더 추가하곤 했으며, 그것은 졸음이 그 생생한 광경을 망각의 포옹으로 덮어씌울 때까지 질리지 않고 계속되었다. 한동안 이런 공상은 그의 상상력의 분출구를 제공했다. 그것들은 현실의 비현실성을 시사하는 흡족한 힌트였고, 현세의 돌이 요정의 날개에 안전하게 정착했다는 언약 같은 것이었다.

그 몇 달 전에는 그의 장래에 영광을 예견하는 육감이 그를 이끌어, 미네소타 주 남부에 있는 세인트 올라프의 루터란 칼리지라는 작은 대학까지 가게 했다. 그러나 결국 그는 그곳에서 2주간 재적했을 뿐이다. 그의 운명의 북소리와, 그리고 운명 자체에 관한 대학의 잔인한 무관심에 실망하고, 수업료 대신 맡아야 했던 문지기의 일도 참을 수 없었기 때문이다. 그래서 그는 다시 슈페리어 호로 돌아왔고, 댄 코디의 요트가 호숫가의 얕은 곳에 닻을 내렸던 그날도 그저 일거리를 찾고 있던 중이었다.

코디는 그때 쉰 살이었다. 네바다와 유콘 은광, 그 외의 1875년 이후에 붐을 일으킨 온갖 금속자원 채굴로 이름 높았던 남자다. 그를 백만장자로 만들었던 몬타나 동(銅)의 흥정이 있었을 때, 그는 육체적으로는 강건했으나 마음은 심히 약한 상태에 있었다. 그리고 이것을 눈치 챈 수많은 여자들이 그의 돈을 뜯어내려 애썼다. 그 중에서도 엘라 케이라는 여기자가 그의 약점을 이용하여, 루이14세를 지배했던 마담 드 멩트농처럼 그를 요트에 실어 바다로 보내버렸던, 별로 평판 좋지 못한 이야기는 1902년의 과장된 저널리즘의 공유 재산처럼 돼 있었다. 그가 리틀 걸 만에 제임스 개츠의 운명으로서 등장했을 당시 그는 이미 5년간이나 해변을 오락가락하며 환락에 취해 있었다.

노에 기대서 난간이 둘러쳐진 갑판을 올려다보고 있는 어린 개츠에게, 그 요트는 세상의 온갖 아름다움과 영광의 구현이었다. 아마도 그는 코디에게 미소를 보냈을 것이다—그 무렵이면 이미 자기 미소의 위력을 충분히 깨닫고 있었을 것이다. 아무튼 코디가 그에게 몇 가지 질문을 했고(그 중 하나가 그의 새로 만든 이름에 관한 것이다), 그가 영리하고 엄청난 야심가임을 알게 되었다. 며칠 후 그는 개츠비를 댈러스로 데리고 가 파란 윗옷 하나, 흰

면직으로 된 바지 여섯 벌, 그리고 요트 모자 하나를 사 입혔다. 투올로미호가 서인도 제도 및 바바리 코스트로 떠나게 되자 개츠비도 같이 떠났다.

그는 막연히 개인적인 자격으로 고용되었다—코디와 함께 있는 동안 그는 집사, 친구, 선장, 비서, 그리고 심지어는 간수 노릇까지도 번갈아 해주었던 것이다. 간수까지도 시킨 이유는 평소의 댄 코디는 자신이 술에 취했을 때 저지르고 다닐 터무니없는 짓을 잘 알고 있었기 때문으로, 개츠비에게 의지함으로써 그런 비상시를 대비하는 것이었다. 이런 협정은 5년이나 지속되었고 그동안 배는 대륙을 세 바퀴나 돌았다. 그 협정은 어느 날 밤, 보스턴에서 엘라 케이가 승선한 일주일 뒤 댄 코디가 야박하게 죽지만 않았던들 아마도 한없이 지속되었을 것이었다.

나는 개츠비의 침실에 있던 그의 초상화를 기억한다. 잿빛 머리의 혈색 좋은 남자로서 험상궂고 무표정한 얼굴이었다—개척시대의 매음굴과 싸구려 바를 싸돌던 야성적인 폭력을 그대로 에스턴 해안으로 가지고 돌아온 난봉쟁이 개척자였다. 개츠비가 술을 그렇게 조금밖에 하지 않았던 것은 간접적으로는 코디의 탓이기도 했다. 때때로 떠들썩한 파티 중에 여자들이 샴페인을 그의 머리에 부어 비벼대곤 했으나, 그 자신은 술을 거들떠보지 않는 습관을 들였다.

그리고 돈을 물려받은 것도 코디로부터였다—2만 5천 달러의 유산이었다. 그는 그것을 받지는 못했다. 그에게 이 유산이 돌아오지 못하도록 한 법적인 계책이 무엇이었는지 그는 끝내 알 수가 없었으나, 수백만 재산은 고스란히 엘라 케이에게로 넘어갔다. 그에게 남아 있는 것은 그 기이하지만 적절하게 요점을 갖춘 교육뿐이었다. 제이 개츠비의 막연한 윤곽이 내실이 있는 한 인간으로서 채워졌던 것이다.

*

그는 이 모든 이야기를 훨씬 뒤에 내게 들려주었으나, 생판 거짓투성이인 그의 내력에 관한 당초의 그 엉뚱한 소문을 가려보자는 생각에 여기서 이 이야기를 적어보았다. 또한 그가 겨우 사실을 밝혀주었을 때는, 그에 대하여 대체 누구의 이야기를 믿어야 할지 도저히 판단할 수 없을 정도로 머릿속이 혼란스럽던 상태였다. 그러므로 나는 이 짧은 휴식을 이용하여, 말하자면 개츠비가 한 숨 돌리고 있을 때에 그에 대한 많은 오해를 풀어두고자 한다.

그것은 또 내가 그의 일에서 멀어져 있었다는 의미에서도 하나의 정지였다. 여러 주일을 나는 그를 만나지도 못했고 전화로도 이야기를 해 보지 않은 채 지냈다—나는 주로 뉴욕에 있었는데, 조던과 함께 이리저리 다니며 그녀의 망령난 숙모에게 잘 보이려고 애쓰면서 지냈다—그러나 결국 어느 일요일 오후에 나는 작심하고 그의 집으로 건너갔다. 그 집에 간 지 2분도 지나지 않았을 때, 목이나 축이고 가자는 누군가에게 이끌려 톰 뷰캐넌이 모습을 나타냈다. 나는 당연히 깜짝 놀랐는데, 생각해보니 이런 일이 여태껏 일어나지 않았다는 사실이 더욱 놀라웠다.

그 세 일행은 승마를 하고 있었다—톰과 슬론이라는 이름의 남자와 갈색 승마복을 입은 예쁜 여자로, 그녀는 전에도 이 집에 온 적이 있었다.

"만나뵙게 되어 기쁩니다." 개츠비가 현관에 서서 말했다.

"이렇게 들러주셔서 기뻐요"

격식을 차려 정중하게 인사하는 모습이 왠지 모르게 안타까웠다.

"앉으세요. 담배나 궐련을 피우시죠."

그는 벨을 누르면서 재빨리 방 안을 왔다갔다했다.

"곧 마실 것을 준비시키겠습니다."

그는 톰이 그곳에 있다는 사실에 굉장히 동요하고 있었다. 그러나 아무튼 그들에게 무엇을 대접할 때까지는 불안했을 터인데, 그들이 이곳에 온 목적은 그것뿐임을 막연히 알아채고 있었기 때문이다. 슬론 씨는 아무것도 마시지 않겠다고 했다. 레모네이드라도? 고맙지만, 그만 두겠습니다. 샴페인이라도 좀? 아무것도 싫습니다. 고맙지만…… 미안합니다—

"승마는 좋았습니까?"

"이 주변은 길이 썩 좋아서요."

"아마도 자동차 때문에……"

"맞아요."

어떤 저항하기 어려운 충동에 휩쓸려 개츠비가 톰을 향해 몸을 돌렸다. 톰은 아까 처음 만나는 사람처럼 소개를 받았던 것이다.

"전에 어디서 만난 적이 있다고 생각하는데요, 뷰캐넌 씨."

"아, 네."

톰은 무뚝뚝하게 공손했으나 기억은 못 하는 것이 분명했다.

"그랬었죠. 잘 기억하고 있습니다."

"두 주일쯤 전입니다."

"맞아요. 여기 닉하고 같이 계셨죠?"

"선생의 부인과 전 아는 사입니다."

개츠비가 거의 도전적인 말투로 계속했다.

"그렇습니까?" 톰이 나를 바라보았다.

"자넨 이 근처에 사나, 닉?"

"바로 옆집이야."

"그렇군."

슬론은 대화에 끼지를 않고 의자에 깊숙이 파묻혀 초연하게 앉아 있기만 했고, 여자도 역시 아무 말도 하지 않고 있었다—그러다가 하이볼 두 잔을 해치우더니 예기치 않게 상냥해졌다.

"당신의 다음 파티에 우리 모두 함께 오겠어요, 개츠비 씨." 그녀가 제의했다.

"어때요?"

"물론 좋죠. 와주시면 즐겁겠습니다."

"그것 참 좋겠군요." 슬로언 씨가 고마운 기색도 없이 말했다.

"그럼—이제 슬슬 일어나봐야겠는데."

"벌써 가시려고요?" 개츠비가 붙들었다. 그는 이제 침착을 되찾았고 톰이라는 인간을 더 알고 싶었던 것이다.

"그러지 말고—그러지 말고 저녁을 드시고 가시죠. 혹시 뉴욕에서 다른 손님들이 올지도 모르는데."

"당신이 우리 집에 식사하러 오세요." 여인이 열을 올려 말했다.

"두 분 다 말이에요."

나까지 포함시킨 것이었다. 슬론이 일어섰다.

"자, 갑시다." 그가 말했으나—그녀에게만 하는 소리였다.

"정말이에요." 그녀가 우겼다.

"당신들이 오면 정말 좋겠어요. 자리도 넉넉한걸요."

개츠비가 의문스럽게 나를 쳐다보았다. 그는 너무 가고 싶은 나머지, 슬론 씨가 그가 오면 안 된다고 결정했음을 알아채지 못하고 있었다.

"저는 미안하지만 못 가겠는데요." 내가 말했다.

"그럼 당신만이라도 오세요."

개츠비에게 집중하면서 재촉했다. 슬론 씨가 그녀의 귀에다가 뭐라고 중얼거렸다.

"지금 가면 늦지 않을 거예요."

그녀는 소리를 내서 우겨댔다.

"제게는 말이 없어요." 개츠비가 말했다.

"군대에서는 말을 탔지만 말을 사본 일은 없어요. 차를 타고 따라가야겠군요. 잠깐만 기다려주세요."

남겨진 우리들은 현관을 걸어나왔는데, 슬론 씨와 여자가 조금 떨어진 곳에서 자기들끼리 감정에 격한 대화를 시작했다.

"맙소사, 이 사람이 정말 오려는가봐." 톰이 말했다.

"단지 예의상 권했을 뿐이라는 것도 모르나?"

"그녀는 진짜 와주길 바라는 것 같던걸."

"그녀는 만찬회를 크게 벌일 건데, 그는 가봤자 아는 사람도 없을걸." 그는 상을 찌푸렸다.

"도대체 어디서 데이지를 만났단 말일까? 제길, 내가 생각이 고루한 건지 모르겠지만, 내가 보기에는 요즘 여자들은 너무 싸돌아다닌단 말이야. 별별 미치광이를 다 만나고 야단이야."

갑자기 슬론 씨와 여자가 층계를 내려오더니 말에 올라탔다.

"자, 가지." 슬론 씨가 톰에게 말했다.

"늦었어, 서두르세."

그러고는 나에게 말했다. "그 사람에게 기다릴 수가 없었다고 말해주시오." 톰과 나는 악수를 했고 다른 사람들과는 담담하게 고개만 숙여 인사를 나누었다. 그들이 차도를 급히 달려내려가 8월의 나뭇잎 사이로 사라지자, 개츠비가 모자와 얇은 오버코트를 손에 들고 현관문에서 나왔다.

톰은 데이지가 혼자서 돌아다니는 것 때문에 심란해졌음이 분명했다. 그다음 토요일 밤에 그가 그녀와 함께 개츠비의 파티에 온 것을 보면 알 수 있다. 아마도 그가 그곳에 있었다는 것이 그날 저녁을 유별나게 숨막히게 했는지, 그 파티는 그해 여름 개츠비의 다른 파티 중에서도 가장 뚜렷하게 내 기억에 자리잡고 있다. 같은 사람들, 혹은 적어도 같은 종류의 사람들이 있었고, 똑같이 풍부한 샴페인이 있었으며, 똑같이 다양한, 온갖 종류의 소동이 벌어졌다. 그러나 이 공기 가운데 어떤 불쾌함, 전에는 없던 어떤 가시 돋친 어색함이 스며 퍼지고 있는 것 같이 느껴졌다.

아니, 어쩌면 내가 단지 그것에 익숙해져버린 것인지도 모르겠다. 웨스트 에그를 그 자체로서 완전한 하나의 세계로, 그 자체의 표준과 그 자체의 위인들을 가진, 그리고 무의식중에 그러하기 때문에 다른 어떤 것과도 견줄 수 없는 완전한 것으로 받아들이게 되었는지도 모르겠다는 말이다. 그런데 지금 나는 그것을 데이지의 눈을 통해 다시 바라보고 있다. 사람이 자기 자신의 적응 능력을 다 소비해버린 어떤 사물에 대한 관찰을 새로운 안목을 통해 한다는 것은 언제나 서글픈 법이다.

그들은 황혼 무렵에 왔다. 그리고 우리가 번쩍거리는 수백 명의 사람들 사이를 걸어다니는 동안 데이지의 목소리는 목구멍 속에서 소곤소곤 요술을 피우고 있었다.

"이런 것들에 나는 너무너무 흥분을 잘해요." 그녀가 속삭였다.

"오늘 밤 아무 때라도 나에게 키스하고 싶으면, 닉, 나한테 알려만 줘요. 그럼 난 기꺼이 응해드리겠어요. 이름만 입에 담으면 돼요. 아니면 녹색 카드를 보이든지요. 녹색이 내 빛깔―"

"둘러보세요." 개츠비가 권했다.

"둘러보는 중이에요. 정말 너무 근사해요."

"이름을 많이 들어본 사람들을 쉽게 찾으실 수 있을 겁니다."

톰의 불손한 눈길이 사람들을 훑었다.

"우린 잘 돌아다니지 않거든요." 그가 말했다.

"사실 나는 지금 여기 있는 사람들을 한 명도 모르겠다고 생각하고 있던 참이었죠."

"아마 저 여성이라면 아시겠죠?"

개츠비는 흰 자두나무 밑에 위풍당당하게 앉아 있는, 너무 화려하여 사람인가 아닌가 할 정도의 꽃 같은 여인을 가리켰다. 톰과 데이지는 가만히 넋을 잃고 바라보았다. 그 여성이 이제껏 일종의 가공의 인물에 지나지 않던 유명한 영화배우임을 깨닫고, 현실이 어긋나버린 것 같은 이상한 감각에 사로잡혔다.

"너무 아름다워요." 데이지가 말했다.

"그 여자에게 몸을 구부리고 있는 사람이 그녀의 감독이랍니다."

그는 떼 지어 서 있는 사람들 사이로 일일이 돌아다니며 그들을 예의바르게 이끌었다.

"이쪽은 뷰캐넌 부인…… 그리고 뷰캐넌 씨―"

잠깐 주저한 끝에 그는 덧붙였다.

"폴로 선수십니다."

"아, 아닙니다." 톰이 급히 항의했다.

"아니에요."

그러나 그 소리가 개츠비에게는 유쾌했음에 틀림없었다. 덕분에 그날 밤 내내 톰은 '폴로 선수'로 머물렀기 때문이다.

"명사를 이렇게 많이 만나보기는 처음이에요." 데이지가 소리쳤다.

"난 저 남자가 좋아졌어요―이름이 뭐라고 했죠? ―좀 파란 코를 한 저 남자."

개츠비가 그의 이름을 대주고 나서 대단찮은 제작자라고 덧붙였다.

"글쎄, 아무튼 그 남자가 좋았어요."

"나는 폴로 선수가 아니었다면 더 좋았을 뻔했어." 톰이 꼭 그렇지도 않은 듯이 말했다.

"가능하면 이들 유명한 사람들을 그 뭐랄까, 망각의 구렁에 놓인 인간으로서 보고 싶었거든요."

데이지와 개츠비는 춤을 추었다. 그의 우아하고 고풍스러운 폭스트롯에 놀랐던 것을 기억한다―그전에는 한 번도 춤추는 것을 본 적이 없었다. 그러고는 그들은 우리 집으로 슬슬 걸어내려가더니 층계에 한 30분 앉아 있었고, 그동안 나는 그녀의 요구에 따라 정원에서 망을 보아주었다.

"불이 나거나 홍수가 나거나, 혹은 무슨 신의 조화가 있을 경우에 대비해서 말이에요." 그녀가 설명했다.

우리가 저녁식사를 하려고 함께 식탁에 앉으려 하는데 톰이 그 망각의 구렁에서 모습을 나타냈다.

"저기 있는 사람들과 함께 식사해도 상관없지?" 그가 말했다.

"어떤 치가 우스운 얘기를 하기 시작했거든."

"염려 말고 그러세요." 데이지가 상냥하게 대답했다.

"그리고 주소를 적고 싶으면 여기 내 조그만 황금연필이 있으니 쓰세요."

……그녀는 잠시 후 둘러보더니 나에게, 그 여자가 '우아하진 않지만 예쁘다.'고 말해주었다. 나는 그녀가 개츠비와 단둘이 있던 반 시간을 빼놓고는 별로 재미있어하지 않음을 알았다.

우리는 유별나게도 곤드레가 된 식탁에 앉았다. 내 잘못이었다—개츠비가 전화를 받으러 가는 바람에 나는 겨우 두 주일 전에 동석했던 사람들 틈에 끼기로 했다. 그러나 그때 나를 유쾌하게 했던 것이 지금은 변하여 공기 속에 부패되어 있었다.

"기분이 어때요, 베데커 양?"

이름이 불린 여자는 내 어깨에 몸을 기대려고 애를 쓰고 있었으나 뜻대로 되지가 않은 모양이었다. 그래도 이 물음에 그녀는 똑바로 앉더니 눈을 떴다.

"뭐라고요?"

거대하고 움직임이 둔한 여자 하나가 데이지에게 내일 이곳 클럽에서 골프를 같이 치자고 조르고 있다가 베데커의 역성을 들고 나섰다.

"오, 그녀는 괜찮아요. 칵테일 대여섯 잔만 하고 나면 항상 저렇게 소리를 지른다니까요. 나는 너무 많이 마시지 말라고 타이르죠."

"마시지 않았어." 피고가 얼빠진 목소리로 단언했다.

"우린 당신이 소리지르는 걸 듣고 여기 이 시버트 선생님께 말했지. '의사 선생님, 선생님의 도움이 필요한 사람 하나가 저기 있군요' 라고."

"그녀가 신세를 단단히 진 것만은 분명해요."

다른 친구 하나가 딱히 고맙지도 않다는 투로 말했다.

"그렇지만 당신은 그녀의 머리를 풀에 처박는다고 하면서 그만 그녀의 옷을 흠뻑 적셔버렸단 말이에요."

"내가 제일 싫어하는 것이 있다면 그건 내 머리를 풀 속에 처박는 것이에요." 베데커가 웅얼거렸다.

"한번은 뉴저지에서 하마터면 물에 빠져 죽을 뻔했다니까요."

"그럼 술을 입에 대지 말아야겠군요." 의사 시버트 선생이 대꾸했다.

"남의 얘기 말아요!" 베데커가 격렬하게 외쳤다.

"당신 손도 부들부들 떨리고 있잖아요. 당신이 날 수술하게 내버려두지도 않을 거란 말이에요."

이런 꼴이었다. 내가 기억하는 일 가운데 거의 마지막 장면은 데이지와 함께 자리에서 일어나 영화감독과 그의 스타를 보러갔던 일이었다. 그들은 아직도 흰 자두나무 밑에 있었는데, 그들의 얼굴은 창백하고 가느다란 달빛 한 가닥을 사이에 두고 닿을락말락하고 있었다. 그가 이렇게 접근하기 위하여 저녁 내내 천천히 그녀에게 몸을 굽히고 있었다는 생각이 문득 떠올랐다. 그리고 그렇게 바라보고 있는 동안에조차도 나는 그가 마지막 한 각도를 마저 구부리고 그녀의 볼에 키스하는 것을 보았다.

"저 여자가 좋아요." 데이지가 말했다.

"난 그녀가 예쁘다고 생각해요."

그러나 나머지는 그녀를 불쾌하게 했다—그것은 논증할 길이 없는데, 하나의 제스처가 아니라 감정이기 때문이다. 그녀는 웨스트 에그에 간담이 서늘해지도록 압도당해버렸던 것이다—브로드웨이가 롱아일랜드 한 어촌에 낳은 이 전례 없는 고장에 질렸던 것이다—구식 완곡어법의 그 미숙한 생동력에, 그리고 그 주민을 무(無)에서 무로 가는 지름길로 내모는 섬뜩할 만큼의 숙명적인 힘에 놀라고 말았던 것이다. 그녀는 자기가 알지 못할 그 단순성 속에서 무언가 괴이한 것을 보았던 것이다.

나는 두 사람이 차를 기다리는 동안 그들과 함께 정문 층계에 앉아 있었다. 건물 정면은 어두웠다. 밝은 문이 부드럽고 검은 아침 속으로 10평방 피트의 빛을 쏘아내고 있을 뿐이었다. 때때로 위쪽의 화장실 창문의 차양에서 그림자가 움직이고, 다른 그림자에게 자리를 비켜준다. 그림자의 무한한 진행, 보이지 않는 거울 속에서 루즈를 바르고 분첩을 두드린다.

"이 개츠비라는 자는 도대체 누구야?" 톰이 갑자기 물었다.

"무슨 큰 밀수업자인가?"

"누가 그러든가?" 내가 물었다.

"누가 그런 게 아니야. 그렇게 상상해본 거지. 이런 벼락부자의 대부분이 큰 밀수업자라고."

"개츠비는 아니야." 나는 잘라 말했다.

그는 잠시 잠잠했다. 차도의 자갈이 그의 발밑에서 서벅서벅 소리를 냈다.

"아무튼 이렇게 커다란 서커스를 여느라 무리를 했음에는 틀림없을 걸."

산들바람이 불어 데이지의 모피깃털의 회색 안개를 휘저었다.

"적어도 그 사람들은 우리가 아는 사람들보다는 재미있는 걸요." 그녀는 애써 이렇게 말했다.

"그리 재미있어하는 것 같아 보이지 않던데."

"그렇지 않아요."

톰은 껄껄 웃고 나를 향했다.

"그 여자가 데이지 보고 찬 샤워를 시켜달라고 부탁했을 때 데이지의 얼굴을 봤어?"

데이지는 음악에 맞추어 허스키하고 리드미컬한 속삭임으로 노래를 시작했다. 단어 하나하나에 이전에도, 또 앞으로도 결코 갖지 못할 어떤 의미를 부여하면서 노래를 하는 것이었다. 멜로디가 높아지면 그녀의 목소리도 따라 올라가며 콘트랄토 음성이 찢어지는 식으로 달콤하게 찢어졌고, 멜로디가 바뀔 때마다 그녀의 따뜻한 인간적인 마력이 조금씩 대기 속으로 비집고 나오는 것 같았다.

"초대받지 않은 사람도 많이 와요." 그녀가 갑자기 말했다.

"그 여자도 초대받지 않았어요. 다들 멋대로 찾아오지만 그이는 너무 순해서 막지를 못하는 거예요."

"난 그 남자가 누군지, 무얼 하는지 알고 싶어." 톰이 우겼다.

"그리고 그걸 기어코 알아내고야 말 테야."

"지금 당장 말해줄 수 있어요." 그녀가 대답했다.

"그는 드럭 스토어를 가지고 있었어요. 아주 여러 개의 드럭 스토어를 말이에요. 그는 그걸 자수성가해서 이루어놓았다는 거예요."

느릿한 리무진이 차도로 굴러 올라왔다.

"잘 자요, 닉." 데이지가 말했다.

그녀의 눈길이 나를 떠나 층계 위 불빛 밝은 꼭대기로 옮겨갔다. 그곳에서는 그해의 조촐하고 구슬픈 소곡 왈츠였던 '새벽 세 시'가 열린 문으로 흘러 나오고 있었다. 결국 개츠비 파티 특유의 그 무심함 속에야말로 그녀의 세계 속에는 완전히 결핍된 낭만적 가능성이 있었던 것이다. 그녀를 다시 안으로 불러들이는 듯한 저 위 저 노래 속에는 무엇이 있었을까? 이제 저 어슴프레하고 헤아리기 어려운 시간 속에 무슨 일이 일어날까? 어쩌면 어떤 믿기 어려운 손님이 도착하겠지. 한없이 귀하고 경탄의 대상이 될 어떤 사람 아니면 진짜로 눈부시도록 아름다운 젊은 여성, 개츠비에게 우아한 눈길을 던지며 한 순간의 마법같은 만남으로 그 5년간의 흔들림 없는 헌신을 없애버릴 여성이 나타날까.

나는 그날 밤 늦게까지 머물렀다. 개츠비는 자기가 자유로워질 때까지 기다려달라고 부탁했으므로, 나는 피하기 어려운 수영 파티가 냉기가 돌고 기진해져서 검은 해변으로부터 물러나올 때까지, 머리 위의 객실에서 불빛이 꺼질 때까지 정원을 배회하고 있었다. 마침내 그가 층계를 내려왔을 때에 그의 잘 그을린 얼굴이 유난히 딱딱하게 굳어 있었다. 그의 두 눈은 빛나고 있었지만, 지친 기색이 역력했다.

"그녀는 기분이 좋지 않았어요." 그가 즉시 말했다.

"천만에, 좋았어요."

"기분이 좋지 않았다니까요." 그는 우겼다.

"즐겁게 놀지 못했어요."

그는 잠잠했고, 나는 그의 말할 수 없는 절망을 알아챘다.

"그녀에게서 멀리 떨어져 있는 것 같은 느낌이에요." 그가 말했다.

"그녀를 이해시키기가 힘들어요."

"파티에 관해서 말인가요?"

"파티라고요?"

그는 손가락을 한 번 튕겨 자기가 연 그 많은 무도회를 모두 일소에 붙이는 것이었다.

"올드 스포트, 파티는 중요한 게 아니에요."

그는 데이지에게 아무것도 바라지 않았고, 다만 그녀가 톰에게 가서 "당신을 사랑한 일이라곤 없었어요"라고 말해주기만을 바랐다. 그녀가 그 한 마디로써 4년의 결혼 생활을 인멸시켜버린 뒤에야 그들은 좀더 실제적인 일들을 어떻게 할지 결정할 수가 있는 것이었다. 그 중에 한 가지는 그녀가 자유의 몸이 된 다음, 루이스빌로 되돌아가 그녀의 집에서 결혼식을 하는 것이었다—꼭 5년 전으로 되돌아간 것처럼.

"그런데 그녀는 이해해주질 않아요." 그는 절망 속에서 말했다.

"전에는 분명히 알고 있었어요. 우리는 몇 시간이고 앉아서—"

그는 말을 뚝 끊고, 과일 껍질과 버려진 종이 모자와 짓밟힌 꽃들이 흩어져 있는 오솔길을 오르내렸다.

"나 같으면 그녀에게 너무 큰 기대는 안 걸겠어요." 내가 말해보았다.

"과거를 되풀이할 수도 없는 법이죠."

"과거를 되풀이 못해요?" 그는 믿지 못하겠다는 듯 외쳤다.

"그야 할 수 있지, 왜 없어요.!"

그는 미친 듯이 두리번거렸다. 마치 과거가 여기 이 그의 집 그림자 속에, 그의 손이 닿는 거리에 숨어 있기나 한 것처럼.

"난 모든 것을 예전과 똑같이 돌려놓겠어요." 그는 단호하게 고개를 끄덕이며 말했다.

"그녀도 알게 될 걸요."

그는 과거 이야기를 많이 했고 나는 그가 무엇인가를, 아마도 그라는 인간의 이념을 회복하고 싶어한다는 생각이 들었다. 그는 데이지와 사랑에 빠짐으로서 그 이념을 잃고 말았다. 그 뒤로 그의 생활은 혼란과 무질서 속에 빠져 있었으나, 어느 적당한 출발점으로 되돌아가서 천천히 다시 시작한다면 그것이 무엇이었는지 찾아낼 수가 있을 터이다……

……5년 전, 어느 가을 밤, 그들은 나뭇잎이 떨어지는 거리를 함께 걷고 있었다. 한 곳에 다다르니 나무가 하나도 없고 보도가 달빛으로 하얬다. 그들은 멈춰 서서 서로를 바라보았다. 일 년에 두 번 환절기마다 오는 그 신비로운 흥분을 담은 그런 상쾌한 밤이었다. 집들의 고요한 불빛이 어둠 속으로 울려 퍼지고 별들이 움직거리며 버스럭거리는 소리가 들린다. 개츠비는 그의 눈가로 비쳐드는 시야 속에 보도블럭이 정말 사다리처럼 되어 나무들 저 위의 신비한 곳으로 걸쳐져 올라가는 것을 보았다—혼자 올라간다면 그것을 타고 올라갈 수 있었을 테고, 그곳에 가기만 하면 생명의 젖꼭지를 빨며 그 견줄 수 없는 경이의 젖을 꿀꺽꿀꺽 들이킬 수 있었을 것이다.

그의 심장은 점점 더 빨리 뛰었고, 데이지의 하얀 얼굴이 그의 얼굴에 다가왔다. 그는 이 여자에게 키스하여 그의 형언할 수 없는 환상을 그녀의 유한한 숨결과 영원히 합친다면 그의 정신이 다시는 신의 정신처럼 경쾌하게 뛰어오르지 못하리라는 것을 알고 있었다. 그리하여 그는 별을 두들긴 소리 굽쇠 소리에 한 순간 더 귀를 기울이며 기다렸다. 그러고 나서 그녀에게 키스했다. 그의 입술이 닿는 순간, 그녀는 한 송이 꽃처럼 그에게로 활짝 피었고 신의 인간화가 완성되었다.

그의 이야기에 귀를 기울이는 동안, 그의 지나친 감상에 질려하면서도 나는 계속 무엇인가를 떠올리려 했다. ―잘 잡히지 않는 어느 리듬, 잃어버린 말들의 한 조각, 나는 오래 전에 어디선가 그것을 들은 적이 있었다. 일순 나의 입 속에서 한 마디 말이 형성되려 애를 쓰면서 내 입술이 바보처럼 벌어졌다. 마치 놀란 바람 한 줄기뿐만 아니라 조금은 더 세찬 안간힘이라도 있었다는 듯이. 그러나 내 입술은 아무 소리도 내지를 못했고, 내가 기억해낼 뻔했던 것들은 영원히 전달할 수 없는 것이 되어버렸다.

7

어느 토요일 밤 개츠비의 집에 불이 켜 있지 않았는데, 그즈음은 그에 관한 주위의 호기심이 최고조에 달해 있을 때였다―트리말치오(^{고대로마 작가 페트로니우스의 작품에 나오는 명랑하고 순진하며 손님 대접을 잘 하는 벼락부자})로서의 경력은 그 시초와 마찬가지로 슬그머니 끝나버렸던 것이다. 기대에 가득 차서 그의 집 차도로 진입한 자동차들이 잠깐 머물렀다가는 마지못한 듯 떠나가버리는 것을 꽤 오래 걸려서야 알아차렸다. 그가 병이라도 났는가 해서 나는 건너가보았다―험상궂은 얼굴을 한 낯선 집사가 문간에서 미심쩍은 듯 빠끔히 내다보았다.

"개츠비 씨가 편찮으신가요?"

"아닙니다."

그는 잠시 사이를 두고 느릿하게 마지못해 그런다는 투로 '선생님'을 덧붙였다.

"요새 뵙지를 못해서 솔직히 말해 좀 걱정을 했거든요. 캐러웨이란 사람이 찾아왔다고 전해주시오."

"누구요?" 그는 버릇없이 따져 물었다.

"캐러웨이."

"캐러웨이. 알았소. 그렇게 전하죠."

느닷없이 그는 문을 쾅 닫아버렸다.

우리 집 핀란드인 가정부 말로는, 개츠비가 일주일 전에 하인을 모두 해고해버렸으며 그 자리에 대여섯 명의 다른 하인들을 고용했고, 그들은 웨스트에그 읍의 상인들에게 매수당하는 일이 없으며, 전화로 절도 있게 식품 주문을 할 뿐이라는 것이다. 식료품 배달 소년은 부엌이 돼지 우리 같더라고 보고를 했고, 마을의 공론은 새 고용인들은 도대체 하인도 아니라는 것이었다.

다음 날 개츠비가 전화를 걸어왔다.

"떠나려고 하십니까?" 내가 물었다.

"아니오."

"하인을 모두 쫓아냈다면서요."

"입이 가볍지 않은 사람이 있어야 했습니다. 데이지가 꽤 자주 놀러 오거든요—오후가 되면."

즉 그녀의 불만스런 눈빛 하나에 그만 그 호화찬란한 호텔 전체가 카드로 만든 집처럼 폭싹 내려앉고 말았다는 이야기다.

"울프심이 어떻게 좀 도와주려고 벼르던 사람들입니다. 전부 한 형제자매예요. 자기네들끼리 조그만 호텔을 경영하던 사람들이지요."

"아, 그래요."

그는 데이지의 요청으로 전화를 걸어온 것이었다—내일 그녀의 집에 점심을 하러 오지 않겠느냐는 것이었다. 베이커 양도 올 예정이었다. 반 시간쯤 뒤에 데이지가 전화를 걸었고, 내가 갈 작정인 것을 알자 안심하는 눈치였다. 그러므로 무슨 일이 벌어질 것 같은 낌새는 있었다. 그러나 그들이 설마 하니 그 자리를 골라 소동을 벌이리라고는 생각도 못했다—그것도 개츠비가 정원에서 대충 이야기해주었던 그 조금은 애처로운 청사진을 실제로 꺼낼 줄이야.

다음 날은 푹푹 쪘다. 그 여름의 거의 막바지인, 틀림없이 가장 심한 더위였다. 내가 탄 기차가 터널을 빠져 햇볕으로 나왔을 때는 내셔널 비스킷 회사의 뜨거운 호각소리만이 지글지글 끓는 한낮의 정적을 깨뜨리고 있었다. 차 안의 왕골 시트가 곧 불이 붙을 지경으로 뜨겁게 버스럭거렸다. 내 옆에 앉은 여자는 처음에는 흰 셔츠 블라우스를 입고 우아하게 땀을 흘리고 있었고, 들고 있는 신문이 손가락 사이에서 축축해질 무렵에는 처절하게 외마디 소리를 지르면서 깊은 작열 속으로 주저앉아버렸다. 그녀의 돈지갑이 바닥에 툭 떨어졌다.

"어머나!" 그녀는 숨을 헐떡거렸다.

나는 느릿느릿하게 허리를 굽혀 그것을 집어서는 그녀에게 돌려주었다. 그 논지갑을 어쩔 생각이 추호도 없음을 나타내기 위해 팔을 쭉 뻗친 거리에서, 그것도 모서리의 맨 끝 부분을 쥔 채로 주었지만―근방에 있던 사람들이, 그 여자를 포함해서 나를 의심하기는 매한가지였다.

"더워요!" 차장이 낯익은 승객들을 향해 말했다.

"이상한 날씨야! …… 더워! …… 더워…… 더워…… 선생님은 덥지 않으세요! 덥죠? 더워……"

내 정기 승차권이 그의 손에서 거뭇한 때를 묻혀갖고 내게로 돌아왔다. 이 더위에 누구의 빨간 입술에 키스했다든가, 가슴 위에 누군가가 머리를 얹어서 그 파자마의 가슴주머니를 땀으로 적셨다든가 등의 일로 울고 웃는 사람들의 신경을 알 수 없다!

…… 우리가 문에서 기다리고 있자니까 뷰캐넌 가의 미풍이 한 줄기 불어와 개츠비와 내게로 전화벨 소리를 실어다주었다.

"주인 어른의 시체라고요?" 집사가 수화기에 대고 고함을 쳤다.

"미안합니다만, 부인, 염(殮) 해드릴 수가 없겠는데요. 이 한낮에는 너무 더워서 만질 수가 없어요."

그러나 그것은 어디까지나 나의 망상으로, 실제로 그가 한 말은 "네…… 네…… 알아보겠습니다"였다.

그는 수화기를 놓고 조금 번질거리는 얼굴로 우리에게 다가와 우리의 딱딱한 밀짚모자를 받아들었다. 부인께서 살롱에서 기다리고 계십니다―그는 그럴 필요도 없는데 그쪽을 가리키면서 외쳤다. 이 무더위에는 불필요한 몸짓 하나하나가 모두 활력에 대한 모독같이만 느껴졌다.

차일로 잘 그늘이 진 방은 컴컴하고 시원했다. 데이지와 조던은 윙윙대는 선풍기 바람에 날리는 하얀 옷자락을 누르며 은으로 된 우상처럼 거대한 긴 의자에 누워 있었다.

"움직이질 못하겠어요."

그들이 이구동성으로 말했다. 조던의 그을린 살갗 위에 하얗게 분을 바른 손가락이 잠깐 내 손 안에 쥐어졌다.

"운동 선수, 톰 뷰캐넌 씨는?" 내가 물었다.

그와 동시에 홀에서 전화하는 그의 목소리가 들려왔다. 퉁명스럽고 웅얼웅얼하며 쉰 목소리였다.

개츠비는 빨간 융단 한가운데 서서 황홀한 눈으로 주위를 살펴보고 있었다. 데이지는 그를 쳐다보며 그녀의 그 감미롭고도 가슴 설레는 웃음을 선사했다. 그녀의 젖가슴에서 분가루가 한 움큼 피어올랐다.

"소문으로는" 조던이 소곤거렸다.

"전화 걸고 있는 인물이 톰의 애인이래요."

우리는 말이 없었다. 홀의 목소리가 화를 내며 높아졌다.

"좋아, 그러면 당신에겐 더 이상 차를 팔지 않겠어…… 나한테는 아무런 의무도 없단 말이오…… 그리고 점심시간에 그걸 갖고 날 성가시게 구는 당신의 처사에 대해서는 도저히 못 참겠어!"

"이미 통화는 끝났을거야." 데이지가 빈정댔다.

"아니, 그렇지 않아요." 나는 그녀에게 다짐했다.

"저건 진짜 흥정이에요. 우연이지만 그 일에 대해선 나도 알고 있어요."

톰이 문을 벌컥 열고 그 공간을 자기의 다부진 몸으로 잠깐 가리고 나서 급히 방으로 들어왔다.

"개츠비 씨로군요!"

그는 혐오감을 썩 잘 감추고 그 넓고 편편한 손을 내밀었다.

"잘 오셨습니다. 선생님…… 닉……"

"차가운 음료 좀 만들어줘요." 데이지가 소리쳤다.

그가 방을 나가자 그녀는 일어서서 개츠비 곁으로 가더니 그의 얼굴을 끌어내리고 입에다가 키스를 했다.

"내가 당신을 사랑한다는 걸 아시죠?" 그녀가 낮은 목소리로 속삭였다.

"이 자리에 숙녀가 한 사람 있다는 걸 잊지 말아줘." 조던이 말했다.

데이지는 대체 어디 있냐는 얼굴로 주위를 둘러보았다.

"너도 닉에게 키스하렴."

"이런 점잖지 못한 망측한 애 같으니라고!"

"알게 뭐람!"

데이지가 소리치고는 벽난로 앞의 벽돌 바닥에서 탭댄스를 추기 시작했다. 그러자 곧 덥다는 생각이 들어 긴 의자에 겸연쩍게 앉았는데, 바로 그때 새로 빨아 입은 옷차림의 보모가 조그만 계집애를 방으로 데리고 들어왔다.

"성스러운 보물!" 그녀는 두 팔을 내밀며 나직이 소곤댔다.

"너를 사랑하는 엄마에게로 오렴."

보모에게서 놓여난 아이가 달려가 자기 어머니의 드레스에 수줍게 착 달라붙었다.

"성스러운 보물! 엄마가 네 요 노란 머리에 분가루를 묻히지나 않았니? 이제 일어나 봐, 그리고—안녕하세요, 인사해야지."

개츠비와 내가 차례로 몸을 굽혀 그 작은, 마지못해 내민 손을 잡았다. 그러고 나서 그는 놀라운 듯 아이를 지켜보고 있었다. 이전에는 아이의 존재가 현실적으로 와 닿지 않았던 모양이다.

"점심시간 전인데 나들이옷으로 갈아입었어요." 아이는 데이지에게 몸을 돌리며 말했다.

"그건 엄마가 널 모두에게 자랑하고 싶었기 때문이란다."

데이지는 어린애의 작고 하얀 목의 하나밖에 없는 주름에 입술을 댔다.

"요 꿈 같은 것, 요 조그만, 정말이지 꿈 같은 것."

"네." 아이는 조용히 인정했다.

"조던 아줌마도 흰 옷을 입으셨네요."

"엄마 친구분들이 좋으니?" 데이지가 아이를 돌려세워 개츠비와 마주보도록 했다.

"근사한 분들이지?"

"아빠는 어디 계세요?"

"얜 아빠를 닮지 않았어요." 데이지가 설명했다.

"절 쏙 빼닮았어요. 제 머리하고 얼굴 모양을 물려받았거든요."

데이지는 긴 의자에 다시 기대앉았다. 보모가 한 발 나서더니 손을 내밀었다.

"이리 온, 패미."

"안녕, 귀여운 것!"

아쉬운 듯 힐끗 돌아보고 나서 잘 버릇 들여진 그 아이는 보모의 손을 잡고 밖으로 나갔고, 바로 그때 톰이 얼음으로 가득 차 찰랑거리는 네 잔의 진리키 (진과 탄산수에 라임 즙을 넣은 음료)를 받쳐들고 들어왔다. 개츠비가 자기 잔을 집어들었다.

"정말 시원해 보이는데요." 그는 눈에 띄게 긴장한 채 말했다.

우리는 욕심 사납게 주욱 들이켰다.

"태양이 해마다 더 뜨거워진다고 어디선가 읽은 일이 있어요." 톰이 상냥하게 말했다.

"좀 있으면 지구가 태양 속으로 빨려들어갈 모양이에요—아니, 가만 있자—그와 정반대지—태양이 매년 식어가고 있대요."

"밖으로 나갑시다." 톰은 개츠비에게 제안했다.

"우리 집을 한번 구경시켜 드리죠."

나는 그들과 함께 베란다로 나갔다. 더위 속에 가만히 괴어 있는 사운드 해협에 작은 돛단배 한 척이 좀더 선선한 바다 쪽으로 꾸물꾸물 기어나가고 있었다. 개츠비의 눈이 한 순간 그 배를 쫓더니 한 손을 들어 해협 건너편을 가리켰다.

"저는 댁의 바로 건너편에 살고 있습니다."

"그렇군요."

우리는 눈을 들어 장미꽃밭을 넘어 뜨거운 잔디밭과 해변을 둘러싼 삼복 속의 잡초더미를 건너다보았다. 그 배의 하얀 돛이 파랗고 서늘한 하늘의 경계선을 업고 움직이고 있었다. 앞에는 부채처럼 펼쳐진 대양과 수많은 복 받은 섬들이 가로놓여 있었다.

"기분 좋아 보이네요." 톰이 고개를 끄덕이면서 말했다.

"한 시간쯤 저 친구와 함께 저 배에 나가 있어도 좋겠어요."

우리는 덥지 않도록 역시 어둡게 가려놓은 식당에서 점심을 들며 차가운 에일 (맥주의 일종)과 함께 불안한 흥겨움을 삼키고 있었다.

"오늘 오후에 우린 무얼 하지요?" 데이지가 소리쳤다.

"그리고 다음 날은, 그리고 또 앞으로 30년 동안은요?"

"이상하게 굴지 마." 조던이 말했다.

"가을이 돼서 상쾌해지면 인생은 싫어도 다시 시작되기 마련이야."

"그렇지만 너무 덥단 말이야." 데이지는 곧 울음을 터트릴 기세로 우겼다.

"그리고 만사가 뒤죽박죽이고 말이야. 우리 다 같이 시내로 나가요!"

그녀의 목소리는 더위 속을 뚫고 안간힘을 썼고, 무감각한 더위를 두들겨 일종의 형태로 아로새기는 것 같았다.

"나는 마구간을 고쳐 차고로 만든다는 얘기는 들어보았습니다만." 톰이 개츠비에게 말했다.

"그러나 차고를 뜯어고쳐 마구간으로 만든 사람은 내가 처음일 거요."

"누구 시내 가고 싶은 사람 없어요?" 데이지가 끈덕지게 다그쳤다.

개츠비의 시선이 그녀 쪽으로 흘러갔다.

"오." 그녀가 외쳤다.

"당신은 정말 시원해보여요."

그들의 눈이 부딪치고, 그러고는 둘은 단둘만의 허공에서 빤히 마주보고 있었다. 그녀는 억지로 식탁 위로 눈을 내리깔았다.

"당신은 언제나 그렇게 시원해보여요." 그녀가 되뇌었다.

그녀는 그를 사랑한다고 말한 것이었고, 톰 뷰캐넌도 그것을 알아챘다. 그는 아연실색했다. 입을 약간 벌린 채 개츠비를 쳐다보고, 그러고는 데이지를 쳐다보았다. 마치 그녀가 오래 전에 알던 사람임을 지금 겨우 알아챈 것 같은 표정이었다.

"당신은 광고에 나오는 사람과 닮았어요." 그녀는 천진하게 계속했다.

"광고에 나오는 사람 알죠—"

"좋아." 톰이 재빨리 말을 가로챘다.

"시내에 나갈 용의가 충분히 있어. 자아, 모두들 시내로 나갑시다."

그는 아직도 개츠비와 자기 아내를 번갈아 쏘아보며 자리에서 일어섰다. 아무도 움직이지 않았다.

"자, 어서!" 그는 약간 성을 냈다.

"왜들 이러지? 시내에 나갈 테면 지금 나가자니까."

화를 억누르느라고 애를 쓰는 바람에 떨리는 손으로 그는 에일 잔을 들어 마지막 한 모금을 들이켰다. 데이지의 목소리에 쫓기듯 우리는 일어섰고, 작열하는 자갈의 차도로 나갔다.

"당장 떠나는 거예요?" 그녀가 이의를 제기했다.

"이렇게 그냥? 담배 피울 사람은 담배라도 좀 먼저 피우게 하지 않을 거예요?"

"다들 점심 들면서 쭈욱 피웠잖소."

"오, 재미있게 놀아요." 그녀가 달래듯이 그에게 부탁했다.

"이런 더위에 짜증은 내지 말아요." 그는 대꾸하지 않았다.

"좋아요, 당신 맘대로 하세요." 그녀가 말했다.

"이리 와, 조던."

우리들 남자 셋이 뜨거운 자갈을 발로 차면서 서 있는 동안 그들은 위층으로 올라가 나갈 채비를 했다. 서쪽 하늘에 벌써 은빛 초승달이 걸려 있었다. 개츠비가 무슨 말을 하려다가 그만두었는데, 톰이 이미 휙 돌아서서 그의 말을 기다리는 낯빛으로 마주 바라보았다.

"왜 그러시오?"

"여기 마구간을 가지고 계십니까?" 개츠비가 마지못해 물어보았다.

"이 길로 한 반 마일쯤 내려간 곳에."

"오—"

(⋯⋯⋯)

"시내에 무엇 때문에 나가자는지 난 모르겠어." 톰이 울화통을 터트렸다.

"여자들은 다들 하나같이—"

"마실 것 가져갈까요?"

위층 창에서 데이지가 물었다.

"위스키나 좀 가져가지." 톰이 대답하며 안으로 들어갔다.

개츠비가 딱딱하게 굳은 채 나를 돌아다보았다.

"이 남자 집에서는 도저히 말을 꺼낼 수 없어요, 올드 스포트."

"그녀의 목소리는 조심성이 없어요." 나는 내 의견을 말했다.

"목소리에는 잔뜩—" 나는 머뭇거렸다.

"그녀의 목소리는 돈으로 가득 찼어요." 그가 갑자기 말했다.

바로 그것이었다. 전에는 미처 깨닫지를 못했다. 돈으로 가득 찬 목소리였다—높아졌다 낮아졌다 하는 그 무진장한 매력, 그 딸랑거리는 소리, 심벌즈 소리 같은 곡조가 바로 그것이었다. 하얀 궁전 속 저 높이 임금님의 황금의 아가씨가⋯⋯

톰이 1쿼트짜리 술병을 타월로 싸면서 집에서 나왔고, 반짝이 천으로 된 작고 꼭 끼는 모자를 쓰고 얇은 케이프를 팔에 걸친 모습으로 데이지와 조던이 뒤따라 나왔다.

"모두 함께 내 차로 나가실까요?"

개츠비가 제의했다. 그는 뜨거운 녹색 시트를 만져보았다.

"그늘에 세워둘 걸 그랬군요."

"변속 기어인가요?" 톰이 물었다.

"네."

"그럼, 선생이 내 쿠페를 모세요. 내가 선생 차를 몰겠어요."

이 제의가 개츠비에게는 못마땅했다.

"가솔린이 넉넉지 않을 걸요." 그가 반대하고 나섰다.

"가솔린은 얼마든지 있어요."

톰이 꽥 소리를 질렀다. 그는 계량기를 들여다보았다.

"그리고 가솔린이 다 떨어지면 드럭 스토어에 들르면 돼요. 요즘 드럭 스토어에서는 무엇이든 다 살 수 있는 모양이니 말이오."

진의를 파악하기 힘든 이 발언에 한동안 침묵이 흘렀다. 데이지가 얼굴을 찌푸리면서 톰을 쳐다보았고 개츠비의 얼굴에는 뭐라고 표현하기 어려운 표정, 마치 말로 묘사되는 것을 듣기만 했던 듯한, 익숙지 않은 것은 틀림없지만 어쩐지 알 수 있을 것 같은 표정이 스쳐 지나갔다.

"이리 와요, 데이지." 톰이 그녀를 개츠비의 차 쪽으로 밀치면서 말했다.

"이 곡마단 마차에 당신을 태워주리다."

그는 차의 문을 열었으나 그녀는 그의 팔 안에서 빠져나왔다.

"당신은 닉하고 조던을 데리고 가세요. 우린 쿠페를 타고 따라갈게요."

그녀는 개츠비에게 바짝 다가서서 손으로 그의 윗옷을 만졌다. 조던과 톰과 내가 개츠비 차의 앞좌석에 올라타고, 톰이 그 익숙지 않은 차의 기어를 몇 번 시험해 보더니 숨이 막힐 듯한 더위 속으로 쏜살같이 뛰어들었다. 순식간에 그들은 뒤에 처져서 모습도 보이지 않았다.

"봤지?" 톰이 다그쳤다.

"무얼 말이야?"

그는 나를 쏘아보았고, 조던과 내가 서로 알고 있었음을 눈치 챘다.

"내가 바보인 줄 알고 있지, 그렇지?" 그는 넌지시 떠보는 것이었다.

"어쩌면 정말 바본지도 몰라. 그러나 내게도 그—어떻게 해야 될지 알아내는 육감이 때로는 있단 말이야. 당신들은 안 믿을지도 몰라, 그러나 과학은—"

그는 말을 끊었다. 그런 이론을 끄집어내고 있을 때가 아님을 깨달았던 것이다. 사태는 절박해졌다.

"그에 대해 좀 조사를 해봤었는데." 그가 말을 이었다.

"더 철저히 들춰낼 걸 그랬어. 내 이런 줄 알기만 했더라면—"

"점쟁이한테 가봤단 말이에요?" 조던이 익살맞게 물었다.

"뭐라고요?" 어리벙벙해가지고 그는 깔깔 웃는 우리를 쏘아보았다.

"점쟁이가 뭘 어쨌다고?"

"개츠비에 관해서."

"개츠비 일로? 아니, 그런 게 아니고, 그냥 그의 과거를 좀 조사해봤다는 말이야."

"그래서 그이가 옥스퍼드 출신이란 걸 알아냈군요." 조던이 거들었다.

"옥스퍼드 출신이라고요!" 그는 어처구니없는 표정을 했다.

"행여 그렇기도 하겠네! 분홍빛 양복을 입고 있는 것 좀 봐요."

"그럼에도 불구하고 옥스퍼드 출신이랍니다."

"뉴 멕시코 주 옥스퍼드인가 보지."

그는 진절머리가 난다는 듯 코웃음을 쳤다.

"아니면 그 비슷한 뭐든지."

"이거 봐요, 톰. 그렇게 속물스럽게 굴거면서 무엇 때문에 그 사람을 점심에 불렀죠?" 조던이 토라져서 따졌다.

"데이지가 초대했잖아요. 우리가 결혼하기 전에 알던 사이래요—어디서 알았는지 귀신이나 알겠지만!"

술기운이 깨고 있는 중이라 우리는 모두 신경이 곤두서 있었다. 그리고 그건 우리 스스로도 알고 있었으므로 우리는 잠시 묵묵히 달렸다. 머지않아 T. J. 에클버그 박사의 퇴색된 눈이 길 저쪽으로부터 시야에 들어왔고, 나는 가솔린이 모자랄지도 모른다고 개츠비가 주의했던 일이 생각났다.

"시내까지는 넉넉히 갈 수 있어." 톰이 말했다.

"그렇지만 바로 저기 주유소가 있잖아요." 조던이 반대하고 나섰다.

"이 타는 듯한 더위에 가스가 떨어져서 꼼짝달싹 못하게 되는 건 싫단 말이에요."

톰은 화가 나서 양쪽 브레이크를 다 밟았고, 우리는 윌슨의 간판 밑으로 미끄러져 들어가 왈칵 멈추었다. 잠시 후 주인이 상점 안쪽에서 나타나 퀭한 눈으로 차를 바라보았다.

"가스 좀 주쇼!" 톰이 거칠게 외쳤다.

"우리가 뭣 때문에 멈추었는지 아슈? 경치나 감상하러 온 줄 아나, 원!"

"병이 났어요." 윌슨이 꼼짝 않은 채 말했다.

"아침부터 온종일 앓았어요."

"왜 그러쇼?"

"기진맥진이에요."

"그럼 내 손으로 직접 넣을까?"

톰이 다그쳤다.

"전화로는 그리 기운이 없지도 않던데."

윌슨은 기대섰던 문설주에서 간신히 떨어져 그늘 밖으로 나와서는 숨을 가쁘게 쉬며 탱크 뚜껑을 열었다. 햇볕에서 보니 그의 얼굴은 푸르죽죽했다.

"점심식사를 방해할 생각은 없었어요." 그가 말했다.

"하지만, 돈이 아주 급하거든요. 그래서 당신이 옛날 차를 어떻게 하실 건지 궁금해서요."

"이 차는 어떻소?" 톰이 물었다.

"지난 주에 산 건데."

"근사한 노란 차군요." 윌슨이 주유펌프를 힘껏 끌면서 말했다.

"살 생각 있소?"

"별로 생각 없어요." 윌슨이 힘없이 미소를 지었다.

"관두겠어요. 아까 그 차로 적당히 돈을 벌 수 있을 거예요."

"돈이 왜 그리 필요하오, 갑자기?"

"여기 너무 오래 있었죠. 다른 데로 가고 싶어요. 마누라와 나는 서부로 갈 생각이에요."

"마누라가 가고 싶어한다고?" 톰이 깜짝 놀라 큰 소리로 외쳤다.

"10년 전부터 마누라는 그 소리를 해오고 있죠."

그는 펌프에 잠깐 기대어 서서 손으로 눈을 가리면서 쉬었다.

"하지만 이젠 가고 싶거나 말거나 마누라는 가게 될 거요. 억지로라도 끌고 갈 참이니까."

쿠페가 먼지를 한바탕 일으키고 손을 흔들며 우리 곁을 지나쳤다.

"얼마요?" 톰이 사납게 물었다.

"지난 이틀 동안 좀 이상한 눈치를 알게 되었거든요. 그래서 떠나기를 결심했어요. 자동차 때문에 귀찮게 해드린 건 그래서였죠."

"얼마요?"

"1달러 20센트요."

무지막지하게 퍼붓는 더위가 내 정신을 산란하게 휘저어놓기 시작했으므로, 그의 의혹이 톰에게까지 뻗치진 않았다는 걸 깨닫기까지 조마조마한 순간이 흘렀다. 윌슨은 아내 머틀이 어딘가 다른 세계에서 자기가 모르는 생활을 가지고 있다는 사실을 발견했던 것이며, 이 충격으로 말미암아 병이 나고만 것이었다. 나는 그를 응시했고, 그리고 불과 한 시간 전에 자신도 똑같은 발견을 했던 톰을 눈여겨보았다―사람들 사이에, 개개인의 지성이나 인종을 막론하고, 병자와 건강한 사람의 차이만큼 깊은 차이란 없는 법이라는 생각이 문득 머릿속에 떠올랐다. 윌슨은 너무나 병색이 짙은 나머지 죄 지은 사람같이, 그것도 도저히 용서 못할 죄인같이 보였다. 마치 어느 가엾은 소녀에게 아이라도 배게 한 남자 같을 정도였다.

"자동차를 양보해드리지." 톰이 말했다.

"내일 오후에 보내주겠소."

이 지점은 언제나 뭔가 어수선했는데, 햇볕이 쨍쨍한 대낮에조차도 마찬가지였다. 그리고 방금 뒤를 조심하라는 경고라도 받은 듯 섬뜩하여 뒤를 돌아다보았다. 잿더미 너머로 T.J. 에클버그 박사의 거대한 눈은 여전히 부릅뜬 채 있었으나, 잠시 후 나는 또 다른 눈들이 20피트도 떨어지지 않은 곳에서 괴이하도록 강렬하게 우리를 지켜보고 있는 걸 알아차렸다.

주유소 위의 창문 가운데 하나의 커튼이 살짝 젖혀져 있었으며 거기서 머틀 윌슨이 차를 내려다보고 있었다. 너무나 열중한 나머지 그녀는 누가 보고 있다는 것조차 전혀 의식하지 못할 지경이었고, 더딘 사진 현상을 할 때 피사체가 한 가지씩 떠오르듯이 감정이 한 가지 한 가지 그녀의 얼굴을 스쳐갔다. 그녀의 표정은 이상하리만큼 익숙한 것이었다―여자들의 얼굴에서 흔히 보이는 표정이었으나 머틀 윌슨의 얼굴에서는 그 표정이 무의미하고 납득이

가지 않았다. 그러나 그녀의 눈이 질투에 찬 공포로 이글거리며 톰에게가 아니라 조던 베이커에게 못박혀 있음을 깨달은 뒤에야 수긍이 갔다. 그녀를 그의 아내로 착각했던 것이다.

*

단순한 마음이 혼란해지면 걷잡을 도리가 없는 법이다. 차가 달리는 동안 톰은 겁에 질려 허둥거리는 것이었다. 한 시간 전만 해도 멀쩡하게 신성불가침이었던 아내와 정부가 갑자기 동시에 그의 손아귀에서 빠져나가고 있었던 것이다. 그는 본능적으로 액셀러레이터를 힘주어 밟으면서 윌슨을 뒤로 하고 데이지를 쫓는다는 이중의 목적으로 속력을 냈다. 그리하여 아스토리아를 향해 시속 50마일로 내달려, 마침내 고가철도의 거미줄 같은 구름다리 사이로 한가히 달리고 있는 푸른색 쿠페를 보았다.

"50번가의 영화관은 시원해요." 조던이 제안했다.

"아무도 없는 여름날 오후의 뉴욕은 좋아요. 뭔가 감각적인 데가 있잖아요—너무 완숙하다고나 할까, 마치 별별 신기한 과일들이 따지 않아도 모두 우리 손에 떨어지는 것 같은 경지예요."

'감각적'이란 단어가 톰을 더욱 심란하게 했다. 그러나 그가 반대 의견을 미처 찾기도 전에 쿠페가 멈추었고, 데이지가 차를 세우라고 우리에게 손짓을 했다.

"어디 갈 거예요?"

"영화는 어때?"

"너무 더워요." 그녀는 불평했다.

"당신들이나 가요. 우리는 차로 돌아다닐 테니 나중에나 만나요."

그러고는 애써 농담까지 짜냈다.

"어느 모퉁이에서 만납시다. 나는 입에 담배를 두 개비 물고 남자로 변장해 있겠소."

"여기서 그걸 따지고 있을 수는 없어."

트럭 한 대가 우리 뒤에서 비키라고 경적을 올리고 있었으므로 톰은 조급하게 말했다.

"센트럴 파크 남쪽 플라자 호텔 앞으로 갈 테니 그리로 날 따라와요."

그는 몇 번이고 고개를 돌려 그들의 차가 따라오고 있는지 확인했다. 신호 대기 때문에 그들이 늦어지면 차가 보일 때까지 속도를 늦추곤 했다. 그들이 어느 옆길로 빠져나가 그의 인생으로부터 영원히 도망쳐버리지나 않나 염려스러웠던 것 같다.

그러나 그들은 그런 짓을 하지는 않았다. 우리는 플라자 호텔의 특실용 응접실 하나를 빌렸는데 도대체 왜 그랬는지 설명하기도 어려웠다.

그 방으로 안내되었을 때에야 야단스레 질질 끌던 입씨름이 끝났지만 그 내용은 기억나지 않는다. 다만 그동안 내 속옷이 축축한 뱀처럼 내 다리에 휘감기고, 가끔 땀방울이 등줄기로 서늘하게 흘러내렸던 물리적인 기억은 선명하게 남아 있다. 응접실을 빌리자는 의견은 욕실을 다섯 개 빌려 냉수욕을 하자는 데이지의 제안으로 시작되었다가, 결국 '민트 줄레프(양주의 일종)'를 마실 만한 곳'이라는 좀더 실제적인 것으로 결정을 보았다. 우리는 제각기 "어처구니 없는 아이디어"라고 되뇌이면서—어리둥절해하는 호텔 프런트 직원에게 동시에 일제히 말을 걸어 상대를 당황하게 했다. 그리고 자신들이 매우 유쾌한 경험을 하고 있다고 생각했다. 아니, 어쩌면 그렇게 생각하려고 노력했다는 표현이 더 적절하겠다. 그러는 척하고 있었던 것이다.

방은 컸지만 답답했다. 벌써 4시가 되었는데도 창문을 열어보니 공원의 관목 수풀에서 바람 한 줄기가 불어 들어오는 것이 고작이었다. 데이지는 거울로 가서 우리에게 등을 돌리고 머리를 매만졌다.

"일류 특실이군요." 조던이 정색하고 소곤거렸으므로 모두들 껄껄 웃었다.

"다른 창문도 열어요." 데이지가 돌아다보지 않고 명령했다.

"창문이 더 없는 걸."

"그럼 전화로 도끼를 가져오라고 시켜야—"

"더위를 잊어버리면 되는 거야." 톰은 골이 나서 말했다.

"덥다고 짜증을 부리니까 열 배는 더 더워진다고."

그는 위스키병에서 타월을 풀어내고 탁자 위에 얹어놓았다.

"그녀에게 화풀이하는 건 잘못이오, 올드 스포트." 개츠비가 끼어들었다.

"시내로 오자고 한 것은 당신이었으니까요."

잠깐 동안 침묵이 흘렀다. 전화번호부가 못에서 떨어져 바닥에 털썩 널브러지자 조던이 "미안합니다"라고 작게 말했으나 이번에는 아무도 웃지 않았다.

"내가 주울게요." 내가 나섰다.

"내가 집었어요." 개츠비는 끊어진 줄을 찬찬히 들여다보더니 재미있다는 듯 "흠!" 하고는 의자에 던져놓았다.

"입버릇 한번 요란하구려." 톰이 날카롭게 쏘아붙였다.

"뭐가요?"

"그 올드 스포트, 어쩌고 하는 거 말이오. 그 말은 어디서 배웠소?"

"이것 봐요, 톰." 데이지가 거울에서 돌아서며 말했다.

"당신이 정 이렇게 시비를 걸 작정이면 난 여기 단 일 분도 더 있지 않겠어요. 전화 걸어서 민트 줄레프에 넣을 얼음이나 주문해 줘요."

톰이 수화기를 드는 것과 거의 동시에, 압축되어 있던 열이 폭발이라도 한 것처럼 아래층 댄스홀에서 멘델스존의 엄숙한 결혼 행진곡 소리가 들려왔다.

"이 더위 속에서 결혼을 하다니!" 조던이 시무룩하게 말했다.

"그런데―나도 6월 중순에 결혼했어." 데이지가 생각해냈다.

"6월의 루이스빌! 누가 기절을 했었지! 그 기절한 사람이 누구였죠, 톰?"

"빌록시였어." 그는 퉁명스럽게 대답했다.

"빌록시라는 남자. '블록스' 빌록시. 상자를 만드는 사람이었어요―정말이에요―게다가 테네시 주 빌록시 사람이에요."

"사람들이 그이를 우리 집으로 실어갔어요." 조던이 보충 설명을 했다.

"우리 집은 교회에서 두 집밖에 떨어져 있지 않았거든요. 그런데 그 남자는 3주일 동안이나 우리 집에 머물렀어요. 아빠가 참다못해 나가줘야겠다고 요구했을 때까지 말이에요. 그 남자가 떠난 다음 날 아빠는 돌아가셨어요." 잠시 떼었다가 그녀는 덧붙였다.

"무슨 관련이 있었던 건 아니에요."

"멤피스 출신의 빌 빌록시란 사람을 알았었는데." 내가 말했다.

"그 사람은 그와 사촌형제지간이었어요. 그 사람이 떠나기 전에 난 그 집안 내력을 모두 알아버렸으니까요. 내가 여전히 쓰고 있는 알루미늄 골프채는 그 사람에게서 받은 거지요."

음악이 서서히 작아지다가 사라지면서 식이 시작되었다. 기나긴 박수갈채 소리가 창문으로 쏟아져 들어오더니 가끔 "예에에!" 소리가 뒤따랐고 마지막으로 재즈 음악이 터져나오며 무도회가 시작되었다.

"우리도 늙었네." 데이지가 말했다.

"젊었다면 이런 때 곧바로 일어나서 춤을 췄을 거야."

"그랬다간 기절한 빌록시의 전철을 밟게 될 걸." 조던이 그녀에게 경고했다.

"그런데 그 사람을 어디서 알게 되었어요, 톰?"

"빌록시 말이요?" 그는 정신을 가다듬느라고 애를 썼다.

"나는 모르는 사람이었어. 데이지의 친구가 아니었나?"

"내 친구가 아니었어요." 그녀가 부정했다.

"그전에는 본 일도 없었어요. 그는 누군가의 자가용을 타고 왔었지요."

"아무튼 그 사람은 당신을 안다고 했단 말이야. 자기가 루이스빌에서 자랐다고 하던걸. 애서 버드가 출발하기 직전에 데리고 와서는 아직 자리가 남았느냐고 물었었지."

조던이 빙그레 웃었다.

"고향까지 남의 차를 얻어타고 갔군요. 나더러 예일 대학에서 당신들과 같은 학급이었고 학생회장을 했다고 하던데요."

톰과 나는 멍하니 마주보았다.

"빌록시가!"

"무엇보다 우리 학교에는 학생회장 같은 것부터 없었어—"

개츠비가 한쪽 발을 짧고 불안하게 토닥거리자 톰이 갑자기 그를 돌아보았다.

"개츠비 씨는 옥스퍼드 출신이라면서요?"

"꼭 그렇다고는 할 수 없습니다."

"아, 아니 옥스퍼드에 계셨다고 들었는데요."

"네 —거기 있긴 했죠."

잠시 말이 끊겼다. 그리고 톰이 의심과 경멸을 담아 말했다.

"빌록시가 예일에 있을 때쯤 선생은 거기 계셨겠구먼."

또 한번 대화가 멈추었다. 웨이터가 노크를 하고 잘게 부순 얼음과 민트를 들고 들어왔다. 그가 "실례했습니다." 하며 문을 살며시 닫은 뒤에도 침묵은 깨지지 않았다. 마침내 그 어마어마한 내용이 드러날 참이었다.

"아까도 말씀드린 대로 저는 거기 갔었습니다." 개츠비가 말했다.

"그건 들었어요. 그때가 언제였는지를 알고 싶다 그거요."

"1919년이었어요. 난 5개월밖에는 있지 않았어요. 그렇기 때문에 옥스퍼드 출신이라고 자칭할 수는 없다는 말이오."

톰은 우리들도 자기만큼 불신하는 눈치인지 아닌지를 살피느라고 두리번거렸다. 그러나 아무도 개츠비에게서 눈을 떼지 않았다.

"휴전하고 난 뒤 장교들에게 그런 기회가 주어졌던 거죠." 그가 말을 이었다.

"우리는 영국이나 프랑스에 있는 대학이라면 어디든 원하는 대로 갈 수가 있었습니다."

나는 일어서서 그의 등을 탁 쳐주고 싶어졌다. 전에도 그랬던 것처럼 그에 대한 완전한 신뢰감이 새삼스레 생생해졌다.

데이지가 미소를 약간 띠며 일어서서 탁자 쪽으로 갔다.

"위스키를 따요, 톰." 그녀가 제안했다.

"그럼 내가 민트 줄레프를 만들어 줄게요, 한잔 마시고 나면 자기 자신이 그처럼 바보같이 보이지 않게 될 거예요…… 어머, 이 민트 좀 봐!"

"잠깐만." 톰이 쏘아붙이듯이 말했다.

"개츠비 씨에게 한 가지 더 묻고 싶은 게 있소."

"계속하시죠." 개츠비가 공손하게 말했다.

"당신은 도대체 우리 집안에 어떤 분란을 일으킬 셈이죠?"

이제 그들은 마침내 까놓고 맞서게 되었으며, 바로 그것이 개츠비가 원하던 전개였다.

"그이가 분란을 일으키고 있는 것이 아니에요." 데이지는 긴장한 얼굴로 두 사람을 차례차례로 쳐다보고 있었다.

"당신이 분란을 일으키고 있잖아요. 부탁이니 제발 자제력을 조금만 발휘하세요."

"자제력이라고!"

톰은 믿지 못하겠다는 듯 되뇌었다.

"어디서 굴러먹던 놈인지도 모르는 녀석이 자기 마누라와 놀아나는 걸 가만 내버려 두고 보고만 있는 것이 요즘의 최첨단 유행인가 보군. 믿을 수 없군. 날 대체 뭘로 보는 거야? …… 요즘 사람들이 그렇게 가정 생활과 가족 제도를 비웃기 시작했다가는 결국, 세상이 엉망진창이 되어서 흰둥이와 깜둥이가 난혼까지 하고 말 거란 말이야."

흥분해서 횡설수설하느라고 얼굴이 달아올라서, 그는 자기 혼자서 문명의 마지막 한계선을 지키고 서 있는 것 같은 심정이 돼 있었다.

"여기 있는 사람은 모두 백인인데요." 조던이 중얼거렸다.

"내가 뭐 인기가 대단하지 않은 줄은 나도 알아. 그런 화려한 파티를 열지 않으니까요. 친구를 사귀려면 자기 집을 돼지우리로 만들어놔야 하나 보지 —현대에 살려면."

나는 다른 사람들과 마찬가지로 화가 치밀기는 했지만 그가 입을 열 때마다 웃고 싶은 충동을 느꼈다. 어제의 난봉쟁이가 오늘은 완벽한 도덕군자가 되어서 설교를 늘어놓고 있다. 이 아니 놀라운 변화인가.

"나도 당신에게 하고 싶은 말이 있소. 올드 스포트—" 개츠비가 말문을 열었다. 그러나 데이지가 그의 의도를 눈치 챘다.

"제발 그만두세요!" 그녀는 어쩔 줄 몰라 쩔쩔매며 말을 막았다.

"이제 그만 돌아가요. 집에 가야겠어요."

"좋은 생각이군요."

내가 일어섰다.

"자 가지, 톰, 아무도 술 마실 생각은 없어."

"난 개츠비 씨가 할 말이 뭔지 알고 싶어."

"당신의 부인은 당신을 사랑하지 않습니다." 개츠비가 조용하게 말했다.

"당신을 사랑해본 적이라곤 한 번도 없어요. 그녀는 날 사랑하고 있소."

"당신 미쳤군그래!" 톰이 자기도 모르게 부르짖었다.

개츠비는 잔뜩 흥분해서 벌떡 일어섰다.

"당신을 사랑한 일이 없었단 말이오, 알아들었습니까?" 그가 외쳤다.

"그녀는 내가 가난했고 날 기다리다 지쳤기 때문에 당신에게 시집갔던 것뿐이에요. 돌이킬 수 없는 과오였죠. 그러나 마음속으로는 나밖에는 아무도 사랑하질 않았단 말이오!"

여기서 조던과 나는 자리를 떠나려고 했으나 톰과 개츠비는 서로 다투듯 강경하게 있어달라고 고집했다—마치 둘 다 감출 것은 아무것도 없으며, 이

자리에 한몫 끼어 그들의 감정을 겪어보는 것이 무슨 큰 특전이기라도 하다는 듯이.

"앉으라고, 데이지."

톰은 아버지 같은 점잖은 목소리를 내려고 했으나 잘 되지 않았다.

"그동안 무슨 일이 있었지? 나는 모조리 들어야겠소."

"무슨 일이 있었는지 내가 말하리다." 개츠비가 말했다.

"5년 동안 계속 이어져 왔었소. 단지 당신이 깨닫지 못했을 뿐이지."

톰이 데이지를 홱 돌아다보았다.

"5년 동안이나 이 친구를 만났다고?"

"만났다는 게 아니죠." 개츠비가 말했다.

"우리는 만날 수가 없었소. 그러나 우리 둘은 그동안에도 줄곧 서로 사랑하고 있었어요, 올드 스포트. 그리고 당신은 그걸 몰랐던 거죠. 어떤 때는 웃기도 했지요."—그러나 그의 눈에 웃음기라곤 없었다—"당신이 그걸 모른다는 걸 생각하면서 말이오."

"오—그게 전부요?"

톰은 두툼한 손가락을 마주 대고 목사처럼 토닥거리며 뒤로 기대앉았다.

"미쳤구려!" 그는 갑자기 고함쳤다.

"5년 전에 일어난 일에 관해서는 난 모르오. 그때는 내가 데이지를 몰랐으니까. 허나 만약 당신이 뒷문으로 식료품이나 배달하지 않았다면야 어떻게 이 여자에게서 1마일 거리 이내로 접근할 수나 있었겠소. 그게 아니라고 한다면 다 터무니없는 거짓말일 뿐일 테지. 데이지는 나와 결혼할 때 날 사랑했고 지금도 사랑해요."

"아닙니다."

개츠비가 고개를 저으며 말했다.

"암만 그래도 날 사랑해요. 단지 때때로 어리석은 생각에 빠져 자기 자신도 왜 그러는지 모르는 짓을 해서 탈이죠. 참고로 나도 데이지를 사랑하오. 물론 가끔가다 살짝 도를 넘은 바보짓을 하기도 하죠. 그러나 언제나 정신을 되찾아요. 언제나 마음속 깊이 사랑하는 건 오직 데이지뿐이오."

"사람 좀 그만 웃겨요."

데이지가 말했다. 나를 돌아다보며 한 옥타브 낮아진 그녀의 목소리가 소름끼칠 만큼 경멸을 담고 방 안을 가득 채웠다.

"우리가 왜 시카고를 떠났는지나 아세요? 그 당시의 '살짝 도를 넘었던' 이야기가 웃음거리가 된 줄 몰랐다니 대단하군요."

개츠비가 그녀에게로 다가가서 곁에 섰다.

"데이지, 이제는 괜찮아요."

그는 성심껏 말을 걸었다.

"이제는 상관없어. 그에게 진실을 말하기만 하면 돼요—저 남자를 단 한 순간도 사랑하지 않았다고—그러면 영원히 그 일들은 씻겨 없어지는 거요."

그녀는 벙벙해서 그를 쳐다보았다.

"아니, 왜—내가 어떻게 저이를 사랑할 수가 있었겠어요—아무리 하기로서니"

"사랑한 일이 없지요?"

그녀는 망설였다. 그녀의 의미심장한 시선이 조던과 나에게로 옮겨왔는데 마치 이제서야 드디어 자기가 무슨 짓을 하고 있는지 깨닫는 것 같았다. 사실 그녀는 처음부터 그런 일을 저지를 의사라곤 조금도 없었다. 그러나 일은 바야흐로 저질러졌다. 때는 이미 늦었다.

"그를 사랑한 일이 없었어요." 그러나 데이지의 목소리에는 망설임이 묻어 있었다.

"카피올라니 (하와이의 호텔 이름) 에서도 사랑하지 않았나?" 톰이 갑자기 따져 물었다.

"그래요."

아래층 댄스홀에서 뜨거운 바람결을 타고 웅얼거리는 숨찬 화음이 올라왔다.

"당신의 구두를 적시지 않으려고 내가 펀치볼 (하와이의 명승지, 높은 산꼭대기) 에서 당신을 안고 내려왔던 그날도?" 그의 목소리는 쉰 듯하면서 상냥했다……

"데이지."

"제발, 그만 해요."

그녀의 목소리는 차가웠으나 아까 같은 증오는 없었다. 그녀는 개츠비를 쳐다보았다.

"이걸로 됐어요, 제이?" 그녀가 말했다—그러나 담배에 불을 붙이려는 손은 떨리고 있었다. 갑자기 그녀는 담배와 불이 붙은 성냥개비를 융단 위에 팽개쳐버렸다.

"오, 당신은 너무 욕심이 많아요!" 그녀는 개츠비에게 소리쳤다.

"지금 난 당신을 사랑해요—그걸로 충분하지 않으세요? 과거를 어쩔 수는 없잖아요."

그녀는 걷잡을 수 없이 흐느껴 울기 시작했다.

"저이를 한 번쯤은 사랑했단 말이에요—하지만 그때도 당신 또한 사랑했어요."

개츠비는 눈을 번쩍 떴다 감았다.

"나도 사랑했었다고?" 그는 이렇게 되뇌었다.

"그것조차도 거짓말이야." 톰은 사납게 말했다.

"그녀는 당신이 죽었는지 살았는지도 몰랐을거요. 아무튼—데이지와 나 사이에는 당신은 알지 못할 일들이 얼마든지 있소. 우리들이 영원히 잊지 못할 일들이 말이오."

그의 말 하나하나가 개츠비의 몸을 물어뜯고 있는 것 같았다.

"데이지와 단둘이서만 얘기를 해야겠어요." 그가 우겼다.

"지금은 너무나 흥분해서—"

"우리끼리만이 되더라도 난 톰을 사랑한 일이 없었다고는 말할 수 없어요." 그녀는 초라한 목소리로 시인했다.

"사실이 아닐 테니까요."

"물론 아닐 수밖에." 톰이 맞장구를 쳤다.

그녀는 남편을 돌아다보았다.

"마치 관심이라도 가지고 있는 것 같군요."

"물론이지. 지금부터 당신을 좀더 잘 돌보아줄 작정이야."

"당신은 아무것도 모르는군." 개츠비는 당황한 기색을 감추지 못하며 말했다.

"당신은 이제 두 번 다시 그녀에게 관여하지 못할 거요."

"관계없다고?"

톰은 눈을 커다랗게 뜨고 껄껄 웃었다. 이제서야 그는 자신을 다스릴 경황이 생겼던 것이다.

"왜 그렇죠?"

"데이지는 당신과 헤어질 겁니다."

"말도 안 되는 소리."

"사실이 그런 걸요."

그녀는 마지못해서임이 틀림없는 어조로 말했다.

"그녀는 나와 헤어지지 않아!"

톰의 말이 갑작스레 개츠비를 후려쳤다.

"여자 손에 끼워줄 반지까지 훔치지 않으면 안 되는 형편없는 협잡꾼 따위 때문에 나와 절대로 헤어지지는 않는다고!"

"더 이상 못 참겠어요!" 데이지가 소리쳤다.

"부탁이에요, 제발 여기서 나가요."

"당신은 도대체 뭐요?"

톰의 언성이 높아졌다.

"메이어 울프심과 몰려다니는 치들 중에 한몫 끼어 있죠—그만큼은 나도 알고 있소—당신의 사업관계를 나도 좀 알아보았소—내일 즉시 더 알아볼 참이오."

"마음대로 하시구려, 올드 스포트."

개츠비가 침착하게 말했다.

"당신의 그 '드럭 스토어'가 뭔지를 알아냈단 말이오."

그는 우리를 향해 빠른 말씨로 말했다.

"이 사람과 그 울프심은 말이야, 이곳과 시카고의 한적한 드럭 스토어를 잔뜩 사갖고 에틸 알코올을 술이라고 팔아먹었거든. 그게 저 사람의 돈벌이 재주 중 하나라고. 난 처음 봤을 때부터 주류 밀조업자로 점 찍었는데, 그게 그리 틀리는 것도 아니었다고."

"그래서 어쨌다는 거죠?" 개츠비가 점잖게 말했다.

"당신 친구 월터 체이스는 자존심도 없는 사람인지 우리 사업에 한몫 끼었답니다."

"그리곤 그 사람이 곤경에 빠진 걸 모른 척 했잖소. 뉴저지 주에서 한 달 동안 감옥에 갇혀 있었는데 가만 놔뒀소. 흥, 월터가 당신 얘기를 어떻게 하는지 한번 들어보지."

"그 사람은 알거지 신세로 우리한테 왔소. 돈을 좀 만지게 되자 아주 기뻐했었죠, 올드 스포트."

"날 올드 스포트라고 부르지 마시오!"

톰이 고함쳤다. 개츠비는 아무 말도 안 했다.

"월터는 당신네들을 도박법 위반으로 잡아넣을 수도 있었소. 그러나 울프심이 공갈을 해서 입을 다물고 말았지요."

그 익숙지 않은, 그러나 어쩐지 석연치 않은 표정이 다시 한 번 개츠비의 얼굴에 돌아왔다.

"그 드럭 스토어 영업은 잔돈놀이에 불과하단 말이야." 톰이 천천히 말을 이었다.

"지금은 다른 꿍꿍이 사업을 하고 있는데, 월터가 겁이 나서 내게도 가르쳐주지 못하는 엄청난 무언가야."

나는 데이지를 쳐다보았다. 그녀는 공포에 질려서 개츠비와 자기 남편을 번갈아가며 응시하고 있었다. 조던은 턱에 무슨 물건을 얹고 굴러 떨어지지 않게 평형을 잡고 있는 사람 같은 모습으로 가만히 얼굴을 젖히고 앉아 있었다. 그리고 나는 개츠비를 쳐다보았다—나는 그의 표정에 깜짝 놀랐다. 그는—그의 파티에서 사람들이 쑥덕거리던 비방의 어처구니없음은 물론 알고 있지만—정말로 마치 살인이라도 한 사람 같았다. 한순간 그의 얼굴 모습은 그렇게 평범한 말로는 묘사할 수 없을 만큼 기이했던 것이다.

그 표정이 사라지자 그는 데이지를 향해 흥분해서 지껄이기 시작했다. 모든 것을 완전히 부정하면서, 근거없는 고발에 대해서도 결백을 주장했다. 그러나 한 마디 한 마디 말을 하면 할수록 그녀의 마음은 점점 더 안으로 움츠러들었으므로 그는 그것도 포기해버렸다. 그리하여 해가 기울어가는 동안 부서진 꿈만이, 이제는 형체도 없어진 것을 만지려 애쓰며, 방 저편의 그 잃어버린 목소리를 향해 애달프게 필사적으로 안간힘을 쓰고 있었다.

그 목소리가 다시 가자고 졸랐다.

"제발요, 톰. 더 이상 못 참겠어요."

겁에 질린 그녀의 눈은 처음에는 무슨 의도나 용기를 가지고 있었다 할지라도 이제는 단연코 모두 잃고 말았음을 알려주었다.

"당신네들 둘이서 먼저 떠나지, 데이지." 톰이 말했다.

"개츠비 씨 차로 말이야."

그녀는 여전히 두려움에 질린 눈으로 톰을 쳐다보았으나, 그는 아량이라도 베풀 때처럼 깔보는 투로 다시 지시했다.

"어서 가라고, 더 이상 그가 당신을 괴롭히진 않을 거야. 저 사람은 이제 자기의 주제넘은 불장난이 끝났다는 걸 알아차린 모양이니까 말이야."

그들은 말 한 마디 없이 가버렸다. 마치 유령처럼 우리의 동정심에서조차도 격리된 채, 난데없이 들렀다 가버린 존재로 변해버린 것만 같았다.

잠시 후 톰이 일어나, 마개도 따지 않은 위스키병을 타월에 싸기 시작했다.

"한 잔 하실래요? 조던…… 닉?"

나는 대답하지 않았다.

"닉?" 그가 다시 물어왔다.

"뭐라고?"

"마실 거냐고."

"아니…… 지금 막 생각났는데 오늘이 내 생일이었어."

나는 서른 살이 되었다. 내 앞에는 불길하고 두려운 또 하나의 10년이 가로놓여 있었다.

우리가 쿠페에 올라타고 롱아일랜드로 떠난 것은 일곱 시였다. 톰은 쉬지 않고 지껄였다. 허나 시시덕거리고 껄껄거리는 그의 목소리는 조던과 나에게, 거리의 귀에 선 말소리나 머리 위를 달리는 고가철도 소음이나 마찬가지로 아득하기만 했다. 인간의 동정심에도 한계가 있는 법이다. 우리는 그들의 비극적인 말다툼이 도시의 불빛과 함께 뒤로 처져가는 것을 다행스럽게 생각했다. 서른 살—고독의 10년을 약속하는, 아는 사람 중에 독신자 목록이 점점 줄어들고, 의욕적인 사무용 가방도 점점 얇아지는, 머리숱도 적어지는 나이다. 그러나 내 옆에는 조던이 앉아 있었다. 그녀는 데이지와 달리 오래전에 잊혀진 꿈을 해를 묵혀가며 간직하는 어리석은 짓은 하지 않을 것이다. 어두운 다리를 지나고 있을 때 그녀의 창백한 얼굴이 내 어깨에 피곤에 지친 듯 기대어왔고, 믿음직하게 조여 오는 그녀의 손을 느끼자 서른 살의 엄청난 타격도 사라지는 것이었다. 그렇게 우리는 식어가는 황혼길로 죽음을 향해 달렸다.

*

잿더미 곁에서 커피숍을 운영하고 있는 그리스인 청년 마이켈리스가 사건

심리에서 주요 증인이었다. 그는 너무 더워서 다섯 시까지 낮잠을 자다가 주유소로 어슬렁어슬렁 가보았더니 사무실에서 조지 윌슨이 앓고 있었다—호되게 병이 나서 낮빛이 자기의 허여스름한 머리칼만큼이나 창백했고 온몸을 덜덜 떨고 있었다. 마이켈리스는 좀 누우라고 타일렀으나 윌슨은 그러면 장사에 이만저만 손해가 나지 않는다고 하면서 거절했다. 이렇게 이웃 청년이 그를 타이르고 있는 동안 머리 위에서 와장창 하는 소리가 났다.

"마누라를 위층에 가두어놨어." 윌슨이 대수롭지 않게 설명했다.

"모레까지 저기 저렇게 둘 참이지, 그리고 우리는 이사를 가는 거야."

마이켈리스는 깜짝 놀랐다. 이웃에 4년간이나 살아왔지만 도무지 그렇게 단호하게 말할 수 있는 사람으로는 보이지 않았던 것이다. 한마디로 말해 그는 '패기 없는' 남자였다. 일을 하지 않을 때는 문간에 의자를 놓고 앉아서 행인이나 차를 멍하니 바라보는 사람이었다. 누가 말을 걸면 그는 한결같이 싹싹하고 특징 없는 웃음을 짓는 것이었다. 그는 마누라 맘대로 움직이는 위인이었지, 자기 뜻이라곤 없는 남자였다.

그러므로 마이켈리스는 자연히 무슨 일이 생겼는지 캐보려 했지만 윌슨은 한 마디도 하지 않았다—그 대신에 이 청년에게 묘한 의심스런 눈초리를 던지면서 어느 날 어느 시간에 무엇을 하고 있었는지 따위를 물어왔다. 손님 쪽이 거북해하고 있을 참에 몇 사람의 노동자가 그의 식당을 향해 이 집 문 앞을 지나가고 있었으므로, 마이켈리스는 마침 잘 됐다 싶어서 나중에 다시 오겠다며 자리를 떴다. 그러나 다시 와보지는 않았다. 일이 바빠서 그만 잊어버렸던 것으로 다른 이유는 없었다. 일곱 시 조금 지나서 그가 다시 가게 밖에 나왔을 때 그는 아까 윌슨과 나누었던 이야기가 생각났다. 큰 소리로 욕설을 퍼붓는 윌슨 부인의 목소리가 주유소 아래층에서 들렸기 때문이었다.

"때려요!" 그는 그 여자가 외치는 소리를 들었다.

"어서 날 넘어뜨리고 때려봐요. 이 거지발싸개 같은 겁쟁이 같으니라고!"

잠시 후 그녀는 땅거미 속으로 뛰쳐나갔는데 손을 휘두르며 고함을 지르고 있었다. 그가 자기 집 문간에서 몸을 돌리기도 전에 일은 이미 순식간에 끝나 있었다.

그 죽음의 차—신문에서 그렇게들 불렀다—는 멈추지 않았다. 그 차는 짙어가는 어둠을 헤치고 나타나 한순간 비극적으로 비틀비틀하더니 다음 모퉁이로 사라져버렸다. 마브로마이켈리스(마이켈리스의 이름)는 자동차 빛깔조차 정확히 알지 못했다—그는 처음 만난 경관에게는 연한 녹색이라고 말했다. 다른 차, 뉴욕을 향해 달리던 차는 1백 야드 가량 지나쳐서야 멈추더니 급히 뒤로 돌려서, 머틀 윌슨이 무참하게 목숨이 끊어진 채 길바닥에 엎드려 짙고 검은 피를 먼지에 섞고 있는 자리로 되돌아왔다.

마이켈리스와 이 남자가 제일 먼저 그녀에게로 다가갔다. 아직도 땀에 젖은 셔츠 자락을 찢어 열어보니 왼쪽 유방이 따로 떨어진 물건처럼 축 처져 너덜거리고 있었다. 그 밑에 있는 심장의 고동소리를 들어볼 필요도 없었다. 입은 딱 벌어진 채 양쪽 가장자리가 조금 찢겨져 있었다. 마치 그렇게 오랫동안 축적해놓았던 그 굉장한 생명력을 단숨에 토해내다가 걸려서 그리된 것 같았다.

우리는 네댓 대의 자동차들과 사람들이 옹기종기 모여 있는 것을 꽤 멀리서부터 보았다.

"차 사고구먼!" 톰이 말했다.

"잘 됐어. 윌슨이 드디어 돈벌이를 하게 됐으니."

그는 속력을 늦추었으나 그래도 차를 멈출 생각은 전혀 없었다. 그런 우리가 가까이 다가가자 주유소 문 앞에 선 사람들의 말을 잃은 골똘한 얼굴이 보이자, 그는 자기도 모르게 브레이크를 밟았다.

"잠깐 구경이나 하지." 그는 어정쩡하게 말했다.

"보기만 합시다."

주유소 안에서 공허한 울부짖음소리가 끊임없이 흘러나오는 것을 들을 수 있었다. 우리가 쿠페에서 내려 문간으로 향할 즈음 그 목소리는 통절한 오열 속에서 끊임없이 "오, 하나님 맙소사"라는 말만을 반복하고 있었다.

"꽤 심각한 모양이로군." 톰이 흥분하여 말했다.

그는 발돋움을 하고 둘러선 사람들의 머리 너머로 주유소 안을 들여다보았지만, 안은 머리 위에 흔들거리는 철망 소쿠리 안에 노란 전등 하나가 켜져 있을 뿐이었다. 그러다가 톰은 목구멍에서 거센 외마디 소리를 지르더니 힘센 팔로 난폭하게 밀어젖히며 안으로 헤쳐 들어갔다. 중얼중얼 나무라는 소리와 함께 사람들이 다시 원을 그렸다. 한동안은 아무것도 보이지가 않았다. 이윽고 새로 온 구경꾼이 줄을 헤쳐놓는 바람에 조던과 나는 갑자기 안으로 떠밀려 들어갔다.

머틀 윌슨의 시체는 담요 하나에 싸인 위에 또 한 장의 담요로 싸여 뜨거운 밤 열기 속에서 한기로 고통을 받는 사람처럼 벽 가에 있는 작업대에 놓여 있었고, 톰은 등을 우리 쪽으로 돌린 채 꼼짝 않고 그 위로 몸을 굽히고 있었다. 그의 곁에는 모터사이클 경관이 땀을 뻘뻘 흘리면서 틀린 곳을 고쳐가며 수첩에 이름을 받아쓰고 있었다. 처음에는 텅 빈 차고 안을 시끄럽게 울리는 그 높은 신음이 어디서 나는지 알 수가 없었다—얼마 안 있어 윌슨이 자기 사무실의 조금 돋우어놓은 문지방에 서 있는 것이 보였는데, 그는 몸을 앞뒤로 내저으며, 문설주에 두 손으로 매달려 있었다. 어떤 남자가 낮은 목소리로 무어라고 타이르며 이따금 손으로 어깨를 짚으려고까지 하고 있었으나 윌슨에게는 들리지도 보이지도 않았다. 그의 눈은 흔들리는 전등에서 천천히 내려와 벽 쪽의 시체가 놓인 작업대로 갔다가 전등 쪽으로 다시 홱 되돌아갔다. 드높고 으스스한 외침은 여전히 그칠 줄 몰랐다.

"오, 하나님 맙소사! 오 하나님 맙소사! 오! 하나니임! 오! 하나니임!"

이윽고 톰이 홱 고개를 들고 얼빠진 눈으로 주유소 안을 둘러보더니, 입 안으로 중얼중얼 무슨 소린지 알아들을 수 없는 소리를 경관에게 지껄였다.

"마, 브," 경관이 말하고 있었다.

"오—"

"아닙니다. 로예요." 청년이 수정했다.

"마브로—"

"내 말좀 들어보시오!" 톰이 나직한 목소리로 거칠게 말했다.

"로—" 경관이 말했다.

"오—"

"그—"

"그—"

경관은 톰의 넓적한 손이 어깨를 쥐자 고개를 들었다.

"뭐요, 당신은?"

"어떻게 된 일이오? —내가 알고 싶은 건 그거요."

"자동차에 치었소. 즉사했어요."

"즉사라고."

톰이 빤히 쳐다보며 되뇌었다.

"저 여자가 한길로 뛰어나갔다고요. 망할 놈의 새끼, 차를 세우지도 않고 내뺐어요."

"차는 두 대였어요." 마이켈리스가 말했다.

"하나는 내려가고 하나는 올라가고, 아시겠어요?"

"어느 쪽으로 갔다고?" 경관이 날카롭게 물었다.

"각기 양쪽 방향으로 말이에요. 저어, 저 여자가"—그의 손이 담요 쪽으로 반쯤 올라가다 말고 제자리로 내려왔다.

"저 여자가 길로 뛰어나갔는데 뉴욕에서 오던 차가 정면으로 그녀를 들이받았어요. 시속 3, 40마일은 됐을 거예요."

"이곳은 이름이 뭐죠?" 경관이 물었다.

"여긴 이름이란 게 없어요."

피부색이 연하고 잘 차려입은 흑인 한 사람이 가까이 다가왔다.

"노란 차였어요." 그가 말했다.

"커다란 노란 차였습니다. 새 차예요."

"사고를 보았소?" 경관이 물었다.

"아뇨, 그렇지만 그 차가 내 옆을 지나서 이 길로 내려갑디다. 시속 40마일도 넘었어요. 50이나 60쯤 됐을 거예요."

"이리 오시오. 이름 좀 적읍시다. 비켜요, 이 사람 이름 좀 적어야겠소."

이 대화 중 몇 마디가 문간에서 비틀비틀하고 있던 윌슨에게 들렸던 모양이었다. 왜냐하면 그의 중얼중얼하던 외마디 고함소리마다에 섞여 새로운 말이 들려왔기 때문이다.

"그게 어떻게 생긴 차인지 말할 필요도 없어! 그게 어떻게 생긴 차인지 난 안단 말이야!"

톰을 보고 있노라니까 그의 어깻죽지의 근육덩이가 윗도리 속에서 뻣뻣해지는 걸 알 수 있었다. 그는 얼른 윌슨에게로 가더니 상대의 얼굴을 똑바로 바라보며 마주 서서 팔을 꽉 붙잡았다.

"정신 차려야 돼요."

그는 갈라진 목소리로 타이르듯 무뚝뚝하게 말했다.

월슨의 눈이 톰에게로 내려앉더니 놀라서 벌떡 몸을 일으켰는데, 다음 순간 톰이 그를 똑바로 지탱해주지 않았다면 그대로 무너져내렸을 것이다.

"내 말 좀 들어봐요." 톰이 그를 약간 흔들면서 말했다.

"난 지금 방금 뉴욕에서 오는 길이오. 우리가 흥정하던 그 쿠페를 당신에게 갖다주려고 오는 길이었단 말이오. 오늘 오후에 내가 몰던 그 노란 차는 내 것이 아니오—알아들었소? 오후 내내 난 그 차를 못 보았단 말이오."

그 흑인과 나밖에는 그 소리가 들릴 만큼 가까이 있지 않았으나, 경관이 말투에서 무슨 눈치를 채고 험상궂은 눈초리로 훑어보았다.

"무슨 얘길 하고 있는 게요?"

"나는 이 사람의 친구요."

톰이 고개를 돌렸으나 손은 그대로 월슨의 몸을 꽉 잡은 채였다.

"그는 뺑소니차를 안다고 하고 있어요…… 노란 차래요."

무슨 알지 못할 자극을 받은 경관은 톰을 미심쩍게 바라보았다.

"그래서 당신 차는 무슨 색이오?"

"푸른색 차예요. 쿠페형입니다."

"뉴욕에서 곧장 오는 길입니다." 내가 말했다.

우리와 조금 떨어져 뒤따라오던 차의 운전자가 그것을 확인해주자 경관은 흥미를 잃고 돌아섰다.

"자, 이름을 다시 한 번 말해주시겠습니까, 정확히—"

톰은 인형을 다루듯이 월슨을 번쩍 들어 그의 사무실로 들어다가 의자에 앉혀놓고 나왔다.

"누구든지 이리 와서 이 사람과 같이 있어주시오."

그는 명령조로 딱딱거렸다.

가장 가까이 서 있는 남자들 둘이 서로 마주 쳐다보고는 마지못해 그 방으로 들어가는 것을 그는 지켜보고 있었다. 그러고는 톰이 그들 뒤로 문을 닫아주고 나서 작업대 쪽을 되도록 보지 않으려 애쓰면서 한 단으로 된 층계를 내려왔다. 그는 나에게 바싹 다가와 지나치면서 소곤거렸다.

"나가자."

사람들의 시선을 느끼며 그는 위세 있게 팔을 저어 길을 텄고, 점점 더 불어나는 군중 틈을 비집으면서 왕진 가방을 들고 다급하게 들어오는 의사를 지나쳐나갔다. 혹시라도 하는 희망에서 반 시간 전에 청한 의사였다.

모퉁이에 이를 때까지 톰은 천천히 차를 몰았다. 그러고는 액셀러레이터를 힘차게 밟아 쿠페는 밤길을 쏜살같이 달렸다. 조금 있으니까 나지막한 쉰 목소리의 흐느낌이 들렸고 눈물이 줄줄 그의 얼굴을 흘러내렸다.

"육시랄 놈의 겁쟁이 같으니라고!"

그가 투덜거리며 불평을 말했다.

"차를 세우지도 않았다니."

어둠 속에서 쏴쏴 소리를 내는 나무 사이로 뷰캐넌 가의 건물이 불쑥 나타났다. 톰이 현관 앞에서 차를 멈추고는 이층을 올려다보았다. 거기에는 담쟁이덩굴 사이로 두 개의 창이 환하게 피어올라 있었다.

"데이지가 집에 와 있군."

그가 말했다. 차에서 내리자 그가 나를 힐끗 쳐다보더니 낯을 찡그렸다.

"웨스트 에그에서 자네를 내려줄 걸 그랬군, 닉. 오늘 밤은 신경써 줄 여유도 없을 것 같네."

그는 전과는 사람이 달라져 있었고, 엄숙하고 단호한 어조로 말을 했다. 달빛을 받으며 자갈길을 걸어가는 동안 그는 민첩하게 몇 마디로 사태를 처리했다.

"전화로 집에 갈 택시를 불러주겠네. 기다리는 동안 자네와 조던은 부엌으로 가서 기다리고 있게. 저녁을 준비시키지. ─혹시 생각이 있거든 말이야."

그는 문을 열었다.

"들어오지."

"아니야, 사양하겠어. 그러나 택시를 불러다준다면 고맙겠네. 난 밖에서 기다릴 테야."

조던이 내 팔에 손을 얹었다.

"들어오시지 않겠어요, 닉?"

"아뇨, 사양하겠어요."

나는 속이 약간 메슥거렸으므로 혼자 있고 싶었다. 그러나 조던은 좀처럼 포기하지 않았다.

"아직 아홉 시 반밖에 안 됐어요." 그녀가 말했다.

무슨 일이 있어도 집 안으로 들어가고 싶지 않았다. 오늘은 모두에게 진절머리가 난 상태였다. 갑자기 그 속에 조던도 포함되어 있음을 깨달았다. 그녀는 내 표정에서 그런 눈치를 챘던 모양인지, 말없이 홱 돌아서서 현관 층계를 뛰어올라 집 안으로 들어가버렸다. 나는 몇 분 동안 손으로 머리를 감싸쥐고 앉아 있었다. 이윽고 안에서 전화를 드는 소리가 나고 택시를 부르는 집사의 목소리가 들렸다. 나는 대문에서 기다릴 생각으로 집을 등지고 천천히 차도를 따라 내려갔다.

20야드도 채 못 가서 내 이름을 부르는 소리가 들렸다. 개츠비가 두 그루의 관목 사이에서 나타났다. 이때 나는 매우 날카로워져 있었던 모양이다. 그의 분홍색 양복이 달빛 아래 밝게 떠올랐다는 것 외에는 아무것도 생각할 수가 없었으니 말이다.

"여기서 뭘 하고 계세요?" 내가 물었다.

"그냥 서 있어요, 올드 스포트."

어쩐지 그것이 비열한 짓 같이 생각되었다. 예를 들어 그가 금방이라도 도둑질을 하러 집 안으로 들어갈지도 모른다는 느낌이었다. 그의 등 뒤 컴컴한 관목 사이로 험상궂은 얼굴들, '울프심 패거리'의 얼굴이 나타난대도 별로 놀라지 않았을 것이다.

"길에서 무슨 사고 난 것 보셨나요?" 그가 잠시 뜸을 들인 후에 물었다.

"네."

그는 말할지 말지 망설였다.

"그 여자는 죽었습니까?"

"네."

"그럴 줄 알았어요. 데이지에게도 그럴 거라고 말해주었죠. 그래도 충격이 한꺼번에 닥쳐온 게 오히려 다행이에요. 그녀는 상당히 잘 견디어냈어요."

그의 말씨는 데이지의 반응 한 가지밖에는 문제될 것이 아무것도 없다는 투였다.

"웨스트 에그로는 뒷길을 골라서 갔죠." 그는 계속해서 말했다.

"내 차고에 차를 집어넣었어요. 우리를 본 사람은 없는 것 같아요. 물론 확신할 수야 없지만."

이맘때쯤 나는 그가 싫어진 나머지 그가 잘못 생각하고 있다는 말조차 해 줄 필요도 없다고 느꼈다.

"그 여자는 누구였어요?" 그가 물었다.

"윌슨이라고 하는 여자인데 남편이 그 주유소 주인이에요. 도대체 어떻게 하다 그랬지요?"

"저어 나도 서둘러 차를 돌리려고 했는데—"

그가 말을 뚝 끊었다. 무슨 일이 있었는지 알 것 같았다.

"데이지가 운전을 하고 있었나요?"

"네."

그는 잠깐 잠잠하다가 대답했다.

"물론 내가 운전했다고 말할 셈이오. 당신도 알다시피 우리가 뉴욕을 떠날 때 그녀는 아주 신경이 날카로워져서, 운전이라도 해서 가라앉혀 보리라고 맘먹었던 거예요—그러고는 맞은편에서 오는 차를 스쳐 지나려는 순간에 그 여자가 갑자기 우리에게로 달려들었던 겁니다. 순식간에 일어난 일이죠. 그러나 내 생각에는 그녀가 우리에게 무슨 말을 하려고 했던 것 같았어요. 우리를 자기가 아는 사람으로 생각했나봐요. 그래서 처음에 데이지는 그 여자를 피해서 반대차선 쪽으로 운전대를 꺾었어요. 그러다가 겁이 나서 다시 되돌렸습니다. 내가 손을 뻗어 운전대를 잡은 순간 쿵 하는 충격이 덮쳐왔죠. —아마 즉사였을 거예요."

"몸이 갈기갈기 찢어져서—"

"그만두세요, 올드 스포트." 그는 몸서리를 쳤다.

"아무튼 데이지는 사람을 치고도 그냥 차를 몰았어요. 차를 세우게끔 해보았으나 그녀는 정신이 나가 있었어요. 그래서 나는 비상 브레이크를 당겼어요. 그제서야 그녀는 내 무릎에 쓰러졌어요. 그 뒤로는 내가 차를 몰았지요."

"내일이면 괜찮을 거예요." 그가 이윽고 말했다.

"난 여기서 한동안 그 사람이 오늘 낮에 있었던 불쾌한 일로 그녀를 괴롭히지나 않을지 보고 있을 셈이오. 그녀는 자기 방에 문을 잠그고 들어앉아 있어요. 만일 그 사람이 무슨 폭행이라도 하려 들면 불을 깜빡이기로 했습니다."

"그 사람은 손도 대지 않을 겁니다." 내가 말했다.

"그는 지금 다른 생각으로 머리가 복잡할 테니까요."

"그를 신용할 수가 없어요, 올드 스포트."

"얼마나 오래 기다릴 작정이에요?"

"필요하다면 밤새도록이라도. 어쨌거나 모두가 잠들 때까지는."

새로운 관점이 내 머릿속에 떠올랐다. 데이지가 차를 몰았었다는 것을 톰이 알아낸다면 어떻게 할까? 거기 무슨 인과관계가 있다고 생각할지도 모른다—무엇을 어떻게 연결시킬지 알 수 없었다. 나는 집 쪽을 쳐다보았다. 아래층에 두어 개의 창문이 불을 밝히고 있고, 이층 데이지의 방에서 희미한 분홍색 빛이 쏟아져나오고 있었다.

"여기서 기다리시죠." 내가 말했다.

"무슨 소동이라도 일어나진 않았는지 보고 오겠습니다."

나는 돌아서서 잔디밭을 따라 자갈길을 가로질러 베란다 층계를 살금살금 올라가보았다. 거실의 커튼은 열려 있었지만 방은 텅 비어 있었다. 석 달 전 6월의 그날 밤 식사하던 그 현관을 지나치고 있는데, 저장실로 생각되는 방의 창문에서 불빛이 작은 사각형을 이루고 비쳐나오는 것과 맞닥뜨렸다. 차일이 내려져 있었으나 창 가장자리로 갈라진 틈이 있었다.

데이지와 톰은 식은 닭튀김 한 접시와 에일 병 두 개를 사이에 두고 마주 앉아 있었다. 그는 탁자 건너편으로 그녀에게 골똘히 무슨 이야기를 하고 있었고, 열심히 이야기를 하느라고 뻗친 손이 그녀의 손을 덮고 있었다. 이따금 그녀가 고개를 들어 그를 보며 알았다는 듯 고개를 끄덕였다.

그들은 행복해 보이지는 않았다. 두 사람 다 닭이나 에일에 손도 대지 않았으니까—그렇다고 불행해 보이는 것도 아니었다. 그 광경에는 의심할 여지도 없는 어떤 자연스러운 친밀감이 감돌고 있었으며, 누가 보더라도 그들이 지금 함께 무슨 음모를 꾸미고 있다고 생각할 것이다.

현관을 살금살금 걸어나가는데 내가 타고 갈 택시가 어두운 길을 따라 집 쪽으로 천천히 들어오는 소리가 들렸다. 개츠비는 아까 기다리고 있으라던 자리에 그대로 있었다.

"수상한 낌새는 없던가요?" 그가 걱정스레 물었다.

"네, 조용하던데요." 나는 망설였다.

"댁에 돌아가서 좀 주무시는 게 좋겠습니다." 그는 머리를 내저었다.

"난 데이지가 잠들 때까지 여기 있고 싶어요. 안녕히 주무십시오, 올드 스포트."

그는 윗옷 호주머니에 양손을 찔러 넣고 다시 집을 지켜보는 일에 열중했다. 마치 내 존재가 그의 신성한 불침번 임무에 흠이라도 된다는 느낌이었다. 그리하여 나는 달빛 아래 서 있는 그를—헛된 파수를 보고 있는 그를 뒤에 남겨두고 걸어나왔다.

8

나는 밤새도록 잠을 설쳤다. 사운드 해협에서 안개 경보가 끊임없이 신음하듯 들려왔고, 그로테스크한 현실과 잔인하고 무서운 꿈 사이를 오락가락하며 나는 반쯤은 잠들지 못한 채 몸을 뒤척거렸다. 동틀 무렵 나는 개츠비 저택 차도에 택시가 들어가는 소리를 듣고 곧장 침대에서 뛰쳐나와 옷을 입었다—그에게 해야 할 이야기가 있으며, 조심하도록 경고해야 할 것 같았고, 아침이 되기 전이라야지 그렇잖으면 때가 늦을 것만 같았던 것이다.

그 집 잔디를 가로지르면서 보니 정문이 그냥 열려 있었고, 그는 낙심해서 혹은 잠에 못 이기듯 홀의 테이블에 기대 서 있었다.

"아무 일도 없었습니다." 그는 맥없이 말했다.

"기다려봤지요. 그런데 네 시쯤 돼서 그녀가 창가로 오더니 잠깐 서 있다가 불을 끄더군요."

우리는 담배를 찾으려고 커다란 방들을 이방 저방 헤매었는데 그날만큼 그 집이 그렇게 커보이기는 처음이었다. 우리는 무슨 장막 같은 커튼들을 한편으로 걷으면서 전등불 스위치를 찾느라고 수십 피트가 되는 컴컴한 벽을 더듬어나갔던 것이다—한번은 유령처럼 불쑥 나타난 피아노 건반 위로 쓰러져 쾅 소리를 냈다. 어디나 할 것 없이 모두 먼지투성이였고, 방은 오랫동안 환기를 하지 않았는지 곰팡내가 났다. 나는 처음 보는 탁자 위에서 담배상자를 찾아냈으나, 그 속에는 언제 적 것인지 모를 말라비틀어진 두 개비의 담배가 들어 있었다. 거실 창문을 활짝 열어젖히고 우리들은 어둠 속으로 담배

연기를 내뿜으며 앉아 있었다.

"이 고장을 떠나야 할 겁니다." 내가 말했다.

"틀림없이 당신의 자동차를 찾아내고 말 것입니다."

"지금 바로 떠나라고요, 올드 스포트?"

"애틀랜틱 시티에 가서 한 주일 보내시든지, 아니면 몬트리올에라도."

그럴 생각은 하지도 않았다, 데이지가 어떻게 할 작정인지 알기까지는 도저히 떠날 수 없다면서 그는 마지막 지푸라기에 매달렸고, 거기서 그를 떼어놓기란 불가능했다.

이날 밤 그는 댄 코디와 함께 지낸 그 기이한 청년 시절 이야기를 내게 들려주었다—톰의 모진 악의 앞에 '제이 개츠비'가 유리 조각처럼 산산조각이 났으므로 이야기해주었던 것이다. 이리하여 오랜 비밀의 광상곡 연주가 끝나게 된 셈이다. 그는 이제는 감출 일이라고는 하나도 없이 무슨 이야기라도 다 밝힐 마음이 있었겠지만, 그보다는 데이지 이야기를 하고 싶어 했다.

그녀는 그가 생전 처음으로 안 양갓집 규수였다. 그는 이전에도 들키지 않게 갖가지로 꾸민 자격으로 그런 사람들과 접촉을 해보았으나, 언제나 그들과 자기 사이에는 눈에 보이지 않는 가시철망이 있는 것만 같았다. 그는 그녀가 몹시도 탐이 났다. 그는 처음에는 캠프 테일러의 다른 장교들과 같이 그녀의 집에 놀러 갔고 나중에는 혼자서 갔다. 그에게는 놀라운 일이었다. 그렇게 아름다운 집에 들어가보기는 태어나서 처음이었다. 그러나 그 집을 둘러 싼 숨막힐 정도로 강렬한 분위기는 데이지가 거기 살고 있다는 사실 때문이었다. 그녀에게 그 집은, 그가 캠프의 텐트에서 사는 것만큼이나 예사로운 것이었지만 말이다. 그 집에는 무언가 신비로운 것이 무르녹는 것만 같았다. 다른 침실보다도 더욱 아름답고 시원한 침실이 그 위층에 있을 것만 같았다. 복도에서 열린 가슴 설레는 쾌활한 유희의 여운이 가시지 않아 여전히 청신한 숨결을 내뿜고 있는 로맨스가 느껴졌다. 곰팡내 나도록 케케묵은 채 어딘가에 간수되어 있는 로맨스가 아니라 생생하고 약동하는, 번쩍거리는 최신형 자동차나 좀처럼 시들 줄 모르는 꽃으로 가득 찬 무도회 같은 그런 느낌이었다. 많은 남자들이 이미 데이지에게 흠뻑 빠져있다는 사실이 그의 가슴을 더욱 설레게 했다—그럴수록 그녀의 가치는 점점 높아져만 갔다. 다른 남자들이 남기고 간 감정들이 집 안 곳곳에서 절절하게 느껴졌다. 그들의 진동하는 감정의 그늘과 메아리로 집 안을 가득 채우고 있었다.

그는 그러나 자기가 엄청난 착오로 데이지 집 안에 발을 들여 놓았음을 알고 있었다. 제이 개츠비의 장래가 아무리 찬란한들 그때 그는 내세울 경력 하나 없는 무일푼의 청년이었으며, 군복이라는 마법의 망토는 언제 그의 어깨에서 흘러내려 사라져버릴지도 모르는 것이었다. 그리하여 자기에게 주어진 시간을 최대한으로 이용했다. 얻을 수 있는 것은 무엇이나 가져버렸다—게걸스럽게, 염치불구하고—그리하여 결국 어느 고요한 10월 밤에 데이지마저도 차지했다. 그녀의 손을 만질 자격조차 없음을 잘 알고 있었기 때문에 더욱 그녀를 차지해버렸다.

그는 물론 거짓된 인상을 꾸며놓고 그녀를 차지했던 것이므로 자기 자신을 경멸했을 수도 있었다. 그가 있지도 않은 수백만 달러를 가졌다고 허풍이라도 떨었다는 이야기가 아니다. 그러나 그는 데이지에게 의도적으로 안정감을 불어넣어주었다. 자기가 그녀와 같은 계급에 속하는 인간인 듯 믿게끔 했던 것이다—그녀의 치다꺼리쯤 충분히 할 수 있다고 믿게끔 꾸몄지만 사실은 그에게 그럴 만한 준비는 아무것도 마련되어 있지 않았다—그에게는 풍족한 뒷받침을 해줄 만한 가정적 배경은 고사하고, 인정도 뭣도 없는 나라의 변덕에 따라 이 세상 어디서 별안간 죽게 될지도 모르는 기약 없는 몸이었다.

허나 그는 자기 자신을 경멸하지도 않았고, 사태도 자기가 상상한 대로 돌아가질 않았다. 아마도 그는 얻을 수 있는 것만 차지하고는 그대로 떠나버릴 셈이었을 것이다. 그러나 정신을 차려보니 이제 그는 성배를 찾는 여행길에서 벗어날 수 없음을 알게 되었다. 그녀가 보통이 아니라는 것은 알고 있었으나 도대체 양갓집 규수가 얼마나 보통이 아닐 수 있는지는 미처 몰랐던 것이다. 그녀가 부유한 자기 집 안으로 사라져버리면, 그 부유하고 충만한 생활 속으로 사라지면 개츠비는 뒤에 홀로 남겨졌다. 오직 그녀와 결혼하고 싶다는 생각만이 그를 지배했다.

이틀 후 그들이 다시 만났을 때, 숨이 멎을 정도의 감정을 끌어안고, 어쩐지 배신당한 것 같은 느낌을 받은 사람은 오히려 개츠비 쪽이었다. 그녀의 집 현관은 돈으로 산 별빛 같은 등으로 환하게 밝았다. 그는 그녀의 가슴 떨리도록 아름다운 입술에 키스했다. 고리버들 세공의 긴 의자가, 그에게로 몸을 돌리는 그녀의 동작에 따라 멋지게 삐걱거렸다. 감기에 걸린 그녀의 목소리는 더 쉰 소리를 냈고 그 어느 때보다도 매력이 넘쳤다. 개츠비는, 부가 가두어 보호하는 청춘과 신비, 수많은 옷들이 선사하는 신선함, 그리고 허덕허덕 살아가는 가난뱅이들과는 동떨어져 순은처럼 빛나며 안전하고 자랑스럽게 보이는 데이지를 알게 되자 그만 압도당하고 말았다.

*

"내가 그녀를 사랑하고 있다는 것을 알았을 때, 얼마나 놀랐는지 이루 말로 표현할 수 없어요, 올드 스포트. 한동안은 그녀가 나를 걷어차버렸으면 하기까지 했습니다마는 그러지를 않았습니다. 그녀도 나를 사랑하고 있었으니까요. 그녀는 내가 뭐든지 많이 알고 있는 줄 알았습니다. 자기와는 다른 일들을 내가 알고 있었으니까요…… 아무튼 나는, 내 야망과는 점점 멀어지며 날이 갈수록 깊은 사랑에 빠져들고 있었습니다. 그러나 별안간 그런 건 아무것도 아니라고 생각하게 되었지요. 앞으로의 계획을 그녀에게 들려 주는 쪽이 훨씬 더 즐거운데, 위대한 일 같은 것을 이룬들 거기에 무슨 의미가 있겠습니까?"

그가 해외로 떠나기 전날 오후 그는 데이지를 두 팔 안에 껴안고 오래오래 잠자코 앉아 있었다. 싸늘한 가을날이어서 방에는 불이 지펴져 있었고, 그녀의 볼은 약간 빨갛게 달아 있었다. 이따금 그녀가 움직이면 그는 팔을 조금씩 바꿔 안았고, 한번은 그녀의 짙게 반짝이는 머리에 입을 맞추었다. 무척 조용한 오후였고, 그 조용함은 마치 밝은 미래가 기약하는 오랜 이별을 위해 깊은 추억을 만들어 두려는 것만 같았다. 그날 그녀의 다문 입술이 그의 웃옷 어깨를 스치고, 그가 잠든 사람을 깨우지 않으려는 듯 살그머니 그녀의 손끝을 만졌을 때만큼 친밀했던 일은, 혹은 그만큼 깊이 마음이 통했던 일은 그들이 사랑한 한 달 동안에도 일찍이 없었다.

*

그는 군대에서 보통 이상으로 잘 해냈다. 일선에 가기 전에 벌써 대위가 되었고, 아르곤 전투 끝에 소령이 되면서 사단 기관총 부대의 지휘관이 되었다. 휴전 후 그는 곧바로 귀향하려고 했으나 무슨 사무착오인지 오해인지 때문에 그는 옥스퍼드 대학으로 보내졌다. 그는 이제 걱정이 되어 안절부절 못했다. —데이지의 편지가 짜증섞인 초조함 같은 것을 띠고 있었기 때문이다. 그가 어째서 귀향을 못 하는지 그녀는 알 수가 없었다. 그녀는 주변의 압력을 받는 중이었으므로 어서 빨리 그가 돌아와 그녀 옆에 있어주기를 원했고, 그래서 결국은 그녀의 선택이 옳았었다는 보장을 받고 싶었다.

데이지는 어렸고, 그녀의 인공적인 세계는 난초 향기와 유쾌하고 활발한 속물 근성으로 가득했다. 거기에는 최신 유행의 리듬으로 된 신곡 속에서 서글프고 도발적인 인생을 읊는 오케스트라가 있었다. 밤새도록 색소폰은 '빌 스트리트 블루스'의 절망적인 넋두리를 울부짖었고, 그것에 맞춰 금빛 은빛의 수백 켤레 신발들이 반짝거리는 가루를 일으켰다. 어둑한 밤참 때는 으레 방마다 이렇게 낮고 달콤한 열기로 두근댔다. 색소폰의 구슬픈 음색에 날려 바닥으로 흩어지는 장미꽃잎처럼 새로운 얼굴들이 여기저기 떠돌아다녔다.

사교의 계절이 돌아오자 데이지는 이 땅거미 진 세계로 다시 들어가기 시작했다. 그녀는 갑자기 하루에도 몇 번씩 대여섯 명의 남자와 데이트를 했고, 새벽녘에야 침대맡에 시들어가는 난초꽃 사이에 구슬 달린 시폰 드레스를 벗어던지고 잠을 청했다. 그동안 줄곧 그녀의 마음속에서는 무언가 결단을 내려야 한다는 절박한 갈망이 소용돌이치고 있었다. 그녀는 지금 당장 자기 인생이 어떤 형태를 갖추기를 원했다—그리고 그 결단에는 피할 수 없는 어떤 운명적인 이유—사랑 때문이거나 돈, 혹은 의심할 여지가 없는 현실적인 이유이든—바로 곁에 있는 어떤 운명적 이유가 필요했다.

그 운명은 봄이 한창일 무렵, 톰 뷰캐넌의 출현으로 눈에 보이는 형태를 갖추었다. 그는 사람 됨됨이며 지위 면에서 어떤 견고한 부피감 같은 것이 느껴졌고, 데이지는 우쭐해졌다. 얼마간 번민도 했으나 그만큼 안도감이 있었음에도 틀림이 없었다. 그 소식은 개츠비가 아직 옥스퍼드에 있을 때 그에게 도착했다.

*

이제 롱아일랜드에도 새벽이 돌아왔다. 우리는 집 안을 돌아다니며 아래층의 나머지 창문을 모두 열고 사방을 잿빛, 금빛으로 물들이는 새벽빛을 집 안에 가득 채웠다. 한 그루의 나무 그늘이 불쑥 이슬 위에 떨어지고, 푸른 나뭇잎 사이로 활기찬 새 소리가 들려왔다. 대기 가운데는 바람이라고까지는 할 수 없으나 느릿하고 상쾌한 유동 같은 것이 있어 서늘하고 좋은 날씨가 될 것을 예견해주고 있었다.

"난 데이지가 톰을 사랑한 적이 있다고는 생각지 않습니다."

개츠비는 창문 밖을 내다보고 섰다가 홱 돌아서며 덤벼들 듯이 나를 쳐다보았다.

"어제 오후에는 그녀가 매우 흥분했다는 것을 기억하시지요, 올드 스포트? 그 사람이 그런 얘기를 그런 식으로 했으니까요. 그녀가 겁을 잔뜩 집어먹게끔 있는 소리 없는 소리를 지껄이며 나를 비열한 사기꾼으로 몰아세웠으니까요. 그 결과 그녀는 자기가 무슨 말을 하고 있는지도 모르게 되었던 겁니다."

그는 침울한 기색으로 걸터앉았다.

"하기야 아주 잠깐 동안 그를 사랑했을지도 모릅니다. 신혼 당시에 말입니다―그러면서도 그때에조차도 나를 더욱더 사랑했던 겁니다. 아시겠어요?"

갑자기 그는 이상한 말을 꺼냈다.

"아무튼 그건, 그들 사이는 단순한 개인적인 관계였을 뿐입니다."

그 말을 무엇이라고 해석할 수가 있을까, 자기네의 그 사랑에 대한 그의 생각에 어떤 헤아릴 수 없는 깊이가 있는가보다고 짐작하는 수밖에.

그는 톰과 데이지가 아직 신혼 여행을 하고 있는 동안 프랑스에서 돌아왔다. 그는 군대의 마지막 봉급으로 비참한, 그러나 어쩔 수 없이 해야 했던 루이스빌 여행을 떠났다. 일주일간 머무르면서 그는 11월 밤 두 사람의 발소리가 겹쳐서 울리던 거리를 서성거렸고, 그녀의 하얀 자동차로 드라이브 갔던 호젓한 곳들을 다시 돌아보았다. 데이지의 집이 다른 집들보다 늘 더욱 신비롭고 즐거워보였던 것과 마찬가지로, 이 도시 자체에 대한 그의 인상 역시, 비록 그녀가 가버리고 없는 터이지만 일종의 우울한 아름다움으로 가득 차 있었다.

그는 떠나면서도, 더 열심히 찾았다면 그녀를 찾을 수 있었을 것 같은― 그녀를 뒤에 두고 떠나는 것 같은 느낌이었다. 보통 객차는―이제 그는 수중에 돈 한 푼 없었다―푹푹 쪘다. 그는 객차의 연결 복도로 나가 접이식

의자를 펴고 앉았다. 정거장이 천천히 미끄러져 물러가고 낯선 건물 후면들이 곁으로 지나갔다. 이윽고 봄의 평야에 나서자, 거리에서 무심코 데이지의 하얀 매력적인 얼굴을 한 번쯤 본 적이 있을지도 모르는 사람들을 잔뜩 태운 노란 전차 한 대가 들판을 달려가고 있었다.

선로가 꺾이면서 기차는 이제 태양에서 멀어져가고 있었다. 태양은 점점 낮게 몸을 낮추며, 그녀가 숨쉬었던 저 멀어져가는 도시 위에 축복이라도 내리듯 펼쳐졌다. 그는 마치 한 줌의 바람이라도 잡겠다는 듯이, 그녀로 인하여 아름다웠던 곳의 조각을 하나라도 간직해두려는 듯이 절망적으로 손을 뻗쳤다. 그러나 눈물 어린 그의 눈에 그것은 너무나 빨리 멀어지고 있었으며 그는 가장 생생한, 가장 좋은 부분을 영원히 놓쳐버렸음을 알고 있었다.

우리가 아침 식사를 마치고 현관으로 나갔을 때는 아홉 시였다. 밤 사이에 날씨가 확 달라져서 가을의 기색이 완연했다. 개츠비의 예전 하인 중 남아 있는 단 한 사람, 정원사가 층계 밑으로 와서 말했다.

"수영장 물을 오늘 뽑을까 합니다, 개츠비 씨. 나뭇잎이 곧 떨어지기 시작할 텐데요. 그러면 수도관에 고장이 나기 쉽답니다."

"오늘은 하지 말게." 개츠비가 대답했다. 그는 변명조로 나를 돌아보며 말했다.

"저 말씀이죠, 올드 스포트, 여름내 저 수영장을 한 번도 이용하지 못했다는 걸 아십니까?"

나는 내 시계를 들여다보고 자리에서 일어섰다.

"기차 시간이 12분밖에 안 남았군요."

나는 시내로 나가고 싶지가 않았다. 일할 마음이 조금도 나질 않아서였지만 그것뿐만이 아니었다―개츠비를 혼자 버려두고 싶지 않았던 것이다.

나는 그 기차를 보내고 다음 기차도 보내고 나서야 마지못해 자리에서 일어섰다.

"전화드리지요." 이윽고 내가 이렇게 말했다.

"그래 주십시오, 올드 스포트."

"열두 시쯤에 전화 걸겠습니다."

우리는 천천히 계단을 밟아 내려갔다.

"데이지도 분명 전화 걸어줄 테죠."

나를 바라보는 그의 표정은 퍽 걱정스러워 보였다. 마치 내가 그 일을 확증해주기를 바라기라도 한다는 듯이.

"그럴 겁니다."

"자, 그럼, 안녕히 가십시오."

악수를 나눈 뒤 나는 걸어나왔다. 울타리에 다다르기 직전에, 나는 마음에 걸리는 것이 있어서 돌아섰다.

"그 사람들은 썩어빠진 족속들입니다."

나는 잔디밭 너머로 소리쳤다.

"당신은 혼자서 그 사람들을 한데 묶어놓은 것보다도 더 나은 분이지요."

그때 내가 그 말을 해주길 잘했다고 나는 늘 생각하고 있다. 나는 처음부터 끝까지 그라는 인간을 도저히 인정할 수 없었기 때문에, 그를 칭찬해본 것은 그 한 번뿐이었다. 처음에 그는 점잖게 고개를 끄덕이더니, 그의 얼굴이 활짝 밝아지며 알아듣겠다는 듯한 미소를 지었다. 마치 우리들이 이때 그 사실을 우리끼리만 아는 비밀로 삼고 희열에 잠겨 있기라도 했다는 표정이었다. 그의 현란한 분홍빛 양복이 하얀 계단을 등지고 밝은 무늬를 이루고 있었다. 나는 석 달 전 처음으로 그의 고색창연한 저택을 방문했던 날 밤 일이 생각났다. 잔디밭과 차도에는 그가 타락한 벼락부자라고 짐작하는 얼굴들로 붐볐고—그는 저 계단에 서서 얼룩 한 점 없는 불후의 꿈을 가슴 속 깊이 감춘 채 그들에게 손을 흔들어 작별인사를 하고 있었다.

나는 그의 환대가 고마웠다고 인사를 했었다. 우리는 항상 그에게 환대에 감사한다는 말을 했었다—나와 그리고 다른 손님들은.

"안녕히 계십시오." 나는 소리쳤다.

"조반 잘 먹었습니다, 개츠비 씨."

*

시내로 들어와서 나는 한동안 수많은 주식 시세를 적어보려 애쓰다가 회전 의자에 앉은 채 그만 잠이 들어버리고 말았다.

정오 직전 전화소리에 깨서 고개를 번쩍 드니 이마에 땀방울이 잔뜩 맺혀 있었다. 조던 베이커였다. 그녀는 호텔이나 클럽, 또는 누군가의 집을 내키는 대로 전전하여 그녀 자신도 소재를 정확히 알 수 없었으므로, 다른 방법으로는 연락되는 길이 없어서 이맘때면 내게 전화를 걸어오곤 했었다. 보통 같으면 전화로 들리는 그녀의 목소리는 골프채에 휘날린 푸른 잔디 한 조각이 사무실 창문으로 날아들어오는 것처럼 싱싱하고 상쾌하게 느껴졌겠지만, 오늘 아침에는 귀에 거슬릴 정도로 무미건조했다.

"데이지의 집에서 나왔어요." 그녀가 말했다.

"지금 헴스테드에 있는데 오늘 오후에 사우샘프턴으로 내려가려고요."

데이지의 집을 떠난 것은 현명한 행동이었을 테지만 그 행위는 나를 따분하게 했고, 다음 말에는 몸이 뻣뻣해졌다.

"어젯밤에는 나한테 별로 친절하지 않으시더군요."

"무슨 일이 벌어졌었는지 잘 알고 있지 않소."

잠시 침묵이 흘렀다.

"아무튼 간에─만나고 싶어요."

"나도 만나고 싶소."

"내가 사우샘프턴에 가지 않고 오후에 시내로 가면 어떨까요?"

"안 돼요─오늘 오후에는 그만둡시다."

"그럼 됐어요."

"오늘 오후에는 어쩔 수가 없겠어요. 여러 가지로─"

한동안 우리는 이런 식으로 이야기를 나누었지만, 그러다가 갑자기 말이 끊기고 말았다. 둘 중에 누가 찰칵 하고 전화를 끊어버렸는지는 모르겠지만, 그런 것조차 아무래도 상관없었다. 앞으로 두 번 다시 그녀와 만나지 못하게 되는 한이 있더라도 그날만큼은 차 테이블을 사이에 두고 앉아서 이야기를 나눌 기분은 들지 않았을 것이다.

몇 분 있다가 개츠비의 집에 전화를 걸어보았으나 통화중이었다. 네 번이나 걸었더니, 마침내는 골이 난 교환수가 그 전화선은 디트로이트에서의 장거리 전화를 대기중이어서 연결시켜 줄 수 없다고 알려주었다. 나는 시간표를 꺼내 세 시 오십 분 기차에 조그만 동그라미를 그렸다. 그러고는 의자에 기대 앉아 생각을 해보려 애썼다. 마침 정오였다.

*

그날 아침 기차로 잿더미를 통과할 때 나는 일부러 기차간의 반대편으로 건너갔다. 아마도 거기에는 하루 종일 호기심 많은 군중들이 서성거렸을 터였다. 먼지 속에서 도로 위의 검은 얼룩자국을 찾는 애들이며, 일이 어떻게 되었는지를 되풀이해서 들려주는 수다쟁이들도 있으리라. 하지만 수다쟁이들도 말을 하다보면 그 일들이 점점 사실감이 덜해져서 결국은 더 이상 이야기할 것이 없어져버리고, 그리하여 마침내 머틀 윌슨의 비극적인 결말도 잊혀지리라고 나는 생각했다. 나는 여기서 조금 뒤로 돌아가 전날 밤 우리가 주유소를 떠난 뒤 그곳에서 있었던 일을 이야기해야겠다.

사람들은 머틀의 여동생 캐서린의 소재를 알아내느라고 혼이 났다. 그날 밤 그 여자는 술을 마시지 않는 규칙을 어겼던 모양이다. 그녀가 나타났을 때는 술에 취해 고주망태가 되어, 구급차가 이미 플러싱으로 떠났다는 이야기를 알아듣지 못했던 것이다. 사람들이 그 사실을 납득시키자 그녀는 즉시 기절해버렸다. 마치 이 사고에서 그녀가 견딜 수 없는 부분이 바로 구급차가 이미 떠나버린 것이라는 듯이. 누군가가 친절에서인지 호기심에서인지 그녀를 자기 차에 태우고 언니 시체를 뒤쫓아 가주었다.

한밤중도 훨씬 지난 뒤까지 구경꾼이 끊일 새 없이 주유소 앞에 밀어닥쳐 왔다갔는데, 그동안 윌슨은 안의 긴 의자에서 몸을 앞뒤로 흔들며 앉아 있었다. 그동안 사무실 문이 열려 있었으므로, 주유소 안에 들어오는 사람들이 무심코 그 안을 힐끗힐끗 들여다보곤 했다. 이윽고 누가 그래서야 쓰겠느냐고 말을 하면서 문을 닫아주었다. 마이켈리스와 다른 사람 몇이 그와 함께 있었다. 처음에는 네댓 명이었던 것이 나중에는 두어 명으로 줄었다. 좀더 늦어지자 마이켈리스는 마지막으로 남은 낯선 남자에게 십오 분만 더 기다려달라고 부탁해야만 했다. 그 틈에 그는 자기 집으로 돌아가서 커피 한 주전자를 끓여가지고 왔다. 그 다음부터 새벽까지 그는 혼자서 윌슨과 같이 지냈다.

세 시쯤 되자 윌슨의 영문 모를 중얼거림이 조금 달라졌다—조금 덜 시끄러워졌고 노란 차 이야기를 시작했다. 그는 노란 차가 누구 것인지 알아내는 방법이 있노라고 장담하더니, 또 두 달 전에 마누라가 시내를 다녀왔는데 얼굴에는 상처를 입고 코가 부어 있더라고 불쑥 내뱉는 것이었다.

그러나 자기 입으로 이 말을 해놓고는 그 소리에 놀라 움찔하더니, 다시금 앓는 소리로 "아! 하나님" 하고 울부짖기 시작했다. 마이켈리스는 그를 달래려고 서투르나마 갖은 애를 써보았다.

"결혼한 지 얼마나 됐죠, 조지? 자, 이것 봐요, 잠깐만 가만 앉아서 내 말에 대답 좀 해봐요. 결혼한 지 얼마나 됐죠?"

"12년"

"아이도 있었수? 자 이것 봐요, 조지, 가만히 좀—내가 묻고 있잖아요, 아이는 있었냐고요."

갈색 딱정벌레가 어슴푸레한 전등 불빛에 몸을 부딪는 소리가 들렸다. 밖에서 휙휙 지나가는 차 소리가 날 때마다, 마이켈리스에게는 몇 시간 전에 멈추지도 않고 달아났던 차 소리같이 들렸다. 그는 주유소 쪽으로는 가기가 싫었다. 시체가 놓였던 작업대가 피로 얼룩져 있었기 때문이다. 그래서 사무실 안을 안절부절 못하고 빙빙 돌기만 했고—아침이 되기도 전에 그 방 안에 있는 물건을 모조리 외워버렸을 지경이었다—때때로 윌슨 옆에 앉아 좀 진정시켜보려고 애쓰기도 했다.

"가끔 가는 교회라도 있수? 조지, 아주 오래오래 발을 끊었던 교회라도 있으면 내가 전화를 걸어서 목사님 한 분을 오시게 할게요. 목사님과 얘기라도 좀 하면 어떨까?"

"아무 교회도 안 나가."

"교회에 나가야 돼요, 조지, 이런 일을 당했을 때는. 전에 교회에 분명히 다녔을 텐데. 결혼식을 교회에서 하지 않았소? 이것 봐요, 조지, 내 말좀 들어봐요, 교회에서 결혼하지 않았소?"

"옛날 일이지."

대답을 하느라 몸을 흔드는 리듬이 깨어졌다—잠시 그는 잠잠했다. 그러고는 전과 같이 반쯤 알았다는 듯한, 반쯤은 어리둥절한 표정이 흐리멍덩한 그의 눈에 다시 나타났다.

"거기 서랍 안을 좀 봐주시우."

그는 책상을 가리키며 말했다.

"어느 쪽 서랍이요?"

"그쪽 서랍 그것 말이오."

마이켈리스는 자기 손에서 가장 가까운 서랍을 열었다. 그 안에는 조그맣고 척 보기에도 비싸 보이는 개줄 밖에는 아무것도 없었다. 가죽으로 되어 있고, 은장식이 있는 끈이었다. 완전히 새것으로 보였다.

"이것 말이오?"

그는 그것을 손에 들고 물었다. 윌슨은 찬찬히 쳐다보고는 고개를 끄덕거렸다.

"어제 오후에 그걸 처음으로 발견했지. 마누라는 그게 무언지 변명하려고 애를 썼지만 아무래도 수상했어."

"그럼 부인이 그걸 샀다는 말이오?"

"마누라는 그걸 화장지에 싸 가지고 장롱 속에 놓아두었더라고."

마이켈리스는 그게 어째서 이상한지 알 수 없었다. 그래서 그는 윌슨에게 그의 아내가 그 개줄을 사게 되었을 연유를 생각나는 대로 줄줄이 읊어주었다. 그러나 윌슨은 이미 머틀에게서 지금과 같은 설명을 들었던 모양인지 다시금 "오, 하나님!"을 입속에서 중얼거리기 시작했다—그를 위로하려다 되려 자극한 셈이었다.

"그러니까 그놈이 죽였어." 윌슨이 말했다. 그의 입이 갑작스레 떡 벌어졌다.

"누가 그랬다고?"

"난 알아낼 방법이 있지."

"제정신이 아니군, 조지." 그의 친구가 말했다.

"이번 일로 당신은 신경을 너무 썼소. 그래, 무슨 말인지도 모르고 함부로 말을 하고 있어요. 아침까지는 조용히 앉아 있어보려고 애쓰는 게 좋겠어요."

"그놈이 마누라를 죽였어."

"그건 사고였어요, 조지."

윌슨은 머리를 내저었다. 눈을 가늘게 뜨고 입을 약간 삐죽하면서 "흥" 하고, 너는 모르지만 나는 다 안다는 시늉을 했다.

"난 알고 있어." 그는 단호하게 말했다.

"나는 남이 하는 말을 그대로 믿고 마는 데다, 남을 해칠 생각 같은 건 해본 적도 없어. 하지만 이건 너무 뻔히 보여. 그 차에 탄 사내 녀석이었어. 마누라는 그놈에게 말을 걸려고 쫓아나갔는데, 그놈이 차를 멈추질 않았단 말이야."

마이켈리스도 역시 그런 모습을 보기는 했으나 거기에 무슨 특별한 의미가 있으리라고는 생각지 못했었다. 그에게는 윌슨 부인이 어떤 특정한 차를 지목하여 세우려들었다기보다는 그저 남편에게서 도망치려는 것처럼 보였다.

"부인이 어쩌다 그 지경이 됐나 모르겠수."

"앙큼한 여자라우." 윌슨이 말했다. 마치 그것으로서 충분한 대답이 된다는 듯이.

"아—"

그는 다시 몸을 흔들기 시작했고, 마이켈리스는 개줄을 손에 쥐고 비틀며 서 있었다.

"친구가 있으면 전화해서 불러줄게요, 조지."

이것은 헛된 희망이었다—윌슨에게는 친구 같은 게 없다는 것은 거의 확실했다. 그 부인이 이런 남자한테 만족할 수 있을 리 만무했다.

조금 후 방 안에 변화가 생기는 것을 알자 그는 반가웠다. 창가에 푸른빛이 되살아나고 있었으며, 새벽이 머지 않았음을 알렸다. 다섯 시 무렵에는 불을 꺼도 좋을 만큼 바깥이 환해졌다.

윌슨의 흐리멍덩한 시선이 잿더미를 바라보았다. 거기에는 자그마한 회색 구름들이 기기묘묘한 모양으로 떠서 가냘픈 새벽 바람에 이리저리 날리고 있었다.

"내가 그녀에게 말해주었지." 오랜 침묵 끝에 중얼거렸다.

"나는 마누라에게, 나를 속일 수 있을지는 모르나 하나님은 못 속인다고 말해주었어. 나는 마누라를 창문으로 데리고 가서는—." 그는 억지로 일어나서 뒷편 들창으로 걸어가더니 얼굴을 창에 갖다 대고 기대섰다.

"그리곤 이렇게 말해주었어. '하나님은 당신이 한 짓을 전부 알고 계셔, 하나도 빠짐 없이 모두. 당신은 날 속일 수는 있어도 하나님은 못 속여!' 라고."

마이켈리스는 그의 뒤에 서서 윌슨이 T.J. 에클버그 박사의 두 눈을 들여다보고 있음을 알자 오싹했다. 그 두 눈은 엷어져가는 어둠 속에서 창백하고 거대한 모습으로 떠오른 직후였다.

"하나님은 못 보는 것이 없어." 윌슨이 되뇌었다.

"저건 평범한 광고예요."

마이켈리스는 이렇게 안심시켰다. 왜 그랬는지는 모르지만 그는 들창에서 시선을 거두고 방 안을 돌아보았다. 그러나 윌슨은 오래오래 거기에 그대로 서 있었다. 창틀에 얼굴을 바싹 들이대고, 여명을 향하여 고갯짓을 하고 있었다.

*

여섯 시에는 마이켈리스도 지칠 대로 지쳐 있었다. 따라서 밖에 자동차가 서는 소리가 들리자 몹시 반가웠다. 그것은 전날 밤에 밤샘하던 사람 중에 다시 오겠노라고 약속했던 사람이었다. 그래서 그는 아침식사를 삼 인분 만들어 왔지만 결국 먹기는 자기와 그 남자 둘이서만 먹었다. 윌슨이 이제 좀 조용해졌으므로 마이켈리스는 집으로 돌아가서 잠을 잤다. 네 시간 뒤에 깨어나서 주유소로 돌아와 보니 윌슨은 사라지고 없었다.

그의 행적은—그는 쭉 걸어서 다녔는데—나중에 추적되었는데, 처음에는 루스벨트 항구로 갔다가 거기서 개스 힐까지 가서, 샌드위치를 한 개 샀지만 먹지는 않고 커피 한 잔만 마셨다. 그는 고단해서 빨리 걷지 못했던 모양이다. 개스 힐에 도착했을 때가 이미 점심때였다. 여기까지는 그가 어떻게 시간을 보냈는지 설명하기 어렵지 않았다. '미친 사람 같이 행동하는' 남자를 보았다는 사내들이 있었고, 윌슨이 길 옆에 서서 기묘한 눈초리로 자기네를 훑어보더라고 하는 자동차 운전사들도 있었다. 그 다음 세 시간 동안 그는 자취를 감추었다. '찾아낼 방법이 있다'고 마이켈리스에게 하던 말을 근거로 경찰은 윌슨이 그 세 시간 동안 근방 주유소를 하나하나 찾아다니며 노란 차의 소재를 물으러 다녔을 것이라고 추측했다. 그러나 그를 보았다는 주유소 사람은 한 명도 나타나지 않았으므로, 아마도 자기가 알고 싶은 것을 좀더 쉽고 확실하게 알아내는 방법이 있었던가 보다. 두 시 반쯤해서 그는 웨스트 에그에 있었는데, 여기서 누구에게 개츠비의 집으로 가는 길을 물었다. 즉 그 시점에 이미 그는 개츠비의 이름까지 알고 있었다.

*

두 시에 개츠비는 수영복으로 갈아입고, 누구에게서든 전화가 걸려 오거든 수영장으로 알려달라고 집사에게 일러두었다. 그는 여름 동안 손님들을 즐겁게 했던 공기 매트리스를 가지러 차고로 갔다. 그 속에 바람을 넣는 일을 운전사가 도와주었다. 그러고 나서 그는 어떤 일이 있더라도 오픈카를 바깥에 내놓지 말라고 지시했다—이것은 좀 이상했는데, 전면 우측 흙받이가 망가져서 수리가 필요했기 때문이었다.

개츠비는 매트리스를 어깨에 메고 수영장으로 갔다. 잠깐 걸음을 멈추고 매트리스를 약간 옮겨 메었다. 운전사가 도와주겠노라고 말했지만 괜찮다고 머리를 내저으며, 개츠비는 단풍이 들기 시작하는 나무 사이로 사라졌다.

전화 메시지는 아무것도 오지 않았지만 집사는 낮잠까지 거르면서 네 시가 되도록 기다렸다—전화가 왔더라도 그것을 받을 사람이 없어진 지 오랜 뒤에까지. 개츠비 자신도 전화가 오리라고는 더 이상 기대하지 않았고, 오든 말든 더 이상 아랑곳하지 않게 되었던 모양이다. 만약 그렇다면 그는 예전의 따뜻했던 세상을 상실했다고, 단 한 개의 꿈을 위해 너무 오랫동안 살아온 대가를 비싸게 치렀다고 느꼈으리라. 그는 장미꽃이란 얼마나 그로테스크한 것인지를, 또 손질하지 않은 잔디 위에 쏟아지는 햇볕이 얼마나 거친지를 알았을 때, 괴물같이 생긴 나뭇잎 사이로 낯선 하늘을 올려다보며 몸서리를 쳤으리라. 꿈을 숨 쉬듯 마시며 사는 가엾은 허깨비들이 서성대는 곳…… 허구로 구성된 그 새로운 세계가 난데없이 다가왔고…… 아물거리는 나무 사이로 그에게 살금살금 덮쳐오는 그 잿빛의 환영처럼.

운전사—그는 울프심의 부하 중 한 사람이다—는 총소리를 들었다—나중에 그는 그 총소리를 그다지 염두에 두지 않았다는 말밖에 할 수 없었다. 역에서 개츠비의 집으로 곧장 차를 몰고 간 내가 걱정스럽게 정문 층계를 달려 올라가자 그제야 사람들은 뭔가 좋지 않은 일이 일어났음을 깨달았다. 그러나 그 전에 이미 그들도 알아차렸으리라고 나는 굳게 믿는다. 말 한 마디 없이 우리 네 사람, 운전사, 집사, 정원사, 그리고 나는 수영장으로 다급하게 내려갔다.

수영장 한 끝에서 맑은 물이 흘러나와 배수구로 밀려가는 흐름 때문에 물이 보일 듯 말 듯 움직이고 있었다. 물결이라고까지 할 수도 없는 물살이 개츠비를 태운 매트리스를 수영장 이곳저곳으로 옮겨가고 있었다. 수면에 주름을 짓지도 못할 만큼 가벼운 한 줄기 바람조차, 무거운 짐을 싣고 정처없이 흘러가고 있는 그 매트리스의 진로를 좌우하기에는 충분했다. 한 뭉치의 나뭇잎이 와 닿자 그것은 빙그르르 돌아 마치 자오선의 다리처럼 연분홍빛 동그라미를 물 위에 가늘게 그렸다.

우리가 개츠비를 얼싸안고 집으로 옮기는 도중에 정원사가 저편 숲 속에서 윌슨의 시체를 발견했다. 어처구니없는 학살은 이렇게 끝났다.

9

2년이 지난 지금 그날의 나머지 시간과 그날 밤, 그리고 그 이튿날은, 단지 경찰과 사진기자들과 신문기자들이 개츠비의 집을 들락날락하는 끝없는 스릴로서 기억할 뿐이다. 대문을 가로질러 밧줄이 쳐지고 경찰 하나가 그 옆에 서서 구경꾼들을 못 들어오게 했으나, 어린아이들이 나의 집 뜰로 해서 들어갈 수 있다는 걸 발견했고, 그래서 풀 근처에는 항상 몇 명의 아이들이 입을 벌린 채 모여 있었다. 그날 오후 형사처럼 보이는, 자신만만하게 구는 어떤 사람이 윌슨의 시체를 들여다보며 '미친 사람'이라는 표현을 사용했는데, 그의 목소리의 그 우발적인 권위가 다음 날 아침 신문기사에 주요 단서가 되었다.

기사들의 대부분은 악몽과 같은 것이었는데—기괴하고 추정적 내지 보수적인 데 치중한 것이라, 진실과는 거리가 멀었다. 검시를 할 때의 마이켈리스의 증언으로 윌슨이 자기 마누라를 의심하고 있었다는 것이 밝혀졌을 때, 나는 머지않아 사건의 전모가 사람들이 좋아해 마지않는 가십거리로 세상에 나돌게 될 것이라고 예상했다.—그러나 무엇인가 말을 할 법한 캐서린은 한마디도 하지 않고 있었다. 그녀는 뛰어난 배우이기도 했다.—예의 새로 그린 눈썹 아래 있는 단호한 눈으로 검시관을 똑바로 쳐다보면서 다음과 같은 사실을 신에게 맹세했다—그녀의 언니는 개츠비라는 사람과는 한 번도 만난 적이 없으며 남편과 완전히 행복했다는 것, 바람을 피웠다니 있을 수 없는 일이라고 했다. 그녀는 스스로도 완전히 그렇게 믿고 있는 것처럼 손수건에 얼굴을 파묻고 울었다—그런 의심을 받은 것 자체만으로도 가슴이 찢어질 것 같다는 모습이었다. 그래서 윌슨은 '슬픔 때문에 미친' 사람으로 여겨져 사건은 가장 단순한 형태로 해결되고 말았다.

그러나 사건의 그 부분은 모두 거리가 멀고 핵심적인 것이 아니었다. 나는 내가 개츠비의 편이라는 걸 발견했고, 그리고 나 혼자뿐이었다 내가 불행한 사건의 내용을 웨스트 에그 빌리지에 전화로 알리자, 그를 둘러싼 모든 억측과 온갖 실무적인 물음이 나에게 쏟아졌다. 처음에 나는 놀라서 어쩔 줄을 몰랐다. 그러나 개츠비는 그의 집 안에 누인 채 움직이지도, 숨쉬거나 말을 하지도 못하므로, 시간이 감에 따라 내가 일을 처리해야 한다는 생각이 점점 커졌다. 나 이외에 아무도 관심을 보이지 않았기 때문이었다—여기서의 관심이란, 죽음 앞에서는 누구나 받아야 할 법한 친밀한 인간적 관심을 두고 하는 말이다. 굳이 말로 하지 않아도 그것은 인간의 고유한 권리이지 않은가.

개츠비의 사체를 찾아낸 지 삼십 분 뒤에 나는 데이지에게 전화를 걸었는데, 본능적으로 주저하지 않고 건 전화였다. 그러나 그녀와 톰은 그날 오후 일찍 나가고 없었고, 게다가 짐까지 꼼꼼히 챙겨갔다고 한다.

"어디 간다고 말도 안 했소?"

"아뇨."

"언제 돌아온다고 말했소?"

"안 했습니다."

"어디 갔을 것 같아요? 어떻게 하면 연락이 될까요?"

"모릅니다. 말할 수 없습니다."

나는 개츠비를 위해 누군가를 데려오고 싶었다. 그가 누워 있는 방으로 가서 다음과 같은 말로 그를 위로하고 싶었다—"내 당신을 위해 누구든지 데려오리다, 개츠비. 걱정 말아요. 나를 믿으시오, 내 누구든지 데리고 올 테니—"

메이어 울프심의 이름은 전화번호부에 없었다. 집사가 브로드웨이에 있는 그의 사무실 주소를 가르쳐주었고, 나는 번호 안내계에 전화를 걸었다. 그러나 내가 전화번호를 알았을 때는 이미 다섯 시가 지난 뒤여서 전화를 받는 사람이 아무도 없었다.

"한 번 더 불러주시오."

"세 번이나 불렀어요."

"아주 중요한 일입니다."

"미안합니다. 아무도 없는 모양이에요."

나는 응접실로 돌아왔다. 방을 가득 채운 사람들은 모두 왔다가 그냥 가버리는 조문객이라는 생각이 언뜻 들었다. 방 안에는 이제 경찰과 보도관계자들로 가득했다. 그러나 그들이 시트를 들고 감정이 결여된 눈으로 개츠비의 유체를 유심히 바라보는 동안, 그의 항의는 내 머릿속에서 계속되었다—"이봐요, 올드 스포트. 나를 위해 제대로 된 조문객을 데려다 주세요. 부탁이니 제발 누구든지 찾아와 주세요. 나는 이렇게 내내 혼자 있을 수는 없습니다."

누군가가 나에게 질문을 하기 시작했지만, 나는 중간에 그걸 뿌리치고 위층으로 올라가 그의 책상의 잠기지 않은 서랍들을 급히 뒤져보았다—그는 나한테 그의 부모가 죽었다고 분명히 말한 적이 없었던 것이다. 그러나 거기엔 아무것도 없었고—단지 댄 코디의 사진만이 잃어버린 격렬한 생활의 흔적으로, 벽 위에서 내려다보고 있었다.

다음날 아침 나는 집사 편으로 뉴욕의 울프심에게 편지를 보냈다. 편지로 개츠비에 대한 정보를 부탁하고, 다음 기차로 서둘러 이리 오라고 호소했다. 나는 그 편지를 쓰면서 나의 요구가 공연스런 것처럼 생각되었다. 나는 그가 신문을 보자마자 이곳으로 출발했을 거라고 확신하고 있었던 것이다. 그것은 점심때까지는 데이지가 전보를 보내 올 것이라고 확신했던 것과 다름이 없었다. 그러나 전화도 오지 않았고 울프심도 오지 않았다. 더 많은 경찰과 사진기자들과 신문기자들을 제외하고는 아무도 오지 않았던 것이다. 집사가 울프심의 회답을 가지고 왔을 때, 나는 개츠비와 내가 그들 전부에 대해 맞서왔다는 느낌, 그들 모두를 경멸하고 있다는 일치감 같은 것을 느꼈다.

친애하는 캐러웨이 씨. 이번 일은 내 생애에 가장 끔찍한 충격이어서 그것이 사실이라는 것조차 믿을 수 없을 지경입니다. 그 사람의 그 같은 미친 행동은 우리들 모두에게 생각하는 바 있게 할 것입니다. 나는 아주 중요한 사업 관계로 지금은 갈 수 없으며, 지금은 이 일과 관련될 수가 없습니다. 얼마 뒤에 만일 내가 할 수 있는 일이 있으면 에드거를 통해 편지로 알려주십시오. 나는 그런 소식을 들은 지금 어찌해야 좋을지 모르겠으며 두들겨 맞은 것처럼 완전히 기진맥진하였습니다.

메이어 울프심

그리고 날림 글씨로 밑에 덧붙여 놓고 있었다.

장례식 등에 대해서 알려주십시오. 그의 가족에 대해서는 전혀 모릅니다.

그날 오후 전화벨이 울리고 시카고에서 장거리 전화라고 했을 때, 나는 마침내 데이지에게서 왔구나 하고 생각했다. 그러나 그것은 남자의 목소리로서 아주 가늘고 멀었다.

"슬래글입니다……"

"네?" 그 이름은 생소했다.

"큰일 났어요. 내 전보 받으셨어요?"

"전보는 한 통도 오지 않았습니다만."

"젊은 친구 파크가 사고를 내서 말입니다." 그는 급히 말했다.

"그가 카운터에 채권을 내다가 붙잡혔습니다. 바로 5분 전에 뉴욕에서 번호를 알리는 회람장이 도착해서 그렇게 된 것입니다. 거기에 대해서 뭐 듣지 못했나요, 네? 여기 같은 시골에서는 아무것도 몰라요—"

"여보시오!" 나는 급히 저쪽 말을 막았다.

"이거 보시오—나는 개츠비 씨가 아니오. 개츠비 씨는 죽었어요."

저쪽에서는 뭐라고 외치는 소리를 내더니 오랫동안 말이 없었다……

그런 뒤 재빠른 불평 소리와 함께 전화는 끊겼다.

*

헨리. C. 개츠라고 서명된 전보 하나가 미네소타에 있는 한 읍에서 도착한 것은 사흘째 되는 날이었다고 생각한다. 전보의 사연은, 발신인이 즉각 출발할 테니까 자기가 도착할 때까지 장례를 연기해달라고 적혀 있을 뿐이었다.

그이는 개츠비의 아버지였다. 근엄한 노인이었는데, 아주 무력해 보이고 낙담과 당황이 역력한 모습이었다. 따뜻한 9월이었는데도 길고 두꺼운 싸구려 외투를 휘말아 입고 있었다. 그의 눈은 격한 감정으로 끊임없이 눈물이 흘러나오고 있었다. 내가 그의 손에서 가방과 우산을 받아들자 그는 쉴새없이 성근 회색빛 수염을 잡아뜯듯 쓸어내렸기 때문에, 외투를 벗기기가 힘들 지경이었다. 그는 금방이라도 쓰러질 것 같았으므로, 음악실로 데리고 가서 그를 앉히고 사람을 시켜서 먹을 것을 가져오게 했다. 그러나 그는 먹으려 하지 않았고, 우유컵이 그의 떨리는 손에서 엎질러져내렸다.

"시카고 신문에서 보았소." 그는 말했다.

"전부 시카고 신문에 났더군요. 나는 즉시 출발했소."

"어떻게 연락을 드려야 할지 알 수가 없었습니다."

그는 끊임없이 방을 두리번거렸지만, 사실 아무것도 눈에 들어오지 않았다.

"미치광이였소." 그가 말했다.

"틀림없이 미쳤어."

"커피 드시겠습니까?" 내가 권했다.

"아무것도 싫어요. 나는 이젠 괜찮소, 미스터―"

"캐러웨이입니다."

"아, 나는 이제 괜찮아요. 지미(개츠비의애칭)는 어디에 있나요?"

나는 그의 아들이 누워 있는 거실로 그를 안내해 주고 혼자 있게 해 주었다. 꼬마들이 계단을 올라와서 홀을 들여다보고 있었다. 죽은 사람의 아버지가 와 있다고 말하자 그들은 마지못해 가버렸다.

얼마 뒤 개츠 씨가 문을 열고 나왔는데, 입은 약간 벌어지고 얼굴은 약간 상기되어 있었으며 눈에서는 소리 없이 눈물이 흘러나오고 있었다. 그는 이미 죽음이 무섭게 놀라운 것이 못 되는 그런 나이에 이르러 있었다. 그는 이제야 겨우 한숨 돌리고 주위를 둘러볼 수 있었다. 화려한 홀의 높은 천장과 거기서 이어진 커다란 방들이 또 다른 방들로 연결되어 있는 걸 보자, 그의 슬픔은 엄청난 자부심과 뒤섞이기 시작했다. 나는 그를 잡고 위층 침실로 올라갔다. 그가 코트와 조끼를 벗고 있는 동안, 나는 그에게 장례 준비는 그가 올 때까지 연기해 놓았노라고 말했다.

"어떻게 하고 싶어하실지 몰라서 그랬습니다. 개츠비 씨―"

"내 이름은 개츠요."

"―개츠 씨. 나는 당신이 시신을 서부로 옮겨가실 거라 생각했습니다."

그는 머리를 좌우로 흔들었다.

"지미는 옛날부터 항상 동부 쪽을 좋아했어요. 자리를 굳힌 것도 역시 동부로 나와서였지. 당신은 내 아이의 친구였소, 미스터―?"

"친한 친구였습니다."

"앞길이 창창한 아이였죠. 아직 젊은 나이였지만 이 머리가 대단했지요."

그는 그의 머리를 인상적으로 만졌고 나는 고개를 끄덕였다.

"만일 그애가 살아 있었으면 큰 인물이 되었을 거요. 제임스 제이 힐 (미국 철도를 부설한 자본가) 같은 인물 말이오. 그는 나라를 세우는 데 공이 있어요."

"그렇습니다." 나는 개운치 않게 말했다.

그는 수놓은 침대보를 부스럭부스럭 벗기더니 그대로 꼿꼿하게 누워 순식간에 잠이 들어버렸다.

그날 밤 몹시도 두려움에 질린 사람한테서 전화가 왔고, 자기의 이름을 밝히기 전에 내가 누구냐고 물었다.

"캐러웨이라고 합니다." 내가 말했다.

"아!" 그는 안심한 듯했다.

"나는 클립스프링거입니다."

나 역시 마음이 놓였는데, 이로써 개츠비의 장례식에 참석할 친구가 한 사람 더 늘었기 때문이었다. 나는 부고를 신문에 내어 구경꾼들이 많이 몰려오게 하고 싶지 않아서, 직접 몇 사람에게 전화 연락을 하고 있었던 것이었다. 찾아내기가 힘들었다.

"장례는 내일입니다." 나는 말했다.

"세 시에, 여기 집에서입니다. 오실 만한 분이 있으면 연락해주십시오."

"아, 그러지요." 그는 어색하게 말했다.

"누군가를 만날 것 같지는 않지만 만나면 얘기하지요."

그의 말투는 의심스러웠다.

"물론 당신은 오시겠죠?"

"아, 가고 싶은 마음은 굴뚝같은데 말이죠. 그건 그렇고 제가 전화를 한 것은―"

"잠깐." 나는 그의 말을 막았다.

"오신다는 겁니까, 안 오신다는 겁니까?"

"네, 그게 실은―실은 나는 여기 그리니치에서 어떤 사람들과 같이 있는데요, 내일은 그 사람들과 함께 보내기로 했거든요. 실은 피크닉을 가든가 그럴 것 같은데요. 물론 어떻게 해서든 빠져나오고 싶기는 하지만―"

나는 나도 모르게 "흥!" 소리를 내뱉었는데, 그가 그 소리를 들었는지 말하기 거북한 듯이 이야기를 이었다.

"내가 전화를 한 것은 거기 두고 온 구두 때문입니다. 집사가 그걸 가져다

준다면 너무 수고를 끼치는 게 되겠지요. 그게 말입니다. 테니스화인데요, 그게 없으면 좀 불편해서 그럽니다. 내 주소는 전교(轉交)로 B.F.—"

　나머지는 듣지 않았다. 내가 수화기를 놓아버렸기 때문이다.

　그 뒤로 개츠비가 점점 더 불쌍해졌다. —내가 전화를 건 한 신사는 둘러 말하긴 했지만 개츠비가 그렇게 된 것은 당연하다는 뜻의 말을 했다. 그러나 전화한 내가 잘못이었는데, 왜냐하면 그는 개츠비의 술을 마시고 그 술기운으로 개츠비를 아주 신랄하게 꼬집곤 하던 사람 중의 하나였기 때문이다. 그러니 그런 사람에게는 전화를 걸지 말았어야 했다.

　장례식 날 아침에 나는 메이어 울프심을 만나기 위해 뉴욕으로 갔다—그러지 않고서는 그를 만날 도리가 없을 것 같았다. 엘리베이터 보이가 가르쳐준 대로 밀고들어간 문에는 '스와스티카 지주회사'라고 쓰여 있었다. 처음에 안에는 아무도 없는 것 같았다. 그러나 내가 헛되이 "여보세요" 라고 몇 번 소리쳐 불렀을 때, 칸막이 뒤에서 논쟁하는 소리가 들렸다. 그러더니 이윽고 예쁘장한 유대인 여자가 안쪽 문에서 나타나더니, 매몰찬 검은 눈으로 나를 뚫어져라 보았다.

　"아무도 없어요." 그녀가 말했다.

　"울프심 씨는 시카고에 가셨어요."

　아무도 없다는 건 분명히 거짓말이었다. 안에서 누군가가 곡조에 맞지 않게 "로잘리"를 부르기 시작했기 때문이었다.

　"캐러웨이란 사람이 좀 만나고 싶어한다고 전해주십시오."

　"그분을 시카고에서 데려올 수는 없잖아요?"

　이때 어떤 목소리가, 울프심이 분명한 목소리가 문 저쪽에서 "스텔라!" 하고 불렀다.

　"책상에 이름을 써놓으세요." 그녀가 빨리 말했다.

　"그분이 돌아오시면 전해드리겠어요."

　"하지만 저 안에 계시잖소."

　그녀는 나를 향해 한 걸음 다가와서 벌컥 화를 내며 허리에 대고 있던 두 손을 들썩였다.

　"당신네 젊은 양반들은 언제나 자기들 멋대로 쳐들어와서는 내키는 대로 지껄이는군요." 그녀는 소리를 질렀다.

"세상이 어디 당신들 멋대로만 되는 줄 알아요? 내가 시카고에 있다고 하면 무슨 일이 있어도 시카고에 있는 거예요."

나는 개츠비 이름을 대었다.

"아유!" 그녀는 다시 나를 훑어보았다.

"잠깐만요—당신 이름이 뭐라고 하셨죠?"

그녀는 안으로 사라졌다. 곧이어 메이어 울프심이 근엄하게 문간에 서서 두 손을 내밀었다. 그는 중후한 목소리로 지금은 우리들 모두에게 슬픈 시간이라고 말하면서, 나를 그의 사무실로 데려가 담배를 권했다.

"내가 그를 처음 만났을 때 기억이 납니다." 그가 말했다.

"막 군에서 제대한 청년 소령으로, 전쟁 훈장을 몸에 잔뜩 달고 있더군요. 빈털터리라 사복을 살 형편이 못 되어서 줄곧 그 군복을 입고 있었던 거지요. 내가 그를 처음 본 것은, 그가 43번가에 있는 와인브레너의 도박장에 들어와서 일자리가 없느냐고 물었을 때죠. 그는 이틀 동안 아무것도 먹지 못하고 있었어요. '이리 와서 나하고 뭐 좀 먹읍시다.' 내가 말했지요. 그는 30분 만에 4달러 어치 이상을 먹었습니다."

"당신이 그에게 일자리를 주었나요?"

내가 물었다.

"일을 준 정도가 아니죠. 내가 그를 '만들'었으니까요."

"아."

"아무것도 없는 데서 내가 그를 키웠어요. 말 그대로 정말 시궁창에서 그를 건져낸 겁니다. 나는 즉각 그가 잘생기고 신사다운 젊은이라는 걸 알았고, 그가 나더러 자기는 옥스퍼드 출신이라고 말했을 때 나는 그를 잘 쓸 수 있다고 생각했습니다. 나는 곧바로 그를 미국 재향군인회에 등록시키고 거기서 높은 자리에 오르게 했죠. 얼마 안 가서 그는 올버니에 있는 내 거래처를 위해 일했습니다. 모든 일에 있어서 우리는 죽이 잘 맞았죠—"

그는 피둥피둥한 손가락 두 개를 서로 맞붙였다.

"언제나 둘이 함께였죠."

나는 그런 협력이 1919년 월드 시리즈 때도 계속되었는지 어땠는지 궁금했다.

"하지만 이제 그는 죽었습니다." 나는 잠시 후 말했다.

"당신은 그의 가장 친한 친구였으니까 오늘 오후 그의 장례식에는 오시겠지요?"

"가고 싶어요."

"그럼 오십시오."

그의 콧털이 약간 떨렸고, 그가 그의 머리를 좌우로 흔들 때 그의 눈은 눈물로 가득 찼다.

"그럴 수가 없군요—그 일에 말려들어갈 수가 없어요." 그가 말했다.

"말려들고 말고 할 것도 없습니다. 그건 다 끝난 일이니까요."

"사람이 피살되었을 때는 어떤 식으로든 그 속에 끼어드는 걸 나는 좋아하지 않아요. 가능한 만큼 사건 바깥에 떨어져서 있는 거죠. 젊었을 때는 그렇지 않았어요—만일 친구가 죽으면 정말 끝까지 달라붙어 있었어요. 당신은 그걸 감상적이라고 할지 모르지만, 정말 끝까지 그랬어요, 악착같이 지켜봤죠."

그는 그 나름의 이유로 장례식에 오지 않겠다고 분명히 결정했음을 알고 나는 일어섰다.

"당신은 대학을 나오셨소?" 그는 갑자기 물었다.

순간 나는 그가 '거래처' 이야기를 꺼내려 하는구나 싶었다. 그러나 그는 고개를 끄덕거리고 악수를 할 뿐이었다.

"우정은 상대가 살아있는 동안에 발휘하는 것으로, 죽고 난 뒤에는 이미 소용없다는 점을 서로 명심합시다." 그가 말했다.

"죽은 사람은 그냥 가만히 내버려두는 것이 내 규칙이라오."

내가 그의 사무실을 떠났을 때 하늘은 어두워졌고, 나는 가랑비 속에 웨스트 에그로 돌아왔다. 옷을 갈아입은 뒤 이웃집으로 갔는데, 개츠 씨는 홀 안을 흥분해서 왔다갔다하고 있었다. 자기 아들과 아들의 재산에 대한 그의 자부심은 계속 상승하고 있었고, 드디어 그는 나에게 보여주고 싶은 것이 있다고 했다.

"지미가 이 사진을 나한테 보냈소." 그는 떨리는 손으로 지갑을 꺼냈다.

"이거 보슈."

이 집을 찍은 사진인데 가장자리가 너덜너덜하게 해지고 여러 사람들이 만져서 때가 묻어 있었다. 그는 집 구석구석을 열심히 지적했다. "이것 봐요!” 말하고 나서 내 눈에 찬탄의 빛을 찾으려고 했다. 내 생각에는 그가 그 사진을 사람들에게 너무 자주 보여준 나머지 사진이 실제 집보다 더 실물처럼 보이는 모양이었다.

“지미가 이걸 나한테 보내주었소. 참 근사한 사진이라 생각해요. 정말 잘 찍혔지요?”

“참 좋습니다. 그런데 최근에 그를 보신 일이 있으십니까?”

“두 해 전에 나를 보러 와서 내가 지금 살고 있는 집을 사주었소. 물론 그 놈이 집을 나갔을 때는 우리 집 꼴이 말이 아니었지만, 집을 나간 데는 그만한 이유가 있었다는 걸 이제 알겠소. 그 애는 자기에게 커다란 미래가 있다는 걸 알고 있었던 거지. 그리고 그 애가 성공을 하면 할수록 나한테 아주 잘했어요.”

그는 그 사진을 치우는 것이 괴로운지 한동안 그대로 들고 내게 보이고 있었다. 그러더니 지갑에 다시 넣고, 호주머니에서 겉장에 《호펄롱 캐시디》 _(카우보이를 주제로
한 소설)라고 쓰인 다 떨어진 헌책 한 권을 꺼냈다.

“이거 보슈, 이건 그 애가 어렸을 때 가지고 있었던 책이오. 보면 짐작이 가리다.”

그는 뒷표지를 펼쳐서 나에게 보여주었다. 맨 끝의 아무것도 씌어 있지 않은 면지에 ‘스케줄’이라고 적혀 있었다. 1906년 9월 12일이라는 날짜 밑으로 다음과 같이 적혀 있었다.

기상—오전6 : 00
아령 체조와 벽 닦기—오전6 : 15~6 : 30
전기학 공부, 기타—오전7 : 15~8 : 15
일—오전8:30~오후4 : 30
야구와 스포츠—오후4 : 30~5 : 00
연설 연습, 몸가짐 익히기—오후5 : 00~6 : 00
유용한 발명에 대한 공부—오후7 : 00~9 : 00

결심
‘샤프터스’나 혹은 ‘……’(이름을 판독할 수 없었다) 시간을 낭비하지 않는다.
    담배를 끊는다
    이틀에 한 번씩 목욕한다
    유익한 책이나 잡지를 일주일에 한 권씩 읽는다
    매주 3달러(5달러였던 것을 지우고 고쳤다) 저금한다
    부모님께 더 잘한다

"나는 이 책을 우연히 발견했소." 노인은 말했다.
"짐작되지 않소?"
"짐작됩니다."
"지미는 원래 출세할 녀석이었던 거요. 그 애는 이런 결심들을 늘 하고 있었어요. 그 애가 마음을 개선하려고 어떻게 했는지 아시겠소? 늘 엄청나게 노력했지. 그 애는 언젠가 나더러 개처럼 먹는다고 했고, 그래서 나는 그놈을 때려줬다오."
    그는 책을 덮기 싫은 듯, 매 항목들을 소리 내어 낭독하고는 나를 열띤 눈으로 쳐다보았다. 마치 내가 후학을 위해 그 리스트를 그대로 베끼기를 바라기나 하는 것처럼.
    세 시가 좀 못 되어 루터교 목사가 플러싱에서 도착했고, 나는 다른 차들이 오진 않았나 창 밖을 흘끗흘끗 내다보았다. 개츠비의 아버지 역시 내다보았다. 시간은 흘러갔고 하인들이 나타나 현관에 서서 출발 신호를 기다리자 노인의 눈은 불안하게 깜박거리기 시작했고, 걱정스럽고 불확실한 어조로 비를 탓했다. 목사는 몇 번이나 시계를 들여다보았고, 나는 그를 한 옆으로 데리고 가 삼십 분만 더 기다려달라고 부탁했다. 그러나 소용이 없었다. 결국 아무도 오지 않았다.

*

    다섯 시경에 세 대의 자동차 행렬은 묘지에 도착하여, 줄기차게 내리는 가랑비 속에서 문 옆에 멎었다—맨 앞에는 비에 젖어 유난히 검게 번들거리는 영구차, 다음에는 개츠 씨와 목사와 내가 탄 리무진, 그리고 뒤미처 네댓 명의 하인들과 웨스트 에그에서 온 우체부 하나가 개츠비의 스테이션 웨건을 타고 속살까지 흠뻑 젖어 도착했다. 우리가 문을 지나 묘지 안으로 들어서려는데, 뒤에서 차가 멈추더니 질척한 땅에 고여 있는 물을 철벅철벅 튀기며 누군가가 우리의 뒤를 따라오는 소리가 들렸다. 돌아보니, 석 달 전 어느 날 밤 개츠비의 서재에서 거기 있는 책들에 놀라던 올빼미 눈 모양의 안경을 낀 사람이었다.

나는 그날 밤 이후로 그를 본 일이 없었다. 나는 그가 어떻게 장례식이 있다는 걸 알았는지 알 수 없었고, 그의 이름조차 모르고 있었다. 비는 그의 두꺼운 안경을 타고 떨어졌고, 개츠비의 무덤을 가린 천막이 벗겨져 접히는 것을 보기 위해 안경을 벗어서 닦았다.

나는 그때 개츠비에 관해서 잠깐 생각해보려고 했지만, 그는 이미 너무 멀리 있었다. 내가 떠올릴 수 있는 것이라곤 단지 데이지가 아무런 메시지나 꽃조차 보내지 않았다는 사실 뿐이었다. 그러나 원망은 들지 않았다. 누군가가 "비를 맞은 사자(死者)는 축복받을까?" 하고 중얼거리는 소리가 희미하게 들렸다. 올빼미 안경을 쓴 남자가 과감한 목소리로 "그렇고 말고"라고 응수했다.

우리는 비에 쫓기듯 자동차 있는 데로 급히 왔다. 올빼미 안경이 문 옆에서 나에게 말했다.

"조문은 못 갔습니다." 그가 말했다.

"어차피 아무도 오지 않았습니다."

"저런!" 그는 놀랐다.

"그런 법이 어디 있담! 몇 백 명이나 그 집에 드나들었는데."

그는 안경을 벗어서 다시 안팎을 닦았다.

"후레자식들 같으니라고." 그가 말했다.

*

내가 생생하게 기억하는 것 중의 하나는 크리스마스 때 대학 예비학교에서, 그리고 성장해서는 대학에서 서부로 귀향할 때의 추억이다. 시카고보다 더 멀리 가는 친구들은 12월의 어느 날 저녁 여섯 시에, 시카고 친구들과 함께 고색창연한 유니온 역에 모이는 것이었는데, 벌써 휴가의 즐거움에 들떠 조급히 작별인사를 하고 있었다. 나는 여기저기의 고상한 여자 기숙학교에서 귀향하는 아가씨들의 틸코트나, 하얀 입김이 되어 떠오르는 수다, 아는 친구가 눈에 띄면 머리 위로 높이 흔드는 손들을 기억한다. 우리는 어느 집의 모임에 초대받았는지에 대한 정보를 교환했다. "넌 오드웨이네 집에 갈 거니? 허시네는? 슐츠?" 우리의 장갑 낀 손에는 기다란 초록빛 차표들이 단단히 움켜쥐어져 있었다. 그리고 무엇보다 '시카고, 밀워키, 세인트 폴 철도'의 칙칙한 노란빛 차량이 마치 크리스마스 그 자체인 양 우리의 가슴을 따뜻하게 자극했다.

기차가 역을 빠져나와 겨울 밤 속으로 미끄러져 들어가면, 진짜 눈(雪), 우리들의 눈이 창 밖으로 펼쳐지면서 차창에 반사해 반짝였고, 작은 위스콘신 역의 흐린 불빛들이 뒤로 멀어진다. 갑자기 공기가 지독히 싱싱하고 거칠게 팽팽해지기 시작한다. 식당칸에서 저녁식사를 마치고 싸늘한 복도를 지나가면서 우리는 그 공기를 깊게 들이마시며, 우리가 이 지방에서 생을 받은 인간임을 말이 아니라 피부로 생생하게 느낀다. 그런 약간의 흥분이 1시간 정도 이어지는데, 일단 그것을 넘기면 우리는 다시 이해타산과는 거리가 먼 고향의 공기에 완전히 녹아들고 만다.

그것이 나의 중서부이다—밀밭이나 농장 혹은 없어져버린 스웨덴 사람들의 마을이 아니라, 젊은 날의 가슴 설레는 귀성열차이며, 얼어붙은 밤의 가로등과 썰매의 종소리가 들리고, 불 켜진 창으로 성스러운 화환이 눈 위에 던져지는 그런 곳이다. 나도 그것의 일부다. 긴 겨울이 성격에도 영향을 끼쳐 대체로 고지식하고, 몇십 년 동안을 아직도 하나의 성(姓)으로 집 이름들이 불리는 도시의 캐러웨이 가문에서 자란 덕분에 다소 점잖은 편이다. 결국 내가 여기서 이야기해온 것은 서부의 이야기였던 것이다—톰과 개츠비, 데이지와 조던과 나는 모두 서부 출신이다. 그리고 아마도 우리는 동부 생활에 적합하지 않은 어떤 공통된 결함을 가지고 있었는지도 모른다.

동부 지방이 나를 가장 흥분시켰을 때도 있었다. 오하이오 강 서쪽의 뚜렷한 목표 없이 팽창하기만 한 따분하기 그지없는 도시들—아이들과 아주 늙은 노인들을 제외한 주민들은 숨막히는 감시의 시선 아래 있었다—에 비교하면 동부는 얼마나 멋진 곳인가 하고 솔직하게 감탄하던 때도 있었다. 그러나 그런 때조차도 동부는 언제나 나에게 어딘가 뒤틀린 데가 있어보였다. 특히 웨스트 에그는 아직도 나의 환상적인 꿈속에 나타난다. 나에게는 그곳이

엘 그레코가 그린 밤 풍경처럼 보인다―수백 채의 집들, 평범하면서도 동시에 기괴하고, 음울한 하늘과 광택 없는 달 아래 쭈그리고 있는 그 집들. 앞쪽에는 야회복을 입은 네 명의 사내들이, 흰 이브닝 드레스를 입은 술에 취한 여자가 누워 있는 들것을 들고 굳은 표정으로 인도를 걷고 있다. 그녀의 손은 들것 가장자리 밖으로 축 늘어지고, 보석들이 싸늘하게 반짝거린다. 사내들은 엄숙하게 어떤 집으로 들어간다―잘못 찾은 집이다. 그러나 아무도 그 여자의 이름을 알지 못하고, 아무도 알려고 하지 않는다.

개츠비의 죽음 이후 동부 지방은 나에게 그렇게 어쩐지 기분 나쁜 곳으로 전락하고 말았다. 내 눈의 힘으로는 더 이상 바로 잡을 수 없을 만큼 뒤틀려 있었다. 그래서 마른 잎을 태우는 푸른 연기가 피어오르고 줄에 걸린 빨래가 겨울 바람에 딱딱하게 얼어붙는 계절이 돌아올 때 나는 고향에 돌아가기로 결심했다.

떠나기 전에 해야 할 일이 하나 있었는데―그냥 내버려두는 게 좋았을 듯한 귀찮고 불유쾌한 일이었다. 그러나 나는 떠날 때만큼은 말끔하게 정리하고 싶었다. 이해심 깊고 무심한 바다가 내가 남긴 찌꺼기를 적당히 쓸어버리도록 맡겨두기는 싫었다. 나는 조던 베이커를 만나서 우리들에게 일어났던 일에 대해서, 그리고 그 후 나에게 일어났던 일에 대해서 자세하게 이야기했다. 그녀는 커다란 의자에 기대어 아주 조용히 이야기를 듣고 있었다.

그녀는 골프시합용 옷을 입고 있었는데, 그때 나는 그녀가 훌륭한 삽화처럼 보인다고 생각했다―그녀의 턱은 우아하게 치켜올라가 있었고, 머리카락은 낙엽 빛깔이었으며, 얼굴은 그녀의 무릎 위에 놓인 손가락 없는 장갑처럼 갈색 빛을 띠고 있었다. 내가 이야기를 끝내자 그녀는 아무 설명도 없이 다른 남자와 약혼했다고 말했다. 비록 그녀가 고개만 까딱해도 결혼할 남자가 예닐곱 명 있었다고는 하더라도 나는 그 말을 믿지 않았다. 그러나 나는 놀란 척했다. 잠깐 동안 나는 내가 실수를 한 것이 아닐까라는 의심이 머리를 스쳤다. 그러나 다시 한번 그 일을 재빨리 되짚어보고 나서 작별을 고하기 위해 일어섰다.

"그렇지만 당신은 나를 버렸어요." 조던이 갑자기 말했다.

"전화 한 통화로 나를 깨끗이 버렸어요. 나는 이제 당신을 원망하지 않지만, 그것은 나에게 새로운 체험이었고, 한동안 혼란스러웠어요."

우리는 악수를 했다.

"아, 그리고 기억하세요?"—그녀가 덧붙였다—"서투른 운전에 관해서 우리가 주고받은 대화 말이에요."

"기억하죠—정확하지는 않지만."

"서투른 운전사는 또 다른 서투른 운전사를 만날 때까지만 안전하다고 당신은 말하셨죠? 그래요, 나는 또 다른 서투른 운전사를 만난 거예요. 안 그래요? 그런 어긋난 믿음이 내 부주의였다는 말이에요. 나는 당신이 정직하고 솔직한 분이라고 생각했어요. 나는 그게 당신의 은밀한 자부심이라고 생각했어요."

"나는 서른 살입니다." 내가 말했다.

"자기를 속이고 그것을 자랑으로 생각하기에는 다섯 살 정도 많은 편이지요."

그녀는 대꾸하지 않았다. 화가 났지만 반쯤은 그녀를 사랑하고, 무엇보다 진심으로 섭섭하게 생각하며 나는 발길을 돌렸다.

*

10월 하순 어느 날 오후 나는 톰 뷰캐넌을 만났다. 그는 5번가를 따라 언제나처럼 빈틈없고 공격적인 걸음걸이로 내 앞에서 걸어가고 있었다. 그의 두 손은 마치 거치적거리는 게 있으면 때려눕히겠다는 듯이 그의 몸에서 약간 떨어져 벌어져 있고, 머리는 쉬지 않고 두리번거리는 그의 눈에 맞추어 이리저리 민첩하게 움직이고 있었다. 그로부터 거리를 두기 위해 걸음을 천천히 늦추었는데, 하필이면 그때 그가 걸음을 멈추더니 얼굴을 찡그리며 보석상 진열장을 들여다보는 것이었다. 문득 그는 나를 보자 되돌아 걸어와서 손을 내밀었다.

"왜 그래, 닉? 나와 악수도 안 할 셈인가?"

"그래, 내가 자네를 어떻게 생각하고 있는지 알 거야."

"자네 미쳤군, 닉." 그는 빨리 말했다.

"이만저만 미친 게 아냐."

"톰." 나는 따지듯 말했다.

"그날 오후 윌슨에게 뭐라고 말했지?"

그는 아무 말 없이 나를 응시했고, 나는 그 밝혀지지 않은 몇 시간 사이에 있었던 일에 대한 나의 추측이 옳았다는 걸 알았다. 나는 그대로 돌아서서 가기 시작했으나 그는 나를 따라오면서 내 팔을 잡았다.

"나는 그에게 사실을 말했어." 그가 말했다.

"우리가 떠나려고 하는데 그가 문간에 나타났어. 그래서 나는 사람을 시켜 우리가 없다고 했더니 강제로 위층으로 올라오려고 했어. 만일 내가 그 차의 임자가 누구인지 말하지 않았으면 그는 나를 죽이고도 남았을 거야. 집 안에 있는 동안 손은 줄곧 호주머니 속에 있는 권총에 가 있었어ㅡ" 그는 덤벼들듯 말을 끝냈다.

"내가 말한 것이 어쨌다는 건가? 개츠비란 녀석이 그를 그렇게 하도록 만든 거야. 그는 데이지의 눈을 흐리게 한 것처럼 자네의 눈도 흐리게 한 거야. 그는 지독한 악당이야. 개를 치듯 머틀을 치고 게다가 차도 정지시키지 않았단 말이야."

내가 할 수 있는 말은 아무것도 없었다ㅡ단지 그것이 진실이 아니라는, 말할 수 없는 사실을 제외하고는.

"자넨 내가 괴로워하지도 않았다고 생각하는가? ㅡ이보게, 그 공동주택을 넘기러 갔을 때 그 빌어먹을 개 비스킷 상자가 찬장에 놓여 있는 걸 보고는 그 자리에 주저앉아서 어린애처럼 엉엉 울었네. 정말 그건 끔찍한 것이었어ㅡ"

나는 그를 용서할 수도 좋아할 수도 없었지만, 적어도 그에게는 그가 한 일이 완전히 정당화되어 있다는 걸 알았다. 모든 것은 아주 부주의(무관심)하고 뒤죽박죽이었다. 그들은 사려가 부족한 사람들이다. 톰과 데이지ㅡ그들은 사물들과 피조물들을 망가트리고는 그들의 돈이나 그들의 엄청난 무관심(부주의), 혹은 그들을 하나로 결속시켜주는 '어떤 것' 속으로 숨어버린다. 그리고 자기들이 저지른 혼란을 다른 사람들로 하여금 처리하게 한다……

나는 그와 악수했다ㅡ악수를 거부하는 것도 어른스럽지 못하다는 생각이 들었다. 왜냐하면 나는 갑자기 내가 어린아이와 이야기하고 있는 것처럼 느껴졌기 때문이다. 그러고 나서 그는 진주 목걸이를 사기 위해ㅡ혹은 단지 한 쌍의 커프스 단추를 사기 위해ㅡ보석상으로 들어갔다. 나의 시골뜨기 특유의 고집 같은 건 순식간에 잊어버린 모양이다.

내가 떠날 때 개츠비의 집은 여전히 텅 비어 있었다—정원의 잔디는 내 잔디밭처럼 제멋대로 자라 있었다. 마을의 택시 운전사 하나는 그의 집 앞 출입문을 지나갈 때마다 차를 잠깐 세우고 집 안쪽을 가리키며 한바탕 떠들지 않고는 배기지 못했다—아마 사건이 일어난 날 밤 데이지와 개츠비를 태우고 이스트 에그로 간 것이 그 운전사였는지도 모르고, 그래서 그 일에 관해서 자기 나름으로 이야기를 꾸며대는지도 모른다. 나는 그 이야기를 듣고 싶지 않았으므로, 기차에서 내리면 그의 차만큼은 피했다.

나는 토요일 밤은 언제나 뉴욕에서 보냈다. 왜냐하면 개츠비의 파티의 그 눈부심과 황홀함이 너무 선명히 남아 있어서, 그의 정원에서 희미하게 끊임없이 들리는 음악과 웃음소리, 차도를 오르내리는 차 소리가 끊임없이 들리는 것 같았기 때문이다. 어느 날 밤 나는 거기서 진짜 자동차 소리를 들었고, 현관 계단 앞에 멈춰 서 있는 차의 라이트를 보았다. 그러나 나는 누군지 알아보지 않았다. 아마 그 사건이 일어났을 때 지구의 맨 끝에 가 있어서, 파티가 끝장난 줄도 모르고 찾아온 마지막 손님일 것이다.

마지막 날 밤, 트렁크에 짐을 꾸려넣고 자동차는 식품상에 팔고 나서, 나는 그 집 쪽으로 가서 그 집의 엄청나고 부조리한 실패를 다시 한 번 바라보았다. 하얀 돌계단에는 어떤 아이가 벽돌 조각으로 갈겨 쓴 음탕한 말이 달빛 속에 뚜렷이 드러나보였다. 나는 구두로 비비고 문질러 그것을 지워버렸다. 그런 뒤 나는 해변으로 어슬렁어슬렁 걸어내려가 모래 위에 큰대(大)자로 드러누웠다.

해변의 큰 집들은 이미 대부분 닫혀 있었고, 사운드 해협을 가로질러 가는 연락선 한 척의 희미한 불빛이 움직이는 걸 제외하면 불빛은 거의 찾아볼 수 없었다. 달이 점점 높이 떠오름에 따라 집 같은 하잘것없는 것들은 녹아 없어지고, 마침내 그 옛날 네덜란드 선원들의 눈에 찬란히 비쳤던 이 옛 섬—새로운 세계의 신선한 녹색 가슴으로 비쳤을 옛 모습이 서서히 떠올랐다. 이 섬의 사라진 나무들—개츠비의 집을 위해 길을 마련하느라고 없어진 나무들은 일찍이 인간의 최후의, 그리고 최대의 꿈을 소곤소곤 주선했던 것이다. 덧없이 흘러가버리는 매혹적인 순간을 위하여 인간은 이 대륙 앞에서 숨이 가빴을 것이다. 두 번 다시 돌아오지 않는 역사의 한 페이지에 경탄하며, 이해하지도 못하고 원하지도 않았던 어떤 미적인 명상에 어쩔 수 없이 잠겨들어 갔으리라.

나는 거기 앉아 오랜 미지의 세계에 대한 생각에 잠기면서, 개츠비가 데이지의 부두 끝에서 처음으로 녹색 불빛을 찾아냈을 때의 그의 경이에 대해—상상했다. 그는 이 푸른 잔디밭을 향해 머나먼 길을 걸어왔다. 그의 꿈은 너무 가까워 보인 나머지 그것을 붙잡는 데 실패할 것이라고는 생각지도 못했을 것이다. 그는 그 꿈이 이미 그의 뒤에 있다는 것을 알지 못했다.—도시 저쪽의 광막하게 어두운 어떤 곳, 공화국의 어두운 벌판이 밤 밑으로 끝없이 이어진 그런 곳으로 흘러가버렸다는 것을 알지 못했다.

개츠비는 그 초록 불빛을, 해가 갈수록 우리들 앞에서 점점 멀어지는, 진탕 마시고 떠드는 주신제(酒神祭) 같은 미래를 믿고 있었다. 그것은 그때 우리 손에서 스르륵 빠져나가버렸다. 그러나 그건 문제가 안 된다—내일은 더 빨리 뛸 것이고, 더 멀리 팔을 뻗칠 것이다…… 그러다 보면 어느 맑은 아침에—

그러므로 우리는 흐름을 거스르는 배처럼 끊임없이 과거로 밀려나면서도 앞으로 앞으로 계속 나아가는 것이다.

나보코프/피츠제럴드
생애와 작품/연보

나보코프 생애와 작품

　나보코프는 제정 러시아의 상트페테르부르크에서 출생했다. 나보코프 가의 시조는 14세기 러시아 령 타타르의 대공 나보크 무르자로 알려져 있으며, 15세기 이후 모스크바 공국 내에 대대로 광대한 영지를 소유하고 있었던 러시아의 명문 귀족이었다. 부친은 러시아 제국의회의원을 역임하였고, 후에 자유주의사상에서 출발한 입헌민주당 창립에 참여하였다. 한때 케렌스키 내각의 각료였으며, 2월 혁명 발발과 함께 백군에 의한 지방정권의 사법대신이 되었던 적도 있다. 정적들로부터 야유를 받을 정도로 영국에 대해 매우 호의적이었다. 이 아버지의 영향으로 가정 내의 환경, 분위기는 당시 러시아 귀족들과는 조금 다르게 프랑스풍보다는 영국적인 분위기가 농후했고, 그에게는 어렸을 때부터 영국인 보모나 가정교사가 붙어 있었다. 어머니도 그를 재우기 위해 영어로 된 책을 읽어주었으며, 그 자신도 "러시아어를 읽기 전에 영어를 읽었다(자서전《말하라, 기억이여》, 1966년)"고 회고한다. 그가 영국 문학에 일찍부터 친숙해진 것은 아버지의 감화를 받은 부분이 많았고, 소년 시대에는 디킨즈, 스티븐슨, H.G.웰즈, 코넌 도일의 책을 애독했다. 또 부친은 법학자라는 직업상 범죄학이나 이상심리학이나 신경증에 관한 새로운 연구에 통달했기에, 그 영향으로 인해 일찍부터 헨리 해블록 엘리스의 저서 등을 읽었다.

　부친의 방침대로 학교에는 가지 않고 가정에서 영국인이나 프랑스인 가정교사에게 교육을 받았지만, 11세 때 자유주의 교육으로 알려진 페테르부르크의 테니셰프 중학교 2학년에 편입했다. 거기서 상징주의 시인 블라디미르 기피우스의 가르침을 받고 이 심미주의적인 시인에게 감화되어 시를 읽기 시작해서, 17세 때에는 67편에 달하는 《시집》을 페테르부르크에서 자비로 출판한다. 그러나 1917년 2월 혁명이 발발해서 테니셰프 중학을 퇴학하게 되고, 나보코프 집안은 크림 반도 얄타 근교의 코레이즈 마을로 피난한다.

당시 얄타에는 아직 혁명의 파도가 몰아닥치지 않았기에 그는 평생의 취미가 된 나비채집이나 체스, 테니스 등에 흥미를 느끼게 되었다. 하지만 1919년에는 적군에게 쫓겨, 일가는 그리스의 화물선으로 세바스토폴을 탈출했다. 그리스, 프랑스를 경유하여, 혁명 후 십수 만에 달하는 망명한 러시아인들이 대거 이주했던 베를린에 정착한다. 그 뒤 그는 한 살 아래의 동생 세르게이와 함께 런던으로 가서, 장학금을 받으며 케임브리지 대학 트리니티 칼리지에 입학하여 프랑스 문학과 러시아 문학을 전공하게 되었다. 대학졸업 직후 1923년에는 베를린으로 이주해 가정교사나 영화의 엑스트라 등을 하면서, 부친이 창간한 망명 러시아인의 일간신문 〈키(舵)〉를 발판으로 하여 시·번역·서평·단편·체스 퀴즈 등을 발표하며 정력적인 활동을 개시했다. 이 시기에는 루이스 캐롤의 《이상한 나라의 앨리스》의 러시아어 번역에 착수했다. 1922년에는, 부친이 절정에 달한 정치집회에서 강연을 하던 친구를 감싸고 러시아인 파시스트에게 살해되는 사건이 있었다.

베를린과 파리에 걸친 21년간의 망명생활 사이에 그는 블라디미르 시린이라는 필명을 써서 러시아어로 작품을 발표했다. 베를린에 살던 젊은 망명 러시아인이 고향을 그리는 정과 첫사랑의 소녀에 대한 추억을 서정적으로 쓴 처녀소설 《마셴카》(영어판 1970년. 1987년에 영화화 됨)를 1926년에 발표했지만 반응은 거의 없었다. 하지만 두 번째 작품인 《킹, 퀸, 그리고 잭》(1928년, 영어판 1968년), 체스 명인의 기괴한 환상세계를 그린 세 번째 작품 《루진의 방어》(1930년, 영어판 1964년), 최초의 단편집 《초르브의 귀환》(1929년) 무렵부터 가장 유망한 젊은 작가로서 주목을 받았다. 그리고 젊고 바람기 있는 여성에게 농락당한 중년 남자의 희비극을 동화풍으로 설정한 밑바탕에 영화의 수법을 교묘하게 도입한 《암상》(1932〜1933년, 1938년 《어둠속의 웃음》으로 제목을 바꿈), 단편집 《눈》(1938년, 영문판 1965년), 《절망》(1936년, 영문판 1937년, 개역 1966년) 등 왕성한 창작활동을 계속했다. 베를린에서의 생활은 약 15년간 계속되었지만, 이 시기에 나보코프는 1933년에 노벨 문학상을 수상한 이반 부닌의 뒤를 이을 망명 작가로서의 지위를 착실히 구축해갔다.

1937년에는 파리에 이주한다. 파리로 이주하고부터는 프랑스 문학자들과의 교류가 왕성해졌을 뿐만 아니라, 조이스의 〈N.R.F.〉지의 사무소 등에서 몇 번인가 만나기도 했다. 이 시기에는 아직 러시아어로 집필을 계속하고 있었다. 예술가 지망의 청년이 여러 가지 시련을 넘어서 예술가로서 자립하는 과정을 반 자전적인 필치로 묘사한 《선물》(1937~1938년 1부 발표, 1952년 완전판 간행, 영어판 1963년), 우화 소설풍의 설정을 밑바탕으로 독재자와 전제국가의 만행을 희화적으로 그린 《단두대로의 초대》(1938년, 영어판 1959년)등을 발표하였다.

1940년에 미국으로 건너간 후 1941년부터 웨슬리 칼리지에서 7년간 강사로 일했다. 1948년부터는 코넬 대학교에서 10년간 러시아 문학 교수로 재직하며(제자들 중에는 작가 토마스 핀천 등이 있다), 유럽 대학 등에서 가르치기도 했다. 한편 1942년부터 6년간 하버드 대학 비교동물학 박물관 연구원이 되어, 인시류(나비류와 나방류의 총칭) 관계의 연구논문을 많이 발표하게 된다.

미국으로 건너간 후에는 본명을 써서 집필하였는데, 《말하라, 기억이여》의 전신인 《확증》(1950년)이나 《롤리타》의 러시아어 번역(1967년)에 착수하는 한편, 모든 작품을 영어로 집필하는 것을 시도했다. 《세바스티안 나이트의 진정한 인생》(집필은 1939년, 발표는 1941년)은 가공의 요절한 러시아 태생 영국 작가의 전기라는 체제를 취하는, 누보로망의 선구적인 작품으로 꼽히는 전위소설이다. 1944년에는 평론 《니콜라이 고골리》를 출판했다. 그리고 이 평론의 서평을 쓴 비평가 에드먼드 윌슨과 알게 되어 미국 문단으로 진출하는 데 큰 도움을 얻게 되었다. 1947년, 독재자의 불합리한 폭력에 저항하는 주인공의 비극을 그린 《벤드 시니스터》(1947년)를 발표했다.

《롤리타》는 처음에 《해변의 공원》이라는 가제로 1950년에 집필을 시작했다. 나보코프는 그 성과에 만족하지 못해 집필을 그만두고 원고를 태워버리려고 했지만, 아내 베라의 충고로 그만둔 일화도 남아 있다.

그즈음 나보코프는 대학 휴가기간이 되면 아내가 운전하는 차를 타고 취미였던 나비 수집을 위해 미국 곳곳을 여행했다. 그 여행지에서 《롤리타》를 계속해서 쓸 수 있었다. 이때의 여행체험이 《롤리타》의 줄거리나 세부에 활용되었다. 《롤리타》를 완성한 것은 1953년 12월 6일의 일이었다.

하지만 《롤리타》라는 책의 기묘한 여행은 그때부터 시작된다. 이 책에 작가 자신이 붙인 '《롤리타》 나의 책에 대하여'라는 후기에 쓰인 대로, 미국 출판사에 보내어진 원고는 계속 거절당했다. 그때 코넬 대학교에서 근무하던 나보코프는 이 소설을 본명으로 발표하면 대학에서 일하지 못하게 될지도 모른다는 생각에 가명으로 발표할 것을 요구했지만, 그것은 출판사 쪽에서 받아들일 수 있는 조건은 아니었다. 출판사를 찾는 데 1년 이상 지나 유럽에서의 출판을 나보코프가 찾기 시작했을 때 우연히 파리의 올림피아 프레스라는 출판사가 눈에 띄었다. 그 회사 사장은 모리스 지로디아스였다. 올림피아 프레스는 '트래블러즈 컴패니언'이라는 시리즈로 포르노 소설을 출판하는 회사였다.

《롤리타》 출판을 둘러싸고 나보코프와 지로디아스의 의견이 엇갈려 그 갈등은 출판 뒤에도 계속되지만, 《롤리타》는 1955년 9월에 '트래블러즈 컴패니언' 시리즈에서 녹색 커버 상하 두 권으로 나오게 되었다.

《롤리타》 출판에 관련된 이야기가 여기서 끝났다면 이 소설은 이렇게까지 유명해지지 못했을지도 모른다. 그런데 그곳에서도 또 《롤리타》에 불가사의한 운명이 기다리고 있었다. 같은 해 12월에 영국 소설가 그레이엄 그린이 런던 〈타임〉지에 올해의 책 3권 중 하나로 《롤리타》를 뽑았던 것이다. 게다가 이듬해 다른 비평가가 《롤리타》를 포르노 소설이라고 혹평하고, 칭찬한 그린을 비난한 데서 때아닌 논쟁이 일어나, 그 소문이 미국으로도 건너가 바로 《롤리타》는 명예롭지 못한 책으로서 그 이름이 알려지게 되었다. 판권 문제가 해결되고 마침내 미국의 퍼트남 출판사에서 1958년 8월 18일에 《롤리타》가 출판되자 무려 3주 만에 10만 부가 팔렸다. 이것은 《바람과 함께 사라지다》 이후 첫 기록이었다.

20세기의 새로운 문화현상, 포스트모더니즘은 특히 문학에 있어 두드러진 특징을 보이며 새로운 조류를 형성하고 있다. 기존의 모든 사고와 미학을 거부하고 해체된 형태의 실험적 성격을 띤 이러한 이론은, 매력적이면서도 당황스럽고 거부감이 들지만, 결코 낯선 인상만으로 그치지 않는, 그 무언가 우리를 매혹케 하는 특별한 흡입술을 갖고 있다. 《롤리타》는 이러한 큰 흐름의 분위기를 타고 그것이 추구하는 인간성의 해방, 자유로움, 열린 공간, 원시성으로의 회귀를 반영하고 있다. 현실에서는 결코 이루어질 수 없는 사랑, 그러나 험버트는 끝없는 어린 시절의 향수 속에서 환상을 좇듯 어린 연인, 롤리타를 사랑한다. 롤리타는 다름 아닌 작가 자신이 잡으려고 했던 실체이며 자신의 본모습이기도 했기 때문이다.

초판에서 현재에 이르기까지 50년 동안 《롤리타》는 나보코프를 말할 때 항상 중심 작품이다. 나보코프 자신도 자신이 《롤리타》의 작자로서 후세에 기억될 것이라고 말하고 있다. 그것은 명예롭지 못한 베스트셀러가 됐다는 자조적인 의미는 결코 아니고, 《롤리타》야말로 자신의 대표작이라는 자부심에서의 발언이다. 《롤리타》에 대한 논의는 끊이지 않고, 스탠리 큐브릭과 에이드리안 라인에 의한 두 차례의 영화화도 여러 의미에서 화제가 된 것은 《롤리타》가 지금도 세상을 떠들썩하게 하는 사건이 될 수 있다는 것을 증명한다.

《롤리타》의 수용 및 평가도 포르노 소설 베스트셀러에서 20세기 문학을 대표하는 예술적 소설작품으로, 현대문학의 고전으로 크게 바뀌었다. 필립 토인비는 "경이적인 아름다움과 독창성을 지닌 문체로 쓰인 작품이며, 또한 연속적으로 은근히 스며드는 재미, 야만스러울 정도로 웃기는 유머!"라고 했으며, 버나드 레빈은 "웅장하고 끈질기며, 윤리적이면서 무시무시하게 생생한, 그리고 엄청나게 재미있는 책"이라며 격찬했다.

라이오넬 트릴링은 《롤리타》의 매력에 대해 이렇게 말했다. "어조(tone)의 애매모호함과 의도(표현하고자 하는 의미)의 모호성 즉, 독자로 하여금 불쾌감을 유발하고 균형감각을 상실하게 하며, 읽는 자세를 바꾸게 하고 위치를 이동시킴으로써 조금도 독자를 멈춰 있지 못하게 한다."

〈타임〉지는 이렇게 《롤리타》를 평가했다. "《롤리타》가 초판 되었을 때 그것은 큰 사회적 센세이션을 불러 일으켰고, 나보코프를 20세기의 가장 중요하며 가장 독창적인 산문작가로 입지를 굳히게 했다. 《롤리타》는 소설로서 매우 중요한 작품이며 또한 충격적인 작품이다. 에로틱 디테일(세부묘사)에 관한 한, 많은 베스트셀러 소설에서 다루어진 것을 《롤리타》 또한 다루었다. 격렬한 서정미, 과격한 익살…… 뱀 같이 간교한 속임수를 가진 메두사의 대가리다."

여러 주목할 만한 세계의 비평가의 입을 빌리면 나보코프는 '프루스트와 제임스 조이스 이래 배출된 가장 독창적이며, 주목할 만한 작가 중 한 명이다'고 한다. 그는 그의 제2의 언어인 영어의 구사에 있어 원숙한 경지에 도달해 있었고, 비상한 화술과 묘사를 구사할 뿐만 아니라 작품 창작에 있어

몽상적인 통찰력, 낭만적 영감을 동원하여 특히 자기 자신의 것처럼 생각되는 인물의 특성을 잘 끌어들였다.

12세의 미소녀를 중년 남성이 쫓아다니는 이 작품은 센세이션을 일으키며 화제를 제공했지만, 이 작품에 명백히 각인되어 있는 것은, 환상이나 상징적 세계 쪽이 일상적인 현실보다도 반응이 있는 더욱 실제적인 것이라는, 극히 나보코프적인 인식이다. 그동안 《롤리타》는 여러 형태로 논란이 되어 왔지만, 그래도 아직 《롤리타》는 완전히 읽히고 논의된 것은 아니다. 아니, 오히려 《롤리타》의 진가는 지금부터가 아닐까 생각한다. 최근에도 이 소설의 결말 부분의 기록이 과연 진실일까, 아니면 험버트의 망상일까 하는 '수정파'라고 불리는 해석의 일파가 제기한 문제를 둘러싸고 논쟁이 계속되고 있지만, 아직 확실한 해결은 보이지 않는다.

소설적이면서도 포스트모더니즘과 같은 삶을 실제로 구현한 나보코프는, 책읽기의 즐거움을 선사하고 진정한 의미의 원시적 자유로움을 맛보게 하는 작품 《롤리타》 속에서 사실주의에의 용감한 반발을 보이고 있다. 또한 독자들의 참여를 유도하고 현실세계에서의 탈출을 끝없이 모색한다. 험버트의 유머러스한 속삭임과 그의 무모한 삶에서 얻을 수 있는 자유분방함의 대리만족, 도무지 실체가 잡히지 않는 등장인물들의 뒤를 쫓는 황홀하며 즐거운 퍼즐 속의 여행으로 독자들을 초대하는 것이다.

《롤리타》는 독자 한 사람 한 사람에 따라 모습을 바꾸는 소설이다. 음란한 소녀를 그린 에로틱한 소설을 기대하고 읽은 사람도 있을 것이다. 여러 문학적 언급이나 말의 기교로 가득한 포스트모던 소설의 선구(先驅)로 읽은 사람도 있을 것이다. 이야기의 내용은 제쳐 놓고, 현란한 언어유희야말로 이 소설의 재미라고 생각하는 독자도 있을 것이다. 아니면 터무니없는 코믹 소설로 읽는 사람노 있을 것이고, 미국을 장대한 파노라마로 묘사한 로드 소설로 읽는 사람도 있을지도 모른다. 미친 사람에게 인생을 빼앗긴 불운한 소녀에 눈물짓는 독자도 있을지도 모른다. 복선이 도처에 깔린 탐정소설로 읽는 사람도 있을지도 모른다. 아니면 미국의 한 시대를 묘사한 풍속소설로 읽는 사람도 있을지도 모른다. 하지만 여기서 구태여 말한다면 《롤리타》의 대단함은 그런 모든 부분을 포함하면서 하나의 소설로 정리되어 있는 점에 있다. 그리고 이야기의 줄거리를 좇아 즐거워하는 독자에게도, 현미경으로 들여다보듯이 세부를 점검하며 즐거워하는 독자에게도 《롤리타》가 주는 기쁨은 끝이 없다.

《롤리타》는 다시 읽을 때마다 새로운 발견을 할 수 있는 소설이다. '사람은 소설을 읽을 수 없다. 다만 다시 읽을 수 있을 뿐이다'라는 《유럽 문학 강의》에서의 나보코프 자신의 명언대로 《롤리타》도 다시 읽을 때 비로소 깨달을 수 있는 구조로 되어 있다.

《롤리타》가 베스트셀러가 되어 뜻밖의 부와 명성을 한꺼번에 거머쥔 나보코프는 대학 교수직을 그만두고 집필에 전념할 수 있게 된다. 그래서 1959년에 20년 가까이 살던 미국을 떠나 유럽으로 이주하고, 1977년에 사망하기까지 스위스 몽트뢰에 있는 고급 호텔에서 집필활동을 계속했다. 중편 《푸닌》(1957년)의 뒤를 이어 《창백한 불꽃》(1962년), 《아다》(1969년)라는 걸작을 발표한다. 《창백한 불꽃》은 가공의 미국 시인이 쓴 999행에 달하는 장시 〈창백한 불꽃〉을 권두에 두고, 그 시인의 친구로서 남색가인 대학교수가 그 시에 장문의 주석을 붙이고 그 주석 부분이 소설의 본문이 되는 기상천외한 작품이다. 또 《아다》는 극히 기교적인 문학유희나 언어의 실험을 구사해서 반세기 이상에 걸친 두 남녀의 열애를 묘사한, 여러 가지 부분에서 그의 전 작품을 집대성한 듯한 특징을 드러내고 있다.

그 뒤로도 필력은 쇠잔하지 않고 중편 《투명한 사물》(1972년), 장편 《어릿광대들이여 보라》(1974년)를 발표한다. 단편집에 《나보코프의 1다스》(1958년), 《일몰의 정경》(1976년)등이 있고, 사후에는 《유럽 문학 강의》(1980년), 《러시아 문학 강의》(1981년), 《돈키호테 강의》(1983년) 등 강의록이 출판되었다.

피츠제럴드 생애와 작품

　피츠제럴드가 《위대한 개츠비》를 구상한 것은 1923년이었다. 이듬해 봄, 아내 젤다와 함께 프랑스로 건너가 살게 된 뒤부터 본격적으로 집필을 시작하여 그 해 안에 완성, 1925년 4월, 그가 28살 때 미국에서 펴냈다.

　피츠제럴드는 1920년에 문단에 데뷔한 이래 《낙원의 이쪽》(처녀작), 《아름답게 저주된 것》 장편소설 두 권과 《말괄량이 아가씨들과 철학자들》, 《재즈 시대의 이야기들》 단편소설집 두 권을 간행하면서 촉망받는 작가로 떠올랐다. 미국은 제1차 세계대전 이후 이제껏 없었던 호경기에 열광하며 새로운 문화를 꽃피웠고, 시대는 새로운 영웅을 찾고 있었다. 젊은이의 심정을 아름답고 활달하게 대변하는 작가 피츠제럴드는, 바로 사회가 요구하던 문학의 아이콘이었다. 그리고 아름다운 신부 젤다는 유행의 최첨단을 달리며 구식 도덕관념에서 해방되어 소비생활을 만끽하는 말괄량이들의 우상이었다.

　피츠제럴드는 화려한 생활을 보내면서, 대중 취향의 잡지에 돈을 목적으로 단편소설을 마구 썼다. 그 대부분은 해피엔딩으로 끝나는 오락소설이었지만, 그 중에는 숨이 멎을 정도로 아름다운 몇 편의 뛰어난 작품도 섞여 있었다. 그것들은 단편소설의 걸작으로 평가받으며 아직도 많은 사람들에게 읽히고 있다. 스무 살을 갓 넘긴 청년이 어떻게 그런 것을 이룩할 수 있었는지는 지금도 여전히 수수께끼다. 물론 모차르트나 슈베르트의 경우처럼 '천재'라는 한 마디로 모든 것이 설명될 수도 있을 테지만.

　시끌벅적한 생활을 하면서도 피츠제럴드의 가슴 한 구석에는 언제나 '언젠가 시대에 획을 긋는 걸작 장편소설을 쓰고 싶다'는 커다란 야심이 있었다. 단편소설을 마구 써대기만 하면 생활에는 전혀 지장이 없다. 당시의 대중 취향 잡지의 고료는 매우 좋았고, 장편소설을 써서 인세를 기대하기보다는 주문에 따라 팔리는 단편소설을 쓰는 쪽이 경제적으로 훨씬 이득이었기 때문이다. 그러나 확고한 중량감을 지닌 장편소설을 남기지 않으면 일류 작가로서 인정받지 못한다. 그것이 당시의—특별한 경우를 제외하면 오늘날도 상황은 대체로 마찬가지지만—문학 세계였다. 피츠제럴드는 자신은 결코 가벼운 작가가 아니며, 환경만 갖춰진다면 자신도 고전으로 길이 남을 장편소설을 쓸 수 있을 것이라고 생각하고 있었다. 《낙원의 이쪽》, 《아름답게 저주된 것》은 잘 쓰인 장편소설이었으며, 평판도 괜찮았다. 부수도 상당히 팔렸다. 그러나 그의 내부에는 '더 깊이 있는 문학작품을 쓸 수 있을 것'이라는 자부심과 의욕이 있었다.

문단 데뷔와 신혼의 어수선함이 다소 가라앉자 그와 젤다는 뉴욕의 소란스러운 번화가를 떠나, 뉴욕 교외의 롱아일랜드에 있는 그레이트넥이라는 주택지로 이주했다. 여기서 자유로운 생활을 즐기면서 창작에 열중하려는 계획이었다. 그러나 활동적이고 화려한 것을 좋아하는 젤다가 그런 평온한 교외생활을 참을 수 있을 리 없었고, 거기서도 다시 흥청거리는 파티가 나날이 이어진다. 그러나 그것은 완전히 무익한 소모는 아니었다. 이 그레이트넥에서의 흥청망청한 생활은 뒷날 《위대한 개츠비》의 배경으로 결실을 맺기 때문이다.

피츠제럴드라는 작가는 자신이 체험한 일이나 직접 목격한 것을 바탕으로 이야기를 엮어내는 타입이므로(그렇기 때문에 그는 젤다라는 태풍의 눈과 같은 활동적인 여성이 필요했던 것이다), 이 그레이트넥에서의 소란스러운 나날이 없었더라면 아마 그는 《위대한 개츠비》라는 걸작을 탄생시키지 못했거나, 완전히 다른 형태의 작품을 쓰고 말았을 것이다. 적어도 그 엄청나게 화려한 파티 정경묘사는 태어나지 않았을 것이다.

1924년, 장편소설 집필에 적합한 새롭고 더욱 차분한 환경을 찾아, 그리고 점점 더 늘어만 가는 생활비를 절약하기 위해, 피츠제럴드 일가는 또다시 이사를 간다. 그레이트넥을 뒤로 하고, 증기선을 타고 대서양을 건너 남프랑스의 리비에라로 향한다. 끊임없는 이주는 피츠제럴드에게 있어서 숙명과도 같은 것이었다. 한 곳에 얌전히 터를 잡는 것이 도저히 불가능했다. 덕분에 피츠제럴드는 일생 동안 한 번도 집을 소유한 적이 없다. 언제나 셋집에서 살며, 재산을 모으지도 않았다. 거주 환경이나 재정 상태에 있어서나, 안정이라는 것을 얻을 수 없는 인생이었다.

어쨌든 아름다운 남프랑스에서 피츠제럴드는 드물게 굳은 결심을 하고 집필에 집중했다. 그런데 젤다로서는 그것이 마음에 들지 않았다. 오랫동안 홀로 방치되어 매우 따분했다. 놀면서 사이사이에 단편소설을 쓰기만 해도 충분한데 왜 그렇게 기를 쓰고 장편소설 같은 귀찮은 것을 쓰는지 알 수 없었다. 피츠제럴드가 장편소설에 품고 있는 열정을 그녀는 이해하지 못했다. 그런 걸 하고 있으면 전혀 놀 수 없지 않은가. 모처럼 이렇게 아름다운 곳에 왔는데. 그리하여 그녀는 주체할 수 없는 따분함에 지쳐서, 그리고 남편에게 앙갚음도 할 겸, 피츠제럴드가 《위대한 개츠비》의 집필에 심혈을 기울이고 있는 옆에서 젊고 잘 생긴 프랑스 해군 비행사와 바람을 피웠다. 그해 여름의 일이었다.

그것은 그녀가 소녀 시절 앨라배마 주 몽고메리에서 주둔지의 젊은 장교들―그 중에는 피츠제럴드도 있었지만―을 상대로 여러 번 경험했던 들뜬 연애 사건의 재현이었다. 좋든 나쁘든 젤다는 남자들이 기분을 맞춰주지 않으면 잘 해나갈 수 없는 유형이었다. 피츠제럴드는 다른 남자들이 젤다에게 반하는 것에는 익숙해져 있었고, 아내와 자신의 강한 유대를 굳게 믿고 있었으므로, 처음에는 '일에 방해가 되지 않아 오히려 다행'이라는 정도로 생각하고 그대로 방치했지만, 그러는 사이에 젤다도 매우 진지하게 빠져 있다는 것을 깨닫고 깜짝 놀란다. 두 사람(젤다와 비행사)을 알고 있는 관계자 대부분이 그들 사이에 성적인 관계가 있었음을 시사하고 있었지만, 물론 지금에 와서는 그 진위 여부를 알 수는 없다. 아마 그런 관계였을 것이라고 상상할 수밖에 없다.

어쨌든 피츠제럴드가 그것을 알고 젤다를 심하게 힐문한다. 젤다는 비행사와 사랑에 빠졌음을 시인하고 이혼을 요구한다. 그 말을 듣고 피츠제럴드는 극심한 충격을 받아 집필도 중단하고 두 사람에게 최후통첩을 내던진다(소설 속에서 톰이 데이지와 개츠비에게 한 것처럼). 그리고 이런저런 소동 끝에 젤다와 프랑스 비행사와의 짧은 한 여름의 정사는 종결을 맞이하게 되었다. 젤다로서도 머리를 식히고 잘 생각해 보면(데이지의 경우와 마찬가지로) 피츠제럴드와의 생활을 선택하지 않을 수 없었다. 그러나 그 사건의 상처는 먼 훗날까지도 두 사람 사이에 앙금처럼 남았다.

일에 집중하는 남편과 다른 곳에서 기쁨을 찾으려는 아내란 흔히 있는 일이라고 하면 그만이지만, 피츠제럴드로서는 참을 수 없는 일이었다. 그가 아내에게 품고 있던 신뢰감은 크게 손상되었고, 안심하고 집중하여 소설을 쓸 수도 없었다. 그 같은 아픔과 초조함은 아마 소설 속 데이지의 형성에도 깊이 관여되었을 것이다. 좀더 깊이 생각해 보자면, 집필과 동시에 일어난 그런 감정의 소요 같은 것이야말로 소설가로서의 그가 무의식적으로 자양분으로서 추구하던 것이었다고 말할 수 있을지도 모른다.

그래도 어떻게든 집중하여 작품을 완성하여, 10월 말에는 출판사에 《위대한 개츠비》의 원고를 보낼 수 있었다. 편집자 맥스웰 퍼킨스는 '훌륭하다!'고 칭찬하는 편지를 보내온다. 피츠제럴드도 그것을 기뻐하며 이제까지보다 월등한 수입을 기대했다. 그러나 판매 상황은 좋지 못했다. 피츠제럴드는 10만 부 정도는 팔릴 것이라고 마음속으로 은근히 기대하고 있었지만, 실제로는 2만 부를 조금 넘기는 데 그쳤다. 서평은 압도적으로 훌륭했지만 생각만큼 책은 팔리지 않았다. 계약금을 제외하면 거의 남지 않을 정도의 빈약한 매출이었다. 어째서 그렇게 팔리지 않았는가? 아마도 이 소설은 이제까지 피츠제럴드의 작품들을 즐겨 읽어온 젊은 독자층에게는 내용이 너무 심오하고 난해했을 것이다. 그들이 피츠제럴드에게 바란 것은 밝고 멋을 부린, 조금은 쓸쓸한 도시 소설이었던 것이다. 즉 어떤 의미에서 피츠제럴드는 독자보다 너무 앞서 나간 것이다.

《위대한 개츠비》가 문학사에 남을 걸작으로 세간의 높은 평가를 받으며 고등학교 필수 도서로 지정되고, 매년 수십만 부 단위로 팔리게 된 것은 그가 죽고 난 다음이었다. '불후의 장편소설을 쓰고 싶다'는 피츠제럴드의 생각은 결과적으로는 이루어졌지만, 아쉽게도 그가 살아있을 때 그 아름다운 광경을 볼 수는 없었다. 사람들은 오랫동안 피츠제럴드를 지나간 유행작가로 여기고 역사의 어둠 속에 방치한 채 거의 돌아보지도 않았다. 피츠제럴드는 알코올 의존증과 젤다의 발광과 투병, 그리고 외동딸의 양육이라는 무거운 짐을 혼자 짊어지고, 만성적인 재정 압박에 시달리면서도 문학적 야심과 양심을 잃지 않고 살을 깎아내듯이 소설을 쓰다가(전성기의 무조건적인 광채는 찾을 수는 없지만, 대부분 읽어볼 가치가 있는 우수한 작품이다), 1940년, 44세라는 젊은 나이로 세상을 떠났다. 그리고 죽을 때까지 '헤밍웨이야말로 현대문학의 거성이며, 자신은 그에 비하면 테크닉만 겨우 익힌 문학적 창부에 지나지 않는다'고 생각하고 있었다. 많은 사람들은 그것을 피츠제럴드 특유의 패배주의적 경향으로 보지만, 그가 그렇게 생각할 수밖에 없는 점도 있었다. 1930년대 후반에는 《위대한 개츠비》는 일시적으로 절판되었으며, 어떤 해의 인세수입 총액은 겨우 33달러에 불과하기도 했던 것이다. 반면 헤밍웨이는 문화적 영웅으로 젊은이들에게 숭배받으며, 세계적으로 압도적인 명성을 구가했다.

그러나 전쟁이 끝나고 헤밍웨이의 문학적 평가가 서서히 저하되는(또는 그 과대평가가 시정되는) 한편, 몇몇 문예평론가를 중심으로 피츠제럴드 문학의 극적인 재평가운동이 일어나, 그 결과 현재 그의 문학적 명성은 거의 흔들림 없는 것이 되었다. 확실히 지금 다시 읽어보면, 헤밍웨이의 장편소설의 기세가 해를 거듭하면서 놀라운 속도로 수그러드는데, 그에 비해 《위대한 개츠비》가 살아남은 것은 정말 굉장한 일이 아닐 수 없다. 그 예술성은 조금도 손상되지 않은 채 똑바로 서 있다.

그러나 어쨌든 한 가지 분명한 점은, 만일 피츠제럴드가 《위대한 개츠비》라는 빼어난 작품을 남기지 않았더라면 그의 재평가는—만일 있었다 해도—이토록 극적이지는 않았을 것이다. 이 소설은 그에게 그만큼 결정적인 가치를 지닌 작품인 것이다. 《밤은 부드러워》는 정말로 아름답고 마음에 깊이 남는 작품이지만, 《위대한 개츠비》에 비하면 군데군데 안이한 대목은 어찌할 수가 없다. 그것은 피츠제럴드 자신도 잘 알고 있었다. 1934년에 그는 자신의 삶을 돌아보며 이렇게 말했다. "《위대한 개츠비》를 쓰던 몇 달만큼 내가 나의 예술적 양심을 순수하게 지키고 있던 시기는 없었다." 그렇다면 왜 다른 시기에는 그것이 불가능했는가? 물론 이유는 몇 가지 있을 것이다. 그러나 한때 피츠제럴드의 절친한 벗이었던 헤밍웨이는 그것에 대하여 나름대로 분명하게 설명했다. "《위대한 개츠비》와 같은 훌륭한 작품을 쓸 수 있는 작가가 어째서 진지하게 집필에 열중하지 않고, 그와 같은 술에 전 경박한 생활을 보내야 했는지, 그 이유를 나는 잘 몰랐다. 그러나 어느 날 젤다를 만나자 모든 의문이 완전히 풀렸다." 젤다는 피츠제럴드의 풍부한 재능을 질투했으며, 그를 진지한 집필에서 떼어놓음으로써 만족을 얻으려 한다는 것이 헤밍웨이의 의견이었다. 그는 맥스웰 퍼킨스에게 보낸 편지에 이렇게 썼다. "피츠제럴드가 구원받을 길은 두 가지밖에 없다. 젤다가 죽거나 또는 그의 위가 망가져 술을 전혀 마시지 못하게 되거나, 둘 중 하나다." 헤밍웨이는 피츠제럴드에게, 젤다는 머리가 이상하므로 하루 빨리 헤어지는 것이 좋다고 진지하게 충고하기까지 했다.

헤밍웨이의 추측은 어떤 의미에서는 핵심을 찔렀으나 중요한 부분을 간과하고 있었다. 피츠제럴드는 본질적으로 젤다라는 발열(發熱)을 필요로 했고, 젤다도 본질적으로 피츠제럴드라는 발열을 필요로 했던 것이다. 그들은 그 발열을 통해 영감을 선명하게 교환하고 서로를 고양시킬 수 있었다. 그러므로 그 두 사람의 짝은 인생의 파트너 선택이라는 점에서는 결코 잘못이 아니었다. 다만 두 사람의 열량이 각각 일반상식의 범위를 뛰어넘을 정도로 강렬하여, 장기간에 걸쳐 균형적으로 서로를 지지하는 것이 불가능했던 것이다. 게다가 양쪽 모두 인생을 살아가는 데 필요한 실무능력이 결정적으로 결여되어 있었다. 서로의 결점을 서로가 채워가려는 의식도 전혀 없었다. 비록 의식이 있었다고 해도, 그것을 실행에 옮기기 위한 인내심이 치명적으로 부족했다. 어떤 형태로든 결국 두 사람의 관계의 파탄은 불가피했을 것이다. 젤다가 젊은 나이에 정신병에 걸렸다는 결과는 너무나도 예상 밖이었으며, 너무나도 비극적이었다.

그러나 어쨌든 우리는 여기서 두 사람의 매우 드문 발열의 결합으로《위대한 개츠비》라는 완벽한 픽션을 얻었다. 우리는 그저 그 사실을 기뻐할 수밖에 없을 것이다. 스콧 피츠제럴드와 젤다가 겪어야 했던 화려하고 기구하고, 슬픔으로 가득했던 운명에 대하여, 한 마디로는 도저히 표현할 수 없는 복잡한 심정과 함께.

나보코프 연보

1899년   4월 23일 러시아 상트페테르부르크에서 태어나다.

1916～1918년 《시집(Poems)》펴내다.

1919년   나보코프 가족, 볼셰비키 혁명을 피해 독일로 망명하다.

1919～1922년 케임브리지 대학 트리니티 칼리지에서 프랑스 문학과 러시아 문학을 공부하다.

1922년   진보적 신문의 편집자였던 아버지가 러시아 극우주의자의 총에 쓰러지다.

1923～1927년 베를린에 거주하면서 시린(Sirin)이란 필명으로 러시아 망명 신문 잡지에 글을 기고하다. 이 시기에 베를린에서의 삶을 그린 첫 소설 《마셴카(1926)》를 비롯하여, 《킹, 퀸, 그리고 잭(1928)》등을 쓰다.

1925년   베라 예브세브나 슬로님과 결혼하다.

1937년   나치를 피해 파리로 옮겨 거주하다.

1937～1938년 《선물》을 집필하지만 미완성으로 끝나다.

1940년   가족과 함께 미국으로 건너가 1945년에 미국 시민권을 얻다.

1941년   영어로 쓴 최초의 소설 《세바스티안 나이트의 진정한 인생》출판하다.

1941～1948년 웨슬리 칼리지에서 강의하다.

1944년   평론 《니콜라이 고골리》출판하다.

1947년   장편소설 《벤드 시니스터》와 단편집 《아홉 개의 이야기》펴내다.

1948～1959년 코넬 대학교에서 러시아 문학 교수로 재직하다.

1955년   《롤리타》를 파리에서 펴내다.

1957년   미국에서의 삶을 그린 《푸닌》펴내다.

1958년	단편집 《나보코프의 1다스》 그리고 《롤리타》를 뉴욕에서 펴내다.
1959년	스위스 몽트뢰로 이주하여, 글을 쓰면서 지내는 한편, 일생 동안 관심을 가지고 있던 나비채집과 연구에도 몰두하다.
1962년	《롤리타》와 함께 대표작으로 꼽히는 《창백한 불꽃(Pale Fire)》 펴내다.
1964~1974년	푸슈킨 연구서 《Eugene Onegin(전4권)》을 출간하고, 《아다(1969)》 등을 펴내는 등 활발한 저술활동을 하다.
1977년	7월 2일 몽트뢰 병원에서 세상을 떠나다.

피츠제럴드 연보

1896년   9월 24일 피츠제럴드(Francis Scott Key Fitzgerald), 미네소타
               주 세인트폴에서 태어나다.

1898년(2세)   아버지 에드워드 피츠제럴드의 가구 사업이 실패하여 가족이
               뉴욕 주의 버펄로로 이주하다.

1901년(5세)   1월, 가족이 다시 뉴욕 주의 시러큐스로 이주하고 아버지는
               세일즈맨으로 일하다. 누이동생 애너벨이 태어나다.

1903년(7세)   9월, 가족이 다시 버펄로로 돌아오다.

1908년(12세)   가족이 다시 세인트폴로 돌아가다. 세인트폴 아카데미에 입
               학하다.

1909년(13세)   첫 단편 작품인 〈레이먼드 저당의 신비〉가 세인트폴 아카데
               미에서 펴내는 잡지 〈지금과 그때〉에 발표되다.

1911년(15세)   뉴저지 주에 있는 가톨릭 학교 뉴먼 스쿨에 입학하다. 이 학
               교에서 앞으로 그에게 영향을 끼치게 될 시거니 페이 신부를
               만나다. 이때부터 1913년까지 〈뉴먼 스쿨 뉴스〉에 단편 세
               작품을 발표하다.

1913년(17세)   프린스턴 대학교에 입학하다. 여기에서 앞으로 미국 문단에
               크게 활약할 비평가 에드먼드 윌슨과 시인 존 필 비숍을 만
               나다. 이 무렵 학업보다는 문학과 연극 활동에 적극 참여하
               다. 〈나소 문학잡지〉와 〈프린스턴 타이거〉에 단편, 희곡, 시
               등을 발표하다.

1914년(18세)   12월, 일리노이 주 레이크포리스트 출신의 16세 소녀 지니브
               러 킹과 사귀다. 뒷날 피츠제럴드는 가난하다는 이유로 그녀
               에게 거절당하는데, 이때의 경험은 앞으로의 작품에 중요한
               모티프가 된다.

1915년(19세) 질병을 이유로 프린스턴 대학교를 그만두다.

1916년(20세) 1918년에 졸업할 계획으로 다시 프린스턴 대학교에 돌아가다.

1917년(21세) 1월, 지니브러가 다른 남자와 약혼하면서 두 사람의 관계가 끝나다.

10월, 육군 보병 소위로 임관하다.

11월, 훈련을 받기 위해 캔자스 주 레번워스에 도착하다. 이 무렵 장편소설 《낭만적 에고이스트》 집필을 시작하다.

1918년(22세) 켄터키 주 루이빌에 있는 캠프 테일러로 전속되다.

2월, 《낭만적 에고이스트》를 탈고하여 뉴욕의 찰스 스크리브너스 선스 출판사에 보내다.

4월, 조지아 주 캠프 고든에 배치되다.

6월, 앨라배마 주 먼트가머리 근교 캠프 셰리던으로 전속되다. 이때 앨라배마 주 대법원 판사의 딸인 젤다 세이어를 만나 사귀다.

8월, 스크리브너스 출판사가 《낭만적 에고이스트》의 출간을 거절하다.

10월, 《낭만적 에고이스트》를 개작하여 다시 출판사에 보내지만 역시 거절당하다.

11월, 뉴욕 주 롱아일랜드에 있는 캠프 밀스에 전속되어 해외 파병을 기다리던 중 휴전이 되다.

1919년(23세) 2월, 육군을 제대하다. 젤다와 약혼한 뒤 뉴욕 시의 배런콜리어 광고 회사에서 근무하다.

6월, 젤다가 피츠제럴드의 미래가 불확실하다는 이유로 약혼을 파기하다. 직장을 그만두고 세인트폴로 돌아와 부모의 집에 머물며 《낭만적 에고이스트》 개작에 몰두하다.

9월, 《낭만적 에고이스트》가 '낙원의 이쪽(This Side of Para-dise)'이라는 제목으로 스크리브너스 출판사에서 출판 허락을 받다.

1920년(24세) 1월, 젤다와 다시 약혼하다.

1~3월, 〈스마트 셋〉에 희곡을, 〈새터데이 이브닝 포스트〉에 단편소설을 발표하기 시작하다.

3월, 첫 장편소설 《낙원의 이쪽》이 출간되다.

4월, 젤다와 결혼한 뒤 코네티컷 주 웨스트포트에서 거주하다.

9월, 첫 단편집인 《말괄량이 아가씨들과 철학자들(Flappers and Philosophers)》을 펴내다.

10월, 뉴욕 시로 이주하다.

1921년(25세) 5~9월, 영국·프랑스·이탈리아를 여행하다.

8월, 세인트폴로 돌아오다.

9월, 딸 프랜시스 스콧이 태어나다.

1922년(26세) 3월, 두 번째 장편 소설 《아름답게 저주된 것(The Beautiful and Damned)》을 펴내다.

9월, 두 번째 단편집 《재즈 시대의 이야기들(Tales of the Jazz Age)》을 펴내다.

10월, 롱아일랜드의 그레이트넥으로 이주하다. 이곳에서 링 라드너를 만나다.

1923년(27세) 4월, 장편 희곡 《채소(The Vegetable)》를 펴내다.

11월, 《채소》가 뉴저지 주 애틀랜틱 시에서 시험 공연되었지만 실패하다.

1924년(28세) 4월, 프랑스에 거주하다. 젤다가 프랑스 비행사인 에두아르 조장과 애정행각을 벌이다.

여름~가을 《위대한 개츠비(The Great Gatsby)》 집필을 시작하다.

10월, 이탈리아를 여행하며 그곳에서 이 작품을 개작하다.

1925년(29세) 4월, 세 번째 장편소설 《위대한 개츠비》를 펴내다.

5월, 프랑스 몽파르나스에서 어니스트 헤밍웨이를 만나다. 파리 근교에서 이디스 워튼을 만나다.

1926년(30세) 2월, 세 번째 단편집 《모든 슬픈 젊은이들(All the Sad Young Men)》을 펴내다.

12월, 미국에 돌아오다.

1927년(31세) 할리우드 영화사에서 일하기 시작하다. 여배우 로이스 모런과 사귀다.

3월, 델라웨어 주 윌밍턴 근교 엘러슬리로 이주하다.

1928년(32세) 4월, 파리로 돌아가다.

9월, 엘러슬리로 다시 돌아오다.

1929년(33세) 3월, 프랑스와 이탈리아를 여행하다.

1930년(34세) 2월, 북아프리카를 여행하다.

4월, 젤다가 신경쇠약 증세를 보이기 시작하다.

여름~가을 젤다의 병을 치료하기 위하여 스위스에 거주하다.

1931년(35세) 2월, 아버지가 사망하여 귀국하다.

가을, 할리우드에 돌아오다.

1932년(36세) 2월, 젤다가 메릴랜드 주의 존스홉킨스 대학병원에 입원하다. 젤다의 소설 《나를 위해 왈츠를 남겨주오(Save Me the Waltz)》를 펴내다.

1934년(38세) 4월, 네 번째 소설 《밤은 부드러워(Tender Is the Night)》를 펴내다.

1935년(39세) 노스캐롤라이나 주 트라이턴과 애슈빌에 머물며 요양하다.

3월, 네 번째 단편집 《기상나팔 소리(Taps at Reveille)》를 펴내다. 나중에 《크랙업(The Crack-Up)》이라는 에세이집에 실리게 되는 글을 쓰기 시작하다.

1936년(40세) 젤다와 함께 애슈빌에 머물다.

9월, 어머니가 사망하다.

1937년(41세) 할리우드 영화사에서 다시 일하다. 이 무렵 가십 칼럼니스트인 셰일러 그레이엄과 사귀다. 그레이엄과의 관계는 그가 사망할 때까지 계속된다.

1939년(43세) 할리우드에서 프리랜서로 일하다.

10월, 할리우드를 소재로 한 소설을 집필하다.

1940년(44세) 12월 21일 할리우드의 그레이엄의 아파트에서 심장마비로 세

상을 떠나다. 메릴랜드 주의 록빌 세인트메리스 묘지에 묻히
다.

1941년   10월, 미완성 유작 《마지막 거물(The Last Tycoon)》(에스먼
드 윌슨 편집)을 펴내다.

1945년   6월, 유작 에세이집 《크랙업》을 펴내다.

1948년   3월, 젤다가 하일랜드 정신병원에서 치료를 받던 중 화재로
세상을 떠나다.

옮긴이 박순녀(朴順女)

서울대학교 사범대학 영어과 졸업. 조선일보 신춘문예 〈케이스워카〉 이어 《아이 러브 유》《로렐라이의 기억》《어떤 파리》 등 많은 작품을 발표 현대문학상 수상. 옮긴책 크리 스티 《ABC 살인사건》 B. 브론테 《폭풍의 언덕》 C. 브론테 《제인에어》 등이 있다.

World Book
89

Vladimir Nobokov/Francis Scott Fitzgerald
LOLITA/THE GREAT GATSBY
롤리타/위대한 개츠비
나보코프 피츠제럴드/박순녀 옮김
1판 1쇄 발행/1978. 10. 10
2판 1쇄 발행/2009. 3. 10
2판 3쇄 발행/2013. 1. 10
발행인 고정일
발행처 동서문화사
창업 1956. 12. 12. 등록 16-345(윤)
서울 강남구 도산대로 163(신사동, 1층)
☎546-0331~6 (FAX) 545-0331
www.dongsuhbook.com

＊

＊
사업자등록번호 211-87-75330
ISBN 978-89-497-0515-6 04080
ISBN 978-89-497-0382-4 (세트)